MATHEMATIK
BERUFLICHE OBERSCHULE BAYERN

NICHTTECHNIK | BAND 1

Von:

Dr. Volker Altrichter
Werner Fielk
Mikhail Ioffe
Daniel Körner
Stefan Konstandin
Peter Meier
Georg Ott
Franz Roßmann

unter Mitarbeit der Redaktion

Beratung:

Georg Ott
Franz Roßmann

Cornelsen

Carolin Hübner 11Sb

~~Tobias Hübner 11ab.~~

Dieses Buch enthält Materialien und Aufgaben anderer Bücher des Cornelsen Verlags. An diesen waren neben den zuvor genannten Personen beteiligt:
Garnet Becker, Christoph Berg, Sandra Bödeker, Rudolf Borgmann, Juliane Brüggemann, Elke Effert, Dr. Christoph Fredebeul, Berthold Heinrich, Christa Hermes, Mei-Liem Jakob, Wolfgang Jüschke, Volker Klotz, Eva Klute, Jost Knapp, Hildegard Michael, Jörg Rösener, Kathrin Rüsch, Rolf Schöwe, Dr. Markus Schröder, Reinhard Sobczak, Jens-Oliver Stock, Robert Triftshäuser, Paul Vaßen, Susanne Viebrock

Verlagsredaktion: Marielle Böhning, Christian Hering, Stina Tilsner
Redaktion: Stefan Giertzsch, Werder (Havel); Herbert Rauck, Stuttgart
Redaktionelle Mitarbeit: Angelika Fallert-Müller, Groß-Zimmern
Bildredaktion: Gertha Maly
Illustration: Dietmar Griese, Laatzen
Grafik: Da-TeX Gerd Blumenstein, Leipzig; Martin Frech, Tübingen; zweiband.media, Berlin
Umschlaggestaltung: EYES-OPEN, Berlin
Layout: Da-TeX Gerd Blumenstein, Leipzig
Technische Umsetzung: Arge Bildungsmedien (Maas & Frech GbR), Tübingen; zweiband.media, Berlin

www.cornelsen.de

1. Auflage, 2. Druck 2017

Alle Drucke dieser Auflage sind inhaltlich unverändert und können im Unterricht nebeneinander verwendet werden.

Druck: H. Heenemann, Berlin

ISBN 978-3-06-451476-8 (Schülerbuch)
ISBN 978-3-06-451477-5 (E-Book)

Inhalt gedruckt auf säurefreiem Papier aus nachhaltiger Forstwirtschaft.

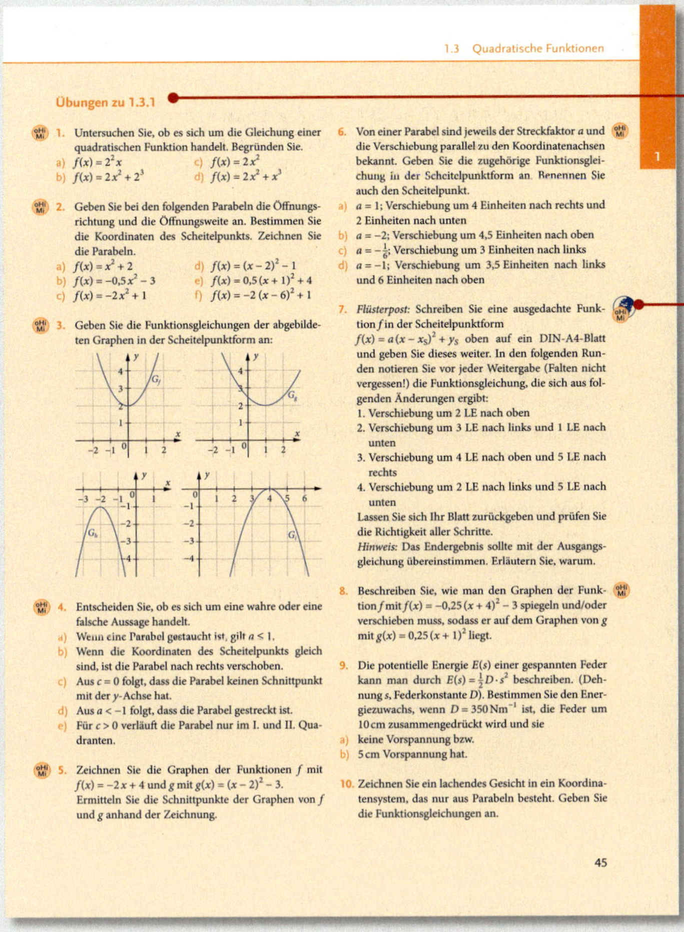

1.3 Quadratische Funktionen

1

Übungen zu 1.3.1

1. Untersuchen Sie, ob es sich um die Gleichung einer quadratischen Funktion handelt. Begründen Sie.
   a) $f(x) = 2^2 x$
   b) $f(x) = 2x^2 + 2^3$
   c) $f(x) = 2x^2$
   d) $f(x) = 2x^2 + x^3$

2. Geben Sie bei den folgenden Parabeln die Öffnungsrichtung und die Öffnungsweite an. Bestimmen Sie die Koordinaten des Scheitelpunkts. Zeichnen Sie die Parabeln.
   a) $f(x) = x^2 + 2$
   b) $f(x) = -0{,}5x^2 - 3$
   c) $f(x) = -2x^2 + 1$
   d) $f(x) = (x-2)^2 - 1$
   e) $f(x) = 0{,}5(x+1)^2 + 4$
   f) $f(x) = -2(x-6)^2 + 1$

3. Geben Sie die Funktionsgleichungen der abgebildeten Graphen in der Scheitelpunktform an:

4. Entscheiden Sie, ob es sich um eine wahre oder eine falsche Aussage handelt.
   a) Wenn eine Parabel gestaucht ist, gilt $a < 1$.
   b) Wenn die Koordinaten des Scheitelpunkts gleich sind, ist die Parabel nach rechts verschoben.
   c) Aus $c = 0$ folgt, dass die Parabel keinen Schnittpunkt mit der y-Achse hat.
   d) Aus $a < -1$ folgt, dass die Parabel gestreckt ist.
   e) Für $c > 0$ verläuft die Parabel nur im I. und II. Quadranten.

5. Zeichnen Sie die Graphen der Funktionen f mit $f(x) = -2x + 4$ und g mit $g(x) = (x-2)^2 - 3$. Ermitteln Sie die Schnittpunkte der Graphen von f und g anhand der Zeichnung.

6. Von einer Parabel sind jeweils der Streckfaktor a und die Verschiebung parallel zu den Koordinatenachsen bekannt. Geben Sie die zugehörige Funktionsgleichung in der Scheitelpunktform an. Benennen Sie auch den Scheitelpunkt.
   a) $a = 1$; Verschiebung um 4 Einheiten nach rechts und 2 Einheiten nach unten
   b) $a = -2$; Verschiebung um 4,5 Einheiten nach oben
   c) $a = -\frac{1}{6}$; Verschiebung um 3 Einheiten nach links
   d) $a = -1$; Verschiebung um 3,5 Einheiten nach links und 6 Einheiten nach oben

7. *Flüsterpost:* Schreiben Sie eine ausgedachte Funktion f in der Scheitelpunktform $f(x) = a(x - x_S)^2 + y_S$ oben auf ein DIN-A4-Blatt und geben Sie dieses weiter. In den folgenden Runden notieren Sie vor jeder Weitergabe (Falten nicht vergessen!) die Funktionsgleichung, die sich aus folgenden Änderungen ergibt:
   1. Verschiebung um 2 LE nach oben
   2. Verschiebung um 3 LE nach links und 1 LE nach unten
   3. Verschiebung um 4 LE nach oben und 5 LE nach rechts
   4. Verschiebung um 2 LE nach links und 5 LE nach unten

   Lassen Sie sich Ihr Blatt zurückgeben und prüfen Sie die Richtigkeit aller Schritte.
   Hinweis: Das Endergebnis sollte mit der Ausgangsgleichung übereinstimmen. Erläutern Sie, warum.

8. Beschreiben Sie, wie man den Graphen der Funktion f mit $f(x) = -0{,}25(x+4)^2 - 3$ spiegeln und/oder verschieben muss, sodass er auf dem Graphen von g mit $g(x) = 0{,}25(x+1)^2$ liegt.

9. Die potentielle Energie $E(s)$ einer gespannten Feder kann man durch $E(s) = \frac{1}{2} D \cdot s^2$ beschreiben. (Dehnung s, Federkonstante D). Bestimmen Sie den Energiezuwachs, wenn $D = 350\,\text{Nm}^{-1}$ ist, die Feder um 10 cm zusammengedrückt wird und sie
   a) keine Vorspannung bzw.
   b) 5 cm Vorspannung hat.

10. Zeichnen Sie ein lachendes Gesicht in ein Koordinatensystem, das nur aus Parabeln besteht. Geben Sie die Funktionsgleichungen an.

45

Am Ende jedes Abschnitts finden Sie zahlreiche **Übungen**. Nach jedem Abschnitt zweiter Ordnung (z. B. 1.3) folgen übergreifende Aufgaben.

Aufgaben mit erhöhtem Anspruch sind durch * gekennzeichnet.

Besondere Aufgabenformate sind *Ampelabfragen, Irrgärten* und *Flüsterpostaufgaben.*

Allgemeine Anleitung zur Flüsterpost:
Bilden Sie Gruppen mit ca. 4 Spielern. Nachdem jeder auf einem DIN-A4-Blatt das in der Aufgabenstellung Geforderte notiert hat, wird das Blatt weitergereicht. Dann wird die nächste Aufgabe bearbeitet und das Blatt so gefaltet, dass nur der letzte Eintrag zu sehen ist. Das Blatt wird wiederum weitergereicht und die nächste Aufgabe erfüllt usw. Am Schluss erhält jeder sein Blatt zurück und prüft die Richtigkeit der einzelnen Schritte. Diskutieren Sie Unstimmigkeiten gemeinsam.

Die Übungen enthalten außerdem mit dem Schloss-Symbol gekennzeichnete „offene Aufgaben". Zu jeder offenen Aufgabe gibt es auch eine passende „geschlossene Variante".

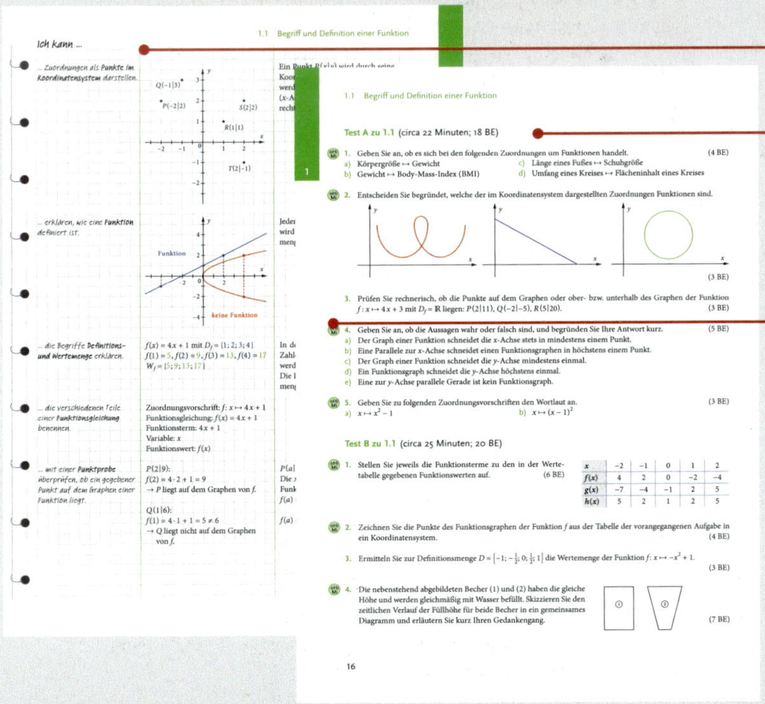

1.1 Begriff und Definition einer Funktion

Ich kann ...

... Zuordnungen als Punkte im Koordinatensystem darstellen.	Q(−1|3), P(−2|2), S(2|2), R(1|1), T(2|−1)
... erklären, wie eine Funktion definiert ist.	Funktion / keine Funktion
... die Begriffe Definitions- und Wertemenge erklären.	$f(x) = 4x + 1$ mit $D_f = \{1; 2; 3; 4\}$ $f(1) = 5, f(2) = 9, f(3) = 13, f(4) = 17$ $W_f = \{5; 9; 13; 17\}$
... die verschiedenen Teile einer Funktionsgleichung benennen.	Zuordnungsvorschrift: $f: x \mapsto 4x + 1$ Funktionsgleichung: $f(x) = 4x + 1$ Funktionsterm: $4x + 1$ Variable: x Funktionswert: $f(x)$
... mit einer Punktprobe überprüfen, ob ein gegebener Punkt auf dem Graphen einer Funktion liegt.	$P(2\|9)$: $f(2) = 4 \cdot 2 + 1 = 9$ → P liegt auf dem Graphen von f. $Q(1\|6)$: $f(1) = 4 \cdot 1 + 1 = 5 \neq 6$ → Q liegt nicht auf dem Graphen von f.

1.1 Begriff und Definition einer Funktion

1

Test A zu 1.1 (circa 22 Minuten; 18 BE)

1. Geben Sie an, ob es sich bei den folgenden Zuordnungen um Funktionen handelt. (4 BE)
   a) Körpergröße ↦ Gewicht
   b) Gewicht ↦ Body-Mass-Index (BMI)
   c) Länge eines Fußes ↦ Schuhgröße
   d) Umfang eines Kreises ↦ Flächeninhalt eines Kreises

2. Entscheiden Sie begründet, welche der im Koordinatensystem dargestellten Zuordnungen Funktionen sind. (3 BE)

3. Prüfen Sie rechnerisch, ob die Punkte auf dem Graphen oder ober- bzw. unterhalb des Graphen der Funktion $f: x \mapsto 4x + 3$ mit $D_f = \mathbb{R}$ liegen: $P(2|11)$, $Q(-2|-5)$, $R(5|20)$. (3 BE)

4. Geben Sie an, ob die Aussagen wahr oder falsch sind, und begründen Sie Ihre Antwort kurz. (5 BE)
   a) Der Graph einer Funktion schneidet die x-Achse stets in mindestens einem Punkt.
   b) Eine Parallele zur x-Achse schneidet einen Funktionsgraphen in höchstens einem Punkt.
   c) Der Graph einer Funktion schneidet die y-Achse mindestens einmal.
   d) Ein Funktionsgraph schneidet die y-Achse höchstens einmal.
   e) Eine zur y-Achse parallele Gerade ist kein Funktionsgraph.

5. Geben Sie zu folgenden Zuordnungsvorschriften den Wortlaut an. (3 BE)
   a) $x \mapsto x^2 - 1$
   b) $x \mapsto (x-1)^2$

Test B zu 1.1 (circa 25 Minuten; 20 BE)

1. Stellen Sie jeweils die Funktionsterme zu den in der Wertetabelle gegebenen Funktionswerten auf. (6 BE)

x	−2	−1	0	1	2
$f(x)$	4	2	0	−2	−4
$g(x)$	−7	−4	−1	2	5
$h(x)$	5	2	1	2	5

2. Zeichnen Sie die Punkte des Funktionsgraphen der Funktion f aus der Tabelle der vorangegangenen Aufgabe in ein Koordinatensystem. (4 BE)

3. Ermitteln Sie zur Definitionsmenge $D = \{-1; -\frac{1}{2}; 0; \frac{1}{2}; 1\}$ die Wertemenge der Funktion $f: x \mapsto -x^2 + 1$. (3 BE)

4. Die nebenstehend abgebildeten Becher (1) und (2) haben die gleiche Höhe und werden gleichmäßig mit Wasser befüllt. Skizzieren Sie den zeitlichen Verlauf der Füllhöhe für beide Becher in ein gemeinsames Diagramm und erläutern Sie kurz Ihren Gedankengang. (7 BE)

16

Zum Abschluss jedes Kapitels finden Sie den Kompetenz-Check **„Ich kann …"** sowie einen **Abschluss-Test**.

Das Symbol oHi Mi kennzeichnet Aufgaben, die ohne Hilfsmittel bearbeitet werden sollen.

Die Weltkugeln verweisen auf multimediales Zusatzmaterial. Sie finden die Materialien unter http://www.cornelsen.de/webcodes/M-BOB-NT-1.
Hinweis: Die Mediencodes enthalten zusätzliche Unterrichtsmaterialien, die der Verlag in eigener Verantwortung zur Verfügung stellt.

Vorwort

Dieses Lehrbuch wendet sich an Schülerinnen und Schüler der Fachoberschulen und Berufsoberschulen in den nichttechnischen Ausbildungsrichtungen in Bayern.

Die Inhalte der Gebiete „Analysis“ sowie „Stochastik“ werden in dem Rahmen behandelt, wie sie nach dem kompetenzorientierten Lehrplan in der Fachabiturprüfung zur Erlangung der Fachhochschulreife benötigt werden. Dabei wird darauf geachtet, dass alle vorgeschriebenen Lehrplaninhalte in adäquater Form dargestellt sind, so wie es den Intentionen des Lehrplans entspricht.

Da für einen Teil der Schülerinnen und Schüler beim Eintritt in die berufliche Oberschule der Mathematikunterricht zeitlich oder in der erforderlichen Tiefe nicht mehr so präsent ist, wurden die Grundlagen etwas ausführlicher gehalten, um den Wiedereinstieg in die Mathematik sowie das Bestehen der Probezeit zu erleichtern.

Entsprechend den Anforderungen des kompetenzorientierten Lehrplans liegt der Schwerpunkt beim Aufbau und der Methodik dieses Buches auf dem Kompetenzerwerb der Schülerinnen und Schüler. Auf der Startseite eines jeden Kapitels wird in einem einführenden gut verständlichen Beispiel exemplarisch eine Fragestellung vorgestellt. Im Verlauf des folgenden Kapitels erwerben die Schülerinnen und Schüler Kompetenzen, mit deren Hilfe sie die zugehörige Fragestellung anhand einer Aufgabe lösen können. Außerdem werden auf der Startseite die zu erwerbenden allgemeinen mathematischen Kompetenzen aufgeführt.

Die Art und das Niveau der Darstellung sind anschaulich und gut verständlich, aber natürlich auch oberstufengerecht. Dies wird unter anderem durch die große Fülle von ausführlich durchgerechneten Beispielen erreicht. Dabei werden in den meisten Fällen zwei Spalten verwendet. In der einen Spalte werden die zur Lösung der Fragestellung benötigten exakten vollständigen Rechnungen mit den Zwischenschritten ausgeführt (wie es auch von den Schülern verlangt wird). In der anderen Spalte werden Erläuterungen zur Lösungsidee und zu den einzelnen Rechenschritten, aber auch Hinweise auf besonders geschickte Lösungsmethoden gegeben. Dies ermöglicht sowohl ein Nacharbei-ten, Vertiefen und Festigen der im Unterricht vermittelten Inhalte, Erkenntnisse und Lösungswege, als auch eine selbständige Erarbeitung neuer Stoffgebiete durch die Schülerinnen und Schüler.

Sowohl bei der Einführung einer neuen Problemstellung als auch bei der Vertiefung gefundener Zusammenhänge und Formeln werden anschauliche Beispiele und Anwendungsaufgaben aus der Praxis ausgewählt. Die gefundenen Zusammenhänge und Formeln werden dann in gut einprägsamer, leicht verständlicher Form zusammengefasst und danach in „Alles klar?“-Aufgaben thematisiert, deren Lösungen im Anhang des Buches aufgeführt sind. Weitere Aufgaben findet man am Ende der Teilkapitel und am Ende der großen Kapitel. Hier werden auch schüleraktivierende Aufgabenformen wie Ampelabfragen, Flüsterpost usw. eingebunden.

Am Ende der größeren Abschnitte sind auch die erworbenen Kompetenzen auf einer „Ich kann“-Seite zusammengefasst, wobei jeweils ein Beispiel hinterlegt ist. Danach folgt eine Seite, auf der in zwei kurzarbeitähnlichen Aufgabenblöcken die bis hierhin erworbenen Kompetenzen getestet werden. Auf die Verwendung der mathematischen Fachbegriffe und Fachsprache wird dabei geachtet, ohne die Anschaulichkeit und Einprägsamkeit aus den Augen zu verlieren.

Wir danken der Redaktion des Verlags für die sehr gute Zusammenarbeit und die wertvolle Betreuung bei der Erstellung dieses Buches.

Das Autorenteam von „Mathematik – Berufliche Oberschule Bayern“

Inhaltsverzeichnis

3 Stochastik

Grundlagen

Anhang

Kompetenzorientierung im Fach Mathematik

Die Kompetenzorientierung im Fach Mathematik gemäß LehrplanPLUS basiert auf den Bildungsstandards der Kultusministerkonferenz von 2012. Es werden zwei Kompetenzbereiche unterschieden: Allgemeine mathematische Kompetenzen und mathematische Leitideen.
Als allgemeine mathematische Kompetenzen werden genannt:

- **K1: Argumentieren**
  Zu dieser Kompetenz gehören beim Lösen von Aufgaben plausibles mathematisches Argumentieren, mathematisches Begründen bis hin zum formalen mathematischen Beweisen.
- **K2: Probleme lösen**
  Diese Kompetenz umfasst das Erkennen und Beschreiben mathematischer Probleme und deren Lösung durch Rückgriff auf bekannte Lösungsstrategien/-methoden bis hin zur Konstruktion eigener anspruchsvoller Strategien. Hierzu werden heuristische Prinzipien angewendet.
- **K3: Modellieren**
  Diese Kompetenz meint die Erfassung von Realsituationen und deren Beschreibung in mathematischer Sprache. Dies beinhaltet das Durchdenken und Bewerten vorgegebener Modelle bis hin zur selbständigen Durchführung eines Modellbildungsprozesses. Zu einem Modellbildungsprozess gehören die Schritte Beschreibung der Realsituationen, Mathematisierung, Interpretation der Ergebnisse und evtl. Verbesserung des Modells.
- **K4: Darstellungen verwenden**
  Mathematische Darstellungsformen wie Wertetabellen, Graphen, (Baum-)Diagramme werden ausgewählt, gelesen, interpretiert und selbst erstellt. Die Kompetenz geht bis hin zur Entwicklung eigener Darstellungen, die individuelle Überlegungen dokumentieren.
- **K5: Mit symbolischen, formalen und technischen Elementen der Mathematik umgehen**
  Diese Kompetenz beinhaltet in erster Linie das Ausführen von Operationen mit mathematischen Objekten wie Zahlen, Größen, Variablen, Termen, Gleichungen und Funktionen sowie Vektoren und geometrischen Objekten. Das Spektrum reicht hier von einfachen und überschaubaren Routineverfahren bis hin zu komplexen Verfahren einschließlich deren reflektierender Bewertung.
- **K6: Kommunizieren**
  Diese Kompetenz hat bei der Bearbeitung von mathematischen Aufgaben eine große Bedeutung. Sie umfasst sinnentnehmendes Lesen entsprechender Angaben und das Niederschreiben des Lösungsweges auf angemessenem (fach-)sprachlichem Niveau. Dazu gehört auch die Präsentation von Ergebnissen.

Zur erfolgreichen Aufgabenbearbeitung sind häufig mehrere der oben aufgeführten sechs mathematischen Kompetenzen notwendig. So wird in nahezu jeder Aufgabe eine Form des Kommunizierens (K6) vorliegen, da der Aufgabentext verstanden und der eigene Lösungsweg und das Ergebnis wiedergegeben werden müssen. Ähnliches gilt für die Kompetenz K5 „Mit symbolischen, formalen und technischen Elementen der Mathematik umgehen“, die in vielen Aufgaben beinhaltet ist. Die Kompetenz K4 dient häufig der Illustration des Lösungsweges und kann dabei das Argumentieren (K1) und das Problemlösen (K2) unterstützen.

Die oben genannten allgemeinen mathematischen Kompetenzen werden in der Auseinandersetzung mit mathematischen Inhalten erworben. Die mathematischen Inhalte sind in folgende Leitideen gegliedert:

- **Zahlen und Operationen** (Analysis und Lineare Algebra)
- **Größen und Messen** (Analysis, Analytische Geometrie und Lineare Algebra)
- **Raum und Form** (Analytische Geometrie)
- **Funktionaler Zusammenhang** (Analysis und Stochastik)
- **Daten und Zufall** (Stochastik)

Eine ausführliche Beschreibung und zahlreiche Beispiele zu den beiden Kompetenzbereichen finden sich in den „Bildungsstandards im Fach Mathematik für die Allgemeine Hochschulreife“ (http://www.kmk.org).

1 Ganzrationale Funktionen

1.1 Begriff und Definition einer Funktion

Lynn hat zum Geburtstag 200 € geschenkt bekommen, von denen sie gleich am nächsten Tag die Hälfte auf ein neues Sparkonto einzahlt. Das Geld wird jährlich mit 0,5 % verzinst.

Nach dem Besuch der Bank fährt Lynn mit dem Fahrrad weiter in das 8 km entfernt liegende Einkaufszentrum. Während der Fahrt überlegt sie, wie viel Geld in einem Jahr, in zwei Jahren, in drei Jahren und in dreißig Jahren auf dem Sparkonto sein wird.

Nach einer halben Stunde hat Lynn das Einkaufszentrum erreicht. Sie berechnet, dass sie mit einer durchschnittlichen Geschwindigkeit von $16\,\frac{\text{km}}{\text{h}}$ gefahren ist, und fragt sich, wann sie bei einer Geschwindigkeit von $12\,\frac{\text{km}}{\text{h}}$, $14\,\frac{\text{km}}{\text{h}}$ oder $18\,\frac{\text{km}}{\text{h}}$ angekommen wäre.

Da Lynn am Einkaufszentrum die Fahrradständer nicht findet, lehnt sie ihr Rad an einen Baum und wundert sich über den dicken Stamm. „Wie lange der wohl schon hier steht? Kann man an der Dicke des Stamms erkennen, wie alt der Baum ist?“

Im Einkaufszentrum spricht Lynn mit dem Verkäufer eines Baumarkts: „Ich bin mir noch nicht sicher, ob ich eine Wand, die $15\,\text{m}^2$ groß ist, zwei Wände mit zusammen $28\,\text{m}^2$ oder sogar drei Wände mit $58\,\text{m}^2$ gelb streichen will. Jede Wand muss ich mindestens zweimal streichen. Und ich weiß nicht, wie teuer das wird.“ Der Verkäufer erklärt Lynn, dass es auf die Farbe ankäme. „Wir haben zwei verschiedene Anbieter. Auf diesem Eimer steht $200\,\frac{\text{ml}}{\text{m}^2}$, bei dem anderen heißt es $220\,\frac{\text{ml}}{\text{m}^2}$. Beide Farben kosten je 9,80 € pro 10 Liter.“

Zu Hause muss Lynn noch die Mathematikhausaufgaben erledigen: „Nennen Sie alltägliche Beispiele und Gegenbeispiele für Funktionen und stellen Sie diese dar.“ „Auch das noch“, denkt sie, kocht zunächst einen Tee und lässt dann Wasser in die Badewanne einlaufen. Während eines Entspannungsbades denkt sie über die Aufgabe nach.

▶ Aufgabe 14 auf Seite 14

Funktionaler Zusammenhang

- Funktionen erkennen
- Funktionen grafisch, mithilfe von Tabellen oder Gleichungen darstellen

Kompetenzen

- Probleme lösen
- Darstellungen verwenden

1

1.1 Begriff und Definition einer Funktion

1 Alkoholabbau

Als Praktikant im Krankenhaus erlebt Lukas, dass bei einem neu eingelieferten Patienten ein Alkoholtest durchgeführt wird. Dabei wird im Blut eine Alkoholkonzentration von 0,8 ‰ festgestellt. Dr. Becker, der behandelnde Arzt, sagt zu Lukas: „Wir können den Patienten erst behandeln, wenn der Alkoholgehalt im Blut fast wieder bei null ist. Auch wenn es sehr ungenau ist, sagen wir: Bei Männern wird ungefähr 0,1 Promille pro Stunde abgebaut."

Dr. Becker beauftragt Lukas, den Verlauf des geschätzten Alkoholabbaus zu zeichnen, um den Beginn der Behandlung grafisch besser abschätzen zu können.

Der Alkoholabbau lässt sich durch folgende Zuordnung beschreiben:
Zeit nach erster Messung (in h) $\mapsto$ Alkoholkonzentration im Blut (in ‰)

Die Faustregel von Dr. Becker besagt, dass die Alkoholkonzentration pro Stunde um 0,1 ‰ sinkt. Daher können wir eine **Wertetabelle** aufstellen und die Zuordnung durch ihren **Graphen** in einem Koordinatensystem veranschaulichen.

Zeit	0	1	2	3	4	5	6	7	8
Blutalkohol	0,8	0,7	0,6	0,5	0,4	0,3	0,2	0,1	0

Die waagerechte Achse des Koordinatensystems heißt **Abszissenachse** oder ***x*-Achse**. Die senkrechte Achse heißt **Ordinatenachse** oder ***y*-Achse**.
Ein Koordinatensystem wird in vier **Quadranten** unterteilt, die gegen den Uhrzeigersinn nummeriert werden.

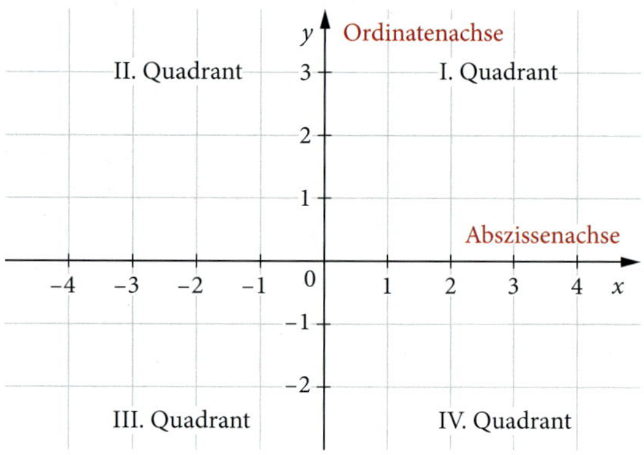

Im Anwenungskontext ist es sinnvoll, die Achsen mit den entsprechenden Größen zu beschriften. Auf der x-Achse wird hier die Zeit in Stunden und auf der y-Achse der Blutalkoholgehalt in Promille abgetragen.
Wir entnehmen dem Graphen, dass der Alkohol nach 8 Stunden abgebaut ist.

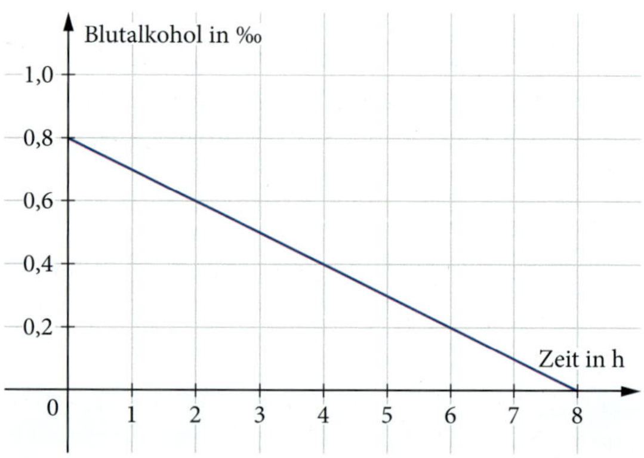

Im vorherigen Beispiel konnte jedem Zeitpunkt eine bestimmte Alkoholkonzentration zugeordnet werden. Eine solche eindeutige Zuordnung nennt man Funktion.

Eine Zuordnung heißt **Funktion**, wenn jedem Element einer Ausgangsmenge genau ein Element einer Zielmenge zugeordnet wird.

Als **Funktionsnamen** werden gewöhnlich Kleinbuchstaben gewählt.

Häufig benutzte Funktionsnamen:
f, g, h

Der Funktion, die den Alkoholabbau beschreibt, geben wir im Folgenden den Namen f. Die Alkoholkonzentration im Blut wird in Abhängigkeit von der Zeit betrachtet, die seit der Alkoholaufnahme verstrichen ist.

f: Zeit nach erster Messung (in Stunden) $\mapsto$ Alkoholkonzentration im Blut (in ‰)

▶ Der Pfeil $\mapsto$ bedeutet „wird abgebildet auf".

Die abgelaufene Zeit bezeichnen wir mit der **Variablen** x. Sie wird hier in Stunden gemessen. Die x-Werte heißen auch **Argumente**.

Variable: x

▶ Es können auch andere Buchstaben gewählt werden: Für die Zeit nutzt man z.B. oft die Variable t.

Jedem Zeitpunkt (x-Wert) wird durch die Funktion f eindeutig die Alkoholkonzentration im Blut des Patienten zum Zeitpunkt x zugeordnet. Diese zugeordneten Werte werden oft mit der Variablen y bezeichnet. Um deutlich zu machen, dass der y-Wert von der Variablen x abhängig ist, schreiben wir für y auch $f(x)$ (gelesen: „f von x"). Der Wert $f(x)$ heißt **Funktionswert** von f an der Stelle x.

f: Zeit nach erster Messung (in Stunden) $\mapsto$ Alkoholkonzentration im Blut (in ‰)

f: $x \mapsto y$

f: $x \mapsto f(x)$

$y = f(x)$ ▶ Alkoholkonzentration nach x Stunden
↑
Funktionswert

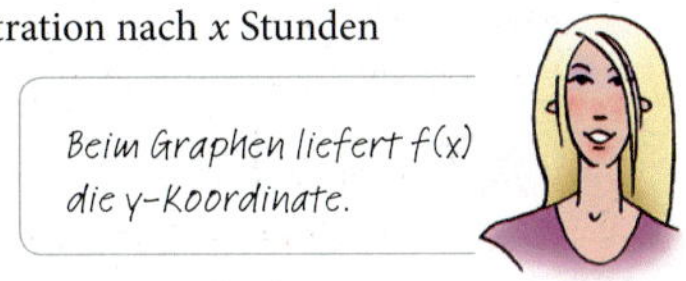

Mithilfe eines geeigneten Terms können wir in unserem Beispiel die Alkoholkonzentration zu jedem Zeitpunkt x direkt berechnen. Die **Zuordnungsvorschrift** zeigt an, dass jedem x dieser **Funktionsterm** zugeordnet wird.

Funktionsname ↓, Variable ↓, Funktionsterm

f: $x \mapsto -0{,}1\,x + 0{,}8$ (Zuordnungsvorschrift)

Zum Rechnen besser geeignet ist die Darstellung einer Funktion durch ihre **Funktionsgleichung**.

$f(x) = -0{,}1\,x + 0{,}8$ (Funktionsgleichung)

Mit der Funktionsgleichung können wir nun unmittelbar für beliebige Zeiten die Alkoholkonzentration berechnen, etwa nach 30 Minuten, zweieinhalb Stunden und sechs Stunden:

$f(0{,}5) = -0{,}1 \cdot 0{,}5 + 0{,}8 = \mathbf{0{,}75}$
Nach 30 Minuten beträgt die Alkoholkonzentration 0,75 ‰.

$f(2{,}5) = -0{,}1 \cdot 2{,}5 + 0{,}8 = \mathbf{0{,}55}$
Nach zweieinhalb Stunden ist die Alkoholkonzentration auf 0,55 ‰ gesunken.

$f(6) = -0{,}1 \cdot 6 + 0{,}8 = \mathbf{0{,}2}$
Nach sechs Stunden beträgt die Alkoholkonzentration im Blut 0,2 ‰.

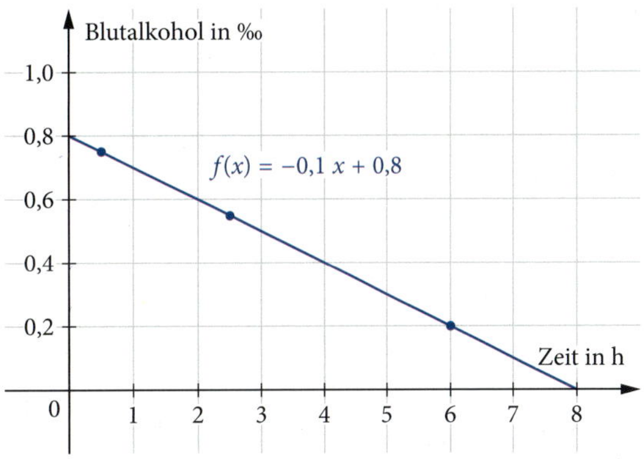

Nicht immer können wir bei gegebener Funktionsgleichung beliebige Werte für x einsetzen. Manchmal ist die Funktionsgleichung nicht für alle Werte definiert. Aber auch in vielen Anwendungssituationen ist es sinnvoll, nur bestimmte x-Werte zuzulassen.

In unserem Beispiel wird die Alkoholkonzentration im Blut erstmals bei der Einlieferung des Patienten gemessen. Von da an „läuft" die Zeit. Außerdem ist der Alkoholabbau nach einer bestimmten Zeit abgeschlossen. Daher sollten wir nur diesen begrenzten Zeitraum betrachten.

Am Graphen von f erkennen wir, dass nach 8 Stunden kein Alkohol mehr im Blut vorhanden ist. Für f ist es daher sinnvoll, nur x-Werte von 0 bis 8 zu betrachten.

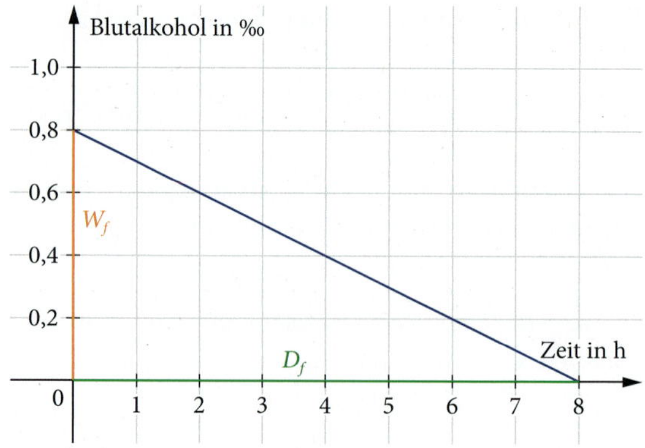

Die Menge, aus der die x-Werte einer Funktion f stammen sollen, heißt **Definitionsmenge** oder **Definitionsbereich** von f. Man bezeichnet diese Menge mit D_f.

Definitionsmenge der Alkoholabbau-Funktion:
$D_f = [0; 8]$

Die Menge aller Funktionswerte einer Funktion f heißt **Wertemenge** oder **Wertebereich** von f, kurz: W_f.

Wertemenge der Alkoholabbau-Funktion:
$W_f = [0; 0{,}8]$

- Bei einer Funktion f wird jedem Element x aus der **Definitionsmenge** D_f genau ein Funktionswert $f(x)$ zugeordnet. Die Menge aller Funktionswerte ist die **Wertemenge** W_f.
- Die Zuordnungsvorschrift wird in der Regel durch eine **Funktionsgleichung** angegeben.
- Der **Graph** von f (kurz G_f) entspricht der Menge aller Punkte $P(x|f(x))$ mit $x \in D_f$.

Entscheiden Sie begründet, ob es sich bei den Zuordnungen um Funktionen handelt.

a) Kreisradius ↦ Kreisfläche

b) Alter eines Menschen ↦ Körpergröße

c)

x	1	2	3	4
y	3,5	4	5,5	6

d)

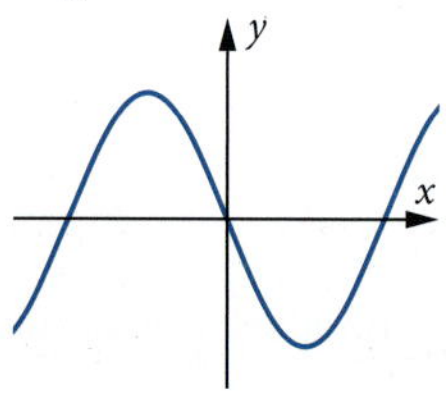

e)

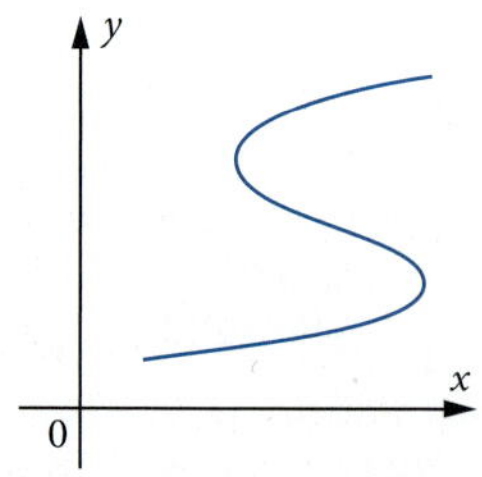

► Lösung auf Seite 249

2 Punktprobe

Leon, ein anderer Praktikant, behauptet: „Nach drei Stunden liegt der Alkoholgehalt im Blut des Patienten bei 0,4 Promille." Stimmt das?

Um Leons Behauptung zu prüfen, machen wir die **Punktprobe**: Wir setzen die Koordinaten von $P(3|0{,}4)$ in die Gleichung von f ein. Dabei entsteht eine falsche Aussage. Also liegt der Punkt P nicht auf dem Graphen von f. Leons Behauptung ist also falsch.

Punktprobe für $P(3|0{,}4)$:

$$f(x) = -0{,}1\,x + 0{,}8$$
$$0{,}4 = -0{,}1 \cdot 3 + 0{,}8$$
$$\Leftrightarrow \quad 0{,}4 = 0{,}5 \qquad \text{(f)}$$

Übungen zu 1.1

1. Entscheiden Sie, ob es sich um Graphen von Funktionen handelt.

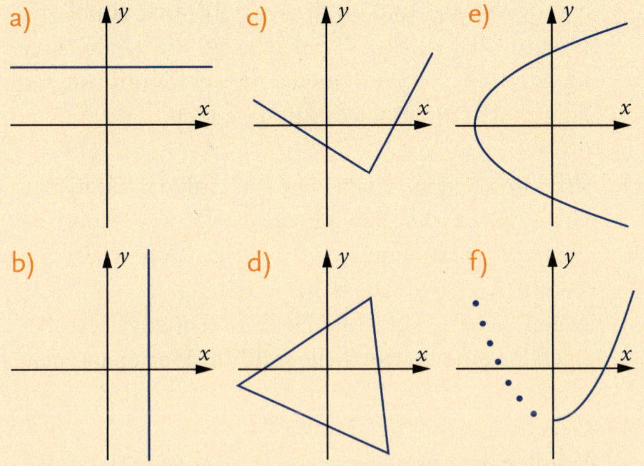

2. Gegeben sind die Ausgangsmenge $A = \{2; 3; 4\}$ und die Zielmenge $Z = \{1; 2; 3; \dots; 16\}$. Den Elementen der Menge A werden die Elemente der Menge Z nach verschiedenen Vorschriften zugeordnet. Die Zuordnung erfolgt so, dass

a) die Elemente von Z größer sind als die Elemente von A;

b) die Elemente von Z kleiner sind als die Elemente von A;

c) die Elemente von A gleich den Elementen von Z sind;

d) die Elemente von Z das Quadrat der Elemente von A sind;

e) die Elemente von Z das Doppelte der Elemente von A sind;

f) die Elemente von Z um 1 größer sind als die Elemente von A.

Stellen Sie die Zuordnungen jeweils in einer Wertetabelle und anschließend jeweils im Koordinatensystem dar.
Finden Sie zu jeder Zuordnung eine Vorschrift in Form einer Gleichung oder einer Ungleichung.
Entscheiden Sie jeweils, ob es sich bei den Zuordnungen um Funktionen handelt.

3. Bestimmen Sie $f(1), f(-2)$ und $f(8)$ für die folgenden reellen Funktionen f.

a) $f(x) = x + 5$ c) $f(x) = (-x)^2 - 3x$

b) $f(x) = -x^2 + 3$ d) $f(x) = 2$

4. Bestimmen Sie die maximale (größtmögliche) Definitionsmenge der folgenden Funktionen f in der Grundmenge $\mathbb{R}$.

a) $f(x) = \frac{1}{x}$ c) $f(x) = \frac{1}{x^2 - 4}$

b) $f(x) = \frac{1}{x + 3}$ d) $f(x) = x$

5. Bestimmen Sie die Wertemenge der folgenden reellen Funktionen f. Überlegen Sie sich dafür, welche Funktionswerte angenommen werden können, wenn man den gesamten Definitionsbereich berücksichtigt. *Tipp*: Skizzieren Sie ggf. den Graphen.

a) $f(x) = x + 1$ c) $f(x) = 2{,}5$

b) $f(x) = x^2 - 3$ d) $f(x) = -x^2$

6. Erläutern Sie die folgenden Begriffe an einer selbst gewählten Funktion:
Zuordnungsvorschrift, Definitionsmenge, Wertemenge, Argument, Funktionsterm.

7. Prüfen Sie, ob die Punkte auf den Graphen der reellen Funktionen f und g liegen, indem Sie die Koordinaten in die Funktionsgleichung einsetzen (Punktprobe). Zeichnen Sie anschließend die Graphen mithilfe einer Wertetabelle und überprüfen Sie Ihre Ergebnisse grafisch.

a) $f(x) = 2x - 1$ $P(0{,}5|0)$; $Q(3|6)$; $R(-2|-3)$

b) $g(x) = \frac{x^2 + 3}{2}$ $P\left(0\middle|\frac{3}{2}\right)$; $Q(0{,}5|2)$; $R(-2|0{,}5)$

8. Geben Sie einen funktionalen Zusammenhang an, der mit den abgebildeten Gegenständen bzw. Situationen verbunden werden kann.

9. In der letzten Schulaufgabe einer Klasse wurden die folgenden Ergebnisse erzielt.

Note	1	2	3	4	5	6
Anzahl der Arbeiten	2	3	11	6	2	1

a) Geben Sie die Zuordnung an.
b) Zeichnen Sie den Graphen der Zuordnung.
c) Entscheiden Sie, ob ein funktionaler Zusammenhang vorliegt.
d) Berechnen Sie die Durchschnittsnote der Klausur. Ergänzen Sie den Graphen.

10. Im Bayerischen Gesetz über das Erziehungs- und Unterrichtswesen ist die Bewertung durch Noten beschrieben (BayEUG Artikel 52; Fassung vom 31. 05. 2000).
a) Ordnen Sie den Beschreibungen die Noten zu. Übertragen Sie dazu das Pfeildiagramm in Ihr Heft.

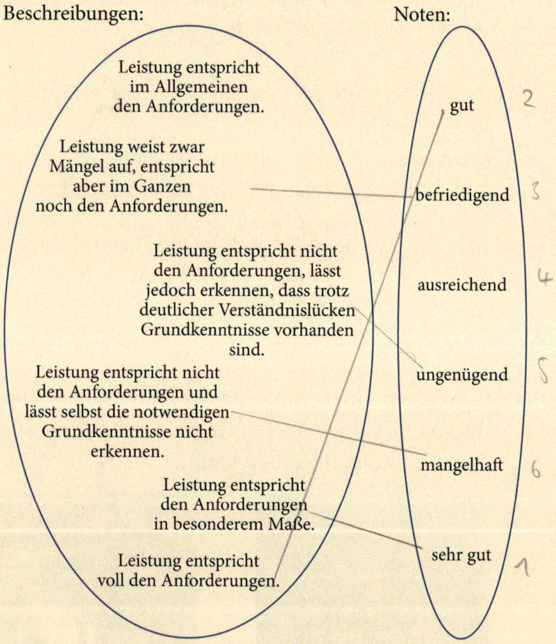

b) Ordnen Sie den Noten die Zahlen 1 bis 6 zu, indem Sie das Pfeildiagramm aus a) erweitern.
c) An der Beruflichen Oberschule gibt es zur Benotung ein Punktesystem. Machen Sie sich mit dem Punktesystem vertraut und dem bei Ihnen gültigen Notenschlüssel. So erhält man z. B. an der BOS Rosenheim 12 Punkte (entspricht einer 2), wenn man mindestens 75,5 % bis weniger als 80,5 % der möglichen BE erreicht hat.

11. Die Stadtwerke einer bayerischen Stadt stellen ihren Kunden einen Grundpreis von 92,00 € pro Jahr und einen Arbeitspreis von 26 ct pro kWh in Rechnung. Erläutern Sie, welche Zuordnung bei der Rechnungslegung vorliegt und ob diese Zuordnung eine Funktion ist. Geben Sie die Gleichung, die Definitionsmenge und die Wertemenge dieser Zuordnung an, falls es sich um eine Funktion handelt.

12. Wir betrachten einen Quader mit quadratischer Grundfläche der Seitenlänge $a = 2$. Die Höhe des Quaders bezeichnen wir mit x. Geben Sie das Volumen des Quaders in Abhängigkeit von x an. Legen Sie eine sinnvolle Definitionsmenge fest. Fertigen Sie eine Wertetabelle mit fünf Wertepaaren an.

13. Gegeben ist die Gleichung $x^2 + y^2 = 8$.
a) Erfüllen die Koordinaten des Punkts $P(2|2)$ die Gleichung?
b) Finden Sie in jedem der drei anderen Quadranten einen Punkt, dessen Koordinaten die Gleichung erfüllen. Tragen Sie die Punkte in ein Koordinatensystem ein.
c) Die Gleichung $x^2 + y^2 = 8$ heißt Kreisgleichung. Liegt eine Funktionsgleichung vor?

14. Lesen Sie den Text auf Seite 9.
a) Veranschaulichen Sie Lynns Überlegungen zur Entwicklung ihres Bankguthabens durch eine Wertetabelle und einen Graphen.
b) Nennen Sie mindestens drei weitere funktionale Zusammenhänge, die im Text enthalten sind.
c) Ermitteln Sie aus dem Text eine Zuordnung, die keine Funktion ist.
d) Lynn entscheidet sich, alle drei Wände zu streichen. Kann sie die benötigte Farbe mit dem Geldgeschenk finanzieren?
e) Schreiben Sie eine Alltagsgeschichte, die mindestens zwei funktionale Zusammenhänge enthält.

15. *Ampelabfrage:* Entscheiden Sie, ob es sich bei der Zuordnung um eine Funktion handelt oder nicht.

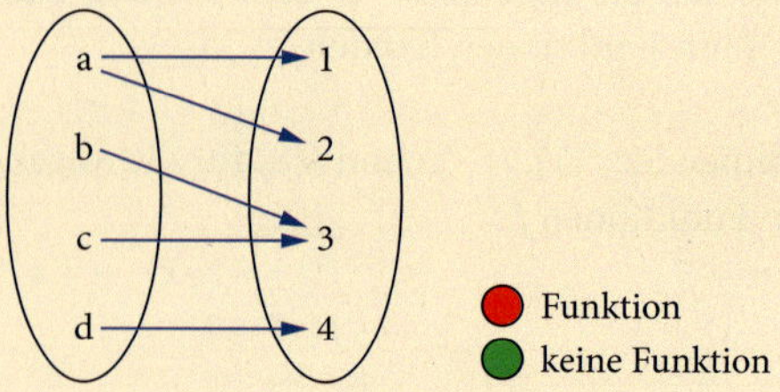

Ich kann …

… Zuordnungen als **Punkte im Koordinatensystem** darstellen.

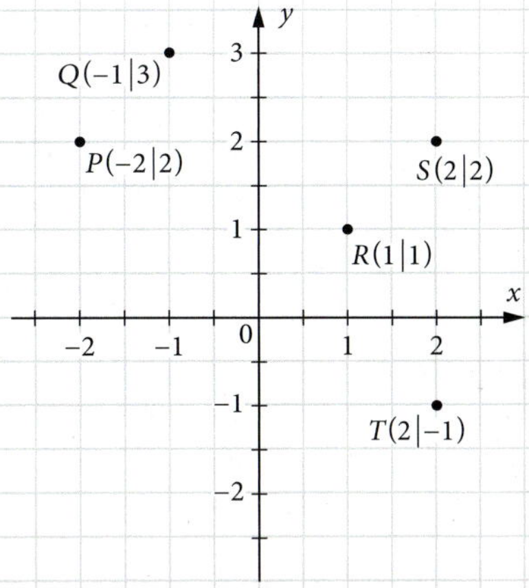

Ein Punkt $P(x|y)$ wird durch seine Koordinaten festgelegt. Die Werte für x werden auf der waagerechten Achse (x-Achse), die Werte für y auf der senkrechten Achse (y-Achse) abgetragen.

… erklären, wie eine **Funktion** definiert ist.

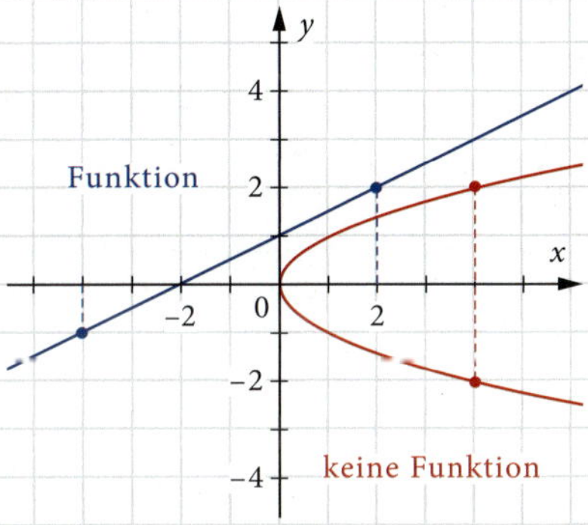

Jedem Element der Definitionsmenge D wird genau ein Element der Wertemenge W zugeordnet.

… die Begriffe **Definitions- und Wertemenge** erklären.

$f(x) = 4x + 1$ mit $D_f = \{1; 2; 3; 4\}$
$f(1) = 5$, $f(2) = 9$, $f(3) = 13$, $f(4) = 17$
$W_f = \{5; 9; 13; 17\}$

In der Definitionsmenge sind genau die Zahlen enthalten, die für x eingesetzt werden dürfen.
Die Funktionswerte bilden die Wertemenge.

… die verschiedenen Teile einer **Funktionsgleichung** benennen.

Zuordnungsvorschrift: $f\colon x \mapsto 4x + 1$
Funktionsgleichung: $f(x) = 4x + 1$
Funktionsterm: $4x + 1$
Variable: x
Funktionswert: $f(x)$

… mit einer **Punktprobe** überprüfen, ob ein gegebener Punkt auf dem Graphen einer Funktion liegt.

$P(2|9)$:
$f(2) = 4 \cdot 2 + 1 = 9$
$\rightarrow$ P liegt auf dem Graphen von f.

$Q(1|6)$:
$f(1) = 4 \cdot 1 + 1 = 5 \neq 6$
$\rightarrow$ Q liegt nicht auf dem Graphen von f.

$P(a|b)$:
Die x-Koordinate des Punktes in den Funktionsterm von f einsetzen:
$f(a) = b \rightarrow$ P liegt auf dem Graphen von f.
$f(a) \neq b \rightarrow$ P liegt nicht auf dem Graphen von f.

Test A zu 1.1 (circa 22 Minuten; 18 BE)

1. Geben Sie an, ob es sich bei den folgenden Zuordnungen um Funktionen handelt. (4 BE)

a) Körpergröße $\mapsto$ Gewicht

b) Gewicht $\mapsto$ Body-Mass-Index (BMI)

c) Länge eines Fußes $\mapsto$ Schuhgröße

d) Umfang eines Kreises $\mapsto$ Flächeninhalt eines Kreises

2. Entscheiden Sie begründet, welche der im Koordinatensystem dargestellten Zuordnungen Funktionen sind.

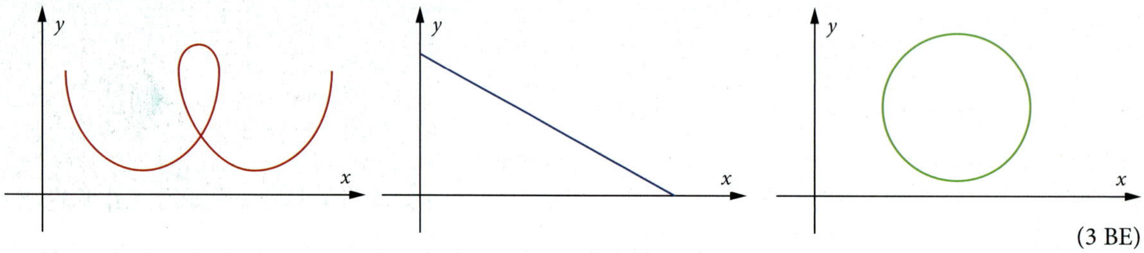

(3 BE)

3. Prüfen Sie rechnerisch, ob die Punkte auf dem Graphen oder ober- bzw. unterhalb des Graphen der Funktion $f: x \mapsto 4x + 3$ mit $D_f = \mathbb{R}$ liegen: $P(2|11)$, $Q(-2|-5)$, $R(5|20)$. (3 BE)

4. Geben Sie an, ob die Aussagen wahr oder falsch sind, und begründen Sie Ihre Antwort kurz. (5 BE)

a) Der Graph einer Funktion schneidet die x-Achse stets in mindestens einem Punkt.

b) Eine Parallele zur x-Achse schneidet einen Funktionsgraphen in höchstens einem Punkt.

c) Der Graph einer Funktion schneidet die y-Achse mindestens einmal.

d) Ein Funktionsgraph schneidet die y-Achse höchstens einmal.

e) Eine zur y-Achse parallele Gerade ist kein Funktionsgraph.

5. Geben Sie zu folgenden Zuordnungsvorschriften den Wortlaut an. (3 BE)

a) $x \mapsto x^2 - 1$

b) $x \mapsto (x-1)^2$

Test B zu 1.1 (circa 25 Minuten; 20 BE)

1. Stellen Sie jeweils die Funktionsterme zu den in der Wertetabelle gegebenen Funktionswerten auf. (6 BE)

x	−2	−1	0	1	2
$f(x)$	4	2	0	−2	−4
$g(x)$	−7	−4	−1	2	5
$h(x)$	5	2	1	2	5

2. Zeichnen Sie die Punkte des Funktionsgraphen der Funktion f aus der Tabelle der vorangegangenen Aufgabe in ein Koordinatensystem. (4 BE)

3. Ermitteln Sie zur Definitionsmenge $D = \left\{-1; -\frac{1}{2}; 0; \frac{1}{2}; 1\right\}$ die Wertemenge der Funktion $f: x \mapsto -x^2 + 1$. (3 BE)

4. Die nebenstehend abgebildeten Becher (1) und (2) haben die gleiche Höhe und werden gleichmäßig mit Wasser befüllt. Skizzieren Sie den zeitlichen Verlauf der Füllhöhe für beide Becher in ein gemeinsames Diagramm und erläutern Sie kurz Ihren Gedankengang. (7 BE)

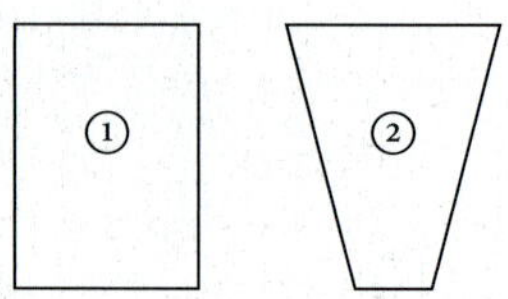

1 Ganzrationale Funktionen

1.2 Lineare Funktionen

Der Geschäftsführer der Fly Bike Werke GmbH, Hans Peters, möchte das Sortiment ausbauen. Die Produktion soll um ein Elektrofahrrad mit Tretunterstützung ergänzt werden. Die Fahrräder unterliegen weder einer Versicherungs- noch einer Führerscheinpflicht und sind bei Senioren zunehmend beliebt. Herr Peters möchte zunächst die Modellreihe *City* um ein solches Elektrofahrrad erweitern, da diese Modelle mit ihrem niedrigen Einstieg bei älteren Kunden großen Anklang finden.

Herr Peters hat deshalb den Leiter der Produktion, Herrn Rother, gebeten, die Kosten für dieses Modell zusammenzutragen.

Herr Rother ermittelt Kosten in Höhe von 40 000 €, die für die Erweiterung der Produktionshallen anfallen. Außerdem würden für jedes Fahrrad Kosten in Höhe von 1500 € für Material und Personal entstehen.

Herr Gerland als Vertriebsleiter möchte das neue Modell *E-City-Bike* nennen und schlägt als Verkaufspreis 1899 € vor. Damit steigt die Fly Bike Werke GmbH mit einem preiswerten Elektrofahrrad in diesen neuen Markt ein und kann später die E-Bike-Produktion auch auf andere Modelle ausweiten, mit denen dann höhere Preise erzielt werden können.

Die Geschäftsführung möchte nun anhand der vorliegenden Zahlen die Entscheidung treffen, ob die Fly Bike Werke GmbH in die Produktion von Elektrofahrrädern einsteigt.

► Aufgabe 15 auf Seite 36

Funktionaler Zusammenhang

- Geraden grafisch und als Gleichung darstellen
- Besondere Geraden beschreiben
- Schnittpunkte bestimmen

Kompetenzen

- Probleme lösen
- Darstellungen verwenden

1.2 Lineare Funktionen

1.2.1 Gleichungen und Graphen

(1) Infusion – direkte Proportionalität

Ein Patient soll eine Infusion erhalten. Der Tropf wird so eingestellt, dass pro Minute 30 Tropfen durchlaufen. 30 Tropfen entsprechen einer Flüssigkeitsmenge von 1,5 ml. Nach zehn Minuten soll die Pflegekraft den Zustand des Patienten prüfen und kontrollieren, ob der Tropf richtig läuft.
Bestimmen Sie, welche Flüssigkeitsmenge bis dahin durchgelaufen ist.

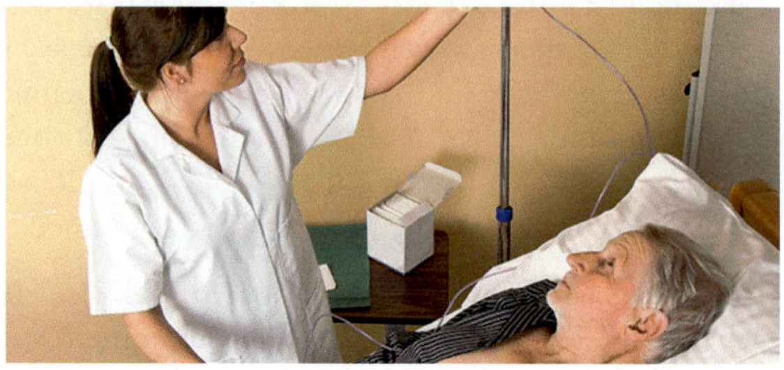

Jedem Zeitpunkt – vom Setzen des Tropfs an gerechnet – können wir genau die bis dahin zugeführte Infusionsmenge zuordnen.
Nach einer Minute sind 1,5 ml in den Körper des Patienten gelangt, nach zwei Minuten 3 ml, nach drei Minuten 4,5 ml usw. Diese Werte halten wir in einer Wertetabelle fest.
Da jedem Zeitpunkt genau eine bestimmte Infusionsmenge zugeordnet wird, handelt es sich bei dieser Zuordnung um eine Funktion.

Zeit in min	0	1	2	3	…
Menge in ml	0	1,5	3	4,5	…

Wir stellen den Vorgang grafisch dar:
Auf der x-Achse wird die Zeit in Minuten (min) eingetragen und auf der y-Achse die Infusionsmenge in Millilitern (ml).

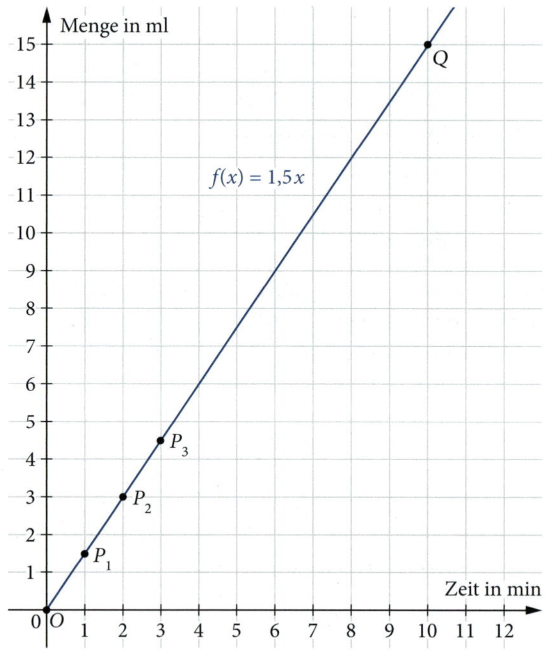

Aus der Tabelle lesen wir die Punkte des Graphen ab: $O(0|0)$, $P_1(1|1{,}5)$, $P_2(2|3)$, $P_3(3|4{,}5)$, …

Wir stellen fest, dass man alle diese Punkte durch eine Gerade verbinden kann, die durch den Ursprung geht.

▶ Eigentlich kann man nur tropfenweise, also in Schritten von 1,5 ml/30 Tropfen = 0,05 ml, die Infusionsmenge auf der y-Achse auftragen. Aber da dieser Wert sehr klein ist, kann man idealisiert von einer stufenlosen Geraden ausgehen.

$x = 1 \quad \rightarrow \quad f(1) = 1{,}5 \cdot 1 = 1{,}5$
$x = 2 \quad \rightarrow \quad f(2) = 1{,}5 \cdot 2 = 3$
$x = 3 \quad \rightarrow \quad f(3) = 1{,}5 \cdot 3 = 4{,}5$
Allgemein: $\quad f(x) = 1{,}5 \cdot x$

$x = 10 \quad \rightarrow \quad f(10) = 1{,}5 \cdot 10 = \mathbf{15}$

Allgemein gehört zu einer beliebigen Zeit x die Infusionsmenge $f(x) = 1{,}5 \cdot x$.
Setzen wir für x den Wert 10 ein, so erhalten wir als Funktionswert $f(10)$ den Wert 15. Für den Graphen ergibt sich der Punkt $Q(10|15)$. Nach 10 Minuten sind also 15 ml der Infusion durchgelaufen.

Eine Zuordnung der Form $x \mapsto y = mx$, nennt man eine **direkte Proportionalität**. Die Änderung der y-Werte Δy erfolgt in gleichem Maße wie die Änderung der x-Werte Δx, das heißt der Quotient $\frac{\Delta y}{\Delta x} = m$ ist konstant. Dabei wird m **Proportionalitätskonstante** genannt. ▶ Δ (gelesen „Delta“) ist das griechische „D“ und steht hier für Differenz.

Infusionsdauer

2

Eine volle Flasche enthält 50 ml Infusionsflüssigkeit. Die Tropfgeschwindigkeit wird so eingestellt, dass 2 ml pro Minute durchlaufen. Sobald nur noch 4 ml Flüssigkeit in der Flasche sind, muss die Flasche nachgefüllt oder ausgetauscht werden. Bestimmen Sie den Zeitpunkt, an dem dies der Fall ist.

Jeder verstrichenen Zeitdauer nach Anlegen des Tropfs kann die in der Flasche verbliebene Infusionsmenge eindeutig zugeordnet werden:

Zu Beginn:	50
Nach 1 Minute:	$50 - 2 \cdot 1 = 48$
Nach 2 Minuten:	$50 - 2 \cdot 2 = 46$
Nach 3 Minuten:	$50 - 2 \cdot 3 = 44$
Nach x Minuten:	$50 - 2 \cdot x$

Auch diese Zuordnung ist also eine Funktion.

Zeit in min	0	1	2	3	…
Menge in ml	50	48	46	44	…

Wir erhalten bei dieser Funktion die verbliebene Flüssigkeitsmenge $f(x)$ zu einem bestimmten Zeitpunkt x durch die Gleichung
$f(x) = 50 - 2x$ bzw. $f(x) = -2x + 50$.

Setzen wir für $f(x)$ den Wert 4 ein, so erhalten wir durch Umformen der Gleichung für x den Wert 23. Der entsprechende Punkt ist $Q(23|4)$.

Nach 23 Minuten muss die Flasche nachgefüllt oder ausgetauscht werden, da die Flüssigkeitsmenge nur noch 4 ml beträgt.

Auch in diesem Beispiel stellen wir bei der grafischen Darstellung fest, dass die Punkte aus der Wertetabelle und der Punkt Q auf einer gemeinsamen Geraden liegen. Sie schneidet die y-Achse bei 50.

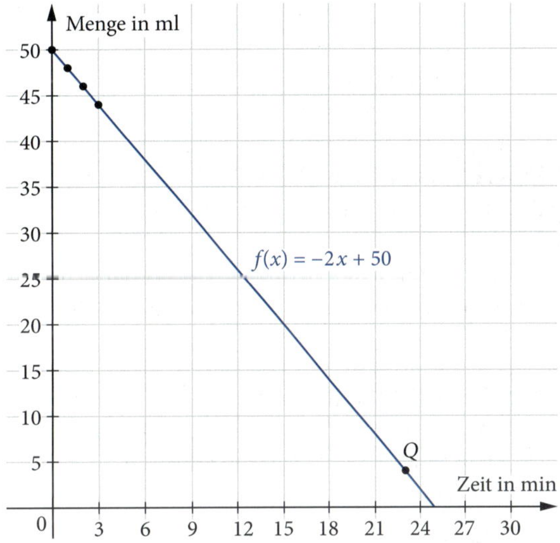

- Eine Funktion f der Form $f(x) = mx + t$ mit $m \in \mathbb{R} \setminus \{0\}$ und $t \in \mathbb{R}$ heißt **lineare Funktion.**
- Der Graph einer linearen Funktion ist eine nicht senkrechte Gerade.
- Die Definitionsmenge D der Funktion f ist, falls nicht anders angegeben, die Menge der reellen Zahlen $D = \mathbb{R}$.
- Die Wertemenge ist dann $W = \mathbb{R}$.

1. Untersuchen Sie jeweils, ob es sich um die Gleichung einer linearen Funktion handelt. Begründen Sie Ihre Entscheidung.

a) $f(x) = 3x + 7$
b) $f(x) = -1{,}8x$
c) $f(x) = -3$
d) $f(x) = 3x^2 + 9$
e) $f(x) = 2 - 6x$
f) $x = 9$
g) $f(x) = 5{,}2$
h) $f(x) = 2(x - 5)$

2. Der Stromanbieter Energy macht einem Hort folgendes Angebot: Der monatliche Grundpreis beträgt 5,90 €. Der Preis pro verbrauchter Kilowattstunde (kWh) ist 0,26 €.

a) Betrachten Sie die Funktion f, die dem Verbrauch in kWh eines Monats die jeweiligen Kosten zuordnet: Stellen Sie eine Wertetabelle in 250er-Schritten auf, geben Sie eine Funktionsgleichung an und zeichnen Sie den Graphen.

b) Wie hoch sind die monatlichen Stromkosten bei einem durchschnittlichen Verbrauch von 860 kWh pro Monat?

▶ Lösungen auf Seite 249

$f(x) = mx + t$: Bedeutung der Parameter m und t

Wir betrachten drei lineare Funktionen mit der Definitionsmenge $D = \mathbb{R}$.

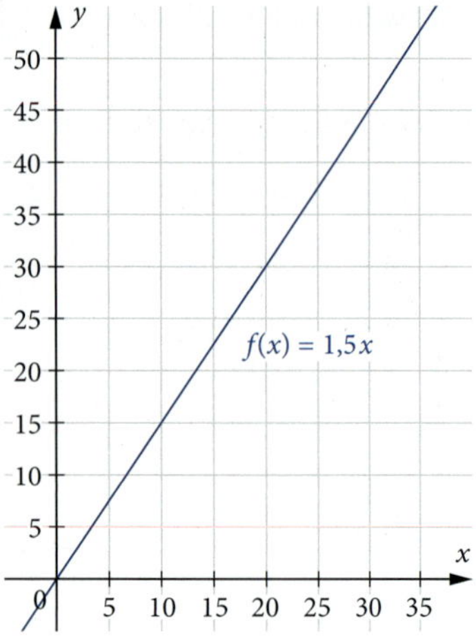

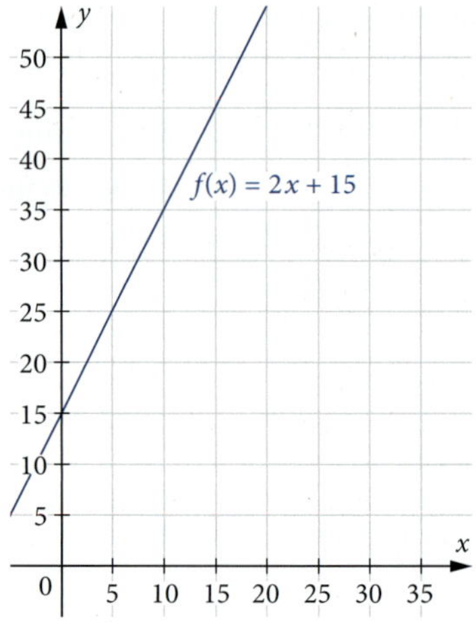

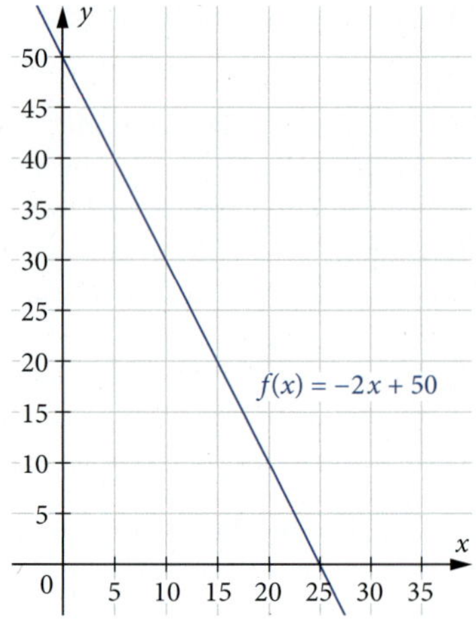

Allgemein lautet die Gleichung einer linearen Funktion $f(x) = mx + t$ mit $m \in \mathbb{R} \setminus \{0\}$ und $t \in \mathbb{R}$.

Bedeutung von t

Anhand der Abbildungen erkennen wir, dass die Geraden die y-Achse bei t schneiden.
Der Parameter t wird daher **y-Achsenabschnitt** oder **Absolutglied** genannt. Der Schnittpunkt mit der y-Achse ist $S_y(0|t)$.

$f(x) = mx + t$	y-Achsenabschnitt	$S_y(0\|t)$
$f(x) = 1{,}5x + 0$	$t = 0$	$S_y(0\|0)$
$f(x) = 2x + 15$	$t = 15$	$S_y(0\|15)$
$f(x) = -2x + 50$	$t = 50$	$S_y(0\|50)$

Sonderfall: Im Fall $t = 0$ ist der Schnittpunkt mit der y-Achse $S_y(0|0)$. Die Gerade verläuft durch den Ursprung des Koordinatensystems und heißt daher **Ursprungsgerade**. ► Seite 18, Beispiel 1

Bedeutung von m

Der Parameter m gibt die Zunahme bzw. Abnahme pro Einheit an und damit die **Steigung** der Geraden.
Zunahme: $m > 0$
Abnahme: $m < 0$

Anhand der Graphen erkennen wir:
$m > 0$: Die Gerade steigt, und zwar umso stärker, je größer der Wert für m ist.
$m < 0$: Die Gerade fällt, und zwar umso stärker, je kleiner der Wert für m ist.

Hinweis:
Im Fall $m = 0$ handelt es sich zwar nicht um eine lineare Funktion, der zugehörige Graph ist aber auch eine Gerade. Diese verläuft parallel zur x-Achse.
Beispiel: Der Graph der Funktion f mit der Gleichung $f(x) = 0 \cdot x + 2$ oder kürzer $f(x) = 2$ ist eine zur x-Achse parallele Gerade. Sie schneidet die y-Achse im Punkt $S_y(0|2)$.
Solche Funktionen heißen **konstante Funktionen**.

$f(x) = mx + t$	Steigung
$f(x) = 1{,}5x$ Zunahme: $m > 0$	$m = 1{,}5$ Nach jeder Minute sind 1,5 ml mehr im Körper des Patienten.
$f(x) = 2x + 15$ Zunahme: $m > 0$	$m = 2$ Nach jeder Minute sind 2 ml mehr im Körper des Patienten.
$f(x) = -2x + 50$ Abnahme: $m < 0$	$m = -2$ Nach jeder Minute sind 2 ml weniger in der Tropfflasche.

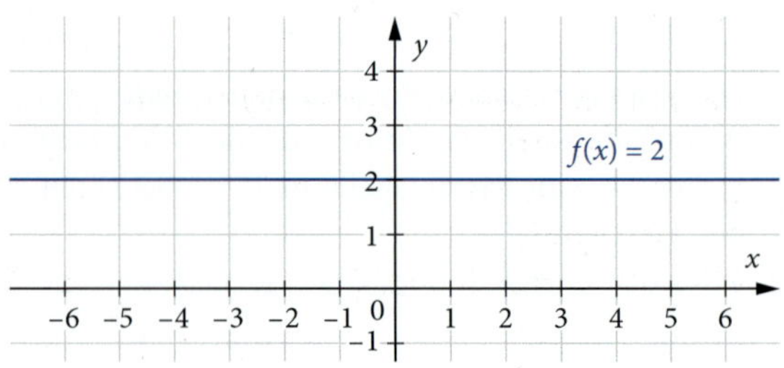

Steigung einer Geraden

Steigungsdreieck und Steigungsformel

3

Die Gerade zu $g(x) = 2x + 1$ hat die Steigung $m = 2$.
Erläutern Sie, wie man die Steigung anhand der Geraden erkennen und mithilfe zweier Punkte berechnen kann.

Anhand des Graphen erkennen wir: Geht man vom Punkt $P_1(0|1)$ eine Einheit nach rechts, so muss man zwei Einheiten nach oben gehen, um wieder zu einem Punkt der Geraden zu gelangen, hier: $P_2(1|3)$.
Geht man vom Punkt $P_2(1|3)$ zunächst zwei Einheiten nach rechts, muss man vier Einheiten nach oben gehen, um wieder zu einem Punkt auf der Geraden zu gelangen, hier: $P_3(3|7)$.
Zeichnen wir diese Schritte nach, so erhalten wir rechtwinklige Dreiecke, die sogenannten **Steigungsdreiecke**. In jedem dieser Steigungsdreiecke beträgt das Verhältnis der Seitenlängen 2.
Es entspricht also der Steigung m.

Erstes Dreieck: $\frac{2}{1} = 2$ ▶ $m = 2$

Zweites Dreieck: $\frac{4}{2} = 2$ ▶ $m = 2$

Formal gilt für zwei Punkte $P_1(x_1|y_1)$ und $P_2(x_2|y_2)$ der Geraden die **Steigungsformel**:
$m = \frac{\Delta y}{\Delta x} = \frac{y_2 - y_1}{x_2 - x_1}$

Mit $P_1(0|1)$ und $P_2(1|3)$ erhalten wir ebenfalls die Steigung 2: $m = \frac{3 - 1}{1 - 0} = 2$

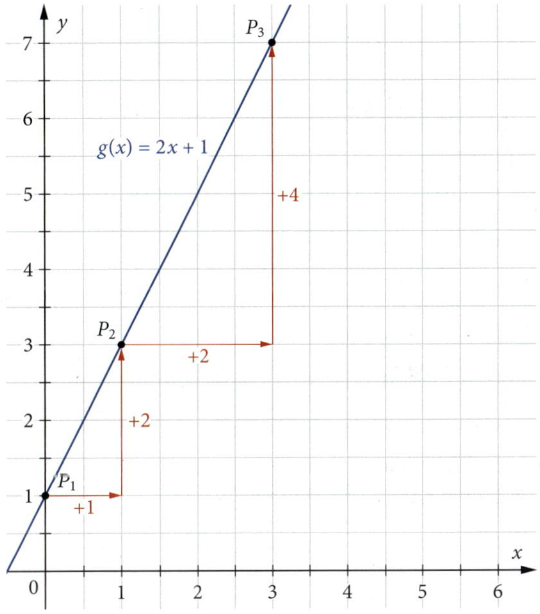

$m = \frac{2}{1}$ bedeutet: 1 Einheit nach rechts (1 im Nenner) und 2 Einheiten nach oben (plus 2 im Zähler).

Für die Parameter m und t einer linearen Funktion mit der Gleichung $f(x) = mx + t$ und der Definitionsmenge $D = \mathbb{R}$ gilt:
- m gibt die **Steigung** der Geraden an.
  $m = \frac{\Delta y}{\Delta x} = \frac{y_2 - y_1}{x_2 - x_1}$ für zwei beliebige Punkte $P_1(x_1|y_1)$ und $P_2(x_2|y_2)$ auf der Geraden.
- t gibt den **y-Achsenabschnitt** an. Im Punkt $S_y(0|t)$ schneidet die Gerade die y-Achse.

1. Geben Sie m und t in den folgenden Funktionsgleichungen an. Entscheiden Sie, ob die zugehörige Gerade steigt, fällt oder parallel zur x-Achse ist.
a) $f(x) = -3x + 6$ b) $f(x) = \frac{1}{2}x - 3$ c) $f(x) = -17$ d) $f(x) = -0{,}25x$ e) $f(x) = 4{,}5 - 2x$

2. Bestimmen Sie die Steigung m der Geraden, die durch die folgenden Punkte geht.
a) $A(2|4)$; $B(5|8)$
b) $C(-2|4)$; $D(0{,}5|0)$
c) $P(-2|5)$; $Q(4|5)$
d) $R(-0{,}75|-1{,}25)$; $S(-2|2{,}5)$

▶ Lösungen auf Seite 249

1

Bestimmen der Funktionsgleichung einer linearen Funktion

4 Bestimmen der Gleichung anhand des Graphen

Geben Sie die Funktionsgleichung an, die den abgebildeten Graphen beschreibt.

Die allgemeine Gleichung einer linearen Funktion ist $f(x) = mx + t$.
Wir müssen also die Werte für m und t ermitteln.
Aus der Zeichnung können wir den y-Achsenabschnitt $t = 3$ und die Steigung $m = -\frac{2}{3}$ ablesen.
Die gesuchte Gleichung lautet $f(x) = -\frac{2}{3}x + 3$.

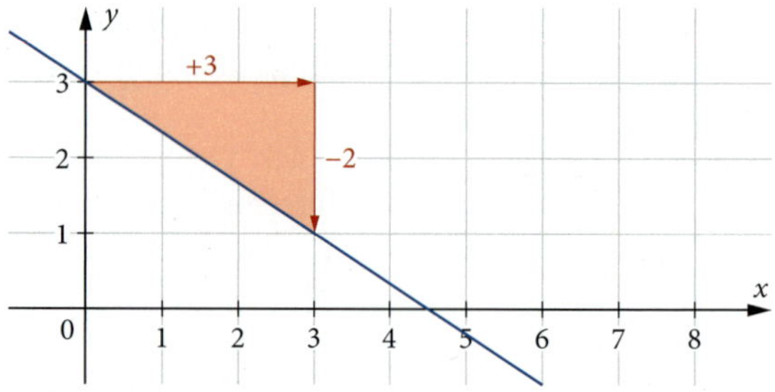

5 Bestimmen der Gleichung mithilfe eines Punkts und der Steigung des Graphen

Der Graph einer linearen Funktion f enthält den Punkt $P(-0{,}5|3)$ und hat die Steigung 2. Geben Sie die Funktionsgleichung von f an.

Da der Wert für die Steigung m schon bekannt ist, muss nur noch der Wert für t berechnet werden.

Wenn wir den Wert der Steigung und die Koordinaten von P in die allgemeine Gleichung einsetzen, erhalten wir durch Umstellen der Gleichung $t = 4$.

Die gesuchte Gleichung lautet $f(x) = 2x + 4$.

$$f(x) = m \cdot x + t \qquad \blacktriangleright\ m = 2;\ x = -0{,}5;\ y = f(-0{,}5) = 3$$
$$\Leftrightarrow \quad 3 = 2 \cdot (-0{,}5) + t$$
$$\Leftrightarrow \quad 3 = -1 + t \qquad | +1$$
$$\Leftrightarrow \quad 4 = t$$

6 Bestimmen der Gleichung anhand zweier gegebener Punkte des Graphen

Der Graph einer linearen Funktion f verläuft durch die Punkte $A(-1|7{,}5)$ und $B(4|0)$. Geben Sie die Funktionsgleichung von f an.

Wir gehen von der Gleichung $f(x) = mx + t$ aus und bestimmen die Zahlenwerte für m und t.

Den Wert für m berechnen wir durch Einsetzen der Koordinaten von A und B in die Steigungsformel.

$$m = \frac{y_2 - y_1}{x_2 - x_1} \qquad \blacktriangleright\ x_1 = -1;\ y_1 = 7{,}5 \quad x_2 = 4;\ y_2 = 0$$
$$m = \frac{0 - 7{,}5}{4 - (-1)} = \frac{-7{,}5}{5} = -1{,}5$$

Um t zu bestimmen, setzen wir die berechnete Steigung und die Koordinaten von A (wahlweise auch B) in die allgemeine Gleichung ein. Dann können wir die Gleichung nach t auflösen.

$$f(x) = m \cdot x + t$$
$$\Leftrightarrow \quad 7{,}5 = -1{,}5 \cdot (-1) + t$$
$$\Leftrightarrow \quad 7{,}5 = 1{,}5 + t \qquad | -1{,}5$$
$$\Leftrightarrow \quad 6 = t$$

Die gesuchte Gleichung lautet $f(x) = -1{,}5x + 6$.

Es gibt auch eine andere Möglichkeit, diese Aufgabe zu lösen:
Wir setzen die Koordinaten von A und B in die allgemeine Gleichung ein und lösen das Gleichungssystem mit dem Subtraktionsverfahren. ▶ Seite 246

$$f(x) = mx + t$$
$$A{:}\ (\mathrm{I}) \qquad 7{,}5 = -m + t$$
$$B{:}\ (\mathrm{II}) \qquad 0 = 4m + t$$
$$(\mathrm{I}) - (\mathrm{II}) \qquad 7{,}5 = -5m \qquad | :(-5)$$
$$\Leftrightarrow \qquad m = -1{,}5$$
$$m = -1{,}5 \text{ in (II)}: \quad 0 = 4 \cdot (-1{,}5) + t$$
$$\Leftrightarrow \qquad t = 6$$

Um die Gleichung einer linearen Funktion in der Form $f(x) = mx + t$ angeben zu können, müssen die Werte für m und t bekannt sein.

Bei der rechnerischen Bestimmung der Funktionsgleichung unterscheidet man zwei Fälle:

1. **Die Steigung m und ein Punkt des Graphen sind gegeben.**
   Man bestimmt t durch Einsetzen der gegebenen Steigung und der Koordinaten des gegebenen Punkts in die allgemeine Funktionsgleichung $f(x) = mx + t$.
2. **Zwei Punkte des Graphen sind gegeben.**
   Man bestimmt m durch Einsetzen der Koordinaten der beiden Punkte in die Steigungsformel $m = \frac{y_2 - y_1}{x_2 - x_1}$.
   Man bestimmt t durch Einsetzen der berechneten Steigung und der Koordinaten eines der beiden Punkte in die allgemeine Funktionsgleichung $f(x) = mx + t$.

Aus den beiden beschriebenen Fällen lassen sich alternativ zu $f(x) = mx + t$ die folgenden zwei Gleichungsformen entwickeln:

Punkt-Steigungsform

$f(x) = m \cdot (x - x_1) + y_1$

▶ bei gegebener Steigung m und einem gegebenen Punkt $P_1(x_1|y_1)$

Gegeben: $m = 2$ und $P_1(-0{,}5|3)$

$$f(x) = 2 \cdot (x - (-0{,}5)) + 3 = 2x + 1 + 3 = 2x + 4$$

Zwei-Punkte-Form

$f(x) = \frac{y_2 - y_1}{x_2 - x_1} \cdot (x - x_1) + y_1$

▶ bei zwei gegebenen Punkten $P_1(x_1|y_1)$ und $P_2(x_2|y_2)$

Gegeben: $P_1(-1|7{,}5)$ und $P_2(4|0)$

$$f(x) = \frac{0 - 7{,}5}{4 - (-1)} \cdot (x - (-1)) + 7{,}5 = -1{,}5 \cdot (x + 1) + 7{,}5 = -1{,}5\,x + 6$$

1. Die Graphen von f, g, h und p sind in der nebenstehenden Zeichnung gegeben. Bestimmen Sie anhand der Graphen die Funktionsgleichungen.

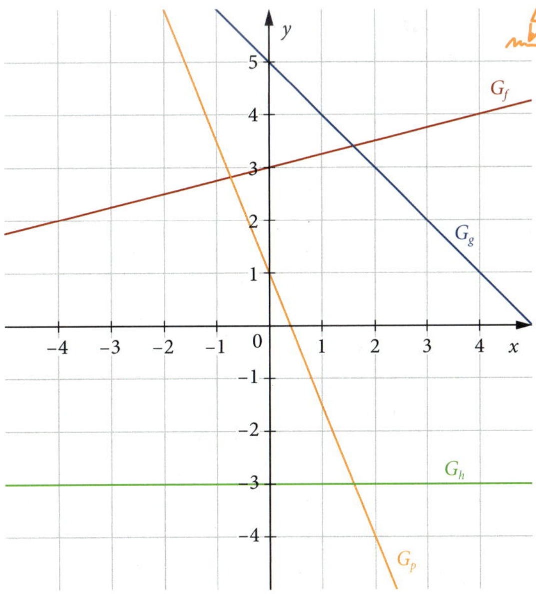

2. Bestimmen Sie durch Rechnung die Gleichung der Funktion, deren Graph eine Gerade mit der Steigung m ist und der den Punkt P enthält.
   a) $m = 0{,}8$; $P(4|-1)$
   b) $m = 0$; $P(2{,}5|7)$
   c) $m = -3$; $P(0|-1)$

3. Bestimmen Sie durch Rechnung die Gleichung der Funktion, deren Graph eine Gerade ist, die durch die angegebenen Punkte verläuft.
   a) $A(3|2)$ und $B(2|4)$
   b) $C(-2|5)$ und $D(6|13)$
   c) $P(-4|6)$ und $Q(1{,}5|6)$

▶ Lösungen auf Seite 249

Zeichnen der Graphen linearer Funktionen

In den folgenden Beispielen werden zwei Möglichkeiten vorgestellt, den Graphen einer linearen Funktion zu zeichnen. In beiden Fällen betrachten wir die Funktion f mit $f(x) = \frac{2}{3}x + 1$.

7 Zeichnen des Graphen mithilfe von y-Achsenabschnitt und Steigungsdreieck

Wir markieren im Koordinatensystem den y-Achsenabschnitt $t = 1$ und erhalten den Punkt $S_y(0|1)$ der gesuchten Geraden.
Von diesem Punkt aus zeichnen wir mithilfe der Steigung $m = \frac{2}{3}$ ein Steigungsdreieck.
Dazu „gehen" wir 3 Einheiten nach rechts (Zahlenwert des Nenners) und anschließend 2 Einheiten nach oben (Zahlenwert des Zählers).
Achtung: Falls die Steigung negativ ist, gehen wir nach unten statt nach oben.
Der erreichte Punkt P ist ein weiterer Punkt der gesuchten Geraden. Die Verbindungsgerade von S_y und P ist der Graph der Funktion f.

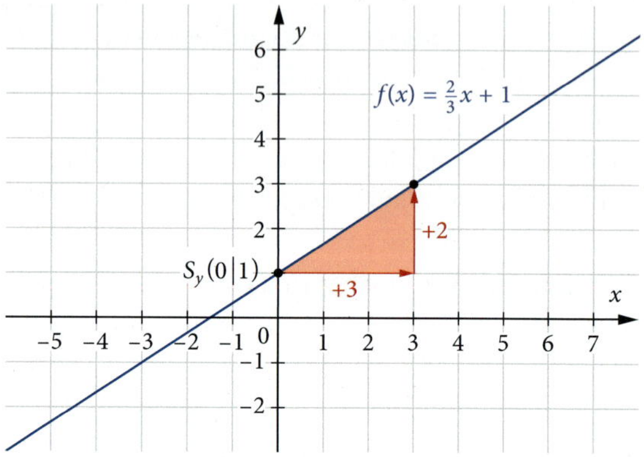

8 Zeichnen des Graphen mithilfe zweier beliebiger Punkte

Eine Gerade ist durch zwei Punkte eindeutig festgelegt. Mithilfe der Funktionsgleichung von f können wir zwei beliebige Punkte der Geraden bestimmen, die den Graphen von f darstellt:

$f(-3) = \frac{2}{3} \cdot (-3) + 1 = -1 \quad \rightarrow P_1(-3|-1)$

$f(6) = \frac{2}{3} \cdot 6 + 1 = 5 \quad \rightarrow P_2(6|5)$

Für die Variable x könnten wir auch beliebige andere Zahlen als −3 und 6 einsetzen. Durch Einsetzen in die Funktionsgleichung erhalten wir stets die entsprechenden y-Koordinaten.
Der Graph von f ist die Verbindungsgerade der ermittelten Punkte P_1 und P_2.

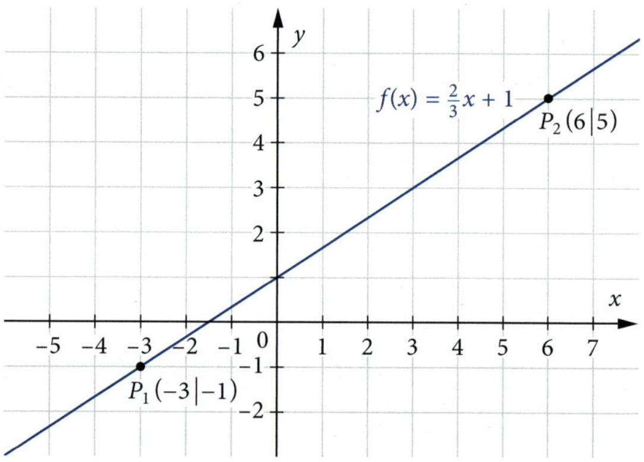

Der Graph einer linearen Funktion kann gezeichnet werden
- mithilfe des y-Achsenabschnitts t und der Steigung m; oder
- mithilfe zweier Punkte, die auf dem Graphen liegen.

1. Zeichnen Sie die zugehörige Gerade mithilfe des y-Achsenabschnitts und der Steigung.
a) $f(x) = 2x - 5$ b) $f(x) = -3x + 1$ c) $f(x) = \frac{3}{4}x + 5$ d) $f(x) = -0{,}4x + 4$

2. Bestimmen Sie durch Rechnung zwei Punkte des Graphen von f und zeichnen Sie damit den Graphen.
a) $f(x) = 4x + 2$ b) $f(x) = \frac{3}{2}x - 4$ c) $f(x) = -0{,}5x + 3{,}5$ d) $f(x) = -\frac{4}{3}x + \frac{7}{3}$

▶ Lösungen auf Seite 249

Besondere Geraden

Koordinatenachsen

9

Die x- und die y-Achse des Koordinatensystems sind ebenfalls Geraden. Stellen Sie diese durch Gleichungen dar.

Die x-Achse ist durch die Funktionsgleichung $f(x) = 0$ darstellbar.

Die y-Achse ist eine senkrechte Gerade und deshalb nicht mithilfe einer Funktionsgleichung in der Form $f(x) = mx + t$ darstellbar. Vielmehr kann man die y-Achse durch die Gleichung $x = 0$ angeben.

Parallele Geraden

10

Zeichnen Sie die Graphen der linearen Funktionen f und g mit $f(x) = 2x + 1$ und $g(x) = 2x - 2{,}5$.
Vergleichen Sie die Graphen.

Die Graphen von f und g nennen wir G_f und G_g. Beide Graphen sind Geraden mit der Steigung $m = 2$. Sie unterscheiden sich nur durch den y-Achsenabschnitt t.

Da sie die gleiche Steigung haben, sind die Geraden G_f und G_g **parallel**.
Wir schreiben kurz: $\mathbf{G_f \parallel G_g}$.

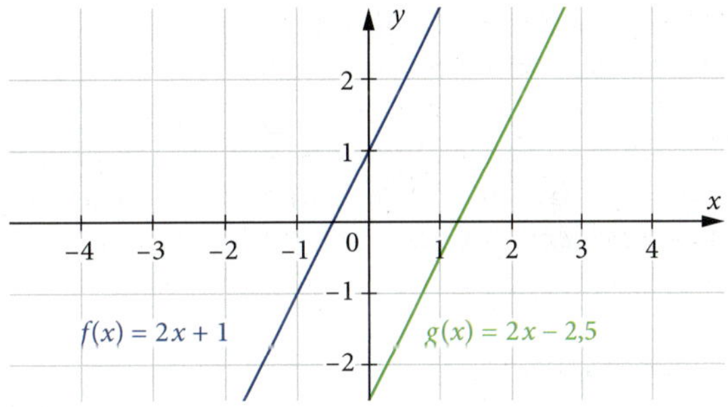

Einen weiteren Spezialfall bilden Geraden, die **orthogonal** sind (senkrecht zueinander verlaufen).

Orthogonale Geraden

11

Betrachten Sie zwei Paare orthogonaler Geraden und vergleichen Sie die jeweiligen Steigungsdreiecke.

Es fällt auf, dass der eine Steigungswert jeweils der negative Kehrwert des anderen Steigungswerts ist:

$m_1 = \frac{3}{2} \quad \rightarrow \quad m_2 = -\frac{2}{3}$

$m_3 = -4 \quad \rightarrow \quad m_4 = \frac{1}{4}$

Anders ausgedrückt: $m_1 \cdot m_2 = -1$ und $m_3 \cdot m_4 = -1$
Dies gilt bei orthogonalen Geraden allgemein:
Die Graphen G_f und G_g zweier linearer Funktionen f und g mit den Steigungen m_1 und m_2 sind genau dann orthogonal (zueinander senkrecht), wenn die Gleichung $m_1 \cdot m_2 = -1$ gilt. Wir schreiben dann kurz: $\mathbf{G_f \perp G_g}$. Die Gleichung $m_1 \cdot m_2 = -1$ heißt **Orthogonalitätsbedingung**.

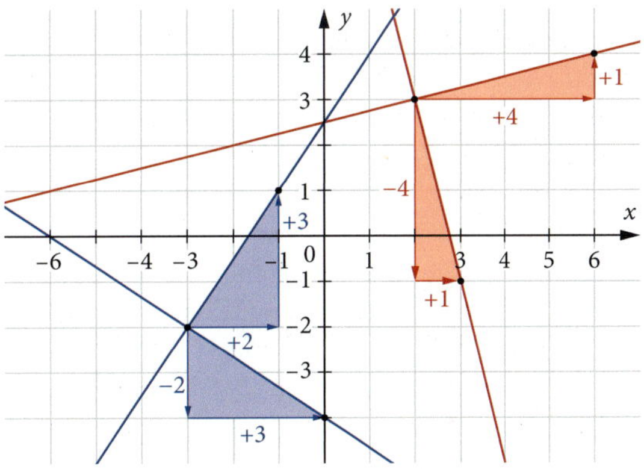

$m_1 = -\frac{1}{m_2} \quad \Leftrightarrow \quad m_2 = -\frac{1}{m_1} \quad \Leftrightarrow \quad m_1 \cdot m_2 = -1$

Welche der folgenden Geraden sind parallel bzw. orthogonal?

$g_1(x) = \frac{3}{4}x + 2$	$g_3(x) = 0{,}75x - 1$	$g_5(x) = -\frac{4}{3}x$	$g_7(x) = \frac{4}{3}$
$g_2(x) = -\frac{3}{4}x - 2$	$g_4(x) = 1{,}\overline{3}x + 5$	$g_6(x) = -0{,}75x - 8$	$g_8(x) = -0{,}75$

► Lösung auf Seite 250

Übungen zu 1.2.1

1. Gegeben ist die Funktion f mit $f(x) = mx + t$. Erläutern Sie die Begriffe Parameter und Variable durch Beispiele.

2. Geben Sie den y-Achsenabschnitt und die Steigung in den folgenden Funktionsgleichungen an.

a) $f(x) = 3x$
b) $f(x) = \frac{3}{2}x - 1$
c) $f(x) = -\frac{4}{3}x + \frac{5}{2}$
d) $f(x) = 4$
e) $f(x) = -\frac{1}{2}x$
f) $f(x) = \frac{1}{5}x + 2$
g) $f(x) = \frac{3}{4}x - 3$
h) $f(x) = 1{,}5x + 0{,}5$

3. Zeichnen Sie die Graphen der Funktionen aus Aufgabe 2 in ein Koordinatensystem.

4. Zeichnen Sie den Graphen der Funktion f mit $f(x) = -2{,}5x + 4$. Zeigen Sie, dass zwei unterschiedliche Steigungsdreiecke an die Gerade die gleiche Steigung aufweisen.

5. Geben Sie die Funktionsgleichungen der abgebildeten Geraden an.

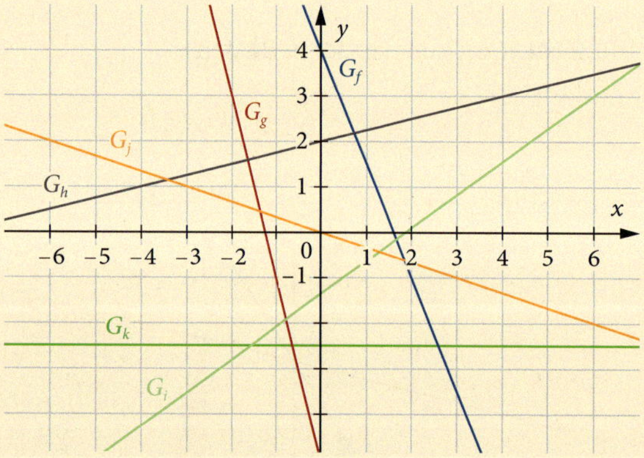

6. Bestimmen Sie die Gleichung der Geraden, die durch P geht und die Steigung m hat.

a) $P(2|5)$; $m = 3$
b) $P(-3|1)$; $m = -1$
c) $P(4|-2)$; $m = 0$
d) $P(1{,}5|0{,}5)$; $m = -4$

7. Bestimmen Sie jeweils die Gleichung der Geraden, die durch P und Q geht.

a) $P(5|2)$; $Q(3|1)$
b) $P(2|4)$; $Q(0|6)$
c) $P(-1{,}5|0)$; $Q(1{,}5|-6)$
d) $P(-1|3)$; $Q(1|3)$
e) $P(2|-3)$ $Q(2|4)$

8. Ebru möchte wissen, wie hoch der Wasserverbrauch beim Baden ist. Deshalb füllt sie zunächst einen Eimer mit Wasser und stellt fest, dass pro Minute 10 ℓ Wasser fließen.

a) Geben Sie eine Funktionsgleichung an, die diesen Sachverhalt beschreibt.
b) Zeichnen Sie den Graphen der Funktion.
c) Bestimmen Sie anhand der Zeichnung den Zeitpunkt, zu dem sich 30 ℓ Wasser in der Wanne befinden. Überprüfen Sie den Wert rechnerisch.
d) Ebru lässt das Wasser 12 Minuten laufen. Geben Sie den Wasserverbrauch an und markieren Sie den Punkt am Graphen.
e) Ebrus Mutter empfiehlt ihrer Tochter zu duschen, um Wasser zu sparen. Überprüfen Sie diese Behauptung durch eine Internetrecherche.

9. Die Downloadgeschwindigkeit soll annähernd als konstant angenommen werden.

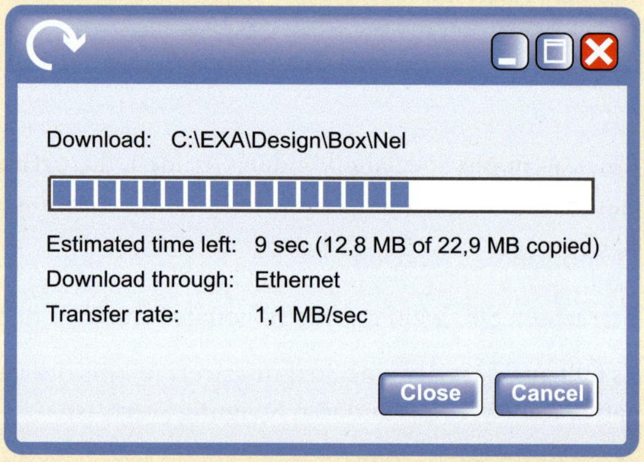

a) Ermitteln Sie, wie lange der Download einer 15 MB großen Datei dauern würde.
b) Geben Sie eine Funktionsgleichung an, die die Downloaddauer in Abhängigkeit der Dateigröße beschreibt.
c) Von einer großen Datei wurden in einer Minute 75 % heruntergeladen. Berechnen Sie, wie lange der Download noch dauert.

10. Eine Gerade g_1 geht durch die Punkte $(-1|3)$ und $(1|-1)$.

a) Ermitteln Sie die Funktionsgleichung aller Geraden, die parallel zu g_1 verlaufen.
b) Ermitteln Sie die Funktionsgleichung der Geraden, die parallel zu g_1 durch den Punkt $(1|2)$ verläuft.

1.2.2 Schnittpunkte

Schnittpunkte mit den Koordinatenachsen

12

Schnittpunkte mit den Koordinatenachsen

Wir betrachten noch einmal die Situation aus Beispiel 2 (▶ Seite 19). Die Menge der Infusionsflüssigkeit in der Flasche nimmt linear ab: $f(x) = -2x + 50$.

Bestimmen Sie den Inhalt der Flasche zu Beginn der Infusion und, nach wie vielen Minuten die Flasche leer ist.

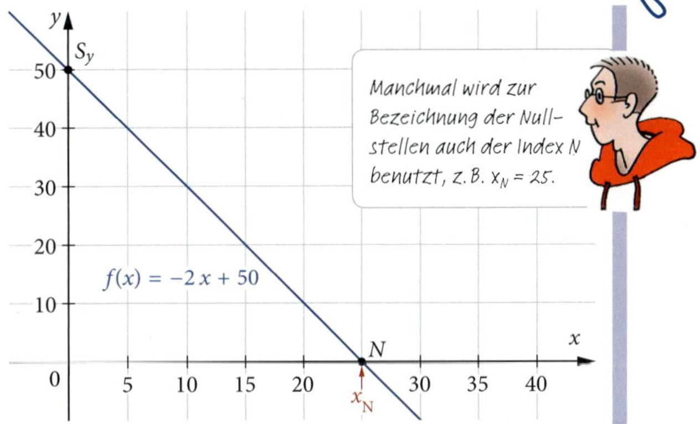

Gesucht ist der Inhalt der Flasche zu Beginn, also zum Zeitpunkt $x = 0$. Wir berechnen den Funktionswert $f(0)$.
Zu Beginn waren 50 ml in der Flasche.
Der Punkt $S_y(0|50)$ ist der Schnittpunkt mit der y-Achse.

Schnitt mit der y-Achse
Entlang der y-Achse gilt: $x = 0$
Einsetzen von $x = 0$ in $f(x)$:
$f(0) = -2 \cdot 0 + 50 = 50 \Rightarrow$ y-Achsenabschnitt $t = 50$
$\Rightarrow S_y(0|50)$ Schnittpunkt mit der y-Achse

Nun möchten wir wissen, nach wie vielen Minuten die Flasche leer ist, wann also gilt $y = 0$. Hier suchen wir anschaulich die x-Koordinate des Schnittpunkts mit der x-Achse. Diese heißt **Nullstelle**.
Die Infusionsflasche ist nach 25 Minuten leer.

Schnitt mit der x-Achse (Nullstelle)
Entlang der x-Achse gilt: $y = 0$.
Funktionsterm $f(x)$ gleich null setzen:
$0 = -2x + 50$
$\Leftrightarrow 2x = 50 \quad |:2$
$\Leftrightarrow x = 25$ ↷ Nullstelle
$\Rightarrow N(25|0)$ Schnittpunkt mit der x-Achse

- Der Wert $x = 0$ liefert den Funktionswert $f(0)$, welcher bei linearen Funktionen dem y-Achsenabschnitt t entspricht. Der Graph der Funktion f schneidet bei $x = 0$ die y-Achse.
  Der zugehörige Punkt heißt ***y*-Achsenschnittpunkt**.
- Die Werte x der Definitionsmenge, für die eine Funktion f den Wert null annimmt, heißen **Nullstellen** der Funktion. Der zugehörige Graph schneidet dort die x-Achse. Zur Berechnung einer Nullstelle wird die Gleichung $f(x) = 0$ nach x aufgelöst. Der zugehörige Punkt heißt ***x*-Achsenschnittpunkt**.

1. Berechnen Sie die Nullstelle der Funktion f. Geben Sie den zugehörigen x-Achsenschnittpunkt an. Bestimmen Sie außerdem den y-Achsenschnittpunkt des Graphen.
   a) $f(x) = 2{,}5x + 7{,}5$ b) $f(x) = -\frac{8}{9}x + 4$ c) $f(x) = 0{,}25x$ d) $f(x) = 3x - 7$ e) $f(x) = 6$

2. In einem Aquarium mit 100 ℓ Wasser soll das Wasser ausgetauscht werden. Pro Minute werden mit einem Schlauch 3 ℓ abgesaugt. Stellen Sie den Wasserablauf durch eine Funktionsgleichung dar.
   Berechnen Sie die für den Ablaufvorgang benötigte Zeit.

▶ Lösungen auf Seite 250

1

Schnittpunkt zweier Geraden

13 Kühltruhe

Das Jugend- und Familienbildungswerk „Bild! Dich!" möchte für seine Bildungsstätte eine neue Kühltruhe mit einem Fassungsvermögen von 250 ℓ anschaffen. Die Praktikantin Esra holt zwei Angebote ein:
- Modell I verbraucht pro Tag 0,62 kWh und gehört zur Energieeffizienzklasse A+. Der Kaufpreis liegt bei 323 €.
- Modell II verbraucht pro Tag 0,46 kWh und gehört zur Energieeffizienzklasse A++. Es soll 438 € kosten.

Das Leitungsteam möchte aus ökologischen Gründen eine Kühltruhe des Modells II anschaffen. Allerdings stellt sich die Frage, ab welcher Betriebsdauer sich diese Anschaffung auch wirtschaftlich lohnt. Der derzeitige Strompreis beträgt 0,23 € pro kWh. Berechnen Sie geeignete Werte und beraten Sie das Leitungsteam.

Zunächst stellen wir für jedes der beiden Modelle eine Funktionsgleichung auf: Der Betriebsdauer x (in Tagen) werden jeweils die Kosten $f(x)$ für diese Betriebsdauer (in Euro) zugeordnet.

Tägliche Stromkosten bei
Modell I: $0{,}62 \cdot 0{,}23 = 0{,}1426$
Modell II: $0{,}46 \cdot 0{,}23 = 0{,}1058$

Die Kosten $f(x)$ setzen sich zusammen aus:
- den Anschaffungskosten (fester Wert, unabhängig von der Betriebsdauer x) und
- den Stromkosten (abhängig von der Betriebsdauer x in Tagen).

Gleichung I: $f_{\text{I}}(x) = 0{,}1426x + 323$
Gleichung II: $f_{\text{II}}(x) = 0{,}1058x + 438$

Anhand der Abbildung ist zu erkennen, dass bei einer Betriebsdauer von weniger als ca. 3100 Tagen die Kosten für Modell II höher sind als die für Modell I. Danach ist es umgekehrt.

Aus ökonomischer Sicht lohnt sich die Anschaffung von Modell II also nur, wenn das Gerät mehr als ca. 3100 Tage betrieben werden kann.

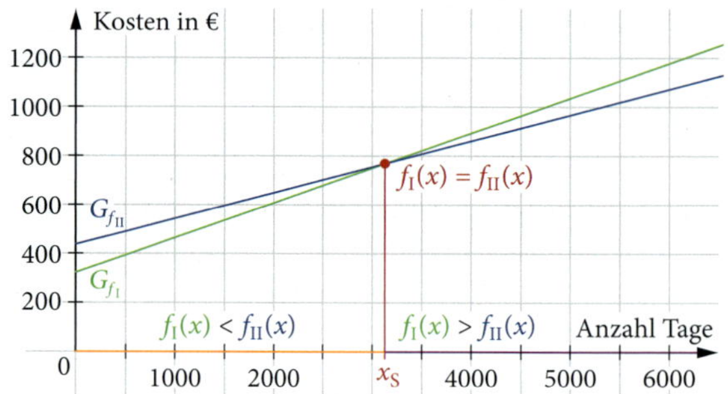

Eine genauere Lösung kann nur rechnerisch ermittelt werden:
Gesucht ist die Anzahl x der Tage, für die bei beiden Modellen die Gesamtkosten gleich sind, d.h., es muss gelten: $f_{\text{I}}(x) = f_{\text{II}}(x)$.

Durch Einsetzen der Funktionsterme und Auflösen der Gleichung nach x erhalten wir die Lösung. Sie gibt die **Schnittstelle** der Geraden an bzw. die x-Koordinate des **Schnittpunkts** S.

Den zugehörigen Funktionswert erhalten wir durch Einsetzen der Schnittstelle in eine der beiden Funktionsgleichungen.

$$f_{\text{I}}(x) = f_{\text{II}}(x)$$
$$\Leftrightarrow \quad 0{,}1426x + 323 = 0{,}1058x + 438 \quad | -0{,}1058x$$
$$\Leftrightarrow \quad 0{,}0368x + 323 = 438 \quad | -323$$
$$\Leftrightarrow \quad 0{,}0368x = 115 \quad | : 0{,}0368$$
$$\Leftrightarrow \quad x = 3125$$
$$f_{\text{I}}(3125) = 0{,}1426 \cdot 3125 + 323 = 768{,}625 \approx 768{,}63$$
$$\rightarrow S(3125|768{,}63)$$

Manchmal wird zur Bezeichnung der Schnittstellen auch der Index S benutzt z. B. $x_S = 3125$.

Beim derzeitigen Strompreis lohnt sich die Anschaffung von Modell II aus wirtschaftlicher Sicht ab einer Betriebsdauer von 3125 Tagen, d.h. erst nach mehr als 8 Jahren. Die bis dahin entstandenen Kosten betragen ca. 768,63 €. Bei steigenden Strompreisen rentiert sich das Modell II aber bereits vor Ablauf der 8 Jahre.

Einen **Schnittpunkt** $S(x|y)$ der Graphen zweier Funktionen f und g bestimmt man wie folgt:

- Die Funktionsterme gleichsetzen: $f(x) = g(x)$.
- Die Gleichung nach x auflösen. Der berechnete Wert liefert die Schnittstelle x bzw. die x-Koordinate des Schnittpunkts.
- Die y-Koordinate des Schnittpunkts berechnen, indem man den berechneten Wert für x in eine der beiden Funktionsgleichungen einsetzt: $y = f(x)$ oder $y = g(x)$.

Die beiden Gleichungen der Geraden können auch als Gleichungen eines Gleichungssystems aufgefasst werden. Die Koordinaten des Schnittpunkts der beiden Geraden entsprechen der Lösung des linearen Gleichungssystems mit zwei Unbekannten (x und y) und zwei Gleichungen.

Bestimmen Sie, sofern möglich, die Koordinaten des Schnittpunkts der zugehörigen Graphen.

a) $f(x) = 5x + 2;\quad g(x) = -2x + 16$

b) $f(x) = 0{,}5x + 4;\quad g(x) = 0{,}25x - 2$

c) $f(x) = -0{,}6x + 4;\quad g(x) = -\frac{3}{5}x$

d) $f(x) = \frac{1}{6}x + 8;\quad g(x) = -\frac{1}{8}x + 8$

► Lösung auf Seite 250

Lösen von linearen Ungleichungen

14

Im vorangegangenen Beispiel „Kühltruhe" war die Schnittstelle der beiden Geraden der Tag, an dem die Kosten für beide Kühltruhenmodelle I bzw. II gleich waren. Anhand des Graphen kann man erkennen, dass die Kosten für das Modell II bis zu diesem Tag höher sind als für das Modell I, d. h. dass gilt $f_{II}(x) > f_I(x)$.
Zeigen Sie nun auch rechnerisch, dass die Kosten für das Modell II im Bereich $0 \le x < 3125$ höher sind als für das Modell I.

Aus dem Kontext geht hervor, dass die Definitionsmenge für beide Funktionen $D = \mathbb{R}_0^+$ ist, da es sinnvoll ist, die Zeit beim Wert 0 starten zu lassen.

Gleichung I: $f_I(x) = 0{,}1426x + 323$
Gleichung II: $f_{II}(x) = 0{,}1058x + 438$
Definitionsmenge: $D = \mathbb{R}_0^+$, also $x \ge 0$

Die Bedingung schreiben wir in Form einer Ungleichung der beiden Funktionen f_I und f_{II}.

Das Umstellen der Ungleichung nach der Variablen x erfolgt durch Äquivalenzumformungen, wobei darauf zu achten ist, dass eine Multiplikation oder Division mit negativen Werten das Ungleichheitszeichen ändert. In dieser Rechnung tritt dies nicht auf.

Bedingung: $f_{II}(x) > f_I(x)$

$$\begin{aligned}
&\Leftrightarrow\ 0{,}1058x + 438 > 0{,}1426x + 323 &&|\ -0{,}1058x\\
&\Leftrightarrow\ 438 > 0{,}0368x + 323 &&|\ -323\\
&\Leftrightarrow\ 115 > 0{,}0368x &&|\ :0{,}0368\\
&\Leftrightarrow\ 3125 > x \ \text{ bzw. } \ x < 3125
\end{aligned}$$

Unter Berücksichtigung der Definitionsmenge erhalten wir das gewünschte Resultat für die Werte von x.

Insgesamt: $x \ge 0$ und $x < 3125$, also
$\mathbf{0 \le x < 3125}$

Achtung:
Multipliziere oder dividiere ich mit einer negativen Zahl, dreht sich das Ungleichheitszeichen um:
$-2x < 4 \quad |:(-2)$
$x > -2$

Bestimmen Sie für die oben unter a) bis d) angegebenen Funktionen alle Werte von x, für die gilt $f(x) > g(x)$.
Wie immer, wenn nichts anderes angegeben ist, gilt: $D = \mathbb{R}$.

► Lösung auf Seite 250

Übungen zu 1.2.2

oHi Mi **1.** Untersuchen Sie die folgenden Funktionen auf Nullstellen. Geben Sie außerdem den jeweiligen y-Achsenschnittpunkt an.

a) $f(x) = -x + 2$
b) $f(x) = \frac{3}{2}x - 4$
c) $f(x) = 2$
d) $f(x) = x$
e) $f(x) = 0{,}1x + 1$
f) $f(x) = 10x + 10$
g) $f(x) = -2(x - 1)$
h) $f(x) = \frac{2}{3}x + \frac{3}{2}$

2. Untersuchen Sie die durch die Funktionsgleichungen gegebenen Geraden f und g auf gemeinsame Punkte und berechnen Sie alle reellen Werte von x, für die die Gerade f oberhalb der Geraden g verläuft. Kontrollieren Sie Ihre Rechnung z. B. mithilfe eines Funktionenplotters.

oHi Mi a) $f(x) = 2x - 3$ $\quad g(x) = -x + 3$
b) $f(x) = \frac{3}{4}x - \frac{27}{4}$ $\quad g(x) = x - 8$
c) $f(x) = \frac{3}{4}x + \frac{7}{2}$ $\quad g(x) = -\frac{3}{4}x + \frac{13}{2}$
d) $f(x) = 2x + 2$ $\quad g(x) = 2x + 6$

3. Bereiten Sie einen Kurzvortrag zum Thema *Schnittpunkte von Geraden* vor.

4. Die drei Geraden mit den Funktionsgleichungen $f(x) = -2x + 4$; $g(x) = 2x - 2$ und $h(x) = 4$ schließen ein Dreieck ein.

a) Bestimmen Sie zeichnerisch und rechnerisch die Eckpunkte des Dreiecks.
b) Bestimmen Sie den Flächeninhalt des Dreiecks.

oHi Mi **5.*** Gegeben sind die beiden Geraden g und h mit den Gleichungen $g(x) = 2x + 3$ und $h(x) = mx - 3$, $D = \mathbb{R}$, $m \in \mathbb{R}$. Bestimmen Sie alle Werte von m, für die der Schnittpunkt der beiden Geraden g und h im III. Quadranten des Koordinatensystems und oberhalb der Geraden mit der Gleichung $y = -3$ liegt.

6. Eine 21 cm hohe Kerze wird um 7 Uhr in einer Kirche angezündet. Ab diesem Zeitpunkt brennt sie gleichmäßig in 10,5 Stunden ab. Um 17.30 Uhr ist die Kerze vollständig abgebrannt.

a) Zeichnen Sie den Graphen der Zuordnung Zeit $\mapsto$ Kerzenhöhe. Legen Sie zuerst einen geeigneten Maßstab für das Koordinatensystem fest (Hinweis: Auf der x-Achse die Zeit antragen).
b) Geben Sie die Zuordnungsvorschrift an.

7. Maria möchte sich nach bestandener Führerscheinprüfung ein Auto kaufen. Sie hat sich im Internet informiert und nach dem Benzinverbrauch erkundigt. Drei Modelle gefallen ihr sehr gut, von denen sie die unten stehenden Daten ermittelt hat. Maria ist sich unsicher, welches Auto im Unterhalt am wirtschaftlichsten ist und sucht Hilfe in einem Internetforum.

	Fixkosten im Monat	Variable Kosten je km
Modell A	260 €	0,14 €
Modell B	190 €	0,24 €
Modell C	220 €	0,18 €

Beraten Sie Maria beim Autokauf. Verfassen Sie dazu einen Antwortbeitrag.

a) Stellen Sie für die drei Automodelle die Funktionsgleichungen der Gesamtkosten auf.
b) Zeichnen Sie die Graphen der drei Kostenfunktionen in ein geeignetes Koordinatensystem.
c) Berechnen Sie, bei welcher Kilometerzahl je zwei Modelle zu gleich hohen Kosten führen.
d) Welches Modell empfehlen Sie Maria, wenn sie je Monat 800 km mit dem Auto fahren wird?
e) Empfehlen Sie Maria für unterschiedliche Kilometerzahlen jeweils das passende Modell. Formulieren Sie Ihre Antwort als Forumsbeitrag.

8. Mona benötigt für ein Kunstprojekt viele Fotoabzüge. Sie recherchiert im Internet nach günstigen Möglichkeiten Fotos zu bestellen.

a) Der Fotoservice „Raschfoto“ wirbt mit folgendem Angebot:

Stellen Sie die Kosten für eine Fotobestellung in Abhängigkeit von der bestellten Stückzahl grafisch dar. Geben Sie die Funktionsgleichung an.

b) Das Angebot der Firma „Fotoflott“ ist in der Abbildung durch den roten Graphen dargestellt.
Lesen Sie den Stückpreis für einen Abzug sowie die Versandkosten für eine Bestellung ab und geben Sie die Funktionsgleichung und die Definitionsmenge an.

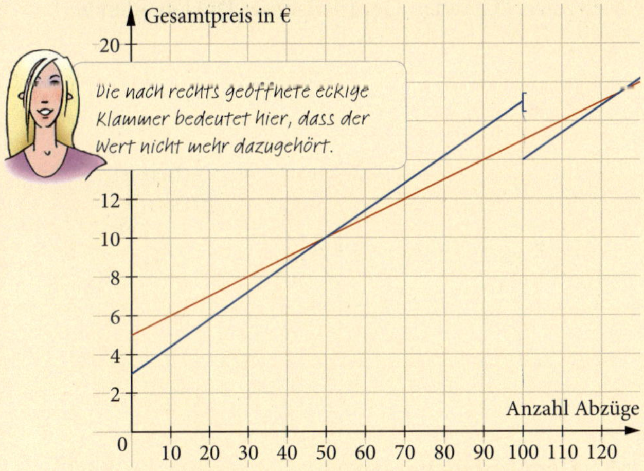

Achtung: Zur Vereinfachung wurden die Graphen durchgezeichnet, obwohl die Definitionsmenge nicht alle reellen Zahlen enthält.

c) Auch die Firma „Fotorasant“ hält für ihre Kunden ein Angebot bereit. Es ist in der Abbildung durch den blauen Graphen dargestellt.
Formulieren Sie das Angebot unter Berücksichtigung der Unterbrechung der Linie.

d) Übertragen Sie die folgende Tabelle in Ihr Heft. Kreuzen Sie jeweils das günstigste Angebot an.

Stückzahl	10	50	90	110	140
Raschfoto					
Fotoflott					
Fotorasant					

9. Lisa, Serdal und Max fahren mit dem Auto zu ihrem Praktikumsbetrieb. Es gibt drei gebührenpflichtige Parkplätze in der Umgebung. Auf dem Parkplatz P1 zahlt man 2 € pro begonnener Stunde. Die Parkkosten für P2 sind idealisiert durch die abgebildete Gerade dargestellt (▶ Rundung auf zwei Nachkommastellen). Auf P3 kann man nur ein Tagesticket für 7,50 € kaufen.

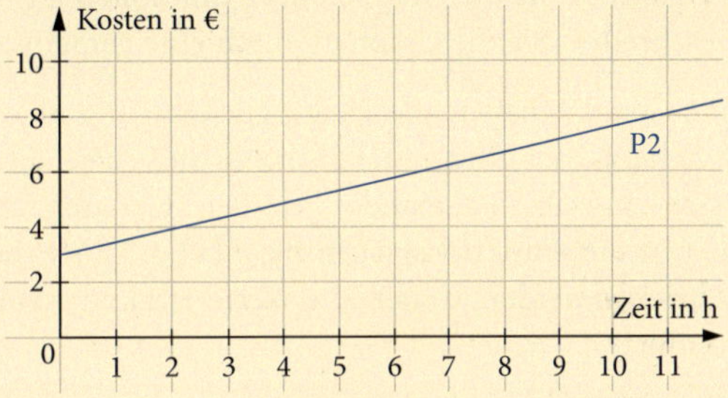

a) Geben Sie für die drei Parkplätze jeweils eine Funktionsgleichung an, die die Parkgebühren in Abhängigkeit von der Parkdauer beschreibt. Geben Sie auch die jeweiligen Definitionsmengen an.

b) Übertragen Sie die Abbildung in Ihr Heft und zeichnen Sie die Graphen für P1 und P3.

c) Lisa parkt ihr Fahrzeug für 5 Stunden auf P1, Serdal stellt sein Auto für ebenfalls 5 Stunden auf P2 ab. Berechnen Sie mithilfe der in a) ermittelten Gleichungen, um welchen Betrag sich die beiden anfallenden Parkgebühren voneinander unterscheiden.

d) Beim Verlassen von P2 zahlt Max 6,50 € an Parkgebühr. Berechnen Sie, wie lange sein Fahrzeug dort abgestellt war.

e) Lesen Sie aus der Zeichnung ab, wie lange man mindestens auf P3 parken muss, damit die Kosten geringer als auf P1 bzw. P2 sind.

10. Um 13:42 Uhr fährt am Bahnhof Astadt ein Güterzug A mit der Geschwindigkeit $v_A = 35\,\frac{\text{km}}{\text{h}}$ in Richtung des Bahnhofs Beburg ab. Zur gleichen Zeit fährt vom 175 km entfernten Bahnhof Beburg auf dem Gegengleis ein Schnellzug B mit einer Geschwindigkeit von $v_B = 125\,\frac{\text{km}}{\text{h}}$ in Richtung Astadt ab.

a) Berechnen Sie, in welcher Entfernung s_A von Astadt sich der Güterzug A um 15:42 Uhr befindet, und stellen Sie seine Fahrt in einem t-s-Diagramm dar.

b) Ermitteln Sie, welche Fahrtzeit der Schnellzug B bis nach Astadt benötigt, und stellen Sie auch seine Fahrt im Diagramm dar.

c) Entnehmen Sie Ihrem Diagramm Zeitpunkt und Ort, zu dem sich beide Züge begegnen.

d) Überprüfen Sie Ihre Ergebnisse aus c) rechnerisch.

1.2.3 Lineare Funktionen mit Parameter

Die Koeffizienten m bzw. t in der Gleichung einer linearen Funktion $f(x) = mx + t$ werden auch als Parameter bezeichnet. Für jeden Wert von m bzw. t ergibt sich jeweils eine eigene Funktionsgleichung und damit eine eigene Gerade.

15 Parallelenschar

Vergleichen Sie die Graphen der Funktionen f, g und h mit $f(x) = 2x + 1$, $g(x) = 2x + 2$ und $h(x) = 2x - 3$. Beschreiben Sie die Graphen durch eine gemeinsame Gleichung.

Die Geraden haben alle die gleiche Steigung m, die y-Achsenabschnitte unterscheiden sich. Die Graphen sind also zueinander parallele Geraden, die durch die Funktionsgleichung $f_t(x) = 2x + t$ beschrieben werden, wobei t die Werte 1, 2 und -3 annimmt.

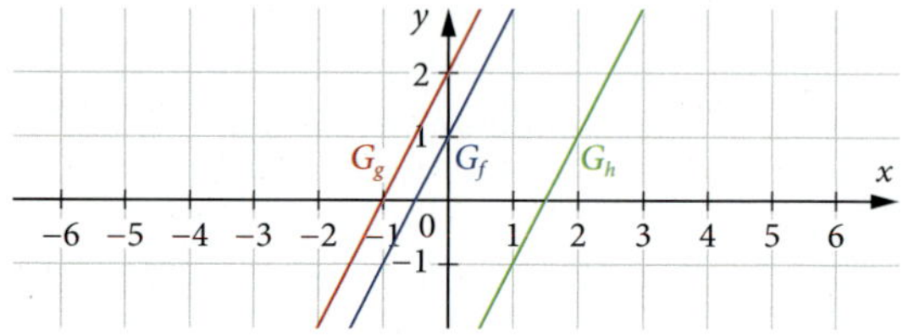

Setzt man für t alle Werte aus $\mathbb{R}$ ein, so erhält man unendlich viele Funktionen, deren Graphen parallele Geraden sind. Eine solche Menge paralleler Geraden nennt man **Parallelenschar**.

Allgemein nennt man eine von einem Parameter abhängige Menge von Geraden **Geradenschar**. Die Geraden verlaufen aber nicht immer parallel, wie das folgende Beispiel zeigt.

16 Geradenbüschel

Beschreiben Sie die Geradenschar, die durch die Funktionsgleichung $f_m(x) = mx + 2$ mit $m \in \mathbb{R}$ gegeben ist.

Die Gleichungen lauten für
$m = 1$: $f_1(x) = x + 2$
$m = 2$: $f_2(x) = 2x + 2$
$m = -2$: $f_{-2}(x) = -2x + 2$ usw.

Die Geraden haben verschiedene Steigungen, besitzen aber alle den gleichen Schnittpunkt mit der y-Achse und damit einen gemeinsamen Punkt.

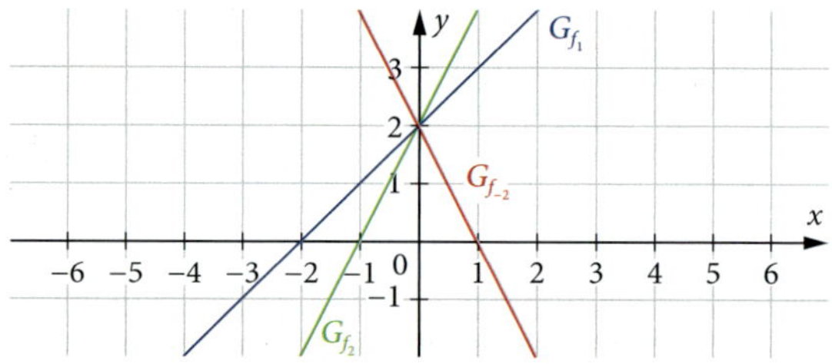

Scharen von Geraden durch einen gemeinsamen Punkt werden **Geradenbüschel** genannt. Der gemeinsame Punkt heißt **Büschelpunkt**. ▶ Der Büschelpunkt muss nicht – wie hier – auf der y-Achse liegen (siehe Beispiel 17).

17 Büschelpunkt bestimmen

Gegeben ist ein Geradenbüschel durch die Funktionsgleichung $f_m(x) = mx - 3m + 1$ mit der Definitionsmenge $D = \mathbb{R}$ und dem reellen Parameter $m > 0$. Bestimmen Sie die Koordinaten des Büschelpunkts B.

Um die Koordinaten des gemeinsamen Büschelpunkts zu berechnen, genügt es, den Schnittpunkt zweier beliebiger Geraden zu ermitteln. Wir wählen also z. B. $m = 0$ und $m = 1$ und setzen die Funktionsterme von f_0 und f_1 gleich.
Als Schnittpunkt erhalten wir $B(3|1)$.
Um zu bestätigen, dass es sich bei $B(3|1)$ um den Büschelpunkt des Geradenbüschels handelt, setzen wir die Koordinaten in die Funktionsgleichung ein.

$f_0(x) = 1$ ▶ $m = 0$
$f_1(x) = x - 3 + 1 = x - 2$ ▶ $m = 1$

$f_0(x) = f_1(x)$
$\Leftrightarrow\ 1 = x - 2$
$\Leftrightarrow\ x = 3$
$f_0(3) = 1$
$\rightarrow$ $\boldsymbol{B(3|1)}$
Ensetzen in $f_m(x)$:
$1 = m \cdot 3 - 3m + 1 \ \Leftrightarrow\ 1 = 1$ ▶ wahre Aussage

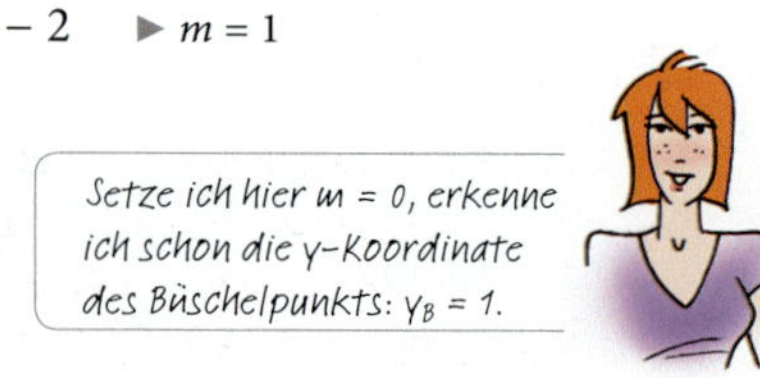

Nullstellenberechnung bei Geradenscharen

18

Gegeben sind die Funktionen f_t und g_t mit $f_t(x) = tx - 3t$ und $g_t(x) = (t-2)x + 2t$ mit der Definitionsmenge $D = \mathbb{R}$ und dem reellen Parameter $t > 0$.

a) Bestimmen Sie jeweils die Nullstellen der beiden Funktionen allgemein, d. h. in Abhängigkeit vom Parameter t.

b) Untersuchen Sie, für welchen Wert von t der Punkt $P(1|-2)$ auf dem Graphen von f_t liegt.

c) Überprüfen Sie Ihr Ergebnis aus Aufgabenteil b) zeichnerisch.

Zu **a)** Zur Berechnung der Nullstellen setzen wir jeweils die Funktionswerte gleich null und stellen die Gleichungen nach x um. Die Funktionen f_t haben für alle Werte von $t > 0$ die Nullstelle $x = 3$.

$$\begin{aligned} f_t(x) &= 0 \\ tx - 3t &= 0 \quad |+3t \\ \Leftrightarrow \quad tx &= 3t \quad |:t \quad \blacktriangleright t>0 \\ \Leftrightarrow \quad x &= 3 \text{ für } t > 0 \end{aligned}$$

Bei der Berechnung der Nullstellen von g_t ist eine **Fallunterscheidung** nötig: Da die Division durch $(t-2)$ nur für $t \neq 2$ erlaubt ist, müssen wir den Fall $t = 2$ gesondert betrachten.

Die Funktionen g_t besitzen für $t \neq 2$ die Nullstellen $x = \frac{-2t}{t-2}$.

$$\begin{aligned} g_t(x) &= 0 \\ (t-2)x + 2t &= 0 \quad |-2t \\ \Leftrightarrow \quad (t-2)x &= -2t \quad |:(t-2) \quad \blacktriangleright t \neq 2 \\ \Leftrightarrow \quad x &= \tfrac{-2t}{t-2} \text{ für } t \neq 2 \end{aligned}$$

Für $t = 2$, eingesetzt in die Gleichung $g_t(x) = 0$, entsteht eine falsche Aussage $(4 = 0)$. Somit hat die Funktion g_2 keine Nullstelle.

Für $t = 2$: $4 = 0$ falsche Aussage
$\rightarrow$ keine Nullstelle für $t = 2$

Zu **b)** Liegt ein Punkt auf einer Geraden, so erfüllt er die zugehörige Funktionsgleichung. Durch Einsetzen der beiden Koordinatenwerte des Punktes P erhält man eine Gleichung für den Parameter t, nach dem wir die Gleichung auflösen.Wir erhalten $t = 1$. Der Punkt P liegt also auf dem Graphen von f_1.

$P(1|-2)$ in $f_t(x)$ einsetzen:

$$\begin{aligned} -2 &= t \cdot 1 - 3t \\ \Leftrightarrow \quad -2 &= -2t \quad |:(-2) \\ \Leftrightarrow \quad 1 &= t \end{aligned}$$

Zu **c)** Wir zeichnen den Graphen von f_1 und sehen, dass der Punkt $P(1|-2)$ auf G_{f_1} liegt.

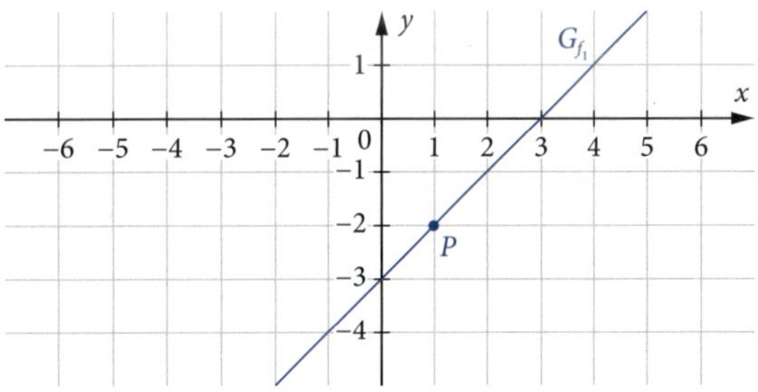

1. Stellen Sie die zu den Parameterwerten $t \in \{-2; -1; 0; 1; 2\}$ gehörenden Graphen in einem geeigneten Intervall dar.

a) $f_t(x) = -x + t$; $D_{f_t} = \mathbb{R}$

b) $f_t(x) = \frac{t}{2}x + 1$; $D_{f_t} = \mathbb{R}$

2. Gegeben sind die Funktionen f_t und g_t durch $f_t(x) = (t+1)x - t$; $D_{f_t} = \mathbb{R}$ und $g_t(x) = tx - 2t$; $D_{g_t} = \mathbb{R}$ mit $t \in \mathbb{R}$.

a) Bestimmen Sie jeweils die Nullstellen der Funktionen in Abhängigkeit von t.

b) Berechnen Sie die Koordinaten des Schnittpunkts der zwei Geraden, die den gleichen Parameterwert t haben.

c) Untersuchen Sie, für welche Werte von t der Punkt $P(2|4)$ auf dem Graphen von f und der Punkt $Q(3|-2)$ auf dem Graphen von g liegt.

▶ Lösungen auf Seite 250

Übungen zu 1.2.3

1. Gegeben sind die beiden Punkte $P(-1|k)$ und $Q(1|-k)$ mit $k \in \mathbb{R}$.

a) Stellen Sie die Gleichung der Geraden g_k auf, die durch die beiden Punkte P und Q verlaufen, und beschreiben Sie die Eigenschaften all dieser Geraden.

b) Bestimmen Sie den Wert von k, für den die zugehörige Gerade g_k die Winkelhalbierende des 1. und 3. Quadranten ist.

2. Die Gleichung $f_m(x) = mx - m + 2$ mit dem Parameter $m \in \mathbb{R}$ und $x \in \mathbb{R}$ legt ein Geradenbüschel fest.

a) Bestimmen Sie die Koordinaten des Büschelpunkts.

b) Berechnen Sie den Wert von m, für den die zugehörige Gerade durch den Ursprung des Koordinatensystems verläuft.

c) Zeichnen Sie für $m = 2$, für $m = 0$ und für $m = -\frac{1}{2}$ die zugehörigen Geraden in ein gemeinsames Koordinatensystem.

d) Wählen Sie zwei Geraden aus der Schar aus, die senkrecht zueinander verlaufen, und geben Sie deren Gleichungen an. Begründen Sie Ihre Wahl und schildern Sie Ihre Vorgehensweise.

e) Geben Sie allgemein, d. h. in Abhängigkeit von m, die Koordinaten der Schnittpunkte der Geraden mit der x- und der y-Achse an. Erörtern Sie, ob diese Punkte für alle Werte von $m \in \mathbb{R}$ existieren.

3.* Alle Geraden einer Geradenschar schließen im ersten Quadranten des Koordinatensystems mit den Achsen ein rechtwinkliges Dreieck mit dem Flächeninhalt 8 Flächeneinheiten ein.
Bestimmen Sie die Gleichung der Geradenschar.

4. Eine Parallelenschar ist durch die Gleichung $f_t(x) = \frac{1}{2}x - t + 1$ mit $t \in \mathbb{R}$ und $D_{f_t} = \mathbb{R}$ gegeben.

a) Geben Sie den Wert von t an, für den die zugehörige Gerade durch den Ursprung des Koordinatensystems geht.

b) Berechnen Sie allgemein die Koordinaten der Schnittpunkte mit den Koordinatenachsen.

c) Bestimmen Sie die Gleichung einer Parallelenschar, die immer senkrecht zu den Geraden der gegebenen Parallelenschar verläuft.

d) Berechnen Sie allgemein die Koordinaten des Schnittpunkts der beiden zueinander senkrechten Geradenscharen.

5. Der Punkt $B(-1|2)$ soll Büschelpunkt eines Geradenbüschels sein.

a) Stellen Sie die zugehörige Gleichung des Geradenbüschels auf und weisen Sie rechnerisch nach, dass B auf allen Geraden liegt.

b) Geben Sie die Koordinaten aller Punkte an, die auf keiner Geraden des Büschels mit der Gleichung $y = ax + a + 2$ liegen. Begründen Sie Ihre Antwort.

c) Bestimmen Sie alle Werte von a, für die der Abstand der zugehörigen x- und y-Achsenschnittpunkte zum Ursprung gleich ist.

6.* Stellen Sie die innerdeutschen Flugverbindungen von und zum Flughafen Nürnberg als Geradenbüschel grafisch und als Gleichung mit den zugehörigen Parameterwerten dar. *Hinweis:* Diese Aufgabe kann auch mithilfe eines digitalen Hilfsmittels gelöst werden.

Übungen zu 1.2

1. Bestimmen Sie die Gleichungen der folgenden linearen Funktionen.

a) Der Graph der Funktion f verläuft durch die Punkte $P(6|5)$ und $Q(-2|-3)$.

b) Der Graph der Funktion g verläuft durch den Punkt $T(1|2)$ mit einer Steigung von $m = 2$.

c) Die Funktion h ist gegeben durch die Wertetabelle:

x	−4	−2	0	2	4
$h(x)$	6,5	5,5	4,5	3,5	2,5

d) Der Graph der Funktion i besitzt den Anstiegswinkel $\alpha = 60°$ und den y-Achsenschnittpunkt $S_y(0|6)$.
Hinweis: $m = \tan(\alpha)$

2. Bestimmen Sie in der Funktionsgleichung der Funktion f mit $f(x) = mx + 2$ den Steigungsfaktor m so, dass der Graph von f durch den Punkt $A(3|0{,}5)$ geht.

3. Eine Gerade verläuft durch die Punkte $A(2|3)$ und $B(5|6)$.

a) Zeichnen Sie die Gerade und geben Sie die Funktionsgleichung an.

b) Berechnen Sie die y-Koordinate des Punkts P mit der x-Koordinate 4.

c) Bestimmen Sie rechnerisch die Stelle der Funktion mit dem Funktionswert 8.

4. Die Graphen der folgenden Funktionen sind Geraden. Bestimmen Sie deren Gleichungen.

a) Der Graph von f schneidet die x-Achse an der Stelle $x = 3$ und verläuft durch den Punkt $P(0|5)$.

b) Der Graph von g verläuft parallel zur Abszisse und durch den Punkt $P(2|5)$.

c) Der Graph von h ist parallel zu dem Graphen der Funktion t mit $t(x) = -\frac{1}{4}x - 2$ und verläuft durch den Punkt $P(1|2)$.

d) Der Graph von i schneidet die y-Achse an der Stelle $y = 5$ und hat keinen Schnittpunkt mit der x-Achse.

5. Entscheiden Sie, ob es sich bei den Funktionen in Aufgabe 4 um lineare Funktionen handelt.

6. Geben Sie eine mögliche Funktionsgleichung an.

a) Die zugehörige Gerade schneidet die y-Achse im positiven Bereich und die x-Achse an der Stelle $x = 2$.

b) Die zugehörige Gerade verläuft nur durch den I. und den II. Quadranten.

c) Die zugehörige Gerade verläuft nur durch den I. und den III. Quadranten.

7. Eine Gerade schneidet die x-Achse an der Stelle $x = -2$ und hat keinen Schnittpunkt mit der y-Achse. Geben Sie die Geradengleichung an.

8. *Irrgarten:* Entscheiden Sie, ob die Aussagen wahr oder falsch sind.

a) Der Graph G_f einer Funktion f mit $f(x) = 2x - 3$ hat die Steigung 2.

b) Der Punkt $A(1|1)$ liegt auf dem Graphen von f mit $f(x) = 2x - 3$.

c) Die Gerade, die durch die Punkte $P(-5|3)$ und $Q(7|-2)$ verläuft, hat die Steigung $m = -\frac{12}{5}$.

9. *Ampelabfrage:* Wählen Sie die richtige Antwort.

a) Welche Steigung hat die Gerade h mit der Funktionsgleichung $h(x) = \frac{1}{2}x - \frac{2}{3}$?

- (rot) $-\frac{1}{2}$
- (gelb) $\frac{1}{2}$
- (grün) $-\frac{2}{3}$

b) Wie lautet der Schnittpunkt des Graphen der Funktion g mit $g(x) = 2x - 3$ mit der y-Achse?

- (rot) $P(0|3)$
- (gelb) $P(-3|0)$
- (grün) $P(0|-3)$

10. Erkan liegt im Krankenhaus und erhält eine Langzeitinfusion. Die verabreichte Infusionsmenge muss schriftlich dokumentiert werden.
Das Messgerät an der Infusionsflasche zeigt die verstrichene Zeit und die noch in der Flasche vorhandene Infusionsmenge an. Die Krankenschwester notiert folgende Werte:

Zeit t in min	30	60	90	120	150
Flascheninhalt I in cm^3	800	650	500	350	200

a) Übertragen Sie die Werte in ein geeignetes Koordinatensystem.

b) Untersuchen Sie, ob ein linearer Zusammenhang zwischen der Zeit t und dem Flascheninhalt I vorliegt. Bestimmen Sie gegebenenfalls die Funktionsgleichung.

c) Berechnen Sie mithilfe der Funktionsgleichung den Flascheninhalt nach einer Zeit von 45 Minuten. Veranschaulichen Sie das Ergebnis im Koordinatensystem.

d) Ermitteln Sie, nach wie vielen Minuten der Flascheninhalt $220\,cm^3$ beträgt, und überprüfen Sie das Ergebnis mithilfe des Graphen.

11. Für einen Klassenausflug zu einem Spielpark stehen zwei Angebote zur Auswahl. Die Kosten gelten dabei jeweils für die gesamte Gruppe (maximal 25 Personen):

A1: 65 € Grundgebühr und 40 Cent pro Minute

A2: Die ersten 30 Minuten kosten 50 €. Danach werden je angefangene 30 Minuten 20 € berechnet.

Helfen Sie den Verantwortlichen bei der Entscheidungsfindung.

a) Erstellen Sie eine Wertetabelle für Angebot A1. Zeichnen Sie die zugehörige Gerade.

b) Erstellen Sie eine Wertetabelle für Angebot A2.

c) Wieso kann Angebot A2 nicht durch eine Gerade dargestellt werden? Zeichnen Sie den zugehörigen Graphen.

d) Bei welcher Aufenthaltsdauer kostet der Besuch bei beiden Angeboten jeweils 110 €?

e) Für welche Aufenthaltsdauer ist Angebot A1 günstiger als Angebot A2?

12. Beim Sommerfest der Tageseinrichtung „Abenteuerwelt“ wird das neue zylinderförmige Planschbecken für die großen Kinder eingeweiht. Es hat einen Durchmesser von 2,40 m, die Seitenwände sind 75 cm hoch.

a) Samira, die als Jahrespraktikantin in der „Abenteuerwelt“ arbeitet, soll dafür sorgen, dass bis zum Festbeginn um 15 Uhr das Becken bis 15 cm unter den Rand mit Wasser gefüllt ist. Dafür steht ihr ein Gartenschlauch zur Verfügung, mit dem pro Minute 12,5 ℓ Wasser eingelassen werden können.

a_1) Berechnen Sie die benötigte Wassermenge.

a_2) Geben Sie die Gleichung einer Funktion f an, welche die eingefüllte Wassermenge in Abhängigkeit von der verstrichenen Zeit darstellt.

a_3) Berechnen Sie, wie lange es dauert, bis das Becken den gewünschten Füllstand hat.

a_4) Prüfen Sie durch Rechnung, ob es ausreicht, um 12 Uhr mit dem Befüllen zu beginnen.

b) Eine Woche später füllt Samira erneut das Planschbecken und stellt fest, dass es zwei Stunden nach dem Aufdrehen des Wasserhahns schon zur Hälfte gefüllt ist. Sie fragt sich, ob es nach drei Stunden schon zu voll wäre.

b_1) Berechnen Sie die Wassermenge, die benötigt wird, um das Becken zur Hälfte zu füllen.

b_2) Ermitteln Sie die Gleichung einer linearen Funktion g, welche für diesen Füllvorgang die eingelaufene Wassermenge (in ℓ) in Abhängigkeit von der Zeit (in Minuten) angibt.

b_3) Berechnen Sie den Füllstand nach Ablauf von drei Stunden und nehmen Sie Stellung zu Samiras Befürchtung.

c) Das bis 15 cm unter den Rand gefüllte Becken wird von den Kindern per Hand geleert. Sie schaffen es, pro Minute durchschnittlich 39 ℓ zu schöpfen. Simon ist überzeugt, dass dies schneller geht als das Einfüllen des Wassers mit dem Schlauch.

c_1) Geben Sie den funktionalen Zusammenhang zwischen der Zeit und der im Becken verbliebenen Wassermenge an.

c_2) Berechnen Sie, wie lange es dauert, bis das Becken leer geschöpft ist.

d) Das Planschbecken für die Kleinen hat einen Durchmesser von 160 cm und ist 30 cm hoch mit Wasser gefüllt. Die Kinder leeren das Becken, indem sie durchschnittlich 10 ℓ pro Minute herausschöpfen. Sophia meint, das kleine Becken sei eher leer geschöpft als das große.

d_1) Berechnen Sie die im kleinen Becken befindliche Wassermenge.

d_2) Geben Sie die Gleichung einer linearen Funktion k an, welche die noch im Becken vorhandene Restmenge an Wasser in Abhängigkeit von der Zeit darstellt.

d_3) Berechnen Sie mit der Funktion aus d_2), wie lange es dauert, bis das kleine Becken vollständig geleert ist. Prüfen Sie Sophias Aussage.

13. Gegeben ist die Funktionenschar f_m durch die Gleichung $f_m(x) = mx - 2m + 1$ mit dem Parameter $m \in \mathbb{R}\setminus\{0\}$ und der Definitionsmenge $D = \mathbb{R}$. oHi Mi

a) Bestimmen Sie die Koordinaten des Punktes B, der auf allen Geraden der Schar liegt.

b) Berechnen Sie allgemein die Nullstellen von f_m und bestimmen Sie den Wert von m, für den die zugehörige Gerade durch den Ursprung des Koordinatensystems verläuft.

c) Bestimmen Sie den Wert von m, für den die zugehörige Gerade senkrecht zur Geraden mit der Gleichung $y = 2x + 2$ verläuft, und berechnen Sie die Koordinaten des gemeinsamen Punktes der beiden Geraden.

d) Erstellen Sie die Gleichung eines Geradenbüschels, dessen Geraden durch den Punkt $P(0|1)$ verlaufen und für jeden Wert von $m \neq 0$ parallel zu den Geraden von f_m sind.

e) Zeichnen Sie die Graphen der Funktionen f_{-2}, f_{-1}, f_1 und f_2 in ein gemeinsames Koordinatensystem.

14. Maren will aus Nürnberg in eine 55 km entfernt liegende Stadt umziehen. Damit sie alle Sachen auf einmal in die neue Wohnung bringen kann, möchte sie einen Transporter mieten. Für das Mieten eines Transporters hat sie zwei Angebote eingeholt:

Angebot 1: Festpreis 75 €.

Angebot 2: Grundpreis 35 € und pro gefahrenen Kilometer 0,35 €.

Das Auto muss am Ende des Tages nach Nürnberg zurückgebracht werden.

a) Stellen Sie beide Angebote grafisch dar.

b) Zu welchem Angebot würden Sie Maren raten? Begründen Sie Ihren Ratschlag.

15. Analysieren Sie die Gewinnsituation der Fly Bike Werke von Seite 17 bezüglich des neuen E-City-Bikes.

Ich kann …

… die **allgemeine Funktionsgleichung** einer linearen Funktion angeben.

$f(x) = mx + t$, $m \in \mathbb{R}\setminus\{0\}$ und $t \in \mathbb{R}$

▶ Weitere übliche Bezeichnung für den absoluten Term sind b oder n.

… die Bedeutung von **m** und **t** erklären.

m: Steigung des Funktionsgraphen
t: y-Achsenabschnitt

… eine **Gerade** mithilfe des y-Achsenabschnitts und des Steigungsdreiecks **zeichnen**.

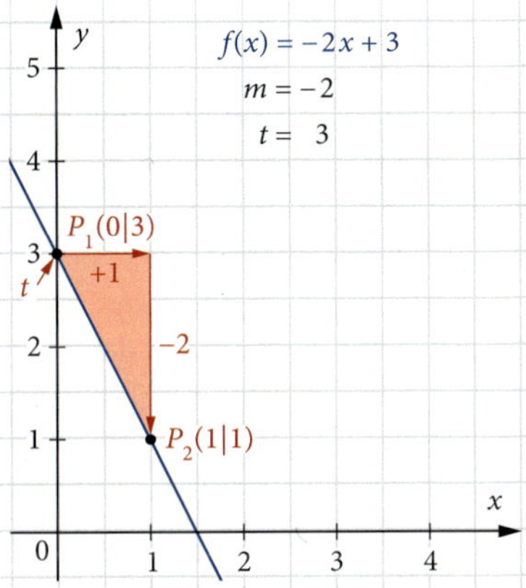

1. y-Achsenabschnitt markieren
2. Von dort ein Steigungsdreieck zeichnen („eins nach rechts und m nach oben/unten“)
3. Die Gerade zeichnen

… anhand des Graphen die **Funktionsgleichung angeben**.

1. Den y-Achsenabschnitt t ablesen
2. Ein Steigungsdreieck zeichnen
3. m = „senkrechter Weg“ geteilt durch „waagerechter Weg“

… die **Funktionsgleichung** mithilfe eines Punkts und der Steigung m **bestimmen**.

$m = -2$ und $P_3(2|-1)$
$f(x) = -2x + t$
$\Leftrightarrow\ -1 = -2 \cdot 2 + t$
$\Leftrightarrow\ -1 = -4 + t$
$\Leftrightarrow\ 3 = t$
$\rightarrow f(x) = -2x + 3$

1. m in die Funktionsgleichung einsetzen
2. Die Punktkoordinaten für x und $f(x)$ einsetzen
3. t durch Auflösen der Gleichung berechnen
4. Die Funktionsgleichung aufschreiben

… die **Steigung berechnen**, wenn zwei Punkte des Graphen gegeben sind.

$P_1(0|3)$ und $P_2(1|1)$
$m = \frac{1-3}{1-0} = \frac{-2}{1} = -2$

$m = \frac{y_2 - y_1}{x_2 - x_1}$

… die **Nullstelle** berechnen und den **x-Achsenschnittpunkt** angeben.

$f(x) = 0$
$\Leftrightarrow\ -2x + 3 = 0$
$\Leftrightarrow\ x = 1{,}5 \rightarrow N(1{,}5|0)$

1. $f(x)$ null setzen
2. x durch Auflösen der Gleichung berechnen

… den **Schnittpunkt** mit der y-Achse **bestimmen**.

$f(x) = -2x + 3$
$f(0) = 3 \rightarrow S_y(0|3)$

$f(0) = m \cdot 0 + t \quad \Leftrightarrow \quad f(0) = t$

… den **Schnittpunkt** zweier Geraden **berechnen**.

$f(x) = -2x + 3$ und $g(x) = 2x - 1$
$f(x) = g(x)$
$\Leftrightarrow\ -2x + 3 = 2x - 1$
$\Leftrightarrow\ 4 = 4x$
$\Leftrightarrow\ 1 = x$
$y = g(1) = 2 \cdot 1 - 1 = 1 \rightarrow S(1|1)$

1. Funktionsterme von f und g gleichsetzen
2. x durch Auflösen der Gleichung berechnen
3. Wert für x in $f(x)$ oder $g(x)$ einsetzen

… prüfen, ob zwei Geraden **parallel** oder **orthogonal** sind.

$f(x) = -2x + 3$ und $h(x) = -2x + 2$
$m_1 = m_2 = -2$

Bei parallelen Geraden sind die Steigungen gleich: $m_1 = m_2$

$f(x) = -2x + 3$ und $k(x) = \frac{1}{2}x - 1$
$m_1 \cdot m_2 = -2 \cdot \frac{1}{2} = -1$

Bei orthogonalen Geraden gilt:
$m_1 \cdot m_2 = -1$ bzw. $m_1 = -\frac{1}{m_2}$

… **Geradenscharen** untersuchen

$f_t(x) = (t-2)x + 2t;\ t \in \mathbb{R}$
Nullstellen: $t = 2$: keine
$t \neq 2$: $x = \frac{-2t}{t-2}$
Büschelpunkt: $B(-t|2t)$

Fallunterscheidung für den Parameter

Test A zu 1.2 (circa 22 Minuten; 18 BE)

1. Gegeben sind die beiden linearen Funktionen $f: x \mapsto -\frac{2}{3}x + 2$ und $g: x \mapsto 1{,}5x + 1$ mit $x \in \mathbb{R}$.
a) Zeichnen Sie die Graphen der beiden Funktionen f und g in ein gemeinsames Koordinatensystem.
b) Berechnen Sie jeweils die Koordinaten der beiden Achsenschnittpunkte. (8 BE)

2. Die Gerade h verläuft durch die Punkte $P(-2|3)$ und $Q(10|-3)$. Ermitteln Sie rechnerisch die Gleichung der Geraden. (4 BE)

oHi Mi **3.** Gegeben ist die Gerade h mit der Gleichung $y = -\frac{1}{2}x + 2$. (4 BE)
a) Überprüfen Sie rechnerisch, ob der Punkt $R(4|0)$ auf der Geraden liegt.
b) Geben Sie die Gleichung einer Geraden k an, die parallel zu h durch den Ursprung verläuft.
c) Geben Sie die Gleichung einer Geraden l an, die senkrecht zu h durch den Ursprung verläuft.
d) Geben Sie die Koordinaten eines Punktes an, der *nicht* auf h liegt.

4. Für eine lineare Funktion f gilt: $f(2016) - f(2006) = 20$. Geben Sie mit kurzer Begründung an, welchen Wert $f(2016) - f(1991)$ annimmt. (2 BE)

Test B zu 1.2 (circa 22 Minuten; 18 BE)

1. Gegeben sind die beiden linearen Funktionen $f: x \mapsto -1{,}25x + 3$ und $g: x \mapsto 0{,}75x - 1$ mit $x \in \mathbb{R}$.
a) Zeichnen Sie die Graphen der beiden Funktionen f und g in ein Koordinatensystem. (4 BE)
b) Berechnen Sie die Koordinaten des Schnittpunktes der beiden Geraden g und h. (4 BE)

oHi Mi **2.** Die Funktionenschar $h_a: x \mapsto 1{,}5x + ax - a$ mit dem Parameter $a \in \mathbb{R}$ und $D_{h_a} = \mathbb{R}$ stellt grafisch ein Geradenbüschel dar.
a) Zeigen Sie rechnerisch, dass alle Geraden der Schar durch den Punkt $P(1|1{,}5)$ verlaufen. (2 BE)
b) Bestimmen Sie den Wert von a, für den die zugehörige Gerade durch den Punkt $Q(3|4)$ verläuft. (2 BE)
c) Geben Sie die Koordinaten eines Punktes an, der für keinen Wert von $a \in \mathbb{R}$ auf einer der Geraden der Schar liegt, und begründen Sie diesen Sachverhalt. (2 BE)
d) Bestimmen Sie die zugehörigen Werte des Parameters a der beiden nebenstehend abgebildeten Geraden aus der Geradenschar. (4 BE)

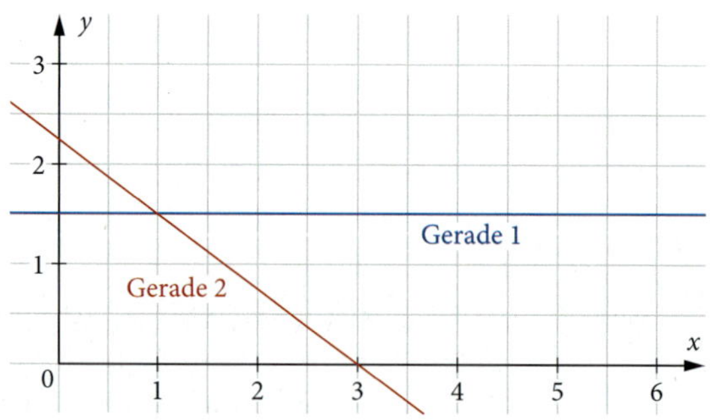

1 Ganzrationale Funktionen

1.3 Quadratische Funktionen

Gustav und Hannes haben sich Tennisbälle organisiert und ihre Betreuerin Finja überredet, mit auf den ca. 4,50 m hohen Aussichtsturm des Feriendorfs zu klettern, um Weitwurf zu üben. Da der Boden um den Turm herum sehr sandig ist, bleiben die geworfenen Bälle meist dort liegen, wo sie auftreffen, sodass die Jungen gut nachmessen können, wie weit sie geworfen haben.

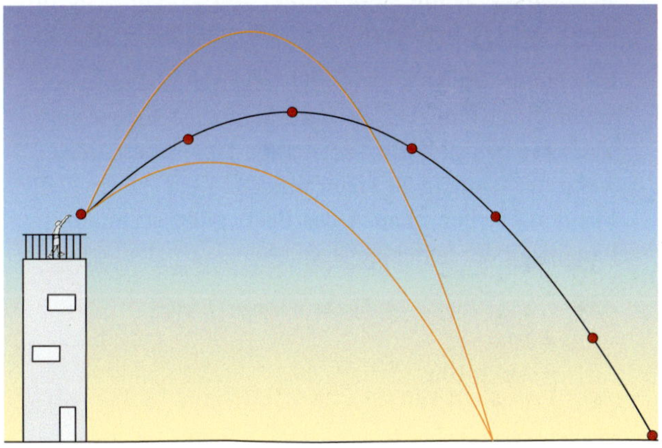

„Wie machst du das, dass dein Ball immer so weit fliegt?“, fragt Hannes nach mehreren nicht so gelungenen Wurfversuchen.
„Du musst einfach höher werfen, dann fliegt er auch weiter“, rät Gustav.
„Das stimmt nicht“, erwidert Hannes. „Eben habe ich so hoch geworfen, dass ich den Ball kaum noch sehen konnte, und er ist fast vor meinen Füßen gelandet.“

Jetzt mischt Finja sich ein und erklärt: „Man muss hoch und weit werfen, denn wenn der Ball sehr früh schon ganz hoch fliegt, kommt er beim Herunterkommen auch nicht mehr sehr weit. Der Ball macht einen großen Bogen in der Luft, und ich glaube, dass man sogar ausrechnen kann, wie weit der Ball fliegt.
Also ich meine: „Wenn dein Ball meinetwegen aus 6 m Höhe abgeworfen wird, dann vom Boden aus gerechnet 8 m hoch fliegt und in dem Augenblick zum Beispiel 4 m vom Turm entfernt ist, kann man ausrechnen, wo er wieder herunterkommt.“

▶ Aufgabe 14 auf Seite 67

Funktionaler Zusammenhang

- Eigenschaften quadratischer Funktionen und ihrer Graphen ermitteln
- Quadratische Funktionen auf verschiedene Arten darstellen
- Quadratische Ungleichungen lösen
- Quadratische Funktionen mit Parametern untersuchen

Kompetenzen

- Argumentieren
- Probleme lösen
- Darstellungen verwenden

1

1.3 Quadratische Funktionen

1.3.1 Gleichungen und Graphen

1 Blumenbeet

Im Schulgartenprojekt soll ein möglichst großes rechteckiges Blumenbeet angelegt werden. Für die Umzäunung steht eine Rolle mit 20 m Draht zur Verfügung. Bestimmen Sie, wie lang die Seiten des Blumenbeets sein müssen, damit der Flächeninhalt des Beets maximal wird.

In einem Rechteck sind die gegenüberliegenden Seiten gleich lang. Hat also eine Seite die Länge x, so muss die benachbarte Seitenlänge $10 - x$ betragen, wenn der Umfang 20 Meter misst.
Für den Flächeninhalt A des Beets gilt also in Abhängigkeit der Seitenlänge x:

$A(x) = x \cdot (10 - x)$ ► Fläche = Länge · Breite
$= 10x - x^2$
$= -x^2 + 10x$

Da die Seitenlänge x zweimal gebraucht wird und der Umfang 20 m beträgt, kann x nur zwischen 0 und 10 liegen. Daher gilt für die Definitionsmenge $D_A =]0; 10[$.

Als höchsten Punkt des Funktionsgraphen von A können wir $S(5|25)$ ablesen.
Wenn wir also als Seitenlänge $x = 5$ wählen, wird die Fläche des Blumenbeets mit $A = 25\,m^2$ maximal. Da bei $x = 5$ auch alle anderen Seiten 5 m lang sind, ist das Beet dann quadratisch.

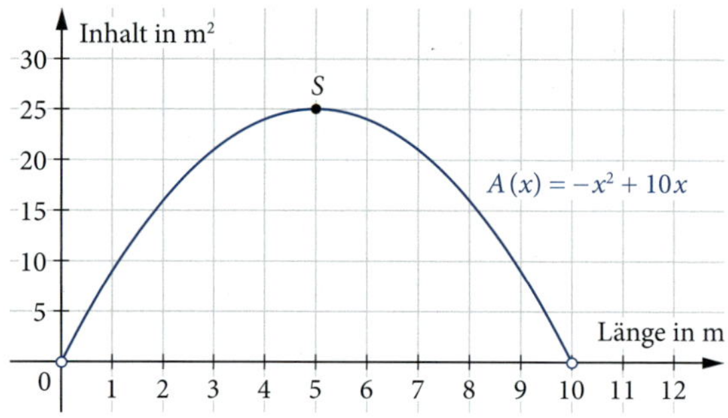

$S(5|25)$

2 Anhalteweg

In der Fahrschule lernt man die folgende Regel, um den Anhalteweg zu bestimmen:

$$\text{Anhalteweg (in m)} = \frac{\text{Geschwindigkeit (in }\frac{km}{h}) \cdot 3}{10} + \left(\frac{\text{Geschwindigkeit (in }\frac{km}{h})}{10}\right)^2$$

Stellen Sie für den Anhalteweg einen Funktionsterm auf.
Berechnen Sie den Anhalteweg bei einer Geschwindigkeit von $30\,\frac{km}{h}$.

Steht v für die Geschwindigkeit, gilt:

$s(v) = \frac{1}{100}v^2 + \frac{3}{10}v$ mit $v \in \mathbb{R}_0^+$

► nur nichtnegative Geschwindigkeiten

Bei $30\,\frac{km}{h}$ beträgt der Anhalteweg 18 m.

$s(v) = \frac{3}{10}v + \frac{1}{100}v^2$ ► Umsortieren der Summanden
$= \frac{1}{100}v^2 + \frac{3}{10}v$

$s(30) = \frac{1}{100} \cdot 30^2 + \frac{3}{10} \cdot 30$

$s(30) = 18$

In den Beispielen kommen die Variablen im Funktionsterm in der zweiten Potenz vor.
Funktionen, in deren Funktionsterm die Variable in höchster Potenz den Exponenten 2 hat, heißen **quadratische Funktionen**. Ihre Funktionsgleichungen sind vom Typ $\boldsymbol{f(x) = ax^2 + bx + c}$ mit reellen Zahlen für die Koeffizienten a, b, c und $a \neq 0$.
Den Graphen einer quadratischen Funktion nennt man **Parabel**.

Bei $a = 0$ würde x^2 verschwinden.

In den Beispielen war der Definitionsbereich durch den Anwendungsbezug eingeschränkt.
Normalerweise gilt für den Definitionsbereich bei quadratischen Funktionen jedoch $D = \mathbb{R}$. Zugunsten der Übersichtlichkeit geben wir das aber nicht immer extra an.

Die Normalparabel

3

Die „einfachste" aller quadratischen Funktionen ist die Funktion f mit der Funktionsgleichung $f(x) = x^2$. Als Definitionsmenge legen wir ganz $\mathbb{R}$ zugrunde: $D_f = \mathbb{R}$.
Die Graphen aller quadratischen Funktionen lassen sich aus dem Funktionsgraphen von f gewinnen. Deswegen erhält diese besondere Parabel einen eigenen Namen: **Normalparabel**.
Zeichnen Sie die Normalparabel und nennen Sie ihre Eigenschaften.

$\boldsymbol{x}$	−2	−1	−0,5	0	0,5	1	1,5	$\sqrt{3}$	2
$\boldsymbol{f(x)}$	4	1	0,25	0	0,25	1	2,25	3	4

Die Normalparabel hat folgende Eigenschaften:
- Sie ist achsensymmetrisch zur y-Achse.
- Sie besitzt als tiefsten Punkt den **Scheitelpunkt** $S(0|0)$.
- Sie besitzt nur Punkte, die auf oder oberhalb der x-Achse liegen.
- Sie ist nach oben geöffnet.

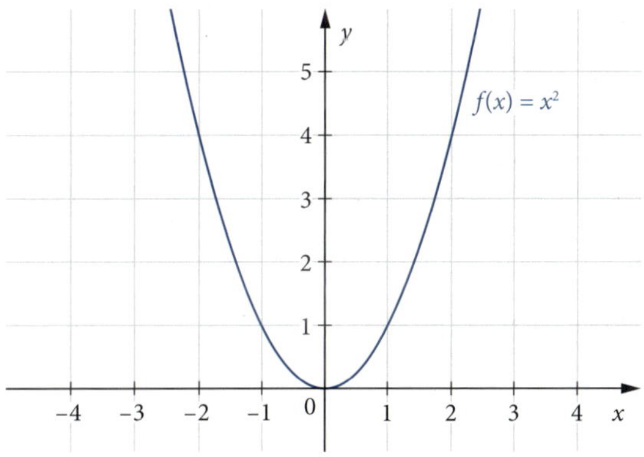

- Eine Funktion f, deren Funktionsgleichung sich in der Form $f(x) = ax^2 + bx + c$ schreiben lässt ($a, b, c \in \mathbb{R}$, $a \neq 0$), heißt **quadratische Funktion**.
  Die Vorfaktoren a, b und c heißen **Koeffizienten**. a wird **Leitkoeffizient** genannt.
- Der Graph einer quadratischen Funktion heißt **Parabel**.
- Der Graph der Funktion f mit $f(x) = x^2$ ist eine **Normalparabel**.

1. Untersuchen Sie, ob es sich um die Gleichung einer quadratischen Funktion handelt.
Begründen Sie Ihre Entscheidung.

a) $f(x) = 0{,}3x^2 + 2x + 6$ b) $f(x) = \sqrt{6}\,x^2$ c) $f(x) = x^2 + x^3 + 4$ d) $f(x) = \frac{1}{x^2}$

2. Wie lauten die Koeffizienten a, b, c aus der allgemeinen Form in den folgenden Funktionsgleichungen?

a) $f(x) = 3x^2 + 0{,}5x + 8$ c) $f(x) = 0{,}5x - 2x^2$ e) $f(x) = 2(x-1)^2$ g) $f(x) = 0{,}5x(4x-5)$

b) $f(x) = \sqrt{2}\,x^2 + 3x + 6$ d) $f(x) = \frac{1}{5} - x + x^2$ f) $f(x) = -\frac{1}{4}(2x-3)^2$ h) $f(x) = -(x-3)(x+4)$

▶ Lösungen auf Seite 251

1

Von der Normalparabel zur allgemeinen Parabel

4 Streckung und Stauchung der Normalparabel

Untersuchen Sie, welchen Einfluss der Koeffizient a auf den Graphen der Funktion f der Form $f(x) = a \cdot x^2$ hat.

Wir setzen für a verschiedene Werte ein und zeichnen die zugehörigen Parabeln mithilfe einer Wertetabelle.
Die Parabeln zu g ($a = -1$) und l ($a = -2$) sind nach unten geöffnet, während die anderen Parabeln nach oben geöffnet sind. Allgemein gilt:
$a > 0$: Die Parabel ist nach oben geöffnet.
$a < 0$: Die Parabel ist nach unten geöffnet.
Die Parabel zu h ($a = 5$) ist schmaler als die Normalparabel. Sie ist gestreckt.
Die Parabel zu k ($a = 0{,}2$) ist breiter als die Normalparabel. Sie ist gestaucht.
Gestreckte und gestauchte Parabeln können auch nach unten geöffnet sein. Dann ist a negativ wie bei l ($a = -2$). Allgemein gilt:
$a < -1$ und $a > 1$: Die Parabel ist gestreckt.
$-1 < a < 1$: Die Parabel ist gestaucht.
Da a bestimmt, wie stark die Parabel gestreckt oder gestaucht ist, heißt a auch **Streckfaktor** (alternativ: **Formfaktor**, **Leitkoeffizient**, **Öffnungsfaktor**).

a kann ich ablesen, indem ich vom Scheitelpunkt 1 Einheit nach rechts gehe und dann a Einheiten bis zum Graphen nach oben (a > 0) bzw. unten (a < 0).

$a = 1$: $f(x) = x^2$
$a = -1$: $g(x) = -x^2$
$a = 5$: $h(x) = 5x^2$
$a = 0{,}2$: $k(x) = 0{,}2x^2$
$a = -2$: $l(x) = -2x^2$

x	−3	−2	−1	0	1	2	3
$f(x)$	9	4	1	0	1	4	9
$g(x)$	−9	−4	−1	0	−1	−4	−9
$h(x)$	45	20	5	0	5	20	45
$k(x)$	1,8	0,8	0,2	0	0,2	0,8	1,8
$l(x)$	−18	−8	−2	0	−2	−8	−18

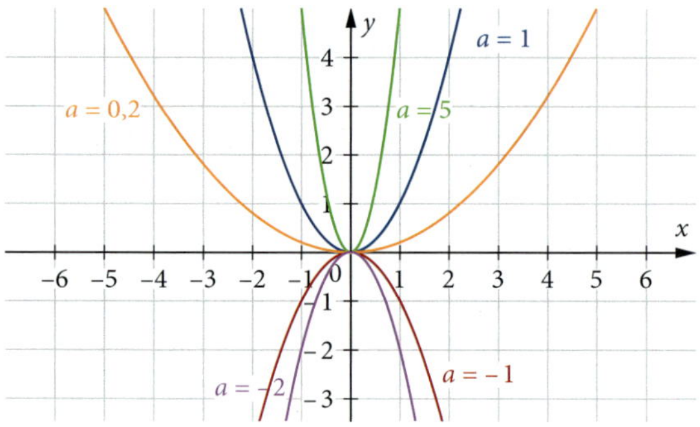

Die Auswirkungen des Koeffizienten a haben wir in diesem Beispiel nur für Funktionen vom Typ $f(x) = ax^2$ untersucht. Tatsächlich gelten die Ergebnisse aber für alle quadratischen Funktionen.

Der Koeffizient a liefert folgende Information über die Parabel:
- **Öffnungsrichtung** der Parabel:
  $a < 0$: Die Parabel ist nach unten geöffnet. $a > 0$: Die Parabel ist nach oben geöffnet.
- **Öffnungsweite** der Parabel:
  $a < -1$ oder $a > 1$: Streckung $-1 < a < 1$: Stauchung $a = 1$ oder $a = -1$: Normalparabel

1. Lesen Sie die Funktionsgleichungen von f, g, h, k und i aus der Abbildung ab. Der Funktionsterm hat jeweils die Form ax^2.

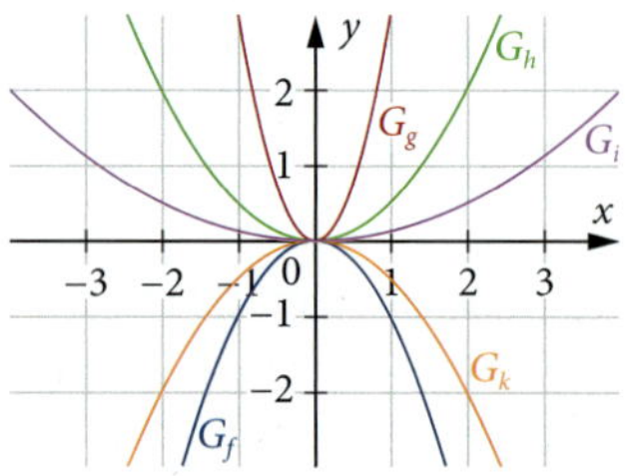

2. Beschreiben Sie die Parabeln im Vergleich zur Normalparabel.
a) $f(x) = -4x^2$
b) $f(x) = \frac{1}{4}x^2$
c) $f(x) = 1{,}5x^2$

► Lösungen auf Seite 251

Verschiebung der Normalparabel entlang der y-Achse

5

Erläutern Sie, wie man die Graphen zu $g(x) = x^2 + 2$ und $h(x) = x^2 - 3$ aus der Normalparabel erhält.

Wir zeichnen die Graphen mithilfe einer Wertetabelle.

x	−4	−3	−2	−1	0	1	2	3	4
$f(x)$	16	9	4	1	0	1	4	9	16
$g(x)$	18	11	6	3	2	3	6	11	18
$h(x)$	13	6	1	−2	−3	−2	1	6	13

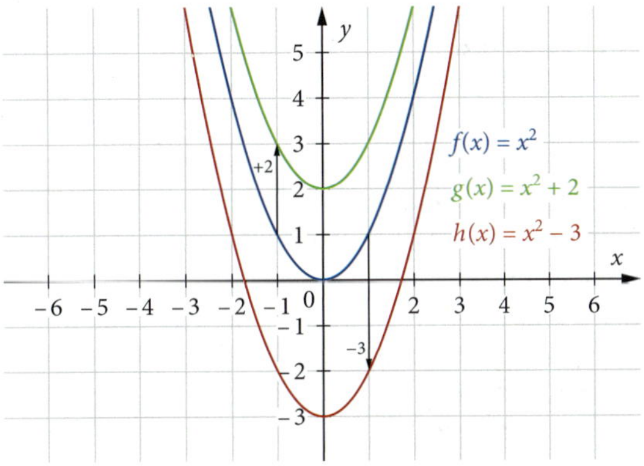

Verschiebung nach oben:
Den Graphen der Funktion mit der Gleichung $g(x) = x^2 + 2$ erhält man, indem man die Normalparabel aus dem Koordinatenursprung um 2 Einheiten **nach oben** verschiebt.
Der Scheitelpunkt der verschobenen Parabel ist $S_1(0|2)$.

Verschiebung nach unten:
Der Graph zu $h(x) = x^2 - 3$ ergibt sich aus der Normalparabel durch Verschiebung aus dem Koordinatenursprung um 3 Einheiten **nach unten**.
Der Scheitelpunkt dieser Parabel ist $S_2(0|-3)$.

Allgemein:
Der Graph der Funktion f mit $f(x) = x^2 + y_s$ entsteht durch Verschiebung der Normalparabel um y_s Einheiten in Richtung der y-Achse.

Verschiebung der Normalparabel entlang der x-Achse

6

Erläutern Sie, wie man die Graphen zu $g(x) = (x - 2)^2$ und $h(x) = (x + 3)^2$ aus der Normalparabel erhält.

x	−4	−3	−2	−1	0	1	2	3	4
$f(x)$	16	9	4	1	0	1	4	9	16
$g(x)$	36	25	16	9	4	1	0	1	4
$h(x)$	1	0	1	4	9	16	25	36	49

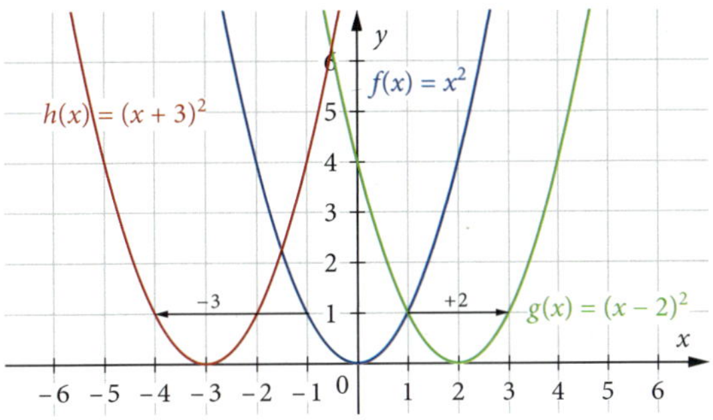

Verschiebung nach rechts:
Der Graph zu $g(x) = (x - 2)^2$ ergibt sich aus der Normalparabel durch Verschiebung aus dem Koordinatenursprung um 2 Einheiten **nach rechts**.
Der Scheitelpunkt dieser Parabel ist $S_3(2|0)$.

Verschiebung nach links:
Der Graph zu $h(x) = (x + 3)^2$ ergibt sich aus der Normalparabel durch Verschiebung aus dem Koordinatenursprung um 3 Einheiten **nach links**.
Der Scheitelpunkt dieser Parabel ist $S_4(-3|0)$.

Allgemein:
Der Graph der Funktion f mit $f(x) = (x - x_s)^2$ entsteht durch Verschiebung der Normalparabel um x_s Einheiten in Richtung der x-Achse, und zwar nach rechts für $x_s > 0$ und nach links für $x_s < 0$.

7 Verschiebung der Normalparabel in alle Richtungen

Erläutern Sie, wie man den Graphen der Funktion g mit $g(x) = (x-2)^2 + 1$ aus der Normalparabel erhält.

Den Graphen von g erhalten wir, indem wir die Normalparabel aus dem Koordinatenursprung um 2 Einheiten nach rechts und 1 Einheit nach oben verschieben.
Der Scheitelpunkt dieser Parabel ist $S(2|1)$.

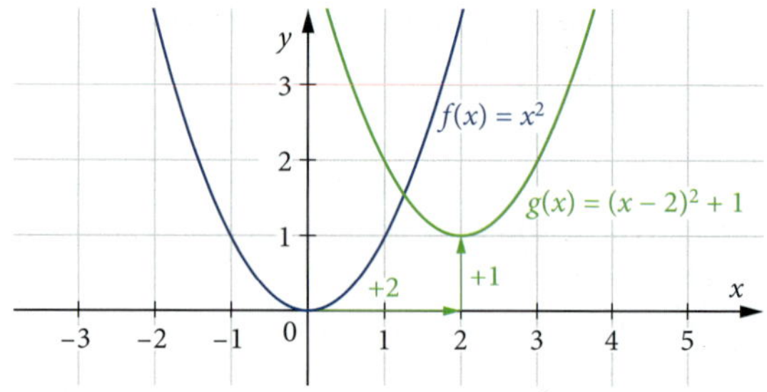

Allgemein: Der Graph einer Funktion f mit $f(x) = (x - x_S)^2 + y_S$ entsteht durch Verschiebung der Normalparabel um x_S Einheiten parallel zur x-Achse und y_S Einheiten parallel zur y-Achse.
Die Werte x_S und y_S sind die Koordinaten des Scheitelpunkts $S(x_S|y_S)$ der verschobenen Parabel.
Berücksichtigen wir bei der obigen Funktionsgleichung noch den Streckfaktor a, so erhalten wir die Form $f(x) = a \cdot (x - x_S)^2 + y_S$. Da aus dieser Gleichung der Scheitelpunkt ablesbar ist, heißt diese Form der Funktionsgleichung **Scheitelpunktform** der quadratischen Funktion.

8 Scheitelpunktform ablesen

Geben Sie die Funktionsgleichung der abgebildeten Parabel an.

Die Parabel ist im Vergleich zur Normalparabel um 2 Einheiten nach links und 1 Einheit nach unten verschoben.
Der Scheitelpunkt der Parabel ist $S(-2|-1)$.
Gehen wir vom Scheitelpunkt 1 Einheit nach rechts, müssen wir 0,5 Einheiten nach oben gehen, um zum Graphen zu gelangen. Es gilt also $a = 0{,}5$.
Insgesamt erhalten wir: $f(x) = 0{,}5\,(x + 2)^2 - 1$.

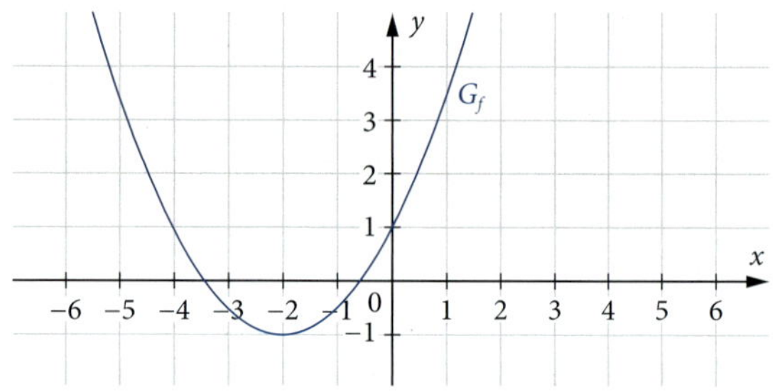

Die Funktionsgleichung einer quadratischen Funktion f lässt sich in zwei Formen schreiben:

Allgemeine Form: $f(x) = a \cdot x^2 + b \cdot x + c$ mit $a, b, c \in \mathbb{R}$ und $a \neq 0$
Scheitelpunktform: $f(x) = a \cdot (x - x_S)^2 + y_S$ mit $a, x_S, y_S \in \mathbb{R}$ und $a \neq 0$
Der Scheitelpunkt der Parabel ist $S(x_S|y_S)$.

Erläutern Sie, wie die Parabeln aus der Normalparabel entstanden sind. Geben Sie die zugehörigen Funktionsgleichungen an.

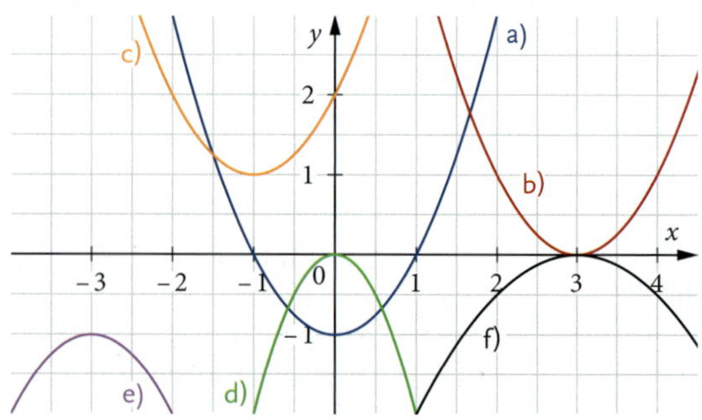

▶ Lösung auf Seite 251

Übungen zu 1.3.1

1. Untersuchen Sie, ob es sich um die Gleichung einer quadratischen Funktion handelt. Begründen Sie.
   a) $f(x) = 2^2 x$
   b) $f(x) = 2x^2 + 2^3$
   c) $f(x) = 2x^2$
   d) $f(x) = 2x^2 + x^3$

2. Geben Sie bei den folgenden Parabeln die Öffnungsrichtung und die Öffnungsweite an. Bestimmen Sie die Koordinaten des Scheitelpunkts. Zeichnen Sie die Parabeln.
   a) $f(x) = x^2 + 2$
   b) $f(x) = -0{,}5x^2 - 3$
   c) $f(x) = -2x^2 + 1$
   d) $f(x) = (x-2)^2 - 1$
   e) $f(x) = 0{,}5\,(x+1)^2 + 4$
   f) $f(x) = -2\,(x-6)^2 + 1$

3. Geben Sie die Funktionsgleichungen der abgebildeten Graphen in der Scheitelpunktform an:

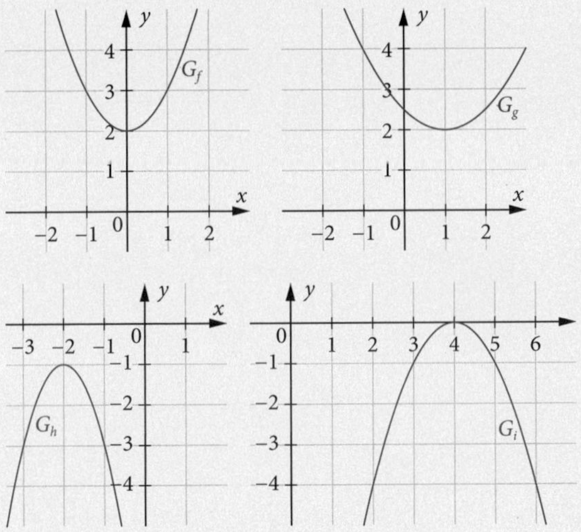

4. Entscheiden Sie, ob es sich um eine wahre oder eine falsche Aussage handelt.
   a) Wenn eine Parabel gestaucht ist, gilt $a \leq 1$.
   b) Wenn die Koordinaten des Scheitelpunkts gleich sind, ist die Parabel nach rechts verschoben.
   c) Aus $c = 0$ folgt, dass die Parabel keinen Schnittpunkt mit der y-Achse hat.
   d) Aus $a < -1$ folgt, dass die Parabel gestreckt ist.
   e) Für $c > 0$ verläuft die Parabel nur im I. und II. Quadranten.

5. Zeichnen Sie die Graphen der Funktionen f mit $f(x) = -2x + 4$ und g mit $g(x) = (x-2)^2 - 3$. Ermitteln Sie die Schnittpunkte der Graphen von f und g anhand der Zeichnung.

6. Von einer Parabel sind jeweils der Streckfaktor a und die Verschiebung parallel zu den Koordinatenachsen bekannt. Geben Sie die zugehörige Funktionsgleichung in der Scheitelpunktform an. Benennen Sie auch den Scheitelpunkt.
   a) $a = 1$; Verschiebung um 4 Einheiten nach rechts und 2 Einheiten nach unten
   b) $a = -2$; Verschiebung um 4,5 Einheiten nach oben
   c) $a = -\frac{1}{6}$; Verschiebung um 3 Einheiten nach links
   d) $a = -1$; Verschiebung um 3,5 Einheiten nach links und 6 Einheiten nach oben

7. *Flüsterpost:* Schreiben Sie eine ausgedachte Funktion f in der Scheitelpunktform $f(x) = a\,(x - x_S)^2 + y_S$ oben auf ein DIN-A4-Blatt und geben Sie dieses weiter. In den folgenden Runden notieren Sie vor jeder Weitergabe (Falten nicht vergessen!) die Funktionsgleichung, die sich aus folgenden Änderungen ergibt:
   1. Verschiebung um 2 LE nach oben
   2. Verschiebung um 3 LE nach links und 1 LE nach unten
   3. Verschiebung um 4 LE nach oben und 5 LE nach rechts
   4. Verschiebung um 2 LE nach links und 5 LE nach unten

   Lassen Sie sich Ihr Blatt zurückgeben und prüfen Sie die Richtigkeit aller Schritte.
   Hinweis: Das Endergebnis sollte mit der Ausgangsgleichung übereinstimmen. Erläutern Sie, warum.

8. Beschreiben Sie, wie man den Graphen der Funktion f mit $f(x) = -0{,}25\,(x+4)^2 - 3$ spiegeln und/oder verschieben muss, sodass er auf dem Graphen von g mit $g(x) = 0{,}25\,(x+1)^2$ liegt.

9.* Für den Erlös E eines Produkts in GE (Geldeinheiten) gilt: $E(x) = -0{,}5x^2 + 10x$, wobei x die Absatzmenge in ME (Mengeneinheiten) angibt.
   Ermitteln Sie grafisch, ab welcher Menge kein Erlös mehr erzielt wird (Erlösgrenze) und bei welcher Menge der maximale Erlös erzielt wird (Erlösmaximum).

10. Zeichnen Sie ein lachendes Gesicht in ein Koordinatensystem, das nur aus Parabeln besteht. Geben Sie die Funktionsgleichungen an.

1

1.3.2 Scheitelpunktform und allgemeine Form

Wir haben bisher die Gleichungen quadratischer Funktionen in der allgemeinen Form $f(x) = ax^2 + bx + c$ und in der Scheitelpunktform $f(x) = a(x - x_S)^2 + y_S$ kennengelernt.
Je nach Fragestellung kann es zweckmäßig sein, von einer Form der Gleichung zur anderen zu wechseln.

9 Vergleich der Scheitelpunktform und der allgemeinen Form

Zeichnen Sie die Graphen der Funktionen f und f^* mit $f(x) = 0{,}5(x-3)^2 - 2$ und $f^*(x) = 0{,}5x^2 - 3x + 2{,}5$.
Beschreiben Sie die Vorteile der jeweiligen Formen der Funktionsgleichung.

Die beiden Funktionen f und f^* besitzen den gleichen Graphen. Die Funktionsgleichungen beschreiben die gleiche Funktion also in verschiedenen Formen.

Aus der Scheitelpunktform $f(x) = 0{,}5(x-3)^2 - 2$ lesen wir den Scheitelpunkt ab: $S(3|-2)$.

Die allgemeine Form $f^*(x) = 0{,}5x^2 - 3x + 2{,}5$ hat den Vorteil, dass man den y-Achsenabschnitt direkt ablesen kann: $S_y(0|2{,}5)$.

Der Koeffizient a ist in beiden Gleichungen derselbe: $a = 0{,}5$. Wir können ihn in beiden Formen ablesen und so Aussagen über die Gestalt der Parabel machen.

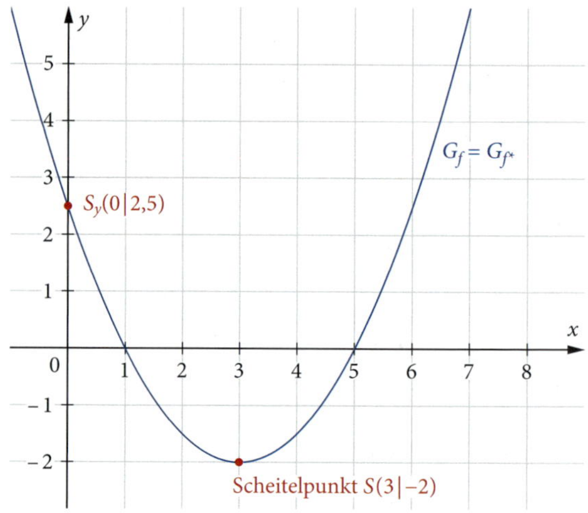

Aus der **Scheitelpunktform** $f(x) = a(x - x_S)^2 + y_S$ kann der Scheitelpunkt $S(x_S|y_S)$ abgelesen werden.
Aus der **allgemeinen Form** $f(x) = ax^2 + bx + c$ kann der y-Achsenabschnitt $S_y(0|c)$ abgelesen werden.

Von der Scheitelpunktform zur allgemeinen Form

10 Umformen in die allgemeine Form

Die Funktion f mit $f(x) = -2 \cdot (x-5)^2 + 20$ soll in der allgemeinen Form angegeben werden.

Wir wenden zunächst die 2. binomische Formel an.
▶ Seite 232
Anschließend multiplizieren wir aus, um die Klammer aufzulösen.
Zuletzt fassen wir zusammen und erhalten damit die Funktionsgleichung in der allgemeinen Form.

$f(x) = a \cdot (x - x_S)^2 + y_S$ SPF

$$\begin{aligned} f(x) &= -2 \cdot (x-5)^2 + 20 \\ &= -2 \cdot (x^2 - 10 \cdot x + 25) + 20 \\ &= -2 \cdot x^2 + 2 \cdot 10x - 2 \cdot 25 + 20 \\ &= -2x^2 + 20x - 50 + 20 \\ &= -2x^2 + 20x - 30 \end{aligned}$$

$f(x) = ax^2 + bx + c$ AF

Von der allgemeinen Form zur Scheitelpunktform

Um die Scheitelpunktform angeben zu können, benötigen wir die Koordinaten x_S und y_S des Scheitelpunkts.
Der Leitkoeffizient a ist in der allgemeinen Form und Scheitelpunktform derselbe.
Um die Koordinaten x_S und y_S zu ermitteln, betrachten wir die Umformungen von der Scheitelpunktform in die allgemeine Form.
Vergleichen wir die Koeffizienten, können wir für x_S eine Formel angeben, ebenso für y_S.

Berechnen wir den Funktionswert von x_S, so erhalten wir auch y_S.

$$\begin{aligned} f(x) &= a\cdot(x-x_S)^2 + y_S \quad \blacktriangleright \text{ Scheitelpunktform} \\ &= a\cdot(x^2 - 2\cdot x\cdot x_S + x_S^2) + y_S \\ &= ax^2 \underbrace{-\,2ax_S}_{b}x + \underbrace{ax_S^2 + y_S}_{c} \end{aligned}$$

$f(x) = ax^2 + bx + c$ ▶ allgemeine Form

$b = -2ax_S \quad \Rightarrow \quad x_S = -\frac{b}{2a}$

$c = ax_S^2 + y_S \quad \Rightarrow \quad y_S = c - \frac{b^2}{4a}$

$S\left(-\frac{b}{2a}\middle|\, c - \frac{b^2}{4a}\right)$

$y_S = f(x_S)$

Den y_S-Wert erhalte ich durch Einsetzen von x_S in die Funktionsgleichung.

Umformen in die Scheitelpunktform

11

Geben Sie die Funktionsgleichung $f(x) = 3x^2 - 6x + 7$ in der Scheitelpunktform an.

Wir berechnen mithilfe der Formel die x_S-Koordinate des Scheitelpunkts.

Anschließend bestimmen wir y_S als Funktionswert von f an der Stelle x_S.
Setzen wir die Koordinaten und den Wert für a in die Scheitelpunktform ein, so erhalten wir:
$f(x) = 3(x-1)^2 + 4$.

$f(x) = 3x^2 - 6x + 7$ ▶ $a = 3$; $b = -6$ AF

$x_S = -\frac{b}{2a} = -\frac{-6}{6} = 1$

$y_S = f(1) = 4$

$\Rightarrow S(1|4)$

$f(x) = 3(x-1)^2 + 4$ SPF

allgemeine Form:
$f(x) = ax^2 + bx + c$

$x_S = -\frac{b}{2a}$ und $y_S = f(x_S)$ →

← Ausmultiplizieren, Vereinfachen

Scheitelpunktform:
$f(x) = a\cdot(x-x_S)^2 + y_S$

1. Geben Sie die Funktionsgleichungen in allgemeiner Form an.

a) $f(x) = (x-5)^2 + 5$ b) $f(x) = 2(x+2)^2 - 3$ c) $f(x) = -(x-7{,}5)^2 + 16{,}25$

2. Geben Sie die Funktionsgleichungen in Scheitelpunktform an.

a) $f(x) = x^2 + 5x + 4$ b) $f(x) = 0{,}5x^2 - 3x + 5$ c) $f(x) = -5x^2 - 10x - 15$

3. Bestimmen Sie die Funktionsgleichungen (in Scheitelpunkt- und allgemeiner Form) einer beliebigen Funktion f, deren Graph die angegebene Eigenschaft hat.

a) Der Scheitelpunkt liegt auf der x-Achse.
b) Der Scheitelpunkt liegt auf der y-Achse.

▶ Lösungen auf Seite 251

Übungen zu 1.3.2

1. Wandeln Sie alle Funktionsgleichungen, die in der Scheitelpunktform gegeben sind, in die allgemeine Form um und umgekehrt. Benennen Sie alle Eigenschaften der zugehörigen Parabel, die man der Funktionsgleichung entnehmen kann (y-Achsenschnittpunkt, Scheitelpunkt, Öffnungsrichtung, Öffnungsweite, Symmetrie, Verschiebung). Überprüfen Sie Ihre Ergebnisse zeichnerisch.

a) $f(x) = x^2 + 2x - 3$
b) $f(x) = \frac{3}{4}x^2 + 1$
c) $f(x) = 1{,}5x^2 + 6x + 6$
d) $f(x) = -2x^2 - 2x + 4$
e) $f(x) = 3(x-1)^2 - 9$
f) $f(x) = -0{,}4x^2 + 1{,}6x - 2{,}6$
g) $f(x) = \frac{1}{3}(x-3)^2 - \frac{4}{3}$
h) $f(x) = -0{,}5x^2 + 6x$

2. Geben Sie für die abgebildeten Graphen quadratischer Funktionen die Funktionsgleichung in Scheitelpunktform und in allgemeiner Form an.

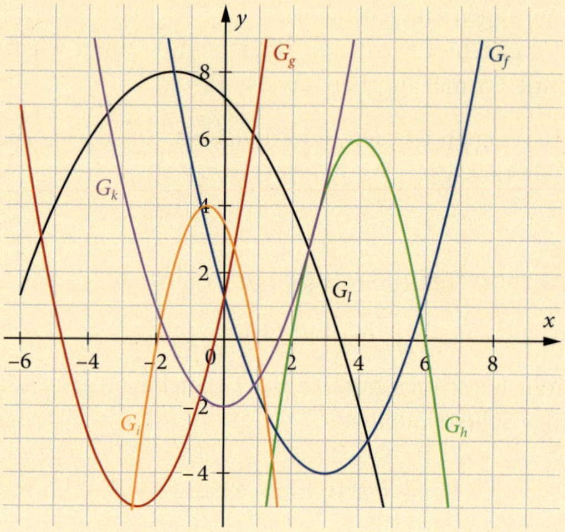

3. *Flüsterpost:* Zeichnen Sie den Graphen einer ausgedachten quadratischen Funktion oben auf einem DIN-A4-Blatt in ein Koordinatensystem und geben Sie dieses weiter. In den nächsten Runden führen Sie folgende Schritte aus:
1. Scheitelpunktform notieren
2. allgemeine Form notieren
3. Graph zeichnen

Lassen Sie sich Ihr Blatt zurückgeben und prüfen Sie die Richtigkeit aller Schritte.

4. Die in der unten stehenden Tabelle aufgeführten quadratischen Funktionsterme sind vom Typ $f(x) = x^2 + bx + c$ (Normalform) bzw. vom Typ $f(x) = (x - x_S)^2 + y_S$ (Scheitelpunktform). Übertragen Sie die Tabelle in Ihr Heft und vervollständigen Sie diese.

	Funktionsterm in Scheitelpunktform	Scheitelpunkt der Parabel	x_S	y_S	Funktionsterm in Normalform	b	c
a)	$(x-2)^2$						
b)		$S(3\|4)$					
c)	$(x+3)^2 - 5$						
d)			−2,5	4,5			
e)					$x^2 + 4x - 5$		
f)						−6	5
g)					$x^2 - 4x + 10$		
h)		$S(4{,}5\|-6{,}5)$					

5. Scheitelpunktform durch **quadratische Ergänzung** (▶ Seite 242):

a) Kira behauptet, die Scheitelpunktform der Funktionen f und g mit $f(x) = x^2 - 6x + 9$ und $g(x) = x^2 + 2x + 1$ jeweils sofort angeben zu können ohne den Scheitelpunkt zu bestimmen. Erläutern Sie, wie das funktioniert.

b) Um die Scheitelpunktform der Funktion h mit $h(x) = x^2 + 4x - 3$ anzugeben, benutzt Kira einen Trick:
$h(x) = x^2 + 4x - 3$
$h(x) = (x^2 + 4x + 2^2) - 2^2 - 3$
$h(x) = (x+2)^2 - 7$
Erläutern Sie den Lösungsweg.

c) Leiten Sie mithilfe des Tricks allgemein den Scheitelpunkt bzw. die Scheitelpunktform her.

1.3.3 Schnittpunkte

Wir haben gezeigt, dass der Graph einer quadratischen Funktion der Form $f(x) = ax^2 + bx + c$ die y-Achse im Punkt $S_y(0|c)$ schneidet (▶ Seite 46). Im Folgenden untersuchen wir die Schnittpunkte mit der x-Achse.

Nullstellen

Flugbahn eines Fußballs – Nullstellenbestimmung durch Ausklammern/Faktorisieren

12

Nach einem Abstoß wird die Flugbahn des Balls analysiert und durch den Graphen mit der Gleichung $f(x) = -0{,}05x^2 + x$ beschrieben. Wie weit fliegt der Ball?

Beim Aufstellen der Funktionsgleichung wurde der Abstoßpunkt als Ursprung des Koordinatensystems gesetzt. Um die Flugweite zu bestimmen, suchen wir die Stelle, an der der Ball wieder auf dem Boden aufkommt.

Dies entspricht der Stelle x, bei der der Funktionswert von f gleich null ist. Eine solche Stelle heißt allgemein **Nullstelle.** ▶ Seite 27

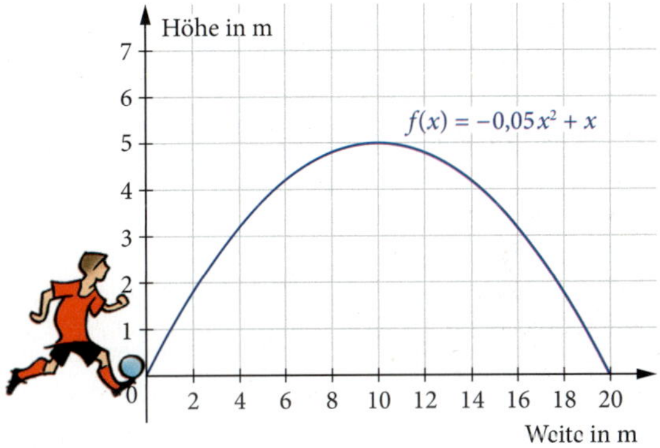

Um die Nullstellen der Funktion zu bestimmen, setzen wir den Funktionsterm gleich null und lösen die entstandene Gleichung nach x auf.
Hier können wir den Satz vom Nullprodukt anwenden: Ein Produkt ist genau dann gleich null, wenn mindestens ein Faktor gleich null ist.

Nullstellenbestimmung:

$$f(x) = 0$$
$$\Leftrightarrow \quad -0{,}05x^2 + x = 0 \qquad \blacktriangleright\ x \text{ ausklammern}$$
$$\Leftrightarrow \quad x \cdot (-0{,}05x + 1) = 0$$
$$\Leftrightarrow \quad x = 0 \quad \text{oder} \quad -0{,}05x = -1$$
$$\Leftrightarrow \quad x = 0 \quad \text{oder} \quad x = 20$$

Wir erhalten zwei Nullstellen: $x_1 = 0$ und $x_2 = 20$. Dabei ist x_1 die Abstoßstelle und x_2 die Landestelle des Fußballs. Der Ball fliegt also 20 Meter weit.

Nullstellenbestimmung durch Wurzelziehen (Radizieren)

13

Ermitteln Sie die Schnittpunkte des Graphen von f mit $f(x) = 2x^2 - 8$ mit der x-Achse.

Wir setzen den Funktionsterm gleich null, um die Nullstellen zu ermitteln.
Da die Variable hier nur als Quadrat vorkommt, können wir nach x^2 auflösen und die Gleichung durch Wurzelziehen lösen.

Die **Schnittpunkte** sind $N_1(-2|0)$ und $N_2(2|0)$.

$$f(x) = 0$$
$$\Leftrightarrow \quad 2x^2 - 8 = 0 \qquad |:2$$
$$\Leftrightarrow \quad x^2 - 4 = 0$$
$$\Leftrightarrow \quad x^2 = 4$$
$$\Leftrightarrow \quad x = -2 \quad \text{oder} \quad x = 2$$

Nullstellen: $x_1 = -2$; $x_2 = 2$

Beim Lösen der quadratischen Gleichung ist darauf zu achten, dass jede Gleichung der Form $x^2 = z$ mit $z \in \mathbb{R}$ und $z > 0$ zwei Lösungen hat: $x_1 = -\sqrt{z}$ und $x_2 = +\sqrt{z}$.

Achtung: Die Gleichung $x^2 = z$ hat für $z < 0$ keine reelle Lösung. Man sagt dann: Aus einer negativen Zahl kann man keine Wurzel ziehen.

14 Nullstellenbestimmung bei Gleichungen in Produktform

Bestimmen Sie die Nullstellen der Funktion f mit $f(x) = 0{,}5\,(x-8)\,(x+2)$.

Der Funktionsterm ist hier ein Produkt aus Linearfaktoren. Diese Darstellung heißt daher auch **Produktform** oder **faktorisierte Form**.
Mithilfe des Satzes vom Nullprodukt können wir hier die Nullstellen schnell bestimmen.

$$f(x) = 0$$
$$\Leftrightarrow \quad 0{,}5\,(x-8)\,(x+2) = 0$$
$$\Leftrightarrow \quad x - 8 = 0 \quad \text{oder} \quad x + 2 = 0$$
$$\Leftrightarrow \quad x = 8 \quad \text{oder} \quad x = -2$$

Nullstellen: $x_1 = 8$; $x_2 = -2$

15 Nullstellenbestimmung mit der Lösungsformel

Bestimmen Sie die Nullstellen der Funktion f mit $f(x) = 2x^2 - 4x - 6$.

Wir wenden die Lösungsformel für quadratische Gleichungen an:

$x_{1/2} = \frac{-b \pm \sqrt{b^2 - 4ac}}{2a}$ ▶ Seite 243

Dabei sind $a = 2$, $b = -4$ und $c = -6$.

$$f(x) = 0$$
$$\Leftrightarrow \quad 2x^2 - 4x - 6 = 0$$
$$x_{1/2} = \frac{-(-4) \pm \sqrt{(-4)^2 - 4 \cdot 2 \cdot (-6)}}{2 \cdot 2}$$
$$x_{1/2} = \frac{4 \pm \sqrt{64}}{4}$$

Nullstellen: $x_1 = -1$; $x_2 = 3$

Die Lösungsformel können wir immer anwenden. Allerdings können wir uns Rechenarbeit sparen, wenn die Form des Funktionsterms einen einfacheren Rechenweg zulässt.

▶ Beispiele 12 bis 14 oder auch Anwendung des Satzes von Vieta (Seite 242)

16 Weniger als zwei Nullstellen

Gegeben sind die Funktionen f mit $f(x) = x^2 - 2x + 1$ und g mit $g(x) = x^2 + 2x + 5$.
Bestimmen Sie die Nullstellen von f und g.

Wir verwenden in beiden Fällen die Lösungsformel, um die Nullstellen zu bestimmen.

Bei der Funktion f wird in der Lösungsformel der Term unter der Wurzel null. Die Wurzel aus null ist wiederum null. Somit hat die Gleichung nur eine, allerdings doppelte Lösung. Man sagt: Die Funktion f hat eine doppelte Nullstelle.

$$f(x) = 0$$
$$\Leftrightarrow \quad x^2 - 2x + 1 = 0$$
$$x_{1/2} = \frac{-(-2) \pm \sqrt{(-2)^2 - 4 \cdot 1 \cdot 1}}{2 \cdot 1}$$
$$x_{1/2} = \frac{2 \pm \sqrt{0}}{2}$$

$x_1 = x_2 = 1$ ▶ kurz $x_{1/2} = 1$ (doppelt)

Bei der Funktion g wird in der Lösungsformel der Term unter der Wurzel negativ. Aus einer negativen Zahl können wir aber nicht die Wurzel ziehen. Also gibt es in diesem Fall keine Nullstelle.

$$g(x) = 0$$
$$x^2 + 2x + 5 = 0$$
$$x_{1/2} = \frac{-2 \pm \sqrt{2^2 - 4 \cdot 1 \cdot 5}}{2 \cdot 1}$$

$x_{1/2} = \frac{-2 \pm \sqrt{-16}}{2}$ ▶ nicht definiert

Wegen seiner Bedeutung für die Anzahl der Lösungen erhält der Term unter der Wurzel einen Namen: Er heißt **Diskriminante** und wird mit D bezeichnet: $D = b^2 - 4ac$.

▶ Diskriminante heißt wörtlich übersetzt: die Unterscheidende.

Allgemein können für Nullstellen bei quadratischen Funktionen also drei Fälle auftreten. Wenn wir die Nullstellen mithilfe der Formel $x_{1/2} = \frac{-b \pm \sqrt{b^2 - 4ac}}{2a}$ bestimmen, können wir die Fälle leicht unterscheiden.

Die Diskriminante $D = b^2 - 4ac$ ist *größer* als null.

Beispiel:
$f(x) = x^2 + 10x + 9$

$D = 10^2 - 4 \cdot 1 \cdot 9 = 64 > 0$

$x_{1/2} = \frac{-10 \pm \sqrt{64}}{2 \cdot 1} = \frac{-10 \pm 8}{2}$

→ zwei (einfache) Nullstellen:
$x_1 = -1$; $x_2 = -9$

Allgemein:
Der Graph schneidet die x-Achse in zwei Punkten.

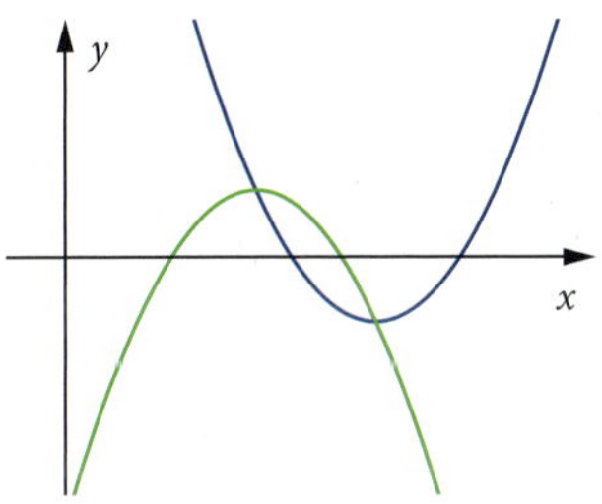

Die Diskriminante $D = b^2 - 4ac$ ist *gleich* null.

Beispiel:
$f(x) = x^2 + 8x + 16$

$D = 8^2 - 4 \cdot 1 \cdot 16 = 0$

$x_{1/2} = \frac{-8 \pm \sqrt{0}}{2 \cdot 1} = -4$

→ eine (doppelte) Nullstelle:
$x_1 = x_2 = -4$

Allgemein:
Der Graph berührt die x-Achse in einem Punkt.

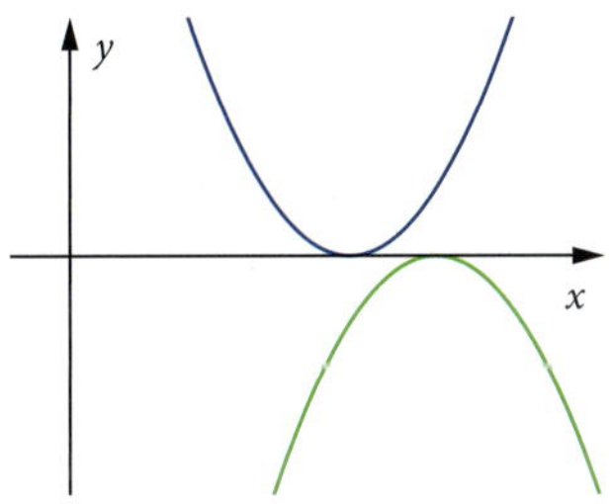

Die Diskriminante $D = b^2 - 4ac$ ist *kleiner* als null.

Beispiel:
$f(x) = x^2 + 2x + 9$

$D = 2^2 - 4 \cdot 1 \cdot 9 = -32 < 0$

$x_{1/2} = \frac{-2 \pm \sqrt{-32}}{2 \cdot 1}$ nicht definiert

→ keine Nullstellen

Allgemein:
Der Graph hat keinen gemeinsamen Punkt mit der x-Achse.

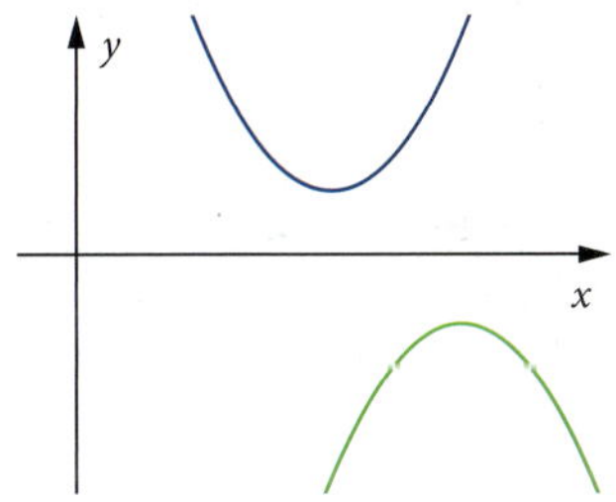

- Die Stellen der Definitionsmenge, an denen eine Funktion f den Wert null annimmt, heißen **Nullstellen** der Funktion. Die Nullstellen berechnet man durch Lösen der Gleichung $f(x) = 0$.
  An den Nullstellen schneidet bzw. berührt der Graph der Funktion f die x-Achse.
- Die Nullstellen einer quadratischen Funktion f mit $f(x) = ax^2 + bx + c$ $(a \neq 0)$ kann man bestimmen durch:
  – Ausklammern ($c = 0$) oder Faktorisieren und Anwenden des Satzes vom Nullprodukt
  – Wurzelziehen ($b = 0$)
  – Anwenden der Lösungsformel: $x_{1/2} = \frac{-b \pm \sqrt{b^2 - 4ac}}{2a}$
  – Anwenden des Satzes von *Vieta* (▶ Seite 242)

Die Anzahl der Nullstellen hängt von der Diskriminante $D = b^2 - 4ac$ ab:
$D > 0$: zwei einfache Nullstellen $D = 0$: eine doppelte Nullstelle $D < 0$: keine Nullstelle

1. Bestimmen Sie die Nullstellen der folgenden Funktionen.

a) $f(x) = x^2 - 6x$
b) $f(x) = 3x^2 - 27$
c) $f(x) = 3x^2 - 9x$
d) $f(x) = -x^2 + 10x - 25$
e) $f(x) = 4x(x + 3)$
f) $f(x) = 2x^2 + 8x + 10$
g) $f(x) = (x - 2)(x + 4)$
h) $f(x) = 0{,}5(x - 1)(x - 2)$
i) $f(x) = 2(x + 2)(x + 3)$

2. Entscheiden Sie zunächst, welches Verfahren zur Berechnung der Nullstellen sinnvoll ist. Berechnen Sie anschließend die Nullstellen.

a) $f(x) = 9x^2 + 6x + 1$
b) $f(x) = -0{,}25x^2 + 4x$
c) $f(x) = \frac{2}{3}x^2 + 12$
d) $f(x) = 0{,}5x^2 - 2x + 2$
e) $f(x) = (x - 1)^2 - 4$
f) $f(x) = 2 \cdot (x - 6) \cdot (x + 5)$
g) $f(x) = -2x^2 - 4x - 8$
h) $f(x) = -2x^2$

▶ Lösungen auf Seite 251

1

Produktform

Ist ein quadratischer Funktionsterm in Produktform gegeben, z. B. $f(x) = 0{,}5\,(x - 8)\,(x + 2)$, kann man die Nullstellen direkt ablesen: $x_1 = 8$ und $x_2 = -2$. ▶ Beispiel 14, Seite 50
Umgekehrt kann man den Funktionsterm einer quadratischen Funktion aufstellen, wenn der Leitkoeffizient a und die Nullstellen bekannt sind: Ist z. B. $a = 2$, $x_1 = 3$ und $x_2 = -4$, so lautet die Funktionsgleichung $f(x) = 2\,(x - 3)\,(x + 4)$.

Sind x_1 und x_2 die Nullstellen einer quadratischen Funktion f, so kann man den Funktionsterm in **Produktform** angeben: $f(x) = a(x - x_1)\,(x - x_2)$.

Um die allgemeine Form oder Scheitelpunktform in die Produktform umzuwandeln, bestimmt man ebenfalls erst die Nullstellen. Die folgende Übersicht zeigt, wie man zwischen den verschiedenen Darstellungsformen quadratischer Funktionsterme wechseln kann:

allgemeine Form: $f(x) = ax^2 + bx + c$

Ausmultiplizieren, Vereinfachen

$x_S = -\frac{b}{2a}$
$y_S = f(x_S)$

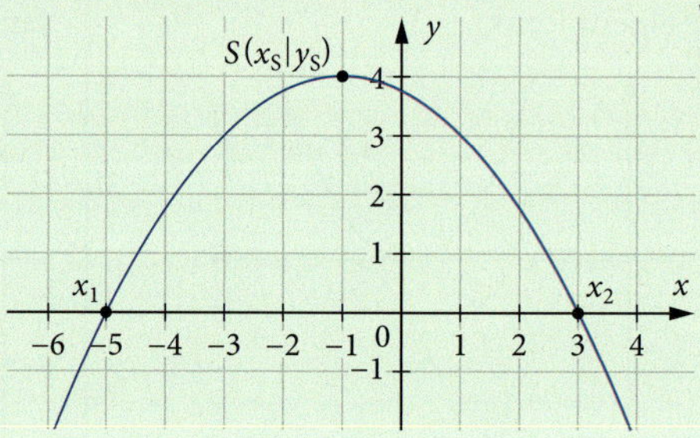

$(x - x_S)^2 = -\frac{y_S}{a}$

$x_{1/2} = x_S \pm \sqrt{-\frac{y_S}{a}}$

Ausmultiplizieren, Vereinfachen

Nullstellen x_1, x_2 berechnen und unten einsetzen, falls sie existieren
Tipp:
falls $c = 0$, dann x ausklammern

Scheitelpunktform:
$f(x) = a\,(x - x_S)^2 + y_S$

nur falls $\sqrt{-\frac{y_S}{a}}$ existiert

Produktform:
$f(x) = a\,(x - x_1)\,(x - x_2)$

$x_S = \frac{x_1 + x_2}{2}$ und $y_S = f(x_S)$

Aus dem Graphen der Funktion f wird klar, dass die x-Koordinate des Scheitelpunktes x_S genau in der Mitte zwischen den Nullstellen x_1 und x_2 liegt. Dies findet sich auch in der allgemeinen Berechnung des Scheitel-x-Wertes x_S bzw. der Nullstellen nach der Lösungsformel wieder: $x_{1/2} = \frac{-b \pm \sqrt{D}}{2a} = -\frac{b}{2a} \pm \frac{\sqrt{D}}{2a} = x_S \pm \frac{\sqrt{D}}{2a}$. Der Term $\frac{\sqrt{D}}{2a}$ wird einmal zu x_S addiert und einmal davon subtrahiert.
Beide Nullstellen liegen also um genau $\frac{\sqrt{D}}{2a}$ von x_S entfernt bzw. liegt x_S genau in der Mitte zwischen x_1 und x_2.

1. Geben Sie die Funktionen jeweils in allgemeiner Form, Scheitelpunktform und Produktform an.
   a) $f(x) = 2\,(x - 4)^2 + 1$ b) $g(x) = x^2 - 4x + 3$ c) $h(x) = -(x + 3)\,(x - 3)$

2. Eine Parabel ist gegeben durch die Gleichung $y = -0{,}25\,x^2 - 0{,}5\,x + 3{,}75$. Michael hat mithilfe der Lösungsformel für quadratische Gleichungen berechnet, dass die Parabel bei $x_1 = -5$ und $x_2 = 3$ die x-Achse schneidet. Janek beginnt nun, den x-Wert des Scheitels der Parabel durch quadratische Ergänzung zu bestimmen. Übernehmen Sie den Satz und ergänzen Sie sinnvoll, was seine ältere Schwester Sara dazu sagt: „Das geht hier einfacher. Wegen der Symmetrie der Parabel liegt der x-Wert des Scheitels …, also bei $x = …$ Leider lässt sich dieses Verfahren bei den Parabeln, die …, *nicht* anwenden.“

▶ Lösungen auf Seite 252

Schnittpunkte von Funktionsgraphen

Wenn wir eine Stelle x finden, welche die Bedingung $f(x) = g(x)$ erfüllt, so ist x eine Schnittstelle von f und g.

Um zwei Funktionsgraphen auf Schnittpunkte zu untersuchen, setzen wir also zunächst die Funktionsterme gleich und erhalten als Lösungen der Gleichung die Schnittstellen der beiden Funktionen.

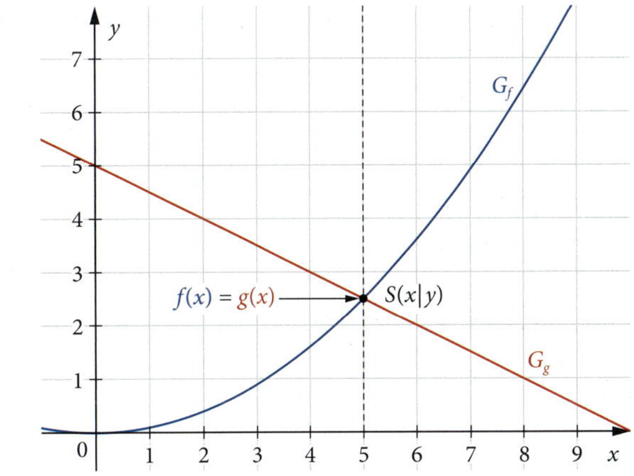

Gemeinsame Punkte von Parabel und Gerade

17

Bestimmen Sie die gemeinsamen Punkte des Graphen der quadratischen Funktion f mit $f(x) = x^2 + x - 1$ mit den Graphen der linearen Funktionen g, h und i mit $g(x) = 3x + 2$, $h(x) = 3x - 2$ und $i(x) = 3x - 6$.

Bei der rechnerischen Bestimmung der gemeinsamen Punkte nutzen wir für quadratische Gleichungen die gleichen Lösungsverfahren wie bei den Nullstellen. Deshalb ist auch bei der Bestimmung gemeinsamer Punkte die Anzahl der Lösungen abhängig vom Wert der **Diskriminante D**. ▶ Seite 50

$D > 0$: zwei Lösungen
$D = 0$: eine Lösung
$D < 0$: keine Lösung

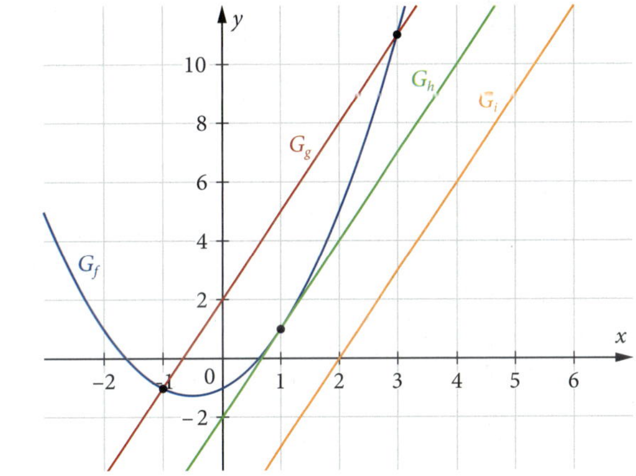

zwei Lösungen:

$$f(x) = g(x)$$

$$x^2 + x - 1 = 3x + 2 \quad | -3x - 2$$

$$x^2 - 2x - 3 = 0 \quad ▶ a = 1, b = -2, c = -3$$

$$x_{1/2} = \frac{2 \pm \sqrt{4 + 12}}{2} \quad ▶ D = 4 + 12 = 16$$

$$x_1 = -1; x_2 = 3$$

$D = 16 > 0$: Es gibt zwei Schnittpunkte $S_1(-1|-1)$ und $S_2(3|11)$.

Eine Gerade, die wie der Graph von g einen anderen Graphen in zwei Punkten schneidet, heißt **Sekante**.

eine Lösung:

$$f(x) = h(x)$$

$$x^2 + x - 1 = 3x - 2 \quad | -3x + 2$$

$$x^2 - 2x + 1 = 0 \quad ▶ a = 1, b = -2, c = 1$$

$$x_{1/2} = \frac{2 \pm \sqrt{4 - 4}}{2} \quad ▶ D = 4 - 4 = 0$$

$$x_{1/2} = 1$$

$D = 0$: Es gibt einen Berührpunkt $S(1|1)$.

Eine Gerade, die wie der Graph von h einen anderen Graphen in einem Punkt berührt, heißt **Tangente**.

keine Lösung:

$$f(x) = i(x)$$

$$x^2 + x - 1 = 3x - 6 \quad | -3x + 6$$

$$x^2 - 2x + 5 = 0 \quad ▶ a = 1, b = -2, c = 5$$

$$x_{1/2} = \frac{2 \pm \sqrt{4 - 20}}{2} \quad ▶ D = 4 - 20 = -16$$

$D = -16 < 0$: Es gibt keine gemeinsamen Punkte.

Eine Gerade, die wie der Graph von i keine gemeinsamen Punkte mit einem anderen Graphen hat, heißt **Passante**.

1

18 Schnittpunkte zweier Parabeln

Bestimmen Sie die Schnittpunkte der Graphen der beiden quadratischen Funktionen h und p mit $h(x) = 0{,}5x^2 - 2x - 2$ und $p(x) = -0{,}5x^2 + 1{,}5x$.

Zunächst setzen wir die Funktionsterme beider Funktionen gleich:

$$h(x) = p(x)$$

$$\Leftrightarrow \quad 0{,}5x^2 - 2x - 2 = -0{,}5x^2 + 1{,}5x$$

$$\Leftrightarrow \quad x^2 - 3{,}5x - 2 = 0$$

Wir wenden die Lösungsformel an:

$D = (-3{,}5)^2 - 4 \cdot 1 \cdot (-2) = 20{,}25 > 0$ ► zwei Lösungen

$$x_{1/2} = \frac{-(-3{,}5) \pm \sqrt{20{,}25}}{2 \cdot 1} = \frac{3{,}5 \pm 4{,}5}{2}$$

Schnittstellen: $x_1 = -0{,}5$; $x_2 = 4$

Mit den erhaltenen x-Koordinaten berechnen wir die entsprechenden y-Koordinaten:

$p(-0{,}5) = -0{,}5 \cdot (-0{,}5)^2 + 1{,}5 \cdot (-0{,}5) = -0{,}875$

$p(4) = -0{,}5 \cdot 4^2 + 1{,}5 \cdot 4 = -2$

$\rightarrow S_1(-0{,}5|-0{,}875)$ und $S_2(4|-2)$

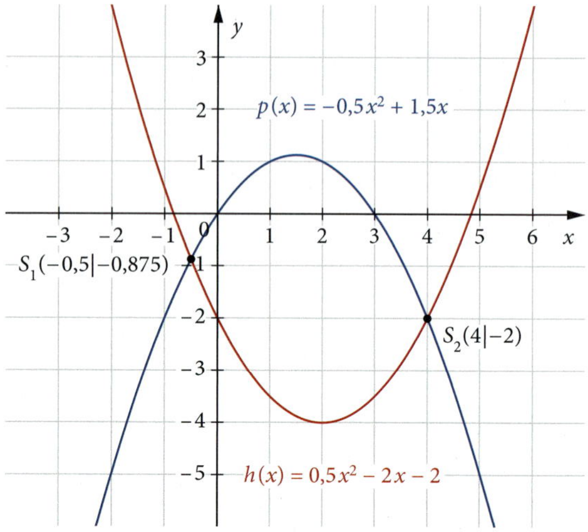

Die Graphen von h und p schneiden sich in den Punkten $S_1(-0{,}5|-0{,}875)$ und $S_2(4|-2)$.

Schnittpunkte $S(x|y)$ der Graphen zweier Funktionen f und g bestimmt man wie folgt:

- Die Funktionsterme gleichsetzen: $f(x) = g(x)$.
- Die Gleichung nach x auflösen. Die berechneten Werte liefern die Schnittstellen x bzw. die x-Koordinaten der Schnittpunkte.
- Die y-Koordinaten der Schnittpunkte berechnen, indem man die berechneten Werte für x in eine der beiden Funktionsgleichungen einsetzt: $y = f(x)$ oder $y = g(x)$.

► Berührpunkte bestimmt man mit dem gleichen Verfahren.

1. Bestimmen Sie rechnerisch die Koordinaten der Schnittpunkte der Funktionsgraphen von f und g.

a) $f(x) = x^2 - 5x + 9$; $g(x) = 3$
b) $f(x) = 0{,}25x^2 + 1$; $g(x) = -x$
c) $f(x) = 4x - 4$; $g(x) = 2x^2 + 20x + 10$
d) $f(x) = x^2 - 5x + 9$; $g(x) = 2x^2 - x + 14$
e) $f(x) = 1{,}5x^2 - 2x + 0{,}3$; $g(x) = -x^2 + x + 1$
f) $f(x) = 2x^2$; $g(x) = -4x^2$
g)

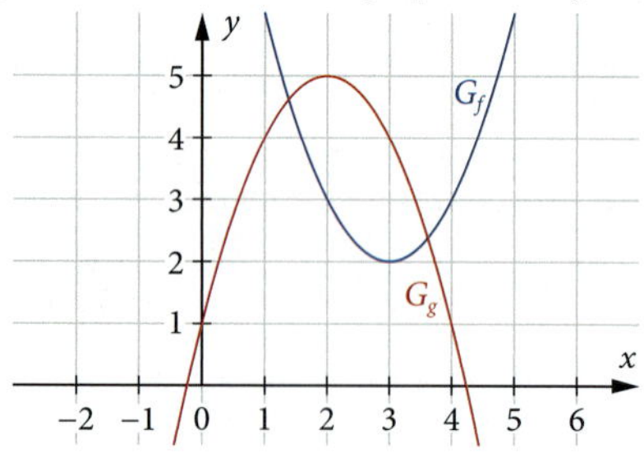

2. Lisa behauptet: „Die Nullstellen von $f(x) = 0{,}5x^2 - 0{,}5x - 1$ sind die x-Koordinaten der Schnittpunkte von $g(x) = 0{,}5x^2 + x$ und $h(x) = 1{,}5x + 1$." Überprüfen Sie die Behauptung zeichnerisch und rechnerisch.

3. Zeichnen Sie in ein Koordinatensystem die Normalparabel und eine Gerade, die die Normalparabel nicht schneidet. Geben Sie die Funktionsgleichung für die gewählte Gerade an.
Zeigen Sie auch rechnerisch, dass Gerade und Normalparabel sich nicht schneiden.

► Lösungen auf Seite 252

Übungen zu 1.3.3

1. Berechnen Sie die Nullstellen mit einem günstigen Lösungsverfahren. Geben Sie (wenn möglich) die Funktionsgleichung in der Produktform an. Skizzieren Sie die zugehörige Parabel.

a) $f(x) = x^2 + 2x - 3$
b) $f(x) = \frac{3}{4}x^2 + 1$
c) $f(x) = -2x^2 - 2x + 4$
d) $f(x) = 3(x-1)^2 - 9$
e) $f(x) = -0{,}4x^2 + 1{,}6x - 2{,}6$
f) $f(x) = \frac{1}{3}(x-3)^2 - \frac{4}{3}$
g) $f(x) = 0{,}5(x+3)(x-7)$
h) $f(x) = -2x(x+1)$

2. Bestimmen Sie die Koordinaten der Schnittpunkte des Graphen der Funktion mit den Koordinatenachsen.

a) $f(x) = 1{,}5x^2 + 6x + 6$
b) $f(x) = -0{,}5x^2 + 6x$
c) $f(x) = 0{,}25(x-4)^2$
d) $f(x) = (x-1)(x-2)$

oHi Mi **3.** Von einer quadratischen Funktion sind der Leitkoeffizient a und die Nullstellen bekannt. Skizzieren Sie zunächst den Funktionsgraphen. Geben Sie die Funktionsgleichung in der Produktform, der allgemeinen Form und der Scheitelpunktform an.

a) $a = 1$; $x_1 = -1$; $x_2 = 3$
b) $a = -1$; $x_1 = 0$; $x_2 = 4$
c) $a = 1{,}5$; $x_1 = 1$; $x_2 = 5$
d) $a = -2$; $x_1 = 2$; $x_2 = 2$
e) $a = 0{,}375$; $x_1 = -4$; $x_2 = 0$
f) $a = \frac{2}{3}$; $x_1 = 1{,}5$; $x_2 = 7{,}5$

oHi Mi **4.** Entscheiden Sie, ob es sich um eine wahre oder eine falsche Aussage handelt.

a) Wenn die zwei Nullstellen einer quadratischen Funktion sich nur durch ihr Vorzeichen unterscheiden, ist die Parabel achsensymmetrisch bezüglich der y-Achse.
b) Wenn die Parabel die x-Achse berührt, hat der Scheitelpunkt den x-Wert 0.
c) Wenn eine Parabel zwei Schnittpunkte mit der x-Achse hat und nach oben geöffnet ist, hat der Scheitelpunkt einen negativen y-Wert.
d) Wenn eine quadratische Funktion keine Nullstellen hat, lässt sich die Funktionsgleichung nicht in der Produktform angeben.

5. Gegeben sind die Funktionen mit den Gleichungen $f_1(x) = -2x^2 - 2x + 4$; $f_2(x) = (x-1)^2$; $g_1(x) = 0{,}5x + 1$ und $g_2(x) = -4x$.

a) Zeichnen Sie die Graphen der Funktionen in ein gemeinsames Koordinatensystem.
b) Bestimmen Sie die Koordinaten der Schnittpunkte je zweier Funktionsgraphen.

6. Ein Unternehmen arbeitet genau kostendeckend, wenn die Kosten K und die Erlöse E für eine Produktionsmenge übereinstimmen (Gewinngrenze und Gewinnschwelle). Bestimmen Sie diese Produktionsmengen für die folgenden Funktionspaare und zeichnen Sie die Graphen.

a) $K(x) = 2x + 8$; $E(x) = -2x^2 + 12x$
b) $K(x) = 4x + 64$; $E(x) = -0{,}5x^2 + 20x$
c) Für die Gewinnfunktion G gilt: $G(x) = E(x) - K(x)$. Ergänzen Sie den Graphen von G in das Koordinatensystem. Ermitteln Sie die Nullstellen von G und erläutern Sie den Zusammenhang zwischen den Nullstellen von G und den Schnittstellen der Kosten- und Erlösfunktion.

7. Gegeben sind die quadratische Funktion f mit $f(x) = -2x^2 + 6x + 8$ und die quadratische Funktion p mit $p(x) = 0{,}75x^2 - 2{,}25x - 3$.

a) Bestimmen Sie die Koordinaten der Schnittpunkte der zugehörigen Parabeln.
b)* Die Gerade g mit $g(x) = 2x + 2$ schneidet den Graphen von f im Punkt P. Der Punkt Q liegt auf dem Graphen von p und hat die gleiche x-Koordinate wie der Punkt P. Die Punkte $N(-1|0)$, P und Q bilden ein Dreieck (▶ Abbildung). Berechnen Sie die Maßzahl des Flächeninhalts dieses Dreiecks.

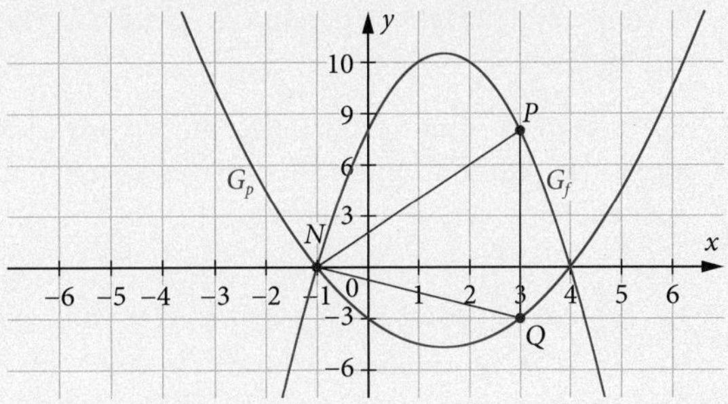

c) Untersuchen Sie, um wie viele Einheiten der Graph von f nach unten verschoben werden muss, damit er mit der Geraden g genau einen gemeinsamen Punkt hat.

1

1.3.4 Quadratische Ungleichungen

Neben quadratischen Gleichungen müssen immer wieder auch quadratische Ungleichungen gelöst werden. Dies kann man grafisch (mittels Skizze) oder auch rechnerisch erledigen (mithilfe einer Vorzeichentabelle oder auch einer – aufwändigen – Fallunterscheidung).

19 Sandwichverkauf

Die Schüler der Klasse 11 S2 der FOS/BOS Würzburg planen für einen karitativen Zweck den Verkauf von belegten Schinken-Käse-Sandwichs. Bei der Kalkulation hat sich die Gewinnfunktion G (als Differenz aus erwarteten Erlösen und Kosten) ergeben: $G(x) = -0{,}1\,x^2 + 10{,}5\,x - 135$ mit $D_G = [0; 120]$, wobei x die Anzahl der Sandwichs und $G(x)$ den Gewinn in € angibt.
Untersuchen Sie, für welche geplante Stückzahl sich ein (positiver) Gewinn ergibt, also $G(x) > 0$ bzw. $-0{,}1\,x^2 + 10{,}5\,x - 135 > 0$ gilt.

Wir betrachten zunächst die Gleichung $G(x) = 0$ und lösen sie mithilfe der Lösungsformel.

Die Nullstellen der Gewinnfunktion geben die ***Gewinnschwelle*** *und* ***Gewinngrenze*** *an.*

$$G(x) = 0$$
$$\Leftrightarrow \quad -0{,}1\,x^2 + 10{,}5\,x - 135 = 0 \qquad | \cdot (-10)$$
$$\Leftrightarrow \quad x^2 - 105\,x + 1350 = 0$$
$$x_{1/2} = \frac{105 \pm \sqrt{5625}}{2} = \frac{105 \pm 75}{2}$$

Lösungen: $x_1 = 15$; $x_2 = 90$

Die Ungleichung $G(x) > 0$, lässt sich auf zwei verschiedenen Wegen lösen:

Variante 1: Skizze des Graphen

Der Graph von G ist eine nach unten geöffnete Parabel.

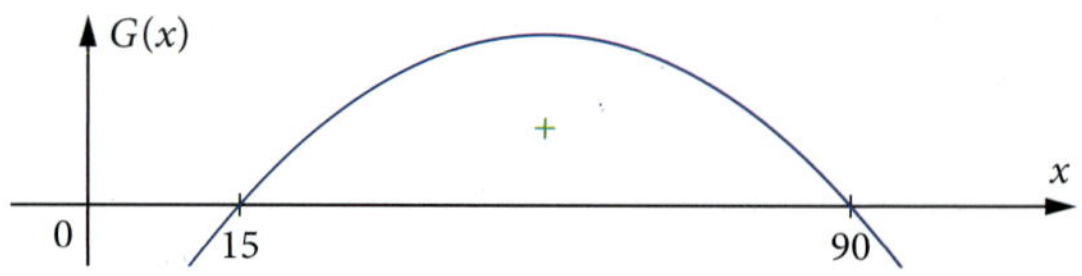

$G(x) > 0$ bedeutet, dass der zugehörige Graph oberhalb der x-Achse verlaufen muss.

$\Rightarrow \; L = \,]15; 90[$

Variante 2: Vorzeichentabelle

Mithilfe der Nullstellen faktorisieren wir den Funktionsterm $G(x)$.
Wir betrachten nun die Vorzeichen der einzelnen Faktoren und berechnen daraus das Vorzeichen des Produktes.

Aus der ersten und letzten Zeile suchen wir „nur noch" das passende Intervall zum gesuchten Vorzeichen. Für $G(x) > 0$ suchen wir also +.

$$G(x) > 0$$
$$\Leftrightarrow \quad -0{,}1\,(x - 15)\,(x - 90) > 0$$

x		15		90	
−0,1	−	−	−	−	−
x − 15	−	0	+	+	+
x − 90	−	−	−	0	+
−0,1 (x − 15) (x − 90)	−	0	+	0	−

Für $x \in \,]$**15; 90**$[$ ist also ein positiver Gewinn zu erwarten.

Die Schüler sollten eine Stückzahl zwischen 15 und 90 anstreben, um einen positiven Gewinn zu erzielen.

Wenn wir den Scheitelpunkt bestimmen, können wir sogar angeben, bei welcher Stückzahl der größtmögliche Gewinn erzielt wird.

Beide Lösungsvarianten kann man nur dann anwenden, wenn auf einer Seite der Ungleichung null steht, gegebenenfalls muss man die Ungleichung also erst umformen.
Für die drei anderen Ungleichheitszeichen ($<$, $\leq$, $\geq$) gilt die Herangehensweise analog.

Achtung: Multipliziere oder dividiere ich mit einer negativen Zahl, dreht sich das Ungleichheitszeichen um.

Schinken-Käse oder Thunfisch

20

Als Alternative zum Schinken-Käse-Sandwichverkauf prüfen die Schüler der Klasse 11 S2 den Verkauf von Thunfisch-Sandwichs. Die hierfür ermittelte Gewinnfunktion T hat die Funktionsgleichung $T(x) = -0{,}05x^2 + 5x - 15$ mit $D_T = [0; 120]$ und $T(x)$ in €.

a) Die Schüler möchten nun wissen, bei welcher erwarteten Stückzahl welches Sandwich den größeren Gewinn verspricht. Wann gilt also z. B. $G(x) \geq T(x)$ bzw.
$-0{,}1x^2 + 10{,}5x - 135 \geq -0{,}05x^2 + 5x - 15$?

b) Erstellen Sie eine Empfehlung für den Sandwichverkauf in Abhängigkeit von der Stückzahl.

Zu **a)** Wir formen die Ungleichung zunächst so um, dass auf der rechten Seite der Gleichung eine null steht. Auf der linken Seite erhalten wir einen neuen Term:
$D(x) = -0{,}05x^2 + 5{,}5x - 120$

$$G(x) \geq T(x)$$
$$\Leftrightarrow \quad -0{,}1x^2 + 10{,}5x - 135 \geq -0{,}05x^2 + 5x - 15$$
$$\Leftrightarrow \quad \underbrace{-0{,}05x^2 + 5{,}5x - 120}_{D(x)} \geq 0 \qquad = G(x) - T(x)$$

► Die Ungleichung $G(x) \geq T(x)$ ist äquivalent zu $G(x) - T(x) \geq 0$ (also $D(x) \geq 0$).

Nun betrachten wir statt der Ungleichung wieder die Gleichung $G(x) - T(x) = 0$ bzw. $D(x) = 0$.

Wir lösen die Gleichung, skizzieren den Graphen von D und lesen die Lösungsmenge aus der Skizze ab.

Für Stückzahlen zwischen 30 und 80 werfen die Schinken-Käse-Sandwichs mehr Gewinn ab, für Stückzahlen unter 30 bzw. über 80 die Thunfisch-Sandwichs.

$$D(x) = 0$$
$$\Leftrightarrow \quad -0{,}05x^2 + 5{,}5x - 120 = 0$$
$$\Leftrightarrow \quad x^2 - 110x + 2400 = 0$$
$$x_{1/2} = \frac{110 \pm \sqrt{2500}}{2} = \frac{110 \pm 50}{2}$$

Lösungen: $x_1 = 30$; $x_2 = 80$

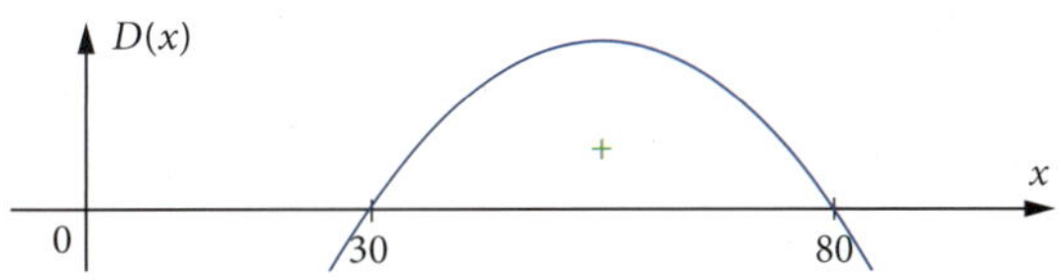

$\Rightarrow L = [30; 80]$

Zu **b)** Wir wissen bereits, dass für den Verkauf von 0 bis 15 sowie ab 90 Schinken-Käse-Sandwichs kein Gewinn erzielt wird und für Stückzahlen zwischen 30 und 80 der Verkauf von Schinken-Käse-Sandwichs einen höheren Gewinn abwirft, als der Verkauf von Thunfisch-Sandwichs. Um eine allgemeine Empfehlung für den Verkauf abzugeben, müssen wir nun untersuchen, für welche Stückzahlen beim Verkauf der Thunfisch-Sandwichs Gewinn erzielt wird.

Wir betrachten zunächst die Gleichung $T(x) = 0$ und lösen sie mithilfe der Lösungsformel.

$$T(x) = 0$$
$$\Leftrightarrow \; -0{,}05x^2 + 5x - 15 = 0 \quad | \cdot (-20)$$
$$\Leftrightarrow \; x^2 - 100x + 300 = 0$$
$$x_{1/2} = \frac{100 \pm \sqrt{8800}}{2} = \frac{100 \pm 20\sqrt{22}}{2}$$

Lösungen: $x_1 = 50 - 10\sqrt{22} \approx 3{,}1$ und
$x_2 = 50 + 10\sqrt{22} \approx 96{,}9$

Um die Ungleichung $T(x) > 0$ zu lösen, skizzieren wir den Graphen von T und lesen die Lösungsmenge ab. Für Stückzahlen ab 4 bis 96 Thunfisch-Sandwichs wird ein (positiver) Gewinn erzielt.

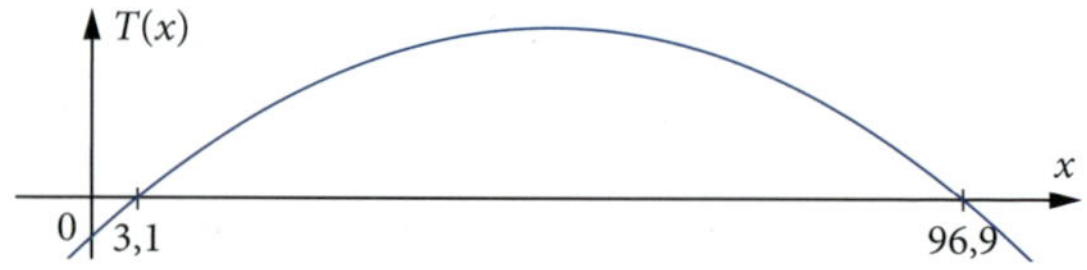

$\Rightarrow L = [4; 96]$

Wir können insgesamt nebenstehende Empfehlung in Abhängigkeit der Stückzahlen geben.

0–3: keine Sandwichs verkaufen (sonst Verlust)
4–29: Thunfisch-Sandwichs verkaufen
30–80: Schinken-Käse-Sandwichs verkaufen
81–96: Thunfisch-Sandwichs verkaufen
97 bis 120: keine Sandwichs verkaufen

Quadratische Ungleichungen löse ich so:
1. *Umformen, sodass auf einer Seite null steht.*
2. *Aus der Ungleichung eine Gleichung machen.*
3. *Quadratische Gleichung lösen.*
4. *Graph skizzieren.*
5. *Lösungsmenge aus der Skizze ablesen.*

Meine Strategie:
1. *Umformen, sodass auf einer Seite null steht.*
2. *Aus der Ungleichung eine Gleichung machen.*
3. *Quadratische Gleichung lösen.*
4. *Term faktorisieren und Vorzeichentabelle erstellen. (Faktorisierung ist aber nicht immer möglich.)*
5. *Lösungsmenge angeben.*

Gegeben sind die reellen Funktionen f und g durch $f(x) = -x^2 + 2x + 3$ und $g(x) = \frac{1}{2}x - 4$. Bestimmen Sie die Lösungsmengen der Ungleichungen $f(x) < 0$, $f(x) \geq 0$ und $f(x) \geq g(x)$.

▶ Lösung auf Seite 252

Übungen zu 1.3.4

oHi Mi **1.** Von den quadratischen Funktionen f und g kennt man nur die nebenstehenden Skizzen ihrer Graphen. Geben Sie die Lösungsmengen der Ungleichungen $f(x) < 0$, $f(x) \geq 0$, $g(x) > 0$, $g(x) \leq 0$ und $f(x) < g(x)$ an.

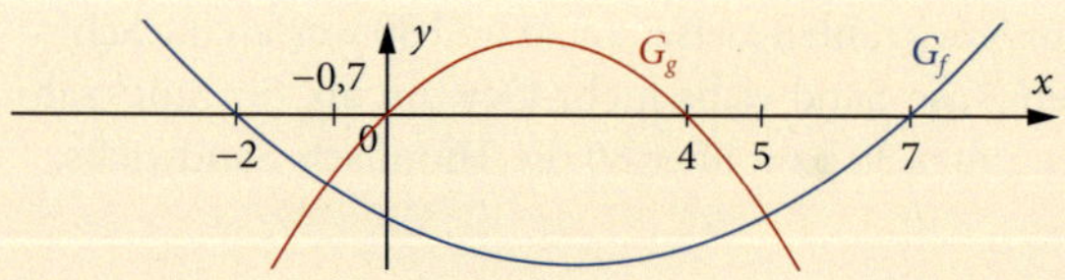

2. Gegeben sind die reellen Funktionen f und g durch $f(x) = 2x^2 - 11x + 12$ und $g(x) = 3x - 8$. Bestimmen Sie die Lösungsmengen der Ungleichungen $f(x) < 0$, $f(x) \geq 0$ und $f(x) \geq g(x)$.

oHi Mi **3.** Geben Sie jeweils zwei verschiedene quadratische Funktionsterme $f(x)$ an, für die Folgendes gilt.

a) $L =]-\infty; -3] \cup [8; +\infty[$ ist die Lösungsmenge von $f(x) \geq 0$.
b) $L = \mathbb{R}$ ist die Lösungsmenge für $f(x) \geq 0$.
c) $L = \{\,\}$ ist die Lösungsmenge für $f(x) \leq 0$.
d) $L = \mathbb{R}\backslash\{2\}$ ist die Lösungsmenge von $f(x) < 0$.
e) $L =]1; 5[$ ist Lösungsmenge von $f(x) > 0$.

$f(x) > 0$ (< 0) bedeutet, wir suchen alle x, für die der Graph oberhalb (bzw. unterhalb) der x-Achse verläuft.

1.3.5 Bestimmung der Funktionsgleichung aus gegebenen Punkten

21

Skater

Mehmet soll ein Referat über das Thema „Bestimmung einer quadratischen Funktionsgleichung bei gegebenen Punkten" halten. Bei der Vorbereitung findet er im Internet die nebenstehende Abbildung mit dem folgenden Text: „Physikalische Gesetzmäßigkeiten sorgen dafür, dass die Flugbahn des Skaters nahezu parabelförmig ist." Er folgert daraus, dass die Flugbahn des Skaters annähernd durch eine quadratische Funktionsgleichung beschrieben werden kann.
Mehmet möchte diese Abbildung als Einstiegsbeispiel für sein Referat nutzen.
Er ermittelt mithilfe eines Geodreiecks die Koordinaten der folgenden drei Punkte und trägt die Punkte in ein Koordinatensystem ein: $A(0|0)$, $B(2|2{,}8)$, $C(4|4{,}8)$.
Wie kann er nun die Funktionsgleichung bestimmen, die zu dieser Parabel gehört?

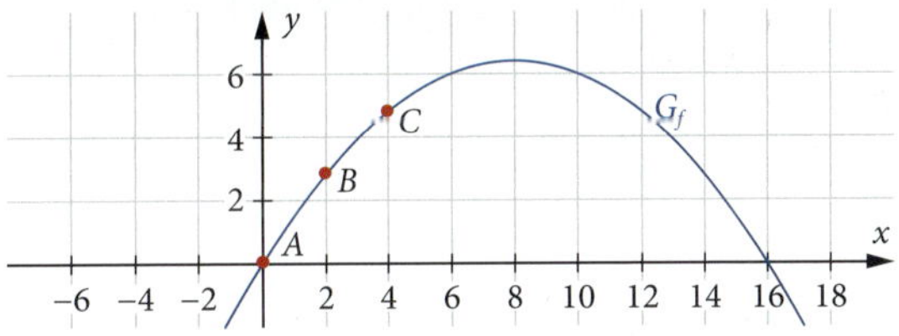

Für die Lösung des Problems nutzen wir Folgendes:

- Die Punkte liegen auf dem Graphen einer quadratischen Funktion f mit der allgemeinen Funktionsgleichung: $f(x) = ax^2 + bx + c$
- Wenn ein Punkt auf der Parabel liegt, so erfüllt er die Funktionsgleichung.

Setzen wir die Koordinaten der Punkte A, B und C in die allgemeine Funktionsgleichung ein, so erhalten wir 3 lineare Gleichungen mit den 3 Unbekannten a, b und c. Da alle drei Gleichungen Aussagen über die Werte von a, b und c machen, müssen wir sie als ein gemeinsames System behandeln.
▶ lineares Gleichungssystem, Seite 245–247

$A(0|0)$:

$$f(0) = 0 \quad \Leftrightarrow \quad 0^2a + 0b + c = 0$$
$$\Leftrightarrow \quad c = 0$$

$B(2|2{,}8)$:

$$f(2) = 2{,}8 \quad \Leftrightarrow \quad 2^2a + 2b + c = 2{,}8 \qquad \blacktriangleright\ c = 0$$
$$\Leftrightarrow \quad 4a + 2b = 2{,}8 \qquad \text{(I)}$$

$C(4|4{,}8)$:

$$f(4) = 4{,}8 \quad \Leftrightarrow \quad 4^2a + 4b + c = 4{,}8 \qquad \blacktriangleright\ c = 0$$
$$\Leftrightarrow \quad 16a + 4b = 4{,}8 \qquad \text{(II)}$$

Bereits die erste Gleichung liefert die Information, dass $c = 0$ ist, was wir sofort in den beiden anderen Gleichungen verwenden. Somit haben wir nur noch ein Gleichungssystem mit 2 Gleichungen und 2 Unbekannten a und b.

Wir lösen es mithilfe des Subtraktionsverfahrens.
▶ Seite 246

$$\text{(I)} \qquad 4a + 2b = 2{,}8$$
$$\text{(II')} = \text{(II)} : 4 \qquad 4a + b = 1{,}2$$
$$\text{(I)} - \text{(II')} \qquad \mathbf{b = 1{,}6}$$

$b = 1{,}6$ in (I):

$$4a + 3{,}2 = 2{,}8$$
$$\Leftrightarrow \quad 4a = -0{,}4$$
$$\Leftrightarrow \quad \mathbf{a = -0{,}1}$$

Die ermittelten Koeffizienten setzen wir in die allgemeine Funktionsgleichung ein und erhalten die gesuchte Funktionsgleichung, die den Sprung des Skaters beschreibt.

$$f(x) = -0{,}1x^2 + 1{,}6x$$

Der Funktionsterm einer quadratischen Funktion lässt sich bestimmen, wenn drei Punkte des zugehörigen Graphen bekannt sind.
Die Koordinaten der Punkte werden dazu in die allgemeine Form $f(x) = ax^2 + bx + c$ der Funktionsgleichung eingesetzt.
Das dadurch ermittelte Gleichungssystem wird mit einem geeigneten Lösungsverfahren gelöst, um die Werte für die Koeffizienten a, b und c zu erhalten.

Bestimmen Sie den Funktionsterm der quadratischen Funktion, deren Graph durch die Punkte $A(1|7)$, $B(0|4{,}5)$ und $C(-2|2{,}5)$ verläuft.

► Lösung auf Seite 252

Wenn man von einer Parabel die Koordinaten des Scheitelpunkts kennt, so benötigt man nur noch einen weiteren Punkt, um den Funktionsterm der zugehörigen quadratischen Funktion zu bestimmen.

22 Einer der Punkte ist der Scheitelpunkt

Bestimmen Sie den Funktionsterm der quadratischen Funktion f, deren Graph durch die Punkte $A(4|1{,}5)$ und $B(3|1{,}75)$ verläuft. Dabei ist B der Scheitelpunkt der zugehörigen Parabel.

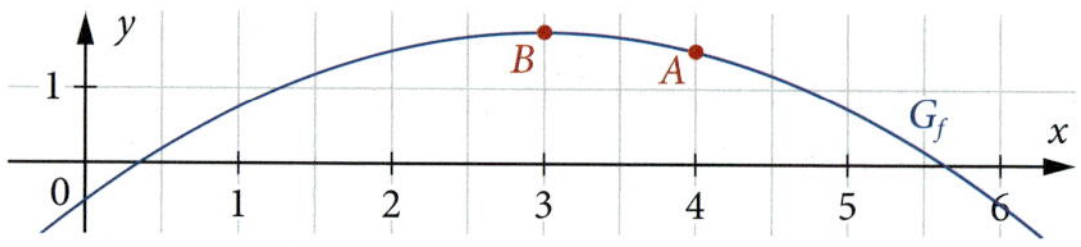

Hier ist es hilfreich, die Scheitelpunktform der quadratischen Funktionsgleichung zu verwenden:
$f(x) = a \cdot (x - x_S)^2 + y_S$
Wir ersetzten x_S und y_S durch die Koordinaten des Scheitelpunkts B.

$f(x) = a \cdot (x - x_S)^2 + y_S$
$B(3|1{,}75)$ ist der Scheitelpunkt der Parabel G_f
$\Rightarrow\ f(x) = a \cdot (x - 3)^2 + 1{,}75$

Da auch der Punkt A auf der Parabel liegt, muss nach Einsetzen seiner x-Koordinate in $f(x)$ seine y-Koordinate herauskommen. Dadurch können wir den Faktor a ermitteln.

$A(4|1{,}5)$:
$f(4) = 1{,}5 \ \Leftrightarrow\ a \cdot (4 - 3)^2 + 1{,}75 = 1{,}5$
$\Leftrightarrow\ a = -0{,}25$

Schließlich kann man den gesuchten Funktionsterm angeben – falls nötig, auch in ausmultiplizierter Form.

$\Rightarrow\ f(x) = -0{,}25 \cdot (x - 3)^2 + 1{,}75$
$\Leftrightarrow\ f(x) = -0{,}25x^2 + 1{,}5x - 0{,}5$

1. Gegeben ist eine Parabel, die durch den Punkt $A(6|2{,}5)$ verläuft und den Scheitelpunkt $S(3|-2)$ hat. Ermitteln Sie den zugehörigen Funktionsterm.

2. Gegeben ist eine Parabel, die die Nullstellen $x_1 = 1$ und $x_2 = 5$ hat sowie durch den Punkt $P(0|-2{,}5)$ verläuft. Ermitteln Sie den zugehörigen Funktionsterm.

Sind zwei Nullstellen x_1 und x_2 sowie ein weiterer Punkt gegeben, verwende ich die Produktform $f(x) = a(x - x_1)(x - x_2)$.

3. Der Graph einer quadratischen Funktion g schneidet die x-Achse bei $-0{,}5$ und 6 und die y-Achse bei 1.
   a) Entscheiden Sie, ob man aus den gegebenen Informationen eindeutig das Vorzeichen des Streckfaktors angeben kann.
   b) Bestätigen Sie durch Rechnung Ihre Vermutung und bestimmen Sie die Gleichung der zugehörigen Funktion g.

► Lösungen auf Seite 253

Übungen zu 1.3.5

1. Bestimmen Sie den Funktionsterm der quadratischen Funktion, deren Graph durch die angegebenen Punkte verläuft.
   a) $A(-5|6)$; $B(-3|-4)$; $C(3|14)$
   b) $A(-2|0)$; $B(2|4)$; $C(3|10)$
   c) $A(-6|-8)$; $B(-2|12)$; $C(3|-8)$
   d) $A(-3|3)$; $B(2|-1)$; $C(6|-3)$
   e) $A(-6|4)$; $B(-3|-5)$; $C(4|9)$
   f) $A(-1|-10)$; $B(2|-1)$; $C(6|-3)$

2. Gegeben sind die Punkte $A(1|-5)$, $B(2|-9)$ und $C(-1|-15)$ einer Parabel.
   a) Bestimmen Sie den zugehörigen quadratischen Funktionsterm $f(x)$.
   b) Bestimmen Sie die Koordinaten des Scheitelpunkts und die Achsenschnittpunkte des Graphen von f.
   c) Zeichnen Sie den Graphen von f.

3. Gegeben sind die drei Punkte $A(1|1)$, $B(2|10)$ und $C(-1|-5)$ des Graphen einer quadratischen Funktion sowie die Punkte $P(0|-16)$ und $Q(1|-3)$ des Graphen einer linearen Funktion.
   Bestimmen Sie die Koordinaten der Schnittpunkte der beiden Graphen.

4. Gegeben sind folgende Punkte einer Parabel. Ermitteln Sie die zugehörige Funktionsgleichung.
   a) $A(-3|3)$; $B(-2|5)$; $C(1|-1)$
   b) $A(3|-6)$; Scheitelpunkt $S(-0{,}5|1)$
   c) $N_1\left(-\frac{3}{4}\middle|0\right)$; $N_2\left(\frac{5}{2}\middle|0\right)$, $A\left(2\middle|\frac{11}{2}\right)$

5. Die FOS-11-Schüler Patrick und Michaela spielen in ihrer Freizeit begeistert Tennis. Die Ballwurfmaschine im Training fasziniert sie. Nachdem sie im Mathematikunterricht erfahren haben, dass die Flugkurve des Balles durch eine Parabel beschrieben werden kann, haben sie einige Messungen vorgenommen: Die Bälle werden aus einer Höhe von 1,05 m „geworfen“, haben nach 4 m Entfernung eine Flughöhe von 1,75 m erreicht und landen nach 14 m am Boden. Die beiden möchten die Maschine so im Tennisfeld positionieren, dass die größte Flughöhe genau über dem Netz erreicht wird.
   Helfen Sie den beiden, die passende Funktionsgleichung sowie die maximale Flughöhe und die Position der Wurfmaschine zu ermitteln.

6. Gegeben sind folgende vier Punkte. Prüfen Sie, ob sie auf einer gemeinsamen Parabel liegen.
   a) $A(1|1{,}5)$; $B(0|4)$; $C(-1|7{,}5)$; $D(6|4)$
   b) $A(1|-3)$; $B(-1|5)$; $C(-4|2)$; $D(-2|7)$
   c) $A(-2|7)$; $B(0|8)$; $C(2|0)$; $D(-1|6)$

7. Auf ihrer Fahrt in den Skiurlaub fällt Lea auf, dass viele Tunnel eine parabelähnliche Form haben. Sie möchte die Parabelgleichung bestimmen. Lösen Sie die Aufgabe für die vier in der Skizze eingezeichneten Möglichkeiten, den Ursprung des Koordinatensystems zu legen.

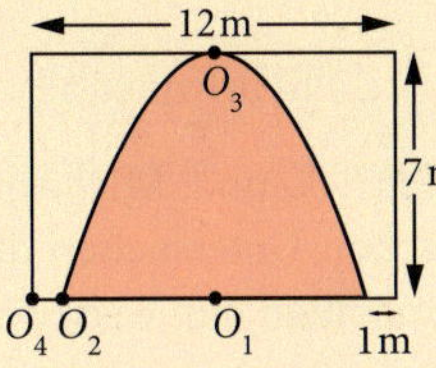

8. Die Heilig-Kreuz-Kirche in Gelsenkirchen wurde von Josef Franke in den Jahren 1927 bis 1929 erbaut. Sie wird auch „Parabelkirche“ genannt, da die Parabel das wesentliche architektonische Merkmal der Kirche ist. So beschreibt z. B. auch das Gewölbe des Kircheninnenraums eine Parabel.
   Für ein Schulprojekt soll die Form des Gewölbes durch den Graphen einer Funktion f beschrieben werden. Bei einer Vermessung wird dem Verlauf eines Gewölbebogens ein Koordinatensystem zugrunde gelegt. Dabei wird abgelesen, dass die Punkte $P(2|14)$, $Q(4|20)$ und $R(6|18)$ auf dem Parabelbogen liegen.
   Bestimmen Sie die Funktionsgleichung von f.

9. Ein Studentencafe erzielt bei einem Absatz von 3 ME einen Gewinn von 1,2 GE, bei einem Absatz von 4 ME einen Gewinn von 3 GE sowie einen Gewinn von 2,2 GE beim Absatz von 8 ME.
   Ermitteln Sie die Funktionsgleichung der Gewinnfunktion vom Typ $G(x) = ax^2 + bx + c$. Berechnen Sie die Gewinnzone sowie das Gewinnmaximum.

10. Der Wasserstrahl eines Springbrunnens hat Parabelform und gelangt 3 Meter hoch und 6 Meter weit. Untersuchen Sie, welche quadratische Funktion die Parabel beschreibt, wenn der Wasserstrahl im Koordinatenursprung ansetzt. Fertigen Sie eine Skizze an.

1.3.6 Quadratische Funktionen mit Parameter

Ähnlich wie bei den linearen Funktionen können die Gleichungen quadratischer Funktionen neben der Lösungsvariablen (meist x) auch Formvariablen bzw. Parameter (oft a, m, k, t) enthalten. Für jeden Wert des Parameters ergibt sich eine neue Funktionsgleichung mit veränderten Eigenschaften und Graphen. Man spricht allgemein von einer **Scharfunktion** und schreibt z. B. $f_k(x)$.

Tipp: Der Einsatz technischer Hilfsmittel ist für Funktionen mit Parameter ganz besonders zu empfehlen. Mithilfe eines Schiebereglers lässt sich z. B. sehr anschaulich die Auswirkung des Parameters auf den Graphen nachvollziehen.

23 Ballwurfmaschine und Hebebühne ▶ Aufgabe 5 auf Seite 61

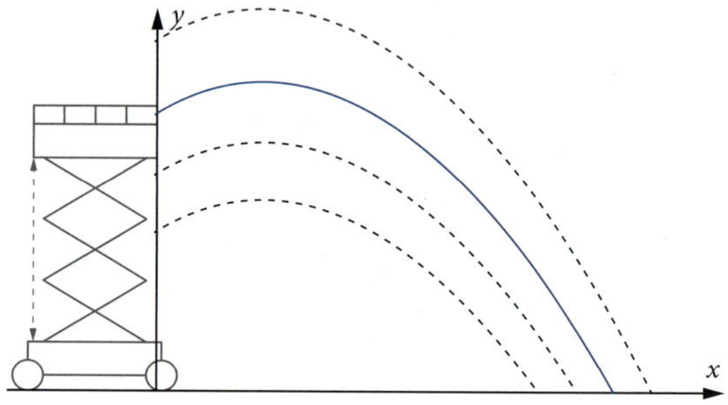

Patrick und Michaela haben Gefallen am mathematischen Untersuchen der Ballwurfmaschine gefunden. Sie möchten nun wissen, wie hoch sie die Maschine anheben müssten, um den Ball auf der 17,38 m entfernten Grundlinie aufkommen zu lassen. Da an der alten Wurfmaschine keine Einstellungen mehr verändert werden können, müssen sie experimentieren. Patrick ist überzeugt: Wenn sie die Ballwurfmaschine einen (bzw. k) Meter anheben, fliegt der Ball auch einen (bzw. k) Meter weiter. Michaela bezweifelt das. Im Praktikum dürfen sie mit der vorhandenen Hebebühne ihre Vermutung überprüfen und stellen fest, dass Patrick wohl nicht Recht hat. Zurück in der Schule möchten sie eine rechnerische Lösung bzw. Erklärung für ihr Problem finden.

Ihr Mathematiklehrer gibt ihnen den Hinweis, dass aus der bekannten Gleichung der Flugbahn $f(x) = -0{,}025x^2 + 0{,}275x + 1{,}05$ (Wurfmaschine auf y-Achse) sich durch das Anheben nur das konstante Glied verändert und damit daraus $f_k(x) = -0{,}025x^2 + 0{,}275x + k$, $k \in \mathbb{R}^+$ wird.

a) Bestimmen Sie, um wie viele Meter die Ballmaschine angehoben werden muss.

b) Überprüfen Sie anschließend Patricks Vermutung, indem Sie die Koordinaten des Scheitelpunktes in Abhängigkeit von k berechnen und den Denkfehler in seiner Annahme finden und korrigieren.

Zu **a)** Der Ball kommt in einer Entfernung von 17,38 m von der Wurfmaschine am Boden auf.
Wir suchen also den Parameter k so, dass der Punkt $P(17{,}38|0)$ auf der Parabel liegt.
Der Ball wird ursprünglich aus 1,05 m geworfen, die notwendige Höhe beträgt ca. 2,77 m. Es ist also eine Anhebung um 1,72 m notwendig.

$P(17{,}38|0) \in G_{f_k} \Rightarrow f_k(17{,}38) = 0$

$\Leftrightarrow\ -0{,}025 \cdot 17{,}38^2 + 0{,}275 \cdot 17{,}38 + k = 0$

$\Leftrightarrow\ -7{,}55161 + 4{,}7795 + k = 0$

$\Leftrightarrow\ k = 2{,}77211$

2,77 m − 1,05 m = 1,72 m
Anhebung: ca. **1,72 m**

zu **b)** Wir verwenden die allgemeine Formel für die x-Koordinate des Scheitelpunktes: $x_S = \frac{-b}{2a}$

Die Scheitelpunkte unterscheiden sich nur in ihrer y-Koordinate. Sie erhöht sich (wie alle anderen Punkte der Parabel) um k Meter, wenn man die Parabel um k Meter nach oben schiebt.

$f_k(x) = -0{,}025x^2 + 0{,}275x + k$

$\Rightarrow x_S = \frac{-0{,}275}{2 \cdot (-0{,}025)} = 5{,}5$ ▶ $a = -0{,}025$; $b = 0{,}275$

$y_S = f_k(5{,}5) = -0{,}025 \cdot 5{,}5^2 + 0{,}275 \cdot 5{,}5 + k$

$= 0{,}75625 + k$

$\rightarrow S(5{,}5|0{,}75625 + k)$

Trotzdem hat Patrick offensichtlich nicht Recht: Für $k = 1{,}05$ flog der Ball 14 m weit (▶ Aufgabe 5 auf Seite 61), und für $k \approx 2{,}77$ fliegt er 17,38 m weit. Einer Höhenänderung von 1,72 m steht also eine Weitenänderung von 3,38 m gegenüber. Patrick hat den Fehler gemacht, von einer Veränderung in vertikaler Richtung (Δh) auf eine Veränderung in horizontaler Richtung (Δl) zu schließen. Diese sind nur in den allerseltensten Fällen gleich.

Parabelschar

24

Gegeben ist eine Funktionenschar f_t durch $f_t(x) = -x^2 + (2t - 1)x + 2t$ mit $x \in \mathbb{R}$ und $t \in \mathbb{R}$ sowie die lineare Funktion g durch $g(x) = -x$ mit $x \in \mathbb{R}$.

a) Bestimmen Sie den Wert des Parameters t so, dass der Punkt $P(-3|-2)$ auf dem Graphen von f_t liegt.

b) Zeigen Sie, dass sich die Koordinaten des Scheitelpunktes in Abhängigkeit von t darstellen lassen als $S\left(t - \frac{1}{2} \middle| t^2 + t + \frac{1}{4}\right)$. Begründen Sie damit, dass alle Scheitelpunkte im I. bzw. II. Quadranten liegen.

c) Ermitteln Sie die Anzahl der Nullstellen von f_t in Abhängigkeit vom Parameter t.

d) Ermitteln Sie die gegenseitige Lage der Parabelschar zur Geraden g in Abhängigkeit von t. Geben Sie ggf. die Koordinaten der Berührpunkte an.

Zu **a)** Damit der Punkt auf der Parabel liegt, müssen seine Koordinaten die Funktionsgleichung erfüllen. Wir erhalten eine Gleichung mit der Variablen t, die gelöst werden kann. Die Lösung ist $t = -1$.
P liegt also auf $G_{f_{-1}}$.

$$f_t(-3) = -2$$
$$\Leftrightarrow \quad -(-3)^2 + (2t - 1)\cdot(-3) + 2t = -2$$
$$\Leftrightarrow \quad -9 - 6t + 3 + 2t = -2$$
$$\Leftrightarrow \quad -4t - 6 = -2 \quad | +6$$
$$\Leftrightarrow \quad -4t = 4 \quad \Leftrightarrow \quad \mathbf{t = -1}$$

Zu **b)** Für die x-Koordinate des Scheitelpunktes gilt: $x_S = \frac{-b}{2a}$, die y-Koordinate bestimmen wir als Funktionswert an der Stelle x_S.

$$x_S = \frac{-(2t-1)}{2\cdot(-1)} = t - \frac{1}{2}$$ ▶ $a = -1;\ b = 2t - 1$

$$y_S = f_t\left(t - \tfrac{1}{2}\right)$$
$$= -\left(t - \tfrac{1}{2}\right)^2 + (2t - 1)\left(t - \tfrac{1}{2}\right) + 2t$$
$$= -\left(t^2 - t + \tfrac{1}{4}\right) + 2t^2 - t - t + \tfrac{1}{2} + 2t$$
$$= t^2 + t + \tfrac{1}{4}$$
$$\rightarrow \mathbf{S\left(t - \tfrac{1}{2} \middle| t^2 + t + \tfrac{1}{4}\right)}$$

Um zu zeigen, dass alle Scheitelpunkte im I. bzw. II. Quadranten liegen, betrachten wir die y-Koordinate des Scheitelpunktes. Wir zeigen, dass sie immer Werte größer oder gleich 0 annimmt und damit S auf bzw. oberhalb der x-Achse liegt.

y_S-Werte als Funktion: $g(t) = t^2 + t + \frac{1}{4}$

$g(t) = 0 \quad \Leftrightarrow \quad t^2 + t + \frac{1}{4} = 0$

$$t_{1/2} = \frac{-b \pm \sqrt{b^2 - 4ac}}{2a}$$ ▶ $a = 1;\ b = 1;\ c = \frac{1}{4}$

$$t_{1/2} = \frac{-1 \pm \sqrt{1^2 - 4\cdot 1\cdot \frac{1}{4}}}{2\cdot 1} = -\frac{1}{2}$$

$\rightarrow$ g hat doppelte Nullstelle $t_{1/2} = -\frac{1}{2}$. Der Scheitelpunkt liegt also auf der x-Achse und da G_g eine nach oben geöffnete Parabel ist, gilt immer $y_S \geq 0$.

$\rightarrow$ S liegt im I. oder II. Quadranten.

Zu **c)** Die Anzahl der Nullstellen einer quadratischen Funktion f mit $f(x) = ax^2 + bx + c$ ist abhängig von der Diskriminante $D = b^2 - 4ac$. ▶ Seite 51
Für die Diskriminante gilt hier in Abhängigkeit von t: $D(t) = (2t + 1)^2$

$f_t(x) = -x^2 + (2t - 1)x + 2t$ ▶ $a = -1;\ b = 2t - 1;\ c = 2t$

$$\Rightarrow \quad D = (2t - 1)^2 - 4\cdot(-1)\cdot 2t = 4t^2 - 4t + 1 + 8t$$
$$= 4t^2 + 4t + 1$$ ▶ binomische Formel
$$= (2t + 1)^2$$

▶ Da D von t abhängig ist, schreiben wir: $D(t) = (2t + 1)^2$, der Parameter t aus der Funktionenschar f_t ist hier Argumentvariable.

Wir lösen die Gleichung $D(t) = 0$ und skizzieren G_D. Anhand der Skizze erkennen wir, dass immer $D(t) \geq 0$ gilt (G_D liegt auf bzw. oberhalb der x-Achse); der Fall, dass f_t keine Nullstellen besitzt, kann also nicht eintreten. Für $t = -0{,}5$ ist die Diskriminante D gleich 0.
$f_{-0{,}5}$ hat eine doppelte Nullstelle (der Graph berührt die x-Achse). Für $t \neq -0{,}5$ ist D positiv. f_t hat für $t \neq -0{,}5$ also zwei verschiedene Nullstellen (der Graph schneidet die x-Achse an zwei Stellen).

$D(t) = 0$

$\Leftrightarrow \quad (2t + 1)^2 = 0 \quad \Leftrightarrow \quad t_{1/2} = -0{,}5$ ▶ doppelte Nullstelle

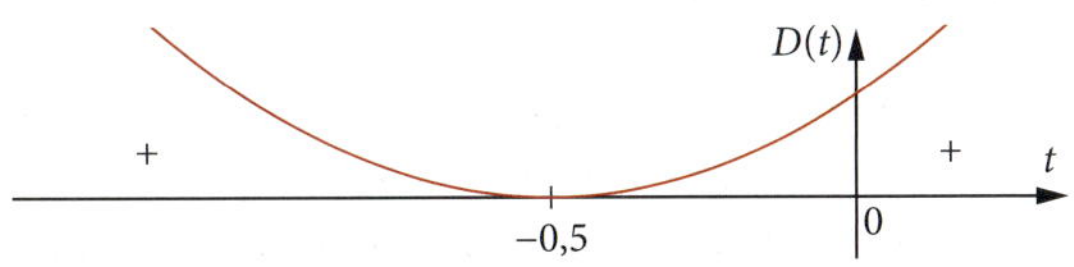

$t = -0{,}5 \Rightarrow D(t) = 0$ ▶ doppelte Nullstelle

$t \neq -0{,}5 \Rightarrow D(t) > 0$ ▶ zwei verschiedene Nullstellen

1

Zu **d)** Um gemeinsame Punkte zu finden, setzen wir die Funktionsterme gleich, bringen alle Terme auf eine Seite und lösen die Gleichung.

$$f_t(x) = g(x)$$
$$\Leftrightarrow\ -x^2 + (2t - 1)\cdot x + 2t = -x \quad |+x$$
$$\Leftrightarrow\ -x^2 + 2tx + 2t = 0 \quad (*)$$

Die Diskriminante D entscheidet, ob die Gleichung (*) Lösungen hat (und damit ob die beiden Graphen gemeinsame Punkte haben).
Wir lösen wieder zunächst die Gleichung $D(t) = 0$ und skizzieren den Graphen G_D von D.

$D = (2t)^2 - 4\cdot(-1)\cdot 2t = 4t^2 + 8t$
$D(t) = 0 \Leftrightarrow 4t^2 + 8t = 0 \Leftrightarrow t(4t + 8) = 0$
$t_1 = 0;\ t_2 = -2$

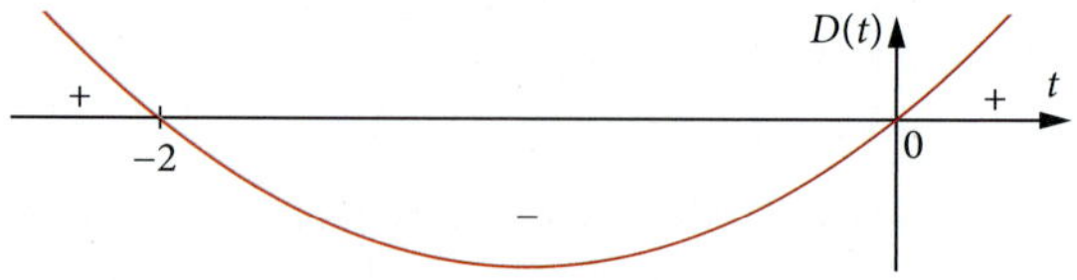

Anhand des Graphen erkennen wir:

Für $t \in\ ]-\infty; -2[\ \cup\ ]0; \infty[$ ist die Diskriminante D positiv. Es gibt also zwei Lösungen und damit zwei Schnittpunkte. Die Gerade ist dann eine Sekante.

$\boldsymbol{t \in\ ]-\infty; -2[\ \cup\ ]0; \infty[} \Rightarrow D(t) > 0$
$\Rightarrow$ Gerade ist Sekante (schneidet die jeweilige Parabel in 2 Punkten)

Für $t \in \{-2; 0\}$ ist D gleich 0. Es gibt also nur einen gemeinsamen Punkt. Die Gerade ist somit Tangente.

$\boldsymbol{t \in \{-2; 0\}} \Rightarrow D(t) = 0$
$\Rightarrow$ Gerade ist Tangente (berührt die jeweilige Parabel in einem Punkt)

Für $t \in\ ]-2; 0[$ ist D negativ. Es gibt also keine Lösung bzw. gemeinsamen Punkte. Die Gerade ist in diesem Fall eine Passante.

$\boldsymbol{t \in\ ]-2; 0[} \Rightarrow D(t) < 0$
$\Rightarrow$ Gerade ist Passante (hat keine gemeinsamen Punkte mit der jeweiligen Parabel)

Um die x-Koordinaten der Berührpunkte zu erhalten, verwenden wir die bereits umgeformte Gleichung (*).

▶ Natürlich könnten wir auch jeweils $f_{-2}(x) = g(x)$ und $f_0(x) = g(x)$ lösen, mit Gleichung (*) sparen wir uns aber zwei Umformungen.

Die y-Koordinaten erhalten wir, indem wir die berechneten x-Koordinaten in eine der beiden gegebenen Funktionsgleichungen für f_{-2} bzw. f_0 oder g einsetzen.

▶ Wir wählen g, da die zugehörige Gleichung nur linear ist.

Berührpunkt zwischen $G_{f_{-2}}$ und G_g:
$t = -2$ in (*) :
$-x^2 - 4x - 4 = 0$
$\Leftrightarrow -(x + 2)^2 = 0$
$x_{1/2} = -2$ (doppelt)
$x_{B_1} = -2$
$y_{B_1} = g(-2) = -(-2) = 2$
also $\boldsymbol{B_1(-2|2)}$

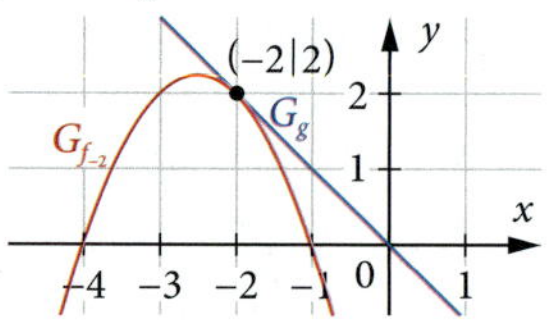

Berührpunkt zwischen G_{f_0} und G_g:
$t = 0$ in (*) :
$-x^2 = 0$
$x_{1/2} = 0$ (doppelt)
$x_{B_2} = 0$
$y_{B_2} = g(0) = 0$
also $\boldsymbol{B_2(0|0)}$

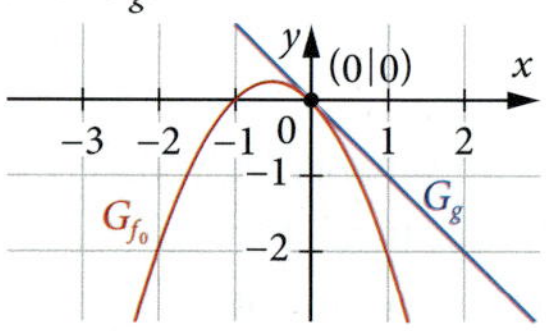

Gegeben ist eine Schar von Funktionen f_k mit $f_k(x) = kx^2 + 2x + 4k$ und $k \in \mathbb{R}\setminus\{0\}$.

a) Bestimmen Sie den Wert des Parameters k so, dass der Punkt $P(1|-3)$ auf G_{f_k} liegt.
b) Berechnen Sie die Koordinaten des Schnittpunktes der Scharparabeln mit der y-Achse in Abhängigkeit von k und prüfen Sie, ob es einen Wert von k gibt, sodass die zugehörige Parabel durch den Ursprung verläuft.
c) Ermitteln Sie die Koordinaten des Scheitelpunktes in Abhängigkeit von k.
d) Bestimmen Sie die Anzahl der Nullstellen in Abhängigkeit vom Parameter k und geben Sie die Nullstellen gegebenenfalls an.
e) Bestimmen Sie die gegenseitige Lage des Graphen von f_k und der Geraden t mit der Gleichung $t(x) = 3$.

▶ Lösung auf Seite 253

Übungen zu 1.3.6

1. Gegeben ist die Schar der Funktionen f_a mit $f_a(x) = ax^2 - a$ und $a \in \mathbb{R}\backslash\{0\}$.

a) Bestimmen Sie den Wert des Parameters a so, dass der Punkt $A(-2|-3)$ auf dem Graphen von f_a liegt.

b) Zeigen Sie, dass die Nullstellen von f_a vom Parameter a unabhängig sind und folgern Sie aus der Lage der Nullstellen eine Aussage zur Lage des Scheitelpunktes der Parabel.

c) Bestätigen Sie durch Rechnung die Koordinaten des Scheitelpunktes in Abhängigkeit von a.

d) Geben Sie den Wert des Parameters a für den Fall an, dass der Scheitelpunkt des Graphen von f_a bei $(0|3)$ liegt.

e) Begründen Sie ohne Rechnung, dass der Graph von f_a und der Graph der linearen Funktion g mit $g(x) = -2x$ sich immer schneiden. Bestätigen Sie dies anschließend durch eine Rechnung.

f) Bestimmen Sie in Abhängigkeit vom Parameter a die gegenseitige Lage des Graphen von f_a und des Graphen der linearen Funktion g mit $g(x) = x + 1$ und geben Sie gegebenenfalls die Koordinaten des/der Berührpunkte(s) an.

2. Gegeben ist die Schar der Funktionen p_a mit $p_a(x) = ax^2 + (1 + a)x + 1$ und $a \in \mathbb{R}\backslash\{0\}$.

a) Geben Sie an, für welche Werte des Parameters a die Scharparabel nach unten geöffnet ist.

b) Bestimmen Sie den Wert des Parameters a so, dass p_a eine doppelte Nullstelle hat.

c) Berechnen Sie, für welchen Wert a der Scheitel der Scharparabel auf der y-Achse liegt.

d) Bestimmen Sie, für welchen Wert des Parameters a der Graph von p_a die Gerade g mit $g(x) = -x - 1$ berührt. Berechnen Sie dafür auch die Koordinaten des Berührpunktes.

e) Zeigen Sie, dass sich alle Parabeln der Schar an der Stelle $x = 0$ schneiden.

oHi Mi **3.** $S(k|4)$ ist der Scheitel der durch $p_m(x) = x^2 - 10x + m$ festgelegten Parabel. Bestimmen Sie die Parameter k und $m \in \mathbb{R}$.

oHi Mi **4.** Gegeben sind die Funktionenscharen f_b und g_b durch $f_b(x) = -3x^2 + bx + 1$ und $g_b(x) = x^2 - 2x + b$ mit $b \in \mathbb{R}$. Bestimmen Sie b so, dass sich die Graphen von f_b und g_b berühren.

5. Gegeben sind die reellen Funktionen f_k mit $f_k(x) = x^2 - kx + 3k$ und $k \in \mathbb{R}$.

a) Ermitteln Sie die Koordinaten des Scheitelpunkts der Scharparabeln in Abhängigkeit von k.

b) Zeichnen Sie die Parabeln für $k \in \{-1; 0; 1; 2\}$.

c) Bestimmen Sie den Zahlenbereich für k so, dass die zugehörigen Graphen keinen gemeinsamen Punkt mit der x-Achse haben.

d) Zeigen Sie, dass sich alle Scharparabeln im Punkt $A(3|9)$ schneiden.

e)* Überlegen Sie, wie Sie vorgehen würden, wenn Sie zeigen müssten, dass sich alle Parabeln nur im Punkt $A(3|9)$ schneiden.

f)* Begründen Sie, dass sämtliche Scheitel der gegebenen Parabeln auf dem Graphen der Funktion g mit $g(x) = -x^2 + 6x$ liegen.

6. Gegeben ist eine Parabelschar p_b mit der Gleichung $p_b(x) = -x^2 + 2bx - 6x + 6b - 7$.

a) Stellen Sie die Koordinaten des Scheitelpunkts der Scharparabeln in Abhängigkeit von b dar.

b) Ermitteln Sie die Gleichung der Parabel der Schar, die durch den Punkt $B(-7|6)$ verläuft.

c) Die Parabel mit der Gleichung $y = -x^2 - 8x - 13$ ist eine Parabel der Schar. Berechnen Sie den Wert, den die Formvariable b für diesen Fall hat.

d) Weisen Sie durch Rechnung nach, dass alle Parabeln der Schar durch den Punkt $A(-3|2)$ verlaufen.

e) Die Parabelschar enthält zwei Parabeln, welche die Gerade g mit der Gleichung $g(x) = 3x + 13{,}25$ berühren.
Ermitteln Sie die Gleichungen dieser Parabeln und die Koordinaten der Berührpunkte.

f)* Bestimmen Sie die Gleichung der Tangente t im Punkt $P(-3|2)$ an die Parabel aus c). Zeichnen Sie die Parabel und die Tangente in ein geeignetes Koordinatensystem.

7. *Ampelabfrage:* Wählen Sie die richtige Antwort. oHi Mi
$f_k(x) = 2kx^2 + 3k + 1$
Für den Wert des Koeffizienten c aus der Lösungsformel gilt:

- (rot) $c = 1$
- (gelb) $c = 3k$
- (grün) $c = 3k + 1$

Übungen zu 1.3

1. Ordnen Sie die Graphen und Gleichungen einander zu.

a) $f(x) = -x^2$
b) $f(x) = 2x^2 - 1$
c) $f(x) = -(x + 3)^2$
d) $f(x) = x^2 + 2x + 1$
e) $f(x) = -(x - 3)^2 - 2$
f) $f(x) = x^2 + 4x + 5$

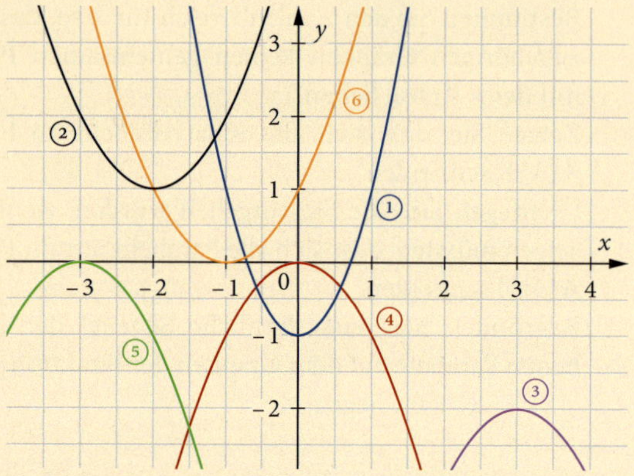

2. Betrachten Sie nochmals die Gleichungen in den Teilaufgaben aus Aufgabe 1.

a) Erklären Sie anhand der Gleichungen die Begriffe „allgemeine Form" und „Scheitelpunktform".
b) Geben Sie zu den Funktionsgleichungen die allgemeine Form bzw. Scheitelpunktform an.
c) Beschreiben Sie, wie man aus dem Graphen einer quadratischen Funktion den Öffnungsfaktor herauslesen kann.

3. Der Graph einer quadratischen Funktion f schneidet die y-Achse bei -3, die x-Achse bei 2 und verläuft durch den Punkt $P(3|4)$. Bestimmen Sie den zugehörigen Funktionsterm $f(x)$.

4. Benennen Sie für folgende Funktionen alle Eigenschaften der zugehörigen Parabel, die man der gegebenen Funktionsgleichung entnehmen kann (Achsenschnittpunkte, Scheitelpunkt, Öffnungsrichtung, Öffnungsweite, Symmetrie, Verschiebung).
Überprüfen Sie Ihre Ergebnisse zeichnerisch.

a) $f(x) = x^2 + 2x - 3$
b) $f(x) = \frac{3}{4}x^2 + 1$
c) $f(x) = -\frac{5}{4}(x + 0{,}5)^2 - 1{,}5$
d) $f(x) = -2x^2 - 2x + 4$
e) $f(x) = 3(x - 1)^2 - 9$
f) $f(x) = -0{,}4x^2 + 1{,}6x - 2{,}6$
g) $f(x) = 2(x + 1)(x - 1{,}5)$
h) $f(x) = -0{,}5x^2 + 6x$

5. Gegeben ist die quadratische Funktion f mit $f(x) = 1{,}25x^2 - 5{,}5x + 2$

a) Bestimmen Sie $f(0)$, $f(2)$ und $f(4)$.
b) Lösen Sie die Gleichung $f(x) = 1$.
c) Berechnen Sie die Schnittpunkte mit der x-Achse.
d) Untersuchen Sie, für welche x-Werte $f(x) < 0$ gilt.

6. Von einer Parabel sind jeweils der Koeffizient a und die Verschiebung parallel zu den Koordinatenachsen bekannt. Geben Sie die zugehörige Funktionsgleichung in der Scheitelpunktform an. Benennen Sie auch den Scheitelpunkt.

a) $a = 1$; Verschiebung um 4 Einheiten nach rechts und 2 Einheiten nach unten
b) $a = -2$; Verschiebung um 4,5 Einheiten nach oben
c) $a = -\frac{1}{6}$; Verschiebung um 3 Einheiten nach links
d) $a = -1$; Verschiebung um 3,5 Einheiten nach links und 6 Einheiten nach oben

7. Felix behauptet: „Den Graphen der reellen Funktion f mit $f(x) = -2x^2 + 0{,}25x - 3$ kann ich aus dem Graphen der reellen Funktion p mit $p(x) = 2(x + 1)(x - 2)$ durch Spiegelung und Verschiebung parallel zu den Koordinatenachsen erhalten."
Überprüfen Sie seine Aussage, indem Sie nach geeigneten Spiegelungen und/oder Verschiebungen suchen. Vergleichen Sie anschließend Ihre Lösungen.

8. *Irrgarten:*
Entscheiden Sie, ob es sich um eine wahre oder eine falsche Aussage handelt.
Begründen Sie.

a) Wenn eine Parabel gestaucht ist, gilt $a \leq 1$.
b) Wenn die beiden Koordinaten des Scheitelpunktes den gleichen Wert haben, ist die Parabel nach rechts verschoben.
c) Aus $c = 0$ folgt, dass die Parabel keinen Schnittpunkt mit der y-Achse hat.
d) Aus $a < -1$ folgt, dass die Parabel gestreckt ist.
e) Wenn die zwei Nullstellen einer quadratischen Funktion sich nur durch ihr Vorzeichen unterscheiden, ist die Parabel achsensymmetrisch zur y-Achse.
f) Wenn die Parabel die x-Achse berührt, hat der Scheitelpunkt den x-Wert 0.
g) Wenn eine Parabel zwei x-Achsenschnittpunkte hat und nach oben geöffnet ist, hat der Scheitelpunkt einen negativen y-Wert.

9. Die Schüler der Klasse 11VKWD sollen folgende Aufgabe lösen:
„Der Graph einer quadratischen Funktion f verläuft durch den Scheitelpunkt $S(-2|-3)$ sowie die Punkte $A(-7|0)$ und $B(3|0)$. Bestimmen Sie die zugehörige Funktionsgleichung."
Franziska, Duygu und Paul haben jeweils verschiedene Lösungsansätze gefunden:

Lösungsansatz von Franziska:
$f(x) = a \cdot (x - 2)^2 - 3$

Lösungsansatz von Duygu:
$f(x) = a \cdot (x - 7) \cdot (x + 3)$

Lösungsansatz von Paul:
I.) $-49a - 7b + c = 0$
II.) $9a + 3b + c = 0$
III.) $4a - 2b + c = -3$

a) Erklären Sie die drei Ideen, die hinter den Ansätzen stecken. Verwenden Sie dabei passende Fachausdrücke. Nicht alle Ansätze sind hier gleich geschickt. Begründen Sie, welchen der Ansätze Sie wählen würden und welcher aus Ihrer Sicht am wenigsten sinnvoll ist.
b) In die Ansätze haben sich jeweils Fehler eingeschlichen. Finden Sie diese und korrigieren Sie sie.
c) Lösen Sie jeden der (nun korrigierten) Ansätze und überprüfen Sie die von Ihnen in Teilaufgabe a) aufgestellte Präferenz.

10. Der Graph einer quadratischen Funktion f verläuft durch die Punkte $A(-4|3)$, $B(-8|-5)$ und $C(2|0)$.
a) Bestimmen Sie die allgemeine Form der Gleichung der zugehörigen Funktion f.
b) Berechnen Sie nun auch die Produkt- und die Scheitelpunktform der Funktion f.
c) Zeichnen Sie den Graphen der Funktion f in ein geeignetes Koordinatensystem.
d) Geben Sie die Gleichung einer Funktion h an, deren Graph aus dem Graphen von f entstanden ist, indem man G_f erst an der x-Achse spiegelt, danach um 1 LE nach oben und anschließend um 5 LE nach rechts verschiebt.

11. Geben Sie jeweils die Gleichung einer quadratischen Funktion f mit folgenden Eigenschaften an.
a) Der Graph verläuft nur im III. und IV. Quadranten.
b) Die Ungleichung $f(x) < 0$ hat in der Grundmenge $\mathbb{R}$ die Lösungsmenge $L =]-3; 5[$.

12. Zu welchem Funktionsterm gehört der Graph?

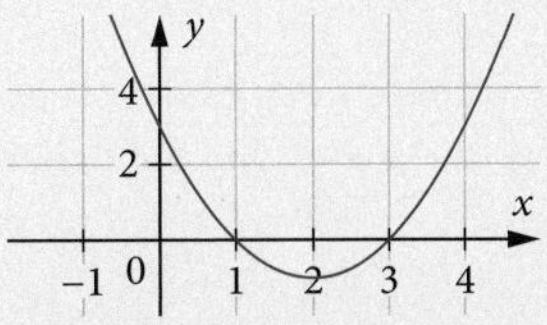

$f(x) = x^2 + 4x + 3$
$g(x) = (x + 2)^2 + 1$
$h(x) = (x - 2)^2 - 1$

13. Bestimmen Sie die Gleichung einer quadratischen Funktion f, deren Graph folgende Eigenschaften hat.
a) Der Graph schneidet die y-Achse bei 4 und die x-Achse an den gleichen Stellen wie die Parabel mit der Gleichung $p(x) = x^2 + x - 6$.
b) Der Graph verläuft durch die gemeinsamen Punkte der beiden Graphen G_g und G_h mit $g(x) = -2x + 1$ und $h(x) = -2x^2 + 3x + 1$ und ist kongruent zur nach unten geöffneten Normalparabel.

14. Analysieren Sie die auf Seite 39 dargestellte Situation und berechnen Sie, in welcher Entfernung vom Turm der Ball auftrifft, wenn der Ball aus einer Höhe von 6 m abgeworfen wird, vom Boden aus gerechnet eine Höhe von 8 m erreicht und in dem Augenblick 4 m vom Turm entfernt ist.

15. Im neu eröffneten Erlebnisbad Spaßtherme kostet eine Tageskarte 30 € pro Person. Da die Anzahl der Besucher mit durchschnittlich 500 hinter den Erwartungen geblieben ist, wurde eine Untersuchung erstellt, die Folgendes herausgefunden hat: Eine Reduzierung des Eintrittspreises um je 0,25 € würde die Besucherzahl um je 10 ansteigen lassen.
a) Erläutern Sie, warum man die Einnahmen bzw. den Erlös in € durch die Gleichung
$E(s) = (30 - 0{,}25s)(500 + 10s)$ angeben kann, wobei s für die Anzahl der Preissenkungen um je 0,25 € steht.
b) Die Verwaltung der Spaßtherme möchte wissen, für welchen Eintrittspreis sich die höchsten Einnahmen erzielen lassen.
c) Die Verwaltung hat nun festgestellt, dass wichtiger als ein hoher Erlös ein hoher Gewinn ist. Für den ermittelten neuen Preis von 21,75 € pro Person, ergeben sich folgende betriebswirtschaftliche Größen: Erlösfunktion (in €) $E(x) = 21{,}75x$ und Kostenfunktion (in €) $K(x) = 0{,}02x^2 - 11{,}5x + 7000$, wobei x die Anzahl der Besucher mit Tageskarte ist. Ermitteln Sie hierfür die Anzahl an Besuchern, für die sich der höchste Gewinn (= Erlös – Kosten) erzielen lässt.

16. Gegeben ist die reelle Funktion h mit $h(x) = \frac{1}{4}x^2 - x - \frac{5}{4}$.

a) Bestimmen Sie die Koordinaten des Scheitelpunkts der zugehörigen Parabel und geben Sie die Scheitelpunktform der Funktion an.

b) Zeichnen Sie den Graphen G_h für $-2 \leq x \leq 6$ in ein geeignetes Koordinatensystem (1 LE = 1 cm).

c) Geben Sie die Lösungsmenge der Ungleichung $h(x) \geq 0$ an.

d) Der Graph G_g der linearen Funktion g mit der Gleichung $g(x) = -\frac{1}{2}x - \frac{1}{2}$ schneidet den Graphen G_h in 2 Punkten.
Zeichnen Sie die Gerade G_g in das Koordinatensystem aus b) ein und berechnen Sie anschließend die Koordinaten der Schnittpunkte.

e) Geben Sie die Lösungsmenge der Ungleichung $h(x) < g(x)$ an.

17. Die Müngstener Brücke ist die höchste Eisenbahnbrücke Deutschlands. Sie überspannt das Tal der Wupper zwischen Solingen und Remscheid. Der Hauptbogen besteht aus zwei Parabeln.

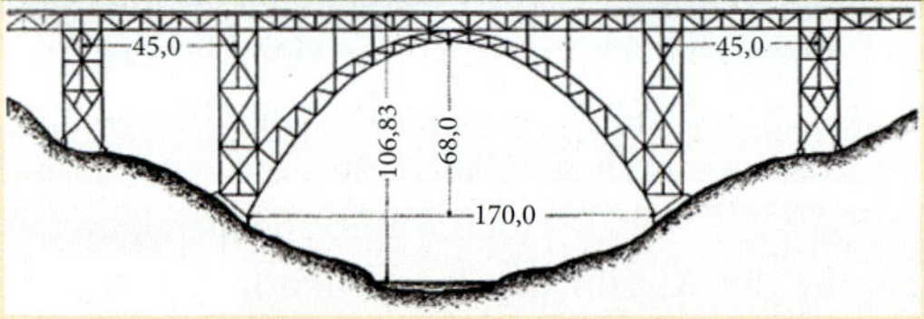

a) Ermitteln Sie mit den Angaben der Konstruktionszeichnung die Funktionsgleichung für den unteren Bogen, indem Sie die x-Achse auf die Höhe der Verankerungspunkte legen.

b) Der Abstand der Verankerungspunkte der beiden Bögen beträgt auf jeder Seite 17 m und der Höhenunterschied 8 m. Außerdem liegt der Scheitel des oberen Bogens 5 m über dem des unteren Bogens. Ermitteln Sie auch die Funktionsgleichung für den oberen Bogen.

18. Gegeben sind nebenstehende Punkte in einem kartesischen Koordinatensystem (KOS). Betrachten Sie für die Teilaufgaben a) und b) zunächst nur die unteren 6 (ausgemalten) Punkte.

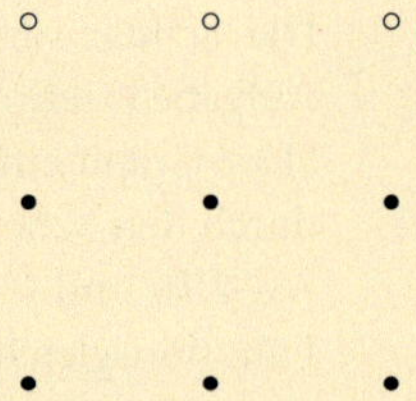

oHi Mi

a) Ermitteln Sie, wie viele verschiedene Parabeln sich so in das KOS legen lassen, dass jeweils 3 der 6 ausgemalten Punkte auf der Parabel liegen.

b) Begründen Sie, warum es keine Parabel gibt, die 4 der 6 ausgemalten Punkte enthält.

c) Diskutieren Sie, welche der insgesamt 9 dargestellten Punkte nicht gleichzeitig auf einer Parabel liegen können.

19. Der parabelförmige Bogen einer Autobrücke kann durch die Funktion mit der Gleichung $f(x) = -0{,}02x^2 + 0{,}96x$ beschrieben werden.

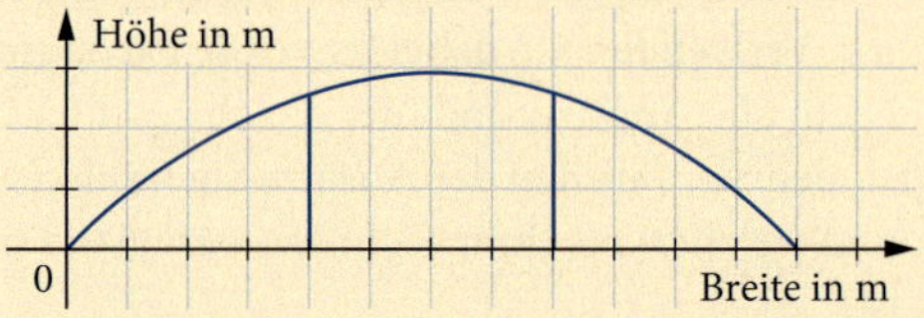

a) Übertragen Sie die Zeichnung maßstabsgerecht auf ein kariertes Blatt Papier.

b) Berechnen Sie die Spannweite des Brückenbogens und skalieren Sie dazu passend die x-Achse des Koordinatensystems.

c) Bestimmen Sie die maximale Höhe des Brückenbogens und skalieren Sie die y-Achse entsprechend.

d) Berechnen Sie die Höhe der beiden Stützpfeiler.

e) In einem ersten Entwurf für die Brücke waren zwei 9,1 m hohe Stützpfeiler vorgesehen. Diskutieren Sie, an welchen Stellen diese hätten errichtet werden müssen. Wie weit wären sie voneinander entfernt gewesen?

20. Sie spielen gegen Ihren Banknachbarn „Kugelstoßen auf dem Papier“: Die Funktion f mit der Gleichung $f(x) = -0{,}1x^2 + 0{,}8x + 1{,}8$ gibt die Weite Ihres Stoßes vom Ursprung aus gemessen in m an. Jeder Spieler darf einen der Koeffizienten a, b oder c um 0,05 so erhöhen bzw. senken, dass seine Kugel weiter „fliegt“. Diskutieren Sie anschließend Ihre Vorgehensweise, ermitteln Sie rechnerisch den Sieger und finden Sie den weitest möglichen Wurf heraus.

21. Der Hersteller eines neuen bruchfesten und biegsamen Handydisplays tritt kurzfristig als Monopolist auf dem Markt auf. Es liegen die Preisabsatzfunktion P mit $P(x) = 6 - 0{,}3x$ sowie die Kostenfunktion K mit $K(x) = 0{,}6x + 16{,}8$ vor. Dabei stellen x Mengeneinheiten (ME) und K bzw. P Geldeinheiten (GE) dar.

a) Geben Sie die Erlösfunktion E und die Gewinnfunktion G an.

b) Ermitteln Sie die Erlösschwelle, Erlösgrenze sowie Gewinnschwelle und Gewinngrenze.

c) Bestimmen Sie die Ausbringungsmengen, für die maximaler Erlös bzw. maximaler Gewinn erzielt werden.

22. Die unten stehende Figur besteht ausschließlich aus Graphen von quadratischen und linearen Funktionen (die jeweils eine eingeschränkte Definitionsmenge haben). Bestimmen Sie die entsprechenden Funktionsgleichungen mithilfe der Graphen und versuchen Sie das „Parabelmännchen" mit einem Computer nachzuzeichnen. (Informieren Sie sich darüber, wie man eine Funktion abschnittsweise definiert). Teilen Sie sich gegebenenfalls die Arbeit untereinander auf.

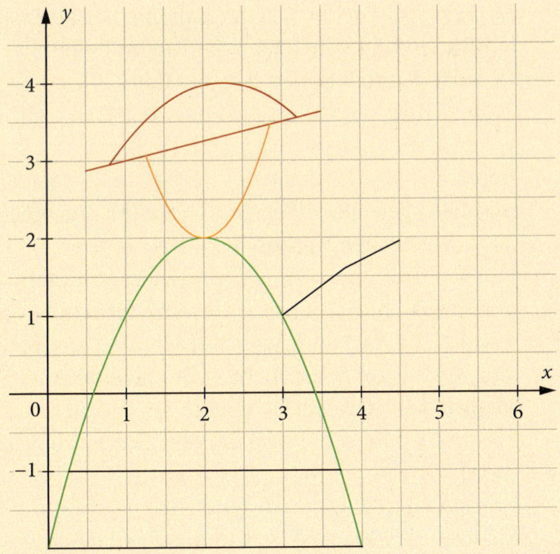

Tipp: Mit ein wenig Geschick schaffen Sie es vielleicht auch, das Männchen winken zu lassen; verwenden Sie dazu für den Ober- bzw. Unterarm lineare Funktionen mit Parameter, den Sie dann wiederum per Animation einen bestimmten Bereich durchlaufen lassen.

23. Aus einem rechtwinklig dreieckigen Rasenstück (siehe Skizze) soll ein möglichst großes rechtwinkliges Stück eingezäunt werden.

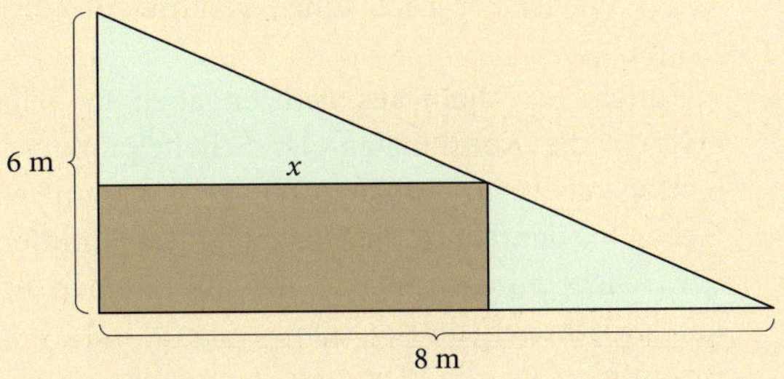

a) Geben Sie eine sinnvolle Definitionsmenge für die Variable x an und berechnen Sie ihren Wert so, dass die eingezäunte Fläche größtmöglich ist.
Tipp: Stellen Sie erst die Gleichung der Geraden auf, die die „Hypotenuse enthält".

b) Bestimmen Sie die Kosten, die entstehen, um das rechteckige Flächenstück vollständig einzuzäunen, wenn der Zaun 6,50 € pro m kostet.

24. Gegeben sind die reellen Funktionen p_a mit $p_a(x) = ax^2 - 4x - 0{,}5 + a$ und $a \in \mathbb{R}\setminus\{0\}$. Die Graphen der Funktionen bilden die Parabelschar G_{p_a}. Außerdem ist eine Gerade g gegeben, die durch die Punkte $A\,(3\,|\,-5)$ und $B\,(-2\,|\,5)$ verläuft.

a) Stellen Sie die zur Geraden g gehörige Geradengleichung auf.

b) Geben Sie an, für welche Werte des Parameters a die Parabeln nach oben bzw. nach unten geöffnet sind.

c) Bestimmen Sie die Koordinaten des Scheitelpunktes S in Abhängigkeit von a.

d) Berechnen Sie alle Werte von a, für die die Graphen G_{p_a} die Gerade g berühren. Geben Sie die Koordinaten der zugehörigen Berührpunkte R und T an.

e) Bestimmen Sie für $a = 4$ die Koordinaten des Scheitelpunkts der Parabel G_{p_4} und der Schnittpunkte mit den Koordinatenachsen sowie die Koordinaten der Schnittpunkte von G_{p_4} mit G_g. Zeichnen Sie anschließend die Graphen G_{p_4} und G_g in ein geeignetes Koordinatensystem.

25. Die Schüler der Klasse 11 S2 der FOS/BOS Würzburg haben von der Weihnachtsfeier ein Loch von 90 € in der Klassenkasse. Prüfen Sie, für welche Stückzahlen beim Verkauf der Schinken-Käse- bzw. Thunfisch-Sandwichs die Kasse ausgeglichen werden kann. Entnehmen Sie alle notwendigen Informationen den Beispielen auf den Seiten 56 und 57.

26. Gegeben ist eine quadratische Funktionenschar f_a.

a) Stellen Sie die Funktionsgleichung von f_a auf, wenn sie Nullstellen bei $x = -2$ und $x = a$ hat und ihr Graph kongruent ist zur nach unten geöffneten Normalparabel.

b) Ermitteln Sie allein aus den Angaben in Teilaufgabe a) die Koordinaten des Scheitelpunktes der Scharparabeln in Abhängigkeit vom Parameter a. Geben Sie dann auch die Gleichung der Funktion in der Scheitelpunktform und der allgemeinen Form an. (Zwischenergebnis: $f_a(x) = -x^2 + (a-2)x + 2a$)

c) Bestimmen Sie alle Werte des Parameters a so, dass die zugehörige Parabel nicht durch den ersten Quadranten verläuft.

d) Bestimmen Sie in Abhängigkeit vom Parameter a die gegenseitige Lage des Graphen von f_a und des Graphen der linearen Funktion g mit $g(x) = -0{,}5x$. Geben Sie gegebenenfalls die Koordinaten des/der Berührpunkte(s) an.

27. Durch den Fosbury-Flop wurde der Hochsprung revolutioniert: Der Springer kann seinen Körper in Bezug auf den Körperschwerpunkt kurzzeitig während des Sprungs durch eine starke Hohlkreuzbildung anheben (der Körperschwerpunkt wandert an den Rand des Körpers bzw. sogar leicht darunter).

▶ Informieren Sie sich im Internet über die Besonderheiten des Fosbury-Flops.

Im Leichtathletik-Verein versucht sich ein Springer an einer neuen Bestmarke. Bei seinem Sprungversuch beschreibt der Schwerpunkt S näherungsweise eine parabelförmige Flugbahn mit der Gleichung $y = -0{,}5x^2 - 1{,}5x + 1$. Die Sprunglatte liegt auf einer Höhe von 1,75 m.

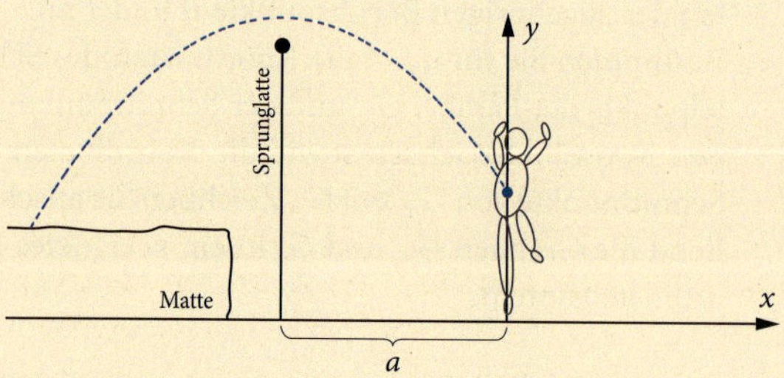

Berechnen Sie, ob der Hochspringer die Sprunglatte überquert, wenn sie genau auf der Symmetrieachse der Parabel liegt und der Springer durch den Flop seinen Körperschwerpunkt an den Rand seines Körpers verlegt.

Geben Sie auch den Abstand a an. Die Koordinaten der Punkte im x-y-Koordinatensystem sind Maßzahlen mit der Einheit m.

28. Gegeben sind die reellen Funktionen f_k mit der Gleichung $f_k(x) = (k-1)x^2 - 2kx + k + 3$ und $k \in \mathbb{R}\setminus\{1\}$.

a) Ermitteln Sie den Wert des Parameters k so, dass der zugehörige Graph durch den Ursprung verläuft.

b) Bestimmen Sie die Anzahl der Nullstellen von f_k in Abhängigkeit von k.

29. Basketballprofi Dirk N. hat von seinem Heimtrainer Holger G. (einem Mathematiker!) die optimale Flugbahn seiner Freiwürfe berechnet bekommen.

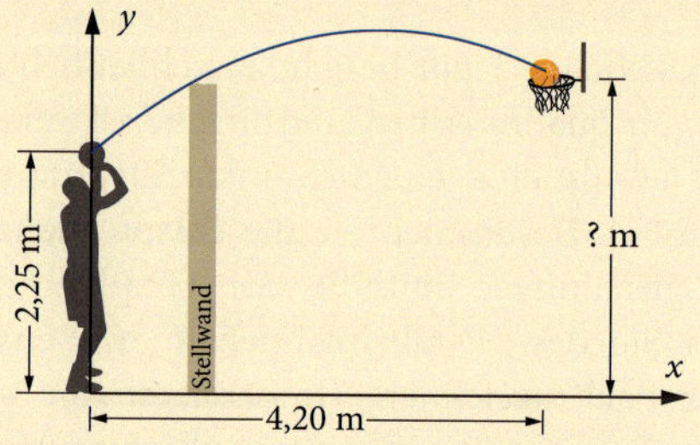

Die zugehörige Funktionsgleichung lautet:
$f(x) = -0{,}161x^2 + 0{,}865x + 2{,}25;\ x \in \mathbb{R}_0^+$.
Beim Wurf befindet sich der Ball in einer horizontalen Entfernung von 4,2 m vom Ringmittelpunkt.
Er wirft den Ball aus ca. 2,25 m Höhe.
Tipp: Gehen Sie davon aus, dass der Ball „von der y-Achse aus" geworfen wird (siehe Skizze).

a) Berechnen Sie die Höhe des Korbes auf 2 Nachkommastellen gerundet. Überprüfen Sie Ihr Ergebnis mit der tatsächlichen Korbhöhe.

b) Um die Trainingsbedingungen zu verschärfen, soll der Spieler „blind" werfen, d. h. eine 2,9 m hohe Stellwand soll derart aufgebaut werden, dass der Spieler den Korb beim Wurf nicht sieht (siehe Skizze). Zusätzlich soll der Spieler gerade so darüber werfen können (ohne die Flugbahn des Balles zu verändern).
Berechnen Sie den Abstand der Stellwand vom Standort des Spielers, in dem diese gerade noch aufgebaut werden kann, und interpretieren Sie Ihr Ergebnis. (Der Ball wird dabei grundsätzlich als „Punkt" betrachtet.)

c) Erstellen Sie eigene Funktionsgleichungen für den Spieler für Würfe von (außerhalb) der 3-Punkte-Linie (sowohl für die in Europa als auch in der US-amerikanischen Profiliga NBA gültige Linie).

Ich kann …

… eine quadratische Funktionsgleichung auf **unterschiedliche Arten darstellen.**	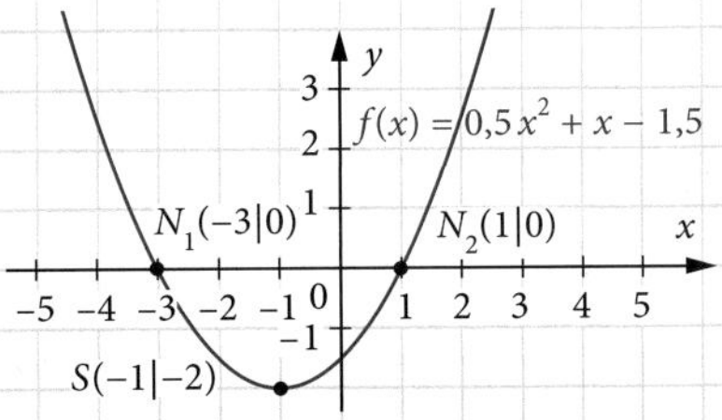	Allgemeine Form: $f(x) = ax^2 + bx + c$ ▶ $x \in \mathbb{R}$; $a, b, c \in \mathbb{R}$; $a \neq 0$ Scheitelpunktform: $f(x) = a(x - x_s)^2 + y_s$ ▶ Scheitelpunkt $S(x_s\|y_s)$ Produktform: $f(x) = a(x - x_1)(x - x_2)$ ▶ Nullstellen x_1 und x_2, falls diese existieren
… den **Graphen** einer quadratischen Funktion mit Worten beschreiben und im Koordinatensystem **zeichnen.**		$a > 0$: Öffnung der Parabel nach oben $a < 0$: Öffnung der Parabel nach unten $\|a\| < 1$: Parabel gestaucht $\|a\| > 1$: Parabel gestreckt
… die **allgemeine Form** in die Scheitelpunktform **umwandeln.**	$f(x) = 0{,}5x^2 + x - 1{,}5$ $x_S = \frac{-1}{2 \cdot 0{,}5} = -1$; $y_S = f(-1) = -2$ $\Rightarrow f(x) = 0{,}5(x + 1)^2 - 2$	1. x_S bestimmen: $x_S = \frac{-b}{2 \cdot a}$ 2. y_S bestimmen: $y_S = f(x_S)$ 3. Einsetzen in: $f(x) = a(x - x_S)^2 + y_S$
… die **Scheitelpunktform** in die allgemeine Form **umwandeln.**	$f(x) = 0{,}5(x + 1)^2 - 2$ $= 0{,}5(x^2 + 2x + 1) - 2$ $= 0{,}5x^2 + x - 1{,}5$	1. Binomische Formel anwenden 2. Klammer auflösen 3. Zusammenfassen
… die **Nullstellen** einer quadratischen Funktion berechnen: • mit der Lösungsformel	$0{,}5x^2 + x - 1{,}5 = 0$ $x_{1/2} = \frac{-1 \pm \sqrt{1^2 - 4 \cdot 0{,}5 \cdot (-1{,}5)}}{2 \cdot 0{,}5} = \frac{-1 \pm \sqrt{4}}{1}$ Nullstellen: $x_1 = 1$; $x_2 = -3$	$ax^2 + bx + c = 0$; $a \neq 0$ 1. Fall: $b \neq 0$, $c \neq 0$ $f(x) = ax^2 + bx + c$ Lösungsformel: $x_{1/2} = \frac{-b \pm \sqrt{b^2 - 4ac}}{2a}$ ▶ Diskriminante $D = b^2 - 4ac$ $D < 0$ keine Nullstellen $D = 0$ eine (doppelte) Nullstelle $D > 0$ zwei Nullstellen
• durch Ausklammern von x	$2x^2 - 4x = 0 \Leftrightarrow 2x \cdot (x - 2) = 0$ Nullstellen: $x_1 = 0$; $x_2 = 2$	2. Fall: $b \neq 0$, $c = 0$ $f(x) = ax^2 + bx$
• durch Wurzelziehen	$x^2 - 4 = 0 \Leftrightarrow x^2 = 4$ Nullstellen: $x_1 = 2$; $x_2 = -2$	3. Fall: $b = 0$, $c \neq 0$ $f(x) = ax^2 + c$
… den Funktionsterm in **Linearfaktoren** zerlegen und die **Nullstellen ablesen.**	$f(x) = x^2 - 5x + 6$ $= (x - 2) \cdot (x - 3)$ Nullstellen: $x_1 = 2$; $x_2 = 3$	$f(x) = a \cdot (x - x_1) \cdot (x - x_2)$ ▶ Produktform
… den **Funktionsterm** einer quadratischen Funktion anhand dreier auf dem Graphen liegenden Punkte **aufstellen.**	$P(2\|14)$: $a \cdot 2^2 + b \cdot 2 + c = 14$ $Q(4\|20)$: $a \cdot 4^2 + b \cdot 4 + c = 20$ $R(6\|18)$: $a \cdot 6^2 + b \cdot 6 + c = 18$	1. Gegebene Punkte in den allgemeinen Ansatz $ax^2 + bx + c = y$ einsetzen 2. Lineares Gleichungssystem lösen
… die **gemeinsamen Punkte** zweier Funktionsgraphen bestimmen.	$f(x) = 0{,}5x^2 + x$; $g(x) = x^2 - 1{,}5$ $f(x) = g(x)$ $\Leftrightarrow 0{,}5x^2 + x = x^2 - 1{,}5$ $\Leftrightarrow -0{,}5x^2 + x + 1{,}5 = 0$ Lösungen: $x_1 = -1$; $x_2 = 3$ $\rightarrow S_1(-1\|-0{,}5)$; $S_2(3\|7{,}5)$	1. Funktionsterme gleichsetzen: $f(x) = g(x)$ 2. So umformen, dass auf einer Seite der Gleichung 0 steht. 3. Gleichung lösen → x-Koordinaten der gemeinsamen Punkte 4. x-Koordinaten in eine der beiden Funktionsgleichungen einsetzen → y-Koordinaten

Test A zu 1.3 (circa 35 Minuten; 28 BE)

1. Bestimmen Sie die Gleichungen der Funktionen f, g und h zu den rechts abgebildeten Funktionsgraphen. (4 BE)

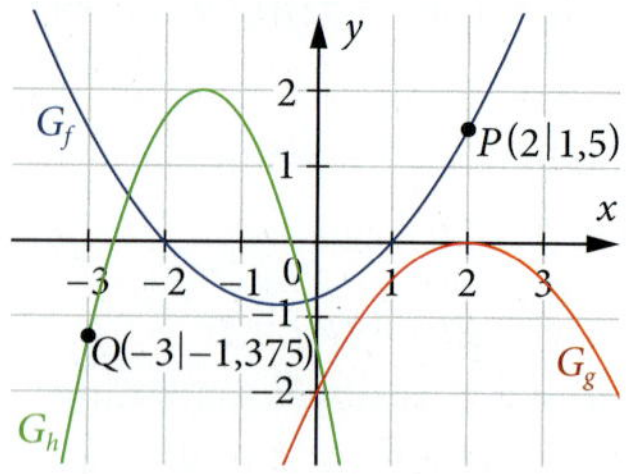

2. Gegeben ist die reelle quadratische Funktion $f: x \mapsto 0{,}5\,x^2 - 2\,x - 2{,}5$.

a) Bestimmen Sie die Koordinaten des Scheitelpunktes des zugehörigen Graphen, die Nullstellen von f sowie die Koordinaten des Schnittpunktes von G_f mit der y-Achse. Geben Sie auch die Scheitelpunkt- und die Produktform der Funktion f an. (7 BE)

b) Der Graph der Funktion $g: x \mapsto -1{,}5\,x^2 - 4\,x + 5$ schneidet den Graphen von f in zwei Punkten. Bestimmen Sie die Koordinaten der Schnittpunkte sowie die Lösungsmenge der Ungleichung $f(x) \leq g(x)$. (6 BE)

3. Gegeben ist die Schar von Funktionen $f_a: x \mapsto -0{,}5\,a\,x^2 + 2\,a\,x - 2{,}5$ mit $x \in \mathbb{R}$ und $a \in \mathbb{R}\backslash\{0\}$.

a) Die Funktion f aus Aufgabe 2 ist eine dieser Funktionen. Geben Sie hierfür den Wert des Parameters a an. (1 BE)

b) Bestimmen Sie den Wert des Parameters a so, dass der Punkt $A\,(1|-1)$ auf G_{f_a} liegt. (2 BE)

c) Gegeben sei weiterhin die Gerade $h: x \mapsto x - 2$ und $x \in \mathbb{R}$. Bestimmen Sie, für welche Werte des Parameters a die Gerade h Sekante von G_{f_a} ist. (8 BE)

Test B zu 1.3 (circa 35 Minuten; 28 BE)

1. Gegeben ist die reelle quadratische Funktion $f: x \mapsto x^2 + x - \frac{15}{4}$. Bestimmen Sie die Koordinaten der Schnittpunkte von G_f mit den Koordinatenachsen und den Scheitelpunkt der Parabel. Geben Sie anschließend die Produkt- und die Scheitelpunktform an. (8 BE)

2. Die abgebildete Brücke überspannt im Gebirge eine Schlucht. Die Fahrbahn verläuft schräg aufsteigend entlang der Geraden mit $g(x) = 0{,}1\,x + 1$. Der höchste Punkt des Brückenbogens ist $S\,(22{,}5\,|\,12{,}5)$.

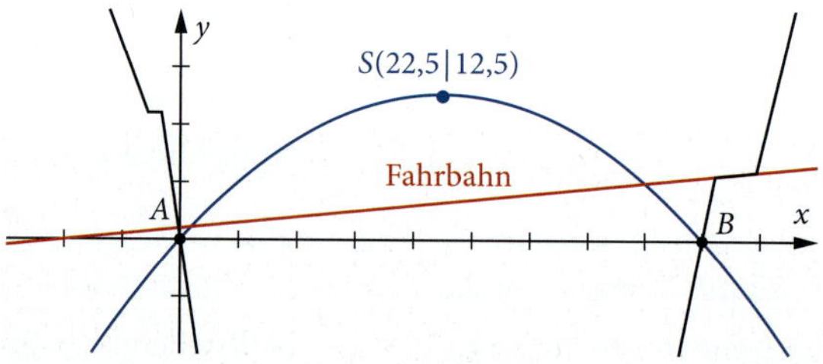

a) Bestimmen Sie die Funktionsgleichung der Parabel p, die den Brückenbogen beschreibt. (3 BE)

b) Bestimmen Sie die Spannweite des Brückenbogens zwischen den Verankerungspunkte A und B. (1 BE)

c) Bestimmen Sie die Lösungsmenge der Ungleichung $p(x) > g(x)$. (5 BE)

d) Berechnen Sie, welchen Höhenunterschied die Straße innerhalb des Brückenbogens überwindet. (3 BE)

3. Es sei die Schar von Funktionen $f_a: x \mapsto 3\,a\,x^2 + x - 3\,a + 1$ mit $x \in \mathbb{R}$ und $a \in \mathbb{R}$ gegeben.

a) Bestimmen Sie den Wert des Parameters a so, dass der zugehörige Graph G_{f_a} die y-Achse bei 2 schneidet. (2 BE)

b) Prüfen Sie, für welchen Wert von a die Funktion f_a bei $x = -1$ eine Nullstelle hat und interpretieren Sie Ihr Ergebnis. (2 BE)

c) Berechnen Sie den Wert des Parameters a, für den die Geradenschar $g_a: x \mapsto -x - 3\,a$; $x \in \mathbb{R}$ sowie $a \in \mathbb{R}$ und der Graph G_{f_a} sich berühren. (4 BE)

1 Ganzrationale Funktionen

1.4 Ganzrationale Funktionen höheren Grades

Asya und Sabrina arbeiten dreimal in der Woche in einem Getränkehandel, um sich ihr Studium zu finanzieren. Heute las einer der Angestellten ihnen aus der Geschäftspost vor: „Keine Kleinstpackungen mehr – der Umwelt zuliebe! Verpackung kostet häufig mehr als der Inhalt!"
Weiter liest er nicht, sondern reicht den Artikel den beiden Mädchen herüber. „Hier! Ihr seid sicher besser in Mathe, und vielleicht kann man da ja sogar was gewinnen!" Neugierig und vom Ehrgeiz gepackt, liest Asya gleich weiter:

Keine Kleinstpackungen mehr – der Umwelt zuliebe!

Verpackung kostet häufig mehr als der Inhalt!

Beispiel: Eistee

Ein Liter Eistee kostet in der Herstellung 9 Cent. Das Verpackungsmaterial kostet 1 € pro m^2. Wer findet die „ideale" Packungsgröße, bei der Verpackung und Inhalt gleich viel kosten? Einzige Bedingungen sind: Der Boden des Tetrapaks muss quadratisch sein. Als Höhe soll das Vierfache der Grundkante genommen werden.

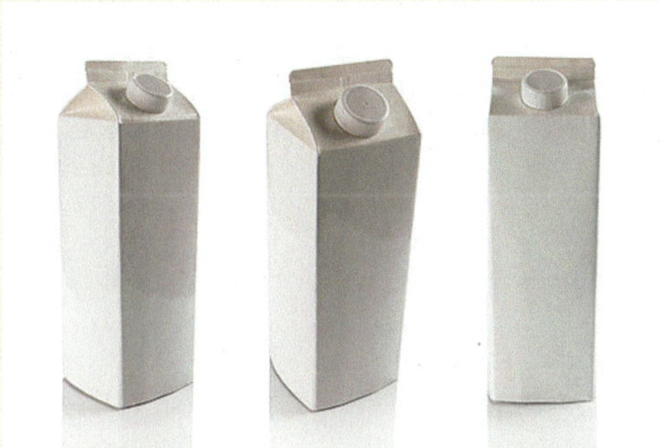

Sabrina ist in der Zwischenzeit zum Regal gegangen und kommt mit zwei verschiedenen Tetrapaks wieder. „Vielleicht berechnen wir das Ganze erst mal für diese Packungen. Der Boden sieht jedenfalls bei beiden ziemlich quadratisch aus. Hier bei der kleinen sind es schätzungsweise 4 mal 4 cm und bei der großen nicht ganz das Doppelte, sagen wir 7 cm als Grundseite." „Die kleine Packung fällt bestimmt durch, aber wenn es bei der größeren hinkommt und der Inhalt mehr kostet als die Verpackung", spekuliert Asya, „dann müsste es eigentlich auch einen Kompromiss geben."

► Aufgabe 15 auf Seite 103

Funktionaler Zusammenhang

- Eigenschaften und Globalverlauf von Graphen ganzrationaler Funktionen ermitteln
- Nullstellen von ganzrationalen Funktionen samt Vielfachheit bestimmen
- Vorzeichenwechsel der Funktionswerte in unmittelbarer Umgebung der Nullstellen ermitteln
- Lösungsmenge von Ungleichungen mit ganzrationalen Termen angeben

Kompetenzen

- Probleme lösen
- Darstellungen verwenden

1

1.4 Ganzrationale Funktionen höheren Grades

1.4.1 Gleichungen und Graphen

1 Volumen eines Quaders

Eine Metallwerkstatt möchte aus 60 cm langen und 40 cm breiten Metallblechen kleine Schachteln herstellen. Die Schachteln sollen möglichst groß sein.
Stellen Sie einen Zusammenhang zwischen der Höhe und dem Volumen her. Ermitteln Sie, für welche Höhe das Volumen maximal ist.

Für verschiedene Höhen x berechnen wir das Volumen mithilfe der Volumenformel:

$V = a \cdot b \cdot x$ ▶ a, b, x in cm, V in cm^3

Legen wir als Höhe beispielsweise $x = 10$ cm fest, so ergeben sich auch die beiden Seitenlängen der Grundfläche:

$a = 60 - 2 \cdot 10 = 40, \qquad b = 40 - 2 \cdot 10 = 20$

Für das Volumen gilt dann:

$V = a \cdot b \cdot x = 40 \cdot 20 \cdot 10 = 8000$

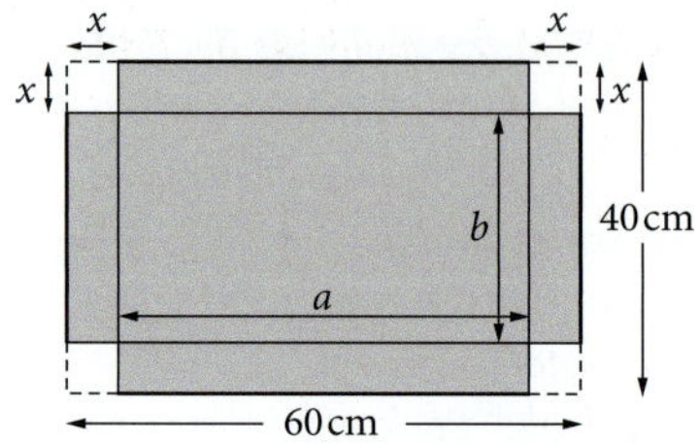

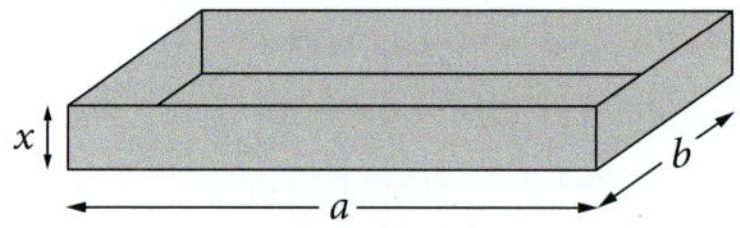

In einer Tabelle halten wir das Volumen für weitere Höhen fest.

x in cm	2	4	6	8	10	12
V in cm³	4032	6656	8064	8448	8000	6912

Der Zusammenhang zwischen V und x lässt sich allgemein, d. h. für jede beliebige Höhe x, beschreiben. Es gilt:

$a = 60 - 2x, \qquad b = 40 - 2x$

Für das Volumen $V = a \cdot b \cdot x$ ergibt sich:

$V = a \cdot b \cdot x = (60 - 2x) \cdot (40 - 2x) \cdot x$

Das Volumen hängt nun nur noch von der Variablen x ab. Wir können die Funktionsgleichung für die Volumenfunktion V angeben:

$$\begin{aligned} V(x) &= (60 - 2x) \cdot (40 - 2x) \cdot x \\ &= (2400 - 80x - 120x + 4x^2) \cdot x \\ &= 4x^3 - 200x^2 + 2400x \end{aligned}$$

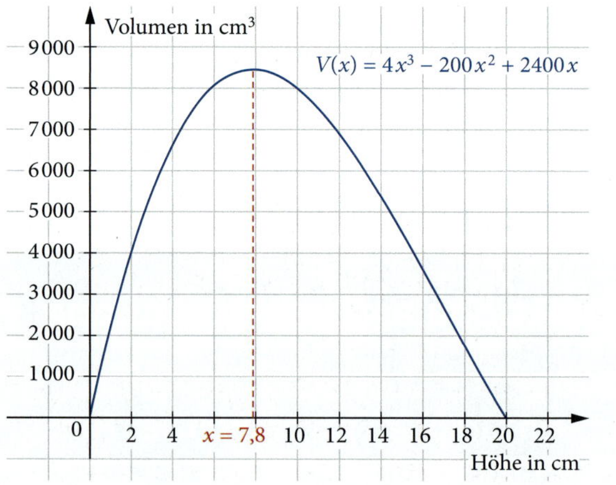

Die Höhe x, die Länge a und die Breite b müssen positiv sein. Aus diesen Vorgaben ergibt sich für die Funktion V die Definitionsmenge $D_V =]0; 20[$.

▶ Dass die Höhe zwischen 0 cm und 20 cm liegen muss, ergibt sich auch aus der Tatsache, dass die zur Verfügung stehenden Bleche nur 40 cm breit sind.

$a > 0$	$b > 0$	$x > 0$
$\Leftrightarrow \; 60 - 2x > 0$	$\Leftrightarrow \; 40 - 2x > 0$	
$\Leftrightarrow \; 60 > 2x$	$\Leftrightarrow \; 40 > 2x$	
$\Leftrightarrow \; 30 > x$	$\Leftrightarrow \; 20 > x$	

Insgesamt: $x > 0$ und $x < 20$.

Dem Graphen der Funktion entnehmen wir, dass bei einer Höhe von ca. 7,8 cm das Volumen einer Schachtel maximal ist.

Die in Beispiel 1 untersuchte Funktion V unterscheidet sich von den bisher betrachteten Funktionen: Der höchste Exponent im Funktionsterm ist 3. Wir sprechen von einer **ganzrationalen Funktion 3. Grades**.

Allgemein heißen Funktionen, in denen die Variable x in der Potenz einer beliebigen natürlichen Zahl n auftritt, **ganzrationale Funktionen n-ten Grades**. Ihre Funktionsgleichungen haben die folgende Form:

$f(x) = a_n x^n + a_{n-1} x^{n-1} + \cdots + a_1 x + a_0$ mit $a_0, a_1, \ldots, a_{n-1}, a_n \in \mathbb{R}$ und $a_n \neq 0$

Den Funktionsterm nennt man auch **Polynom n-ten Grades**.
Der Grad einer ganzrationalen Funktion bzw. eines Polynoms ergibt sich aus der höchsten Potenz, in der die Variable auftritt.
Die Zahlen $a_0, a_1, \ldots, a_{n-1}, a_n$ heißen Koeffizienten. Der Koeffizient a_0 gibt den Schnittpunkt mit der y-Achse an (▶ Seite 86). Der Koeffizient a_n heißt **Leitkoeffizient**.

Lineare Funktionen sind wegen $f(x) = mx + t$ bzw. $f(x) = a_1 x + a_0$ ganzrationale Funktionen 1. Grades.

Quadratische Funktionen sind wegen $f(x) = ax^2 + bx + c$ bzw. $f(x) = a_2 x^2 + a_1 x + a_0$ ganzrationale Funktionen 2. Grades.

Grad und Koeffizienten einer reellen Funktion

2

Bestimmen Sie den Grad der reellen Funktionen f mit $f(x) = 2x^5 + 3x^4 + 2x^3 + 2x + 3$ und g mit $g(x) = x - x^4$. Geben Sie die Koeffizienten an.

Der höchste Exponent in der Funktionsgleichung bestimmt den Grad der Funktion.

f hat den Grad 5.
g hat den Grad 4.

Die Koeffizienten können wir aus den Funktionsgleichungen ablesen. Potenzen von x, die im Funktionsterm fehlen, haben den Koeffizienten 0.

Funktion f:
$a_5 = 2;\ a_4 = 3;\ a_3 = 2;\ a_2 = 0;\ a_1 = 2;\ a_0 = 3$
Funktion g:
$a_4 = -1;\ a_3 = 0;\ a_2 = 0;\ a_1 = 1;\ a_0 = 0$

- Eine Funktion f mit einer Gleichung der Form $f(x) = a_n x^n + a_{n-1} x^{n-1} + \cdots + a_1 x + a_0$ mit $n \in \mathbb{N}$, $a_0, a_1, \ldots, a_n \in \mathbb{R}$ und $a_n \neq 0$ heißt **ganzrationale Funktion n-ten Grades**.
- Die Definitionsmenge ist in der Regel $D_f = \mathbb{R}$. ▶ Auf die Angabe der Definitionsmenge wird hier meist verzichtet.
- Der Funktionsterm $a_n x^n + a_{n-1} x^{n-1} + \cdots + a_1 x + a_0$ heißt **Polynom n-ten Grades**.
- Die Zahlen $a_0, a_1, \ldots, a_{n-1}, a_n$ heißen **Koeffizienten** des Polynoms.
- Der Koeffizient a_n heißt **Leitkoeffizient**.

1. Sind die folgenden Funktionsgleichungen Beispiele für ganzrationale Funktionen? Wenn ja, geben Sie jeweils die Koeffizienten und den Grad der Funktion an.

a) $f(x) = 5x^6 + 32x^3 + 12x$
b) $f(x) = x^3 + x^2 + \sqrt{x}$
c) $f(x) = \frac{x^4 + x^3 + x^2}{4}$
d) $f(x) = \frac{1}{x^2}$
e) $f(x) = x + \sqrt{3}$
f) $f(x) = \frac{1}{2}x^3 + \frac{3}{7}x + 5$
g) $f(x) = 1$
h) $f(x) = (x-2)^2(x+3)$

2. Geben Sie die Funktionsgleichung der ganzrationalen Funktion 6. Grades mit folgenden Koeffizienten an.
$a_6 = a_4 = 3;\ a_5 = -2;\ a_3 = 1;\ a_2 = -6;\ a_1 = 0$ und $a_0 = 8$.

3. Für einen Basar in der Schule stellen Schüler offene Schachteln aus Tonkarton in verschiedenen Größen her. Dazu schneiden sie aus dem Karton mit den Maßen 30 cm und 14 cm an den Ecken jeweils gleich große Quadrate aus. Die dann entstandene Form wird zu einer Schachtel gefaltet. Bestimmen Sie das maximale Volumen einer solchen Schachtel grafisch und geben Sie die Kantenlängen an. ▶ Lösungen auf Seite 253

Symmetrieeigenschaften

Symmetrie ist ein Phänomen, das uns sehr vertraut ist. Es taucht häufig in der Natur auf. Die Flügel von Schmetterlingen sind beispielsweise symmetrisch zueinander. Auch der menschliche Körper ist von außen gesehen ein Beispiel für Symmetrie.

Betrachten wir die Graphen ganzrationaler Funktionen genauer, so können wir feststellen, dass auch manche Graphen Symmetrien aufweisen.

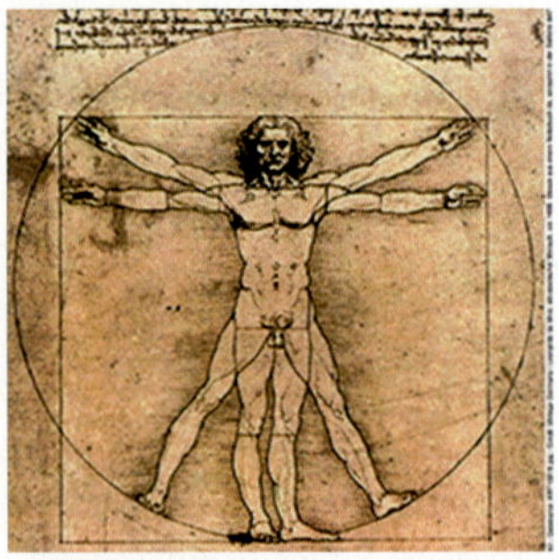

3 Achsensymmetrie zur y-Achse

Die Graphen der Funktionen f_1 mit $f_1(x) = x^2$ und f_2 mit $f_2(x) = x^4$ haben eine gemeinsame Eigenschaft: Spiegeln wir jeweils den Graphen an der y-Achse, so erhalten wir wieder den gleichen Graphen.

Diese Eigenschaft wird **Achsensymmetrie zur y-Achse** genannt.

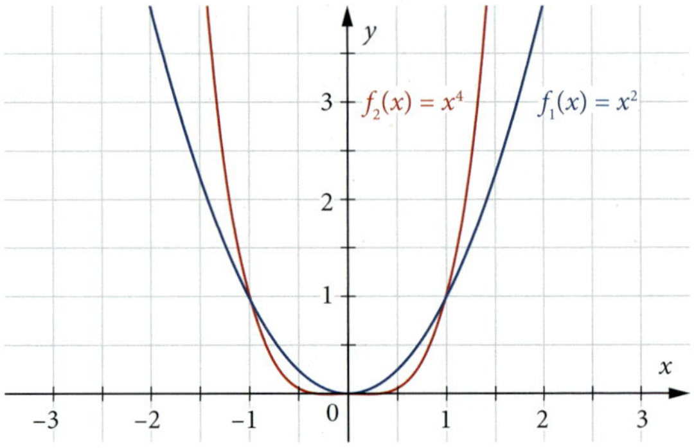

Auch der Graph der Funktion f_3 mit der Funktionsgleichung $f_3(x) = x^4 + x^2 - 2$ ist symmetrisch zur y-Achse.

Für die Funktionen f_1, f_2 und f_3 gilt für alle $x \in \mathbb{R}$: Die Funktionswerte an den Stellen $-x$ und x sind identisch; kurz: $f(-x) = f(x)$.

$$\mathbf{f_1(-x)} = (-x)^2 = x^2 = \mathbf{f_1(x)}$$

$$\mathbf{f_2(-x)} = (-x)^4 = x^4 = \mathbf{f_2(x)}$$

$$\mathbf{f_3(-x)} = (-x)^4 + (-x)^2 - 2$$
$$= x^4 + x^2 - 2 = \mathbf{f_3(x)}$$

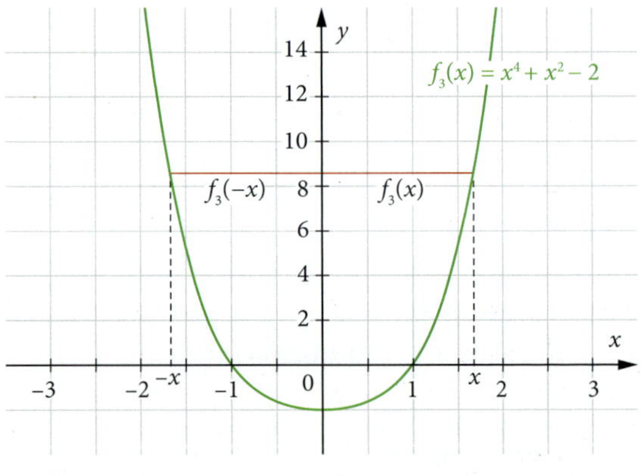

Der Graph einer Funktion f ist also achsensymmetrisch zur y-Achse, wenn $f(-x) = f(x)$ für alle $x \in D_f$ gilt.

Achsensymmetrie zur y-Achse können wir bereits an den Exponenten des Funktionsterms erkennen: Treten bei den x-Potenzen **nur gerade Exponenten** auf, so ist der Graph der Funktion achsensymmetrisch zur y-Achse.
Wir sprechen in diesem Fall von einer **geraden Funktion**.

Hinweis: Zu einem Summanden „ohne x" gehört die Variable x^0. So gilt beispielsweise $-2 = -2 \cdot x^0$. Die Null wird als gerade Zahl angesehen. Deshalb ist auch $f_3(x) = x^4 - x^2 - 2$ eine gerade Funktion.

Punktsymmetrie zum Ursprung

Der Graph der Funktion f_1 mit $f_1(x) = x^3$ ist nicht achsensymmetrisch. Er weist ein anderes Symmetrieverhalten auf.

Drehen wir den Graphen um 180° um den Ursprung, so erhalten wir wieder den gleichen Graphen. Diese Eigenschaft heißt **Punktsymmetrie zum Koordinatenursprung**.

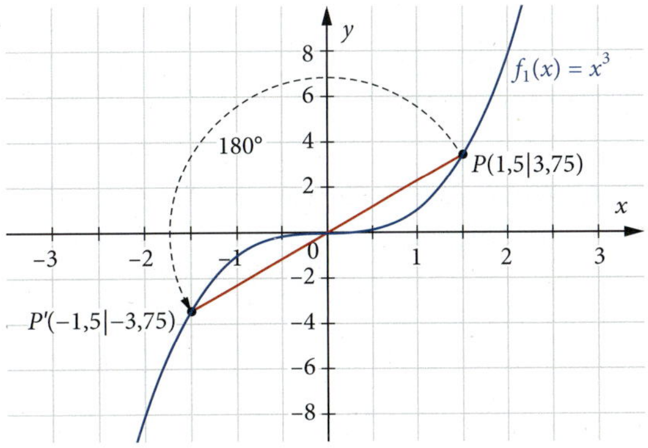

Auch der Graph der Funktion f_2 mit $f_2(x) = x^5 - x^3$ ist punktsymmetrisch zum Koordinatenursprung.

Für die Funktionen f_1 und f_2 gilt für alle $x \in \mathbb{R}$:
Der Funktionswert an der Stelle $-x$ ist gleich dem entgegengesetzten Funktionswert an der Stelle x, kurz: $f(-x) = -f(x)$.

$$\boldsymbol{f_1(-x)} = (-x)^3 = -x^3 = \boldsymbol{-f_1(x)}$$

$$\boldsymbol{f_2(-x)} = (-x)^5 - (-x)^3 = -x^5 + x^3 = -(x^5 - x^3) = \boldsymbol{-f_2(x)}$$

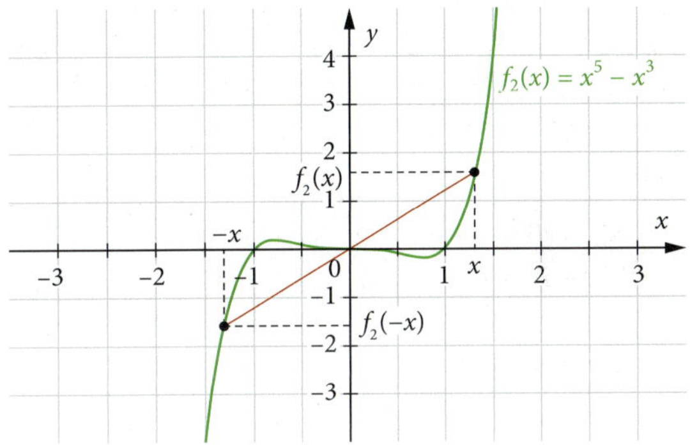

Der Graph einer Funktion f ist also punktsymmetrisch zum Koordinatenursprung, wenn $f(-x) = -f(x)$ für alle $x \in D_f$ gilt.
Auch Punktsymmetrie zum Koordinatenursprung können wir an den Exponenten des Funktionsterms erkennen: Treten bei den x-Potenzen **nur ungerade Exponenten** auf, so ist der Graph der Funktion punktsymmetrisch zum Koordinatenursprung. Wir sprechen in diesem Fall von einer **ungeraden Funktion**.

Keine Symmetrie erkennbar

Der Term der Funktion f mit $f(x) = x^4 - x^3$ enthält die Variable sowohl mit geradem als auch mit ungeradem Exponenten.
Der Graph von f ist deswegen weder achsensymmetrisch zur y-Achse noch punktsymmetrisch zum Koordinatenursprung.

Beides lässt sich rechnerisch durch ein Gegenbeispiel zeigen. Wir vergleichen die Funktionswerte an den Stellen −1 und 1:

$f(-1) = (-1)^4 - (-1)^3 = 1 - (-1) = 2$

$f(1) = 1^4 - 1^3 = 0$

$f(-1) \neq f(1) \rightarrow$ keine Achsensymmetrie zur y-Achse

$f(-1) \neq -f(1) \rightarrow$ keine Punktsymmetrie zum Ursprung

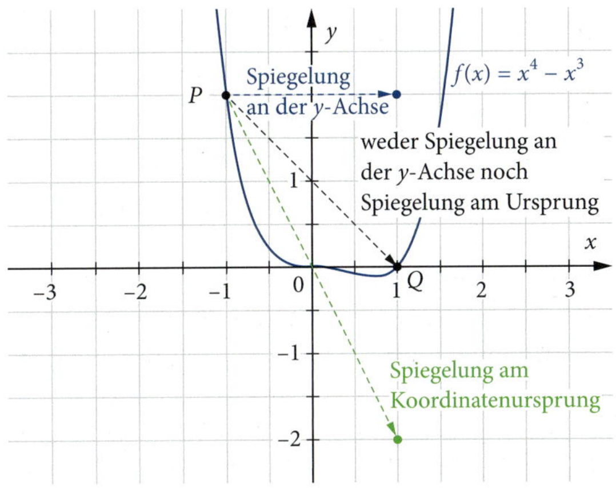

1

- Der Graph einer ganzrationalen Funktion ist genau dann **achsensymmetrisch zur y-Achse**, wenn der Funktionsterm die Variable nur in Potenzen mit **geraden Exponenten** enthält.
- Der Graph einer ganzrationalen Funktion ist genau dann **punktsymmetrisch zum Koordinatenursprung**, wenn der Funktionsterm die Variable nur in Potenzen mit **ungeraden Exponenten** enthält.

Untersuchen Sie die Graphen der Funktionen auf Achsensymmetrie zur y-Achse und auf Punktsymmetrie zum Ursprung.

a) $f(x) = 5x^2 - 3$
b) $f(x) = -2x + 8$
c) $f(x) = 0{,}25x^3 + 2x$
d) $f(x) = x^4 - 2x^2 + 2$
e) $f(x) = 0{,}25x^5 - x^3 + 2x$
f) $f(x) = x^4 - 2x^3 - 2$

▶ Lösung auf Seite 254

Übungen zu 1.4.1

oHi Mi **1.** Gegeben sind jeweils die Koeffizienten einer ganzrationalen Funktion.
Geben Sie die Funktionsgleichung an.

a) $a_3 = 1;\ \ a_2 = -5;\ \ a_1 = 7;\ \ a_0 = -3$
b) $a_4 = 1;\ \ a_3 = -2{,}5;\ \ a_2 = 3;\ \ a_1 = -4{,}5;\ \ a_0 = 1$
c) $a_3 = 1;\ \ a_2 = 0;\ \ a_1 = 8;\ \ a_0 = -8$
d) $a_4 = 2;\ \ a_3 = a_2 = a_1 = 0;\ \ a_0 = 12$
e) $a_i = i$ für alle $i = 0, 1, \ldots, 5$

oHi Mi **2.** Geben Sie an, welchen Grad die Funktion hat und ob Symmetrie zum Ursprung oder zur y-Achse für $D_f = \mathbb{R}$ vorliegt.

a) $f(x) = x^4 - 4x^2 + 3$
b) $f(x) = 23x^5 - 9x^3 + x$
c) $f(x) = x^5 - x^3 - 2$
d) $f(x) = 1{,}25$
e) $f(x) = -4x^3 - 2x$
f) $f(x) = x^2 - 6x^3$
g) $f(x) = 3x(x - 9)$
h) $f(x) = 3x(x^2 - 9)$

oHi Mi **3.** Gegeben sind die Graphen der ganzrationalen Funktionen f, g und h.

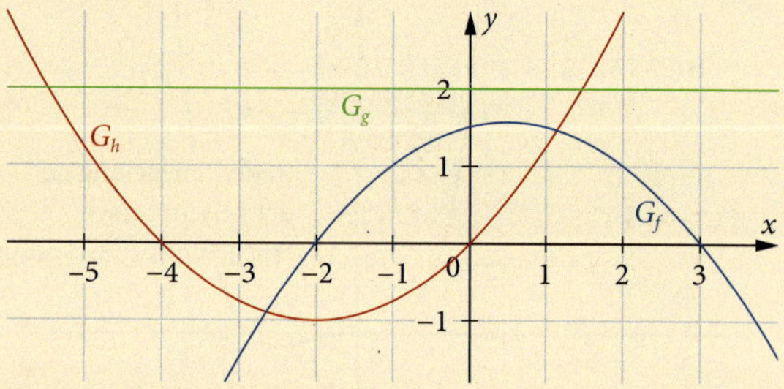

a) Geben Sie für jede Funktion an, ob der Grad n gerade oder ungerade ist und ob der Leitkoeffizient a_n größer oder kleiner als null ist.
b) Geben Sie für f, g und h jeweils eine Funktionsgleichung an.

4. Das Produkt $p(x) = f(x) \cdot g(x)$ zweier ganzrationaler Funktionen f und g ist wieder eine ganzrationale Funktion.
Untersuchen Sie mit einem Funktionenplotter das Symmetrieverhalten des Graphen der Produktfunktion p an selbst gewählten Beispielen, wenn

a) f und g gerade Funktionen sind.
b) f und g ungerade Funktionen sind.
c) f eine ungerade und g eine gerade Funktion ist.

Geben Sie jeweils auch den Grad der Funktionen f, g und p an.

5. *Flüsterpost:* Schreiben Sie eine ausgedachte ganzrationale Funktion f zweiten Grades in Produktform oben auf ein DIN-A4-Blatt und geben Sie dieses weiter. In den folgenden Runden schreiben/zeichnen Sie vor jeder Weitergabe (Falten nicht vergessen!) Folgendes auf: oHi Mi

1. Graphenskizze und Symmetrieverhalten
2. Funktionsgleichung
3. Leitkoeffizient und Nullstellen

Lassen Sie sich Ihr Blatt zurückgeben und prüfen Sie die Richtigkeit aller Schritte.

6. Die Mathematiklehrerin Frau Bourak bringt zur Einführung der ganzrationalen Funktionen Papier im Format DIN A3 mit. In Gruppenarbeit sollen daraus oben offene Schachteln wie in der Skizze auf Seite 74 gebastelt werden. Die größte Schachtel wird mit Süßigkeiten gefüllt.
Wie müssen Bea und Deniz die Maße für Höhe, Breite und Länge wählen, damit sie gewinnen?

1.4.2 Verlauf und charakteristische Punkte der Graphen

Verhalten im Unendlichen – Globalverlauf

6

In Beispiel 1 (▶ Seite 74) konnten wir das Volumen einer Kiste durch eine ganzrationale Funktion V dritten Grades mit der Definitionsmenge $D_V =]0; 20[$ beschreiben.
Lena möchte den Graphen mit einem Funktionenplotter zeichnen lassen. Damit der Plotter die Eingabe versteht, nennt sie die Funktion f und gibt die Funktionsgleichung $f(x) = 4x^3 - 200x^2 + 2400x$ ein, ohne die Definitionsmenge anzugeben. Sie stellt fest, dass der Graph anders verläuft, als sie aufgrund der Abbildung in Beispiel 1 vermutet hat.

Der Funktionenplotter geht davon aus, dass die Definitionsmenge der Funktion f ganz $\mathbb{R}$ ist.
Deswegen können wir mit dem „Plot" viel besser erkennen, wie der gesamte Graph einer ganzrationalen Funktion 3. Grades verläuft. Wir verfolgen den Verlauf von links nach rechts:
Der Graph „kommt von unten" aus dem III. Quadranten, verläuft dann kurz im I. und danach im IV. Quadranten und „geht" für immer größere Werte für x „nach oben" in den I. Quadranten.

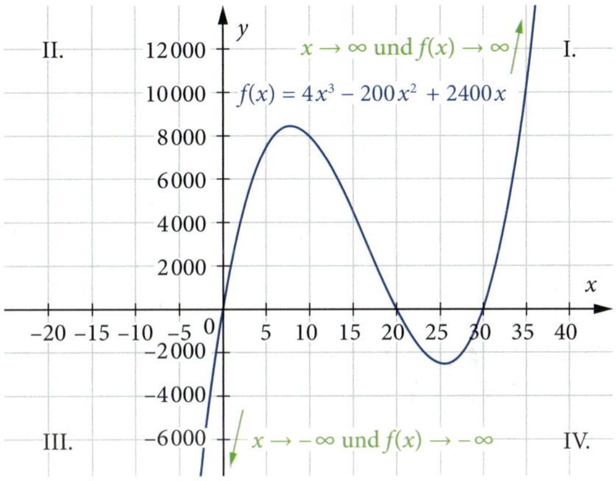

Das Verhalten des Funktionsgraphen für sehr *kleine* x-Werte („Woher kommt der Graph?") und sehr *große* x-Werte („Wohin geht der Graph?") heißt **Globalverlauf** des Graphen.

Wir schreiben:	Wir lesen:
$x \to \infty$	x gegen unendlich
$x \to -\infty$	x gegen minus unendlich

Bei der Untersuchung des Globalverlaufs beschreiben wir, wie sich die Funktionswerte $f(x)$ verhalten, wenn wir immer größere bzw. immer kleinere Werte für x einsetzen.
In unserem Beispiel wird $f(x)$ für immer größere x ebenfalls immer größer. Wir verwenden dafür die Schreibweise

$\lim\limits_{x \to \infty} f(x) = \infty$ ▶ Für $x \to \infty$ gilt $f(x) \to \infty$.

$\lim\limits_{x \to \infty} f(x) = \infty$ ▶ gesprochen: „Limes f von x für x gegen unendlich gleich unendlich."

lim ist die Abkürzung für Limes (lat. „Grenze").

Für immer kleinere x wird $f(x)$ immer kleiner. Wir schreiben

$\lim\limits_{x \to -\infty} f(x) = -\infty$ ▶ Für $x \to -\infty$ gilt $f(x) \to -\infty$.

$\lim\limits_{x \to -\infty} f(x) = -\infty$ ▶ gesprochen: „Limes f von x für x gegen minus unendlich gleich minus unendlich."

Der Globalverlauf des Graphen von f wird durch den Term $4x^3$ bestimmt. Um das zu sehen, klammern wir den Summanden mit der höchsten x-Potenz aus. Für $x \to -\infty$ und $x \to +\infty$ werden die Beträge der beiden Bruchterme immer kleiner und gehen gegen null.
In der Klammer bleibt dann „fast" nur die 1 stehen und somit vom gesamten Funktionsterm nur $4x^3 \cdot 1 = 4x^3$.

$$\begin{aligned} f(x) &= 4x^3 - 200x^2 + 2400x \\ &= 4x^3\left(1 - \frac{200x^2}{4x^3} + \frac{2400x}{4x^3}\right) \\ &= 4x^3\left(1 - \underbrace{\frac{50}{x}}_{\to 0} + \underbrace{\frac{600}{x^2}}_{\to 0}\right) \end{aligned}$$

Der Globalverlauf des Graphen einer ganzrationalen Funktion f mit $f(x) = a_n x^n + \dots + a_1 x^1 + a_0$ wird allgemein durch den Summanden mit der höchsten Potenz bestimmt, also durch $a_n x^n$.

Der Summand $a_n x^n$ bestimmt den Globalverlauf ganzrationaler Funktionen. Dabei kommt es auf die folgenden zwei Eigenschaften an: Ist der **Grad** n gerade oder ungerade, und ist der **Leitkoeffizient** a_n positiv oder negativ?

Bei der Produktform von f(x) erhält man den Grad von f als Summe der höchsten Exponenten der einzelnen Faktoren.

1. Der Grad *n* ist gerade:

(a) Leitkoeffizient $a_n > 0$: „G_f kommt von oben und geht nach oben.“

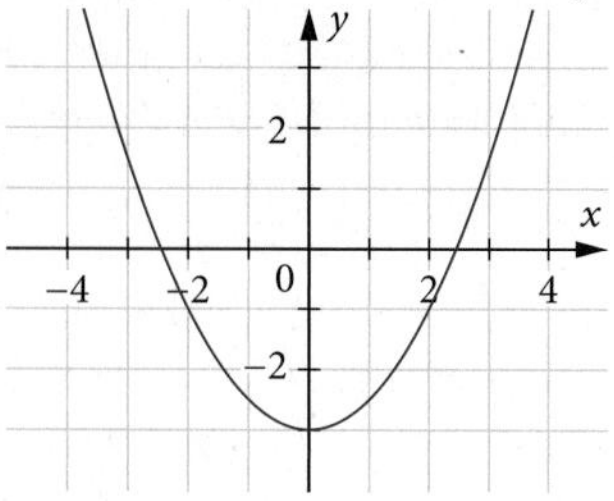

$n = 2$:
$f(x) = 0{,}5x^2 - 3$

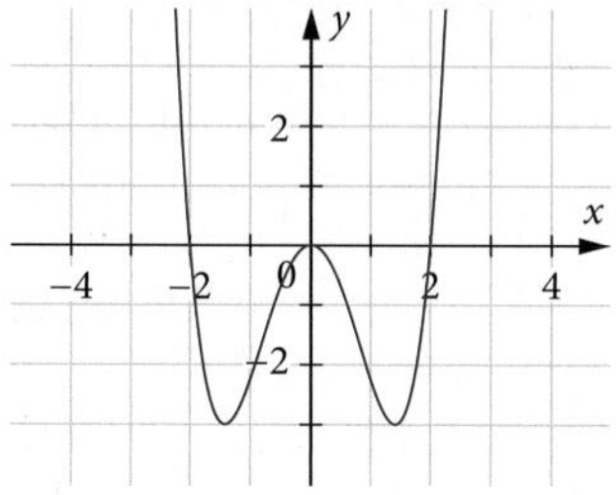

$n = 4$:
$f(x) = 0{,}75x^2(x-2)(x+2)$

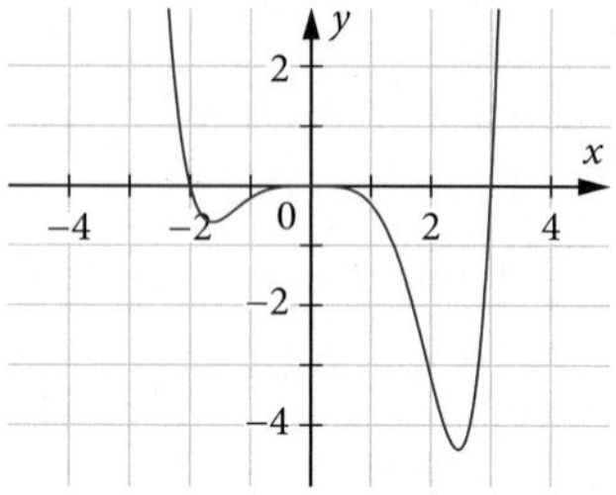

$n = 6$:
$f(x) = 0{,}05x^4(x+2)(x-3)$

(b) Leitkoeffizient $a_n < 0$: „G_f kommt von unten und geht nach unten.“

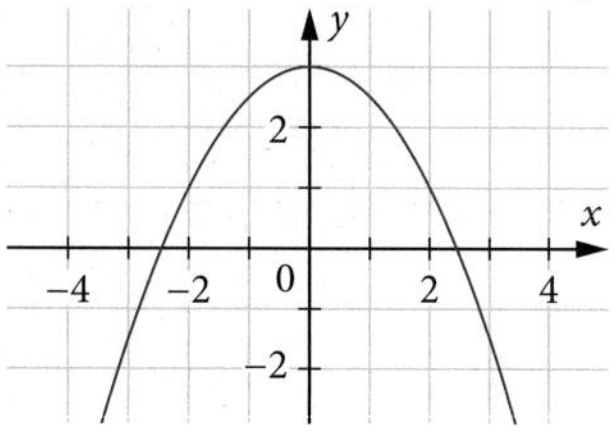

$n = 2$:
$f(x) = -0{,}5x^2 + 3$

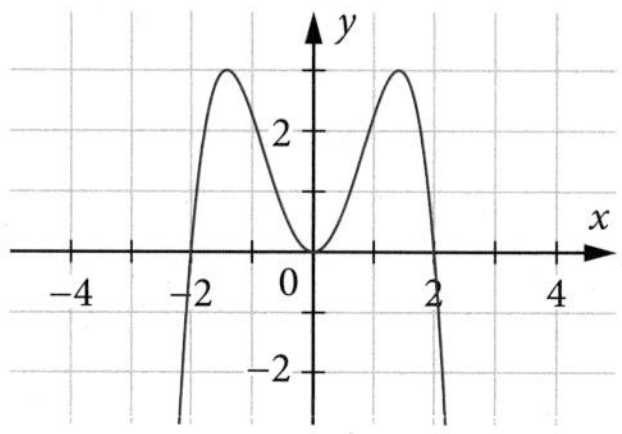

$n = 4$:
$f(x) = -0{,}75x^2(x^2 - 4)$

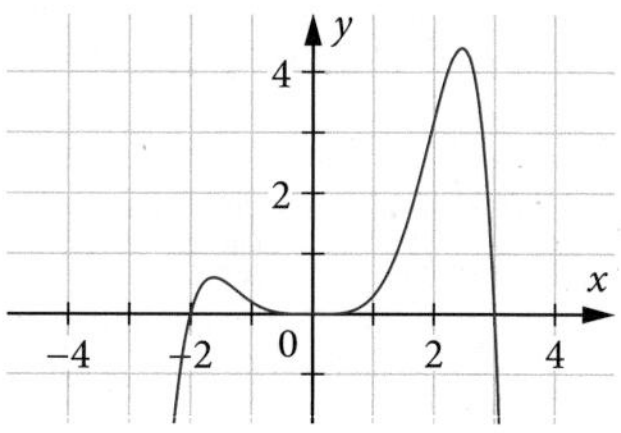

$n = 6$:
$f(x) = -0{,}05x^4(x+2)(x-3)$

2. Der Grad *n* ist ungerade:

(a) Leitkoeffizient $a_n > 0$: „G_f kommt von unten und geht nach oben.“

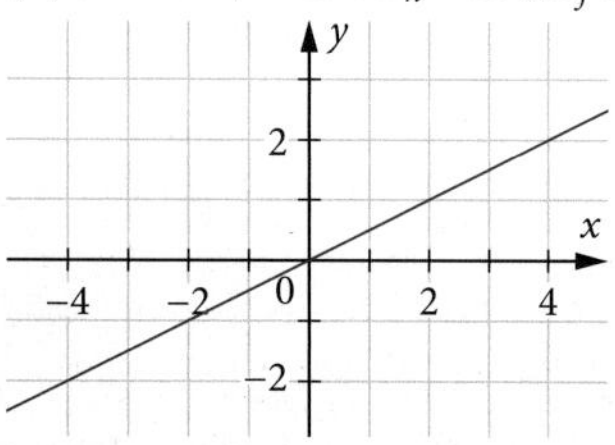

$n = 1$:
$f(x) = 0{,}5x$

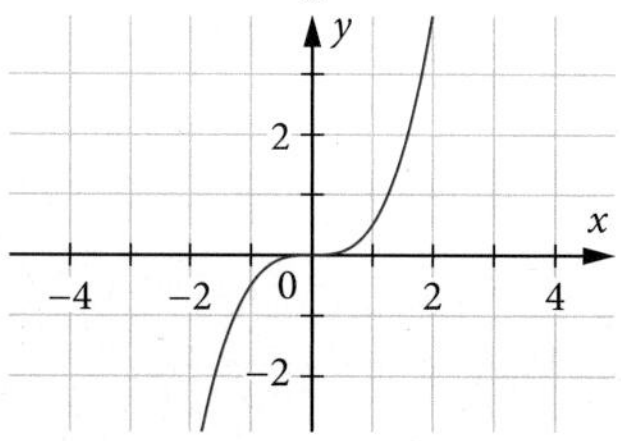

$n = 3$:
$f(x) = 0{,}5x^3$

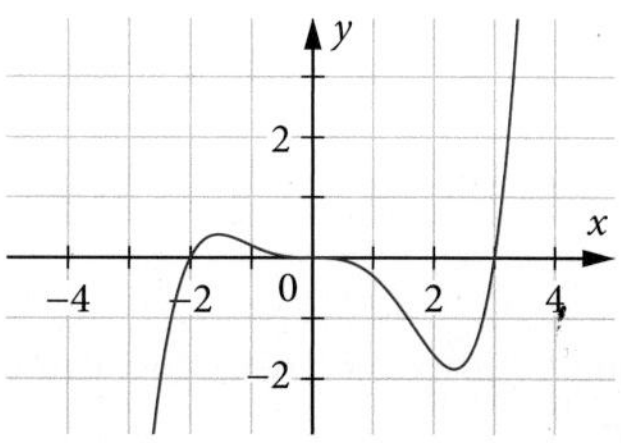

$n = 5$:
$f(x) = 0{,}05x^3(x+2)(x-3)$

(b) Leitkoeffizient $a_n < 0$: „G_f kommt von oben und geht nach unten.“

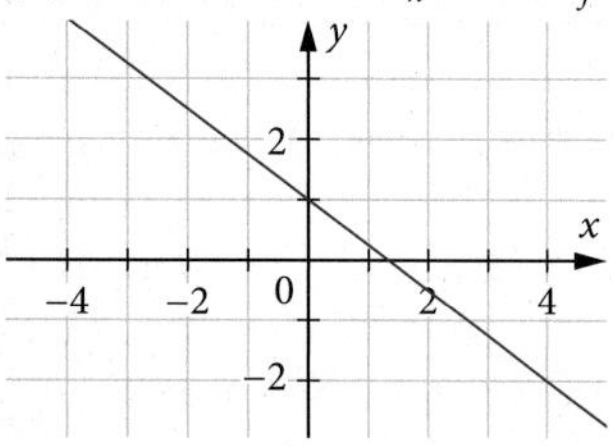

$n = 1$:
$f(x) = -0{,}75x + 1$

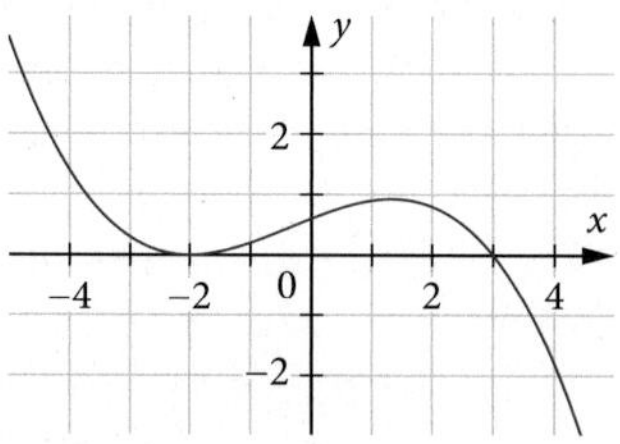

$n = 3$:
$f(x) = -0{,}05(x+2)^2(x-3)$

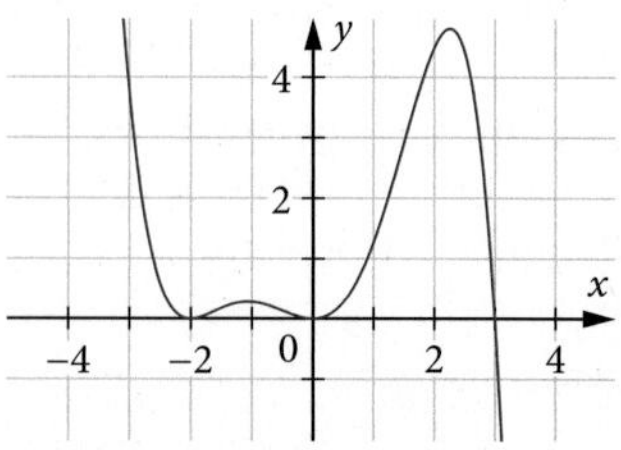

$n = 5$:
$f(x) = -0{,}07x^2(x+2)^2(x-3)$

Der **Globalverlauf** des Graphen einer ganzrationalen Funktion f mit $f(x) = a_n x^n + \dots + a_1 x^1 + a_0$ $(a_n \neq 0)$ wird von dem Summanden mit dem höchsten Exponenten, also durch $a_n x^n$ bestimmt.
Man unterscheidet vier Fälle:

n gerade und a_n positiv

$\lim\limits_{x \to -\infty} f(x) = +\infty$ z. B. $f(x) = 0{,}5x^2 - 3$

$\lim\limits_{x \to +\infty} f(x) = +\infty$

Der Graph verläuft vom II. in den I. Quadranten, d. h. „G_f kommt von oben und geht nach oben“.

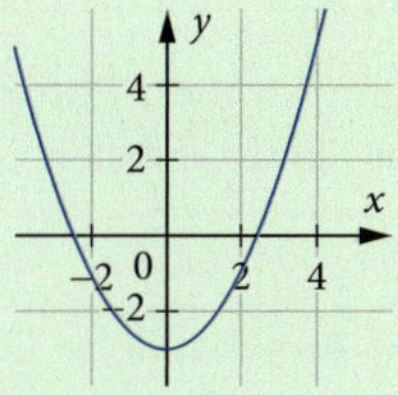

n gerade und a_n negativ

$\lim\limits_{x \to -\infty} f(x) = -\infty$ z. B. $f(x) = -x^2 + x + 3$

$\lim\limits_{x \to +\infty} f(x) = -\infty$

Der Graph verläuft vom III. in den IV. Quadranten, d. h. „G_f kommt von unten und geht nach unten“.

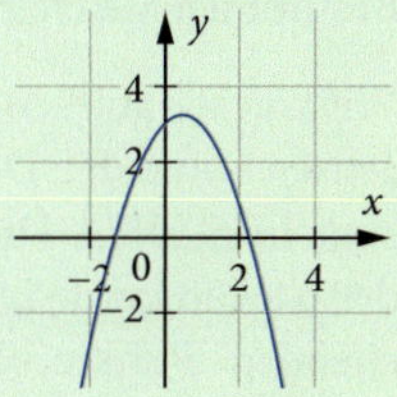

n ungerade und a_n positiv

$\lim\limits_{x \to -\infty} f(x) = -\infty$ z. B. $f(x) = x^3 - 2x^2 - x + 2$

$\lim\limits_{x \to +\infty} f(x) = +\infty$

Der Graph verläuft vom III. in den I. Quadranten, d. h. „G_f kommt von unten und geht nach oben“.

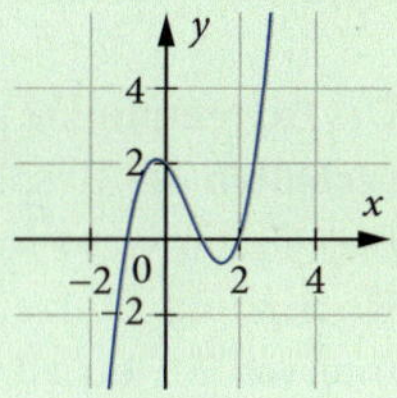

n ungerade und a_n negativ

$\lim\limits_{x \to -\infty} f(x) = +\infty$ z. B. $f(x) = -\frac{1}{3}x^5 + x^2 + x - 2$

$\lim\limits_{x \to +\infty} f(x) = -\infty$

Der Graph verläuft vom II. in den IV. Quadranten, d. h. „G_f kommt von oben und geht nach unten“.

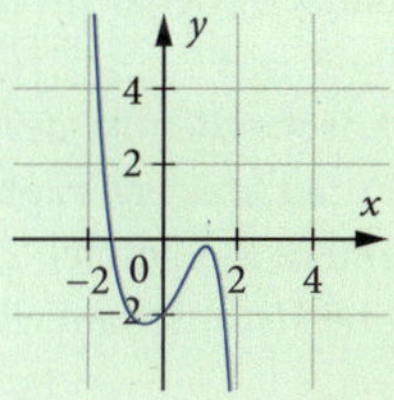

1. Beschreiben Sie den Globalverlauf des Funktionsgraphen.

a) $f(x) = 2x^4 + 2x^2 + 4$
b) $f(x) = -x^6 + x^4 + 3x$
c) $f(x) = -0{,}5x^4 + 2x$
d) $f(x) = -2x^3 + x^2$
e) $f(x) = x^5 + x^3 + 1$
f) $f(x) = -(x-5)(x^2-3)$

2. Bestimmen Sie $\lim\limits_{x \to -\infty} f(x)$ und $\lim\limits_{x \to +\infty} f(x)$.

a) $f(x) = 2x^3 + x$
b) $f(x) = x - 5x^3$
c) $f(x) = -x^4 + 2x^2$

3. Geben Sie jeweils zwei Gleichungen für Funktionen mit der angegebenen Eigenschaft an.

a) Der Funktionsgraph verläuft vom III. in den I. Quadranten.
b) Der Funktionsgraph verläuft vom II. in den I. Quadranten.

4. Bestimmen Sie unter den folgenden Funktionen diejenigen, deren Graphen den gleichen Globalverlauf aufweisen.

a) $f(x) = x^3 + 2x - 8$
b) $f(x) = x^7 + 5x^6 + 3$
c) $f(x) = x^2 + 2x - 7$
d) $f(x) = x^3 - x^4$
e) $f(x) = x^2 - x^3$
f) $f(x) = x^4 + 2x^2$
g) $f(x) = x^4 + x^3 + x^2$
h) $f(x) = -x^3 + x^2 + 1$

▸ Lösungen auf Seite 254

Extrem- und Wendepunkte

Neben dem Globalverlauf eines Graphen gibt es einige markante Punkte, die den „Charakter“ des Graphen beeinflussen. Hierzu gehören die Schnittpunkte mit den Koordinatenachsen (▶ Abschnitt 1.4.3). Von besonderer Bedeutung sind aber auch die Extrempunkte (Hoch- und Tiefpunkte) sowie die Wendepunkte.

Wenn wir diese Punkte kennen, können wir den Verlauf des Graphen gut beschreiben und sogar ohne Wertetabelle eine Skizze erstellen.

7 Anschauliche Darstellung von Extrem- und Wendepunkten

Bestimmen Sie charakteristische Eigenschaften des Graphen von f mit $f(x) = 0{,}5\,x^3 - 1{,}5\,x^2 - 3\,x + 4$.

Wir können ablesen, wo der Graph die Koordinatenachsen schneidet: Der Schnittpunkt mit der y-Achse liegt in $S_y(0|4)$. Die x-Achse wird geschnitten an den Stellen $x_1 = -2$, $x_2 = 1$ und $x_3 = 4$. Die entsprechenden Punkte lauten $N_1(-2|0)$, $N_2(1|0)$ und $N_3(4|0)$. ▶ rechnerische Bestimmung in Abschnitt 1.4.3

Die **Extrempunkte** geben an, wo sich das **Steigungsverhalten** des Graphen ändert:
Der Graph von f steigt im Intervall M_1, bis er den **Hochpunkt** H erreicht. Danach fällt der Graph im Intervall M_2 bis zu seinem **Tiefpunkt** T und steigt danach wieder im Intervall M_3.

Anschaulich ist der Hochpunkt eines Graphen der Punkt, wo der Graph in einer bestimmten Umgebung einen „Berggipfel“ bildet. Der Tiefpunkt eines Graphen ist anschaulich gesprochen dann die „Talsohle“.

Die x-Koordinate eines Extrempunktes heißt **Extremstelle**. Anhand des Graphen kann man die Extremstellen $x_{E_1} \approx -0{,}7$ und $x_{E_2} \approx 2{,}7$ ablesen.

Zwischen dem Hochpunkt H und dem Tiefpunkt T geht der Graph an der Stelle $x = 1$ von einer **Rechtskrümmung** in eine **Linkskrümmung** über. Eine solche Stelle heißt **Wendestelle** und der zugehörige Punkt des Graphen **Wendepunkt**. Im Wendepunkt ändert sich das **Krümmungsverhalten** des Graphen.

Wir können uns das anschaulich machen, wenn wir uns den Graphen als Straße vorstellen. Wenn wir den Graphen in Leserichtung „entlangfahren“, müssen wir das Steuer zuerst nach rechts einschlagen. Erst ab der Wendestelle bei $x = 1$ drehen wir das Steuer nach links. Genau an der Wendestelle steht das Steuer gerade.

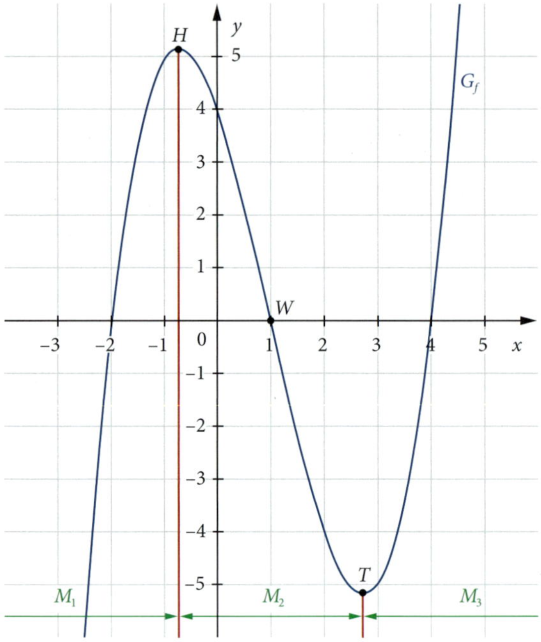

Extremstellen (abgelesen):
$x_{E_1} \approx -0{,}7$; $x_{E_2} \approx 2{,}7$

▶ Zur Unterscheidung verwenden wir hier den Index E für die Extremstellen.

Extrempunkte (abgelesen):
Hochpunkt $H(-0{,}7|5{,}1)$
Tiefpunkt $T(2{,}7|-5{,}1)$

Wendepunkt (abgelesen):
$W(1|0)$

Die Rechtskrümmung entspricht einer Rechtskurve, die Linkskrümmung einer Linkskurve.

Beschreibung eines Graphen

8

Beschreiben Sie anhand der Zeichnung den Verlauf des Graphen der ganzrationalen Funktion f mit der Gleichung $f(x) = 0{,}5x^4 - 1{,}5x^3 - 3x^2 + 4x$. Begründen Sie beim Globalverlauf und der Symmetrie den Verlauf anhand des Funktionsterms.

Globalverlauf:
Der Graph der nebenstehenden Funktion verläuft vom II. in den I. Quadranten: $f(x) \to \infty$ für $x \to -\infty$ und $x \to \infty$.
Dieser Verlauf entspricht auch dem Funktionsterm: Der Grad von f ist $n = 4$ und somit gerade. Der Leitkoeffizient ist $a_n = 0{,}5$, also positiv.

$\lim\limits_{x \to \infty} f(x) = \infty$ und $\lim\limits_{x \to -\infty} f(x) = \infty$

Symmetrie:
Eine Symmetrie ist nicht erkennbar. Der Funktionsterm enthält die Variable x sowohl mit geraden als auch mit ungeraden Exponenten.

Schnittpunkte mit den Koordinatenachsen:
Der Graph geht durch den Ursprung und schneidet die x-Achse zusätzlich an den Stellen −2, 1 und 4.

$S_y(0|0)$

$x_1 = -2,\ x_2 = 0,\ x_3 = 1,\ x_4 = 4$

Extrempunkte:
Der Graph hat zwei Tiefpunkte und einen Hochpunkt. Aus der Zeichnung können die Koordinaten nur ungefähr abgelesen werden: $T_1(-1{,}3|-5{,}5)$; $T_2(3|-15)$ und $H(0{,}5|1)$.

$T_1(-1{,}3|-5{,}5)$; $T_2(3|-15)$; $H(0{,}5|1)$

Wendepunkte:
Der Graph ist zunächst links-, dann rechts- und zuletzt wieder linksgekrümmt.
Aus der Zeichnung können die Wendepunkte $W_1(-0{,}5|-2{,}5)$ und $W_2(2|-8)$ abgelesen werden.

$W_1(-0{,}5|-2{,}5)$; $W_2(2|-8)$

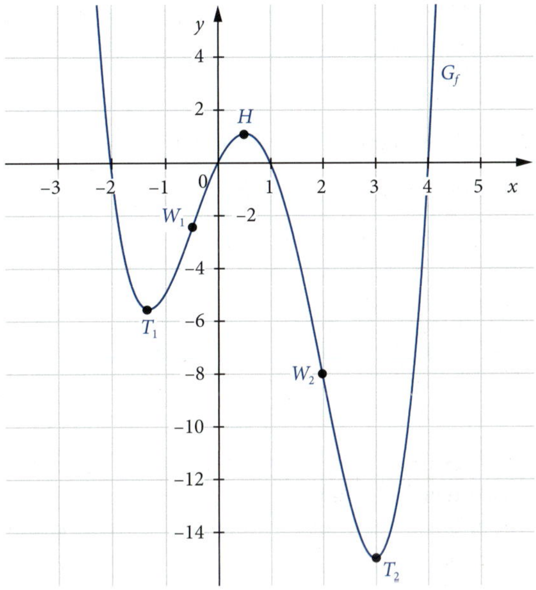

In den letzten beiden Beispielen haben wir die Schnittpunkte mit den Koordinatenachsen, die Extrempunkte und Wendepunkte am Graphen abgelesen. In Abschnitt 1.4.3 werden wir die exakte Berechnung der Schnittpunkte mit den Koordinatenachsen kennenlernen. Die Berechnung der Extrem- und Wendepunkte erfolgt in Abschnitt 2.2.

- In einem **Extrempunkt** (Hochpunkt oder Tiefpunkt) ändert der Graph einer Funktion sein Steigungsverhalten: von fallend zu steigend oder von steigend zu fallend.
- In einem **Wendepunkt** ändert der Graph einer Funktion sein Krümmungsverhalten: von einer Rechtskrümmung in eine Linkskrümmung oder von einer Linkskrümmung in eine Rechtskrümmung.

Die Graphen der folgenden Funktionen sind auf Seite 80 abgebildet. Geben Sie die Nullstellen, die Extrempunkte und die Wendepunkte an. Skizzieren Sie dann mithilfe der angegebenen Punkte die Graphen noch einmal selbst, ohne auf die Abbildungen zu schauen. Vergleichen Sie anschließend.

a) $f(x) = 0{,}75x^2(x-2)(x+2)$
b) $f(x) = -0{,}5x^2 + 3$
c) $f(x) = -0{,}05(x+2)^2(x-3)$
d) $f(x) = 0{,}05x^3(x+2)(x-3)$

▸ Lösung auf Seite 254

1

Monotonieverhalten

9 Streng monoton steigend, streng monoton fallend

Untersuchen Sie die Funktion f mit $f(x) = 0{,}5x^3 - 1{,}5x^2 - 3x + 4$ aus Beispiel 7 (▶ Seite 82) auf ihr Steigungsverhalten.

Wir betrachten den Funktionsgraphen in den drei Intervallen M_1, M_2 und M_3.

In Beispiel 7 haben wir beobachtet, dass der Graph von f im Intervall M_1 steigt. Die Funktionswerte nehmen dort von links nach rechts zu, d.h., für $x_1 < x_2$ ist dort auch $f(x_1) < f(x_2)$. In diesem Fall heißt der Graph von f oder die Funktion f **streng monoton steigend** in M_1.

Wir betrachten nun das Intervall M_2. Der Graph von f fällt und die Funktionswerte nehmen von links nach rechts ab. Für $x_1 < x_2$ gilt dort $f(x_1) > f(x_2)$. In diesem Fall heißt der Graph von f oder die Funktion f **streng monoton fallend** in M_2.

Im Intervall M_3 steigt der Graph von f wieder streng monoton, d.h., für $x_1 < x_2$ gilt $f(x_1) < f(x_2)$.

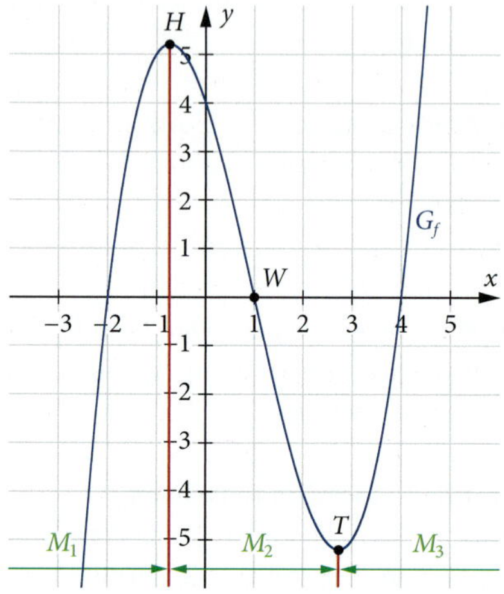

▶ Manchmal unterscheidet man auch zwischen dem Monotonieverhalten einer Funktion f und dem des Graphen G_f. Man sagt dann: Die Funktion f ist streng monoton zunehmend oder abnehmend und der Graph G_f ist streng monoton steigend bzw. fallend.

10 Monoton steigend, monoton fallend

Wir untersuchen den Graphen der Funktion f.

Im Intervall M_1 steigt der Graph streng monoton. Im Intervall M_2 verläuft der Graph parallel zur x-Achse.
Dort gilt für $x_1 < x_2$ die Aussage $f(x_1) = f(x_2)$.
Im Intervall M_3 steigt f wieder streng monoton.
Betrachten wir alle drei Intervalle, also die gesamte Definitionsmenge D_f, so gilt für $x_1 < x_2$ nur die Aussage $f(x_1) \leq f(x_2)$, nicht jedoch $f(x_1) < f(x_2)$.
In diesem Fall nennt man die Funktion f **monoton steigend**.

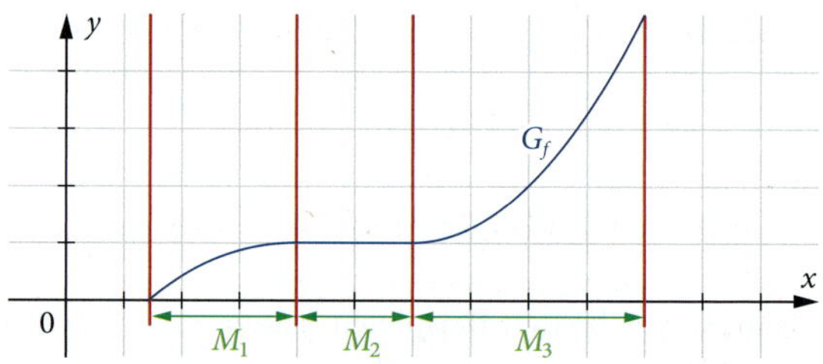

Wir untersuchen den Graphen der Funktion g.
Im Intervall M_1 fällt der Graph streng monoton. Im Intervall M_2 verläuft der Graph parallel zur x-Achse.
Dort gilt für $x_1 < x_2$ die Aussage $g(x_1) = g(x_2)$.
Im Intervall M_3 fällt der Graph streng monoton.
Betrachten wir alle drei Intervalle, also die gesamte Definitionsmenge D_g, so gilt für $x_1 < x_2$ nur die Aussage $g(x_1) \geq g(x_2)$, nicht jedoch $g(x_1) > g(x_2)$.
In diesem Fall nennt man die Funktion g **monoton fallend**.

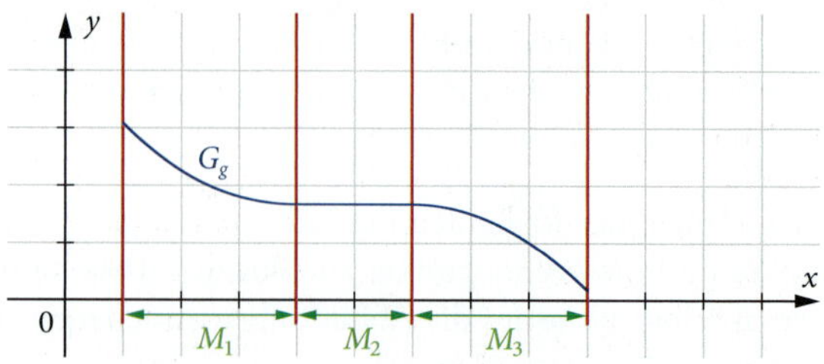

- Eine Funktion f oder der Graph von f heißt in einem Intervall $I \subseteq D_f$ genau dann **monoton steigend**, wenn für beliebige $x_1, x_2 \in I$ gilt: $x_1 < x_2 \Rightarrow f(x_1) \leq f(x_2)$.
- Gilt sogar $x_1 < x_2 \Rightarrow f(x_1) < f(x_2)$, so heißt f oder der Graph von f **streng monoton steigend**.
- Eine Funktion f oder der Graph von f heißt in einem Intervall $I \subseteq D_f$ genau dann **monoton fallend**, wenn für beliebige $x_1, x_2 \in I$ gilt: $x_1 < x_2 \Rightarrow f(x_1) \geq f(x_2)$.
- Gilt sogar $x_1 < x_2 \Rightarrow f(x_1) > f(x_2)$, so heißt f oder der Graph von f **streng monoton fallend**.

Die Funktion f ist durch die Gleichung $f(x) = 0{,}5\,x^4 - 1{,}5\,x^3 - 3\,x^2 + 4\,x$ gegeben. Ihr Graph ist in Beispiel 8 (▶ Seite 83) abgebildet. Untersuchen Sie das Monotonieverhalten der Funktion.

▶ Lösung auf Seite 254

Übungen zu 1.4.2

oHi Mi **1.** Untersuchen Sie den Globalverlauf der Funktionsgraphen.

a) $f(x) = x^4 - 4x^2 + 3$
b) $f(x) = 23\,x^5 - 9\,x^3 + x$
c) $f(x) = x^5 - x^3 - 2$
d) $f(x) = 1{,}25$
e) $f(x) = -4\,x^3 - 2\,x$
f) $f(x) = x^2 - 6\,x^3$
g) $f(x) = 3\,x\,(x - 9)$
h) $f(x) = 3\,x\,(x^2 - 9)$

2. Gegeben sind die Funktionen f und g mit den Gleichungen $f(x) = 0{,}5\,x^3 - x$ und $g(x) = 0{,}5\,x^4 - x^2$.

a) Untersuchen Sie die Graphen auf ihr Symmetrieverhalten. Geben Sie den Globalverlauf an.
b) Zeichnen Sie die Graphen mit einem Funktionenplotter. Überprüfen Sie Ihre Ergebnisse aus a).
c) Kennzeichnen Sie die markanten Punkte und geben Sie die Koordinaten an.
d) Untersuchen Sie das Monotonieverhalten.

oHi Mi **3.** Ordnen Sie Graphen und Funktionsgleichungen begründet zu.

a) $f(x) = 2\,x^4 - x^2 + 1$
b) $f(x) = -x^3 + 3\,x + 1$
c) $f(x) = -2\,x^4 + x^2 + 3$
d) $f(x) = -x^3 + 1$

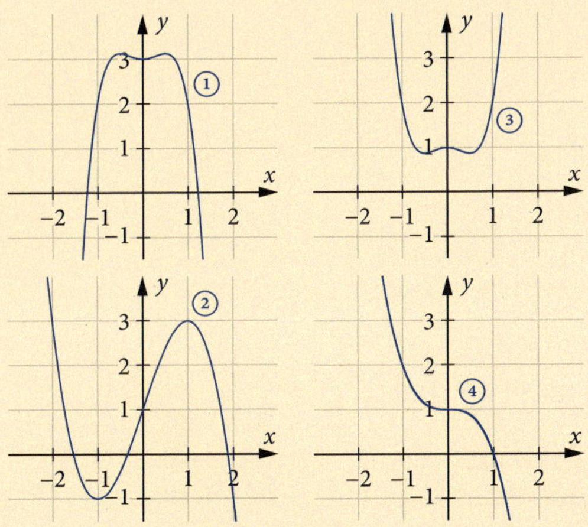

4. Bestimmen Sie bei den folgenden Graphen den Globalverlauf, das Symmetrieverhalten, die Schnittpunkte mit den Koordinatenachsen, die Extrempunkte, die Wendepunkte sowie das Monotonieverhalten. oHi Mi

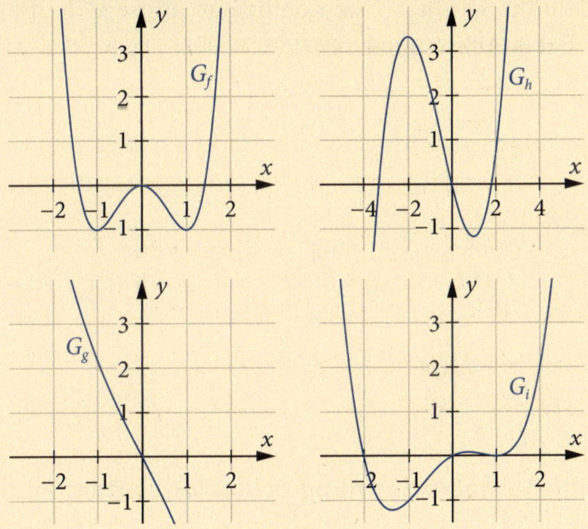

5. Gegeben ist die ganzrationale Funktion f mit $f(x) = 0{,}5\,x^3 - 4{,}5\,x$. Untersuchen Sie mit einem Funktionenplotter, wie sich die Koordinaten der Extrempunkte, des Wendepunkts und der Achsenschnittpunkte sowie das Globalverhalten ändern, wenn man am Funktionsterm die folgenden Änderungen vornimmt:

a) Der Funktionsterm wird mit 2 multipliziert.
b) Der Funktionsterm wird mit −0,5 multipliziert.
c) Im Funktionsterm wird jedes x durch den Term $x - 1$ ersetzt.

1

1.4.3 Schnittpunkte

Zu den Schnittpunkten mit den Koordinatenachsen gehören der y-Achsenschnittpunkt sowie (falls vorhanden) die x-Achsenschnittpunkte. Zur Bestimmung Letzterer sucht man die Nullstellen der Funktion. Bei ganzrationalen Funktionen dritten oder höheren Grades gibt es verschiedene Verfahren zur Nullstellenbestimmung, die je nach Situation ausgewählt werden sollten.

11 Schnittpunkt mit der y-Achse

Bestimmen Sie den Schnittpunkt des Graphen zu $f(x) = 0{,}5\,x^3 - 1{,}5\,x^2 - 0{,}5\,x + 1{,}5$ mit der y-Achse.

Die x-Koordinate des Schnittpunkts mit der y-Achse ist immer 0. Die y-Koordinate ist der Funktionswert an der Stelle $x = 0$.

$f(0) = 0{,}5 \cdot 0^3 - 1{,}5 \cdot 0^2 - 0{,}5 \cdot 0 + 1{,}5 = 1{,}5$

Der Schnittpunkt mit der y-Achse ist also $S_y(0\,|\,1{,}5)$.

Das gilt auch allgemein: Ist f eine ganzrationale Funktion mit der Gleichung $f(x) = a_n x^n + \dots + a_1 x + a_0$, so schneidet der Funktionsgraph die y-Achse im Punkt $S_y(0\,|\,a_0)$. Der Koeffizient „ohne x" heißt daher **y-Achsenabschnitt**.

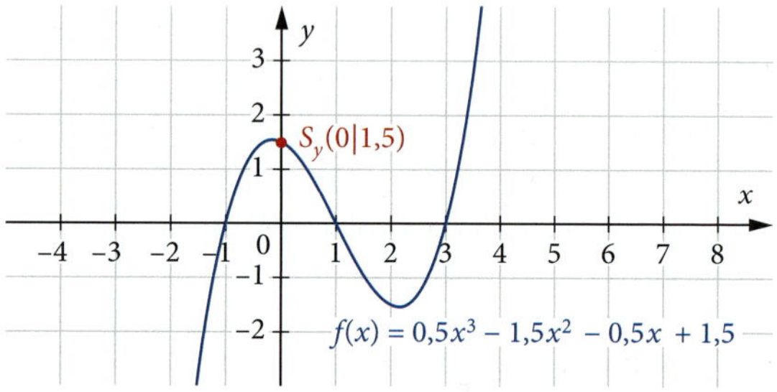

Eine ganzrationale Funktion f der Form $f(x) = a_n x^n + \dots + a_1 x + a_0$ hat den **y-Achsenabschnitt a_0**. Der Graph von f hat den **y-Achsenschnittpunkt $S_y(0\,|\,a_0)$**.

Geben Sie den Schnittpunkt mit der y-Achse an.

a) $f(x) = 2x^2 + 3x - 5$
b) $f(x) = 3x^3 + 5x^2 - 2$
c) $f(x) = x^3 - 2x$
d) $f(x) = 2 - x^3$
e) $f(x) = x^3$
f) $f(x) = -4(x + 3)^2 + 5$

▶ Lösung auf Seite 254

Nullstellenbestimmung bei faktorisiertem Funktionsterm

Nach dem Satz vom Nullprodukt können wir die Nullstellen einer ganzrationalen Funktion unmittelbar angeben, wenn der Funktionsterm als Produkt von Linearfaktoren dargestellt ist. ▶ Seite 50

12 Ganzrationale Funktionen 2. Grades

Bestimmen Sie die Nullstellen der Funktionen f und g mit den Gleichungen $f(x) = 0{,}25\,(x + 3)\,(x - 1)$ und $g(x) = -0{,}2\,(x - 4)^2$.

Der Funktionsterm von f ist in Produktform gegeben. Daher können wir die Nullstellen direkt ablesen. Es sind diejenigen Zahlen, für die beim Einsetzen jeweils einer der Linearfaktoren null wird.

$$f(x) = 0$$
$$\Leftrightarrow\ 0{,}25 \cdot (x + 3) \cdot (x - 1) = 0$$
$$\Leftrightarrow\ x = -3 \text{ oder } x = 1$$

$$f(-3) = 0{,}25 \cdot (-3 + 3) \cdot (-3 - 1) = 0{,}25 \cdot 0 \cdot (-4) = 0$$
$$f(1) = 0{,}25 \cdot (1 + 3) \cdot (1 - 1) = 0{,}25 \cdot 4 \cdot 0 = 0$$

Ein Produkt ist gleich null, wenn mindestens ein Faktor gleich null ist.

Wir betrachten im Vergleich dazu die quadratische Funktion g.
Sie hat $x = 4$ als einzige Nullstelle.

Diese Nullstelle wird vom Linearfaktor $(x - 4)$ geliefert. Dieser Linearfaktor tritt hier aber zweimal auf. Deswegen heißt eine solche Nullstelle auch **zweifache** oder **doppelte Nullstelle**.

Allgemein gilt: $x = a$ ist n-fache Nullstelle für $(x - a)^n = 0$. Wir nennen n die **Vielfachheit** einer Nullstelle.

Wir betrachten nun die Graphen von f und g.

Bei genauerem Blick auf die Nullstellen fällt auf:
Der Graph von f schneidet die x-Achse bei den einfachen Nullstellen $x_1 = -3$ und $x_2 = 1$, $f(x)$ ändert also das Vorzeichen bei der Nullstelle.
Der Graph von g hat bei der **doppelten Nullstelle** $x = 4$ einen Extrempunkt: Der Graph **berührt** hier die x-Achse, $g(x)$ ändert das Vorzeichen bei der Nullstelle nicht.

$$\begin{aligned} & g(x) = 0 \\ \Leftrightarrow\quad & -0{,}2 \cdot (x-4)^2 = 0 \\ \Leftrightarrow\quad & -0{,}2 \cdot (x-4) \cdot (x-4) = 0 \\ \Leftrightarrow\quad & x = 4 \text{ oder } x = 4 \\ \Leftrightarrow\quad & x = 4 \end{aligned}$$

$(x - 4) = 0 \rightarrow$ einfache Nullstelle: $x = 4$
$(x - 4)^2 = 0 \rightarrow$ doppelte Nullstelle: $x = 4$

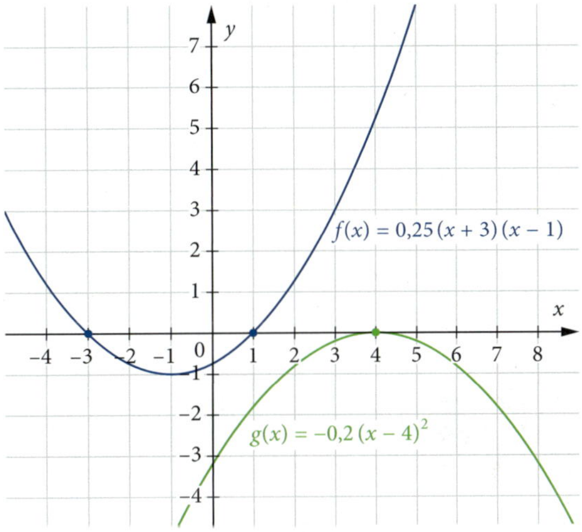

Der Funktionsterm einer ganzrationalen Funktion 2. Grades kann aus höchstens zwei Linearfaktoren bestehen. Da jeder dieser Linearfaktoren nur eine Nullstelle liefern kann, hat die Funktion also höchstens zwei Nullstellen. Diese Überlegung gilt auch allgemein: Eine ganzrationale Funktion n-ten Grades hat höchstens n Nullstellen. ▶ Seite 91

Ganzrationale Funktionen höheren Grades

13

Untersuchen Sie die Funktionen f, g und h auf die Vielfachheit ihrer Nullstellen.

$$\begin{aligned} f(x) &= 0{,}25\,(x+3)\,(x-1)\,(x-6)\,(x-1) \\ &= 0{,}25\,(x+3)\,(x-1)^2\,(x-6) \end{aligned}$$

Die Funktion f hat die einfachen Nullstellen $x_1 = -3$ und $x_2 = 6$ sowie die **doppelte** Nullstelle $x_3 = 1$.
Bei $x_1 = -3$ und $x_2 = 6$ schneidet der Graph die x-Achse, während er bei $x_3 = 1$ die x-Achse **berührt**.

$$\begin{aligned} g(x) &= -0{,}2\,(x+1)\,(x-4)^2\,(x-4) \\ &= -0{,}2\,(x+1)\,(x-4)^3 \end{aligned}$$

Die Funktion g hat mit $x_1 = -1$ eine einfache und mit $x_2 = 4$ eine **dreifache** Nullstelle. Der Graph schneidet die x-Achse bei $x_1 = -1$ (einfache Nullstelle) und bei $x_2 = 4$ (dreifache Nullstelle). An der dreifachen Nullstelle $x_2 = 4$ liegt zudem eine Wendestelle vor.

$$h(x) = -3\,(x+2)\,(x^2+1)\,(x-2)$$

Die Funktion h hat nur zwei **einfache** Nullstellen: $x_1 = -2$ und $x_2 = 2$. Der quadratische Term in der zweiten Klammer liefert keine Nullstelle.

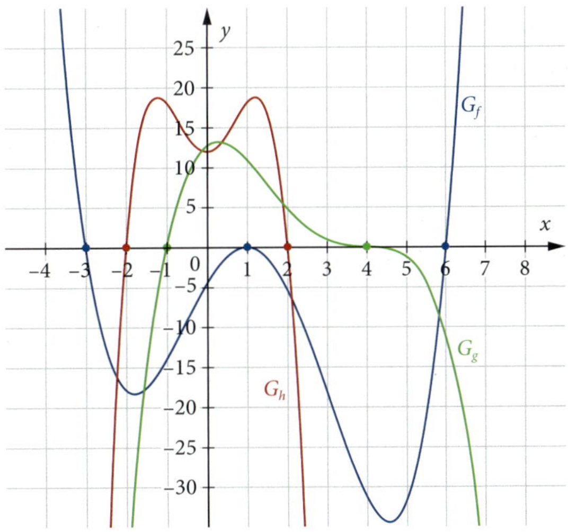

- Die Bedingung für die **Nullstellen** x einer Funktion f lautet: $\boldsymbol{f(x) = 0}$.
- Eine ganzrationale Funktion n-ten Grades hat höchstens n Nullstellen.
- Ist die Gleichung einer ganzrationalen Funktion f in der faktorisierten Darstellung (Produktform) gegeben, so können die Nullstellen der Funktion unmittelbar abgelesen werden. Die Funktion f mit der Gleichung $f(x) = a \cdot (x - x_1) \cdot (x - x_2) \cdot \ldots \cdot (x - x_n)$ hat die Nullstellen $x_1, x_2, \ldots, x_n$. Taucht in der Produktform ein Linearfaktor mehrfach auf, so spricht man von einer mehrfachen Nullstelle. Zwischen der **Vielfachheit** einer Nullstelle und der Art des zugehörigen x-Achsenschnittpunkts gelten folgende Zusammenhänge:

einfache Nullstelle
→ Schnittpunkt

⇒ $f(x)$ ändert das Vorzeichen

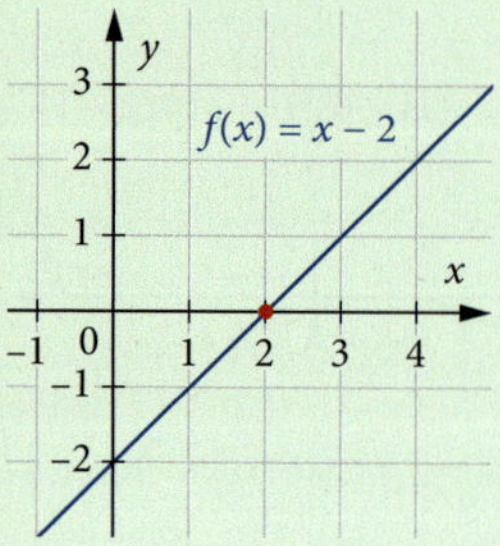

zweifache Nullstelle
→ Berührpunkt
(auch Extrempunkt)
⇒ $f(x)$ ändert das Vorzeichen nicht

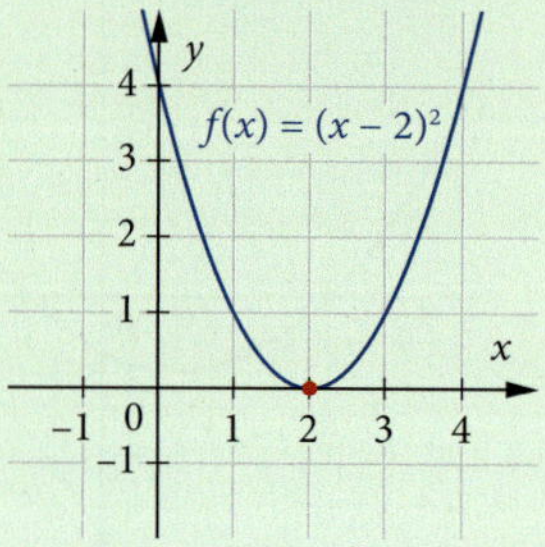

dreifache Nullstelle
→ Schnittpunkt
(auch Wendepunkt)
⇒ $f(x)$ ändert das Vorzeichen

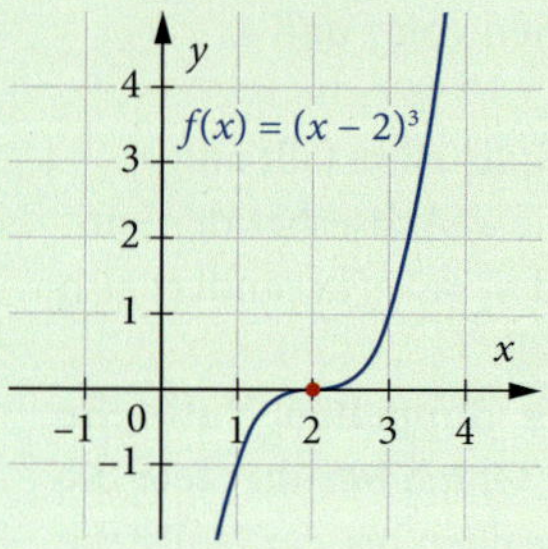

vierfache Nullstelle
→ Berührpunkt
(auch Extrempunkt)
⇒ $f(x)$ ändert das Vorzeichen nicht

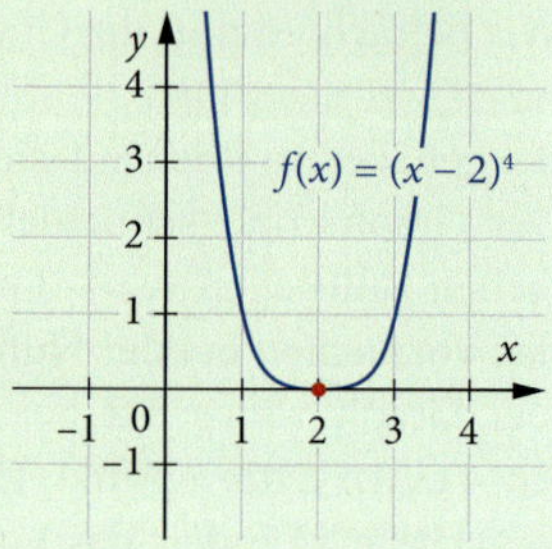

1. Geben Sie die Nullstellen der folgenden Funktionen einschließlich ihrer Vielfachheit an. Beschreiben Sie den zugehörigen Schnittpunkt genauer (z.B. Extrem- oder Wendepunkt).

a) $f(x) = \frac{1}{6}(x - 1)^3$ b) $f(x) = \frac{3}{8}x^2(x + 7)(x - 3)$ c) $f(x) = -(x + 4)^2(x^2 + 9)$

2. Ermitteln Sie (falls vorhanden) die Nullstellen der folgenden Funktionen und geben Sie die Funktionsgleichung in weitestgehend faktorisierter Darstellung an.
Bestimmen Sie anschließend die Vielfachheit der Nullstellen.

a) $f(x) = x^2 + 4$ b) $f(x) = x^2 - \sqrt{2}$ c) $f(x) = \frac{1}{225}(x^2 - 9)(x - 3)^2(x^2 - 25)$

▶ Lösungen auf Seite 254

Nullstellenbestimmung durch Ausklammern

14 x ausklammern

Gesucht sind die Nullstellen der Funktion f mit $f(x) = x^3 - 2x^2 - 3x$.

Wir setzen also den Funktionsterm gleich null. Dann klammern wir x aus und wenden den Satz vom Nullprodukt an. ▶ Seite 241
Den quadratischen Term zerlegen wir mithilfe des Satzes von Vieta in Linearfaktoren und können die Nullstellen angeben. ▶ Seite 242
Alternativ könnten wir x_2 und x_3 auch mithilfe der Lösungsformel bestimmen.

Die drei Schnittpunkte des Funktionsgraphen mit der x-Achse sind $N_1(0|0)$, $N_2(-1|0)$ und $N_3(3|0)$.

$$f(x) = 0$$
$$\Leftrightarrow \quad x^3 - 2x^2 - 3x = 0$$
$$\Leftrightarrow \quad x \cdot (x^2 - 2x - 3) = 0$$
$$\Leftrightarrow \quad x = 0 \text{ oder } x^2 - 2x - 3 = 0$$
$$\Leftrightarrow \quad x = 0 \text{ oder } (x + 1)(x - 3) = 0$$
$$\Leftrightarrow \quad x = 0 \text{ oder } x + 1 = 0 \text{ oder } x - 3 = 0$$
$$\Leftrightarrow \quad x = 0 \text{ oder } x = -1 \text{ oder } x = 3$$

Nullstellen:
$x_1 = 0; \quad x_2 = -1; \quad x_3 = 3$

Nullstellenbestimmung durch Substitution

Eine Gleichung der Form $ax^4 + bx^2 + c = 0$ $(a \neq 0)$ nennt man **biquadratische Gleichung**. Das folgende Beispiel zeigt, wie man sie durch Umwandlung in eine quadratische Gleichung lösen kann.

Lösen einer biquadratischen Gleichung

15

Ermitteln Sie die Nullstellen der Funktion f mit $f(x) = x^4 + x^2 - 2$.

Der Funktionsterm $x^4 + x^2 - 2$ lässt sich nicht ohne Weiteres in Linearfaktoren zerlegen.
Die Nullstellen bei einer solchen Funktion können wir mithilfe des **Substitutionsverfahrens** berechnen:

Ersetzen (substituieren) wir den Term x^2 durch z, so erhalten wir die quadratische Gleichung $z^2 + z - 2 = 0$.

Wir wenden die Lösungsformel an und erhalten zwei Lösungen für z.
Ersetzen wir nun wieder z durch x^2 und lösen nach x auf, so erhalten wir die gesuchten Nullstellen.

$$f(x) = 0$$
$$\Leftrightarrow \quad x^4 + x^2 - 2 = 0 \qquad \blacktriangleright \text{ Substituiere: } x^2 = z$$
$$\Leftrightarrow \quad z^2 + z - 2 = 0$$
$$\Leftrightarrow \quad z = \frac{-1 \pm \sqrt{1^2 - 4 \cdot 1 \cdot (-2)}}{2 \cdot 1}$$
$$z = -0{,}5 \pm 1{,}5$$
$$\Leftrightarrow \quad z = 1 \quad \text{oder} \quad z = -2 \qquad \blacktriangleright \text{ Resubstituiere: } z = x^2$$
$$\Leftrightarrow \quad x^2 = 1 \quad \text{oder} \quad x^2 = -2 \qquad \blacktriangleright\ x^2 = -2 \text{ unlösbar}$$
$$\Leftrightarrow \quad x = -1 \quad \text{oder} \quad x = 1$$

Nullstellen: $x_1 = -1$ und $x_2 = 1$

Bei geraden ganzrationalen Funktionen vom Grad 4 können die Nullstellen mithilfe des **Substitutionsverfahrens** bestimmt werden:
Durch die Substitution $x^2 = z$ wird die Bedingung $f(x) = 0$ auf die Lösung einer quadratischen Gleichung zurückgeführt. Durch spätere Resubstitution erhält man bis zu vier Nullstellen.

1. Bestimmen Sie die Nullstellen der folgenden Funktionen mithilfe des Substitutionsverfahrens.
a) $f(x) = x^4 - 4x^2 + 3$ b) $f(x) = 0{,}25x^4 - x^2 - 1{,}25$ c) $f(x) = -x^4 + 7x^2 - 12$

2. Ihr Mitschüler Adrian soll von der Funktion f mit der Gleichung $f(x) = x^4 - 13x^2 + 12x - 1$ die Nullstellen berechnen. Er wendet die Substitution $x^2 = z$ an und schreibt folgende Gleichung auf: $z^2 - 13z + 12\sqrt{z} - 1 = 0$. Diese Gleichung löst er mit der Lösungsformel für quadratische Gleichungen. Nehmen Sie zu Adrians Vorgehensweise Stellung.

▶ Lösungen auf Seite 255

Lösen einer Gleichung sechsten Grades

16

Ermitteln Sie die Nullstellen der reellen Funktion f mit $f(x) = x^6 - 35x^3 + 216$.

Ersetzen wir hier den Term x^3 durch z, so erhalten wir auch hier eine quadratische Gleichung, nämlich $z^2 - 35z + 216 = 0$.

Die linke Seite lässt sich faktorisieren oder wir verwenden die Lösungsformel.
Ersetzen wir nun wieder z durch x^3 und lösen nach x auf, so erhalten wir die gesuchten Nullstellen.

$$f(x) = 0$$
$$\Leftrightarrow \quad x^6 - 35x^3 + 216 = 0 \qquad \blacktriangleright \text{ Substituiere: } x^3 = z$$
$$\Leftrightarrow \quad z^2 - 35z + 216 = 0$$
$$\Leftrightarrow \quad (z - 8)(z - 27) = 0$$
$$\Leftrightarrow \quad z = 8 \quad \text{oder} \quad z = 27 \qquad \blacktriangleright \text{ Resubstituiere: } z = x^3$$
$$\Leftrightarrow \quad x^3 = 8 \quad \text{oder} \quad x^3 = 27$$
$$\Leftrightarrow \quad x = 2 \quad \text{oder} \quad x = 3$$

Nullstellen: $x_1 = 2$ und $x_2 = 3$

Nullstellenbestimmung durch Polynomdivision

Wenn alle bisher vorgestellten Verfahren nicht zum Erfolg führen, hilft in den meisten Fällen das Verfahren der **Polynomdivision** weiter. Mit diesem Verfahren ist es in der Regel möglich, einen in allgemeiner Form gegebenen Funktionsterm in Linearfaktoren zu zerlegen. Voraussetzung ist, dass die Funktion mindestens eine Nullstelle hat und dass wir diese ermitteln können.

17 Das Verfahren der Polynomdivision

Bestimmen Sie die Nullstellen der Funktion f mit $f(x) = x^3 - 3x^2 - 6x + 8$.

Schön wäre es, wenn die Funktion als Produkt von Linearfaktoren vorliegen würde. Dann könnte man nach dem Satz vom Nullprodukt die Nullstellen sofort ablesen.

$$f(x) = x^3 - 3x^2 - 6x + 8 = (x-1)(x+2)(x-4)$$
$$f(x) = 0$$
$$\Leftrightarrow (x-1)(x+2)(x-4) = 0$$
$$\Leftrightarrow x = 1 \text{ oder } x = -2 \text{ oder } x = 4$$

Wie aber können wir die Nullstellen aus der gegebenen Form $f(x) = x^3 - 3x^2 - 6x + 8$ bestimmen?

Der Term in Normalform und der in Produktform beschreiben die gleiche Funktion. Wir können also von der Gleichheit der Funktionsterme ausgehen.

$$x^3 - 3x^2 - 6x + 8 = (x-1)(x+2)(x-4)$$

Auf der rechten Seite der Gleichung multiplizieren wir die beiden letzten Klammern aus. Damit erhalten wir den Funktionsterm in teilweise faktorisierter Form. Für $x \neq 1$ ist $x - 1 \neq 0$. Daher können wir auf beiden Seiten durch den Linearfaktor $(x - 1)$ dividieren.

$$\Leftrightarrow x^3 - 3x^2 - 6x + 8 = (x-1)(x^2 - 2x - 8)$$

Den quadratischen Term erhalten wir also aus der Normalform, indem wir den „normalen" Funktionsterm durch einen seiner Linearfaktoren dividieren. Dafür müssen wir zwei Polynome dividieren, d. h. eine **Polynomdivision** durchführen.

$$\Rightarrow (x^3 - 3x^2 - 6x + 8) : (x-1) = x^2 - 2x - 8$$

Das Verfahren funktioniert so ähnlich wie die Division zweier Zahlen:

Wir dividieren den ersten Summanden des Dividenden x^3 durch den ersten Summanden des Divisors x. Wir erhalten x^2 als ersten Summanden des Ergebnisses.
Diesen multiplizieren wir mit dem gesamten Divisor $(x - 1)$ und ziehen das erhaltene Resultat vom Dividenden ab. Dann „holen" wir den nächsten Summanden $-6x$ „nach unten" und beginnen von vorn: Wir dividieren erneut den ersten Summanden des Terms $-2x^2 - 6x$ durch x, notieren das Ergebnis, multiplizieren zurück usw.

Dieses Verfahren führen wir so lange durch, bis kein Rest mehr bleibt.

$x^3 : x \qquad -2x^2 : x \qquad -8x : x$

$$\begin{array}{l}
(x^3 - 3x^2 - 6x + 8) : (x - 1) = x^2 - 2x - 8 \\
\underline{-(x^3 - x^2)} \leftarrow (x-1) \cdot x^2 \\
\quad -2x^2 - 6x \\
\quad \underline{-(-2x^2 + 2x)} \leftarrow (x-1) \cdot (-2x) \\
\qquad -8x + 8 \\
\qquad \underline{-(-8x + 8)} \leftarrow (x-1) \cdot (-8) \\
\qquad\qquad 0 \quad \blacktriangleright \text{ Rest } 0
\end{array}$$

Nun können wir zur Nullstellenberechnung den Funktionsterm in einen linearen und einen quadratischen Term zerlegen.

Wir wenden den Satz vom Nullprodukt an und lösen die quadratische Gleichung mithilfe der Lösungsformel.

$$f(x) = 0$$
$$\Leftrightarrow \quad x^3 - 3x^2 - 6x + 8 = 0$$
$$\Leftrightarrow \quad (x-1)(x^2 - 2x - 8) = 0$$
$$\Leftrightarrow \quad x - 1 = 0 \quad \text{oder} \quad x^2 - 2x - 8 = 0$$
$$x_1 = 1;\ x_{2/3} = \frac{-(-2) \pm \sqrt{(-2)^2 - 4 \cdot 1 \cdot (-8)}}{2 \cdot 1} = 1 \pm 3$$
$$x_1 = 1;\ x_2 = -2;\ x_3 = 4$$

Die erste Hürde bei der Polynomdivision ist das Finden der ersten Nullstelle durch Probieren.

Ist $x = 3$ Nullstelle, so lautet ein Linearfaktor $(x - 3)$. Multiplizieren wir diesen Linearfaktor mit den anderen Linearfaktoren, so enthält a_0 als Teiler auf jeden Fall die Zahl 3. Für die Nullstelle kommen also nur die ganzzahligen Teiler von a_0 in Frage.

Um dieses Verfahren anwenden zu können, müssen allerdings alle Koeffizienten ganzzahlig sein.

$$f(x) = (x-5)(x-3) = x^2 - 8x + 5 \cdot 3 = x^2 + 8x + \underbrace{15}_{\text{durch 3 teilbar}}$$

$f(x) = 2x^3 - 4x^2 - 3x + 6$ ▶ $2; -4; -3; 6 \in \mathbb{Z}$

$a_0 = 6 \rightarrow$ mögliche ganzzahlige Nullstellen:
$-6, -3, -2, -1, 1, 2, 3, 6$

$f(x) = 0{,}5(x-5)(x-3)$ ▶ $0{,}5 \notin \mathbb{Z}$

$$= 0{,}5(x^2 - 8x + 15) = 0{,}5x^2 - 4x + \underbrace{7{,}5}_{\text{nicht durch 3 oder 5 teilbar}}$$

Polynomdivision bei einer ganzrationalen Funktion 3. Grades (18)

Bestimmen Sie die Nullstellen von f mit $f(x) = 2x^3 - 5x - 6$.

Da alle Koeffizienten des Funktionsterms ganzzahlig sind, ist jede ganzzahlige Nullstelle von f ein Teiler von $a_0 = -6$. Wir setzen so lange verschiedene Teiler von -6 ein, bis wir eine Nullstelle gefunden haben.
Alternativ können wir auch den Funktionsterm in den Taschenrechner eingeben und die Wertetabelle benutzen. In der Tabelle suchen wir dann nach einem x-Wert, für den $f(x)$ gleich 0 ist.

$f(1) = 2 \cdot 1^3 - 5 \cdot 1 - 6 = -9$
$\rightarrow$ 1 ist keine Nullstelle
$f(-1) = 2 \cdot (-1)^3 - 5 \cdot (-1) - 6 = -3$
$\rightarrow -1$ ist keine Nullstelle
$f(2) = 2 \cdot 2^3 - 5 \cdot 2 - 6 = 0$
$\rightarrow$ 2 ist Nullstelle von f

Polynomdivision: Wir dividieren durch den Linearfaktor $(x - 2)$. Da der Funktionsterm von f keinen quadratischen Term enthält, ergänzen wir „künstlich“ $0 \cdot x^2$.

$$\begin{array}{l} (2x^3 + 0x^2 - 5x - 6) : (x - 2) = 2x^2 + 4x + 3 \\ \underline{-(2x^3 - 4x^2)} \\ \quad 4x^2 - 5x \\ \quad \underline{-(4x^2 - 8x)} \\ \qquad 3x - 6 \\ \qquad \underline{-(3x - 6)} \\ \qquad\quad 0 \end{array}$$

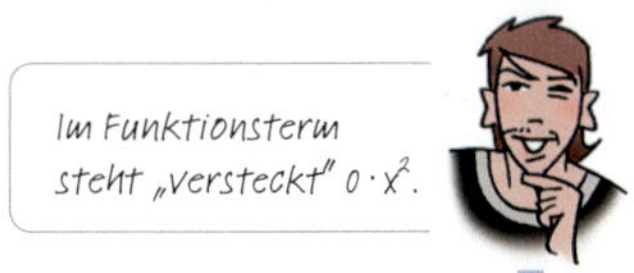

Nun können wir den Funktionsterm in teilweise faktorisierter Form angeben und mit der Berechnung der Nullstellen fortfahren.
Wir wenden den Satz vom Nullprodukt an.

$$f(x) = 0$$
$$\Leftrightarrow \quad 2x^3 - 5x - 6 = 0$$
$$\Leftrightarrow \quad (x - 2) \cdot (2x^2 + 4x + 3) = 0$$
$$\Leftrightarrow \quad x = 2 \quad \text{oder} \quad 2x^2 + 4x + 3 = 0$$

Da die Diskriminante negativ ist, gibt es außer $x = 2$ keine Lösungen.
Also hat f nur die Nullstelle $x = 2$.

$x_1 = 2$; Diskriminante $D = 4^2 - 4 \cdot 2 \cdot 3 = -8 < 0$;
also gibt es keine weiteren Lösungen

Bei einer Funktion 4. Grades erhalten wir nach Division durch den Linearfaktor ein Polynom 3. Grades. Auch hier probieren wir, ob eine Nullstelle vorhanden ist. Gibt es diese, so dividieren wir wiederum durch den entsprechenden Linearfaktor und erhalten einen quadratischen Term. Dieser liefert zwei Nullstellen, eine doppelte oder keine Nullstelle, also höchstens zwei Linearfaktoren. Folglich hat eine ganzrationale Funktion 4. Grades höchstens vier Nullstellen. Übertragen wir diese Überlegung auf eine Funktion n-ten Grades, können wir höchstens n Linearfaktoren erhalten. Eine Funktion n-ten Grades kann also höchstens n Nullstellen besitzen.

19 Polynomdivision bei einer Funktion 4. Grades

Bestimmen Sie die Nullstellen der Funktion f mit $f(x) = x^4 + 5x^3 + 1{,}75x^2 - 11{,}25x - 9$.

Ziel ist zunächst die Zerlegung des Funktionsterms in zwei Linearfaktoren und einen quadratischen Term. Dafür müssen wir zweimal eine Polynomdivision durchführen.

Wir ermitteln die erste Nullstelle durch Probieren oder mit der Tabellenfunktion des Taschenrechners.

$f(-1) = 0$

$\rightarrow -1$ ist Nullstelle von f, also muss $(x + 1)$ ein Teiler des Polynoms sein.

Erste Polynomdivision:
Wir dividieren durch den Linearfaktor $(x + 1)$ und erhalten ein Polynom 3. Grades.

$$
\begin{array}{l}
(x^4 + 5x^3 + 1{,}75x^2 - 11{,}25x - 9) : (x + 1) = x^3 + 4x^2 - 2{,}25x - 9 \\
\underline{-(x^4 + x^3)} \\
\quad 4x^3 + 1{,}75x^2 \\
\quad \underline{-(4x^3 + \quad 4x^2)} \\
\qquad -2{,}25x^2 - 11{,}25x \\
\qquad \underline{-(-2{,}25x^2 - \quad 2{,}25x)} \\
\qquad\qquad -9x - 9 \\
\qquad\qquad \underline{-(-9x - 9)} \\
\qquad\qquad\qquad 0
\end{array}
$$

Nun können wir den Funktionsterm bereits als Produkt angeben:

$$f(x) = (x + 1)\underbrace{(x^3 + 4x^2 - 2{,}25x - 9)}_{p(x)}$$

Um das Polynom p weiter zu zerlegen, suchen wir eine Nullstelle dieses Restpolynoms, indem wir nacheinander verschiedene ganze Zahlen einsetzen. Wir können es auch noch einmal mit dem Wert -1 probieren, denn -1 kann ja mehrfache Nullstelle von f sein.

$p(-1) = -3{,}75$

$\rightarrow -1$ ist keine Nullstelle von p

$p(-4) = 0$

$\rightarrow -4$ ist Nullstelle von p und damit auch von f

Wir dividieren den Term von p durch den Linearfaktor $(x + 4)$. Mit dem Ergebnis können wir nun den Funktionsterm von f in faktorisierter Form angeben:

$$
\begin{array}{l}
(x^3 + 4x^2 - 2{,}25x - 9) : (x + 4) = x^2 - 2{,}25 \\
\underline{-(x^3 + 4x^2)} \\
\qquad 0 - 2{,}25x - 9 \\
\qquad \underline{-(-2{,}25x - 9)} \\
\qquad\qquad 0
\end{array}
$$

$$f(x) = (x + 1)(x + 4)(x^2 - 2{,}25)$$

Mit dieser Darstellung lassen sich sämtliche Nullstellen von f angeben, da gilt:

$x^2 - 2{,}25 = 0 \Leftrightarrow x = -1{,}5$ oder $x = 1{,}5$

$$
\begin{aligned}
& f(x) = 0 \\
\Leftrightarrow \quad & x^4 + 5x^3 + 1{,}75x^2 - 11{,}25x - 9 = 0 \\
\Leftrightarrow \quad & (x + 1)(x + 4)(x^2 - 2{,}25) = 0
\end{aligned}
$$

$x_1 = -1$; $x_2 = -4$; $x_3 = -1{,}5$; $x_4 = 1{,}5$

- Ist die Gleichung einer ganzrationalen Funktion dritten oder höheren Grades in der allgemeinen Form gegeben, so können die Nullstellen der Funktion mit dem Verfahren der **Polynomdivision** bestimmt werden.
- Bei einer Funktion dritten Grades muss zuerst eine Nullstelle x_1 durch **Probieren** oder mit der Tabellenfunktion des Taschenrechners gefunden werden. Die Division des Funktionsterms durch den Linearfaktor $(x - x_1)$ liefert einen quadratischen Term, aus dem wir weitere Nullstellen mithilfe der bekannten Verfahren erhalten.
- Bei einer Funktion vierten oder höheren Grades muss in der Regel mehrfach eine Polynomdivision durchgeführt und dafür jeweils eine Nullstelle ermittelt werden.

Bestimmen Sie die Nullstellen der folgenden Funktionen mithilfe der Polynomdivision.

a) $f(x) = x^3 + x^2 - 9x - 9$

b) $f(x) = x^3 - x^2 + x - 1$

c) $f(x) = -2x^3 + 14x^2 + 10x - 150$

d) $f(x) = -x^4 + 4x^3 - 16x + 16$

► Lösung auf Seite 255

Graph mithilfe einer Vorzeichentabelle skizzieren

20

Gegeben ist die ganzrationale Funktion f mit $f(x) = x^4 + 5x^3 + 1{,}75x^2 - 11{,}25x - 9$. Skizzieren Sie den Graphen, indem Sie das Vorzeichenverhalten der Funktionswerte in der Umgebung der Nullstellen untersuchen.

Die Nullstellen der Funktion f haben wir bereits im Beispiel 19 auf Seite 92 mithilfe der Polynomdivision berechnet.
Mithilfe einer Tabelle ermitteln wir nun systematisch das Vorzeichen von f in den durch die Nullstellen gegebenen Intervallen.

$f(x) = x^4 + 5x^3 + 1{,}75x^2 - 11{,}25x - 9$
$= (x + 1)(x + 4)(x^2 - 2{,}25)$
$x_1 = -1;\ x_2 = -4;\ x_3 = -1{,}5;\ x_4 = 1{,}5$

Vorzeichentabelle:

x		-4		$-1{,}5$		-1		$1{,}5$	
$x + 1$	–	–	–	–	–	0	+	+	+
$x + 4$	–	0	+	+	+	+	+	+	+
$x^2 - 2{,}25$	+	+	+	0	–	–	–	0	+
$(x + 1)(x + 4)(x^2 - 2{,}25)$	+	0	–	0	+	0	–	0	+

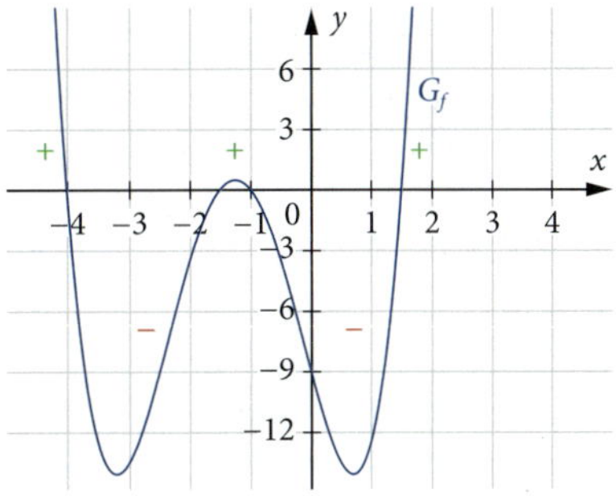

Nun können wir den Graphen skizzieren. Dazu berechnen wir ggf. noch einige Stützwerte.

Schnittpunkte von Funktionsgraphen

Rechnerische Ermittlung von Schnittpunkten

21

Gesucht sind die Schnittpunkte der beiden Graphen zu $f(x) = x^3 + 2x^2 - x - 3$ und $g(x) = 1{,}5x^2 - 2{,}5$.

Da die Funktionswerte von f und g an den Schnittpunkten übereinstimmen, setzen wir die Funktionsterme gleich. Wir subtrahieren $g(x)$, um eine Gleichung der Form $ax^3 + bx^2 + cx + d = 0$ zu erhalten.
Wir ermitteln die erste Schnittstelle $x_1 = 1$ durch Probieren.
Die anschließende Polynomdivision führt zu einem quadratischen Restpolynom, das wir in Linearfaktoren zerlegen. Wir erhalten die beiden weiteren Schnittstellen $x_2 = -0{,}5$ und $x_3 = -1$.

$$f(x) = g(x)$$
$$\Leftrightarrow \quad x^3 + 2x^2 - x - 3 = 1{,}5x^2 - 2{,}5$$
$$\Leftrightarrow \quad x^3 + 0{,}5x^2 - x - 0{,}5 = 0$$

Probieren: $x_1 = 1$

$$(x^3 + 0{,}5x^2 - x - 0{,}5) : (x - 1) = x^2 + 1{,}5x + 0{,}5$$
$$\underline{-(x^3 - x^2)}$$
$$1{,}5x^2 - x$$
$$\underline{-(1{,}5x^2 - 1{,}5x)}$$
$$0{,}5x - 0{,}5$$
$$\underline{-(0{,}5x - 0{,}5)}$$
$$0$$

$$x^2 + 1{,}5x + 0{,}5 = 0$$
$$x_{2/3} = \frac{-1{,}5 \pm \sqrt{1{,}5^2 - 4 \cdot 1 \cdot 0{,}5}}{2 \cdot 1}$$
$$x_2 = -0{,}5;\ x_3 = -1$$

Dann berechnen wir eigentlich die Lösungen von $f(x) - g(x) = 0$, also die Nullstellen der Differenzfunktion. Tritt dabei eine Nullstelle doppelt auf, so erhält man einen Berührpunkt der Graphen.

Um die y-Koordinaten der Schnittpunkte zu bestimmen, setzen wir die x-Werte in die Funktionsgleichung von g (oder alternativ von f) ein.

$S_1(1|-1);\ S_2(-0{,}5|-2{,}125);\ S_3(-1|-1)$

Um die **Schnittpunkte** von Funktionsgraphen zu berechnen, setzt man die Funktionsterme gleich.

Bestimmen Sie die Schnittpunkte der beiden Funktionsgraphen zeichnerisch und rechnerisch.

a) $f(x) = x^2;\quad g(x) = 2x^3 - x$ b) $f(x) = 0{,}5x^3 - x^2 - 2{,}5x + 6;\quad g(x) = -1{,}5x^3 + 3x^2 + 7{,}5x - 6$

► Lösung auf Seite 255

1

Überblick: Nullstellenbestimmung bei ganzrationalen Funktionen

Auf dieser Doppelseite wiederholen wir die bisher vorgestellten Verfahren zur Nullstellenbestimmung bei ganzrationalen Funktionen.

Lineare Funktionen

Die Gleichung nach x auflösen.

Gegeben: $f(x) = 3x + 6$
Nullstellenbedingung: $f(x) = 0$

$$\begin{aligned} & 3x + 6 = 0 && \mid -6 \\ \Leftrightarrow\ & 3x = -6 && \mid :3 \\ \Leftrightarrow\ & x = -2 \end{aligned}$$

Quadratische Funktionen

Ausklammern

Wenn x ausgeklammert werden kann, lässt sich der Satz vom Nullprodukt anwenden:
Ein Produkt ist genau dann gleich null, wenn mindestens einer der Faktoren gleich null ist.
Die einzelnen Faktoren können dann für sich betrachtet werden.

Gegeben: $f(x) = -0{,}2x^2 + 16x$
Nullstellenbedingung: $f(x) = 0$

$$\begin{aligned} & -0{,}2x^2 + 16x = 0 \\ \Leftrightarrow\ & -0{,}2x(x - 80) = 0 \\ \Leftrightarrow\ & 0{,}2x = 0 \text{ oder } x - 80 = 0 \\ \Leftrightarrow\ & x = 0 \text{ oder } x = 80 \end{aligned}$$

Nullstellen: $x_1 = 0$ und $x_2 = 80$

Wurzelziehen

Dieses Verfahren bietet sich an, wenn bei einem quadratischen Funktionsterm die „einfache x-Potenz" fehlt:
1. Die Gleichung nach x^2 auflösen.
2. Die Lösungen durch „Wurzelziehen" angeben.
Achtung: Der Taschenrechner zeigt bei zwei Lösungen immer nur die positive an.

Gegeben: $f(x) = -4x^2 + 16$
Nullstellenbedingung: $f(x) = 0$

$$\begin{aligned} & -4x^2 + 16 = 0 && \mid -16 \\ \Leftrightarrow\ & -4x^2 = -16 && \mid :(-4) \\ \Leftrightarrow\ & x^2 = 4 \\ \Leftrightarrow\ & x = -2 \text{ oder } x = 2 \end{aligned}$$

Nullstellen: $x_1 = -2$ und $x_2 = 2$

Lösungsformel

Zur Bestimmung der Lösungen $x_{1/2}$ wird die Lösungsformel verwendet:
$x_{1/2} = \frac{-b \pm \sqrt{b^2 - 4ac}}{2a}$, falls die Diskriminante $D = b^2 - 4ac \geq 0$ ist.

Gegeben: $f(x) = 4x^2 - 4x - 35$
Nullstellenbedingung: $f(x) = 0$
$4x^2 - 4x - 35 = 0$

$$\begin{aligned} \Leftrightarrow\ x_{1/2} &= \frac{4 \pm \sqrt{(-4)^2 - 4 \cdot 4 \cdot (-35)}}{2 \cdot 4} = \frac{4 \pm \sqrt{576}}{8} \\ &= \frac{4 \pm 24}{8} = 0{,}5 \pm 3 \end{aligned}$$

Nullstellen: $x_1 = 3{,}5$ und $x_2 = -2{,}5$

Funktionen 3. und höheren Grades

Polynomdivision

Gegeben: $f(x) = -2x^3 + 6x^2 + 12x - 16$
Nullstellenbedingung: $f(x) = 0$
$-2x^3 + 6x^2 + 12x - 16 = 0$

1. Eine Nullstelle x_1 durch Ausprobieren oder mit der Tabellenfunktion des Taschenrechners ermitteln.

Ermitteln einer Nullstelle durch Ausprobieren:
$f(1) = -2 \cdot 1^3 + 6 \cdot 1^2 + 12 \cdot 1 - 16 = 0$
$\rightarrow$ Nullstelle: $x_1 = 1$

2. Die Polynomdivision des Funktionsterms 3. Grades durch $(x - x_1)$ liefert ein quadratisches Restpolynom.

   Bei der Polynomdivision selbst muss der Rest 0 bleiben.

Polynomdivision zur Zerlegung des Funktionsterms:

$$
\begin{aligned}
&(-2x^3 + 6x^2 + 12x - 16) : (x - 1) = -2x^2 + 4x + 16 \\
&\underline{-(-2x^3 + 2x^2)} \\
&\qquad 4x^2 + 12x \\
&\qquad \underline{-(4x^2 - 4x)} \\
&\qquad\qquad 16x - 16 \\
&\qquad\qquad \underline{-(16x - 16)} \\
&\qquad\qquad\qquad 0
\end{aligned}
$$

3. Beim Restpolynom die Nullstellen mit den üblichen Verfahren bestimmen.

Nullstellenbestimmung für das quadratische Restpolynom:

$$
\begin{aligned}
& -2x^2 + 4x + 16 = 0 \qquad |:(-2) \\
\Leftrightarrow\ & x^2 - 2x - 8 = 0 \\
\Leftrightarrow\ & x_{2/3} = \frac{2 \pm \sqrt{(-2)^2 - 4 \cdot 1 \cdot (-8)}}{2 \cdot 1} = \frac{2 \pm \sqrt{36}}{2} = 1 \pm 3
\end{aligned}
$$

$x_2 = 4;\ x_3 = -2$

Nullstellen: $x_1 = 1;\ x_2 = 4$ und $x_3 = -2$

Ist eine Funktion 4. Grades gegeben, so können wir zunächst eine Nullstelle x_1 durch Probieren ermitteln. Dividieren wir den Funktionsterm durch $(x - x_1)$, so erhalten wir ein Restpolynom 3. Grades. Wir suchen die zweite Nullstelle x_2. Das Restpolynom 3. Grades wird dann durch $(x - x_2)$ dividiert, um ein quadratisches Restpolynom zu erhalten. Mit diesem Polynom verfahren wir wiederum wie oben beschrieben. Analog gehen wir bei Funktionen 5. und höheren Grades vor.

Substitutionsverfahren

Dieses Verfahren eignet sich für Funktionen mit einer Gleichung der Form
$f(x) = a_4x^4 + a_2x^2 + a_0$.

1. Substituieren: x^2 durch z ersetzen.
2. Die erhaltene quadratische Gleichung z.B. durch Faktorisieren oder mit der Lösungsformel lösen.
3. Resubstituieren: Nach dem Lösen der Gleichung z durch x^2 ersetzen.

Gegeben: $f(x) = 0{,}5x^4 - 9x^2 + 16$
Nullstellenbedingung: $f(x) = 0$

$$
\begin{aligned}
& 0{,}5x^4 - 9x^2 + 16 = 0 \qquad |:0{,}5 \\
\Leftrightarrow\ & x^4 - 18x^2 + 32 = 0 \\
\Leftrightarrow\ & z^2 - 18z + 32 = 0 \\
\Leftrightarrow\ & (z - 16)(z - 2) = 0 \\
\Leftrightarrow\ & z = 16 \text{ oder } z = 2 \\
\Leftrightarrow\ & x^2 = 16 \text{ oder } x^2 = 2
\end{aligned}
$$

▶ Substituiere: $x^2 = z$

▶ Resubstituiere: $z = x^2$

$x_{1/2} = \pm\sqrt{16} = \pm 4;\ x_{3/4} = \pm\sqrt{2}$

Nullstellen:
$x_1 = 4;\ x_2 = -4;\ x_3 = \sqrt{2};\ x_4 = -\sqrt{2}$

Einen weiteren systematischen Überblick finden Sie online.

1

Übungen zu 1.4.3

oHi Mi **1.** Geben Sie die Nullstellen der folgenden Funktionen einschließlich ihrer Vielfachheit an.

a) $f(x) = -0{,}75\,(x+4)\,(x+1)\,(x-1)\,(x-4)$
b) $f(x) = 7x^2 - 14x$
c) $f(x) = -x\,(x+6)\,(x+2)$
d) $f(x) = -2{,}5\,x\,(x+5)^3$
e) $f(x) = -5\,(x^2+4)\,(x+4)^2$

2. Geben Sie den Leitkoeffizienten sowie den Grad der Funktionen aus Übung 1 an. Entscheiden Sie, ob es sich bei den Schnittpunkten mit der x-Achse um einen einfachen Schnittpunkt, einen Extrem- oder einen Wendepunkt handelt.
Skizzieren Sie den Graphen.

oHi Mi **3.** Bestimmen Sie die Nullstellen durch Ausklammern und skizzieren Sie die Graphen.

a) $f(x) = -2x^3 + 16x^2$
b) $f(x) = -\frac{1}{8}x^3 + \frac{1}{4}x^2 + x$
c) $f(x) = 10x^4 - 16x^3$
d) $f(x) = x^3 + 4x^2 + 4x$

4. Bestimmen Sie die Nullstellen der folgenden Funktionen mithilfe des Substitutionsverfahrens. Geben Sie auch die Vielfachheit der Nullstellen an.

a) $f(x) = x^4 - 40x^2 + 144$
b) $f(x) = 0{,}25x^4 - x^2 - 1{,}25$
c) $f(x) = -x^4 + 3x^2 + 4$
d) $f(x) = 0{,}5x^5 - 3x^3 + 2{,}5x$
e) $f(x) = 2x^4 + 12x^2 + 30$

5. Bestimmen Sie die Nullstellen mithilfe der Polynomdivision und das Verhalten im Unendlichen.
Skizzieren Sie den Graphen.

a) $f(x) = x^3 + 10x^2 + 7x - 18$
b) $f(x) = -x^3 + 10x^2 - 29x + 20$
c) $f(x) = -x^3 + 3x^2 + 6x - 18$
d) $f(x) = 0{,}5x^3 - 5x^2 + 16x - 16$

6. Bestimmen Sie die Achsenschnittpunkte.

a) $f(x) = 0{,}25\,(x+3)^2\,(x-1)^2$
b) $f(x) = x^3 + 5x^2 - 22x - 56$
c) $f(x) = x^4 + 5x^3 + 8x^2 + 4x$
d) $f(x) = x^4 - 4x^2 + 3$
e) $f(x) = 4x^4 - 2x^2$
f) $f(x) = 4x^4 + 8x^3 + 20x^2$

7. Geben Sie zu jeder Gleichung das bzw. die Lösungsverfahren an. Falls mehrere Lösungsverfahren nacheinander anzuwenden sind, notieren Sie diese in der entsprechenden Reihenfolge. Verwenden Sie folgende Abkürzungen: oHi Mi

A: „lineare Gleichung lösen“
B: „Satz vom Nullprodukt“
C: „Lösungsformel für quadratische Gleichungen anwenden“
D: „Potenzen von x ausklammern“
E: „Raten → Polynomdivision“
F: „Substitution, Lösen einer biquadratischen Gleichung“
G: „n-te Wurzel ziehen“

Die Gleichungen sind nicht zu lösen!
Auf algebraische Vereinfachungen (z. B. Umstellungen) muss nicht eingegangen werden.
Es sind unterschiedliche Vorgehensweisen denkbar, wählen Sie möglichst ökonomische Wege.

a) $9 - x^2 = 0$
b) $\frac{1}{2}x^2 - x - \frac{3}{2} = 0$
c) $x^4 - 6x^3 + 11x^2 - 6x = 0$
d) $-\frac{1}{3}x^2 + \frac{4}{3}x = 0$
e) $x^3 - 9x = 0$
f) $-\frac{4x - 5x^3 + x^5}{10} = 0$
g) $x^3 + x^2 - 6x = 0$
h) $x^4 - 13x^2 + 36 = 0$
i) $-x^3 + 2x - 1 = 0$
j) $x^3 - x^2 - 8x + 12 = 0$
k) $x^4 - x^3 - 11x^2 + 9x + 18 = 0$
l) $(x-1)\cdot(x+2)\cdot(x^4 + 2x^3 + 4x^2 + 3x - 10) = 0$
m) $x^3 - 9x^2 + 27x - 27 = 0$
n) $3x^7 + 5 = 0$

8. $f(x) = x^4 - 3x^2 + 2$ und $g(x) = x^4 + 3x^2 - 4$ sind die Funktionsgleichungen zweier Funktionen.

a) Ermitteln Sie die Nullstellen von f und g jeweils mithilfe eines geeigneten Verfahrens.
b) Gegeben ist eine weitere ganzrationale Funktion h mit $h(x) = a_4x^4 + a_2x^2 + a_0$, deren Graph die x-Achse an den Stellen -1 und 2 und die y-Achse bei 8 schneidet. Ermitteln Sie die Funktionsgleichung.
c) Ermitteln Sie die Schnittstellen und die Schnittpunkte von jeweils zwei der drei Graphen.
d) Überprüfen Sie Ihr Ergebnis mit einem Funktionenplotter.

9. Bei der Flutung der Blaubachtalsperre verschwand auch eine Kirche im Wasser, deren Turmspitze bei niedrigem Wasserstand jedoch zu sehen ist. Die Abbildung zeigt einen Längsschnitt der Talsperre in Nordsüdrichtung an der Stelle, an der die Kirche steht. Die Randlinie entspricht dem Graphen der Funktion f mit der Gleichung
$f(x) = 0{,}1x^4 - 2{,}2x^3 + 16{,}2x^2 - 42x - 10$.
Dabei entspricht eine Einheit auf der x-Achse 100 m in der Realität.

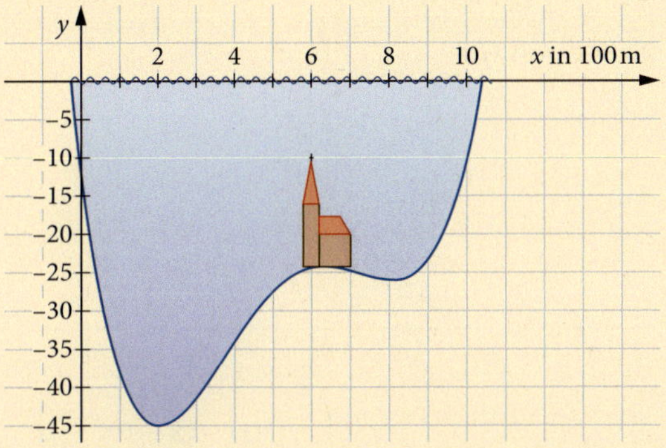

a) Berechnen Sie, wie weit Süd- und Nordufer voneinander entfernt sind, wenn der Wasserstand auf Höhe der Kirchturmspitze $S(6|-10)$ ist.

b) Wie weit ist die Kirchturmspitze bei diesem Wasserstand vom Süd- bzw. Nordufer entfernt?

10. Zum Schutz vor Überflutungen soll eine geradlinig verlaufende Deichanlage von 4 Meter Breite und 2 Meter Höhe errichtet werden. Der Querschnitt des Deichs verläuft entlang des Graphen der Funktion f mit der Gleichung $f(x) = \frac{1}{8}x^4 - x^2 + 2$ mit dem eingeschränkten Definitionsbereich $D_f = [-2; 2]$ (siehe Querschnittskizze).

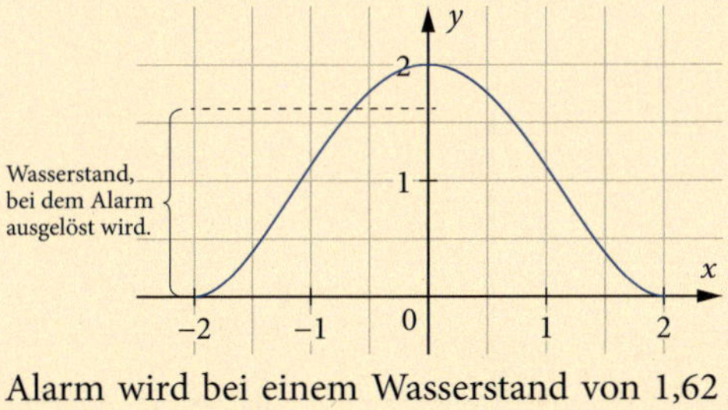

Alarm wird bei einem Wasserstand von 1,62 Meter über der x-Achse ausgelöst. Ermitteln Sie für einen Wasserstand von 1,62 Meter die x-Koordinate des Punktes, an dem die Wasseroberfläche auf den Deich trifft. (©KM Bayern)
Lesen Sie die Koordinaten der beiden Wendepunkte des Graphen der Funktion f ab.

11. Ein Bauunternehmen baut an Autobahnen Lärmschutzwälle. Diese schützen die angrenzenden Wohngebiete vor Fahrgeräuschen. Ein Lärmschutzwall besteht aus dem eigentlichen Wall und einem sich anschließenden Abflussgraben. Das Profil eines solchen Lärmschutzwalls ist im Intervall $0 \leq x \leq 6$ gemäß der Funktionsgleichung
$f(x) = \frac{1}{2}x^3 - 5x^2 + 12x$ geformt.
Die x-Achse stellt das waagerechte Gelände dar. Beide Achsen sind in Meter eingeteilt.

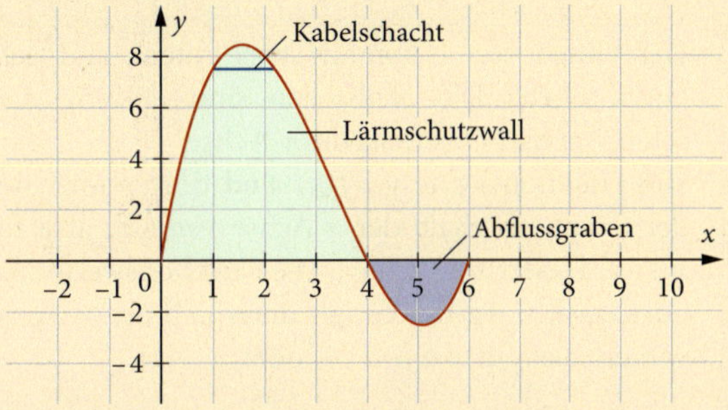

a) Berechnen Sie sowohl die Breite des Lärmschutzwalls als auch die Breite des Abflussgrabens.

b) Durch den Lärmschutzwall soll in 7,5 m Höhe ein Kabelschacht gezogen werden. Berechnen Sie die Länge des Schachtes.

12. Josef erhält folgende Aufgabe: oHi Mi
„Berechnen Sie die Nullstellen der Funktion f mit $f(x) = 1{,}5x^5 + 12{,}3x^4 - 23x^3 + 38{,}1x^2 - 20x - 10$.
Eine Nullstelle der Funktion f ist $x = -10$."
Er rechnet und erhält folgendes Ergebnis:
$(1{,}5x^5 + 12{,}3x^4 - 23x^3 + 38{,}1x^2 - 20x - 10) : (x + 10)$
$= 1{,}5x^4 - 2{,}7x^3 + 4x^2 + 78{,}1x + 761 + \frac{7610}{(x+10)}.$
Sein Banknachbar Christian entgegnet ihm, dass diese Rechnung nicht stimmen könne, weil …
Ergänzen Sie den Satz.

13. Zeigen Sie die Äquivalenz der beiden Darstellungsformen in beide Richtungen; also durch Ausmultiplizieren und durch Polynomdivision.
Lesen Sie die Nullstellen mit Vielfachheiten mithilfe des faktorisierten Funktionsterms ab.
Begründen Sie für die Aufgaben a) und c) evtl. mit einem Funktionenplotter, dass es keine weiteren Nullstellen geben kann.

a) $f(x) = (x + 3)(x^2 - 3x + 9) = x^3 + 27$

b) $f(x) = (x^2 + 4)(x + 2)(x - 2) = x^4 - 16$

c) $f(x) = (x - 2)(x^4 + 2x^3 + 4x^2 + 8x + 16) = x^5 - 32$

1

1.4.4 Ungleichungen bei Funktionen höheren Grades

22 Vorzeichenuntersuchung bei einer Funktion 3. Grades

Ermitteln Sie das Vorzeichen der Funktion f mit $f(x) = 2x^3 - 6x^2 + 4x$ und $D_f = \mathbb{R}$.

Zuerst berechnen wir die Nullstellen von f. Dazu klammern wir $2x$ aus und schreiben den Restterm $x^2 - 3x + 2$ als Produkt zweier Linearfaktoren. Die Nullstellen können wir dann ablesen.

$$f(x) = 0$$
$$\Leftrightarrow \quad 2x^3 - 6x^2 + 4x = 0$$
$$\Leftrightarrow \quad 2x(x^2 - 3x + 2) = 0$$
$$\Leftrightarrow \quad 2x(x-1)(x-2) = 0$$
$$x_1 = 0; \ x_2 = 1; \ x_3 = 2$$

Der Graph von f kommt „von unten“ und geht „nach oben“. Die Nullstellen sind einfach, also schneidet hier G_f jeweils die x-Achse.
Die Funktionswerte $y = f(x)$ sind dort positiv, wo der Graph oberhalb der x-Achse verläuft, also für $x \in \,]0; 1[$ oder $x \in \,]2; +\infty[$. Die Funktionswerte sind dort negativ, wo der Graph unterhalb der x-Achse verläuft also für $x \in \,]-\infty; 0[$ oder $x \in \,]1; 2[$.

Skizze von G_f:

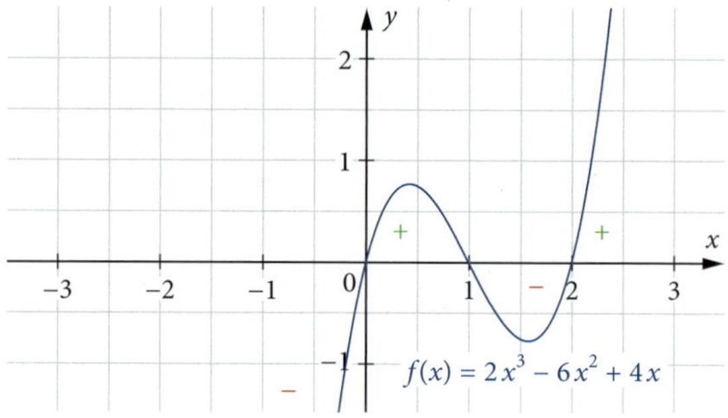

$f(x) > 0$ für $x \in \,]0; 1[\, \cup \,]2; +\infty[$
$f(x) < 0$ für $x \in \,]-\infty; 0[\, \cup \,]1; 2[$

Das Ergebnis kann auch so formuliert werden:
Die Ungleichung $f(x) > 0$ hat in der Grundmenge $G = \mathbb{R}$ die Lösungsmenge $L_1 = \,]0; 1[\, \cup \,]2; +\infty[$.
Entsprechend hat die Ungleichung $f(x) < 0$ in der Grundmenge $G = \mathbb{R}$ die Lösungsmenge
$L_2 = \,]-\infty; 0[\, \cup \,]1; 2[$.

23 Ungleichung $f(x) \geq 0$ bei einer Funktion 4. Grades

Ermitteln Sie die Lösungsmenge der Ungleichung $f(x) \geq 0$ für die Funktion f mit $f(x) = x^4 - 5x^3 + 6x^2$ und $D_f = \mathbb{R}$.

Zuerst berechnen wir wieder die Nullstellen von f. Wir können x^2 ausklammern und den Restterm in Faktoren zerlegen. Die Nullstellen können wir nun ablesen.

$$f(x) = 0$$
$$\Leftrightarrow \quad x^4 - 5x^3 + 6x^2 = 0$$
$$\Leftrightarrow \quad x^2(x^2 - 5x + 6) = 0$$
$$\Leftrightarrow \quad x^2(x-2)(x-3) = 0$$
$$x_{1/2} = 0; \ x_3 = 2; \ x_4 = 3$$

Der Graph von f kommt „von oben“ und geht „nach oben“. Die Nullstelle $x = 0$ ist zweifach, also berührt hier G_f die x-Achse.
$f(x) \geq 0$ gilt für $x \in \,]-\infty; 2]$ oder $x \in [3; +\infty[$.

Die Ungleichung $f(x) \geq 0$ hat also in der Grundmenge $G = \mathbb{R}$ die Lösungsmenge
$L = \,]-\infty; 2] \cup [3; +\infty[$.

Skizze von G_f:

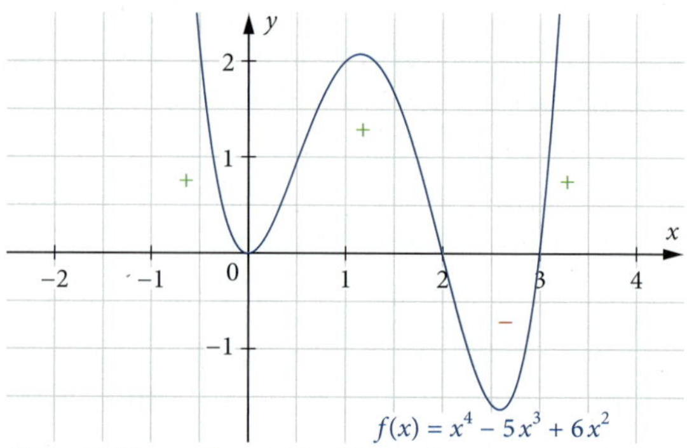

$f(x) \geq 0$ für $x \in \,]-\infty; 2] \cup [3; +\infty[$

Ungleichung $f(x) < 0$ bei einer Funktion 4. Grades

24

Ermitteln Sie die Lösungsmenge der Ungleichung $f(x) < 0$ für die Funktion f mit $f(x) = -x^4 + 1$ und $D_f = \mathbb{R}$.

Wir berechnen wieder die Nullstellen von f.
Hier können wir -1 ausklammern und den Restterm mithilfe der binomischen Formeln in Faktoren zerlegen. Die Nullstellen können wir dann ablesen. Beide sind einfache Nullstellen, bei denen der Graph die x-Achse schneidet.

$$f(x) = 0$$
$$\Leftrightarrow \quad -x^4 + 1 = 0$$
$$\Leftrightarrow \quad -(x^2 - 1)(x^2 + 1) = 0$$
$$\Leftrightarrow \quad -(x - 1)(x + 1)(x^2 + 1) = 0$$
$$x_1 = 1; \; x_2 = -1$$

Der Graph von f kommt „von unten“ und geht „nach unten“, da der Grad von f gerade und der Koeffizient von x^4 negativ ist.

Skizze von G_f:

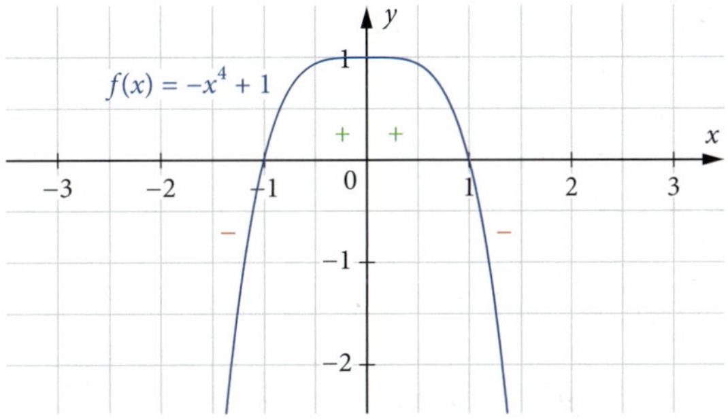

$f(x) < 0$ ist für die x-Werte erfüllt, für die der Graph unterhalb der x-Achse verläuft, also für $x \in \,]-\infty; -1[$ und $x \in \,]1; +\infty[$.

Die Ungleichung $f(x) < 0$ hat also in der Grundmenge $G = \mathbb{R}$ die Lösungsmenge
$L = \,]-\infty; -1[\, \cup \,]1; +\infty[$.

$f(x) < 0$ für $x \in \,]-\infty; -1[\, \cup \,]1; +\infty[$

Ungleichung $f(x) \leq 0$ bei einer Funktion 5. Grades

25

Ermitteln Sie die Lösungsmenge der Ungleichung $f(x) \leq 0$ für die Funktion f mit $f(x) = 0{,}1\,(x^5 - 8x^4 + 16x^3)$ und $D_f = \mathbb{R}$.

Zuerst berechnen wir wieder die Nullstellen von f.

$$f(x) = 0$$
$$\Leftrightarrow \quad 0{,}1\,(x^5 - 8x^4 + 16x^3) = 0$$
$$\Leftrightarrow \quad 0{,}1\,x^3(x^2 - 8x + 16) = 0$$
$$\Leftrightarrow \quad 0{,}1\,x^3(x - 4)^2 = 0$$
$$x_{1/2/3} = 0; \; x_{4/5} = 4$$

Der Graph von f kommt „von unten“ und geht „nach oben“. Die Nullstelle $x = 0$ ist dreifach, hier schneidet G_f die x-Achse. Bei der doppelten Nullstelle $x = 4$ berührt G_f die x-Achse.

Skizze von G_f:

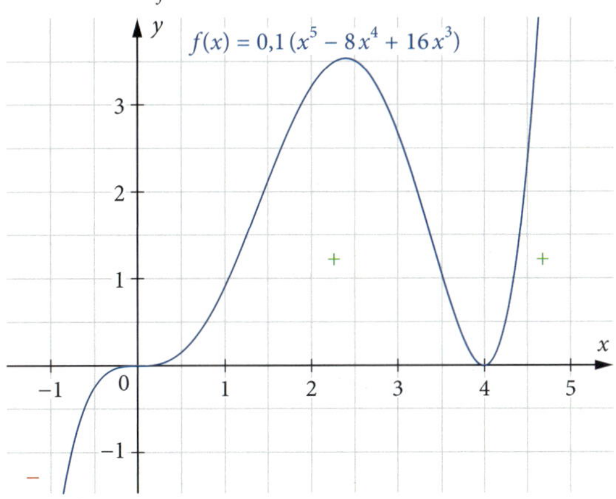

$f(x) \leq 0$ ist für die x-Werte erfüllt, für die der Graph unterhalb oder auf der x-Achse verläuft also für $x \in \,]-\infty; 0]$ und $x = 4$.

Die Ungleichung $f(x) \leq 0$ hat also in der Grundmenge $G = \mathbb{R}$ die Lösungsmenge
$L = \,]-\infty; 0] \cup \{4\}$.

$f(x) \leq 0$ für $x \in \,]-\infty; 0] \cup \{4\}$

Ungleichungen der Form $f(x) > 0$ oder $f(x) < 0$ oder $f(x) \geq 0$ oder $f(x) \leq 0$ können wir am einfachsten mithilfe der Skizze des Graphen der ganzrationalen Funktion f lösen.

- Wir bestimmen die Nullstellen der Gleichung $f(x) = 0$.
- Wir skizzieren den Graphen der Funktion f. Dabei müssen wir den Globalverlauf des Graphen und die Vielfachheit der Nullstellen beachten.
- Aus der Skizze können wir dann die Lösungsmenge der Ungleichung herauslesen:
  - Für die Ungleichung $f(x) > 0$ gehören zur Lösungsmenge die Intervalle, in denen der Graph oberhalb der x-Achse verläuft (für $f(x) \geq 0$ einschließlich der Nullstellen).
  - Für die Ungleichung $f(x) < 0$ gehören zur Lösungsmenge die Intervalle, in denen der Graph unterhalb der x-Achse verläuft (für $f(x) \leq 0$ einschließlich der Nullstellen).

1. Lesen Sie die Lösungsmengen ab.

a) $f(x) > 0$ c) $f(x) < 0$

b) $f(x) \geq 0$ d) $f(x) \leq 0$

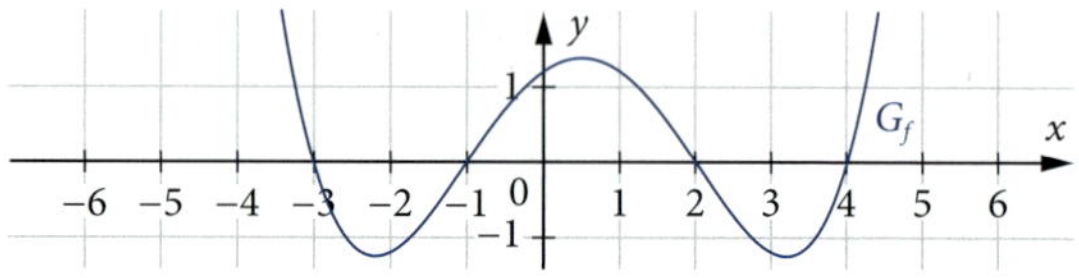

2. Bestimmen Sie für die reelle Funktion f die Nullstellen und deren Vielfachheit. Fertigen Sie damit eine Skizze des Graphen von f an und ermitteln Sie die Lösungsmenge der angegebenen Ungleichung in der Grundmenge $\mathbb{R}$.

$f(x) > 0$	$f(x) < 0$	$f(x) \geq 0$	$f(x) \leq 0$
a) $f(x) = x^3 - x$	d) $f(x) = x^3 - 4x$	g) $f(x) = x^3 - 4x^2$	j) $f(x) = x^3 + 5x^2$
b) $f(x) = x^3 - 3x^2 - x + 3$	e) $f(x) = x^3 + 4x^2 - 2x - 8$	h) $f(x) = x^3 - 4x^2 + 4x$	k) $f(x) = x^3 + 6x^2 + 9x$
c) $f(x) = x^4 - x^2$	f) $f(x) = x^4 - 5x^2 + 4$	i) $f(x) = x^4 - 18x^2 + 81$	l) $f(x) = x^4 - 32x^2 + 256$

► Lösungen auf Seite 255

Übungen zu 1.4.4

oHi Mi

1. Bestimmen Sie für die reelle Funktion f die Nullstellen und deren Vielfachheit. Fertigen Sie damit eine Skizze des Graphen von f an und ermitteln Sie die Lösungsmenge der angegebenen Ungleichung in der Grundmenge $\mathbb{R}$.

a) $f(x) = x(x-2)(x-4)$ $f(x) > 0$

b) $f(x) = x^3(x-2)^2(x+2)$ $f(x) \geq 0$

c) $f(x) = x^3 - 9x$ $f(x) < 0$

d) $f(x) = x^4 - 4x^3 + 4x^2$ $f(x) \leq 0$

e) $f(x) = x^6 - 4x^5 - 4x^4 + 16x^3$ $f(x) \geq 0$

f) $f(x) = x^5 - x^4 - 5x^3 + 5x^2$ $f(x) \leq 0$

g) $f(x) = -x^4 - 2x^3 + 9x^2 + 4x$ $f(x) > 0$

h) $f(x) = x^6 - x^2$ $f(x) < 0$

2. Die Funktion G mit $G(x) = -x^3 + 9x^2 - 6x - 16$ und $D_G = [0; 10]$ beschreibt den Gewinn eines Unternehmens in GE bei der Produktionsmenge x in ME. Bestimmen Sie die Bereiche für x, in denen das Unternehmen Gewinn ($G(x) > 0$) bzw. Verlust ($G(x) < 0$) macht.

3. Ermitteln Sie für die Funktion G mit $G(x) = -x^3 + 4x^2 + 44x - 96$, $x \in \mathbb{R}$ die Nullstellen und skizzieren Sie den Graphen von G. Die Funktion G beschreibt für $x \in [0; 10]$ den Gewinn bzw. Verlust eines Unternehmens in GE bei der Produktionsmenge x in ME. Bestimmen Sie die Bereiche für x, in denen das Unternehmen Gewinn ($G(x) > 0$) bzw. Verlust ($G(x) < 0$) macht. Die Ränder des Intervalls, in dem das Unternehmen Gewinn macht, heißen Gewinnschwelle und Gewinngrenze.

4. Untersuchen Sie die Funktion f mit $f(x) = \frac{1}{3}x^3 - 3x$.

a) Untersuchen Sie die Funktion auf Symmetrieeigenschaften.

b) Berechnen Sie die Nullstellen und geben Sie deren Vielfachheit an.

c) Zeichnen Sie den Graphen von f in ein Koordinatensystem. Überprüfen Sie Ihre bisherigen Ergebnisse.

d) Bestimmen Sie die Lösungsmenge der Ungleichung $f(x) \geq 0$.

Übungen zu 1.4

1. Bestimmen Sie das Symmetrieverhalten und die Achsenschnittpunkte der Graphen der folgenden Funktionen.
Wenden Sie zur Nullstellenbestimmung ein geeignetes Verfahren an und schreiben Sie die Funktionsgleichung in Produktform auf.
Skizzieren Sie den Graphen in einem geeigneten Bereich.

a) $f(x) = x^3 - 8x^2 + 16x$
b) $f(x) = x^3 - 2x^2 - 5x + 6$
c) $f(x) = -x^3 + 5x^2 - 8x + 4$
d) $f(x) = 0{,}5x^3 + 1{,}5x^2 - 2$
e) $f(x) = -0{,}5x^3 + 2x^2 - 2{,}5x + 1$
f) $f(x) = x^3 - 5x^2 + 7x - 3$
g) $f(x) = x^4 - 6x^3 + 9x^2$
h) $f(x) = x^4 - 5x^2 + 4$
i) $f(x) = 0{,}5x^4 + x^3 - 3{,}5x^2 - 4x + 6$

oHi Mi **2.** Geben Sie jeweils eine Funktionsgleichung an.

a) Eine ganzrationale Funktion 3. Grades mit dem Leitkoeffizienten 4 hat die Nullstellen −7; −2; 3.
b) Eine ganzrationale Funktion 4. Grades hat den Leitkoeffizienten −1,25 und bei −1 und 9 jeweils eine doppelte Nullstelle.
c) Eine ganzrationale Funktion 4. Grades mit dem Leitkoeffizienten 1,75 hat bei 0 eine einfache und bei −2 eine dreifache Nullstelle.
d) Eine ganzrationale Funktion 3. Grades hat den Leitkoeffizienten 0,5 und bei 0 eine Wendestelle.
e) Der Graph einer Funktion 4. Grades mit $a_4 = 1$ ist symmetrisch zur y-Achse und schneidet die x-Achse unter anderem bei −5 und 2.

3. Von einer ganzrationalen Funktion 3. Grades mit der Funktionsgleichung $f(x) = ax^3 + bx^2 + cx + d$ sind die folgenden Nullstellen und ein Punkt des Graphen bekannt.
Geben Sie die Koeffizienten a, b, c und d an.

a) $x_1 = -1;\ x_2 = 2;\ x_3 = 5;\ P(3|-16)$
b) $x_1 = -2;\ x_2 = -3;\ x_3 = 1;\ P(-1|-16)$
c) $x_1 = -3$ (dreifach); $P(5|16)$
d) $x_1 = 2$ (zweifach); $x_2 = 1;\ P(1|8)$

4. Bestimmen Sie für die reelle Funktion f mit $f(x) = x^6 - 12x^4 + 27x^2$ die Lösungsmenge der Ungleichung $f(x) > 0$ in der Grundmenge $\mathbb{R}$.

5. Zu drei der fünf Funktionsgleichungen sind die Graphen abgebildet. Ordnen Sie den Graphen die passenden Gleichungen zu. Skizzieren Sie zu den verbleibenden zwei Gleichungen die Graphen. oHi Mi

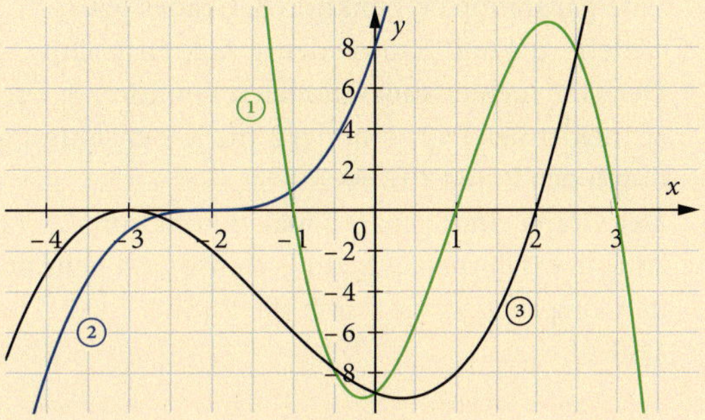

$f(x) = -3x^3 + 9x^2 + 3x - 9$
$g(x) = 0{,}125x^3 - 4x^2 + 7x$
$h(x) = 0{,}5x^3 + 2x^2 - 1{,}5x - 9$
$i(x) = x^3 + 4$
$j(x) = (x + 2)^3$

6. Ordnen Sie den abgebildeten Graphen die jeweils zugehörige Funktionsgleichung zu. oHi Mi

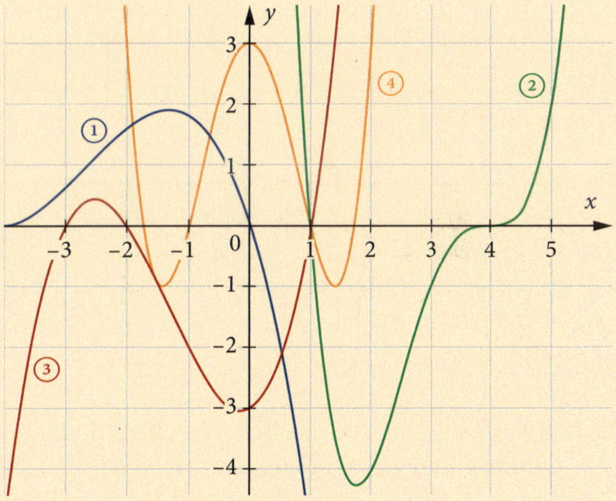

$f(x) = 3 + 2x^2$
$g(x) = 0{,}5(x - 1)(x - 4)^3$
$h(x) = x^4 - 4x^2 + 3$
$i(x) = 0{,}5x - 1$
$j(x) = (x - 1)(x + 3)(x + 2)$
$k(x) = -0{,}2x(x + 4)^2$
$l(x) = -\frac{1}{5}x^3 - \frac{8}{5}x^2 - \frac{16}{5}x$
$m(x) = 0{,}5x^3 + 2x^2 + 0{,}5x - 3$

1

7. Skizzieren Sie zunächst den Graphen und ermitteln Sie dann jeweils die Funktionsgleichung.

a) Der Graph einer ganzrationalen Funktion 3. Grades ist punktsymmetrisch zum Koordinatenursprung und verläuft vom III. in den I. Quadranten. An der Stelle 8 schneidet er die x-Achse.

b) Eine ganzrationale Funktion 3. Grades hat die Nullstellen -2; 4 und 5 sowie den y-Achsenabschnitt 8.

c) Der Graph einer ganzrationalen Funktion 3. Grades schneidet bei $-\sqrt{2}$; 1 und $\sqrt{2}$ die x-Achse und geht durch den Punkt $P(2|4)$.

d) Der Graph einer ganzrationalen Funktion 4. Grades ist achsensymmetrisch zur y-Achse und geht durch den Ursprung sowie durch die Punkte $P(1|-2)$ und $Q(3|0)$.

oHi Mi **8.** Beschreiben Sie die abgebildeten Graphen so ausführlich wie möglich. Untersuchen Sie dazu die Funktionen auf Schnittpunkte mit den Achsen, Extrem- und Wendepunkte, Steigungs-, Krümmungs- und Symmetrieverhalten. Äußern Sie sich zum kleinstmöglichen Grad der Funktionen. Erläutern Sie den Zusammenhang zwischen der Anzahl der Nullstellen und der Extrempunkte.

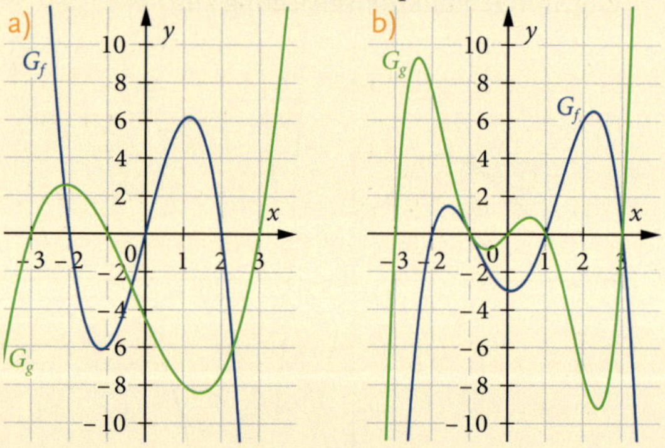

9. Bestimmen Sie rechnerisch die Koordinaten der Schnittpunkte der Graphen von f und g.

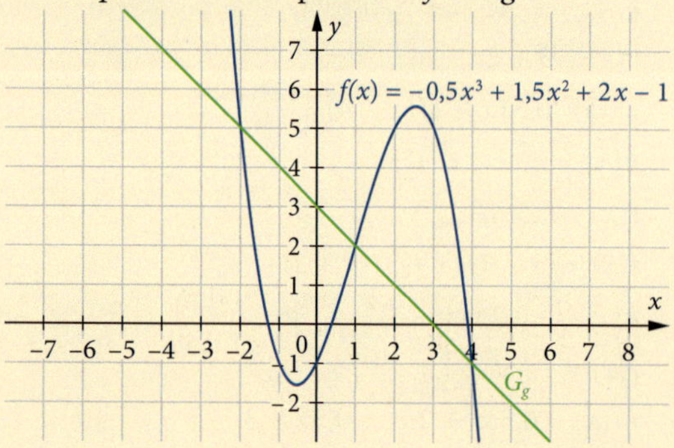

10. Bei einem (oben offenen) Aquarium mit quadratischer Grundfläche ist die Höhe 1,5-fach so groß wie die Seitenkante der Grundfläche.

a) Erstellen Sie eine Skizze des Aquariums.

b) Geben Sie eine Formel an, die das Volumen des Aquariums in Abhängigkeit von der Länge der Grundkante angibt. Bestimmen Sie das Volumen bei einer 10 dm langen Grundkante.

c) Geben Sie eine Formel an, welche die Oberfläche des Aquariums in Abhängigkeit von der Länge der Grundkante angibt. Bestimmen Sie die Oberfläche bei einer 10 dm langen Grundkante.

d) Der Materialpreis für das Aquarium beträgt 3 Euro pro dm^2. Füllt man das Aquarium, so sollte pro Liter Wasser ein Spezialsalz hinzugefügt werden, welches 1 Euro pro Liter kostet. ► 1 Liter = 1 dm^3

d_1) Vergleichen Sie die Kosten bei einer Grundkante der Länge 10 dm.

d_2) Weisen Sie nach, dass sich die Kosten durch die Gleichung $1{,}5\,a^3 = 21\,a^2$ vergleichen lassen. Bestimmen Sie rechnerisch die Seitenlänge a, ab welcher die Kosten für den Inhalt die Kosten für das Material übersteigen.

11. Ein Auto bewegt sich entsprechend der Funktion f mit $f(t) = -0{,}05\,t^3 + 0{,}75\,t^2$. Dabei steht t für die Zeit in Minuten und $f(t)$ für den zurückgelegten Weg in Kilometern.

a) Zeichnen Sie den Graphen im Intervall $[0;\ 10]$.

b) Beschreiben Sie den innerhalb von 10 Minuten zurückgelegten Weg des Fahrzeugs.

c) Ermitteln Sie, welche Wegstrecke das Auto nach 7 Minuten zurückgelegt hat.

d) Lesen Sie aus der Zeichnung ab, nach wie vielen Minuten das Auto 12,5 km zurückgelegt hat.

e) Beschreiben Sie das Krümmungsverhalten des Graphen von f und deuten Sie es im Hinblick auf die Autofahrt.

f) Erörtern Sie das Fahrverhalten des Wagens nach 10 Minuten.

g) Erklären Sie, warum eine Erweiterung der Definitionsmenge über 10 Minuten hinaus nicht sinnvoll ist.

oHi Mi **12.** Eine ganzrationale Funktion 3. Grades mit der Definitionsmenge $D = \mathbb{R}$ besitzt mindestens eine Nullstelle. Eine ganzrationale Funktion 4. Grades mit der Definitionsmenge $D = \mathbb{R}$ kann auch gar keine Nullstelle haben. Besprechen Sie mit Ihrem Banknachbarn mithilfe von Skizzen, warum das so ist.

13. Gesucht sind die Nullstellen der Funktion f mit $f(x) = x^4 - 4{,}5x^3 - 17x^2 - 4{,}5x + 7$. Lisa und Lena rechnen um die Wette.
Lisa findet durch Probieren die Nullstelle $x_1 = -1$ und erhält durch Polynomdivision das Restpolynom $x^3 - 5{,}5x^2 - 11{,}5x + 7$. Für diesen Term sucht sie erneut eine Nullstelle und ermittelt durch Probieren $x_2 = -2$. Sie führt eine zweite Polynomdivision durch und erhält den quadratischen Term $x^2 - 7{,}5x + 3{,}5$. Durch Anwendung der Lösungsformel ergeben sich zwei weitere Nullstellen.
Lena führt nur eine Polynomdivision durch. Sie dividiert den Funktionsterm von f durch den Term $x^2 + 3x + 2$ und erhält das gleiche Ergebnis wie Lisa. Führen Sie beide Lösungswege selbstständig und vollständig durch und begründen Sie, warum beide Vorgehensweisen richtig sind.

14. Die Abbildung zeigt den oberen Teil des Giebels eines Barock-Hauses (Maße in m). Der Rand des Giebels wird durch eine ganzrationale Funktion f 4. Grades beschrieben.

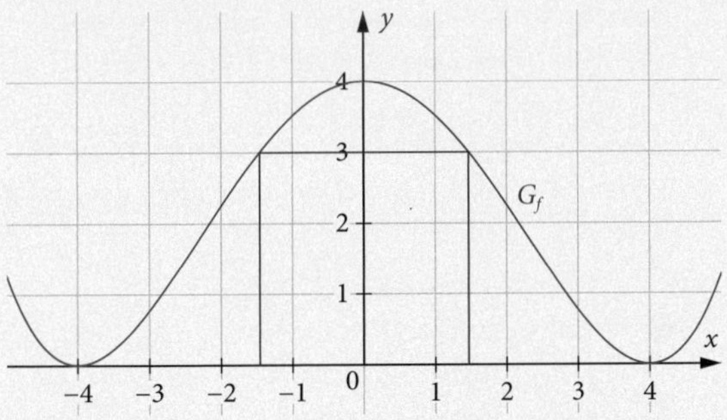

a) Bestimmen Sie die Funktionsgleichung der Funktion f.
b) Ein Fenster der Höhe 3,0 m soll in den Giebel eingepasst werden. Berechnen Sie exakt die maximal mögliche Breite des Fensters.

15. Helfen Sie Asya und Sabrina dabei, die „ideale" Packungsgröße für Tetrapaks zu finden (▶ Seite 73).

16. Die Mathematiklehrer der elften Klasse planen für die gemeinsame Schulaufgabe für zehn Klassen eine Anwendungsaufgabe mit aktuellem Bezug. Da in der Stadt eine Grippewelle grassiert, erstellen Sie nach einem Anruf beim Gesundheitsamt unten stehende Grafik für den Verlauf der Krankheitswelle. Aus dieser können wir ablesen, wie viele neue Krankheitsfälle an einem Tag auftreten. Dazu werden die Fragen a) bis d) gestellt.

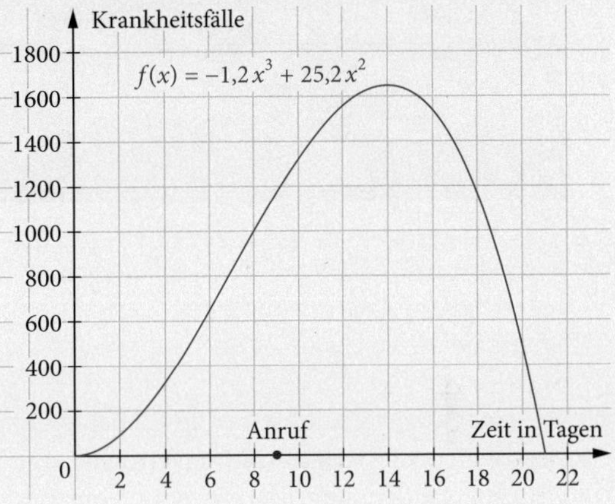

a) Berechnen Sie die voraussichtliche Anzahl der Neuerkrankungen am Termin der Faschingsparty der SMV, nämlich 10 Tage nach dem Anruf.
b) Berechnen Sie, nach welcher Zeit die Grippewelle abgeklungen ist.
c) Lesen Sie aus der Grafik ab, wann die Zahl der Neuerkrankungen ihren Höchststand erreicht hat und wann die Zahl der Neuerkrankungen am stärksten ansteigt.
d) Was würden Sie der SMV für die Terminierung der Faschingsparty raten?

17. Einem Kegel mit der Höhe 9 cm und dem Radius 9 cm soll ein Zylinder eingeschrieben werden.
a) Fertigen Sie eine Skizze an.
b) Bestimmen Sie das Volumen des Zylinders in Abhängigkeit von seinem Radius r. ▶ $V(r) = 9\pi r^2 - \pi r^3$
c) Mit welcher Zahl muss das Volumen des Zylinders, dessen Radius 3 cm beträgt, multipliziert werden, um genauso groß zu sein wie das Volumen des Kegels?
d) Prüfen Sie, ob es einen anderen Kegelradius gibt, bei dem das Verhältnis von Zylindervolumen und Kegelvolumen genauso groß ist.

oHi Mi **18.** Für die von einem Windrad erzeugte elektrische Leistung P gilt $P = c\,A\,v^3$. Dabei ist v die Windgeschwindigkeit, A der Inhalt der vom Rotor überstrichenen Kreisfläche und c eine vom speziellen Windrad abhängige Konstante.

a) Die Windgeschwindigkeit verdoppelt sich. Wie verhält sich dann die Leistung?

b) Lösen Sie die Formel $P = c\,A\,v^3$ nach v auf.

19. In einer Petrischale wird eine Bakterienkultur beobachtet, die sich zunächst vermehrt und nach einigen Stunden aufgrund eines äußeren Einflusses abstirbt. Die Funktion f mit der Funktionsgleichung $f(t) = -0{,}06 \cdot t^3 + 0{,}6 \cdot t^2 + 0{,}8 \cdot t + 2$ beschreibt näherungsweise das Wachstum dieser Bakterienkultur; $f(t)$ gibt hierbei die zum Zeitpunkt t (in Stunden) bedeckte Fläche in cm^2 an.

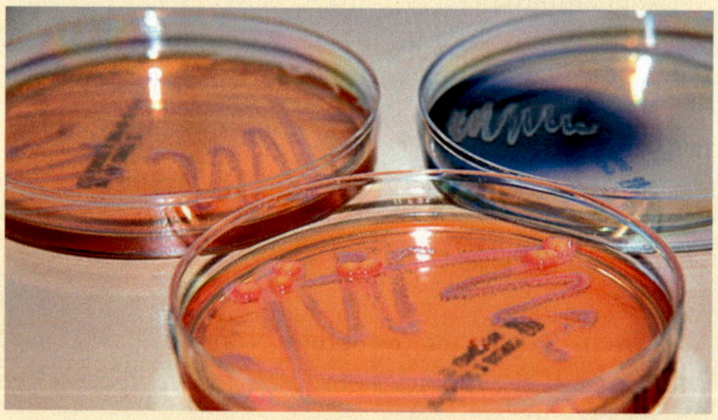

a) Zeichnen Sie den Graphen der Funktion f im Intervall $[0; 12]$.

b) Berechnen Sie den Zeitpunkt, an dem die bedeckte Fläche genauso groß wie zu Beobachtungsbeginn ist.

c) Ermitteln Sie, zu welchem Zeitpunkt die Bakterienkultur ausstirbt.

d) Bestimmen Sie den Zeitpunkt, ab dem die Bakterienkultur nicht weiter wächst. Geben Sie die zu diesem Zeitpunkt bedeckte Fläche an.

e) Untersuchen Sie, zu welchem Zeitpunkt sich die Bakterien am schnellsten vermehren.

20. Ein Unternehmen stellt Bauteile her. Die Produktionskosten K (in €) je Tag werden durch den Funktionsterm $K(x) = 0{,}0004\,x^3 - 0{,}06\,x^2 + 3\,x + 100$ in Abhängigkeit der hergestellten Stückzahl x beschrieben. Der Erlös E_p (in €) mit dem Funktionsterm $E_p(x) = p \cdot x$ ergibt sich aus dem Produkt des Verkaufspreises p und der verkauften Stückzahl x. Aufgrund der hohen Nachfrage können alle hergestellten Bauteile auch täglich verkauft werden. Das Unternehmen kann wegen seiner Betriebsgröße höchstens 150 Stück pro Tag herstellen.

a) Geben Sie eine sinnvolle Definitionsmenge für K und für E_p an. Begründen Sie Ihre Entscheidung.

b) Ermitteln Sie den Wert für p so, dass für eine verkaufte Anzahl von 50 Bauteilen weder ein Gewinn noch ein Verlust erzielt wird. Das heißt, es gilt: $K(50) = E_p(50)$. Geben Sie auch die Gleichung der Erlösfunktion E_p an.

c) Die Gewinnfunktion G ergibt sich aus der Differenz zwischen dem Erlös und den Kosten, also $G(x) = E_3(x) - K(x)$. Berechnen Sie die Nullstellen der Gewinnfunktion G und interpretieren Sie diese im gegebenen Sachzusammenhang.

d) Zeichnen Sie die Graphen von E_3 und K in ein Koordinatensystem im Bereich $0 \le x \le 150$ (Maßstab: 1 cm auf der x-Achse $\hat{=}$ 10 Stück; 1 cm auf der y-Achse $\hat{=}$ 100 €).

e) Ermitteln Sie mithilfe der Graphen, bei welcher Produktions- und Verkaufsmenge ein maximaler Gewinn erzielt wird. Ermitteln Sie diesen Gewinn.

f) Berechnen Sie die Kosten je Stück bei der gewinnmaximalen Verkaufsmenge.

21. *Ampelabfrage:* Wählen Sie die richtige Antwort. oHi Mi

a) Welchen Grad bzw. welches Vorzeichen des Leitkoeffizienten hat die Funktion f mit $f(x) = 2\,x\,(x-3)^2\,(x+2)^3$?

- 🔴 Grad: 6; Leitkoeffizient: –
- 🟡 Grad: 7; Leitkoeffizient: +
- 🟢 Grad: 6; Leitkoeffizient: +

b) Welche Vielfachheiten der Nullstellen einer Polynomfunktion vom Grad 3 können nicht auftreten?

- 🔴 1 einfache Nullstelle
- 🟡 2 einfache Nullstellen
- 🟢 3 einfache Nullstellen

Ich kann ...

... die **allgemeine Funktionsgleichung** einer **ganzrationalen Funktion** 3. Grades angeben und die Bedeutung von a_0 erklären.	$f(x) = 2x^3 - 4x^2 - 10x + 12$ ▶ Funktion 3. Grades $a_3 = 2;\ a_2 = -4;\ a_1 = -10;\ a_0 = 12$ $a_0 = 12 \rightarrow S_y(0\|12)$	**Allgemeine Form:** $f(x) = a_3x^3 + a_2x^2 + a_1x + a_0;\ a_3 \neq 0$ Der höchste Exponent bestimmt den Grad der Funktion. Der absolute Term a_0 ist der y-Achsenabschnitt von f.
... den **Globalverlauf** des Graphen beschreiben.	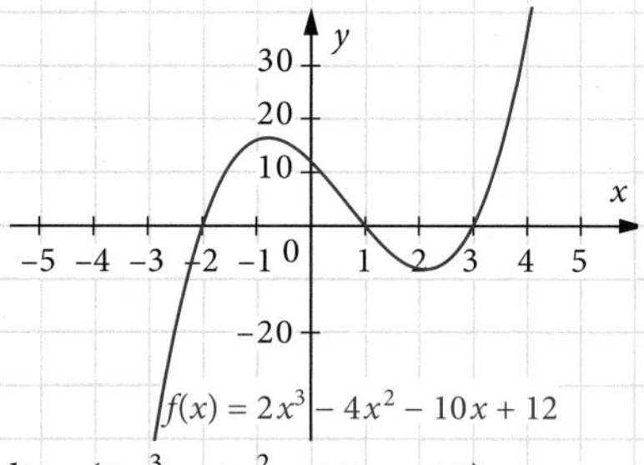 $\lim\limits_{x \to \infty} (2x^3 - 4x^2 - 10x + 12) = \infty$ $\lim\limits_{x \to -\infty} (2x^3 - 4x^2 - 10x + 12) = -\infty$	Der Globalverlauf wird durch den Grad n und den Koeffizienten a_n bestimmt. • n ungerade, a_n positiv: vom III. in den I. Quadranten • n ungerade, a_n negativ: vom II. in den IV. Quadranten • n gerade, a_n positiv: vom II. in den I. Quadranten • n gerade, a_n negativ: vom III. in den IV. Quadranten
... Graphen auf **Achsensymmetrie** zur y-Achse überprüfen.	$f(x) = x^4 - 3x^2 - 4$ $f(-x) = (-x)^4 - 3(-x)^2 - 4$ $= x^4 - 3x^2 - 4 = f(x)$	**Achsensymmetrie** zur y-Achse: $f(-x) = f(x)$ für alle $x \in D_f$ Alle Exponenten von x sind gerade.
... Graphen auf **Punktsymmetrie** zum Ursprung überprüfen.	$f(x) = x^3 - 16x$ $-f(-x) = -[(-x)^3 - 16(-x)]$ $= -(-x^3 + 16x)$ $= x^3 - 16x = f(x)$	**Punktsymmetrie** zu $O(0\|0)$: $-f(-x) = f(x)$ für alle $x \in D_f$ Alle Exponenten von x sind ungerade.
... die verschiedenen Verfahren zur **Nullstellenberechnung** bei Funktionen zweiten oder höheren Grades anwenden.	$f_1(x) = x^3 - 4x^2 + 3x$ $f_2(x) = x^3 + 4x^2 - 11x - 30$ $f_3(x) = x^4 - 6x^2 + 5$ $f_4(x) = x^2 + 5x + 12$ $f_5(x) = x^4 - x - 1$	• Ausklammern • Polynomdivision • Substitution • Lösungsformel • digitale Hilfsmittel
... den **Graphen** einer Funktion skizzieren, die **Null-, Extrem-** und **Wendestellen** einer Funktion erkennen.	$f(x) = 0{,}5x(x-2)(x+2)$ 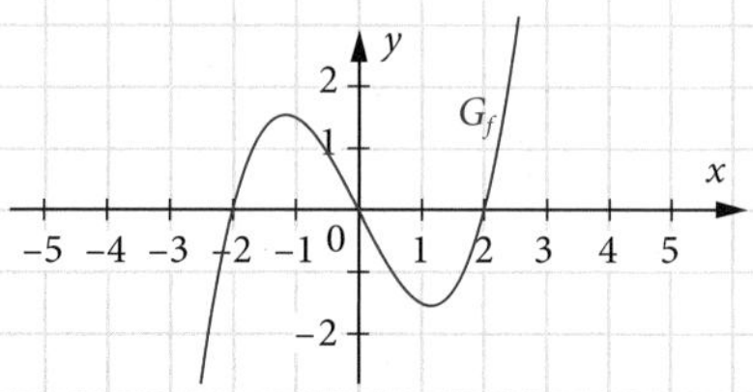 $N_1(-2\|0);\ N_2(0\|0);\ N_3(2\|0)$ $H(-1{,}15\|1{,}54);\ T(1{,}15\|-1{,}54);\ W(0\|0)$	**Nullstelle:** x-Wert eines Punkts, in dem der Graph die x-Achse schneidet oder berührt **Extremstelle:** x-Wert eines Punkts, in dem sich das Steigungsverhalten ändert **Wendestelle:** x-Wert eines Punkts, in dem der Graph von einer Rechtskurve in eine Linkskurve übergeht oder umgekehrt
... das **Steigungsverhalten** (Monotonieverhalten) und das **Krümmungsverhalten** anhand der Skizze beschreiben.	G_f ist streng monoton steigend in $]-\infty; -1{,}15]$ und in $[1{,}15; +\infty[$ und streng monoton fallend in $[-1{,}15; 1{,}15]$. G_f ist rechtsgekrümmt in $]-\infty; 0]$ und linksgekrümmt in $[0; +\infty[$.	streng monoton steigend: $x_1 < x_2 \Rightarrow f(x_1) < f(x_2)$ streng monoton fallend: $x_1 < x_2 \Rightarrow f(x_1) > f(x_2)$
... das **Vorzeichen** von $f(x)$ anhand der Skizze bestimmen.	$f(x) > 0$ für $x \in\ ]2; 0[\ \cup\ ]2; +\infty[$ und $f(x) < 0$ für $x \in\ ]-\infty; 2[\ \cup\ ]0; 2[$	G_f oberhalb der x-Achse: $f(x) > 0$ G_f unterhalb der x-Achse: $f(x) < 0$

Test A zu 1.4 (circa 40 Minuten; 30 BE)

1. Bestimmen Sie die Nullstellen der folgenden Funktionen. Geben Sie auch ihre Vielfachheit an.

a) $f: x \mapsto 0{,}5x^4 - 6x^3 + 18x^2$ (3 BE)

b) $f: x \mapsto -0{,}5x^3 + x^2 + 2{,}5x - 3$ (4 BE)

c) $f: x \mapsto 0{,}25x^4 - 1{,}25x^2 - 6$ (3 BE)

2. Untersuchen Sie die Funktion $f: x \mapsto 2x^4 - 6x^2$.

a) Weisen Sie die Symmetrieeigenschaften des Graphen nach. (1 BE)

b) Beschreiben Sie nachvollziehbar den Globalverlauf des Funktionsgraphen. (2 BE)

c) Berechnen Sie die Nullstellen und geben Sie deren Art an. (2 BE)

d) Berechnen Sie die Koordinaten der Schnittpunkte des Graphen von f mit demjenigen zu $g(x) = 4x^2 - 8$. (4 BE)

e) Zeichnen Sie die Graphen von f und g in ein Koordinatensystem.
Überprüfen Sie Ihre bisherigen Ergebnisse. (4 BE)

f) Beschreiben Sie das Steigungsverhalten von f und geben Sie die Extrempunkte so genau wie möglich an. (4 BE)

g) Beschreiben Sie das Krümmungsverhalten von f und geben Sie die Wendepunkte so genau wie möglich an. (3 BE)

Test B zu 1.4 (circa 40 Minuten; 30 BE)

oHi Mi **1.** Zu sechs der sieben Funktionsgleichungen sind die Graphen abgebildet. Ordnen Sie den Graphen die passenden Gleichungen zu. Skizzieren Sie zur verbleibenden Funktionsgleichung den Graphen.

$f(x) = 0{,}25x^3 - 2x^2 + 4{,}75x - 3$

$g(x) = -x^4 + 4x^2 - 3$

$h(x) = -\frac{1}{5}x^3 - \frac{8}{5}x^2 - \frac{16}{5}x$

$i(x) = 0{,}5(x-2)(x-5)^3$

$j(x) = 0{,}5x^2 + x - 3$

$k(x) = 0{,}2x(x+4)^2$

$l(x) = (x-4)(x-3)(x-1)$

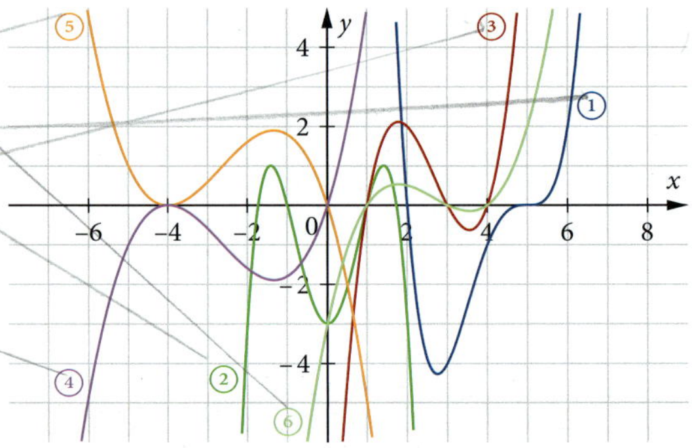

(15 BE)

oHi Mi **2.** Bestimmen Sie die Lösungsmengen für die Ungleichungen $f(x) \geq 0$ und $h(x) \leq 0$ in der Grundmenge $\mathbb{R}$ mit den Funktionen f und h aus der Aufgabe 1. (4 BE)

3. Die Anzahl der Erkrankten bei einer Grippewelle kann durch die Funktion $f: t \mapsto 2{,}5t^2 - 0{,}125t^3$ modelliert werden. Dabei gibt t die Zeit in Tagen und $f(t)$ die Anzahl der Krankheitsfälle an.

a) Bestimmen Sie die Koordinaten der Schnittpunkte des Graphen mit den Koordinatenachsen. (3 BE)

b) Zeichnen Sie den Graphen. (4 BE)

c) Schreiben Sie einen möglichst ausführlichen Bericht zum Verlauf der Krankheit. (4 BE)

2 Differenzialrechnung bei ganzrationalen Funktionen

2.1 Änderungsraten und Ableitung

Herr Müller fährt mit überhöhter Geschwindigkeit auf einer einsamen Landstraße und „Blitz“, schon ist es passiert. Er wurde mitsamt dem Nummernschild des Fahrzeugs von einem stationären Blitzgerät der Polizei fotografiert. Neben den klassischen Radarfallen, die solche Fotos anfertigen, verwendet die Polizei zur Bestimmung der Geschwindigkeiten von Fahrzeugen im Straßenverkehr auch Laserpistolen. Damit können auch Motorräder, die vorn kein Nummernschild befestigt haben, erfasst werden. Dabei messen Laserpistolen gar keine Geschwindigkeiten sondern lediglich Abstände.

An einem sonnigen Tag ist Herr Müller nun mit seinem Motorrad auf der Landstraße unterwegs. Auf dem Weg misst ein Polizeibeamter mithilfe einer Laserpistole den Abstand zwischen sich und dem herannahenden Motorrad von Herrn Müller. Der Abstand $f(x)$ (in Metern) zwischen dem Polizisten und dem Motorrad wird mit einem Messgerät aufgezeichnet und kann in Abhängigkeit von der Zeit x (in Sekunden) durch die Funktion f mit der Gleichung $f(x) = -9{,}2x^2 + 100;\ x \in [0; 3]$ beschrieben werden.
Es stellt sich nun die Frage, wie das Gerät aus den Abstandsdaten die gefahrene Geschwindigkeit berechnet.

▶ Aufgabe 5 auf Seite 127

Funktionaler Zusammenhang

- Sekantensteigungen und mittlere Änderungsrate mit dem Differenzenquotienten ermitteln
- Tangentensteigungen und lokale Änderungsrate mit dem Differenzialquotienten ermitteln
- Ableitungsregeln herleiten und anwenden
- Ableitungsfunktion bestimmen und grafisch veranschaulichen

Kompetenzen

- Probleme lösen
- Darstellungen verwenden
- Mit symbolischen, formalen und technischen Elementen der Mathematik umgehen

2.1 Änderungsraten und Ableitung

Bei der Untersuchung einer Funktion ist oft nicht nur die Frage interessant, welchen Wert die Funktion an einer bestimmten Stelle annimmt, sondern auch, welches **Änderungsverhalten** sie dort besitzt. Ein Geschäftsführer möchte beispielsweise nicht nur über die aktuellen Umsatzzahlen informiert sein, sondern auch darüber, wie sich die Umsätze zum gegenwärtigen Zeitpunkt entwickeln: Nehmen sie zu oder ab?
Derartige Fragen werden mithilfe der **Differenzialrechnung** untersucht. Die grundlegende Idee dabei ist, den Begriff der „Steigung“ auf Funktionen zu übertragen, deren Graph keine Gerade ist.

2.1.1 Von Steigung und Änderungsrate zur Ableitungsfunktion

1 Steigung des Graphen einer nicht-linearen Funktion

Im Abschnitt zu linearen Funktionen war die Steigung einer Geraden konstant. Wir können mithilfe zweier beliebiger Punkte des Graphen und der Steigungsformel die Steigung m bestimmen (▶ 1.2.1, Seite 96). Bei krummlinigen Graphen gibt es aber kein einheitliches Steigungsmaß.

Beschreiben Sie mithilfe des folgenden Graphen, wie sich die Steigung eines krummlinigen Graphen an einer Stelle erklären lässt.

Der Graph verläuft an keiner Stelle geradlinig. Betrachten wir allerdings sehr kleine Teilintervalle, so lässt sich der Graphenverlauf auf diesen Intervallen annähernd durch ein Geradenstück beschreiben. Diese Annäherung wird umso genauer sein, je kleiner die Teilintervalle gewählt werden. Lässt man die Intervalle immer kleiner werden, so wird dadurch im Grenzfall eine einzige reelle Zahl erfasst. Die Steigung des Graphen auf diesem „Intervall“ liefert dann die Steigung an dieser Stelle.

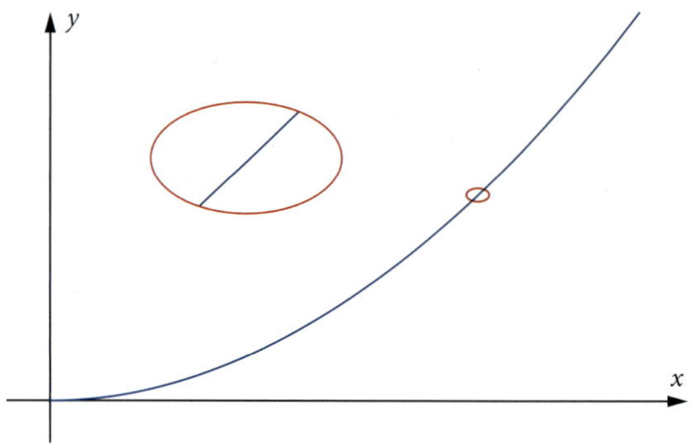

2 Geschwindigkeit eines Fahrzeugs

In folgender Grafik ist der Abstand s (in m) eines Gabelstaplers von einem bestimmten Punkt auf gerader Strecke in Abhängigkeit von der Zeit t (in s) angegeben.
Interpretieren Sie den Graphen im Sachzusammenhang und gehen Sie dabei auf die Geschwindigkeit des Fahrzeugs in den jeweiligen Intervallen ein.

Da der Graph im I. und V. Intervall ansteigt, nimmt die Geschwindigkeit in diesen Intervallen zu. Der Stapler steht im II. und IV. Intervall, da die Strecke hier gleich bleibt. Im Intervall III fährt der Gabelstapler rückwärts.
Die Steigung des Graphen zeigt hier, wie schnell sich der Gabelstapler vor- bzw. zurückbewegt. Die Steigung entspricht also in diesem Sachzusammenhang der Geschwindigkeit.

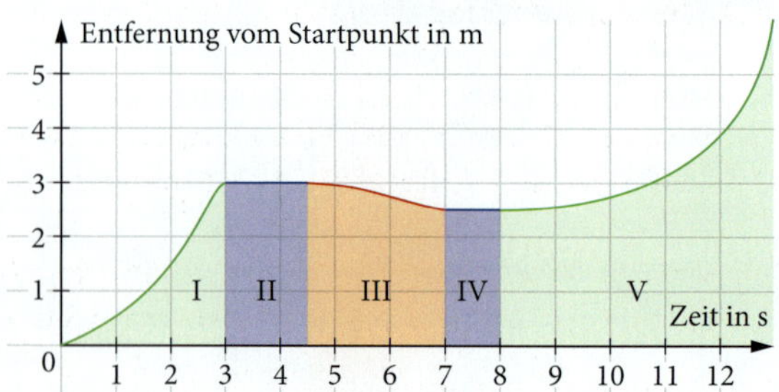

Sekantensteigung – Durchschnittsgeschwindigkeit

3

Der folgende Graph ist die Zeit-Weg-Funktion f eines anfahrenden Autos. Die zugehörige Funktionsgleichung lautet $f(x) = 2{,}5x^2$; $x \in [0; 5]$. Dabei gibt x die Zeit in Sekunden und $f(x)$ die zurückgelegte Strecke in Metern nach dem Anfahren an.
Ermitteln Sie die durchschnittliche Geschwindigkeit, mit der sich das Fahrzeug zwischen der 1. und 5. Sekunde bewegt.

Mithilfe der Funktionsgleichung erhalten wir folgende Wertetabelle:

Zeit	0	1	2	3	4	5
Weg	0	2,5	10	22,5	40	62,5

Wir können die durchschnittliche Geschwindigkeit mit der folgenden Formel berechnen:
Geschwindigkeit = $\frac{\text{Weg}}{\text{Zeit}}$ bzw. $v = \frac{s}{t}$

Der im Zeitintervall [1; 5] zurückgelegte Weg beträgt $f(5) - f(1) = 62{,}5\,\text{m} - 2{,}5\,\text{m} = 60\,\text{m}$. Die dafür benötigte Zeit ist $5\,\text{s} - 1\,\text{s} = 4\,\text{s}$.
Wir erhalten als gesuchte durchschnittliche Geschwindigkeit $v = 15\frac{\text{m}}{\text{s}}$.
Legen wir in der Grafik eine Gerade durch die Punkte $P_0(1|2{,}5)$ und $P(5|62{,}5)$, so erkennen wir, dass die durchschnittliche Geschwindigkeit der Steigung dieser Geraden entspricht.

▶ Steigung einer Geraden, Seite 98

Solch eine Gerade durch zwei Punkte $P_0(x_0|f(x_0))$ und $P(x|f(x))$ eines Funktionsgraphen heißt **Sekante**. Ihre Steigung erhalten wir durch Anwendung der Steigungsformel. Der erhaltene Quotient heißt **Differenzenquotient**.
Da die Steigung der Sekante angibt, wie stark sich eine Größe (hier der Weg) im Mittel ändert, heißt sie auch **mittlere Änderungsrate**.

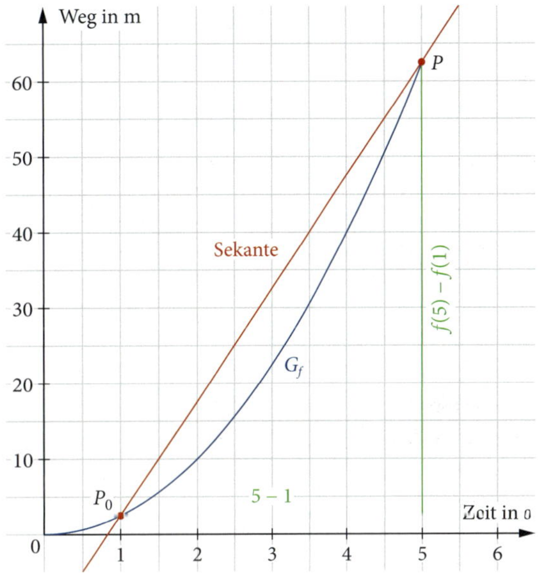

$$v = \frac{f(5) - f(1)}{5 - 1} = \frac{62{,}5 - 2{,}5}{4} = \frac{60}{4} = \mathbf{15}\,\left[\frac{\text{m}}{\text{s}}\right]$$

Steigung der Sekante durch $P_0(x_0|f(x_0))$ und $P(x|f(x))$:

$\frac{f(x) - f(x_0)}{x - x_0}$ ▶ Differenzenquotient

Sekantensteigung:
- Eine Gerade durch zwei Punkte $P_0(x_0|f(x_0))$ und $P(x|f(x))$ eines Graphen heißt **Sekante**.
- Die Berechnung der Sekantensteigung m_s erfolgt mithilfe des **Differenzenquotienten** $m_s = \frac{f(x) - f(x_0)}{x - x_0}$.
- Die Sekantensteigung entspricht der **mittleren Änderungsrate**.

1. Berechnen Sie im Beispiel 3 die Durchschnittsgeschwindigkeit zwischen der 0. und 4. Sekunde bzw. der 2. und 4. Sekunde. Interpretieren Sie Ihr Ergebnis im Sachzusammenhang.

2. Zeichnen Sie den Graphen der Funktion f mit $f(x) = x^2$ im Intervall [0; 4] und die Sekante durch die Punkte $A(1|f(1))$ und $B(2|f(2))$. Berechnen Sie anschließend die Steigung der Sekante.

▶ Lösungen auf Seite 255

4 Von der Sekanten- zur Tangentensteigung – Momentangeschwindigkeit

Die Geschwindigkeit des anfahrenden Fahrzeugs aus Beispiel 3 (▶ Seite 109) soll genauer untersucht werden. Gesucht ist nun nicht die durchschnittliche Geschwindigkeit in einem Zeitintervall, sondern die momentane Geschwindigkeit zu einem bestimmten Zeitpunkt.
Bestimmen Sie näherungsweise die momentane Geschwindigkeit des Autos zum Zeitpunkt $x_0 = 1$.

Anschaulich entspricht die Geschwindigkeit des Autos nach einer Sekunde der Steigung des Graphen der Zeit-Weg-Funktion f mit $f(x) = 2{,}5x^2$ im Punkt $P_0(1|2{,}5)$.

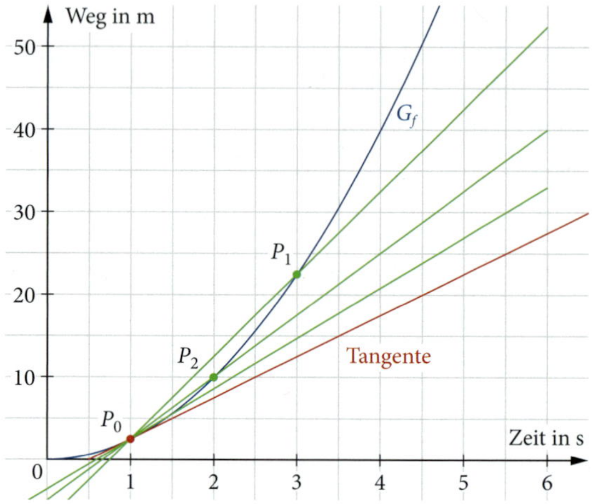

Die Steigung der Geraden, die f nur in P_0 berührt beschreibt am besten die Steigung des Graphen von f. Solch eine Gerade heißt **Tangente** und wir definieren die Steigung des Graphen von f an dem Punkt P_0 durch die Steigung der Tangente in diesem Punkt.

Um die Steigung der Tangente zu bestimmen, nähern wir uns durch die Sekanten dem Punkt P_0 von rechts an. Wir berechnen die Steigungen der Sekanten mithilfe des Differenzenquotienten:

$$v_s = \frac{f(x) - f(1)}{x - 1} = \frac{f(x) - 2{,}5}{x - 1}$$

Die berechneten Werte halten wir tabellarisch fest.

$\mathbf{P_0(x\,|\,f(x))}$	$\mathbf{v = \frac{f(x) - f(x_0)}{x - x_0}}$	
$P_1(3\|22{,}5)$	$v_1 = \frac{22{,}5 - 2{,}5}{3 - 1}$	$= 10$
$P_2(2\|10)$	$v_2 = \frac{10 - 2{,}5}{2 - 1}$	$= 7{,}5$
$P_3(1{,}5\|5{,}625)$	$v_3 = \frac{5{,}625 - 2{,}5}{1{,}5 - 1}$	$= 6{,}25$
$P_4(1{,}1\|3{,}025)$	$v_4 = \frac{3{,}025 - 2{,}5}{1{,}1 - 1}$	$= 5{,}25$
$P_5(1{,}01\|\ldots)$	$v_5 = \cdots$	$= 5{,}025$
$P_6(1{,}001\|\ldots)$	$v_6 = \cdots$	$= 5{,}0025$
↓ ↓	↓	↓
$P_0(\ 1\ \|\ 2{,}5)$	v	$= \mathbf{5}$

Nun können wir erahnen, dass die Steigung des Graphen von f an Stelle $x_0 = 1$, also die Momentangeschwindigkeit zum Zeitpunkt $x_0 = 1$, den Wert $v = 5\,\frac{\text{m}}{\text{s}}$ hat.

Die Momentangeschwindigkeit entspricht der Tangentensteigung im Punkt $P_0(1|2{,}5)$.

Geben Sie mithilfe der Tangentensteigung die Steigung in den Kurvenpunkten P_1, P_2 und P_3 der quadratischen Funktion f mit $f(x) = 0{,}5x^2 + 2x - 1$ an.

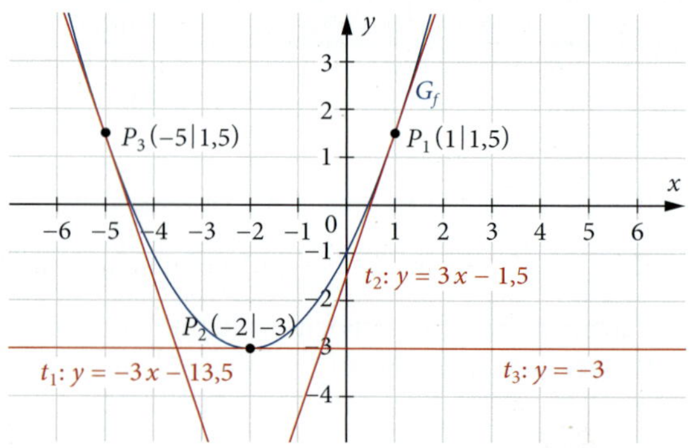

▶ Lösung auf Seite 256

Eigentlich wäre es am günstigsten, wenn wir in Beispiel 4 für x tatsächlich den Wert 1 einsetzen könnten. Dann hätten wir keine Sekante mehr, sondern eine Tangente.
Würden wir aber $x = 1$ in den Differenzenquotienten einsetzen, ergäbe sich ein nicht definierter Ausdruck. Wir können uns also dem Wert $x = 1$ nur beliebig nähern, ohne ihn endgültig zu erreichen. Geometrisch bedeutet dies, dass sich die Sekanten immer mehr der Tangente annähern.
Die so ermittelte Tangentensteigung ist der Grenzwert oder **Limes** der Sekantensteigungen und wird **Differenzialquotient** genannt.

Differenzenquotient an der Stelle $x_0 = 1$:
$\frac{f(x) - f(1)}{x - 1}$

Für $x = 1$:

$\frac{f(1) - f(1)}{1 - 1}$ ist nicht definiert, da der Nenner „0" ist!

Differenzialquotient an der Stelle x_0:
$\lim\limits_{x \to x_0} \frac{f(x) - f(x_0)}{x - x_0}$
▶ gesprochen: „Limes x gegen x_0"

Rechnerische Bestimmung der Tangentensteigung

5

Bestimmen Sie mithilfe des Differenzialquotienten die exakte Momentangeschwindigkeit des Autos aus Beispiel 4 zum Zeitpunkt $x_0 = 1$.

Wir bilden den Differenzialquotienten für den Zeitpunkt $x_0 = 1$.

Zunächst formen wir den Quotienten durch Ausklammern und mithilfe der 3. binomischen Formel so um, dass wir den Term $(x - 1)$ kürzen können. So haben wir keinen Bruchterm mehr und dem Übergang von $x \to 1$ steht nichts mehr im Weg.

Durch die Rechnung wird die Vermutung $v = 5\,\frac{\text{m}}{\text{s}}$ bestätigt. Also beträgt die Momentangeschwindigkeit zum Zeitpunkt von einer Sekunde $5\,\frac{\text{m}}{\text{s}}$.

$$\begin{aligned} v &= \lim_{x \to 1} \frac{f(x) - 2{,}5}{x - 1} \\ &= \lim_{x \to 1} \frac{2{,}5\,x^2 - 2{,}5}{x - 1} \\ &= \lim_{x \to 1} \frac{2{,}5\,(x^2 - 1)}{x - 1} \\ &= \lim_{x \to 1} \frac{2{,}5\,(x + 1)(x - 1)}{x - 1} \\ &= \lim_{x \to 1} 2{,}5\,(x + 1) \\ &= 2{,}5\,(1 + 1) \\ &= \mathbf{5} \end{aligned}$$

▶ 3. binomische Formel

Der Differenzialquotient gibt im obigen Beispiel an, wie sich der zurückgelegte Weg zu einem bestimmten Zeitpunkt ändert. Dies entspricht der Momentangeschwindigkeit. Allgemein gibt der Differenzialquotient die lokale Steigung an einem Punkt an. Daher heißt er auch **lokale Änderungsrate**.

Tangentensteigung:
- Eine Gerade, die einen Graphen im Punkt $P_0\,(x_0 | f(x_0))$ berührt, heißt **Tangente**.
- Für die Berechnung der Tangentensteigung m_t gilt: $m_t = \lim\limits_{x \to x_0} \frac{f(x) - f(x_0)}{x - x_0}$.
  Dieser Grenzwert des Differenzenquotienten heißt **Differenzialquotient**.
- Die Tangentensteigung entspricht der **lokalen Änderungsrate**.

1. Bestimmen Sie für die Funktionen f mit $f(x) = x^2$ die lokale Änderungsrate an der Stelle $x_0 = 1$.

2. Bestimmen Sie mithilfe des Differenzialquotienten die Steigung der Funktion f mit $f(x) = x^2 - 3$ an der Stelle $x_0 = 2$.

▶ Lösungen auf Seite 256

Wie gehen wir vor, wenn wir die Steigung des Graphen bzw. die mittlere Änderungsrate nicht nur in einem Punkt berechnen wollen, sondern womöglich in zweien oder mehr? Es wäre mühsam, den Differenzialquotienten immer wieder neu zu berechnen. Dies erübrigt sich, wenn wir die Rechnung verallgemeinern. Dann erhalten wir eine Formel, mit der wir für diese Funktion die Steigungswerte in beliebigen Punkten des Graphen berechnen können.

6 Momentangeschwindigkeit – Tangentensteigung in einem beliebigen Punkt

Berechnen Sie die Geschwindigkeit des Autos aus Beispiel 3 (▶ Seite 109) zu einem beliebigen Zeitpunkt x_0. Interpretieren Sie die Momentangeschwindigkeit grafisch.

Wir untersuchen die Momentangeschwindigkeit des Autos aus den vorherigen Beispielen zu einem *beliebigen Zeitpunkt* x_0. Diese entspricht der Steigung des Graphen von f an der Stelle x_0.
Die Berechnung erfolgt wie im vorherigen Beispiel 5 (▶ Seite 111). Der Wert 1 wird aber durch x_0 ersetzt. Wir stellen uns x_0 als beliebigen, aber festen Wert vor.
Die Berechnung der Steigung an der Stelle x_0 liefert die Momentangeschwindigkeit von $5x_0 \frac{\text{m}}{\text{s}}$ zum Zeitpunkt x_0.
Setzen wir verschiedene Zeitpunkte in $5x_0$ ein, so lässt sich die Momentangeschwindigkeit einfach berechnen. Die jeweilige Momentangeschwindigkeit entspricht der Steigung der Tangente an den Graphen von f und damit der des Graphen im jeweiligen Punkt. Die Steigung des Graphen bei x_0 ist also $m_t = 5x_0$.

Zeitpunkt (s)	Geschwindigkeit $\left(\frac{\text{m}}{\text{s}}\right)$
x_0	$5x_0$
1	$5 \cdot 1 = 5$
3	$5 \cdot 3 = 15$
4	$5 \cdot 4 = 20$

$$\begin{aligned} v &= \lim_{x \to x_0} \frac{f(x) - f(x_0)}{x - x_0} \\ &= \lim_{x \to x_0} \frac{2{,}5x^2 - 2{,}5x_0^2}{x - x_0} \\ &= \lim_{x \to x_0} \frac{2{,}5(x^2 - x_0^2)}{x - x_0} \\ &= \lim_{x \to x_0} \frac{2{,}5(x + x_0)(x - x_0)}{x - x_0} \\ &= \lim_{x \to x_0} 2{,}5(x + x_0) \\ &= 2{,}5(x_0 + x_0) = \mathbf{5x_0} \end{aligned}$$

▶ 3. binomische Formel

▶ Momentangeschwindigkeit zum Zeitpunkt x_0

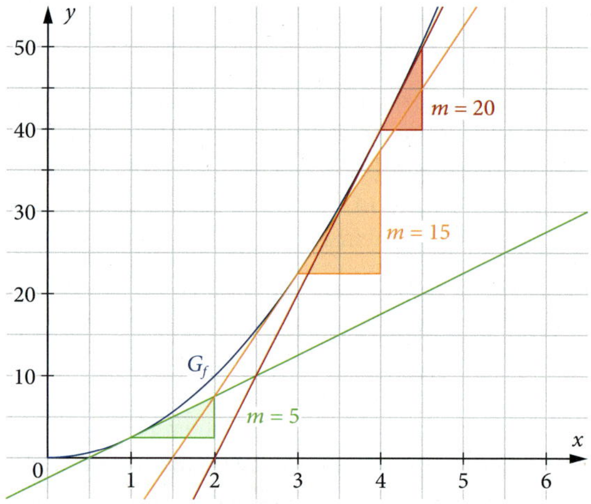

7 Tangentensteigung bei einer Funktion dritten Grades

Bestimmen Sie die Steigung der Tangente an den Graphen von f mit $f(x) = x^3$ an einer beliebigen Stelle x_0.

Wir bestimmen die Tangentensteigung im Punkt $P(x_0|f(x_0))$ mithilfe des Differenzialquotienten.

Wir vereinfachen den Bruchterm mithilfe einer Polynomdivision. Dabei ist zu beachten, dass x_0 ein fester Wert ist und wie eine Zahl behandelt werden muss.

$$m = \lim_{x \to x_0} \frac{f(x) - f(x_0)}{x - x_0} = \lim_{x \to x_0} \frac{x^3 - x_0^3}{x - x_0}$$

$$\begin{aligned} &(x^3 + 0x^2 + 0x - x_0^3) : (x - x_0) = x^2 + xx_0 + x_0^2 \\ &\underline{-(x^3 - x_0x^2)} \\ &\quad x_0x^2 \\ &\quad \underline{-(x_0x^2 - xx_0^2)} \\ &\qquad xx_0^2 - x_0^3 \\ &\qquad \underline{-(xx_0^2 - x_0^3)} \\ &\qquad\qquad 0 \end{aligned}$$

Die Steigung der Tangente an den Graphen von f – und damit auch die Steigung des Graphen selbst in einem beliebigen aber festen Punkt $P(x_0|f(x_0))$ ist $m_t = 3x_0^2$.

$$m_t = \lim_{x \to x_0} (x^2 + x x_0 + x_0^2)$$
$$= x_0^2 + x_0 x_0 + x_0^2 = \mathbf{3x_0^2}$$

Den Funktionen aus den Beispielen 6 und 7 können wir für jede Stelle ihres Definitionsbereichs eindeutig die zugehörige Steigung m_t zuordnen. Solche Funktionen heißen **differenzierbare** Funktionen.

Es gibt aber auch Funktionen, die nicht auf ihrem gesamten Definitionsbereich differenzierbar sind.

Die Betragsfunktion ist nicht überall differenzierbar

8

Zeigen Sie, dass die Betragsfunktion f mit $f(x) = |x|$; $x \in \mathbb{R}$ an der Stelle $x_0 = 0$ nicht differenzierbar ist.

Der Betrag einer Zahl ist ihr nicht negativer Zahlenwert. Die Betragsfunktion f ordnet jeder reellen Zahl ihren Betrag zu:

$$f(x) = \begin{cases} x & \text{für } x \geq 0 \\ -x & \text{für } x < 0 \end{cases}; \quad D_f = \mathbb{R}$$

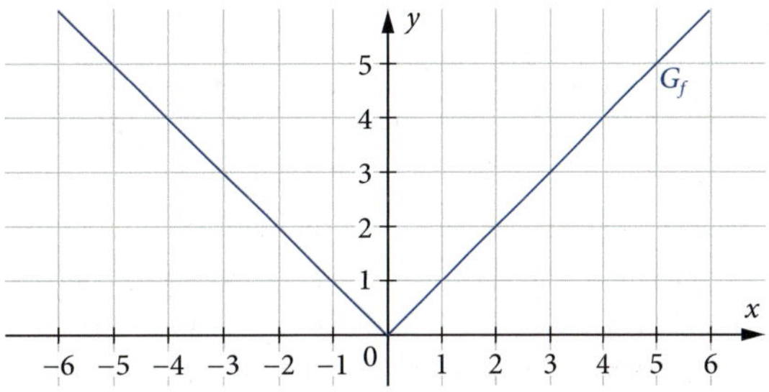

Der Graph der Betragsfunktion setzt sich aus den Teilen der 1. und 2. Winkelhalbierenden zusammen, die oberhalb der x-Achse verlaufen.
Es fällt auf, dass der Graph im Ursprung einen „Knick" aufweist. Wenn wir versuchen, dort eine Tangente an den Graphen anzulegen, stellen wir fest, dass dies nicht eindeutig möglich ist.

Dieses Problem zeigt sich auch rechnerisch:
Wir versuchen an der Stelle $x_0 = 0$ den Differenzialquotienten zu bilden. Wenn wir den Grenzwert des Differenzialquotienten bilden, indem wir uns „von links" der Stelle $x_0 = 0$ nähern, erhalten wir als Ergebnis −1. Nähern wir uns „von rechts", so erhalten wir den Wert 1. Der Grenzwert lässt sich nicht eindeutig bestimmen. Also ist die Betragsfunktion f an der Stelle $x_0 = 0$ nicht differenzierbar.

$$\lim_{x \to 0^-} \frac{f(x) - f(0)}{x - 0} = \lim_{x \to 0^-} \frac{-x - 0}{x}$$
$$= \lim_{x \to 0^-} -1 = \mathbf{-1}$$

$$\lim_{x \to 0^+} \frac{f(x) - f(0)}{x - 0} = \lim_{x \to 0^+} \frac{x - 0}{x}$$
$$= \lim_{x \to 0^+} 1 = \mathbf{1}$$

► $x \to 0^-$ bedeutet „sich von links der 0 nähern"
$x \to 0^+$ bedeutet „sich von rechts der 0 nähern"

Eine Funktion f heißt **differenzierbar**, wenn zu jedem Punkt $P(x_0|f(x_0))$ des Graphen die Steigung $m = \lim_{x \to x_0} \frac{f(x) - f(x_0)}{x - x_0}$ (Differenzialquotient) existiert.

1. Berechnen Sie die Steigung der Funktion f mit $f(x) = 2x^2$ an den Stellen −2; 3; 0 und allgemein in $x_0 \in \mathbb{R}$.

2. Die Funktion s mit $s(t) = 20t$; $t \geq 0$ beschreibt eine Bewegung. ► s in Metern und t in Sekunden
a) Zeichnen Sie den Graphen der Funktion s.
b) Berechnen Sie die Momentangeschwindigkeit nach 3 Sekunden und nach 10 Sekunden.
c) Geben Sie an, um welche Art von Bewegung es sich handelt.

► Lösungen auf Seite 256

Bei einer differenzierbaren Funktion f kann man jeder Stelle des Definitionsbereichs die zugehörige Steigung des Graphen zuordnen. Diese Zuordnung ist selbst wiederum eine Funktion. Sie heißt **Ableitungsfunktion** von f. Die Ableitungsfunktion wird f' genannt (gelesen: „f Strich").

9 Bestimmen der Gleichung der Ableitungsfunktion

Bestimmen Sie die Funktionsgleichung der Ableitungsfunktion von f mit $f(x) = \frac{1}{2}x^2 + 5x$.
Stellen Sie die Ableitung grafisch dar.

Zu jeder Stelle x_0 lässt sich die Steigung m des Graphen ermitteln. Hierfür nutzen wir den Differenzialquotienten. Bei der Berechnung wenden wir die 3. binomische Formel an.

Der Term $x_0 + 5$ gibt die Steigung an der Stelle x_0 an.
Die Tabelle zeigt die Steigungen an ausgewählten Stellen.

Statt x_0 betrachten wir allgemein die Stelle x und ordnen jeder Stelle x ihre Steigung m zu. Damit erhalten wir die Gleichung der Ableitungsfunktion f':
$f'(x) = x + 5$ ▶ Steigung der Funktion f an der Stelle x
Diese ist im unteren Koordinatensystem dargestellt.

$$m = \lim_{x \to x_0} \frac{\frac{1}{2}x^2 + 5x - \left(\frac{1}{2}x_0^2 + 5x_0\right)}{x - x_0}$$
$$= \lim_{x \to x_0} \frac{\frac{1}{2}x^2 + 5x - \frac{1}{2}x_0^2 - 5x_0}{x - x_0}$$
$$= \lim_{x \to x_0} \frac{\frac{1}{2}(x^2 - x_0^2) + 5(x - x_0)}{x - x_0} \quad \text{▶ 3. bin. Formel}$$
$$= \lim_{x \to x_0} \frac{\frac{1}{2}(x - x_0)(x + x_0) + 5(x - x_0)}{x - x_0} \quad \text{▶ } (x - x_0) \text{ kürzen}$$
$$= \lim_{x \to x_0} \left(\tfrac{1}{2}(x + x_0) + 5\right) = \mathbf{x_0 + 5}$$

x_0	−10	−8	−6	−4	−2	0
m	−5	−3	−1	1	3	5

Den grafischen Zusammenhang können wir uns beispielhaft an der Stelle $x = -8$ verdeutlichen:
Im ersten Koordinatensystem sehen wir, dass der Graph von f an der Stelle $x = -8$ die Steigung $m = -3$ hat. Im zweiten Koordinatensystem wird der Stelle $x = -8$ der y-Wert -3 zugeordnet. Der y-Wert entspricht der Steigung der Ausgangsfunktion an der untersuchten Stelle.

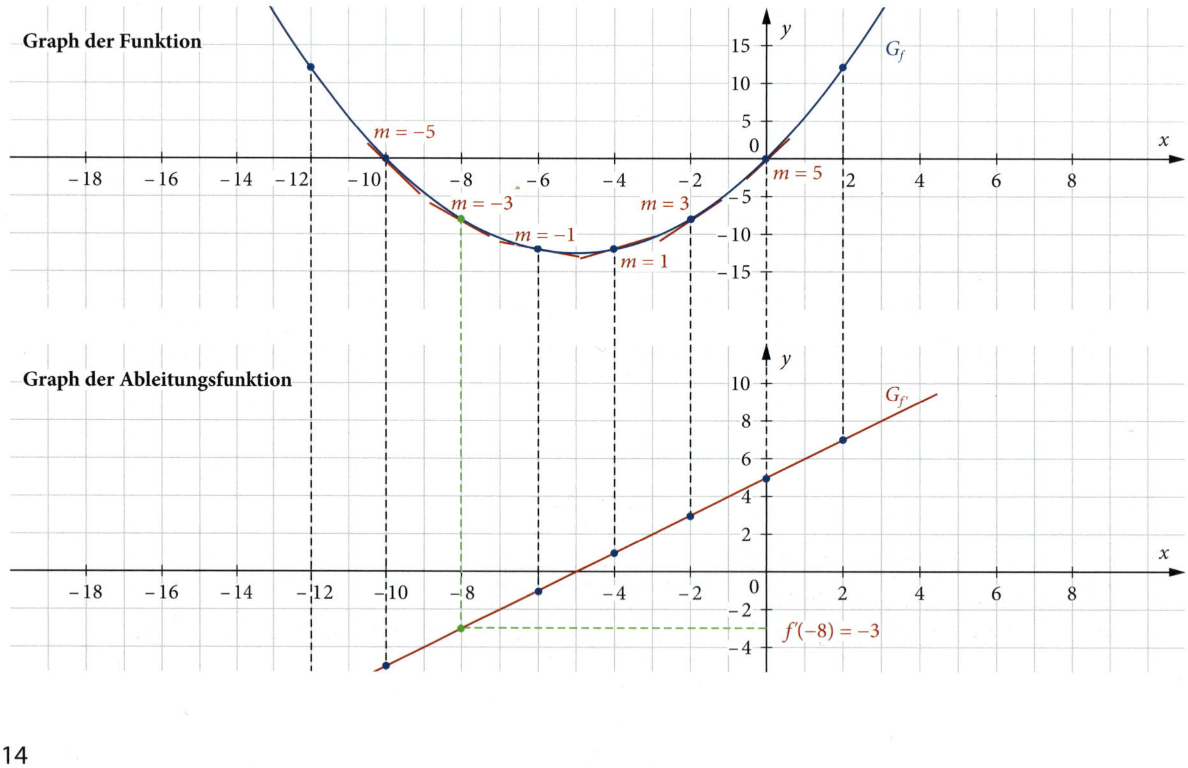

Grafisches Differenzieren mit Tangenten

10

Herauf und herunter, mal steil und mal weniger steil – so lässt sich die Fahrt in einer Achterbahn beschreiben. Und ganz oben „steht" die Bahn einen Augenblick lang waagerecht.
Diese Sachverhalte aus dem Alltag können wir mathematisch näher untersuchen und beschreiben.
Einen Teil der Achterbahn können wir durch den Graphen einer ganzrationalen Funktion 3. Grades beschreiben. ▶ oberes Koordinatensystem

Fertigen Sie eine Skizze des Graphen der Ableitungsfunktion zu dem gegebenen Graphen von f an.

Wir zeichnen nach Augenmaß in verschiedenen Punkten des Graphen Tangenten und lesen die Steigungen ab. Die gewählten Stellen (x-Werte) und die zugehörigen Steigungswerte übertragen wir als Punkte in ein neues Koordinatensystem. Als Ableitungsgraph ergibt sich eine Parabel.

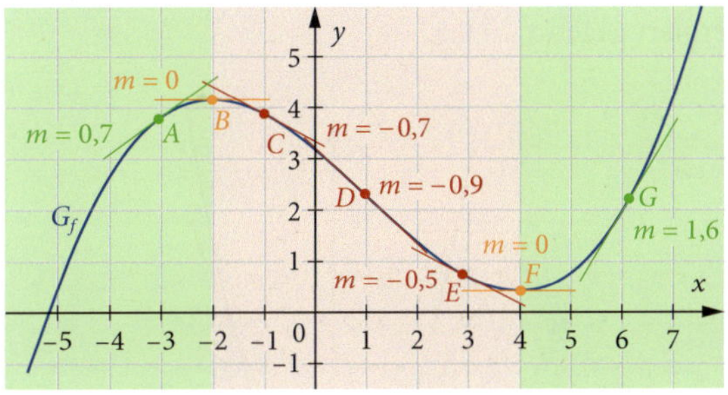

In den Punkten A und G fährt die Achterbahn bergauf, entsprechend liegen die Punkte A' und G' des Ableitungsgraphen im positiven Bereich (oberhalb der x-Achse).

In den Punkten B und F steht die Bahn waagerecht, also sind die Steigungswerte hier gleich 0. Entsprechend liegen B' und F' auf der x-Achse.

In den Punkten C, D und E fährt die Bahn bergab, deshalb liegen die Punkte C', D' und E' des Ableitungsgraphen unterhalb der x-Achse.

Da im Punkt D die Strecke am steilsten bergab geht, ist D' der tiefste Punkt des Ableitungsgraphen.

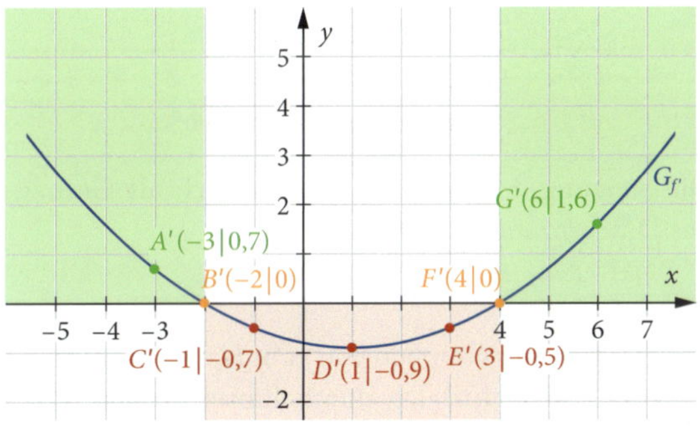

Im Punkt des größten Anstiegs hätte der „Ableitungsgraph" einen Hochpunkt.

Ist die Funktion f differenzierbar, dann ordnet die **Ableitungsfunktion** f' jedem x_0 die Steigung des Graphen von f an der Stelle x_0 zu: $f'(x_0) = m = \lim\limits_{x \to x_0} \frac{f(x) - f(x_0)}{x - x_0}$

Gegeben ist die Funktion f mit der Gleichung $f(x) = -2x^2 + 1$.

a) Zeichnen Sie den Graphen von f.
b) Lesen Sie die Steigung von f an den Stellen $x_1 = 2$, $x_2 = 0$ und $x_3 = 5$ ab.
c) Zeichnen Sie den Graphen von f'.
d) Bestimmen Sie die Gleichung von f' rechnerisch und prüfen Sie damit Ihre Ergebnisse aus b) und c).

▶ Lösung auf Seite 256

Exkurs: Gegenüberstellung von $(x - x_0)$-Methode und h-Methode

Die Berechnung des Differenzenquotienten und somit auch des Differenzialquotienten kann mit zwei unterschiedlichen, jedoch sehr ähnlichen Verfahren erfolgen:

$(x - x_0)$-Methode

Wenn ich die Steigung des Graphen von f mit $f(x) = x^2$ an der Stelle $x_0 = 0{,}5$ berechnen möchte, dann wähle ich einen Punkt $P(x|f(x))$ in der Nähe von $P_0(0{,}5|f(0{,}5))$. Den Punkt P lasse ich nun immer näher an P_0 heranrücken.
Man sagt auch: „x nähert sich $x_0 = 0{,}5$ an." bzw. „x konvergiert gegen $x_0 = 0{,}5$."

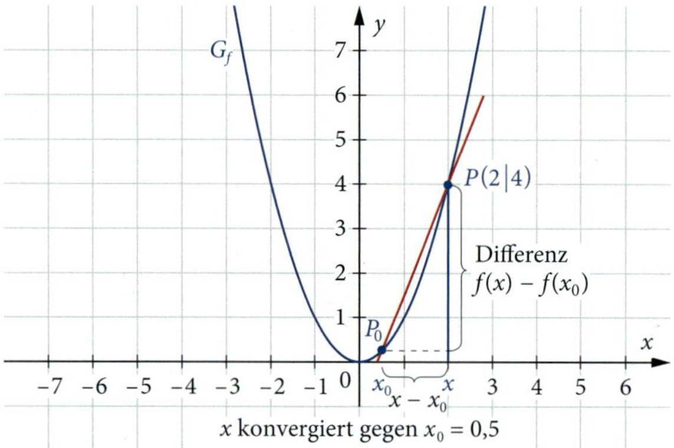

Die Steigung der Tangente errechne ich als Grenzwert des Differenzenquotienten:

$$\lim_{x \to x_0} \frac{f(x) - f(x_0)}{x - x_0}$$

Die Steigung des Graphen von f mit $f(x) = x^2$ an der Stelle $x_0 = 0{,}5$ berechne ich durch Einsetzen von $x_0 = 0{,}5$ und anschließender Umformung:

$$\lim_{x \to 0{,}5} \frac{f(x) - f(0{,}5)}{x - 0{,}5} = \lim_{x \to 0{,}5} \frac{x^2 - 0{,}25}{x - 0{,}5}$$
$$= \lim_{x \to 0{,}5} \frac{(x - 0{,}5)(x + 0{,}5)}{x - 0{,}5}$$
$$= \lim_{x \to 0{,}5} (x + 0{,}5)$$
$$= 0{,}5 + 0{,}5 = \mathbf{1}$$

Für die Steigung an der Stelle $x_0 = 0{,}5$ erhalte ich so den Wert 1.

h-Methode

Ich berechne die Steigung des Graphen von f mit $f(x) = x^2$ an der Stelle $x_0 = 0{,}5$. Dazu wähle ich einen zweiten Punkt P, der in der Nähe von $P_0(0{,}5|f(0{,}5))$ liegt.
Den Abstand der x-Koordinaten von P und P_0 nenne ich h. In der Skizze liegt P rechts von P_0. Daher hat P die Koordinaten $P(0{,}5 + h|f(0{,}5 + h))$. Nun rücke ich P immer näher an P_0 heran. Der Abstand h wird also immer kleiner. Man sagt auch: „h konvergiert gegen 0".

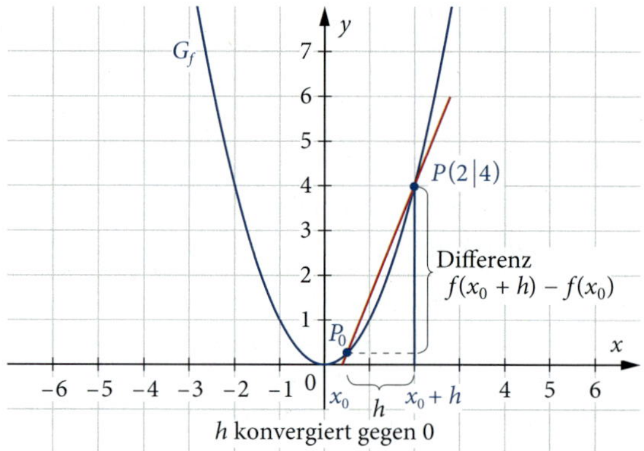

Die Steigung der Tangente errechne ich als Grenzwert des Differenzenquotienten:

$$\lim_{h \to 0} \frac{f(x_0 + h) - f(x_0)}{h}$$

Die Steigung des Graphen von f mit $f(x) = x^2$ an der Stelle $x_0 = 0{,}5$ errechne ich durch Einsetzen:

$$\lim_{h \to 0} \frac{f(0{,}5 + h) - f(0{,}5)}{h} = \lim_{h \to 0} \frac{(0{,}5 + h)^2 - 0{,}25}{h}$$
$$= \lim_{h \to 0} \frac{0{,}25 + h + h^2 - 0{,}25}{h}$$
$$= \lim_{h \to 0} \frac{h + h^2}{h} = \lim_{h \to 0} \frac{\cancel{h}(1 + h)}{\cancel{h}}$$
$$= \lim_{h \to 0} (1 + h) = \mathbf{1}$$

Für die Steigung an der Stelle $x_0 = 0{,}5$ erhalte ich ebenfalls den Wert 1.

1. Vollziehen Sie die Erklärungen der beiden Schüler nach. Nennen Sie die Stellen, an denen sich die Lösungswege unterscheiden. Erklären Sie, warum trotzdem beide zu demselben Ergebnis kommen.

2. Berechnen Sie die Steigung des Graphen von f mit $f(x) = x^2$ an der Stelle $x = -3$ sowohl mithilfe der $(x - x_0)$-Methode als auch mit der h-Methode.

▸ Lösungen auf Seite 256

Übungen zu 2.1.1

oHi Mi **1.** Bestimmen Sie zeichnerisch und rechnerisch die durchschnittliche Änderungsrate in den angegebenen Intervallen.

a) $f(x) = 3x^2$; $[0; 4]$; $[-3; 1]$ b) $f(x) = -2x^3 + 2$; $[1; 5]$; $[-1; 5]$ c) $f(x) = x^2 - 4x$; $[0; 6]$; $[2; 4]$

2. Die Abbildung zeigt eine Prognose über den Anteil der wirtschaftlich Abhängigen (Kinder, Jugendliche, Rentner) an der Bevölkerung im erwerbsfähigen Alter.

a) In welchem Jahrzehnt nimmt der Anteil der wirtschaftlich Abhängigen in Deutschland am stärksten zu?

b) Bestimmen Sie die durchschnittliche Änderungsrate in den Jahren von 2010 bis 2060.

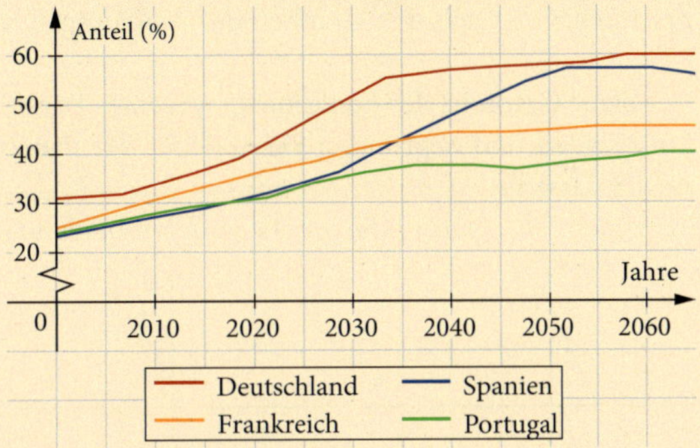

oHi Mi **3.** Die Füllkurve vom Gefäß a ist im nebenstehenden Koordinatensystem eingezeichnet worden.

a) Übertragen Sie diese Zeichnung ins Heft und ergänzen Sie die Graphen für x, y und z.

b) Erstellen Sie ein weiteres Koordinatensystem. Zeichnen Sie zu jedem der vier Gefäße den Graphen der Geschwindigkeit, mit der sich die Höhe verändert.

c) Interpretieren Sie die Bedeutung des Graphen aus Aufgabenteil b) im Hinblick auf den Begriff der Änderungsrate.

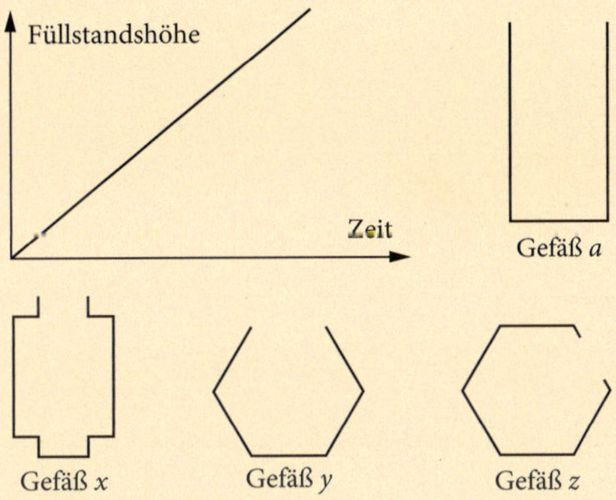

oHi Mi **4.** Erläutern Sie den Unterschied zwischen den Begriffen „Differenzenquotient“ und „Differenzialquotient“. Verdeutlichen Sie den Unterschied an einem Beispiel.

5. Bestimmen Sie den Differenzialquotienten der Funktion f für die angegebene Stelle x_0.

a) $f(x) = 2x - 8$ $x_0 = 1$

b) $f(x) = -0{,}5x^2 + 2x$ $x_0 = 4$

c) $f(x) = x^2 + 6x + 5$ $x_0 = 0$

d) $f(x) = x^3 - 4x$ $x_0 = -1$

6. Gegeben sind die ganzrationalen Funktionen f und g mit $f(x) = 0{,}25x^2$ und $g(x) = x^2 + 4x + 7$.

a) Berechnen Sie jeweils die Steigung der Graphen von f und g an der Stelle $x = -2$.

b) Berechnen Sie die Steigung der Graphen von f und g an einer beliebigen Stelle x_0.

c) Verwenden Sie Ihr Ergebnis aus b), um jeweils die Steigung an der Stelle $x = 5$ zu berechnen.

oHi Mi **7.** Erläutern Sie anschaulich, ob die Funktion f mit $f(x) = \begin{cases} 2x + 1 & \text{für } x < 1 \\ x + 2 & \text{für } x \geq 1 \end{cases}$

an der Stelle $x = 1$ differenzierbar ist.

8. Gegeben sind drei Funktionen f, g und h durch die Funktionsgleichungen $f(x) = x^2 + 2$, $g(x) = 2x + 1$ und $h(x) = x^3 + 2$; $x \in \mathbb{R}$.

a) Zeichnen Sie zu den Funktionsgleichungen jeweils den zugehörigen Graphen.

b) Zeichnen Sie in fünf selbst gewählten Punkten des Graphen die Tangente nach Augenmaß ein und ermitteln Sie die Steigung.

c) Überprüfen Sie mithilfe der Ableitungsfunktion Ihre Ergebnisse aus Aufgabenteil b).

d) Zeichnen Sie jeweils den Graphen der Ableitungsfunktion.

9. Der blaue Graph ist der Funktionsgraph einer Funktion f.
Entscheiden und begründen Sie, welcher der daneben stehenden roten Graphen das Steigungsverhalten von f richtig darstellt.
Begründen Sie, warum die jeweils anderen beiden Graphen falsch sind.

a)

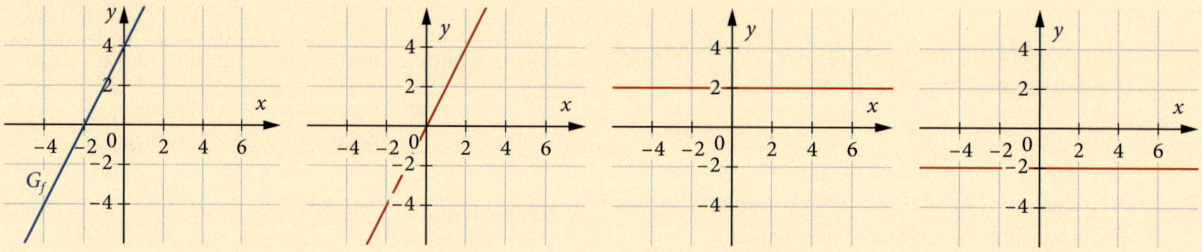

b)

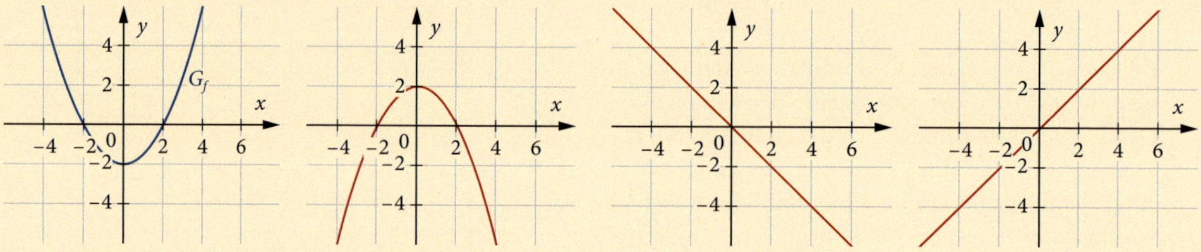

c)

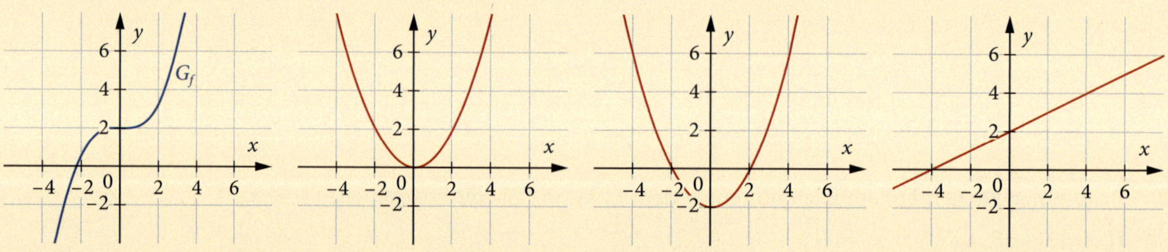

10. Die Koordinatensysteme zeigen jeweils den Graphen der Ableitungsfunktion f'. Skizzieren Sie den Graphen einer möglichen Ausgangsfunktion f. Erläutern Sie für jeden Ableitungsgraphen, was Sie konkret daraus entnehmen können und was Sie für Ihre Zeichnung selbst festgelegt haben.

a)

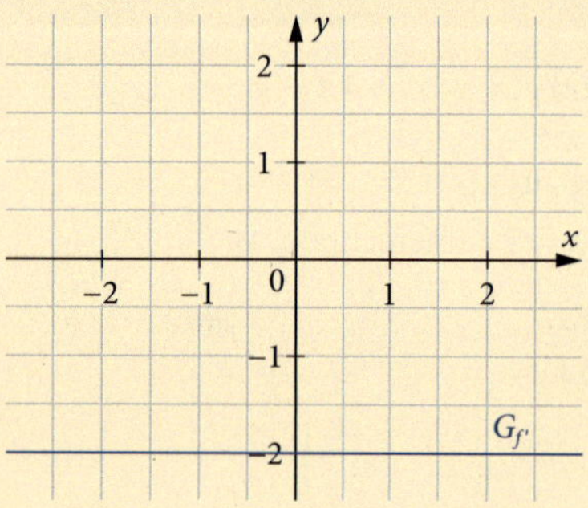

b)

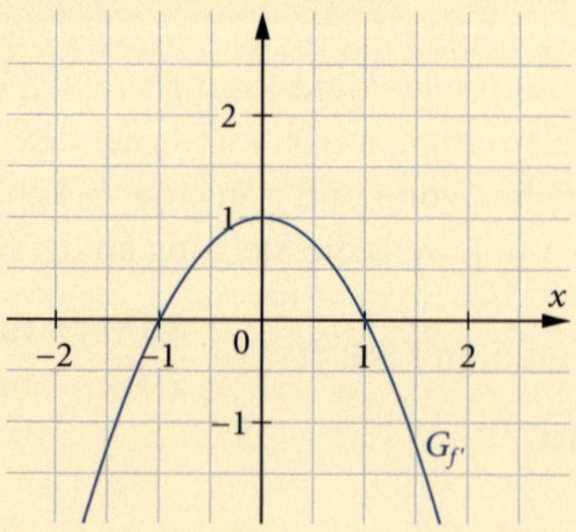

c)

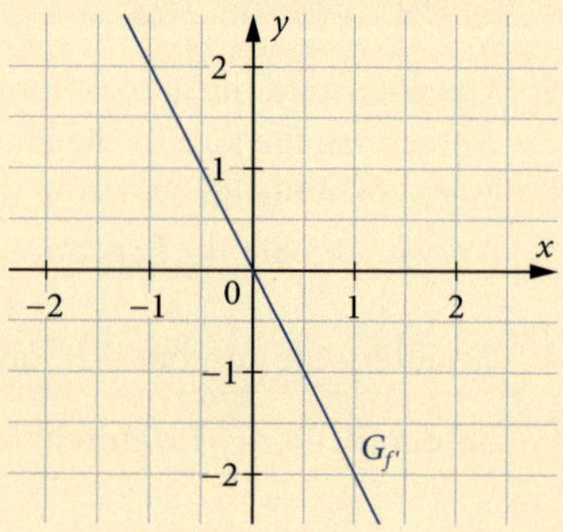

2.1.2 Ableitungsregeln

In diesem Kapitel betrachten wir Verfahren zur einfacheren Bestimmung von Ableitungen, die sogenannten Differenzierungs- oder **Ableitungsregeln**. Durch diese Regeln ist es für viele Funktionen möglich, den oft mühsamen Weg über die Berechnung von Grenzwerten zu vermeiden und stattdessen die Ableitung formelmäßig zu bestimmen.

Entwickeln der Ableitungsregeln für ganzrationale Funktionen

11

Im Mathematikunterricht einer 11. Klasse erhalten die Schülerinnen und Schüler den Auftrag, in arbeitsteiliger Gruppenarbeit die Ableitungsfunktionen verschiedener ganzrationaler Funktionen mithilfe des Differenzialquotienten zu bestimmen.

Betrachten Sie die Ergebnisse der Schülerinnen und Schüler und vergleichen Sie die Terme von f und f'.

Die Funktionsterme der Funktionen f und ihrer Ableitungsfunktionen f' werden in einer Tabelle festgehalten.

$f(x)$	$f'(x)$
3	0
x	1
x^2	$2x$
x^3	$3x^2$
$x^3 - 6$	$3x^2$
$x^3 + x^2$	$3x^2 + 2x$
$-4x^3$	$-12x^2$
$0{,}25x^4 - 2x$	$x^3 - 2$

Wir vergleichen die Terme von f und f':
- Die Exponenten von x bei f werden bei f' mit den entsprechenden Koeffizienten von x multipliziert.
- Die Exponenten von x bei f' sind jeweils um 1 kleiner als bei f.
- Die Koeffizienten von x bei f werden bei f' mit dem Exponenten multipliziert.
- Der konstante Term entfällt bzw. wird null.
- Von einem „einfachen" x-Term bleibt nur der Koeffizient übrig.
- Bei Summen werden die einzelnen Summanden einzeln abgeleitet.

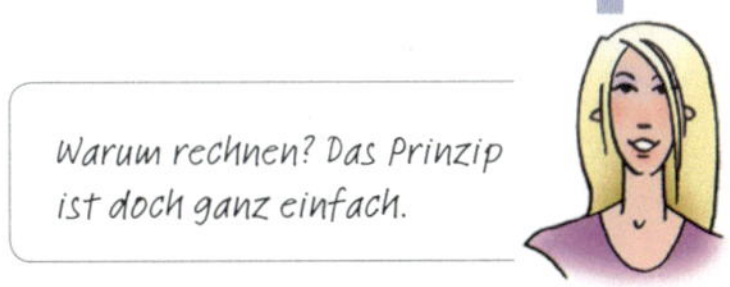

Die Schülerinnen und Schüler haben die Ableitungsregeln anhand von Beispielen entwickelt.
Es kann jedoch gezeigt werden, dass sie allgemein gelten:

Beispiel	Verallgemeinerung	Ableitungsregel
$f(x) = 3 \Rightarrow f'(x) = 0$ $f(x) = -6 \Rightarrow f'(x) = 0$	$f(x) = c \Rightarrow f'(x) = 0$	Konstantenregel
$f(x) = x^2 \Rightarrow f'(x) = 2x$ $f(x) = x^3 \Rightarrow f'(x) = 3x^2$	$f(x) = x^n \Rightarrow f'(x) = n \cdot x^{n-1}$	Potenzregel
$f(x) = -4x^3 \Rightarrow f'(x) = -4 \cdot 3x^2 = -12x^3$ $f(x) = 0{,}25x^4 \Rightarrow f'(x) = 0{,}25 \cdot 4x^3 = x^3$	$f(x) = c \cdot u(x) \Rightarrow f'(x) = c \cdot u'(x)$	Faktorregel
$f(x) = 0{,}25x^4 - 2x \Rightarrow f'(x) = x^3 - 2$	$f(x) = u(x) + v(x) \Rightarrow f'(x) = u'(x) + v'(x)$	Summenregel

12 Anwenden der Ableitungsregeln

Anwendung der **Konstantenregel**:
Ein konstanter Summand wird beim Ableiten null.

$f(x) = 1 \Rightarrow f'(x) = 0$
$f(x) = -17 \Rightarrow f'(x) = 0$
$f(x) = 7{,}5 \Rightarrow f'(x) = 0$

Der Graph von f ist eine Parallele zur x-Achse, hat also überall die Steigung 0.

Anwendung der **Potenzregel**:
Wir multiplizieren den Potenzterm mit seinem Exponenten und vermindern den Exponenten um 1.

$f(x) = x^2 \Rightarrow f'(x) = 2x$
$f(x) = x^3 \Rightarrow f'(x) = 3x^2$
$f(x) = x^4 \Rightarrow f'(x) = 4x^3$

Anwendung der **Faktorregel**:
Wir behalten den Koeffizienten beim Ableiten bei und multiplizieren ihn mit der Ableitung der x-Potenz.

$f(x) = 3x^4 \Rightarrow f'(x) = 3 \cdot 4x^3 = 12x^3$
$f(x) = -5x^2 \Rightarrow f'(x) = -5 \cdot 2x^1 = -10x$
$f(x) = 0{,}25x^3 \Rightarrow f'(x) = 0{,}25 \cdot 3x^2 = 0{,}75x^2$
$f(x) = -2x \Rightarrow f'(x) = -2 \cdot 1\,x^0 = -2$

Bei $f(x) = -2x$ ist der Graph eine Gerade mit Steigung -2.

Anwendung der **Summenregel**:
Wir leiten jeden Summanden einzeln ab.

$f(x) = 3x^4 - 5x^2$ ▶ einzeln ableiten
$\Rightarrow f'(x) = 12x^3 - 10x$

13 Beweis der Potenzregel

Beweisen Sie die Potenzregel:
Für die Ableitung der Funktion f mit $f(x) = x^n$ gilt: $f'(x) = n \cdot x^{n-1}$ $(n \in \mathbb{N})$

Wir stellen zuerst den Differenzenquotienten auf, den wir immer mit $(x - x_0)$ kürzen können. Dadurch erhalten wir ein Polynom, das aus $n - 1$ Summanden besteht.

$$\frac{f(x) - f(x_0)}{x - x_0} = \frac{x^n - x_0^n}{x - x_0}$$ ▶ Polynomdivision
$$= x^{n-1} + x_0 \cdot x^{n-2} + x_0^2 \cdot x^{n-3} + \ldots + x_0^{n-2} \cdot x + x_0^{n-1}$$

Anschließend bilden wir den Grenzwert des Differenzenquotienten für $x \to x_0$.

$$f'(x_0) = \lim_{x \to x_0} \frac{f(x) - f(x_0)}{x - x_0}$$
$$= \lim_{x \to x_0} \left(x^{n-1} + x_0 \cdot x^{n-2} + \ldots + x_0^{n-2} \cdot x + x_0^{n-1}\right)$$
$$= x_0^{n-1} + x_0 \cdot x_0^{n-2} + \ldots + x_0^{n-2} \cdot x_0 + x_0^{n-1}$$
$$= \underbrace{x_0^{n-1} + x_0^{n-1} + \ldots + x_0^{n-1}}_{n \text{ Summanden}} = n \cdot x_0^{n-1}$$

14 Beweis der Konstantenregel

Beweisen Sie die Konstantenregel:
Für die Ableitung der Funktion f mit $f(x) = c$ gilt: $f'(x) = 0$

Mithilfe der Gleichung $x^0 = 1$ und der Faktorregel (▶ Seite 121) kann die Konstantenregel ganz einfach hergeleitet werden.

$f(x) = c = c \cdot 1 = c \cdot x^0$
$f'(x) = c \cdot 0 \cdot x^{-1} = 0$

▶ Beweis mit Differenzialquotient, Aufgabe 6, Seite 123

Beweis der Faktorregel

15

Beweisen Sie die Faktorregel: Ist die Funktion u differenzierbar, dann gilt für die Ableitung von f mit $f(x) = c \cdot u(x)$: $\quad f'(x) = c \cdot u'(x)$.

Um die Regel allgemein zu beweisen, berechnen wir zunächst den Differenzenquotienten für f an der Stelle x_0.

$$\frac{f(x)-f(x_0)}{x-x_0} = \frac{c \cdot u(x) - c \cdot u(x_0)}{x-x_0} = c \cdot \frac{u(x)-u(x_0)}{x-x_0}$$

▶ $f(x) = c \cdot u(x)$

Anschließend bestimmen wir den Grenzwert des Differenzenquotienten für $x \to x_0$.

$$\begin{aligned} f'(x_0) &= \lim_{x \to x_0} \frac{f(x)-f(x_0)}{x-x_0} \\ &= \lim_{x \to x_0} c \cdot \frac{u(x)-u(x_0)}{x-x_0} \\ &= c \cdot \lim_{x \to x_0} \frac{u(x)-u(x_0)}{x-x_0} \\ &= \boldsymbol{c \cdot u'(x_0)} \end{aligned}$$

Beweis der Summenregel

16

Beweisen Sie die Summenregel: Sind die Funktionen g und h differenzierbar, dann gilt für die Ableitung von f mit $f(x) = u(x) + v(x)$: $\quad f'(x) = u'(x) + v'(x)$.

Wir berechnen zuerst den Differenzenquotienten für f an der Stelle x_0.

$$\begin{aligned} \frac{f(x)-f(x_0)}{x-x_0} &= \frac{u(x)+v(x)-[u(x_0)+v(x_0)]}{x-x_0} \\ &= \frac{u(x)-u(x_0)+v(x)-v(x_0)}{x-x_0} \\ &= \frac{u(x)-u(x_0)}{x-x_0} + \frac{v(x)-v(x_0)}{x-x_0} \end{aligned}$$

Anschließend bestimmen wir den Grenzwert des Differenzenquotienten für $x \to x_0$.

$$\begin{aligned} f'(x_0) &= \lim_{x \to x_0} \frac{f(x)-f(x_0)}{x-x_0} \\ &= \lim_{x \to x_0} \left(\frac{u(x)-u(x_0)}{x-x_0} + \frac{v(x)-v(x_0)}{x-x_0}\right) \\ &= \lim_{x \to x_0} \frac{u(x)-u(x_0)}{x-x_0} + \lim_{x \to x_0} \frac{v(x)-v(x_0)}{x-x_0} \\ &= \boldsymbol{u'(x_0) + v'(x_0)} \end{aligned}$$

Potenzregel:	$f(x) = x^n$	$\Rightarrow f'(x) = n \cdot x^{n-1}\ (n \in \mathbb{N})$
Konstantenregel:	$f(x) = c$	$\Rightarrow f'(x) = 0\ (c \in \mathbb{R})$
Faktorregel:	$f(x) = c \cdot u(x)$	$\Rightarrow f'(x) = c \cdot u'(x)\ (c \in \mathbb{R})$
Summenregel:	$f(x) = u(x) + v(x)$	$\Rightarrow f'(x) = u'(x) + v'(x)$

1. Bestimmen Sie die Ableitung der folgenden Funktionen.

a) $f(x) = 2x^3 + 4x + 2$

b) $f(x) = 5 - 0{,}5x^2$

c) $f(x) = 0{,}05x^5 - 0{,}3x^4$

d) $f(x) = \frac{1}{42}x^7 - \frac{1}{30}x^6 + \frac{1}{20}x^5$

e) $f(x) = \frac{1}{4}x^4 + \frac{1}{3}x^3$

f) $f(x) = 2x^0$

g) $f(x) = \frac{x^2}{5-1}$

h) $f(x) = 0$

2. Bestimmen Sie zu den folgenden Funktionen die Gleichung der Ableitungsfunktion f'. Zeichnen Sie die Graphen von f und f'.

a) $f(x) = 2x - 5$

b) $f(x) = -0{,}25x^2 + 4x$

c) $f(x) = \frac{1}{2}x^3 - 3x$

▶ Lösungen auf Seite 256

17 Ableitungen höherer Ordnung

Gegeben ist die Funktion f mit der Gleichung:

$f(x) = 0{,}05\,x^4 - \frac{2}{15}x^3 - 0{,}8\,x^2$

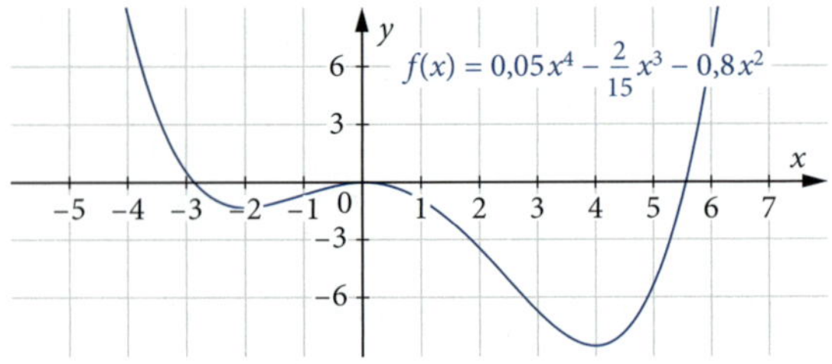

Mithilfe der Ableitungsregeln erhalten wir die Gleichung von f':

$f'(x) = 0{,}2\,x^3 - 0{,}4\,x^2 - 1{,}6\,x$

f' heißt genauer **erste Ableitung von f**.

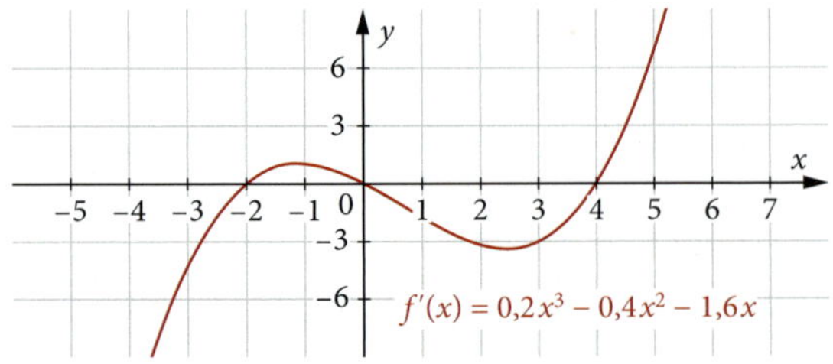

Wenn wir f' wiederum ableiten, erhalten wir die **zweite Ableitung von f**:

$f''(x) = 0{,}6\,x^2 - 0{,}8\,x - 1{,}6$

(gelesen: „f zwei Strich von x“)

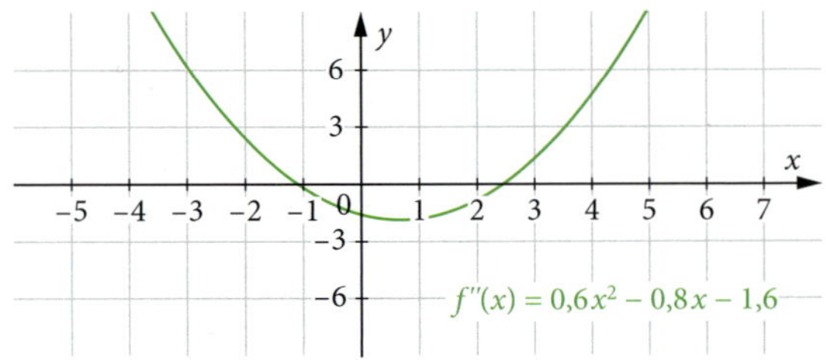

Wenn wir f'' ableiten, erhalten wir die **dritte Ableitung von f**:

$f'''(x) = 1{,}2\,x - 0{,}8$

(gelesen: „f drei Strich von x“)

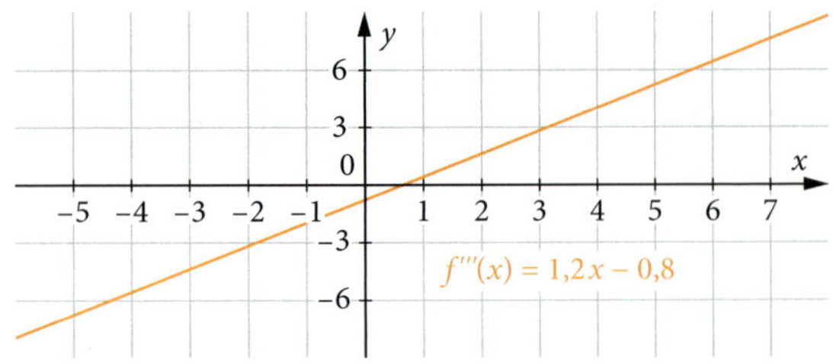

Entsprechend werden die weiteren Ableitungen gebildet. Es ist zu beachten, dass bei der **vierten Ableitung** und allen höheren Ableitungen eine andere Schreibweise üblich ist:

$f^{(4)}(x) = 1{,}2$
$f^{(5)}(x) = 0$
$f^{(6)}(x) = 0$ usw.

Da beim Ableiten stets ein Grad der Funktion „verloren geht“, wird der Ableitungsterm einer ganzrationalen Funktion durch mehrfaches Ableiten null, sobald die Ordnung der Ableitung höher ist als der Grad der Funktion.

Eine ganzrationale Funktion f kann beliebig oft abgeleitet werden.
f' heißt **erste Ableitung von f**;
f'' ist die Ableitung von f' und heißt **zweite Ableitung von f**;
f''' ist die Ableitung von f'' und heißt **dritte Ableitung von f**;
$f^{(4)}$ ist die Ableitung von f''' und heißt **vierte Ableitung von f**;
Entsprechend können höhere Ableitungen gebildet werden: $f^{(5)}$; $f^{(6)}$; $f^{(7)}$ usw.

Leiten Sie die folgenden Funktionen so oft ab, bis der Ableitungsterm den Wert 0 hat.

a) $f(x) = 2{,}5\,x^4 + 3\,x^2$

b) $f(x) = 0{,}25\,x^3 - 5\,x + 1$

c) $f(x) = -x^5 + 0{,}2\,x^4 - 6\,x^3 - 8$

d) $f(x) = -\frac{1}{6}x^4 + \frac{5}{6}x^3 - \frac{1}{3}x^2 - \frac{4}{3}x + 3$

► Lösung auf Seite 257

Übungen zu 2.1.2

1. Bestimmen Sie die Ableitung f' der folgenden Funktionen mithilfe der Ableitungsregeln und berechnen Sie die Steigung an den angegebenen Stellen.

a) $f(x) = 2x^2;\ x_0 = \frac{1}{2}$

b) $f(x) = 1{,}5x^4;\ x_0 = 4$

c) $f(x) = 0{,}5x^3;\ x_0 = 1{,}5$

d) $f(x) = 0{,}5x^3 + 1;\ x_0 = \frac{1}{2}$

e) $f(x) = 0{,}5x^3;\ x_0 = 2$

f) $f(x) = 2{,}5x^5 + 1;\ x_0 = 1$

g) $f(x) = 0{,}5x^5;\ x_0 = \frac{1}{5}$

h) $f(x) = 3x^3 + 3x^2;\ x_0 = -1$

i) $f(x) = 5x;\ x_0 = 2$

j) $f(x) = -3;\ x_0 = \frac{1}{3}$

2. Leiten Sie die folgenden Funktionen so oft ab, bis die jeweilige Ableitungsfunktion eine konstante Funktion ist.

a) $f(x) = 2{,}5x^5 + 3x^4$

b) $f(x) = 0{,}25x^8 + 0{,}4x^{10} - 3$

c) $f(x) = -\frac{1}{9}x^7 + \frac{2}{3}x^2$

d) $f(x) = ax^2;\ a \in \mathbb{R}$

oHi Mi **3.** Sind die Aussagen wahr oder falsch? Geben Sie jeweils ein Beispiel bzw. Gegenbeispiel an.

a) Die 3. Ableitung einer ganzrationalen Funktion 4. Grades ist stets eine lineare Funktion.

b) Der Leitkoeffizient hat keinen Einfluss auf das Steigungsverhalten eines Funktionsgraphen.

c) Ist der Graph einer ganzrationalen Funktion achsensymmetrisch zur y-Achse ist, so gilt dies auch für den Graphen der Ableitungsfunktion.

d) Hat der Graph einer ganzrationalen Funktion zwei Extrempunkte, so schneidet der Graph der 1. Ableitungsfunktion genau zweimal die x-Achse.

e) Hat der Graph der 1. Ableitung einer ganzrationalen Funktion in einem Punkt eine waagerechte Tangente, so hat die 2. Ableitung an der Stelle eine Nullstelle.

f) Die n-te Ableitung einer ganzrationalen Funktion n-ten Grades ist eine konstante Funktion.

oHi Mi **4.** Beschreiben Sie in Worten, was mit der Gleichung $f'(3) = 4$ ausgesagt wird.

oHi Mi **5.** Ordnen Sie den jeweiligen Funktionsgraphen aus der linken Abbildung den Graphen der zugehörigen Ableitungsfunktion aus der rechten Abbildung zu.

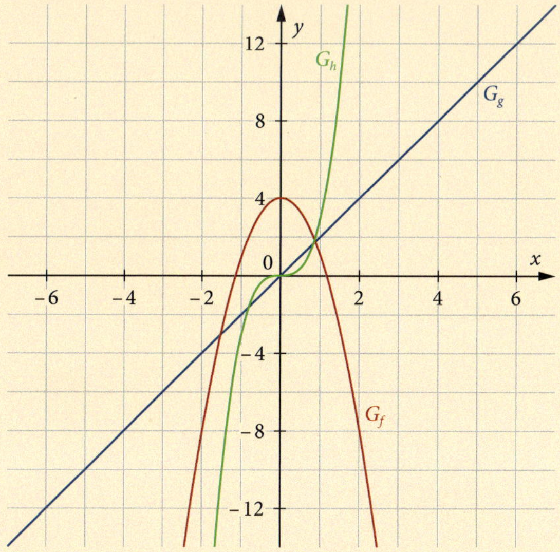

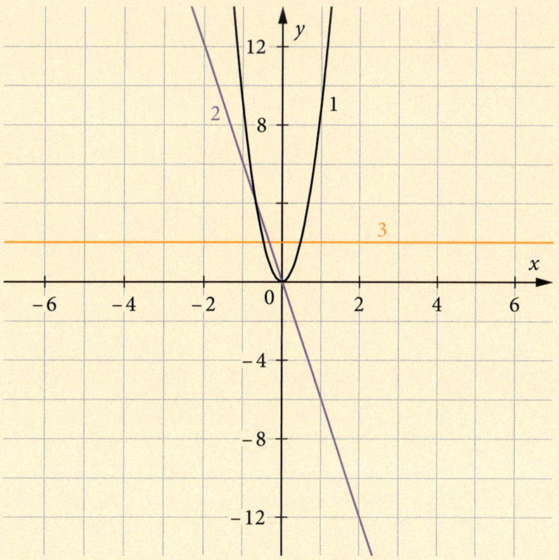

oHi Mi **6.** Beweisen Sie die Konstantenregel mithilfe des Differenzialquotienten.

2

2.1.3 Erste Anwendungen

18 Bestimmung der Gleichung einer Tangente

Gegeben ist die Funktion f mit der Gleichung $f(x) = 0{,}25\,x^3 - 2x$.
Bestimmen Sie die Gleichung der Tangente im Punkt $P_1\,(2|-2)$.

Mithilfe der 1. Ableitung können wir die Steigung der Tangente im Punkt $P_1\,(2|-2)$ berechnen.
Wir bestimmen die erste Ableitung und berechnen die Steigung im Punkt $P_1\,(2|-2)$, indem wir für x den Wert 2 einsetzen.

$f'(x) = 0{,}75\,x^2 - 2$

$f'(2) = 0{,}75 \cdot 2^2 - 2 = 3 - 2 = 1$

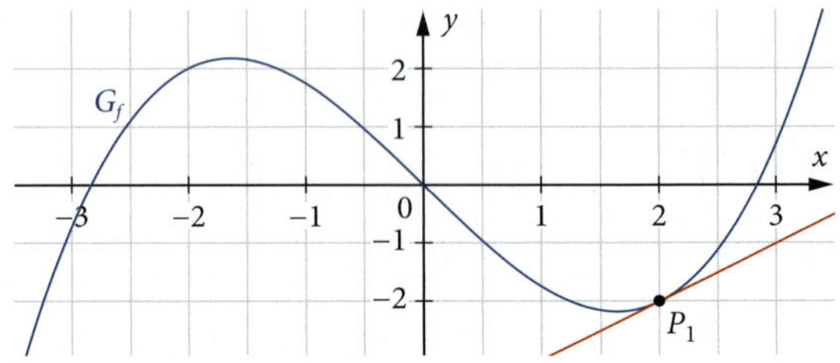

Zur Bestimmung der Tangentengleichung setzen wir den Steigungswert und die Koordinaten des Berührpunkts P_1 in die allgemeine Geradengleichung $y = mx + t$ ein.

$$y = mx + t$$
$$-2 = 1 \cdot 2 + t$$
$$\Leftrightarrow\quad -4 = t$$

Die Tangente an den Graphen von f im Punkt $P_1\,(2|-2)$ hat die Gleichung $y = x - 4$.

19 Bestimmung des Berührpunkts bei fester Tangentensteigung

Nun kann es sein, dass es auch andere Punkte des Graphen von f mit $f(x) = 0{,}25\,x^3 - 2x$ gibt, in denen der Graph und damit die entsprechende Tangente die Steigung 1 haben.

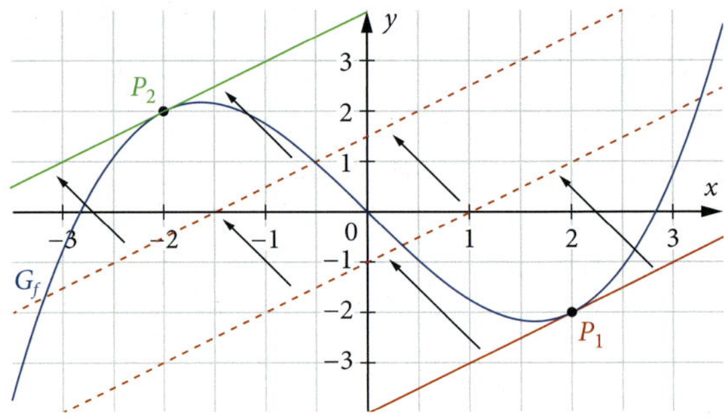

Für die Steigung der Tangente in einem beliebigen Punkt P des Graphen gilt: $m_t = 0{,}75\,x^2 - 2$.

Also muss für jeden Punkt, in dem die Tangente die Steigung 1 hat, die Gleichung $1 = 0{,}75\,x^2 - 2$ erfüllt sein.

Als Lösungen ergeben sich −2 und 2.

Durch Einsetzen der Werte in die Gleichung von f erhalten wir die Funktionswerte und die gesuchten Punkte. $P_1\,(2|-2)$ ist uns schon bekannt. $P_2\,(-2|2)$ ist der zweite Punkt, in dem die anliegende Tangente und damit auch der Graph von f die Steigung 1 haben.

$$1 = 0{,}75\,x^2 - 2$$
$$\Leftrightarrow\quad 3 = 0{,}75\,x^2$$
$$\Leftrightarrow\quad 4 = x^2$$
$$\Leftrightarrow\quad x = -2 \text{ oder } x = 2$$
$$f(2) = -2 \quad\rightarrow\quad P_1\,(2|-2)$$
$$f(-2) = 2 \quad\rightarrow\quad P_2\,(-2|2)$$

Weitere Punkte mit Steigung 1 gibt es hier nicht, da eine quadratische Gleichung maximal zwei Lösungen hat.

1. Bestimmen Sie die Gleichung der Tangente an den Graphen von f im Punkt P.
   a) $f(x) = x^2;\ P(2|f(2))$ b) $f(x) = x^2 + 4x + 5;\ P(0|f(0))$

2. Ermitteln Sie, in welchen Punkten der Graph von f die angegebene Steigung hat.
   a) $f(x) = -x^2 - 2x + 3;\ m = 0$ b) $f(x) = \frac{1}{3}x^3 - \frac{4}{3}x;\ m = -\frac{1}{3}$

► Lösungen auf Seite 257

Durchschnittliche Kosten und Grenzkosten

20

2

Die Gärtnereien „Blütenpracht“ und „Blumenmeer“ kalkulieren bei der Herstellung von Blumensamen mit der Kostenfunktion K mit
$K(x) = x^3 - 6x^2 + 15x + 32$.
Die Gärtnerei „Blütenpracht“ hat im letzten Jahr 2 ME Blumensamen auf den Markt gebracht. Die Gärtnerei „Blumenmeer“ produzierte 5 ME.
Eine ME sei 2000 g Blumensamen und eine GE 100 €.
Beide Gärtnereien wollen die Produktion an Blumensamen im kommenden Jahr leicht steigern.
Untersuchen Sie die jeweilige Kostensituation.

Kostensituation der Gärtnerei „Blütenpracht“:

Im letzten Jahr produzierte die Gärtnerei 2 ME Blumensamen. Dabei entstanden Kosten in Höhe von $K(2) = 46$ GE.
Wird die Blumensamenmenge gesteigert, so erhöhen sich auch die Kosten. Eine Steigerung der Produktion um 0,5 ME von 2 ME auf 2,5 ME erhöht die Kosten auf $K(2{,}5) = 47{,}625$ GE.
Bei der Steigerung der Produktion um 0,5 ME steigen die Kosten um 1,625 GE (= 47,625 − 46), also um 162,5 €.

Kostensituation der Gärtnerei „Blumenmeer“:

Im letzten Jahr produzierte die Gärtnerei 5 ME Blumensamen. Dabei entstanden Kosten in Höhe von $K(5) = 82$ GE.
Die Gärtnerei möchte die Produktion um eine ME steigern. Diese Produktionssteigerung auf 6 ME erhöht die Kosten auf $K(6) = 122$ GE.

Bei der Steigerung der Produktion um 1 ME steigen die Kosten um 40 GE (= 122 − 82), also um 4000 €.

Die jeweiligen Mehrkosten von 162,50 € für die Gärtnerei „Blütenpracht“ bzw. 4000 € für die Gärtnerei „Blumenmeer“ können wir nicht vergleichen. Sie beziehen sich auf unterschiedliche Produktionssteigerungen (0,5 bzw. 1 ME). Um vergleichbare Werte zu bekommen, berechnen wir die mittleren Änderungsraten.

Änderungsrate der Gärtnerei „Blütenpracht“:

Die mittlere Änderungsrate von 2 ME auf 2,5 ME beträgt:

$$\frac{K(2{,}5) - K(2)}{2{,}5 - 2} = \frac{47{,}625 - 46}{0{,}5} = \mathbf{3{,}25}$$ ▶ GE pro ME

Bei einer Produktionssteigerung um eine halbe Mengeneinheit entstehen durchschnittlich Mehrkosten von 325 €.

Eine Erhöhung der Produktion ist also sinnvoll. Die Produktionssteigerung verursacht nur einen geringen Kostenanstieg von 325 €.

Änderungsrate der Gärtnerei „Blumenmeer“:

Die mittlere Änderungsrate von 5 ME auf 6 ME beträgt:

$$\frac{K(6) - K(5)}{6 - 5} = \frac{122 - 82}{1} = \mathbf{40}$$ ▶ GE pro ME

Bei einer Produktionssteigerung um eine Mengeneinheit entstehen durchschnittlich Mehrkosten von 4000 €.

Eine Erhöhung der Produktion sollte aus Kostensicht überdacht werden. Denn eine geringe Produktionssteigerung verursacht einen erheblichen Kostenanstieg von 4000 €.

Allgemein können wir Folgendes ableiten:
- Eine Produktionssteigerung ist aus Kostensicht dann günstig, wenn die Kostenfunktion eine geringe Steigung aufweist.
- Je größer die Steigung der Kostenfunktion ist, desto stärker steigen die Kosten mit zunehmender Produktionsmenge an.

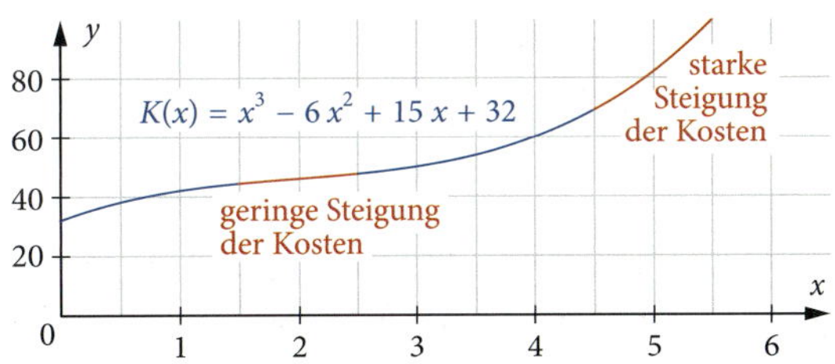

Wir berechnen also die Steigung der Kostenfunktion K und erhalten eine **Kostensteigerungstendenz**.

Die Ableitungsfunktion K' gibt die Steigung der Kostenfunktion K im Punkt $P(x|K(x))$ an.

$$K'(x) = \lim_{x \to x_0} \frac{K(x) - K(x_0)}{x - x_0}$$ ▶ lokale Änderungsrate

K' ist uns auch als lokale Änderungsrate bekannt. Sie misst den Kostenzuwachs, der bei einer Produktion einer unendlich kleinen Mehreinheit entsteht. Den Kostenzuwachs nennt man **Grenzkosten**. Daher heißt die Ableitungsfunktion K' der Kostenfunktion K **Grenzkostenfunktion**.

Die Grenzkostenfunktion gibt nicht die wirkliche Kostenzunahme wieder, sondern lediglich eine Tendenz.

Wir ermitteln die Grenzkosten für beide Gärtnereien. Dazu leiten wir die Kostenfunktion K ab.

$K(x) = x^3 - 6x^2 + 15x + 32$ ▶ Kostenfunktion
$K'(x) = 3x^2 - 12x + 15$ ▶ Grenzkostenfunktion

Für die Gärtnerei Blütenpracht ergeben sich bei einer Produktionsmenge von 2 ME Grenzkosten in Höhe von 3 GE pro ME. Eine Mehrproduktion lohnt sich.

Grenzkosten der Gärtnerei Blütenpracht:
$K'(2) = 3 \cdot 2^2 - 12 \cdot 2 + 15 = \mathbf{3}$

Die Grenzkosten der Gärtnerei Blumenmeer bei einer Produktionsmenge von 5 ME betragen 30 GE pro ME. Eine Mehrproduktion wäre deutlich teurer.

Grenzkosten der Gärtnerei Blumenmeer:
$K'(5) = 3 \cdot 5^2 - 12 \cdot 5 + 15 = \mathbf{30}$

Ermitteln Sie für die Kostenfunktion K mit $K(x) = -0{,}125x^3 + 2{,}825x^2 - 5x - 30$ die Grenzkostenfunktion und berechnen Sie die Grenzkosten für 6 ME.
▶ Lösung auf Seite 257

Übungen zu 2.1.3

1. Gegeben sind die Funktionen f, g, h und i:
$f(x) = -x^2 + 1$,
$g(x) = x^2 - x - 3$,
$h(x) = x^3 - 2x^2 - 3x + 2$,
$i(x) = 0{,}5x^3 - 2x$.
   a) Berechnen Sie jeweils die Steigung der Tangente an die Graphen der einzelnen Funktionen für die Stellen −1; 0 und 2. Geben Sie jeweils die zugehörige Tangentengleichung an.
   b) Skizzieren Sie den Graphen der Funktion f und die drei in Aufgabe a) berechneten Tangenten in ein Koordinatensystem.

2. Berechnen Sie die Stellen, an denen der Graph der Funktion f jeweils die Steigung −2; −1; 0; 2 und 4 hat.
   a) $f(x) = 2x^2 - 12$
   b) $f(x) = x^2 + 6x + 5$
   c) $f(x) = -x^3$
   d) $f(x) = x^3 - 4x$
   e) $f(x) = -2x^3 + x^2$

3. Gegeben ist die Kostenfunktion K durch die Gleichung $K(x) = x^3 - 6x^2 + 15x + 32$; $x \in [0; 6{,}5]$.
   a) Vergleichen Sie die Grenzkosten für 1 ME, 2 ME, 2,5 ME, 4 ME und 5,25 ME.
   b) Leiten Sie ökonomisch sinnvolle Schlussfolgerungen ab.

4. Gegeben ist die Kostenfunktion K durch die Gleichung $K(x) = 5x + 100$; $x \in [0; 25]$.
   a) Berechnen Sie die Grenzkosten für 4 ME und 10 ME und interpretieren Sie das Ergebnis.
   b) Untersuchen Sie, welche Auswirkungen eine Senkung der Fixkosten um 20 % hat.

5. Die RONDO GmbH legt für ein neues Produkt die Kostenfunktion K mit $K(x) = x^3 - 6x^2 + 15x + 32$ und die Erlösfunktion E mit $E(x) = -5x^2 + 55x$ zugrunde.
   a) Berechnen Sie den Grenzgewinn (▶ Gewinn = Erlös − Kosten) für 3,5 ME und für 4 ME.
   b) Interpretieren Sie das Ergebnis ökonomisch.

Übungen zu 2.1

1. Bestimmen Sie die Ableitung der Funktion f mit $f(x) = 4x^3; x \in \mathbb{R}$ mithilfe des Differenzialquotienten.

2. Bestimmen Sie die dritte Ableitung folgender reeller Funktionen.

a) $f(x) = 0{,}5x^3 + 3x^2; x \in \mathbb{R}$
b) $f(x) = -0{,}5x^5; x \in \mathbb{R}$
c) $f(x) = 3x^3 - 5; x \in \mathbb{R}$
d) $f(x) = \frac{1}{3}x^3 + 2x^5; x \in \mathbb{R}$
e) $f(x) = 0{,}5x^3 + 1; x \in \mathbb{R}$
f) $f(x) = -3x^7 + 1; x \in \mathbb{R}$
g) $f(x) = 0{,}2x^{-3}; x \in \mathbb{R}\setminus\{0\}$
h) $f(x) = a + 3bx^2; x \in \mathbb{R}; a, b \in \mathbb{R}$

3. Die Abbildung zeigt den Graphen der Funktion f mit $f(x) = 0{,}03x^4 - 0{,}44x^3 + 1{,}44x^2$.

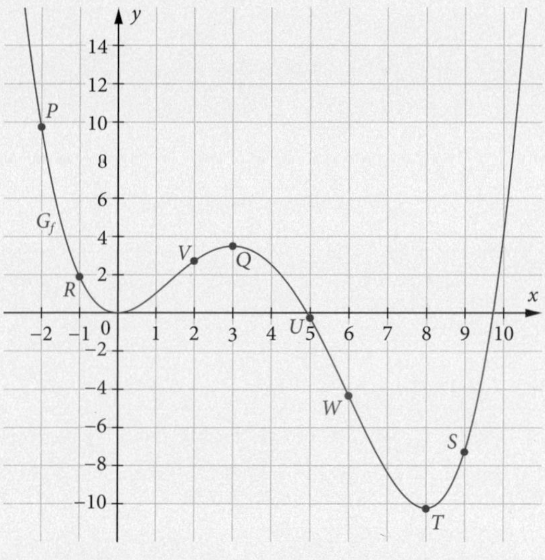

Außerdem sind die Gleichungen von acht Tangenten an den Graphen von f gegeben:

$t_1(x) = -4{,}32x + 21{,}6$	$t_5(x) = -10{,}24$
$t_2(x) = 1{,}44x - 0{,}16$	$t_6(x) = 6{,}48x - 65{,}61$
$t_3(x) = -12x - 14{,}24$	$t_7(x) = 3{,}51$
$t_4(x) = -4{,}32x - 2{,}41$	$t_8(x) = -3{,}6x + 17{,}75$

Ordnen Sie jedem markierten Punkt des Graphen die passende Tangentengleichung zu. Überprüfen Sie die Zuordnung auch rechnerisch.

4. Erläutern Sie, warum beim Ableiten einer ganzrationalen Funktion stets ein Grad „verloren geht".

5. Durch die Funktion f mit $f(x) = -9{,}2x^2 + 100$, $x \in [0; 3]$ wird der Abstand zwischen dem Messgerät eines Polizisten und einem Fahrzeug aufgezeichnet. Dabei gibt $f(x)$ den Abstand in Metern in Abhängigkeit von der Zeit x in Sekunden an. ▶ Seite 107

a) Zeichnen Sie den Funktionsgraphen von f mit passender Skalierung in ein Koordinatensystem.
b) Wie weit war das Fahrzeug zu Beginn der Aufzeichnung vom Polizisten entfernt?
c) Berechnen Sie die Durchschnittsgeschwindigkeit v_s des Fahrzeugs in einem geeigneten Intervall und interpretieren Sie Ihr Ergebnis.
Hinweis: Sie müssen die Einheit der Geschwindigkeit am Ende von $\frac{m}{s}$ in $\frac{km}{h}$ umrechnen.
d) Berechnen Sie die momentane Geschwindigkeit v_t des Fahrzeugs zum Zeitpunkt $x_1 = 1$ und $x_2 = 2$.
e) Bestimmen Sie mithilfe des Differenzialquotienten eine Formel, mit der die Geschwindigkeit v des Fahrzeugs zu jedem Zeitpunkt x_0 berechnet werden kann.
f) Begründen Sie mit einem geeigneten Funktionsgraphen, ob das Fahrzeug zu irgendeinem Zeitpunkt während der Geschwindigkeitsmessung die erlaubte Höchstgeschwindigkeit überschritten hat. Zeichnen Sie den Graphen in obiges Koordinatensystem ein.
g) Was können Sie über die Geschwindigkeit des Fahrzeugs zu Beginn der Messung sagen?

6. Das Weg-Zeit-Gesetz für den senkrechten Wurf lässt sich durch die ganzrationale Funktion s mit $s(t) = v_0 t - 0{,}5gt^2$ beschreiben.
Dabei bezeichnet v_0 die Anfangsgeschwindigkeit (z.B. eines Balles beim Verlassen der Hand) und g die Gravitationskonstante $\left(\approx 10\frac{m}{s^2}\right)$. Die Anfangsgeschwindigkeit ist $30\frac{m}{s}$.

a) In welcher Höhe befindet sich der Ball nach 1 sec, 2 sec bzw. 5 sec?
b) Berechnen Sie die Ballgeschwindigkeit nach 1 sec, 2 sec bzw. 5 sec.
c) Wie schnell fliegt der Ball, wenn er auf einer Höhe von 33,75 m ist? Nach welcher Zeitdauer ist das der Fall?
d) Wie lange dauert es, bis der Ball wieder die Abwurfhöhe erreicht hat? Wie schnell fliegt er in diesem Augenblick?
e) Wie schnell und wie hoch fliegt der Ball in dem Moment, in dem er seine höchste Flughöhe erreicht hat?

2

7. Das Höhenprofil einer 12 km langen Wanderung lässt sich annähernd durch den Graphen der Funktion f mit $f(x) = -0{,}75x^4 + 17x^3 - 120x^2 + 300x;\ x \in [0; 12]$ darstellen.

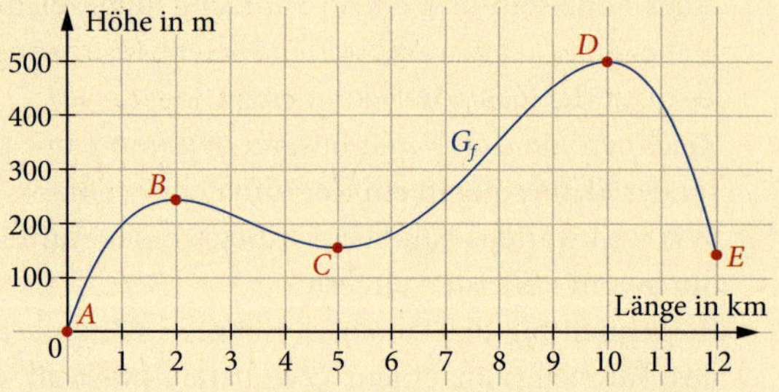

a) Berechnen Sie die durchschnittliche Steigung der folgenden Streckenabschnitte und geben Sie die Ergebnisse in % an: $\overline{AB}$, $\overline{BC}$, $\overline{CD}$, $\overline{DE}$ und $\overline{AE}$.
b) Berechnen Sie die momentane Steigung für die folgenden Kilometerstände und geben Sie auch diese Ergebnisse in % an: 1 km, 3 km, 8 km und 11 km.
c) Ermitteln Sie rechnerisch die Stelle, an welcher der Weg genauso steil ansteigt wie bei Kilometer 1.
d) Berechnen Sie die Stellen, an denen die Steigung 0 % beträgt. Berechnen Sie ebenfalls, auf welcher Höhe dies jeweils der Fall ist.

oHi Mi **8.** *Flüsterpost:* Zeichnen Sie den Graphen einer Funktion f mit einem Hoch- und einem Tiefpunkt auf ein DIN-A4-Blatt und geben Sie dieses weiter. Erledigen Sie in den folgenden Runden die jeweiligen Aufgaben (Falten nicht vergessen!).
a) Skizzieren Sie den Graphen der 1. Ableitung von f.
b) Skizzieren Sie den Graphen der 2. Ableitung von f.
c) Skizzieren Sie den Graphen der 1. Ableitung von f.
d) Skizzieren Sie den Graphen von f und vergleichen Sie diesen mit dem Ursprungsgraphen zu Beginn der Aufgabe.

oHi Mi **9.** Überprüfen Sie folgende Aussagen auf ihre Richtigkeit. Formulieren Sie falsche Aussagen so um, dass sie mathematisch korrekt sind.
a) Die Steigung in einem Punkt des Graphen entspricht der Steigung der Tangente an diesem Punkt.
b) Ist der Graph einer Funktion an einer Stelle fallend, dann ist die Steigung an dieser Stelle größer als 0.
c) Ist die Ableitungsfunktion eine lineare Funktion, so ist der ausgehende Funktionsgraph eine Parabel.
d) Hat die Ableitungsfunktion eine doppelte Nullstelle, dann ändert sich an dieser Stelle das Steigungsverhalten.

10. Herr Söst macht einen Wochenendausflug von München nach Passau. Er möchte benzinsparend fahren und im Durchschnitt nicht mehr als 9 ℓ pro 100 km verbrauchen.
Nach 150 km Fahrt lässt er sich von seinem Bordcomputer eine Grafik zum Benzinstand während der bisherigen Fahrt geben.

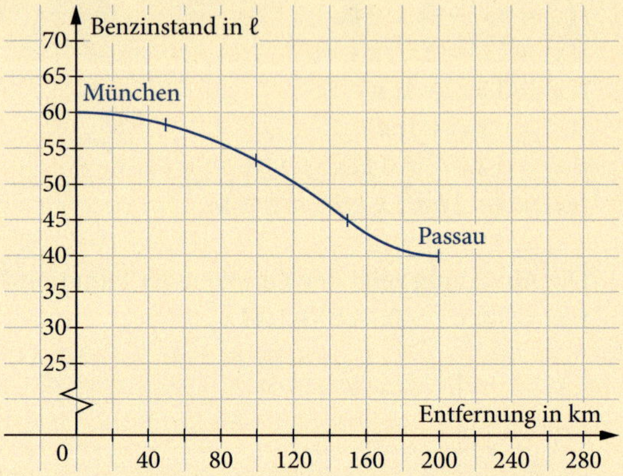

In dem Streckenabschnitt 0 km bis 150 km kann der Benzinstand durch die Funktion f mit
$f(x) = -\frac{1}{1500}x^2 + 60$ beschrieben werden.

Herr Söst wundert sich über den hohen durchschnittlichen Verbrauch auf den ersten 150 km. Als er zwischen 20 km und 80 km den Verbrauch überprüfte, lag dieser doch unter 9 ℓ pro 100 km.
Erklären Sie den unterschiedlichen Benzinverbrauch. Beraten Sie Herrn Söst bezüglich seiner Fahrweise.

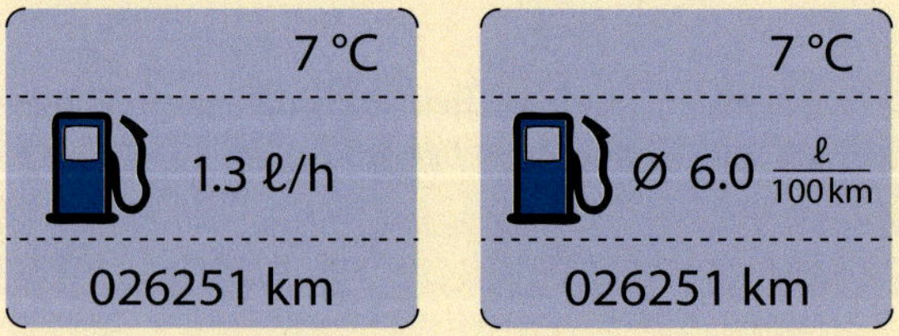

a) Berechnen Sie den durchschnittlichen Benzinverbrauch im Streckenabschnitt 0 km bis 150 km.
b) Berechnen Sie den lokalen Benzinverbrauch an der Stelle 50 km.
c) Interpretieren Sie Ihre Ergebnisse aus a) und b). Erklären Sie den unterschiedlichen Benzinverbrauch.

Ich kann …

… die Formel für die **mittlere Änderungsrate** angeben.

… die Formel für die **lokale Änderungsrate** anwenden.

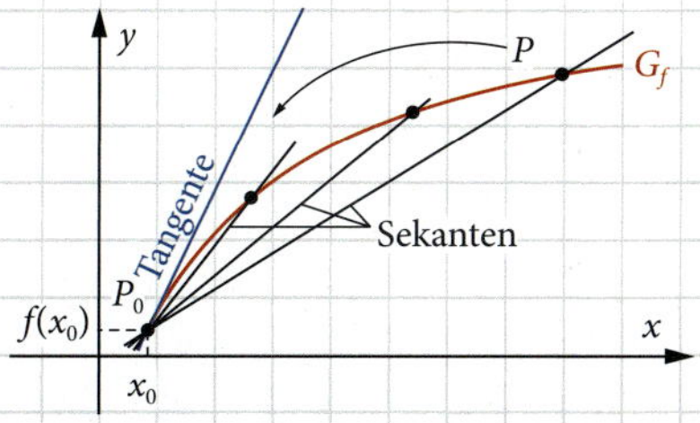

Mittlere Änderungsrate im Intervall $[x_0; x]$:
$\frac{f(x) - f(x_0)}{x - x_0}$ ► Differenzenquotient

Lokale Änderungsrate an einer Stelle x_0:
$\lim\limits_{x \to x_0} \frac{f(x) - f(x_0)}{x - x_0}$ ► Differenzialquotient

… den Zusammenhang zwischen **Sekantensteigungen** und **Tangentensteigung** erläutern.

Sekantensteigung: mittlere Änderungsrate
Tangentensteigung: lokale Änderungsrate

Durch Annäherung des Punktes $P(x|f(x))$ an P_0 wird die Sekante zur Tangente in P_0. Die lokale Änderungsrate ist der Grenzwert des Differenzenquotienten.

… im Punkt eines Graphen eine **Tangente nach Augenmaß** anlegen und deren Steigung angeben.

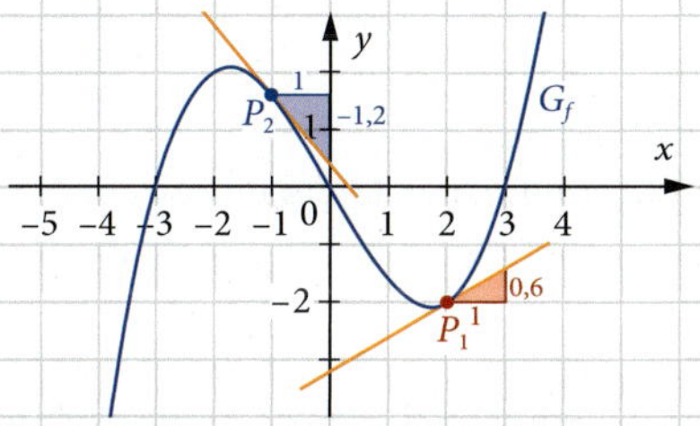

1. Tangente durch den Punkt zeichnen.
2. Mithilfe eines Steigungsdreiecks die Steigung der Tangente feststellen.

… den **Funktionswert der ersten Ableitung** an einer Stelle x_0 mithilfe des Differenzialquotienten **berechnen**.

$f(x) = 3x^2 - 5$

$$f'(x_0) = \lim_{x \to x_0} \frac{3x^2 - 5 - (3x_0^2 - 5)}{x - x_0}$$
$$= \lim_{x \to x_0} \frac{3x^2 - 3x_0^2}{x - x_0} = \lim_{x \to x_0} \frac{3(x^2 - x_0^2)}{x - x_0}$$
$$= \lim_{x \to x_0} \frac{3(x + x_0)(x - x_0)}{x - x_0}$$
$$= \lim_{x \to x_0} 3(x + x_0)$$
$$= 3(x_0 + x_0) = 6x_0$$

1. Für $f(x)$ und $f(x_0)$ jeweils den Funktionsterm im Differenzenquotienten einsetzen.
2. Zählerterm vereinfachen.
3. Durch Kürzen den Nenner „verschwinden“ lassen.
4. Grenzprozess $x \to x_0$ durchführen.

… die **Steigung an der Stelle x_0** berechnen.

Steigung bei $x_0 = 2$
$m = f'(2) = 6 \cdot 2 = 12$

Für die **Steigung** m an der Stelle x_0 gilt:
$m = f'(x_0) = \lim\limits_{x \to x_0} \frac{f(x) - f(x_0)}{x - x_0}$

… zu einem Funktionsgraphen den zugehörigen **Graphen der Ableitungsfunktion skizzieren**.

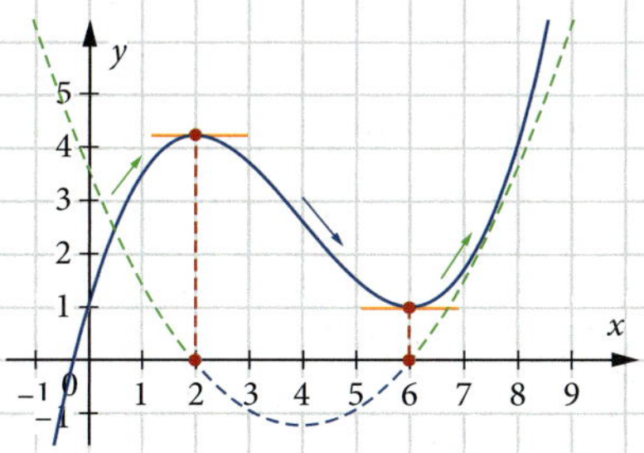

1. Punkte des Graphen mit waagerechten Tangenten aufsuchen.
2. Diese Stellen auf der x-Achse markieren → Nullstellen von f'.
3. Steigung des Graphen vor und nach den waagerechten Tangenten prüfen.
   → Vorzeichen der Funktionswerte von f'
4. Graphen von f' skizzieren.

… durch Anwenden der **Ableitungsregeln** die **ersten drei Ableitungen** einer ganzrationalen Funktion **bilden**.

$f(x) = 0{,}25x^4 + 0{,}5x^3 + 4x^2 + 6x + 2$
$f'(x) = x^3 + 1{,}5x^2 + 8x + 6$
$f''(x) = 3x^2 + 3x + 8$
$f'''(x) = 6x + 3$

Summenregel: Jeder Summand kann für sich abgeleitet werden.
Faktorregel: Konstante Faktoren bleiben beim Ableiten erhalten.
Potenzregel: Zahl im Exponenten vorziehen und Exponenten um 1 verringern.

Test A zu 2.1 (circa 25 Minuten; 19 BE)

1. Skizzieren Sie zu den gegebenen Funktionsgraphen jeweils die Graphen von f' und f''.

a)

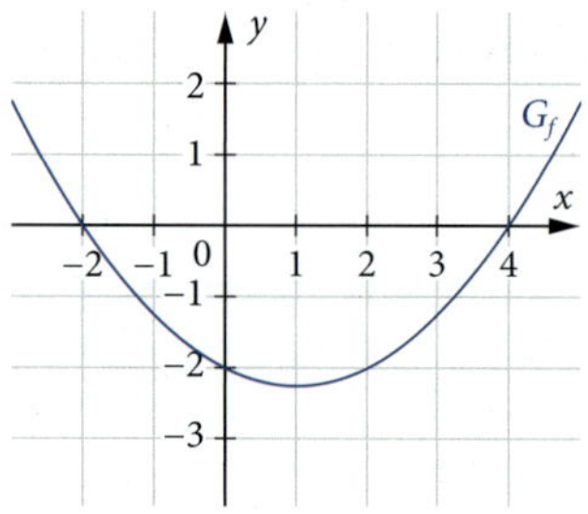

(2 BE)

b)

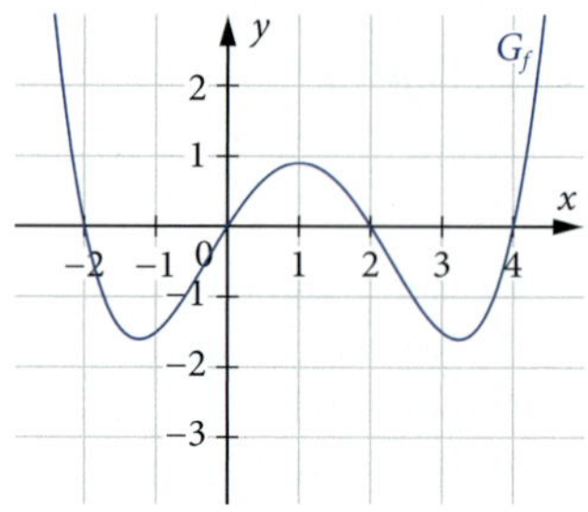

(2 BE)

2. Gegeben ist die Funktion $f: x \mapsto 0{,}1\,x^3 - 0{,}3\,x^2 - 1{,}8\,x$.

a) Zeichnen Sie den Graphen von f im Intervall $[-4; 6]$. (2 BE)

b) Skizzieren Sie nach Augenmaß jeweils die Tangente an den Graphen von f in den Punkten $P(-1|f(-1))$, $Q(3{,}5|f(3{,}5))$ und $R(6|f(6))$. (3 BE)

c) Bestimmen Sie die Ableitung der Funktion. (2 BE)

3. Die Kita „Sternenzelt“ wurde von Kopfläusen heimgesucht. Alle Eltern wurden informiert und aufgefordert, ihre Kinder auf Kopfläuse zu untersuchen und gegebenenfalls den Befall zu melden. Die Zahl der gemeldeten Fälle pro Tag wurde über einen Zeitraum von 12 Werktagen notiert und in einem Punktdiagramm festgehalten. Die Entwicklung der Zahlen entspricht annähernd dem Graphen der Funktion $f: x \mapsto -\frac{1}{16}x^3 + \frac{3}{4}x^2$.

a) Zeichnen Sie den Graphen im Intervall $[0; 13{,}5]$. (2 BE)

b) Berechnen Sie die durchschnittliche Zunahme an gemeldeten Fällen im Intervall $[0; 9]$ sowie die durchschnittliche Abnahme im Intervall $[9; 13{,}5]$. Stellen Sie die Ergebnisse grafisch dar. (3 BE)

c) Berechnen Sie die momentane Zunahme an gemeldeten Fällen am 5. Tag sowie die momentane Abnahme am 12. Tag. (3 BE)

Test B zu 2.1 (circa 25 Minuten; 19 BE)

1. Bestimmen Sie mithilfe des Differenzialquotienten die Ableitung der Funktion $f: x \mapsto x^3 + 1$. (4 BE)

2. Gegeben sind die Funktionen $f: x \mapsto -x^2 + 6\,x$ und $g: x \mapsto 0{,}5\,x^3 - 4$.

a) Bestimmen Sie jeweils die Ableitungsfunktion von f und g. (2 BE)

b) Berechnen Sie die Steigung der Graphen von f und g an der Stelle $x = -2$. (2 BE)

c) In welchen Punkten haben die Graphen f und g die Steigung 6? (2 BE)

3. Die JoRo GmbH produzierte bisher im laufenden Geschäftsjahr 4 ME CDs. Das Unternehmen möchte die Produktion im kommenden Jahr auf das Doppelte steigern. Die Gesamtkosten werden mit der Funktion $K: x \mapsto x^3 - 8\,x^2 + 30\,x + 50$ kalkuliert. Eine ME entspricht 100 000 Stück und eine GE 1000 €.
Untersuchen Sie die Kostensituation und beraten Sie die JoRo GmbH. (5 BE)

4. Wahr oder falsch? Begründen Sie Ihre Entscheidung (gegebenenfalls mithilfe einer Skizze). (4 BE)

a) Ableiten und Differenzieren bezeichnen dieselbe Rechenoperation.

b) Die momentane Änderungsrate stellt die durchschnittliche Steigung eines Graphen dar.

c) Der Grenzwert des Differenzenquotienten gibt die Steigung der Tangente an den Graphen in einem Punkt an.

d) Differenzen- und Differenzialquotient sind zwei Begriffe für dieselbe Rechenoperation.

2.2 Untersuchung ganzrationaler Funktionen

Bei der 103. Tour de France im Jahr 2016 begaben sich die Radrennfahrer auf eine 3519 Kilometer lange in 21 Etappen aufgeteilte Strecke. Eine besondere Herausforderung für Mensch und Material stellten die Bergetappen dar. Die 20. Etappe der Tour führte die Fahrer auf 146 Kilometern von Megève nach Morzine bis kurz vor die Schweizer Grenze. Das Höhenprofil der Fahrstrecke zeigt, wie anspruchsvoll diese war.

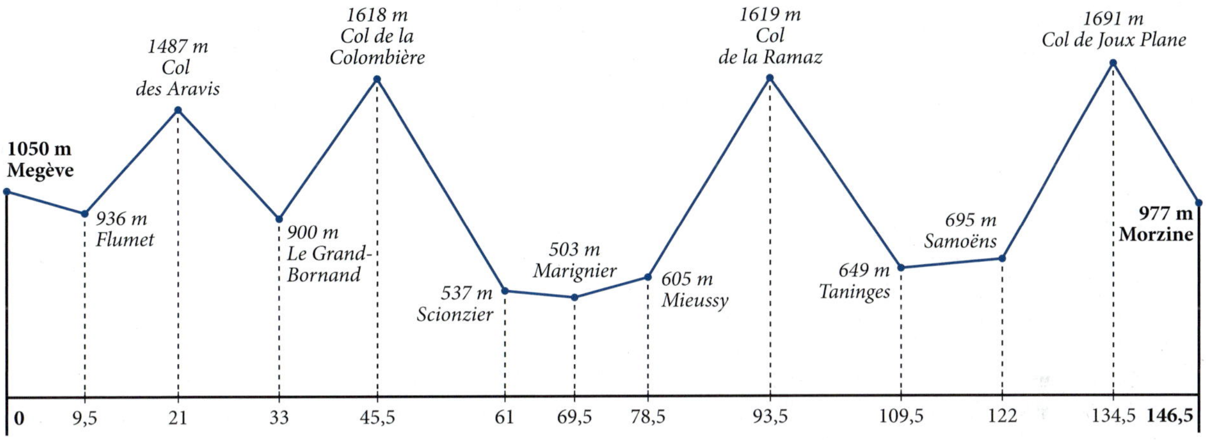

Auf dem Weg nach Morzine mussten die Fahrer mehrere Steigungen und Talabfahrten überwinden.
Herr Richter ist Sportreporter und arbeitet an einem Buch über die Tour de France.
Bei der Beschreibung der 20. Etappe stellt er sich zur Vorbereitung folgende Fragen:

- In welchen Abschnitten der Etappe fuhren die Fahrer bergauf? In welchen fuhren sie bergab?
- In welcher Höhe lag das höchste bzw. das niedrigste Zwischenziel?
- An welchen Stellen befanden sich die Fahrer in einem Tal, an welchen Stellen auf einer Bergspitze?
- An welchen Stellen ist die Bergsteigung am größten? An welchen ist das Gefälle am größten?

▶ Aufgabe 1 auf Seite 154

Funktionaler Zusammenhang

- Monotonie- und Krümmungsverhalten untersuchen
- Art und Lage lokaler Extrempunkte bestimmen
- Wendepunkte bestimmen
- Eine vollständige Kurvendiskussion durchführen

Kompetenzen

- Argumentieren
- Probleme lösen
- Darstellungen verwenden
- Mit symbolischen, formalen und technischen Elementen der Mathematik umgehen

2.2 Untersuchung ganzrationaler Funktionen

2.2.1 Monotonieverhalten und Extrempunkte

1 Monotonie und Ableitung

Der abgebildete Graph G_f zeigt den Aktienwert der CleverEngineering AG in den ersten 3,5 Stunden nach Börsenöffnung. Beschreiben Sie mithilfe des Graphen das Monotonieverhalten. Setzen Sie dies in Beziehung zum abgebildeten Graphen der ersten Ableitung.

Für das **Monotonieverhalten** von f gilt:
Im Intervall $M_1 =]-\infty; 1]$ ist der Graph von f **streng monoton steigend**.
Im Intervall $M_2 = [1; 2{,}5]$ ist der Graph von f **streng monoton fallend**.
Im Intervall $M_3 = [2{,}5; 3{,}5]$ ist der Graph von f **streng monoton steigend**.
▶ Abschnitt 1.4.2, Seite 84

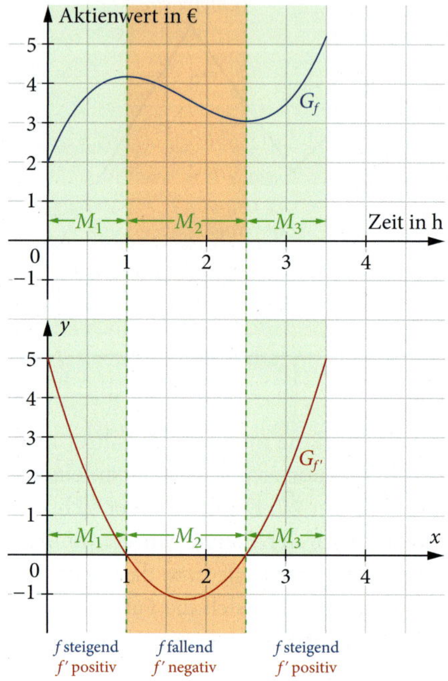

Betrachten wir den Graphen von f', so erkennen wir Folgendes: In den Bereichen, in denen die Werte von f' positiv sind, ist G_f streng monoton steigend. Dort, wo die Ableitung negativ ist, ist G_f streng monoton fallend.
Tatsächlich gilt dieser Sachverhalt für alle ganzrationalen Funktionen. Das Monotonieverhalten einer ganzrationalen Funktion kann mithilfe des Vorzeichens der Ableitungsfunktion ermittelt werden:
$f'(x) > 0 \Rightarrow G_f$ streng monoton steigend
$f'(x) < 0 \Rightarrow G_f$ streng monoton fallend

Für eine ganzrationale Funktion f, die auf einem Intervall M definiert ist, gilt:
Wenn $f'(x) > 0$ für alle $x \in M$ gilt, dann ist G_f für alle x in M **streng monoton steigend**.
Wenn $f'(x) < 0$ für alle $x \in M$ gilt, dann ist G_f für alle x in M **streng monoton fallend**.

▶ Außerdem gilt:
$f'(x) \geq 0$ für alle $x \in M \Leftrightarrow G_f$ ist in M monoton steigend. $f'(x) \leq 0$ für alle $x \in M \Leftrightarrow G_f$ ist in M monoton fallend.

Gegeben sind die Graphen der Ableitungsfunktionen f'.
Ermitteln Sie die maximalen Monotonieintervalle von f.

a)

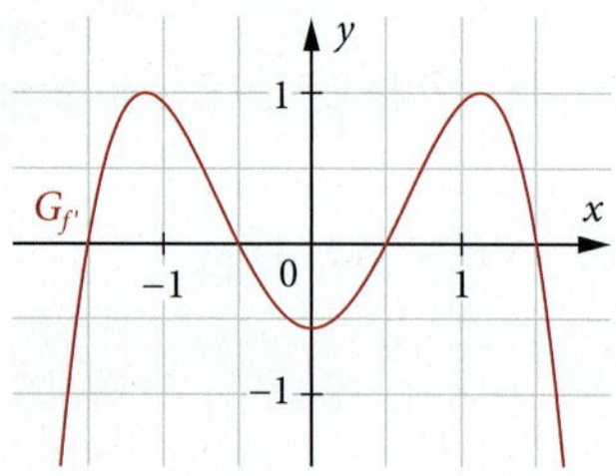

b)

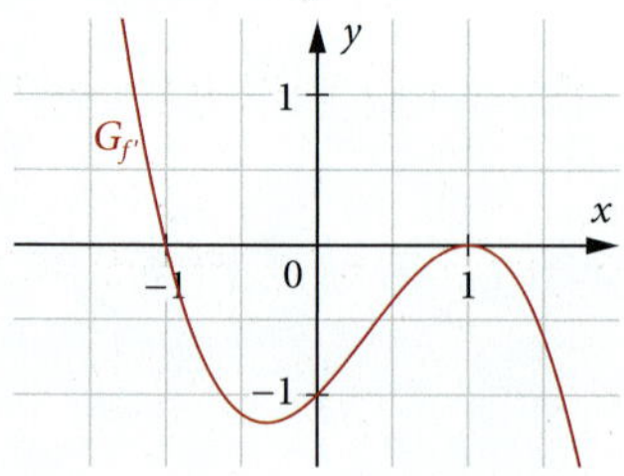

c)

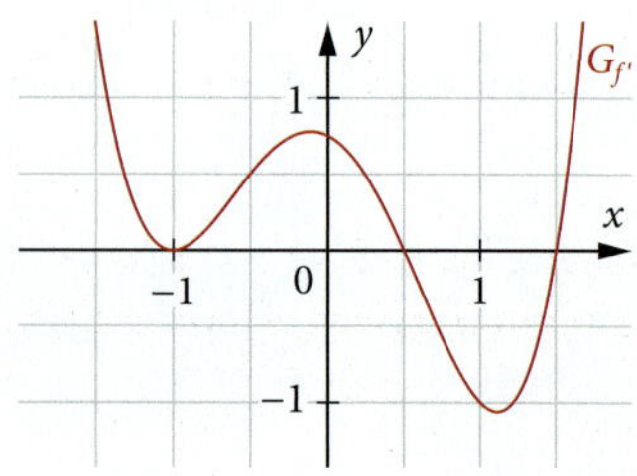

▶ Lösung auf Seite 257

Grenzen von Monotonieintervallen

Betrachten Sie noch einmal die Funktion aus Beispiel 1. Der Definitionsbereich soll hier nun ganz $\mathbb{R}$ sein. Die Funktionsgleichung lautet $f(x) = \frac{2}{3}x^3 - 3{,}5x^2 + 5x + 2$; $D_f = \mathbb{R}$.

Beschreiben Sie die charakteristischen Punkte, die die Grenzen der Monotonieintervalle bilden.

Die Monotonieintervalle sind $M_1 =]-\infty; 1]$ (streng monoton steigend), $M_2 = [1; 2{,}5]$ (streng monoton fallend) und $M_3 = [2{,}5; \infty[$ (streng monoton steigend). Die Grenzen der Monotonieintervalle liegen bei $x = 1$ und $x = 2{,}5$.

Bis zum Punkt H steigt der Graph streng monoton, danach fällt er. Ein Punkt, in dem sich das Monotonieverhalten von steigend zu fallend ändert, ist in seiner unmittelbaren Umgebung der höchste Punkt des Graphen. Er heißt **lokaler Hochpunkt**.
Die x-Koordinate des Hochpunkts heißt **lokale Maximalstelle**, die y-Koordinate ist das **lokale Maximum**.

Ganz analog sehen wir, dass T in seiner näheren Umgebung der tiefste Punkt ist, da G_f links von T streng monoton fällt und rechts von T streng monoton steigt. Es handelt sich hier um einen **lokalen Tiefpunkt**.
Die x-Koordinate des Tiefpunkts heißt **lokale Minimalstelle**, die y-Koordinate ist das **lokale Minimum**.

Lokale Hoch- bzw. Tiefpunkte nennt man zusammenfassend auch **lokale Extrempunkte**, die entsprechende x-Koordinate **lokale Extremstelle** und die y-Koordinate **lokales Extremum**.

Betrachten wir den Graphen der ersten Ableitung, so sehen wir, dass die erste Ableitung an den Stellen die x-Achse schneidet, an denen der Graph von f ein lokales Extremum hat.

Da die erste Ableitung die Steigung des Graphen von f angibt, bedeutet dies, dass der Graph von f dort die Steigung 0, also eine waagerechte Tangente besitzt.

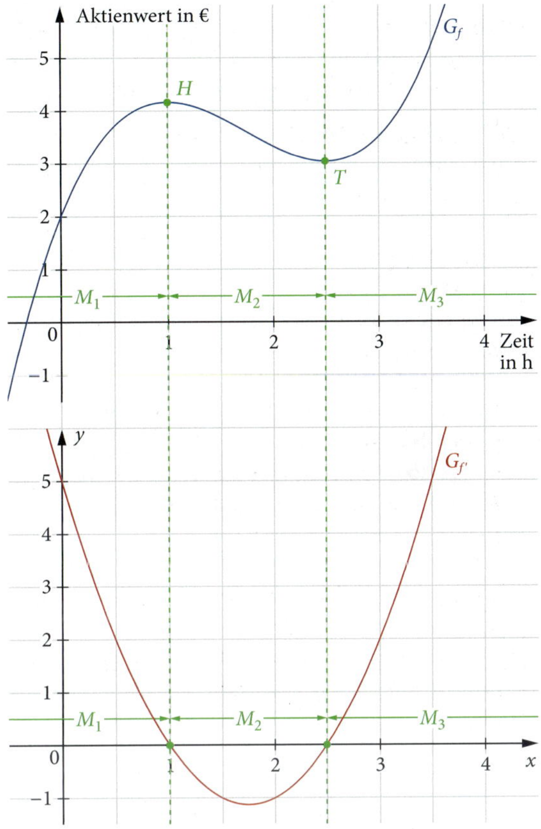

▶ Neben lokalen Extrempunkten gibt es auch noch globale bzw. absolute Extrempunkte. Diese sind die absolut höchsten bzw. tiefsten Punkte des Graphen auf dem jeweiligen Definitionsbereich; siehe Band 2.

Im Beispiel auf der folgenden Seite werden wir uns klar machen, dass bei der Suche nach Extremstellen die Nullstellenbestimmung der ersten Ableitung ein wichtiger Schritt ist.

Die **lokalen Extremstellen** einer Funktion f bilden die Grenzen der **Monotonieintervalle** von f.

Geben Sie in der „Alles klar?"-Aufgabe auf Seite 132 diejenigen Stellen an, die die Grenzen der Monotonieintervalle darstellen.

▶ Lösung auf Seite 258

3 Notwendige Bedingung für die Existenz einer Extremstelle

Der abgebildete Graph zeigt die Anzahl der Besucher einer Spielwarenmesse am dritten Veranstaltungstag im Zeitraum von 10:00 Uhr bis 19:30 Uhr. Wir fragen uns, zu welcher Zeit an diesem Tag die meisten Besucher auf der Messe waren und wie hoch die Zahl der Besucher zu diesem Zeitpunkt war.

Aus dem Graphen können wir ablesen, dass um 16 Uhr die Anzahl der Besucher am größten war und dass es ungefähr 11 000 waren. Die genauen Werte können wir nur durch eine Rechnung ermitteln. Dazu benötigen wir die Funktionsgleichung von f:

$f(x) = -0{,}05x^3 + 1{,}8x^2 - 19{,}2x + 62{,}5$

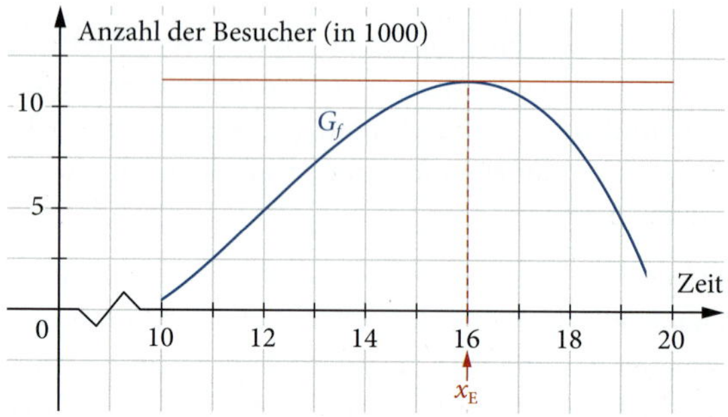

Wir bestimmen zunächst die Maximalstelle x_E von f im Bereich $[10; 19{,}5]$.
An der gesuchten Maximalstelle hat der Graph eine waagerechte Tangente, also die Steigung 0. Demnach hat auch die 1. Ableitung von f an dieser Stelle den Wert 0.
Das heißt: Für die gesuchte Stelle x_E muss notwendigerweise die Bedingung $f'(x_E) = 0$ erfüllt sein. Sie heißt deshalb **notwendige Bedingung** für die Existenz einer Extremstelle.

$f(x) = -0{,}05x^3 + 1{,}8x^2 - 19{,}2x + 62{,}5$
für $x \in [10; 19{,}5]$
1. Ableitung:
$f'(x) = -0{,}15x^2 + 3{,}6x - 19{,}2$

Für die konkrete Rechnung setzen wir den Funktionsterm von f' gleich null und lösen die quadratische Gleichung. Wir erhalten zwei Lösungen. Da uns aber ausschließlich der Zeitraum von 10:00 Uhr bis 19:30 Uhr interessiert, betrachten wir im Weiteren nur die Lösung $x = 16$.

Notwendige Bedingung:

$$f'(x) = 0$$
$$\Leftrightarrow\ -0{,}15x^2 + 3{,}6x - 19{,}2 = 0$$
$$x_{1/2} = \frac{-3{,}6 \pm \sqrt{12{,}96 - 4\cdot(-0{,}15)\cdot(-19{,}2)}}{2\cdot(-0{,}15)} = \frac{-3{,}6 \pm \sqrt{1{,}44}}{-0{,}3} = \frac{-3{,}6 \pm 1{,}2}{-0{,}3}$$

Lösungen:
$\underbrace{x_1 = 8;}_{\notin D_f}\quad x_2 = \mathbf{16}$

Wie schon anhand der Abbildung vermutet, waren um 16 Uhr die meisten Besucher auf der Messe. Um die genaue Zahl der Besucher zu diesem Zeitpunkt zu berechnen, setzen wir den berechneten Wert 16 in die Gleichung von f ein.

$$f(16) = -0{,}05\cdot 16^3 + 1{,}8\cdot 16^2 - 19{,}2\cdot 16 + 62{,}5 = 11{,}3$$
Um 16 Uhr waren 11 300 Besucher auf der Messe.

Wir haben im obigen Beispiel rechnerisch nachgewiesen, dass an den Stellen 8 und 16 die Steigung des Graphen von f gleich null ist. Dass es sich bei der Stelle 16 um eine Maximalstelle und nicht etwa um eine Minimalstelle handelt, haben wir aber nur aus der Abbildung geschlossen.
Außerdem gibt es bei einigen Graphen außer Extremstellen auch andere Stellen, an denen eine waagerechte Tangente, also die Steigung 0, vorliegen kann.
Zwei Fragen bleiben: Wie können wir prüfen, ob eine Stelle, an der die Steigung des Graphen gleich null ist, tatsächlich eine Extremstelle ist? Wie können wir herausfinden, ob es sich bei einer Extremstelle um eine Maximalstelle oder eine Minimalstelle handelt?

Hinreichende Bedingung für Extremstellen

4

Ermitteln Sie mit der notwendigen Bedingung die möglichen Extremstellen der Funktion f mit $f(x) = 1{,}8x^5 - 3x^3 + 1$; $D_f = \mathbb{R}$. Vergleichen Sie Ihr rechnerisches Ergebnis mit dem Graphen der Funktion.

Wir wenden die notwendige Bedingung für Extremstellen bei der Funktion f an. Dazu berechnen wir die Nullstellen der ersten Ableitung.

$f'(x) = 9x^4 - 9x^2$

$f'(x) = 0 \Leftrightarrow \quad 9x^4 - 9x^2 = 0$

$\Leftrightarrow 9x^2(x^2 - 1) = 0$

Lösungen: $x_1 = -1$; $x_2 = 0$; $x_3 = 1$

Ein Vergleich der Ergebnisse mit dem Funktionsgraphen zeigt jedoch, dass an der Stelle $x_2 = 0$ keine Extremstelle vorliegt, obwohl die notwendige Bedingung erfüllt ist.

Die notwendige Bedingung ist für alle drei Werte erfüllt. Sie ist jedoch nicht **hinreichend** (ausreichend) für den Nachweis einer Extremstelle. Sie liefert nur „Kandidaten" für Extremstellen.

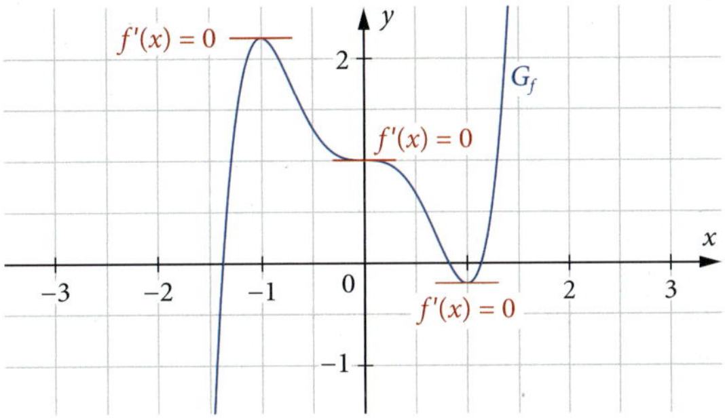

Um eine hinreichende Bedingung für das Vorliegen einer Extremstelle zu finden, betrachten wir das Monotonieverhalten des Graphen in der Umgebung der „Kandidaten" mithilfe der ersten Ableitung.

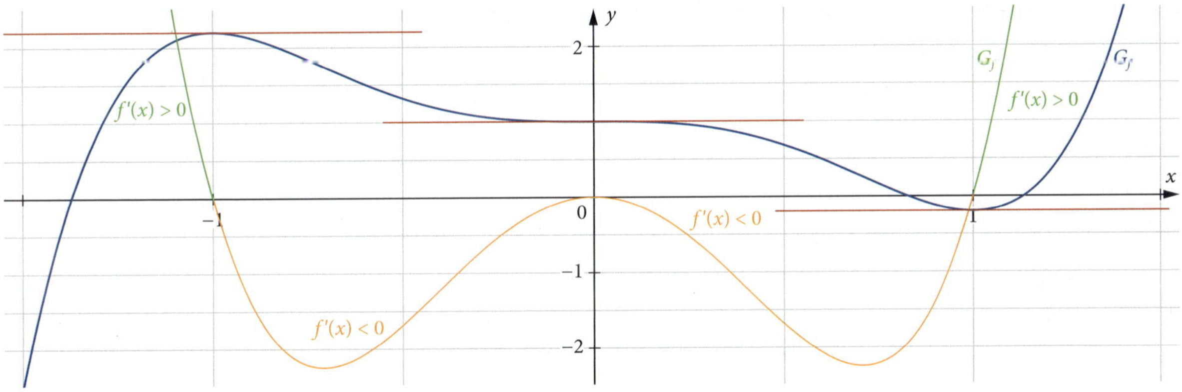

In der Umgebung eines Hochpunkts ist die Steigung links vom Hochpunkt positiv ($f'(x) > 0$) und rechts vom Hochpunkt negativ ($f'(x) < 0$).

Das Vorzeichen der Ableitung wechselt von + nach −.

In der Umgebung des Punktes, der weder ein Hochpunkt noch ein Tiefpunkt ist, ist die Steigung sowohl links als auch rechts vom Punkt negativ ($f'(x) < 0$).

Das Vorzeichen der Ableitung wechselt nicht.

In der Umgebung eines Tiefpunkts ist die Steigung links vom Tiefpunkt negativ ($f'(x) < 0$) und rechts vom Tiefpunkt positiv ($f'(x) > 0$).

Das Vorzeichen der Ableitung wechselt von − nach +.

Durch Verallgemeinerung der Beobachtungen erhalten wir das **Vorzeichenwechselkriterium** (VZW-Kriterium). Damit können wir eine **hinreichende Bedingung** für die Existenz einer Extremstelle angeben:

- Ist die notwendige Bedingung für Extremstellen $\boldsymbol{f'(x_E) = 0}$ erfüllt und wechselt f' an der Stelle x_E das Vorzeichen von **positiv zu negativ**, so hat f an der Stelle x_E ein **lokales Maximum**.
- Ist die notwendige Bedingung für Extremstellen $\boldsymbol{f'(x_E) = 0}$ erfüllt und wechselt f' an der Stelle x_E das Vorzeichen von **negativ zu positiv**, so hat f an der Stelle x_E ein **lokales Minimum**.
- Ist die notwendige Bedingung für Extremstellen $\boldsymbol{f'(x_E) = 0}$ erfüllt, aber wechselt f' das Vorzeichen nicht, so hat f an der Stelle x_E kein lokales Extremum.

5 Extrempunktbestimmung

Untersuchen Sie die Funktion f mit $f(x) = \frac{1}{15}x^4 - \frac{8}{45}x^3 - 2x^2 + 5$; $x \in \mathbb{R}$ auf Extremstellen und bestimmen Sie die Extrempunkte des Graphen.

Die erste Ableitung von f lautet:
$f'(x) = \frac{4}{15}x^3 - \frac{8}{15}x^2 - 4x$
Die notwendige Bedingung ist für die „Kandidaten" $x_1 = -3$; $x_2 = 0$ und $x_3 = 5$ erfüllt.

Mithilfe einer Tabelle können wir das Vorzeichenwechsel-Kriterium als hinreichende Bedingung anwenden. Wir prüfen damit, ob an diesen Stellen tatsächlich Extremwerte vorliegen und welcher Art diese sind.

► Eine Alternative zur Vorzeichentabelle ist eine Skizze des Graphen von f'.

Wir erhalten:
- VZW von − nach + bei $x_1 = -3$ und damit ein lokales Minimum
- VZW von + nach − bei $x_2 = 0$ und damit ein lokales Maximum
- VZW von − nach + bei $x_3 = 5$ und damit ein lokales Minimum

Durch Einsetzen der x-Werte in die Gleichung von f erhalten wir die y-Werte und die gesuchten Extrempunkte:

$f(-3) = -2{,}8 \rightarrow T_1(-3|-2{,}8)$
$f(0) = 5 \rightarrow H(0|5)$
$f(5) = -25{,}\overline{5} \rightarrow T_2(5|-25{,}\overline{5})$

Notwendige Bedingung:

$$f'(x) = 0$$
$$\Leftrightarrow \frac{4}{15}x^3 - \frac{8}{15}x^2 - 4x = 0$$
$$\Leftrightarrow \frac{4}{15}x\,(x^2 - 2x - 15) = 0$$
$$\Leftrightarrow \frac{4}{15}x = 0 \text{ oder } x^2 - 2x - 15 = 0$$
$$\Leftrightarrow x = 0 \text{ oder } x = \frac{2 \pm \sqrt{64}}{2} = 1 \pm 4$$

Lösungen: $x_1 = -3$; $x_2 = 0$; $x_3 = 5$

Hinreichende Bedingung:

x		−3		0		5	
$f'(x)$	−	0	+	0	−	0	+
G_f	↘	TP	↗	HP	↘	TP	↗

► $f'(-4) = -9{,}6$; $f'(-1) = 3{,}2$; $f'(2) = -8$; $f'(6) = 14{,}4$
Es können auch andere Werte aus den vier Intervallen eingesetzt werden.

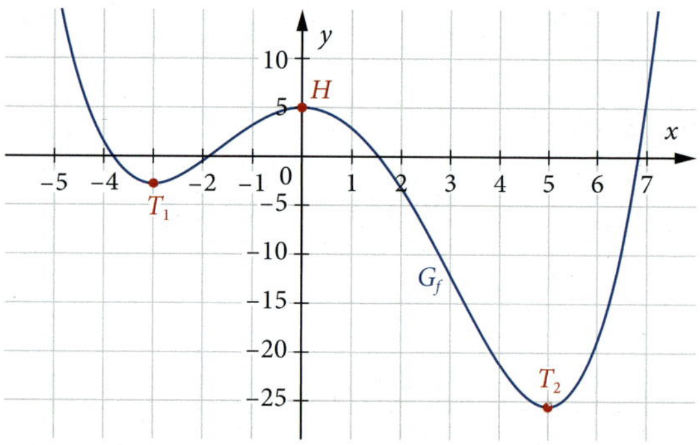

Die Extremstellen einer Funktion f werden mit der notwendigen und hinreichenden Bedingung bestimmt:
Notwendige Bedingung für Extremstellen:
x_E ist Extremstelle von $f \Rightarrow f'(x_E) = 0$.
Hinreichende Bedingung für Extremstellen:
$f'(x_E) = 0$ und VZW von + nach − $\Rightarrow x_E$ ist Maximalstelle von f.
$f'(x_E) = 0$ und VZW von − nach + $\Rightarrow x_E$ ist Minimalstelle von f.

1. Untersuchen Sie die Funktion f auf Extrempunkte des Graphen.
Skizzieren Sie den Graphen.
a) $f(x) = -x^2 + 6x - 4$ b) $f(x) = x^3 + 3x^2 - 24x$ c) $f(x) = 0{,}25x^3 - 1{,}5x^2 + 3x - 2$

2. Weisen Sie rechnerisch nach, dass die Funktion aus Beispiel 3 (► Seite 134) ein lokales Maximum besitzt.

► Lösungen auf Seite 258

Übungen zu 2.2.1

1. Ermitteln Sie rechnerisch die Art und Lage der Extremstellen von *f*. Geben Sie auch die Punktkoordinaten an.

a) $f(x) = 2x^2 + 8x - 3$
b) $f(x) = -x^2 + 2x + 4$
c) $f(x) = 0{,}5x^2 - 4x$
d) $f(x) = -1{,}5x^2 + 6x + 6$
e) $f(x) = \frac{1}{3}x^3 - x$
f) $f(x) = x^3 + 6x^2$
g) $f(x) = x^3 - 3x^2 + 3x - 1$
h) $f(x) = \frac{4}{3}x^3 - 8x^2 + 12x$
i) $f(x) = 1{,}5x^4 + 8x^3 - 21x^2 - 60x + 31{,}5$
j) $f(x) = \frac{1}{8}x^4 - x^3 - x^2 + 12x + 18$
k) $f(x) = -\frac{1}{2}x^4 - \frac{16}{3}x^3 - 16x^2 + 60$
l) $f(x) = x^4 + x^2$

oHi Mi **2.** Bestimmen Sie die Gleichung der Ableitungsfunktion. Skizzieren Sie den Graphen der Ableitungsfunktion und bestimmen Sie die Art und Lage der Extremstellen unter Verwendung der Skizze.

a) $f(x) = x^2 - x + 1$
b) $f(x) = -0{,}5x^2 + 2$
c) $f(x) = x^2 - 3x - 4$
d) $f(x) = x^3 + 3x^2 - 9x$
e) $f(x) = x^3 - 3x$
f) $f(x) = -0{,}5x^3 + 24x$
g) $f(x) = 2x^3 - 9x^2 + 7{,}5x + 6$
h) $f(x) = x^4 - 6x^2 + 4$
i) $f(x) = 0{,}25x^4 - 8x$
j) $f(x) = \frac{1}{8}x^4 - x^2$
k) $f(x) = x^3 - 6x$
l) $f(x) = 0{,}2x^4 + x^2$

3. Bestimmen Sie rechnerisch die maximalen Monotonieintervalle von *f*.

a) $f(x) = -1{,}5x^2 + x$
b) $f(x) = 8x^3 - 3x^2$
c) $f(x) = -x^3 + 12x$
d) $f(x) = \frac{1}{8}x^3 + x$
e) $f(x) = -x^3 + 4{,}5x^2 - 6x + 2$
f) $f(x) = x^4 - 16x^3$

oHi Mi **4.** *Ampelabfrage:* Der Graph der Funktion *f* hat an der Stelle $x = 0$ einen Hochpunkt. Welche der folgenden Gleichungen ist diejenige von f'?

- (rot) $f'(x) = 5x(x-1)^2$
- (gelb) $f'(x) = 5x^2(x-1)^2$
- (grün) $f'(x) = -5x(x-1)^2$

oHi Mi **5.** Gegeben sind die Graphen dreier Ableitungsfunktionen f', g' und h'.
Geben Sie an, für welche der Funktionen *f*, *g* und *h* die folgenden Eigenschaften zutreffend sind.

a) Der Funktionsgraph hat einen Tiefpunkt bei $x = -1$.
b) Der Funktionsgraph hat einen Hochpunkt bei $x = 2$.
c) Der Funktionsgraph ist streng monoton steigend ($x > -1$).
d) Der Funktionsgraph ist streng monoton fallend ($x > -1$).

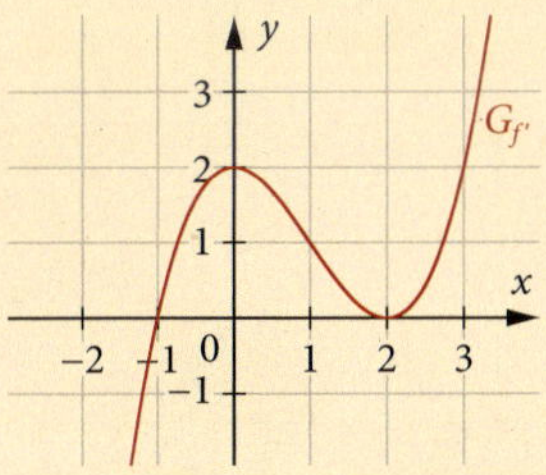

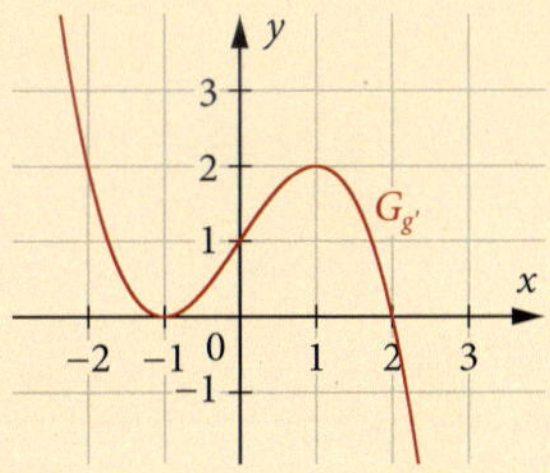

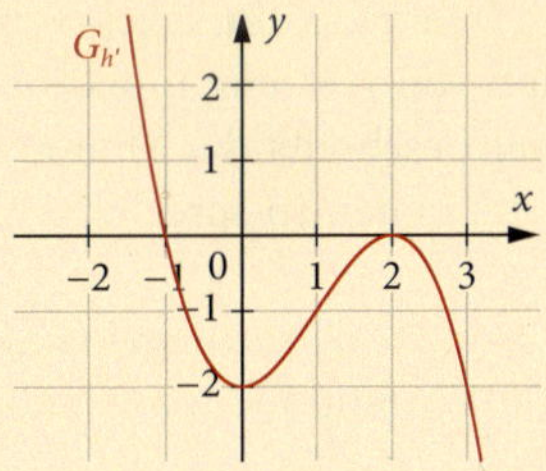

6. Gegeben ist die Funktion *f* mit
$f(x) = -\frac{1}{3}x^4 + \frac{8}{3}x^3 + 6x^2 - 72x$.

a) Bestimmen Sie rechnerisch die Art und Lage der Extremstellen und vergleichen Sie Ihre Lösungen mit dem nebenstehenden Graphen.
b) Prüfen Sie, ob die lokalen Extrempunkte auch auf dem gesamten Definitionsbereich die höchsten bzw. tiefsten Punkte sind.
c) Ermitteln Sie rechnerisch, wie sich die Art und Lage der Extremstellen ändern, wenn der Definitionsbereich auf die eingezeichneten Intervalle eingeschränkt wird.

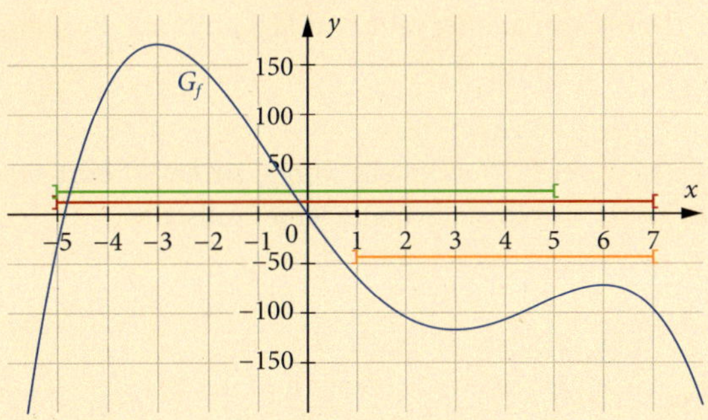

2.2.2 Krümmungsverhalten und Wendepunkte

6 Krümmungsverhalten

Gegeben ist die Funktion f mit $f(x) = 0{,}25x^4 - x^3 + 1$. Stellen Sie sich den zugehörigen Graphen als Straße vor, die Sie von links nach rechts mit dem Fahrrad „entlangfahren".
Beschreiben Sie das Kurvenverhalten des Graphen. Leiten Sie mithilfe der ersten beiden Ableitungen von f Regeln für das Krümmungsverhalten her.

„Fahren" wir den Graphen der Funktion f mit $f(x) = 0{,}25x^4 - x^3 + 1$ von links nach rechts entlang, so müssen wir bis zum Punkt $W_1(0|1)$ den Lenker leicht nach links drehen; vom Punkt $W_1(0|1)$ bis zum Punkt $W_2(2|-3)$ rechtsherum steuern und anschließend wieder nach links.

Man sagt:
Der Funktionsgraph von f ist
im Intervall $K_1 =]-\infty, 0]$ **linksgekrümmt**,
im Intervall $K_2 = [0, 2]$ **rechtsgekrümmt**
und im Intervall $K_3 = [2, \infty[$ wieder linksgekrümmt.

In den Punkten $W_1(0|1)$ und $W_2(2|-3)$ ändert der Graph sein Krümmungsverhalten. Solche Punkte heißen **Wendepunkte**; die Stellen $x_1 = 0$ und $x_2 = 2$ entsprechend **Wendestellen**.

Für die ersten beiden Ableitungen von f gilt:

$f'(x) = x^3 - 3x^2$ und $f''(x) = 3x^2 - 6x$

Betrachten wir die Graphen von f, f' und f'', so fällt auf, dass G_f in den Intervallen **linksgekrümmt** ist, in denen der Graph von f' streng monoton steigt. Die zweite Ableitung beschreibt das Monotonieverhalten von f', also gilt in den entsprechenden Intervallen: $f''(x) > 0$.
In dem Intervall, in dem G_f **rechtsgekrümmt** ist, fällt der Graph von f' streng monoton und es gilt $f''(x) < 0$.
Folglich sind die Monotonieintervalle von f' die **Krümmungsintervalle** von f (wenn man die Grenzen außen vor lässt).

Ferner stellen wir fest:
Ist x_W eine Wendestelle von f, so hat f' dort eine lokale Extremstelle und f'' eine Nullstelle.

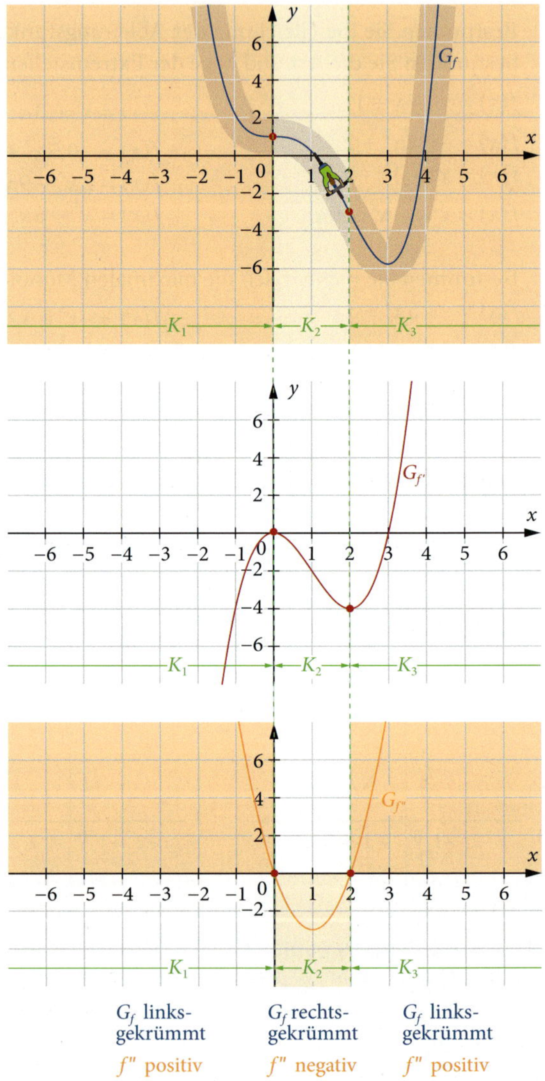

Für eine ganzrationale Funktion f gilt:
Die Wendepunkte bilden die Grenzen der Krümmungsintervalle K von f.
- Wenn $f''(x) > 0$ für alle $x \in K$, dann ist G_f in K **linksgekrümmt**.
- Wenn $f''(x) < 0$ für alle $x \in K$, dann ist G_f in K **rechtsgekrümmt**.

Lesen Sie am Graphen der Funktion die Wendepunkte ab.
Bestimmen Sie rechnerisch das Krümmungsverhalten der abgebildeten Graphen.

a) $f(x) = 0{,}25x^2 - 0{,}5x - 1{,}75$

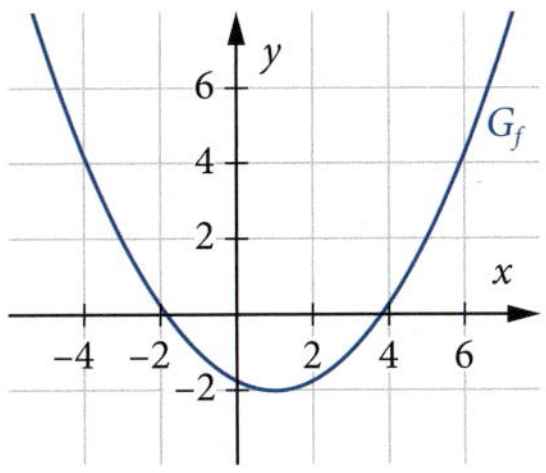

b) $g(x) = -\frac{1}{8}x^3 + \frac{3}{4}x^2$

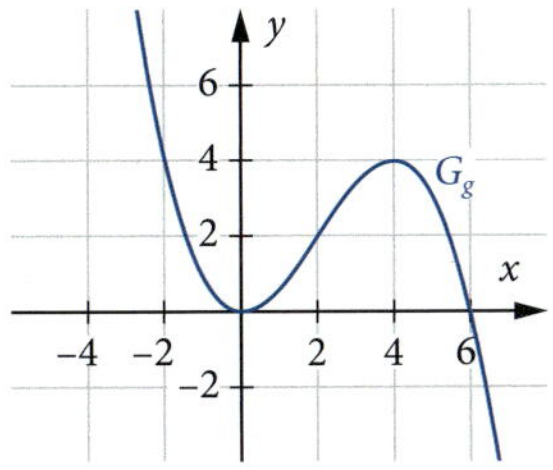

c) $h(x) = -\frac{1}{8}x^4 + x^3 + x^2 - 12x$

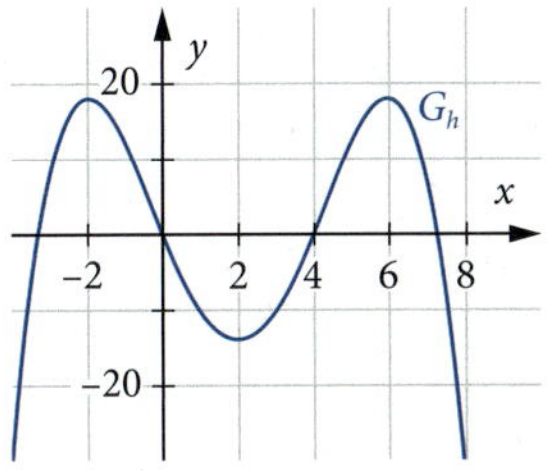

▶ Lösung auf Seite 258

Im vorigen Beispiel haben wir festgestellt: Wenn f eine Wendestelle x_W besitzt, so ist diese eine lokale Extremstelle von f'. Eine Wendestelle ist also Extremstelle der ersten Ableitung. Damit können wir alle Eigenschaften von Extremstellen auf Wendestellen übertragen, wenn wir statt der „Ausgangsfunktion" die erste Ableitung betrachten. Insbesondere ergibt sich als **notwendige Bedingung für die Existenz einer Wendestelle** $f''(x_W) = 0$.
Dies ist in Beispiel 6 auch daran zu erkennen, dass die Wendestellen die Nullstellen der zweiten Ableitung sind.
Wie bei den Extremstellen ist eine erfüllte notwendige Bedingung aber nicht hinreichend. Wir erhalten also nur „Kandidaten" für mögliche Wendestellen. Im folgenden Beispiel verdeutlichen wir uns ein hinreichendes Kriterium.

Hinreichende Bedingung für Wendestellen (mit dem Vorzeichenwechselkriterium)

7

Betrachten Sie erneut die Funktion f mit $f(x) = 1{,}8x^5 - 3x^3 + 1$; $D_f = \mathbb{R}$. (▶ Beispiel 4, Seite 135)
Zeichnen Sie den Graphen von f sowie den der zweiten Ableitung f''.
Erläutern Sie die notwendige und eine hinreichende Bedingung für Wendestellen anhand des Graphen von f''.

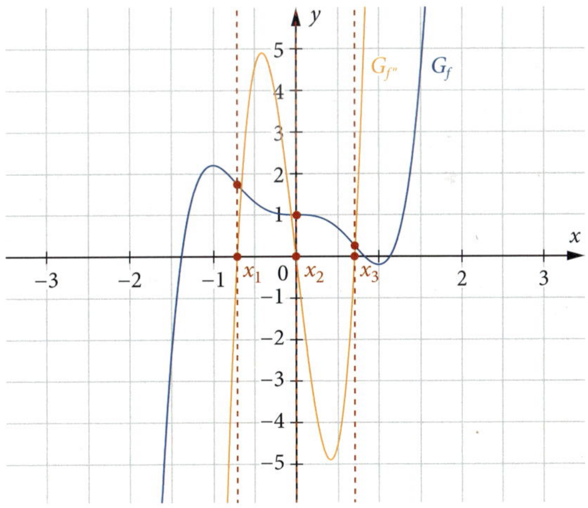

Betrachten wir den Graphen von f und den Graphen von f'', so erkennen wir, dass die notwendige Bedingung für Wendestellen erfüllt ist, da die zweite Ableitung an den Stellen x_1, x_2 und x_3 Nullstellen besitzt.
Die **hinreichende Bedingung für Wendestellen** können wir uns folgendermaßen herleiten:
Damit eine Stelle eine Wendestelle ist, muss der Graph an der Stelle sein Krümmungsverhalten ändern. Da das Vorzeichen der zweiten Ableitung aber genau die Art der Krümmung angibt, muss die zweite Ableitung an einer Wendestelle ihr Vorzeichen ändern.
An den Stellen x_1 und x_3 wechselt das Vorzeichen der zweiten Ableitung von „−" nach „+", also wechselt der Graph von f von einer Rechts- in eine Linkskrümmung. An der Stelle x_2 wechselt das Vorzeichen von f'' von „+" nach „−". Der Graph von f wechselt also von einer Links- in eine Rechtskrümmung.

Die Wendestellen einer Funktion f werden mit der notwendigen und hinreichenden Bedingung bestimmt:
Notwendige Bedingung für Wendestellen: x_W ist Wendestelle von $f \Rightarrow f''(x_W) = 0$
Hinreichende Bedingung für Wendestellen: Gilt an der Stelle x_W die notwendige Bedingung und wechselt f'' an der Stelle x_W das Vorzeichen, so hat der Graph von f an der Stelle x_W einen Wendepunkt.

8 Wendestellenbestimmung

Untersuchen Sie die Funktion f mit $f(x) = \frac{1}{15}x^4 - \frac{8}{45}x^3 - 2x^2 + 5;\ x \in \mathbb{R}$ auf Wendestellen und bestimmen Sie die Wendepunkte des Graphen.

Wir bilden die ersten beiden Ableitungen:
$f'(x) = \frac{4}{15}x^3 - \frac{8}{15}x^2 - 4x$
$f''(x) = \frac{4}{5}x^2 - \frac{16}{15}x - 4$

Wir bestimmen die Kandidaten für Wendestellen mithilfe der notwendigen Bedingung.

Für die Werte $x_1 = -\frac{5}{3}$ und $x_2 = 3$ ist die notwendige Bedingung erfüllt, d. h., es gibt zwei Kandidaten für Wendestellen.

Notwendige Bedingung:

$$f''(x) = 0$$

$$\Leftrightarrow \frac{4}{5}x^2 - \frac{16}{15}x - 4 = 0 \quad \Big| \cdot \frac{5}{4}$$

$$\Leftrightarrow x^2 - \frac{4}{3}x - 5 = 0$$

$$x_{1/2} = \frac{\frac{4}{3} \pm \sqrt{\frac{16}{9} + 20}}{2} = \frac{\frac{4}{3} \pm \sqrt{\frac{196}{9}}}{2} = \frac{\frac{4}{3} \pm \frac{14}{3}}{2}$$

$$x_1 = -\frac{5}{3} \approx -1{,}67;\ x_2 = 3$$

Wir prüfen den Kandidaten $x_1 = -\frac{5}{3}$:
Es liegt ein VZW vor. Also hat f bei $x_1 = -\frac{5}{3}$ eine Wendestelle.
Wir berechnen den zugehörigen Funktionswert. Der Graph hat den Wendepunkt $W_1\left(-\frac{5}{3}\middle|0{,}78\right)$.

Wir prüfen den Kandidaten $x_2 = 3$:
Auch hier liegt ein VZW vor und wir können den Funktionswert der Wendestelle berechnen.
Der Graph hat den Wendepunkt $W_2(3|-12{,}4)$.

Hinreichende Bedingung:

x		$-\frac{5}{3}$		3	
$f''(x)$	+	0	−	0	+
G_f	↗	WP	↘	WP	↗

▶ $f''(-2) = \frac{4}{3} > 0;\ f''(-1) = -\frac{32}{15} < 0$
$f''(2) = -\frac{44}{15} < 0;\ f''(4) = \frac{68}{15} > 0$

Berechnung der Funktionswerte:
$f\left(-\frac{5}{3}\right) \approx 0{,}78$
$f(3) \approx -12{,}4$

Da an der Stelle $x_1 = -\frac{5}{3}$ ein Vorzeichenwechsel bei der zweiten Ableitung von „+“ nach „−“ vorliegt, handelt es sich hierbei um einen Wendepunkt, der von einer Links- in eine Rechtskrümmung führt. Man spricht von einem Links-Rechts-Wendepunkt. An der Stelle $x_2 = 3$ liegt dementsprechend ein Wendepunkt vor, der von einer Rechts- in eine Linkskrümmung führt. W_2 ist also eine Rechts-Links-Wendepunkt.

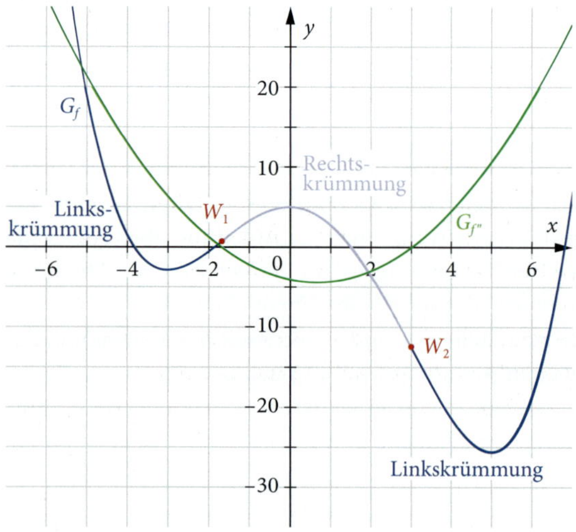

Bestimmen Sie die Wendepunkte und das Krümmungsverhalten des Graphen von f.

a) $f(x) = x^3 + 6x^2 + 9x + 2$

b) $f(x) = -x^3 + 3x^2 - 3x$

c) $f(x) = \frac{1}{18}x^4 + \frac{1}{3}x^3 + 3$

d) $f(x) = x^4 + x^2$

▶ Lösung auf Seite 258

In Beispiel 3 (▶ Seite 134) haben wir uns gefragt, zu welchem Zeitpunkt sich die meisten Besucher auf einer Spielwarenmesse befanden. Nun werden wir untersuchen, wann der Anstieg der Besucherzahl am größten war.

Bestimmung der maximalen Steigung

9

Bestimmen Sie den Zeitpunkt, an dem der Anstieg der Besucherzahlen der Messe am größten ist.

Wir sehen, dass bis 12 Uhr der Graph zunehmend steiler wird und nach 12 Uhr immer weniger steigt. Um 12 Uhr hat der Besucheranstieg offensichtlich sein Maximum erreicht.

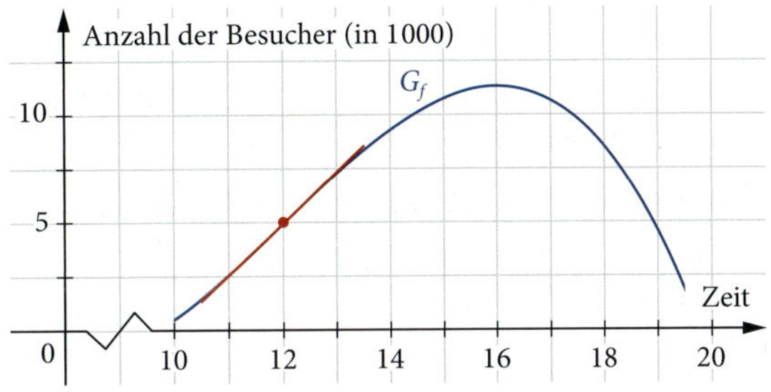

Gesucht ist also der Punkt des Graphen im Intervall $[10; 19{,}5]$, in dem der Anstieg bzw. die Steigung maximal ist. Da die Steigung durch die erste Ableitung beschrieben wird, bestimmen wir die Maximalstelle der Ableitungsfunktion f'.

$f(x) = -0{,}05x^3 + 1{,}8x^2 - 19{,}2x + 62{,}5$

$f'(x) = -0{,}15x^2 + 3{,}6x - 19{,}2$

$f''(x) = -0{,}3x + 3{,}6$ ▶ 1. Ableitung von f'

Notwendig für eine Maximalstelle ist die Bedingung, dass die Ableitung den Wert 0 hat. Die Ableitung von f' ist f''. Daraus ergibt sich für die Maximalstelle von f' die notwendige Bedingung $f''(x) = 0$.

Notwendige Bedingung: $f''(x) = 0$

$\Leftrightarrow \quad -0{,}3x + 3{,}6 = 0$

$\Leftrightarrow \quad -0{,}3x = -3{,}6$

$\Leftrightarrow \quad \boldsymbol{x = 12}$

Mit der hinreichenden Bedingung klären wir, ob 12 tatsächlich eine Maximalstelle von f' ist. Da ein Vorzeichenwechsel bei f'' von „+“ nach „−“ vorliegt, ist dies der Fall.

Hinreichende Bedingung:

x		12	
$f''(x)$	+	0	−
G_f	↺	WP	↷

Im Punkt $P(12|f(12))$ ist die Steigung des Graphen maximal. Also ist um 12 Uhr der Besucheranstieg am größten. Bis 12 Uhr nimmt der Besucheranstieg immer stärker zu; danach schwächt sich der Anstieg ab.

Das Ergebnis des obigen Beispiels können wir auch allgemein formulieren:
Die Wendepunkte sind also zugleich die Punkte, in denen das Steigungsverhalten eine Extremstelle annimmt (maximale oder minimale Steigungsänderung). Die Tangente im Wendepunkt eines Graphen ist also die steilste bzw. flachste Tangente, die man an den Graphen legen kann.

Geben Sie nach Augenmaß die Stellen des Graphen von f an, in denen die Steigung maximal oder minimal ist. Prüfen Sie Ihre Vermutung rechnerisch.

a) $f(x) = \frac{1}{8}x^3 - \frac{3}{4}x^2 + 4$

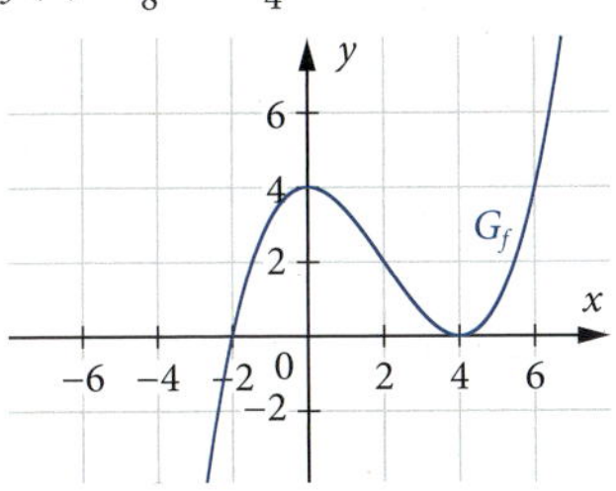

b) $g(x) = -\frac{1}{8}x^3 + \frac{3}{4}x^2$

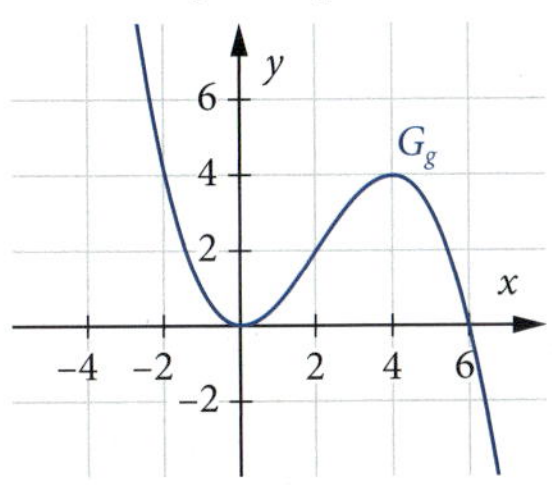

c) $h(x) = -\frac{1}{8}x^4 + x^3 + x^2 - 12x$

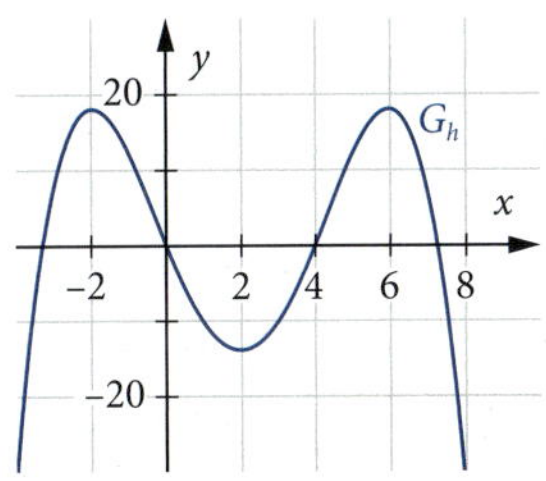

▶ Lösung auf Seite 258

10 Terrassenpunkte

Der Förderverein der Tageseinrichtung „Abenteuerwelt" hat anlässlich des 20-jährigen Bestehens eine Festschrift herausgegeben. In einer Abbildung ist dort die Entwicklung der Mitgliederzahlen dargestellt.

Die dargestellte Kurve entspricht im Intervall [0; 20] annähernd dem Graphen der Funktion f mit der Gleichung:

$f(x) = -0{,}016x^4 + 0{,}64x^3 - 7{,}2x^2 + 32x + 20$

Bestimmen Sie den Zeitpunkt, zu dem der Stand der Mitgliederzahlen stagnierte sowie denjenigen, an dem der Mitgliederzuwachs am höchsten war.

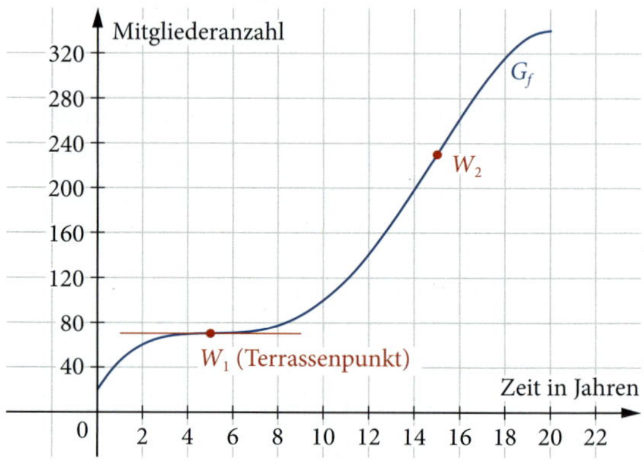

Am Graphen erkennen wir, dass wir die Wendestellen von f bestimmen müssen.

Wir bilden zunächst die Ableitungen von f.
$f'(x) = -0{,}064x^3 + 1{,}92x^2 - 14{,}4x + 32$
$f''(x) = -0{,}192x^2 + 3{,}84x - 14{,}4$

Für die Werte 5 und 15 ist die notwendige Bedingung erfüllt.

Notwendige Bedingung: $f''(x) = 0$
$\Leftrightarrow \quad -0{,}192x^2 + 3{,}84x - 14{,}4 = 0$
$\Leftrightarrow \quad x^2 - 20x + 75 = 0$
$x_{1/2} = \frac{20 \pm \sqrt{400 - 300}}{2}$
$x_1 = 5; \quad x_2 = 15$

Die Funktion f hat bei $x_1 = 5$ eine Wendestelle, und der Graph von f hat den Rechts-Links-Wendepunkt $W_1(5|70)$. Außerdem ist die Steigung des Graphen in W_1 gleich null, d.h., die entsprechende Tangente an den Graphen von f ist waagerecht.
Solch ein Wendepunkt mit waagerechter Tangente heißt **Terrassenpunkt**.

Hinreichende Bedingung:

x		5		15	
$f''(x)$	–	0	+	0	–
G_f	↘	WP	↗	WP	↘

VZW sowohl bei $x_1 = 5$ als auch bei $x_2 = 15$
$f(5) = 70$
$f'(5) = 0 \rightarrow$ Terrassenpunkt $W_1(5|70)$

In unserem Beispiel heißt dies, dass der Mitgliederzuwachs stagniert.
Auch bei $x_2 = 15$ hat f eine Wendestelle. In diesem Wendepunkt ändert sich das Krümmungsverhalten von links nach rechts. Wir haben somit hier die Stelle mit dem höchsten Mitgliederzuwachs.

Ein **Terrassenpunkt** ist ein Wendepunkt, in dem die Tangente an dem Graphen waagerecht ist.
Es gilt also zusätzlich die Bedingung $f'(x_W) = 0$.

Wendetangenten

11

Die Tangenten an einen Funktionsgraphen in seinen Wendepunkten heißen **Wendetangenten**. Sie sind durch eine besondere Eigenschaft gekennzeichnet. Betrachten Sie dazu die Funktion f mit $f(x) = \frac{1}{8}x^3 - \frac{3}{4}x^2$ und bestimmen Sie zunächst den Wendepunkt des Graphen von f.

Wir bilden die ersten beiden Ableitungen und wenden die notwendige und hinreichende Bedingung an.

$f'(x) = \frac{3}{8}x^2 - \frac{3}{2}x$

$f''(x) = \frac{3}{4}x - \frac{3}{2}$

Über die notwendige und hinreichende Bedingung für Wendestellen erhalten wir den Wendepunkt $W(2|-2)$.

▶ VZW bei $x = 2$; $f(2) = -2$

Notwendige Bedingung: $f''(x) = 0$

$\Leftrightarrow \quad \frac{3}{4}x - \frac{3}{2} = 0 \Leftrightarrow x = \mathbf{2}$

Hinreichende Bedingung:

x		2	
$f''(x)$	–	0	+
G_f	↷	WP	↶

Die Steigung m der Wendetangente entspricht der Steigung des Graphen in $W(2|-2)$ und wird mithilfe der ersten Ableitung bestimmt.

Wir berechnen t, indem wir den Steigungswert und die Koordinaten von W in die allgemeine Gleichung $y = mx + t$ einsetzen.

$m = f'(2) = -\frac{3}{2}$

$y = mx + t$

$-2 = -\frac{3}{2} \cdot 2 + t \quad \Leftrightarrow \quad t = 1$

Gleichung der Wendetangente:

$y = -\frac{3}{2}x + 1$

Es fällt auf, dass die Wendetangente den Graphen in W nicht nur berührt, sondern auch schneidet. Wir können uns dies folgendermaßen erklären:

„Vor“ dem Wendepunkt ist der Graph rechtsgekrümmt, und die Tangente berührt den Graphen von oben.

„Nach“ dem Wendepunkt verläuft der Graph in einer Linkskurve, und die Tangente berührt den Graphen von unten.

Im Wendepunkt selbst findet der Übergang statt, d. h., die Tangente „wechselt die Seite“. Die eine „Hälfte“ liegt noch oberhalb, die andere schon unterhalb des Graphen.

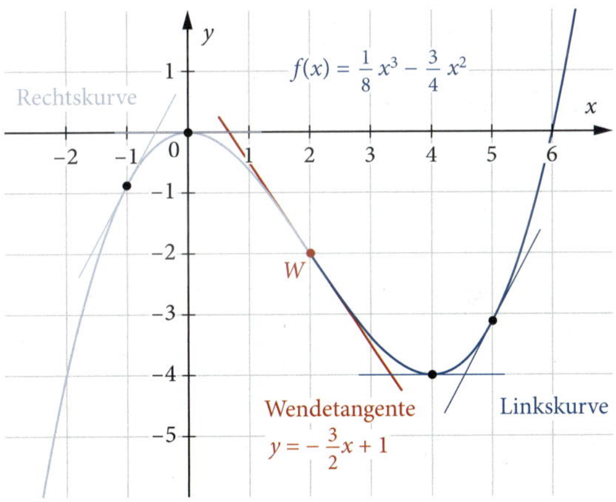

Die Tangente an einen Funktionsgraphen in einem Wendepunkt heißt **Wendetangente**.

1. Bestimmen Sie die Wendepunkte des Graphen von f mit $f(x) = x^4 - 6x^3 + 12x^2 - 8x$.
   Prüfen Sie, welche der Wendepunkte des Graphen Terrassenpunkte sind.
   Geben Sie die Gleichungen der Wendetangenten an.

2. Bestimmen Sie die Gleichungen der Wendetangenten.
   a) $f(x) = 0{,}5x^3 - 3x^2 + 4{,}5x$
   b) $f(x) = \frac{1}{12}x^4 - 2x^2$

▶ Lösungen auf Seite 259

Übungen zu 2.2.2

oHi Mi **1.** Die Abbildungen enthalten jeweils die Graphen der Ableitungsfunktionen f' und f'' einer ganzrationalen Funktion f.

(1) Prüfen Sie, ob f Wendestellen hat, und geben Sie diese Stellen an.

(2) Untersuchen Sie, ob der Graph von f im zugehörigen Wendepunkt von einer Links- in eine Rechtskurve oder von einer Rechts- in eine Linkskurve übergeht.

(3) Lesen Sie für jede ermittelte Wendestelle die Steigung der Wendetangente ab.

(4) Prüfen Sie für jede ermittelte Wendestelle, ob es sich um eine Terrassenstelle handelt.

a)

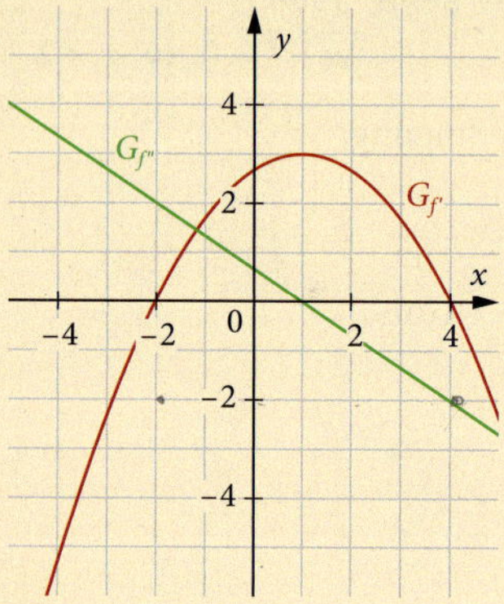

b)

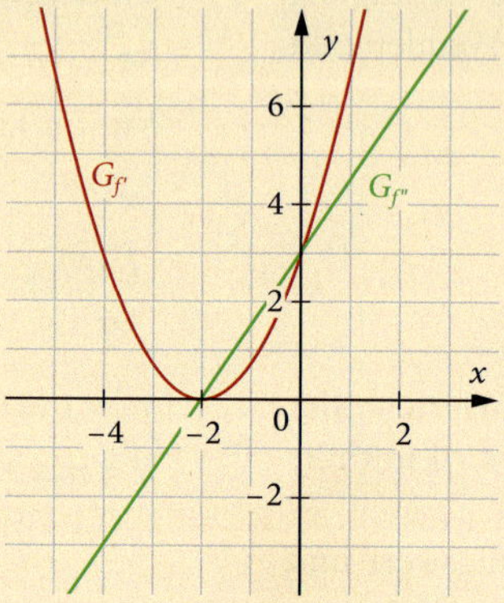

c)

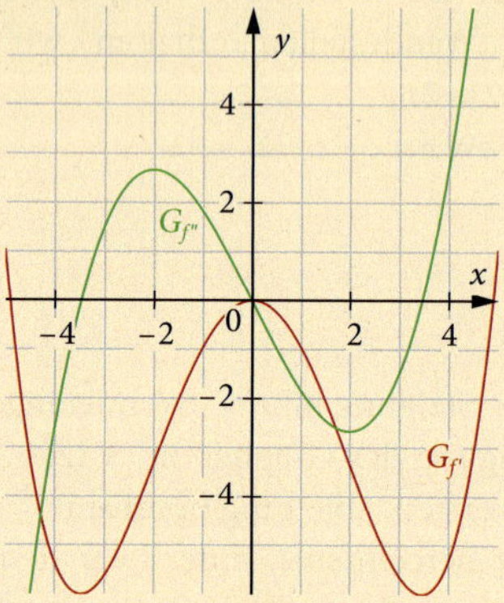

2. Bestimmen Sie die Wendepunkte der Graphen der gegebenen Funktionen. Geben Sie auch das Krümmungsverhalten an.

oHi Mi a) $f(x) = x^3 + 3x^2$	d) $f(x) = -\frac{1}{9}x^3 - x^2$	g) $f(x) = \frac{1}{8}x^4 - 3x^2$
oHi Mi b) $f(x) = -0{,}3x^3 + 8{,}1$	e) $f(x) = x^3 - 9x^2 + 27x - 19$	h) $f(x) = 0{,}25x^4 - 2x^3 + 4{,}5x^2$
oHi Mi c) $f(x) = \frac{1}{3}x^3 - 4x$	f) $f(x) = -0{,}2x^3 + 3x^2 - 9{,}6x$	i) $f(x) = x^3$

oHi Mi **3.** Prüfen Sie, welche der Wendepunkte aus Aufgabe 2 auch Terrassenpunkte sind.

4. Ermitteln Sie jeweils die Gleichung der Wendetangenten für die Funktionen aus Aufgabe 2.

5. Gegeben ist die Funktion f mit $f(x) = \frac{1}{10} \cdot (x - 3)(x^2 + 3)$.
Prüfen Sie, ob der Graph von f eine waagerechte Wendetangente hat.

6. Gegeben ist die Funktion f mit $f(x) = -\frac{1}{6}x^4 + x^2 + 1$.

a) Bestimmen Sie die Koordinaten des Wendepunktes des Graphen von f für $x > 0$.

b) Begründen Sie, warum es genau noch einen weiteren Wendepunkt gibt, und geben Sie dessen Koordinaten ohne Rechnung an.

c) Stellen Sie die Gleichungen der Wendetangenten auf.

7. Gegeben ist die Kostenfunktion K mit $K(n) = 5n^3 - 60n^2 + 250n + 200,\ n \geq 0$, die einer bestimmten Produktionsmenge n die angefallenen Kosten $K(n)$ des Betriebes zuordnet.
Ermitteln Sie die Produktionsmenge mit dem geringsten Kostenanstieg und die Kosten, die bei dieser Menge anfallen.

2.2.3 Alternative Kriterien zur Bestimmung von Extrem- und Wendepunkten

Für die Bestimmung von Extrem- und Wendepunkten haben wir bisher als hinreichende Bedingung jeweils das VZW-Kriterium genutzt. Es gibt aber noch ein weiteres hinreichendes Kriterium.

Hinreichende Bedingung für Extremstellen (mit der zweiten Ableitung)

12

Betrachten Sie den Graphen der Funktion f mit $f(x) = 1{,}8x^5 - 3x^3 + 1$; $D_f = \mathbb{R}$. (▶ Beispiel 4, Seite 135).
Beschreiben Sie das Krümmungsverhalten an den Extremstellen.

Mithilfe der ersten Ableitung erkennen wir, dass die notwendige Bedingung $f'(x) = 0$ für die Stellen $x = -1$; $x = 0$ und $x = 1$ erfüllt ist, da dort die Nullstellen von f' liegen. Gleichzeitig erkennen wir, dass nur an den Stellen $x = -1$ und $x = 1$ ein Vorzeichenwechsel der ersten Ableitung vorliegt und damit nur dort lokale Extrema vorliegen.

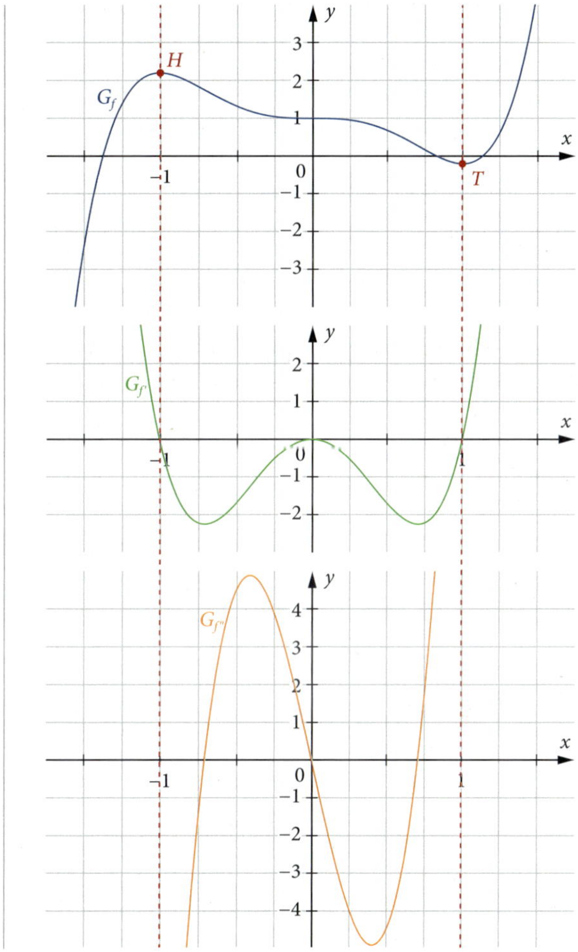

Betrachten wir das Krümmungsverhalten an den Extremstellen, so sehen wir, dass der Graph von f
- bei einem lokalen Maximum *rechtsgekrümmt* und damit $f''(x) < 0$ ist.
- bei einem lokalen Minimum *linksgekrümmt* und damit $f''(x) > 0$ ist.

Daraus können wir die folgende hinreichende Bedingung für Extremstellen herleiten:
- Gilt an der Stelle x_E mit $f'(x_E) = 0$ auch die Bedingung $f''(x_E) < 0$, so ist x_E eine Maximalstelle von f.
- Gilt an der Stelle x_E mit $f'(x_E) = 0$ auch die Bedingung $f''(x_E) > 0$, so ist x_E eine Minimalstelle von f.

Achtung: An der Terrassenstelle $x = 0$ gilt $f''(x) = 0$. Dies ist jedoch keine hinreichende Bedingung für die Existenz einer Terrassenstelle. Es heißt auch nicht, dass keine lokale Extremstelle vorliegt. In diesem Fall muss eine VZW-Untersuchung bei f' erfolgen.

▶ Beispiel 4, Seite 135

Notwendige und hinreichende Bedingung für eine Extremstelle (mit der zweiten Ableitung):
- $f'(x_E) = 0$ und $f''(x_E) < 0 \Rightarrow x_E$ ist lokale Maximalstelle von f.
- $f'(x_E) = 0$ und $f''(x_E) > 0 \Rightarrow x_E$ ist lokale Minimalstelle von f.

Gilt $f'(x_E) = 0$ und $f''(x_E) = 0$, so lässt sich nicht sagen, ob x_E Extremstelle ist.

Weisen Sie rechnerisch nach, dass bei der Funktion aus Beispiel 12 die Extremstellen bei $x_1 = -1$ und $x_2 = 1$ liegen. Nutzen Sie dafür das hinreichende Kriterium mit der zweiten Ableitung.

▶ Lösung auf Seite 259

13 Das VZW-Kriterium ist manchmal nötig

Bestimmen Sie die Extremstellen von f mit $f(x) = x^4$.

Zunächst versuchen wir, die Extremstellen mithilfe der Bedingung $f'(x) = 0$ und $f''(x) \neq 0$ zu finden.

Wir erhalten $x = 0$ als einzigen Kandidaten für eine Extremstelle. Beim Einsetzen des Wertes in die zweite Ableitung erhalten wir das Ergebnis 0, d. h., die Bedingung $f''(x) \neq 0$ ist nicht erfüllt.
Wir können also mit dieser Bedingung den erforderlichen Nachweis nicht erbringen. Das muss aber nicht heißen, dass $x = 0$ keine Extremstelle ist. Tatsächlich erkennen wir am Graphen, dass dort ein Tiefpunkt vorliegt.
Für den rechnerischen Nachweis greifen wir auf das VZW-Kriterium zurück:
Für alle x-Werte links von $x = 0$ hat f' negative Funktionswerte, z. B. $f'(-1) = 4 \cdot (-1)^3 = -4$.
Für alle x-Werte rechts von $x = 0$ hat f' positive Funktionswerte, z. B. $f'(1) = 4 \cdot 1^3 = 4$.
Also findet ein Vorzeichenwechsel von − nach + statt, d. h., $x = 0$ ist Minimalstelle von f.

Ableitungen: $f'(x) = 4x^3$; $f''(x) = 12x^2$
Notwendige Bedingung: $f'(x) = 0$

$$4x^3 = 0 \quad |:4$$
$$\Leftrightarrow \quad x^3 = 0 \Leftrightarrow x = \mathbf{0}$$

Hinreichende Bedingung: $f'(x) = 0$ und $f''(x) \neq 0$
$f'(0) = 0$ und $f''(0) = 0$ → keine Aussage möglich

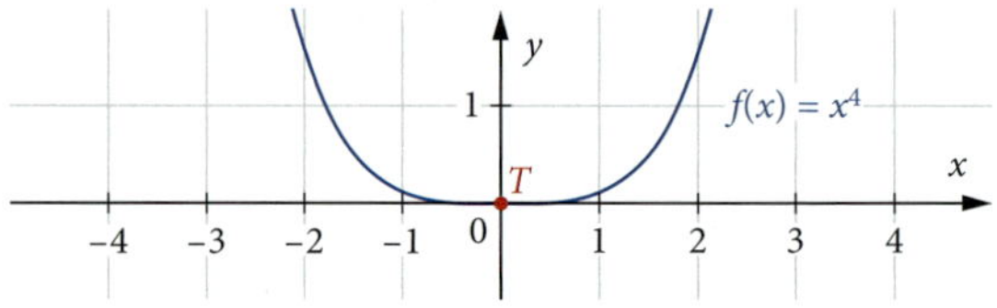

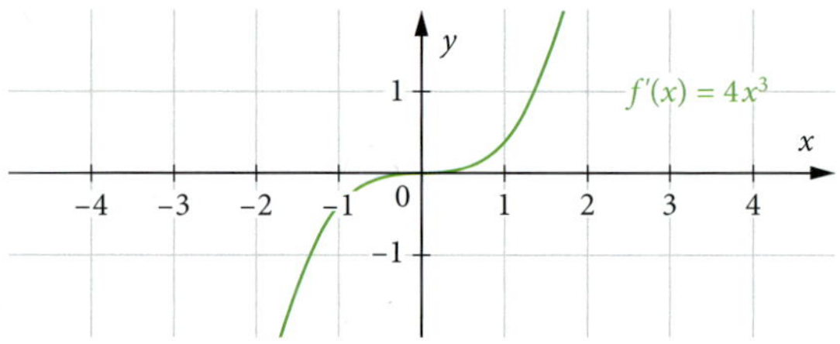

14 Hinreichende Bedingung für Wendestellen (mit der dritten Ableitung)

Gegeben ist f mit $f(x) = 1{,}8x^5 - 3x^3 + 1$, $D_f = \mathbb{R}$. Übertragen Sie das hinreichende Kriterium für lokale Extremstellen von der vorigen Seite auf Wendestellen und bestimmen Sie damit rechnerisch die Wendepunkte von f.

Da die Wendestellen die lokalen Extremstellen der ersten Ableitung sind (▶ Seite 139), ergibt sich als hinreichende Bedingung für eine Wendestelle:
$f''(x) = 0$ und $f'''(x) \neq 0$
Wir setzen die zweite Ableitung gleich null und erhalten drei mögliche Wendestellen.
Mithilfe der dritten Ableitung prüfen wir diese drei „Kandidaten" und erhalten für alle drei möglichen Wendestellen einen Wert ungleich null. Also handelt es sich tatsächlich um Wendestellen. Die zugehörigen y-Koordinaten berechnen wir mit der Funktionsgleichung:

$f(-\sqrt{0{,}5}) \approx 1{,}74 \rightarrow W_1(-\sqrt{0{,}5}\,|\,1{,}74)$
$f(0) = 1 \rightarrow W_2(0\,|\,1)$
$f(\sqrt{0{,}5}) \approx 0{,}26 \rightarrow W_3(\sqrt{0{,}5}\,|\,0{,}26)$

$f(x) = 1{,}8x^5 - 3x^3 + 1$
$f'(x) = 9x^4 - 9x^2$
$f''(x) = 36x^3 - 18x$
$f'''(x) = 108x^2 - 18$

Notwendige Bedingung: $f''(x) = 0$

$$36x^3 - 18x = 0$$
$$\Leftrightarrow \quad 18x(2x^2 - 1) = 0$$

Lösungen: $x_1 = -\sqrt{0{,}5}$; $x_2 = 0$; $x_3 = \sqrt{0{,}5}$

Hinreichende Bedingung: $f''(x) = 0$ und $f'''(x) \neq 0$
x_1: $f'''(-\sqrt{0{,}5}) = 54 - 18 = 36 \neq 0$
x_2: $f'''(0) = -18 \neq 0$
x_3: $f'''(\sqrt{0{,}5}) = 36 \neq 0$

Achtung: Ganz analog zu den Extremstellen gilt: Ist die dritte Ableitung an einer Wendestelle gleich null, so ist keine Aussage möglich. Es muss eine Vorzeichenuntersuchung bei f'' durchgeführt werden.

Notwendige und hinreichende Bedingung für eine Wendestelle (mit der dritten Ableitung):
$f''(x_W) = 0$ und $f'''(x_W) \neq 0 \Rightarrow x_W$ ist Wendestelle von f.

Zusammenfassend können wir sagen: Die beiden „neuen“ hinreichenden Bedingungen für Extrem- und Wendestellen ersparen bei ganzrationalen Funktionen teilweise etwas Rechenaufwand bei der Prüfung des Vorzeichenwechsels. Dafür gibt es aber Fälle, in denen sie nicht funktionieren und dann nachträglich der Vorzeichenwechsel geprüft werden muss.
Das rechnerische Vorgehen können wir uns mit den folgenden Schaubildern verdeutlichen:

Extremstellen:

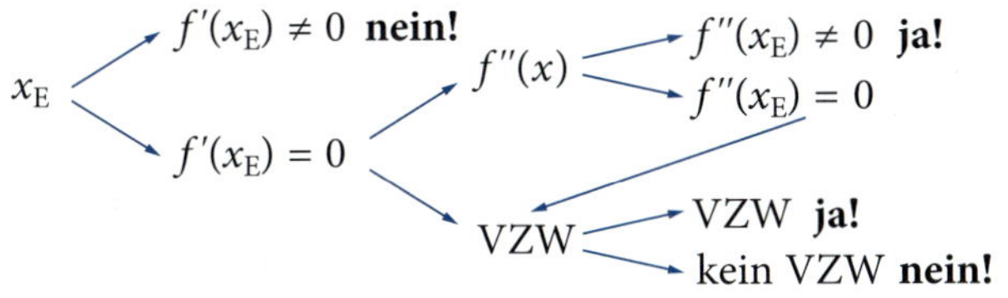

Wendestellen:

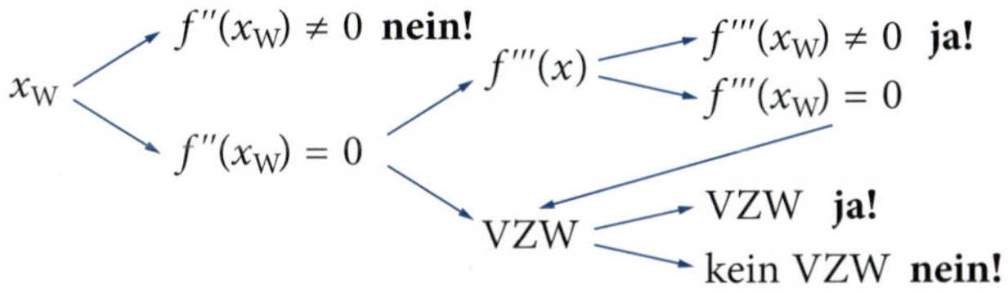

Übungen zu 2.2.3

oHi Mi **1.** Die Abbildungen zeigen die Graphen der ersten drei Ableitungen einer ganzrationalen Funktion f. Ermitteln Sie die Art und Lage der Extrem- und Wendestellen von f. Begründen Sie Ihre Lösung.

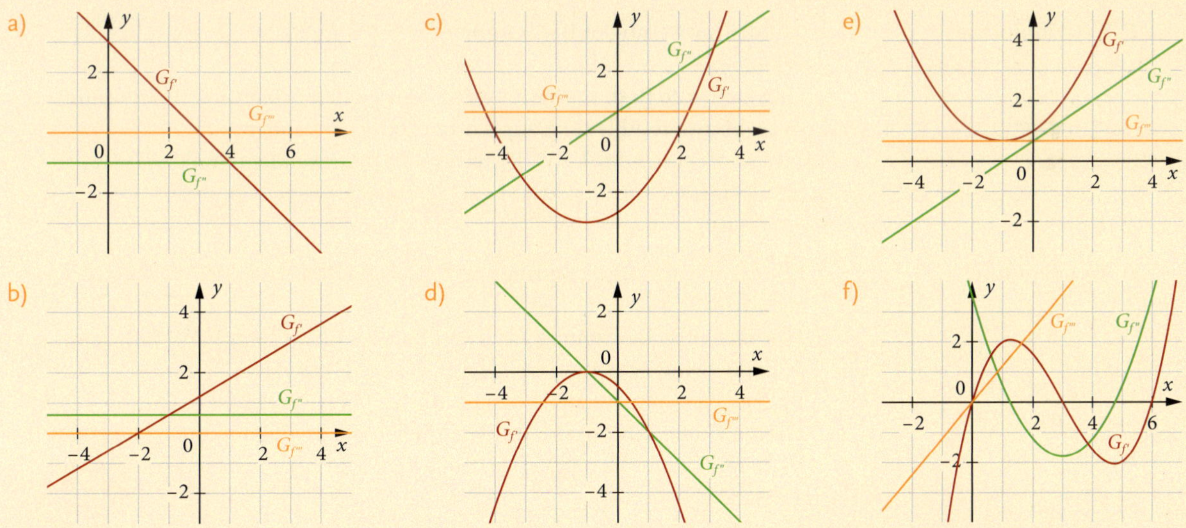

2. Berechnen Sie die Art und Lage der Extremstellen sowie die Lage der Wendestellen. Nutzen Sie die hinreichende Bedingung mit der zweiten bzw. dritten Ableitung, außer diese liefern keine Aussage.

a) $f(x) = x^3$
b) $f(x) = 0{,}25x^3 - 2x^2 + 4x$
c) $f(x) = x^3 - 6x^2 + 9x$
d) $f(x) = x^3 - 3x^2 + 3x - 1$
e) $f(x) = 0{,}1x^4 - 2$
f) $f(x) = x^4 - 6x^3 + 5x^2 + 24x - 36$
g) $f(x) = \frac{1}{4}x^4 + \frac{1}{3}x^3 - 2x^2 - 4x$
h) $f(x) = 0{,}2x^5 - 3x^3 + 1$
i) $f(x) = 0{,}05x^5 - 4x^4$

2.2.4 Kurvendiskussion

Die vollständige Bestimmung der globalen und lokalen Eigenschaften einer Funktion und ihres Graphen, das Zeichnen des Graphen inbegriffen, wird **Kurvendiskussion** genannt.

Bei der Untersuchung der einzelnen Merkmale ist stets der **Definitionsbereich** der Funktion zu beachten. Für ganzrationale Funktionen gilt $D = \mathbb{R}$, sofern kein Sachzusammenhang eine Einschränkung erfordert.

1. Symmetrieeigenschaften

Achsensymmetrie zur *y*-Achse: Bedingung $f(-x) = f(x)$ prüfen.
Alternativ prüfen: nur geradzahlige Exponenten im Funktionsterm
Punktsymmetrie zum Ursprung: Bedingung $f(-x) = -f(x)$ prüfen.
Alternativ prüfen: nur ungeradzahlige Exponenten im Term
► Seite 76

2. Globalverlauf

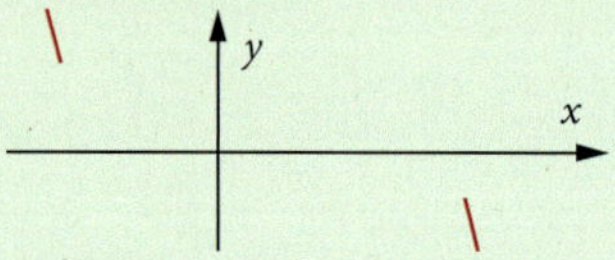

Verhalten von $f(x)$ für $x \to -\infty$ und $x \to +\infty$ prüfen; dabei das Vorzeichen des Leitkoeffizienten beachten.
Verlauf des Graphen durch die Quadranten des Koordinatensystems beschreiben.
► Seite 79

3. Achsenschnittpunkte

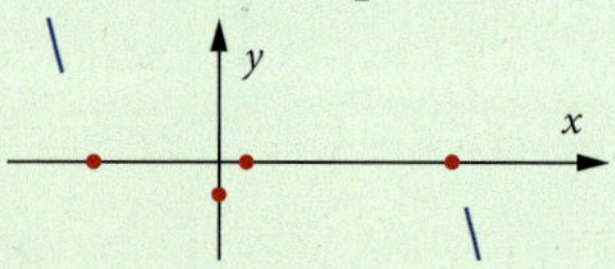

***y*-Achsenschnittpunkt:** $f(0)$ berechnen und $S_y(0|f(0))$ angeben.
***x*-Achsenschnittpunkte:** Mit der Bedingung $f(x) = 0$ die Nullstellen berechnen; Vielfachheit der Nullstellen beachten.
Punkte $N(x|0)$ angeben; dabei ggf. Symmetrie ausnutzen.
► Seite 86

4. Ableitungen

Die **Gleichungen von f', f'' und f'''** angeben.
► Seite 122

5. Extrempunkte

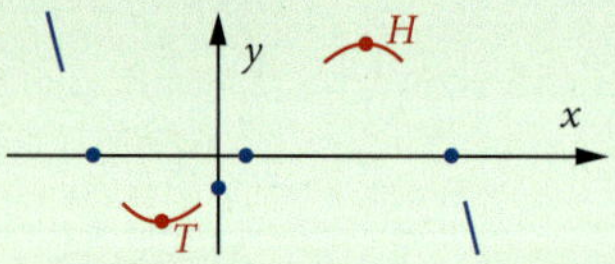

Mit der **notwendigen Bedingung $f'(x) = 0$** Kandidaten für Extremstellen ermitteln.
Hinreichende Bedingung für jeden Kandidaten prüfen: VZW-Kriterium oder die zweite Ableitung zur Überprüfung verwenden.
Im Fall $f''(x) = 0$ das VZW-Kriterium für f' verwenden. Punkte $H(x|f(x))$ und $T(x|f(x))$ angeben; dabei ggf. Symmetrie ausnutzen.
► Seite 136

6. Wendepunkte

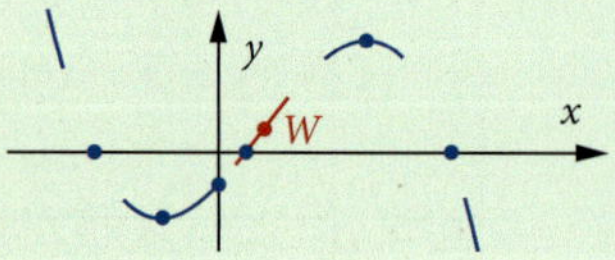

Mit der **notwendigen Bedingung $f''(x) = 0$** Kandidaten für Wendestellen ermitteln.
Hinreichende Bedingung für jeden Kandidaten prüfen: VZW-Kriterium oder die dritte Ableitung zur Überprüfung verwenden.
Im Fall $f'''(x) = 0$ das VZW-Kriterium für f'' verwenden.
Für die Untersuchung auf Terrassenstellen die Bedingung $f'(x) = 0$ prüfen.
Punkte $W(x|f(x))$ bzw. $S(x|f(x))$ angeben; dabei ggf. Symmetrie ausnutzen.
► Seite 139

7. Graph

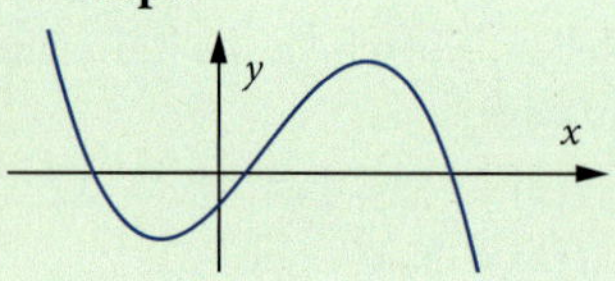

Ermittelte Punkte in ein Koordinatensystem eintragen.
Ggf. Punkte mittels einer Wertetabelle ergänzen.
Verlauf des Graphen zeichnen.

Diskussion einer ganzrationalen Funktion 4. Grades (mit VZW-Kriterium)

15

Diskutieren Sie die Funktion f mit $f(x) = 0{,}25x^4 - 4{,}5x^2 + 8$; $x \in \mathbb{R}$.

Symmetrie: Jede x-Potenz im Funktionsterm hat einen geradzahligen Exponenten. Daher ist der Graph symmetrisch zur y-Achse.

Für alle $x \in \mathbb{R}$ gilt:
$f(-x) = 0{,}25(-x)^4 - 4{,}5(-x)^2 + 8$
$= 0{,}25x^4 - 4{,}5x^2 + 8 = f(x)$

Globalverlauf: Da der Leitkoeffizient positiv ist, verläuft der Graph vom II. in den I. Quadranten.

Für alle $x \in \mathbb{R}$ gilt:
$f(x) \to +\infty$ sowohl für $x \to -\infty$ als auch für $x \to +\infty$

y-Achsenschnittpunkt: $S_y(0|8)$

$f(0) = 8$

x-Achsenschnittpunkte: Zur Bestimmung der Nullstellen lösen wir die Gleichung $f(x) = 0$ und substituieren $x^2 = z$.

$f(x) = 0$
$\Leftrightarrow 0{,}25x^4 - 4{,}5x^2 + 8 = 0 \quad |\cdot 4$
$\Leftrightarrow x^4 - 18x^2 + 32 = 0 \quad$ ▶ $x^2 = z$
$\Leftrightarrow z^2 - 18z + 32 = 0$
$\Leftrightarrow z^2 - 18z + 9^2 = -32 + 9^2$
$\Leftrightarrow (z-9)^2 = 49$
$\Leftrightarrow z - 9 = -7$ oder $z - 9 = 7$
$\Leftrightarrow z = 2$ oder $z = 16 \quad$ ▶ $z = x^2$
$\Leftrightarrow x^2 = 2$ oder $x^2 = 16$
$\Leftrightarrow x = -\sqrt{2}$ oder $x = \sqrt{2}$ oder $x = -4$ oder $x = 4$

Die Funktion f hat vier einfache Nullstellen:
$x_{N_1} = -4$; $x_{N_2} = -\sqrt{2}$; $x_{N_3} = \sqrt{2}$; $x_{N_4} = 4$

Der Graph schneidet die x-Achse in den Punkten $N_1(-4|0)$; $N_2(-\sqrt{2}|0)$; $N_3(\sqrt{2}|0)$ und $N_4(4|0)$.

Ableitungen: Wir bestimmen die Ableitungen.

$f'(x) = x^3 - 9x$; $f''(x) = 3x^2 - 9$; $f'''(x) = 6x$

Extrempunkte: Durch Ausklammern faktorisieren wir den Term, um den Satz vom Nullprodukt anwenden zu können. Wir erhalten drei Kandidaten.
Aus der Vorzeichentabelle lesen wir ab, dass bei $x_{E_1} = -3$ und $x_{E_3} = 3$ Minimalstellen vorliegen, bei $x_{E_2} = 0$ eine Maximalstelle. Wir berechnen die Funktionswerte und erhalten damit die entsprechenden y-Koordinaten.

Die Extrempunkte sind $H(0|8)$, $T_1(-3|-12{,}25)$ und $T_2(3|-12{,}25)$.

Notwendige Bedingung: $f'(x) = 0$
$\Leftrightarrow x^3 - 9x = 0$
$\Leftrightarrow x(x^2 - 9) = 0$
$\Leftrightarrow x = 0$ oder $x^2 - 9 = 0$
$\Leftrightarrow x = 0$ oder $x = -3$ oder $x = 3$

Hinreichende Bedingung: VZW prüfen

x		-3		0		3	
$f'(x)$	$-$	0	$+$	0	$-$	0	$+$
G_f	↘	TP	↗	HP	↘	TP	↗

$f(-3) = -12{,}25$; $f(0) = 8$; $f(3) = -12{,}25$

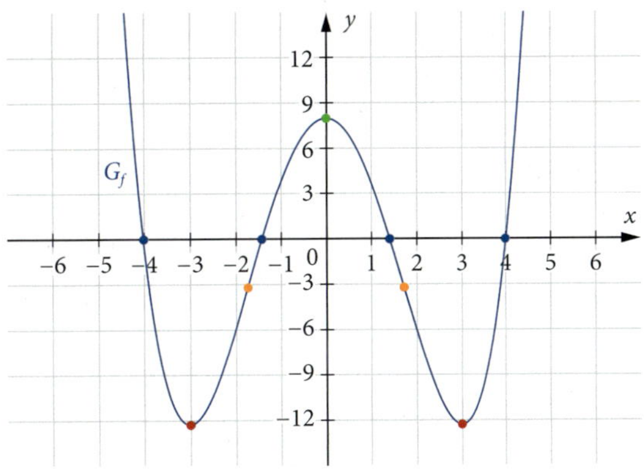

Wendepunkte:
Notwendige Bedingung: $f''(x) = 0$
$3x^2 - 9 = 0$
$\Leftrightarrow x = -\sqrt{3}$ oder $x = \sqrt{3}$

Hinreichende Bedingung: VZW prüfen
Wir prüfen das VZW-Kriterium bei $\sqrt{3}$: $f''(1) = -6 > 0$; $f''(2) = 3 > 0$. Also liegt bei $x_{W_2} = \sqrt{3} \approx 1{,}73$ ein VZW vor. Damit ist $x_{W_2} = \sqrt{3}$ Wendestelle und aus Symmetriegründen auch $x_{W_1} = -\sqrt{3}$.

Aus $f(-\sqrt{3}) = -3{,}25$ ergibt sich $W_1(-\sqrt{3}|-3{,}25)$ und wegen der Symmetrie auch $W_2(\sqrt{3}|-3{,}25)$.

16 Diskussion einer ganzrationalen Funktion mit Terrassenstelle

Diskutieren Sie die Funktion f mit $f(x) = -\frac{1}{8}x^3 + \frac{3}{4}x^2 - \frac{3}{2}x + 2;\ x \in \mathbb{R}$.

Symmetrie: Der Funktionsterm enthält x-Potenzen mit geradem und solche mit ungeradem Exponenten. Daher ist der Graph weder symmetrisch zum Ursprung noch zur y-Achse.

$f(1) = 1{,}125;\quad f(-1) = 4{,}375$

$f(1) \neq f(-1)$ ▶ nicht symmetrisch zur y-Achse

$f(1) \neq -f(-1)$ ▶ nicht symmetrisch zum Ursprung

Globalverlauf: Da der Leitkoeffizient negativ ist, verläuft der Graph vom II. in den IV. Quadranten.

Für alle $x \in \mathbb{R}$ gilt:

$f(x) \to -\infty$ für $x \to +\infty$ und $f(x) \to +\infty$ für $x \to -\infty$

***y*-Achsenschnittpunkt:** $S_y(0|2)$

$f(0) = 2$

***x*-Achsenschnittpunkte:** Wir lösen die Gleichung $f(x) = 0$ nach x auf.

Durch Multiplizieren mit -8 wird der Term normiert. Durch Probieren erhalten wir die Nullstelle $x = 4$ und damit den Linearfaktor $x - 4$. Mithilfe einer Polynomdivision wird der Funktionsterm faktorisiert, um den Satz vom Nullprodukt anwenden zu können.

$$-\tfrac{1}{8}x^3 + \tfrac{3}{4}x^2 - \tfrac{3}{2}x + 2 = 0 \quad |\cdot(-8)$$

$$\Leftrightarrow\quad x^3 - 6x^2 + 12x - 16 = 0$$

▶ Nullstelle $x = 4$ durch Probieren

$$\begin{aligned}
&(x^3 - 6x^2 + 12x - 16) : (x - 4) = x^2 - 2x + 4\\
&\underline{-(x^3 - 4x^2)}\\
&\quad -2x^2 + 12x\\
&\quad \underline{-(-2x^2 + 8x)}\\
&\qquad 4x - 16\\
&\qquad \underline{-(4x - 16)}\\
&\qquad\qquad 0
\end{aligned}$$

Der quadratische Term wird mit der quadratischen Ergänzung zu einem Binom vervollständigt. Er liefert jedoch keine weitere Lösung.

Die Funktion f hat also nur die einfache Nullstelle $x = 4$. Der Graph schneidet die x-Achse in $N(4|0)$.

$$\Leftrightarrow\quad (x - 4)(x^2 - 2x + 4) = 0$$

$$\Leftrightarrow\quad x - 4 = 0 \ \text{ oder } \ x^2 - 2x + 4 = 0$$

$$\Leftrightarrow\quad x = 4 \ \text{ oder } \ x_{1/2} = \underbrace{\frac{2 \pm \sqrt{4 - 16}}{2}}_{D<0}$$

Ableitungen: Wir bestimmen die Ableitungen.

$f'(x) = -\frac{3}{8}x^2 + \frac{3}{2}x - \frac{3}{2}$

$f''(x) = -\frac{3}{4}x + \frac{3}{2};\qquad f'''(x) = -\frac{3}{4}$

Extrempunkte: Wir normieren den Funktionsterm, fassen ihn zu einem Binom zusammen und erhalten $x = 2$ als doppelte Lösung und einzige mögliche Extremstelle. Wir betrachten für die hinreichende Bedingung die zweite Ableitung und sehen, dass $f''(-2) \neq 0$ nicht erfüllt ist. Somit ist zunächst keine Aussage über das Vorliegen einer Extremstelle möglich. Es könnte sich aber um eine Wendestelle handeln.

Notwendige Bedingung: $f'(x) = 0$

$$\Leftrightarrow\quad -\tfrac{3}{8}x^2 + \tfrac{3}{2}x - \tfrac{3}{2} = 0 \quad |\cdot\left(-\tfrac{8}{3}\right)$$

$$\Leftrightarrow\quad x^2 - 4x + 4 = 0$$

$$\Leftrightarrow\quad (x - 2)^2 = 0$$

$$\Leftrightarrow\quad x = 2$$

▶ doppelte Nullstelle

Hinreichende Bedingung: $f'(x) = 0$ und $f''(x) \neq 0$

$f'(2) = 0$ und $f''(2) = 0$

Wendepunkte: Notwendige Bedingung: $f''(x) = 0$

$-\frac{3}{4}x + \frac{3}{2} = 0 \quad \Leftrightarrow \quad x = 2$

Wie erwartet erhalten wir den Kandidaten $x = 2$.

Hinreichende Bedingung: $f''(x) = 0$ und $f'''(x) \neq 0$

$f''(2) = 0$ und $f'''(2) = -\frac{3}{4}$

Wegen $f''(2) = 0$ und $f'''(2) < 0$ ist $x = 2$ Wendestelle des Graphen. Mit der Gleichung von f erhält man den Wendepunkt $W(2|1)$. Da auch die Bedingung $f'(2) = 0$ erfüllt ist, ist W ein Terrassenpunkt.

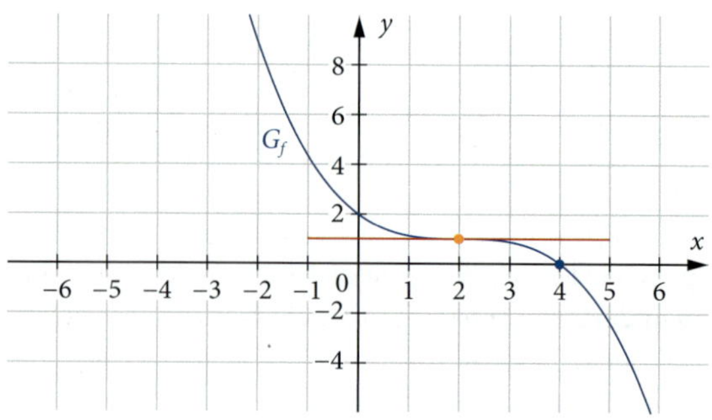

Wirkung eines Medikaments

17

Nach Einnahme eines Medikaments kann die Reaktionsstärke R des Wirkstoffs in Abhängigkeit von der Dosis x (in mg) durch die Funktion R mit $R(x) = -0{,}5x^3 + 1{,}5x^2$ beschrieben werden. Es werden Wirkstoffdosen zwischen 0 und 3 mg untersucht. Diskutieren Sie die Funktion. Interpretieren Sie die Ergebnisse.

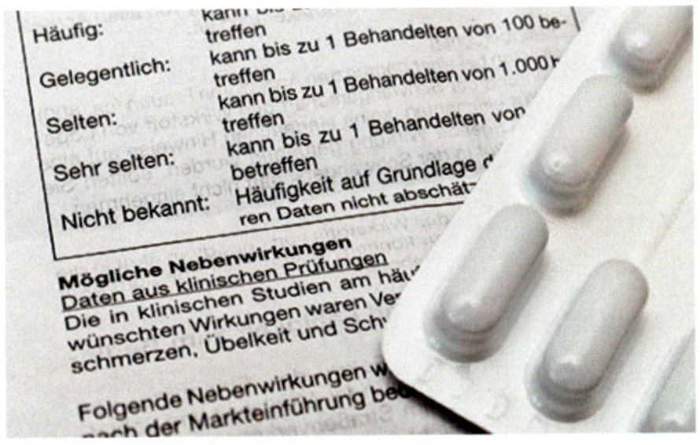

Definitionsbereich:
Bei der Diskussion der Funktion sind nur Wirkstoffmengen zwischen 0 und 3 mg relevant.

Der Definitionsbereich ist $D_R = [0;\, 3]$.

Achsenschnittpunkte:
Der Schnittpunkt mit der y-Achse liegt im Ursprung. Dies ist sinnvoll, da bei der Wirkstoffmenge 0 auch keine Reaktion vorhanden sein sollte. Die zweite Nullstelle besagt, dass der Wirkstoff auch bei 3 mg keine Reaktion hervorruft.

$S_y(0|0)$ ▶ $x = 0$; y-Koordinate aus Gleichung abgelesen

Bedingung für Nullstellen: $R(x) = 0$

$-0{,}5x^3 + 1{,}5x^2 = 0$

$\Leftrightarrow\ x^2(-0{,}5x + 1{,}5) = 0$

$\Leftrightarrow\ x = 0$ oder $x = 3$

Ableitungen:
Die 1. Ableitung gibt an, wie stark sich die Reaktion auf den Wirkstoff bei verschiedenen Dosen ändert.

$R'(x) = -1{,}5x^2 + 3x$

$R''(x) = -3x + 3;\ R'''(x) = -3$

Extrempunkte:
Wir erhalten ein lokales Maximum bei der Wirkstoffmenge 2 mg und ein lokales Minimum bei 0 mg.

Notwendige Bedingung: $R'(x) = 0$

$-1{,}5x^2 + 3x = 0 \ \Leftrightarrow\ -1{,}5x(x-2) = 0$

$\Leftrightarrow\ x = 0$ oder $x = 2$

Hinreichende Bedingung: $R'(x) = 0$ und $R''(x) \neq 0$

$R'(2) = 0$ und $R''(2) = -3 < 0 \ \rightarrow$ Hochpunkt

$R'(0) = 0$ und $R''(0) = 3 > 0 \ \rightarrow$ Tiefpunkt

$R(2) = 2 \ \rightarrow\ H(2|2);\ R(0) = 0 \ \rightarrow\ T(0|0)$

Wendepunkte:
Bei einer Wirkstoffdosis von 1 mg liegt ein Wendepunkt vor.

Notwendige Bedingung: $R''(x) = 0$

$-3x + 3 = 0 \ \Leftrightarrow\ x = 1$

Hinreichende Bedingung:

$R''(x) = 0$ und $R'''(x) \neq 0$

$R''(1) = 0$ und $R'''(1) = -3 \neq 0 \ \rightarrow$ Wendepunkt

y-Wert berechnen: $R(1) = 1 \ \rightarrow\ W(1|1)$

Graph:
Da die Funktion R nur im Intervall $[0;\, 3]$ definiert ist, gibt es keine Funktionswerte, die kleiner als 0 sind. Also liegt bei 0 und auch bei 3 ein globales Minimum vor.

Bis zu einer Dosis von 1 mg steigt die Reaktion immer schneller an. Der stärkste Anstieg liegt bei einer Dosis von 1 mg vor (Wendestelle). Danach steigt die Reaktion immer schwächer.

Bei 2 mg wird die stärkste Reaktion gemessen. Hier liegt ein lokales Maximum und wegen des eingeschränkten Definitionsbereichs auch das globale Maximum der Funktion R vor.

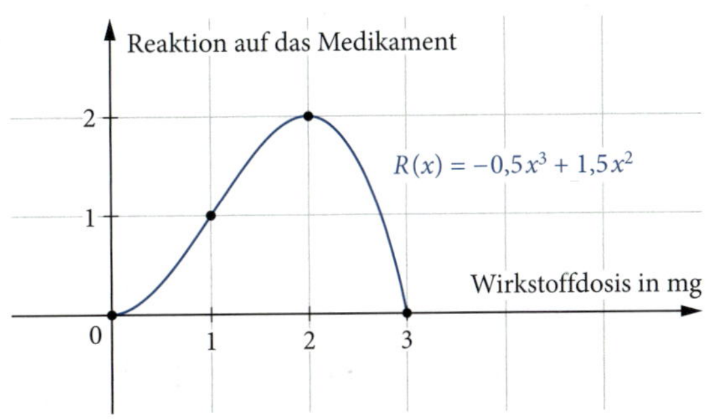

18 Kosten, Grenzkosten

Der Angebotsmonopolist JoRo GmbH stellt Soft- und Hardware her. Seine Gesamtkosten für die Herstellung von Festplatten in einer Planperiode können durch die Kostenfunktion K mit $K(x) = 0{,}25x^3 - 2x^2 + 6x + 12{,}5$; $x \in [0; 9{,}375]$ beschrieben werden. Dabei steht x für ME (1 ME ≙ 1000 Stück) und $K(x)$ für GE (1 GE ≙ 1000 €).

Die JoRo GmbH möchte die Herstellungskosten so gering wie möglich halten und insbesondere die Mehrkosten kontrollieren, die bei einer möglichen Produktionssteigerung auftreten.

Berechnen Sie das Grenzkostenminimum, erklären Sie seine Bedeutung und stellen Sie den grafischen Zusammenhang zum Wendepunkt der Gesamtkostenkurve her.

Die **Grenzkostenfunktion** K' gibt in der Praxis den Kostenzuwachs bei einer Erhöhung der Ausbringungsmenge um eine Mengeneinheit (ME) an (▶ Seite 126). Das **Grenzkostenminimum** bezeichnet die Ausbringungsmenge, bei der der Kostenzuwachs pro ME minimal ist.

Die möglichen Extremstellen von K' sind die Nullstellen von K''. Dazu lösen wir die Gleichung $K''(x) = 0$ und erhalten die Nullstelle $x = \frac{8}{3}$.

$K'(x) = 0{,}75x^2 - 4x + 6$; $K''(x) = 1{,}5x - 4$

$K''(x) = 0 \;\Leftrightarrow\; 1{,}5x - 4 = 0$

$\Leftrightarrow\; x = \frac{8}{3} \approx 2{,}67$ $(\in D_{ök} = [0; 9{,}375])$

Da K''' an jeder Stelle positiv ist, liegt bei $\frac{8}{3}$ eine lokale Minimalstelle von K' vor. Das Grenzkostenminimum (GKM) liegt also bei 2,67 ME.

$K'''(x) = 1{,}5 \;\Rightarrow\; K'''\left(\frac{8}{3}\right) = 1{,}5\ (> 0)$

▶ Extremstelle von K' mit Linkskrümmung

$\Rightarrow\; x = \frac{8}{3}$ ist lokale Minimalstelle von K'.

$K'\left(\frac{8}{3}\right) = \frac{2}{3} \approx 0{,}67 \;\rightarrow\;$ ***GKM*** **(2,67 | 0,67)**

Eine Ausbringungsmenge von ca. 2,67 ME ist für das Unternehmen optimal. Dann ist der Kostenzuwachs mit 0,67 GE pro ME minimal. Also ist der Punkt des Grenzkostenminimums $GKM(2{,}67\,|\,0{,}67)$.

Der Graph von K hat an der Stelle des Grenzkostenminimums $\frac{8}{3}$ eine Wendestelle. Bis zum Wendepunkt steigt der Graph **degressiv**, also immer weniger stark an. In diesem Bereich fällt der Graph von K'. Rechts von der Wendestelle steigt G_K **progressiv**, also immer stärker an. Dort steigt $G_{K'}$. Die Steigung des Graphen von K ist an der Wendestelle minimal. $G_{K'}$ hat dort einen Tiefpunkt. Insgesamt ist K eine ertragsgesetzliche Kostenfunktion.

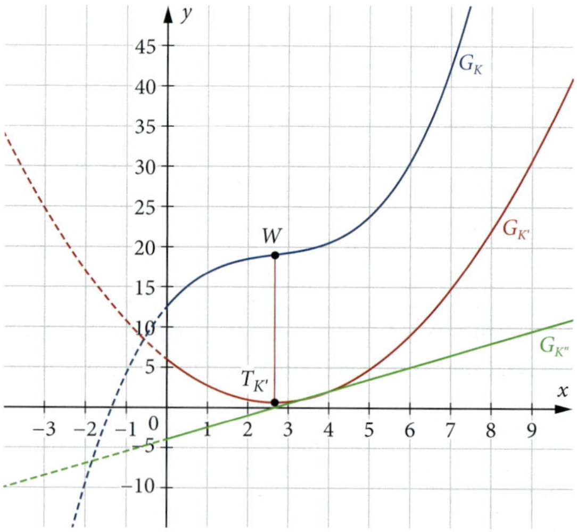

Zur Erinnerung: Eine ganzrationale Funktion 3. Grades heißt ertragsgesetzliche Kostenfunktion, wenn: 1. der y-Achsenabschnitt nicht negativ ist, 2. der Graph streng monoton steigend (im ökonomisch sinnvollen Bereich) ist und 3. der Graph einen Wendepunkt mit einem Krümmungswechsel von degressiv zu progressiv hat.

Führen Sie eine vollständige Kurvendiskussion durch.

a) $f(x) = 2x^2 - 6x - 8$
b) $f(x) = \frac{1}{3}x^3 - 3x^2$
c) $f(x) = x^3 - 12x^2 + 36x$
d) $f(x) = -x^3 - x + 2$
e) $f(x) = 2x^4 - 4x^2$
f) $f(x) = -\frac{2}{45}x(x-6)^3$

▶ Lösung auf Seite 259

Übungen zu 2.2.4

1. Führen Sie eine vollständige Kurvendiskussion für die folgenden ganzrationalen Funktionen durch.

a) $f(x) = \frac{1}{3}x^3 - x$

b) $f(x) = -x^3 + 6x^2 + 135x$

c) $f(x) = \frac{1}{3}x^3 + x^2 + 2x$

d) $f(x) = \frac{1}{6}x^3 + x^2 + 2x$

e) $f(x) = \frac{8}{3}x^3 - x^2$

f) $f(x) = x^4 + x^2 - 20$

g) $f(x) = x^4 + 4x + 3$

h) $f(x) = \frac{1}{4}x^3 + x^2 - 2$

i) $f(x) = -\frac{1}{3}x^3 + 4x + \frac{16}{3}$

j) $f(x) = 2x^3 - 9x^2 + 12x - 4$

k) $f(x) = -\frac{1}{2}x^4 + \frac{5}{4}x^3 + x - 4$

l) $f(x) = -\frac{1}{2}x^4 + 3x^2$

m) $f(x) = -\frac{1}{6}x^4 + x^2 + \frac{4}{3}x + \frac{1}{2}$

n) $f(x) = \frac{1}{4}x^4 - x^3 + x^2$

o) $f(x) = \frac{1}{3}x^4 - 3x^2$

2. Corinna ist die ältere Schwester von Marie. Jedes Mal, wenn Marie einen Monat älter wird, misst Corinna nach, wie groß ihre kleine Schwester geworden ist. Jetzt hat sie gelesen, dass sich das Wachstum eines Kindes in den ersten neun Lebensmonaten annähernd durch die Funktion g mit $g(t) = -0{,}02\,t^3 + 0{,}09\,t^2 + 3{,}285\,t + 50{,}625$ beschreiben lässt.

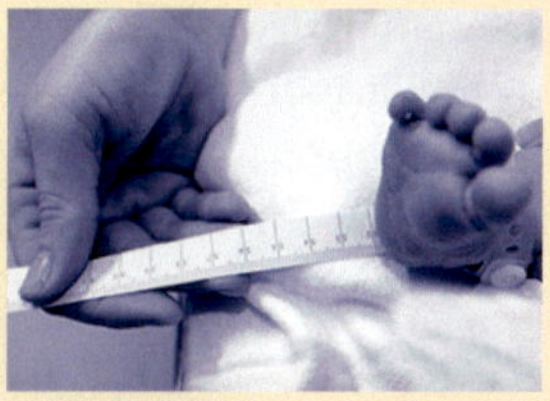

a) Zeichnen Sie den Graphen von g im Intervall $[0; 9]$ mithilfe einer Wertetabelle und beschreiben Sie anhand der Zeichnung das Wachstum eines Kindes in den ersten neun Lebensmonaten.

b) Untersuchen Sie die Funktion g auf Extremstellen und Wendestellen. Bestimmen Sie die zugehörigen Punkte des Graphen und markieren Sie diese in der Zeichnung.

c) Interpretieren Sie die Bedeutung des Wendepunkts im Kontext der Aufgabe.

d) Begründen Sie, warum g nicht geeignet ist, das Wachstum eines Kindes im gesamten ersten Lebensjahr darzustellen.

3. Die Konzentration eines Medikamentenwirkstoffs im Blut in Abhängigkeit von der Zeit kann durch die Funktion f mit der Gleichung beschrieben werden:
$f(t) = -0{,}001\,t^4 + 0{,}03\,t^3 - 0{,}3\,t^2 + t$
Dabei gibt t die Zeit in Stunden und $f(t)$ die Konzentration in $\frac{\text{mg}}{\text{ml}}$ an.

a) Zeichnen Sie den Graphen der Funktion in ein geeignetes Koordinatensystem.

b) Beschreiben Sie den Verlauf des Graphen im Sachzusammenhang.

c) Berechnen Sie, zu welchem Zeitpunkt die Wirkstoffkonzentration am höchsten ist und wie hoch diese dann ist.

d) Erläutern Sie, was eine positive bzw. negative Steigung über die Wirkstoffkonzentration im Blut aussagt.

e) Berechnen Sie die Steigung an der Stelle $t = 1$ und interpretieren Sie das Ergebnis im Sachzusammenhang.

f) Beurteilen Sie, in welchem Zeitraum die Funktion f die Wirkstoffkonzentration des Medikaments sinnvoll beschreibt.

g) Um eine Wirkung zu erzielen, muss die Konzentration des Medikaments mindestens $0{,}3\,\frac{\text{mg}}{\text{ml}}$ betragen. Bestimmen Sie den Zeitraum, in dem das Medikament wirkt.

4. Die Abbildung zeigt die Graphen der ersten und zweiten Ableitung einer ganzrationalen Funktion f.

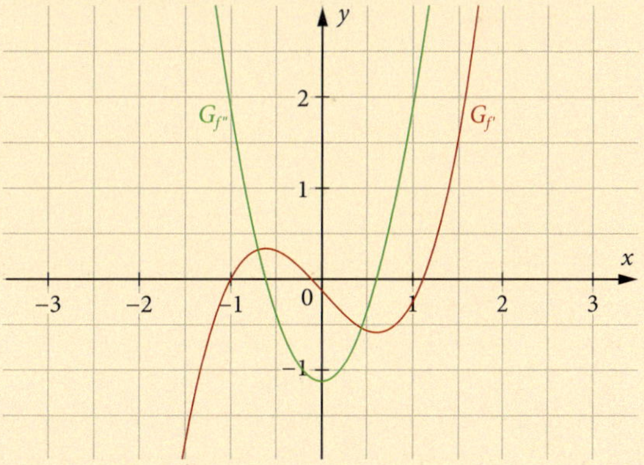

a) Diskutieren Sie mithilfe der Graphen die Funktion f.

b) Vergleichen Sie die Kurvendiskussion aus a) mit der, die sich ergeben würde, wenn die Funktionsgleichung von f vorgegeben wäre. Welche Vorteile bzw. Nachteile hat diese Kurvendiskussion?

Übungen zu 2.2

1. Das Streckenprofil der 20. Etappe der 103. Tour de France lässt sich vom 10. bis zum 40. Kilometer näherungsweise durch die Funktion f mit $f(x) = \frac{5}{4}\left(\frac{14675}{27}x^3 - 4402{,}5x^2 + 11\,299{,}75x - 8158{,}375\right)$ mit $D_f = [2; 3{,}5]$ (1 LE ≙ 10 km) beschreiben. Die Höhe wird in Metern angegeben.
   a) Zeigen Sie, dass die Fahrer nach 21 km den lokal höchsten Berg Col de Aravis und nach 33 km den am tiefsten gelegenen Ort Le Grand-Bofnand erreichen.
   b) Welche Strecke müssen die Fahrer zurücklegen, bis sie das lokal größte Gefälle erreichen? In welcher Höhe befinden Sie sich dann? ▶ Seite 131

2. Die Funktion h beschreibt näherungsweise den zeitlichen Verlauf des Pegelstandes eines Flusses während eines Hochwassers. Zum Zeitpunkt $t_0 = 0$ wird vom Fluss die Meldegrenze überschritten. Ab diesem Zeitpunkt gibt die Funktionsgleichung $h(t) = \frac{1}{8}(t^3 - 12t^2 + 36t + 8)$ mit $t \in D_h = [0; 6]$ den Hochwasserstand des Flusses wieder.

   Es gilt: $h(t)$ ≙ Pegelstand über Normal in Meter
   t ≙ Zeit in Tagen
   a) Geben Sie die Meldegrenze zum Zeitpunkt $t_0 = 0$ an.
   b) Ermitteln Sie den Pegelstand nach einem halben Tag ($t = 0{,}5$). Ein Beobachter vermutet, dass der Pegelstand in der zweiten Hälfte des ersten Tages um den gleichen Wert ansteigt wie im ersten halben Tag. Berechnen Sie den Pegelstand P^*, der sich demnach am Ende des ersten Tages einstellen würde.
   c) Berechnen Sie den tatsächlichen Pegelstand h für $t = 1$ und erklären Sie den Unterschied zu dem in b) berechneten Wert P^*.
   d) Berechnen Sie Zeitpunkt und Höhe des maximalen Pegelstandes.
   e) Berechnen Sie den Zeitpunkt, zu welchem der Pegelstand am stärksten abnimmt.
   f) Zeichnen Sie den Graphen der Funktion h im Intervall $[0; 6]$ in ein geeignetes Koordinatensystem und kennzeichnen Sie den Punkt P^* und den tatsächlichen Pegelstand $h(t = 1)$.
   g) Ein Pegelstand von 3 m über Normal gilt als Alarmgrenze. Berechnen Sie, zu welchen Zeitpunkten Alarm ausgelöst bzw. wieder aufgehoben wird.

(© KM Bayern)

3. Die Abbildung zeigt das Höhenprofil einer Bergbesteigung. Die Kurve entspricht näherungsweise dem Graphen der Funktion f mit der Gleichung $f(x) = -1{,}5x^4 + 24x^3 - 108x^2 + 192x$.

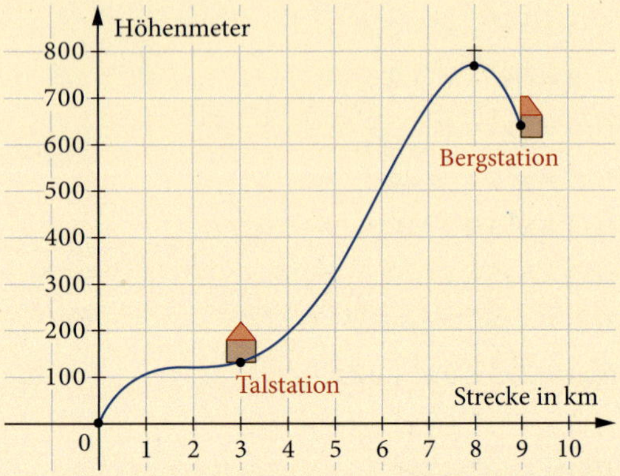

   a) Berechnen Sie die Zahl der zu überwindenden Höhenmeter und geben Sie an, welche Strecke in waagerechter Richtung bis zum Gipfel zurückgelegt werden muss.
   b) Die Wanderung endet nach genau 9 km an der Bergstation der Seilbahn, welche die Wanderer wieder ins Tal bringt. Auf welcher Höhe befindet sich die Bergstation?
   c) 192 m oberhalb der Talstation kreuzt die Seilbahn den Wanderweg. Lesen Sie aus der Zeichnung ab, nach welcher Wegstrecke dies geschieht, und bestätigen Sie den abgelesenen Wert durch Rechnung. Wie müsste man den gesuchten Wert ohne Zuhilfenahme der Zeichnung berechnen? Führen Sie auch diese Rechnung aus.
   d) Ermitteln Sie die steilste Stelle des Weges zwischen Talstation und Gipfel. Berechnen Sie den Anstieg an dieser Stelle und ebenso die Zahl der Höhenmeter, die bis dort geschafft werden müssen.
   e) Ermitteln Sie, an welcher Stelle des Aufstiegs (vom Startpunkt bis zum Gipfel) die geringste Steigung vorliegt. Berechnen Sie diese und geben Sie auch an, auf welcher Höhe (vom Startpunkt aus gemessen) sich diese Stelle befindet.
   f) Ermitteln Sie die mittlere Steigung des Aufstiegs und den mittleren Anstieg der gesamten Wanderung.
   g) Ermitteln Sie, bei welchem Kilometerstand der Weg genauso steil ansteigt wie zu Beginn der Wanderung.
   h) Teilen Sie die Strecke in drei gleich große Abschnitte und bringen Sie diese in eine Rangordnung hinsichtlich ihrer Steigung.

4. Auf dem Außengelände der Kita „Vogelsiedlung“ soll eine neue Sandfläche gemäß folgender Zeichnung angelegt werden.

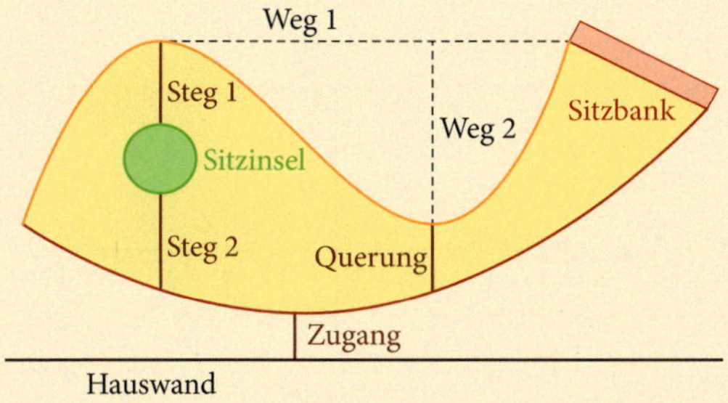

Den krummlinigen Begrenzungen liegen die Funktionen mit den Gleichungen $f(x) = \frac{1}{24}x^2 - \frac{2}{3}x + 4$ und $g(x) = \frac{1}{48}x^3 - 0{,}5x^2 + 3x + 4$ zugrunde. Die geplante Sitzinsel hat einen Durchmesser von 2 m. Ihr Mittelpunkt ist 6 m von der Hauswand entfernt.
Für die Kostenaufstellung werden noch verschiedene Maßangaben benötigt. Berechnen Sie dafür die Länge des Zugangs, der Sitzbank, der Querung, der beiden Stege und der beiden Wege.
Prüfen Sie anhand der Abbildung, ob die eingezeichnete Querung die kürzeste senkrecht zur Hauswand verlaufende Möglichkeit darstellt. Berechnen Sie die optimale Lösung.

oHi Mi **5.** Entscheiden Sie, ob die folgenden Aussagen wahr oder falsch sind. Begründen Sie Ihre Entscheidung. Formulieren Sie falsche Aussagen so um, dass sie mathematisch korrekt sind.

a) Der Graph einer quadratischen Funktion hat immer ein lokales Extremum.
b) Der Graph einer Funktion 3. Grades besitzt genau einen Wendepunkt.
c) Der Graph einer ganzrationalen Funktion 4. Grades hat drei Extrempunkte.
d) Zwischen zwei Extrempunkten liegt immer ein Wendepunkt.
e) Zwischen zwei Wendepunkten liegt immer ein Extrempunkt.
f) Es gibt einen Graphen, der einen Wendepunkt aber keine Extremstellen besitzt.
g) Eine Funktion 5. Grades hat vier Wendepunkte.
h) Gilt $f''(x_E) = 0$, so liegt an der Stelle x_E eine Extremstelle vor.
i) Fehlt bei einer ganzrationalen Funktion 3. Grades das quadratische Glied, dann liegt der Wendepunkt auf der x-Achse.

6. Ein Gebirgsmassiv hat das im Diagramm abgebildete Profil, welches durch den Graphen der Funktion f mit $f(x) = -\frac{1}{320}x^4 + \frac{1}{10}x^3 - \frac{9}{8}x^2 + 5x - \frac{27}{5}$; $D_f = [1{,}55;\ 12{,}92]$ beschrieben wird. Die Zahlen sind Maßzahlen mit der Einheit km.

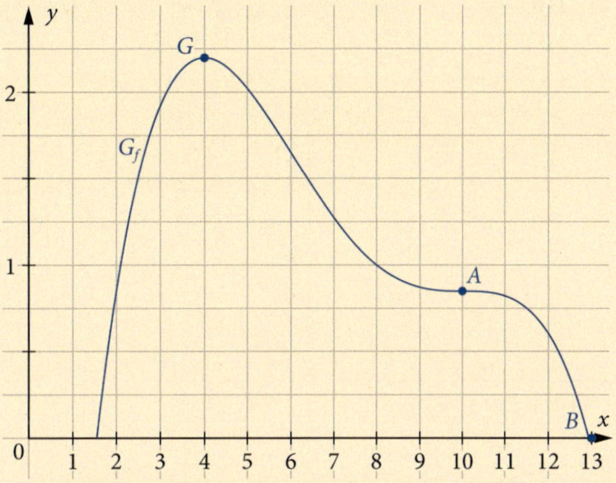

a) Bestimmen Sie die Koordinaten des Gipfels G und untersuchen Sie den Graphen G_f auf weitere Extrempunkte (zur Kontrolle: $G(4|2{,}2)$).
b) Am Punkt $A\,(10|0{,}85)$ befindet sich eine Alm, die ein beliebtes Ausflugsziel für Bergwanderer ist. Zu Füßen des Massivs liegt direkt am Berghang das Dorf $B(13|0)$. Vom Dorf B ist eine geradlinige, unterirdisch verlaufende Zahnradbahn zur Alm A in Planung. Bestimmen Sie die Gleichung der Geraden durch A und B sowie die Länge der Zahnradbahn.
c) Ein Bergsteiger will die Strecke von A auf den Gipfel G auf kürzestem Weg erklimmen und geht deshalb auf der Flanke des Berges, also entlang des Graphen von f. In welchem Punkt am Berg hat sein Weg die größte Steigung? Ermitteln Sie auch, an welchem Punkt sich die Steigung am stärksten ändert.

(© KM Bayern)

Ein Gleitschirmflieger startet im Punkt G in Richtung A. Die parabelförmige Flugbahn seines Fluges wird durch den Graphen der Funktion p mit $p(x) = -\frac{1}{40}x^2 + \frac{1}{5}x + 1{,}8$ beschrieben.

d) Zeigen Sie rechnerisch, dass im Punkt G gilt: $f(4) = p(4)$ und $f'(4) = p'(4)$. Interpretieren Sie das Ergebnis im gegebenen Zusammenhang.
e) Bestimmen Sie rechnerisch den Punkt, in dem der Gleitschirmflieger landet.
f) Zeigen Sie rechnerisch, dass gilt: $f'(12) = p'(12)$. Interpretieren Sie dies im Sachzusammenhang.
g) Übertragen Sie den Graphen der Funktion f in ein geeignetes Koordinatensystem und zeichnen Sie die Flugbahn des Gleitschirmfliegers ein.

7. Entscheiden Sie, welche der folgenden Aussagen wahr oder falsch sind.
Begründen Sie ihre Entscheidung mithilfe des Graphen von f.

a) $f(-2) = 4$
b) $f(0) = -3$
c) $f(0) = 3$
d) $f'(3{,}9) = 0$
e) $f'(5) > 0$
f) $f'(2) = -1{,}5$
g) $f''(4) > 0$
h) $f''(1) > 0$

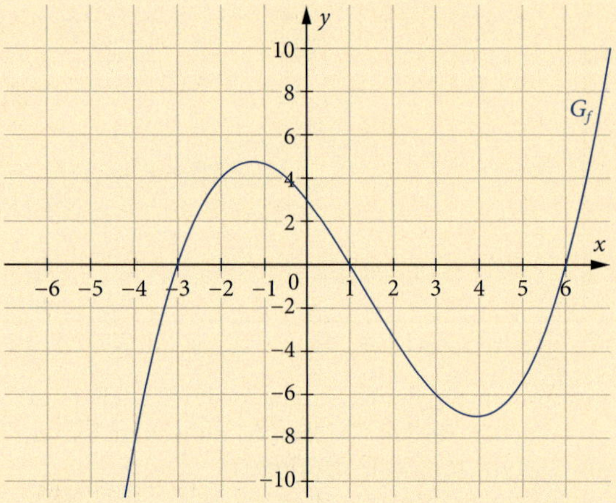

8. *Flüsterpost:* Zeichnen Sie den Graphen einer ganzrationalen Funktion f auf ein DIN-A4-Blatt und geben Sie dieses weiter. Bearbeiten Sie in den folgenden Runden die jeweiligen Aufgaben (Falten nicht vergessen!).

a) Geben Sie die Art und Koordinaten der Extrempunkte sowie die Wendepunkte an.
b) Geben Sie die maximalen Monotonie- und Krümmungsintervalle an.
c) Wiederholen Sie Schritt 1.
d) Skizzieren Sie den Graphen von f und vergleichen Sie diesen mit dem Graphen zu Beginn der Aufgabe.

9. Es sei f eine ganzrationale Funktion 5. Grades. Beurteilen Sie die Aussagen.

a) f hat mindestens drei Nullstellen.
b) f hat höchstens fünf Nullstellen.
c) G_f hat mindestens einen Extrempunkt.
d) G_f hat höchstens drei Extrempunkte.
e) G_f hat mindestens einen Wendepunkt.
f) G_f hat höchstens drei Wendepunkte.
g) G_f muss punktsymmetrisch sein.
h) f kann eine fünffache Nullstelle haben.
i) Für $x \to \infty$ gilt auch immer $f(x) \to -\infty$.
j) Alle Funktionswerte von f können negativ sein.

10. *Ampelabfrage:* Gegeben sind drei Graphen einer zweiten Ableitungsfunktion f''. Geben Sie an, welcher Graph das Steigungsverhalten von f beschreibt, wenn der Graph von f in den Intervallen $]-\infty; -1]$ und $[3; \infty[$ linksgekrümmt ist.

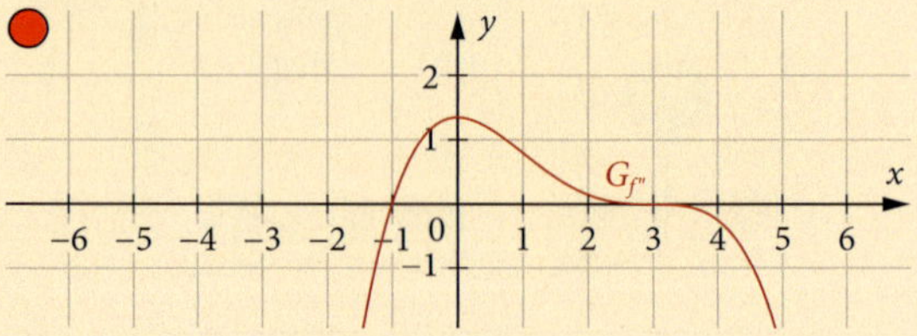

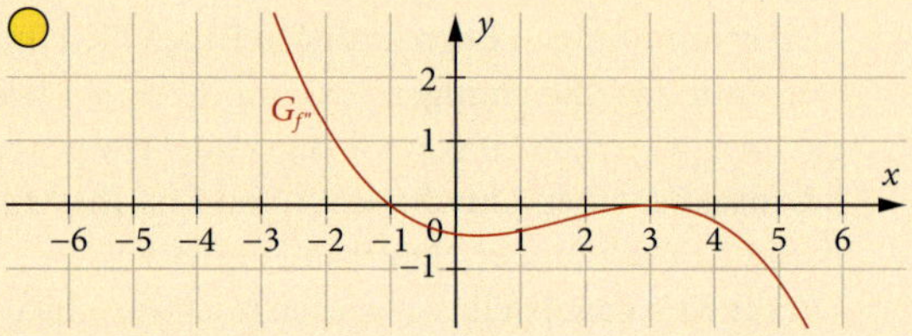

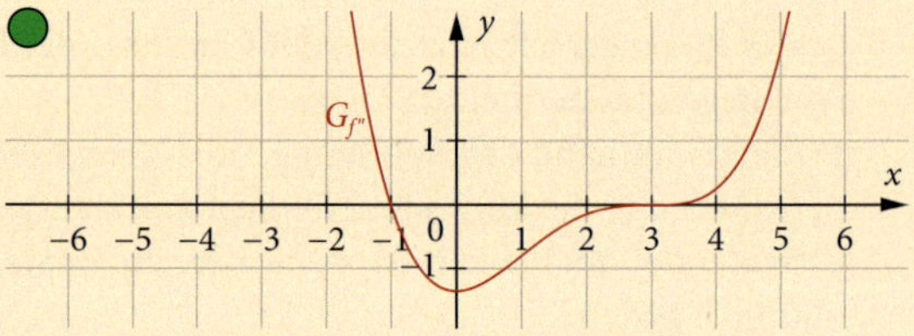

11. Fertigen Sie, soweit möglich, eine Skizze der beschriebenen Graphen an. Erläutern Sie gegebenenfalls, warum es nicht möglich ist.

a) Der Graph einer ganzrationalen Funktion 3. Grades ist punktsymmetrisch zum Ursprung und hat in $E(2|4)$ einen Extrempunkt.
b) Der Graph einer ganzrationalen Funktion 3. Grades berührt die x-Achse bei -1 und hat den Wendepunkt $W(1|-2)$.
c) Der Graph einer ganzrationalen Funktion 3. Grades ist punktsymmetrisch zum Ursprung und hat in $W(4|3)$ einen Wendepunkt.
d) Der Graph einer ganzrationalen Funktion 4. Grades ist symmetrisch zur y-Achse, schneidet diese bei 2 und hat einen Extrempunkt in $E(2|4)$.
e) Der Graph einer ganzrationalen Funktion 4. Grades hat in $H(-3|3)$ einen Hochpunkt und in $T(1|0)$ einen Tiefpunkt. Er besitzt keinen weiteren Extrempunkt.
f) Der Graph einer ganzrationalen Funktion 4. Grades hat in $T(-3|0)$ einen Terassenpunkt und in $E(0|6)$ einen Extrempunkt.

Ich kann …

… das **Monotonieverhalten** des Graphen einer Funktion bestimmen.

$f(x) = \frac{1}{3}x^3 - 3x$

$f'(x) = x^2 - 3$

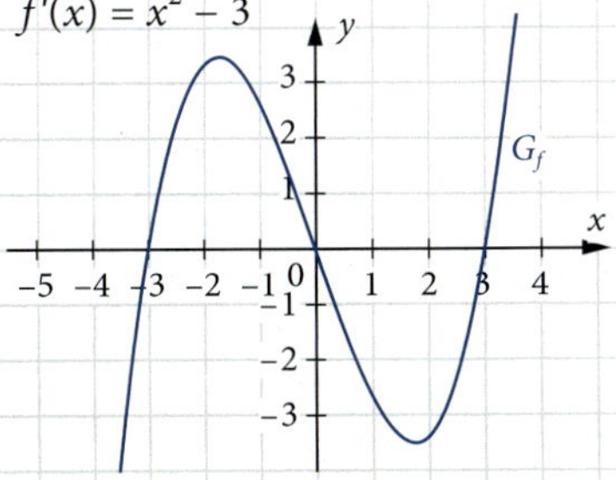

f in $M_1 =]-\infty; -\sqrt{3}]$ streng mon. steig.

f in $M_2 = [-\sqrt{3}; \sqrt{3}]$ streng mon. fall.

f in $M_3 = [\sqrt{3}; \infty[$ streng mon. steig.

$f'(x) > 0$ für $x \in M$

$\Rightarrow$ f streng monoton steigend in M

$f'(x) < 0$ für $x \in M$

$\Rightarrow$ f streng monoton fallend in M

Bei den Monotonie- und Krümmungsintervallen kann ich die Grenzen einschließen.

… das **Krümmungsverhalten** des Graphen einer Funktion bestimmen.

$f''(x) = 2x$

G_f in $K_1 =]-\infty; 0]$ rechtsgekrümmt

G_f in $K_2 = [0; \infty[$ linksgekrümmt

$f''(x) > 0$ für $x \in K$

$\Rightarrow$ G_f ist linksgekrümmt in K

$f''(x) < 0$ für $x \in K$

$\Rightarrow$ G_f ist rechtsgekrümmt in K

… **Extrempunkte** bestimmen.

$f'(x) = 0$

$x^2 - 3 = 0$

$\Rightarrow x_{E_1} = -\sqrt{3};\ x_{E_2} = \sqrt{3}$

x		$-\sqrt{3}$		$\sqrt{3}$	
$f'(x)$	+	0	−	0	+
G_f	↗	HP	↘	TP	↗

$f(-\sqrt{3}) = 2\sqrt{3}; f(\sqrt{3}) = -2\sqrt{3}$

Tiefpunkt $T(\sqrt{3}|-2\sqrt{3})$

Hochpunkt $H(-\sqrt{3}|2\sqrt{3})$

1. Notwendige Bedingung: $f'(x) = 0$
2. Hinreichende Bedingung:
   $f'(x) = 0$ und VZW der ersten Ableitung:
   + nach − $\Rightarrow$ lokales Maximum
   − nach + $\Rightarrow$ lokales Minimum
   alternativ:
   $f'(x) = 0$ und $f''(x) < 0$ $\Rightarrow$ lok. Max.
   $f'(x) = 0$ und $f''(x) > 0$ $\Rightarrow$ lok. Min.
3. Funktionswerte bestimmen

… **Wendepunkte** bestimmen.

$f''(x) = 0$

$2x = 0 \Rightarrow x_W = 0$

x		0	
$f''(x)$	+	0	−
G_f	↷	WP	↶

$f(0) = 0 \rightarrow W(0|0)$

1. Notwendige Bedingung: $f''(x) = 0$
2. Hinreichende Bedingung:
   $f''(x) = 0$ und VZW der zweiten Ableitung
   alternativ:
   $f''(x) = 0$ und $f'''(x) \neq 0$
3. Funktionswerte bestimmen

… feststellen, ob ein Wendepunkt ein **Terrassenpunkt** ist.

$f'(0) = -3 \neq 0$

$\Rightarrow$ W ist kein Terrassenpunkt

Terrassenpunkte:
Wendepunkte mit $f'(x) = 0$

… den **Graphen** skizzieren.

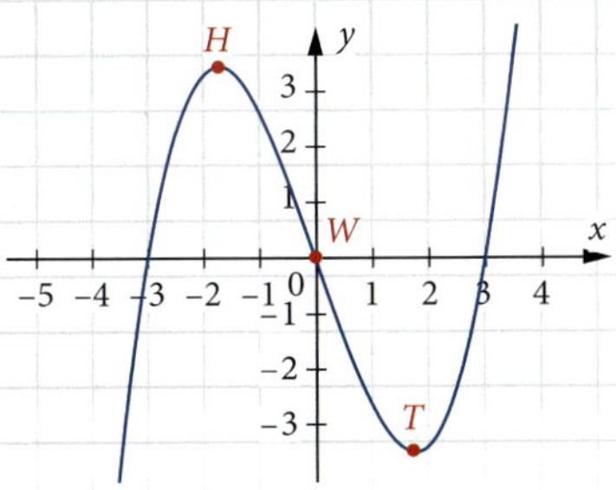

Wertetabelle anfertigen und ermittelte Punkte in Koordinatensystem eintragen

Test A zu 2.2 (circa 30 Minuten; 22 BE)

Gegeben ist die ganzrationale Funktion $f: x \mapsto \frac{1}{3}x^4 - \frac{8}{3}x^3 + 6x^2$; $D_f = \mathbb{R}$

a) Untersuchen Sie das Globalverhalten von f. (4 BE)

b) Untersuchen Sie das Monotonieverhalten der Funktion f und ermitteln Sie damit Art und Koordinaten der Extrempunkte des Graphen von f. (6 BE)

c) Bestimmen Sie die Koordinaten der Wendepunkte des Graphen von f. (6 BE)
Zur Kontrolle: $W_1\left(1 \mid \frac{11}{3}\right)$; $W_2(3 \mid 9)$

d) Berechnen Sie den Schnittpunkt der Wendetangenten w_1 und w_2. (6 BE)

Test B zu 2.2 (circa 30 Minuten; 22 BE)

1. Der Absatz von Sonnenschutzkappen verläuft bei der JoRo GmbH in den ersten 8 Monaten des Jahres 2016 gemäß der Funktion $A: t \mapsto 0{,}5\,t^3 - 9{,}5\,t^2 + 56\,t - 96$. Dabei steht t für die Monate und $A(t)$ für den Absatz in ME (1 ME = 1000 Stück).
Schon ab Anfang September werden keine Sonnenschutzkappen mehr verkauft.

a) Bestimmen Sie den Absatzbeginn der Sonnenschutzkappen. (4 BE)

b) Ermitteln Sie rechnerisch, in welchem Monat der maximale Absatz für die Sonnenschutzkappen erreicht wird und beziffern Sie ihn. (6 BE)

c) Ermitteln Sie rechnerisch den Zeitpunkt des maximalen Absatzrückgangs und berechnen Sie diesen Rückgang pro Monat. (4 BE)

d) Zeichnen Sie den Graphen von A im Intervall $[0; 8]$. (4 BE)

oHi Mi **2.** Die unten sstehenden Abbildungen zeigen jeweils den Graphen einer Funktion f sowie die zugehörigen Graphen von f' und f''.
Ordnen Sie den Graphen die Bezeichnungen G_f, $G_{f'}$ sowie $G_{f''}$ zu und begründen Sie Ihre Entscheidung.

a)

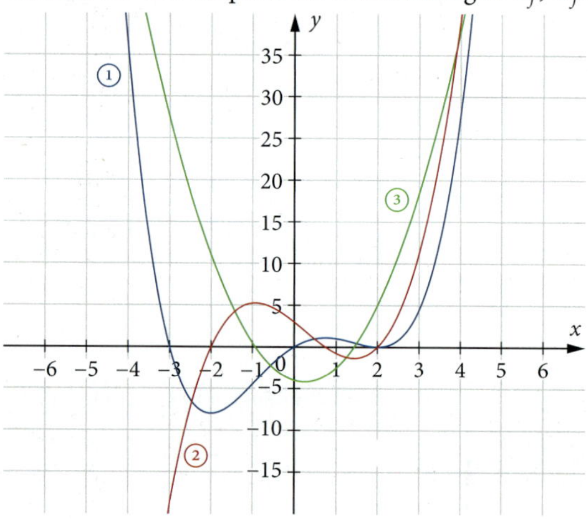

b)

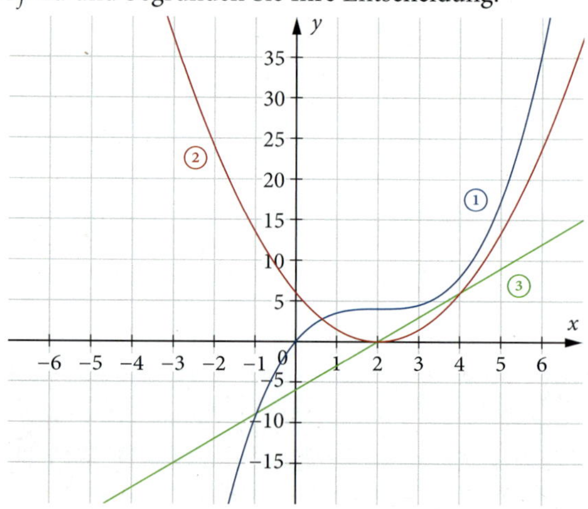

(4 BE)

3 Stochastik

3.1 Zufallsexperiment und Ereignis

Anton ist ganz aufgeregt. Am nächsten Wochenende wird er im Fernsehen an einer neuen Spielshow teilnehmen, bei der der Sieger eine Weltreise erhält.
In der Show tritt er gegen einen Konkurrenten an und muss fünf einzelne Spiele absolvieren. Jedes einzelne Spiel hat einen Sieger. Beim ersten Spiel erhält der Sieger einen Punkt, beim zweiten Spiel zwei Punkte usw. Der Verlierer erhält keine Punkte. Die Reise gewinnt am Ende derjenige, der die meisten Punkte hat.

Anton fragt sich, welche Spielergebnisse alle auf einen Gesamtgewinn für ihn hinauslaufen und ob am Ende vielleicht sogar ein Gleichstand möglich ist.
Sein Freund Peter will ihn beruhigen und hat ihm gesagt, er dürfe ja sogar drei Spiele verlieren und könne immer noch Gesamtsieger werden. Da ist sich Anton unsicher und möchte es genauer wissen.

▶ Aufgabe 15 auf Seite 172

Daten und Zufall

- Ausgänge eines Zufallsexperiments dokumentieren und im Ergebnisraum zusammenfassen
- Zufallsexperimente mit dem Urnenmodell simulieren
- Ereignisse und deren Verknüpfungen mit Venn-Diagrammen darstellen und prüfen, ob sie vereinbar, sicher oder möglich sind

Kompetenzen

- Argumentieren
- Modellieren
- Darstellungen verwenden
- Mit symbolischen, formalen und technischen Elementen der Mathematik umgehen

3.1 Zufallsexperiment und Ereignis

Es gibt Experimente, bei denen man den Ausgang vorhersagen kann, z.B. schwappt ein 1-Liter-Gefäß über, wenn wir 2 Liter hineingießen. Bei vielen Experimenten oder Versuchen aber ist der Ausgang vom Zufall abhängig. Ein solches Experiment, dessen Ausgang nicht vorhersagbar ist (obwohl wir die möglichen Ausgänge kennen), heißt **Zufallsexperiment**. Glücksspiele werden als Zufallsexperimente aufgefasst, aber auch die Wirksamkeiten von Medikamenten oder Entscheidungen von Personen können als Zufallsexperimente angesehen werden.

3.1.1 Ergebnis, Ergebnisraum und Ereignis

Jeder mögliche Ausgang eines Zufallsexperiments heißt **Ergebnis**. Die Zusammenfassung aller möglichen Ergebnisse eines Zufallsexperiments in einer Menge ergibt die **Ergebnismenge**, die auch **Ergebnisraum** genannt wird.
Der Ergebnisraum wird mit Ω (sprich: „Groß-Omega") bezeichnet, die Ergebnisse (Elemente des Ergebnisraums) analog mit ω (sprich: „Klein-Omega").
Die Anzahl der Elemente des Ergebnisraums nennt man **Mächtigkeit** des Ergebnisraums. Wir schreiben dafür $|\Omega|$.

1 Einfacher Münzwurf

Beschreiben Sie das Zufallsexperiment „einmaliges Werfen einer Münze" und geben Sie den Ergebnisraum sowie dessen Mächtigkeit an.

Bei einer **idealen Münze** gibt es keine Unregelmäßigkeiten für die Ergebnisse des Münzwurfs: Sie zeigt genauso häufig Wappen (W) wie Zahl (Z).

Wappen (W) Zahl (Z)

Die zwei möglichen Ergebnisse W und Z werden in dem Ergebnisraum Ω aufgelistet.
Die Mächtigkeit des Ergebnisraums ist hier 2.

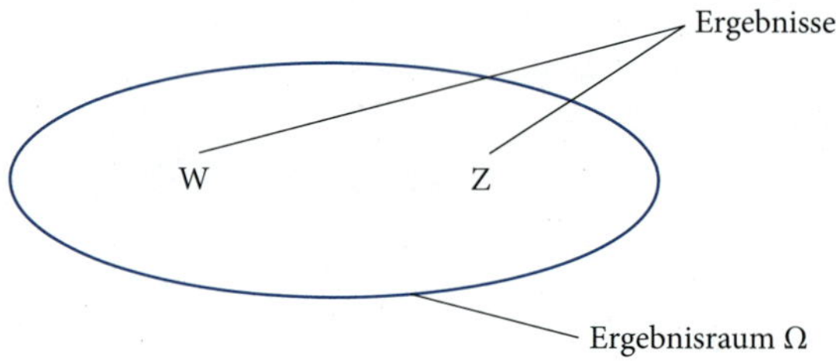

Ergebnisraum: $\Omega = \{W; Z\}$

Mächtigkeit: $|\Omega| = 2$

- Der Ausgang eines Zufallsexperiments heißt **Ergebnis**.
- Die Menge aller Ergebnisse eines Zufallsexperiments heißt **Ergebnisraum Ω** bzw. Ergebnismenge.
- Die Anzahl der Elemente des Ergebnisraums heißt **Mächtigkeit** des Ergebnisraums, geschrieben: $|\Omega|$.

1. Geben Sie den Ergebnisraum für das einmalige Drehen des Glücksrades an.

2. In einem Behälter, der in der Stochastik häufig Urne genannt wird, befinden sich nummerierte Kugeln von 0 bis 10. Geben Sie die Mächtigkeit des Ergebnisraums an, wenn eine Kugel gezogen wird.

3. Geben Sie ein Beispiel für ein mögliches Zufallsexperiment an, das den Ergebnisraum $\Omega = \{1; 2; 3; 4; 5; 6\}$ liefert.

4. Nennen Sie drei weitere Zufallsexperimente und geben Sie jeweils den zugehörigen Ergebnisraum an.

► Lösungen auf Seite 260

Das einmalige Werfen einer Münze ist ein **einstufiges Zufallsexperiment**. Wird ein Zufallsexperiment mehrfach wiederholt oder werden verschiedene Zufallsexperimente hintereinander ausgeführt, spricht man von einem **mehrstufigen Zufallsexperiment**.
Insbesondere mehrstufige Zufallsexperimente können in einem **Baumdiagramm** veranschaulicht werden.

Zweifacher Münzwurf

2

Stellen Sie ein Baumdiagramm für das zweimalige Werfen einer Münze auf. Geben Sie den Ergebnisraum an.

Beim ersten Wurf (1. Stufe) gibt es die zwei Möglichkeiten Wappen (W) oder Zahl (Z).
Beim zweiten Wurf (2. Stufe) gibt es wieder dieselben Möglichkeiten, die jeweils sowohl nach Wappen als auch nach Zahl auftreten können.
Die Enden der Pfade zeigen nun alle möglichen Ergebnisse des zweistufigen Zufallsexperiments an.
Um die Reihenfolge der Würfe zu berücksichtigen, verwenden wir hierfür eine neue (Tupel-)Schreibweise: (W; Z) bedeutet z. B., dass im 1. Wurf W gefallen ist und im 2. Wurf Z.

▶ Damit gilt also auch: (W; Z) ≠ (Z; W). Hingegen gilt bekanntlich für Mengen: {W; Z} = {Z; W}.

Die Mächtigkeit des Ergebnisraums ist hier 4.

Baumdiagramm:

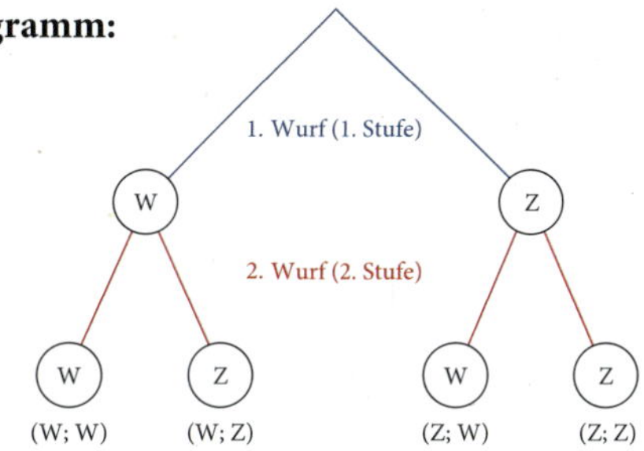

Ergebnisraum $\Omega = \{(W; W); (W; Z); (Z; W); (Z; Z)\}$

Mächtigkeit: $|\Omega| = 4$

Stellen Sie den dreifachen Münzwurf in einem Baumdiagramm dar.

▶ Lösung auf Seite 260

Vergröberung und feinster Ergebnisraum

3

Ein weiteres Beispiel für ein einstufiges Zufallsexperiment ist der einmalige Würfelwurf mit dem Ergebnisraum $\Omega = \{1; 2; 3; 4; 5; 6\}$ und der Mächtigkeit $|\Omega| = 6$.
Enthält der Ergebnisraum wie hier alle möglichen Ergebnisse eines Zufallsexperiments (d. h., die Unterscheidbarkeit hinsichtlich des untersuchten Merkmals ist maximal), so nennt man ihn auch **feinsten Ergebnisraum**.
Ist für die Untersuchung des Zufallsexperiments hingegen nur wichtig, ob beispielsweise die gewürfelte Zahl eine 6 ist oder nicht (etwa beim ersten Zug des Spiels „Mensch ärgere dich nicht"), so kann man den Ergebnisraum auch **vergröbern** zu $\Omega_1 = \{\text{Augenzahl 6; Augenzahl nicht 6}\}$ mit $|\Omega_1| = 2$. Damit ein Ergebnisraum Ω_i eine Vergröberung eines feinsten Ergebnisraums Ω darstellt, muss jedes mögliche Ergebnis aus Ω eindeutig einem Element aus Ω_i zugeordnet werden können.

a) Geben Sie zwei weitere Vergröberungen Ω_2 und Ω_3 an.

b) Überlegen Sie, ob $\Omega_4 = \{\text{Augenzahl größer als 4; Augenzahl kleiner als 4}\}$ und $\Omega_5 = \{\text{Augenzahl kleiner als 4; Augenzahl größer als 2}\}$ Vergröberungen von Ω sein können.

Zu **a)** Wir betrachten nur, ob eine gerade oder ungerade Zahl gewürfelt wird.

$\Omega_2 = \{\text{gerade Augenzahl; ungerade Augenzahl}\}$
$|\Omega_2| = 2$

Wir betrachten nur, ob eine 1, 2 oder Zahl größer als 2 gewürfelt wird.

$\Omega_3 = \{1; 2; \text{Augenzahl größer als 2}\}$
$|\Omega_3| = 3$

Zu **b)** Ω_4 und Ω_5 sind keine Vergröberungen von Ω, da sich bei Ω_4 das Ergebnis 4 keinem Element von Ω_4 zuordnen lässt, hingegen bei Ω_5 das Ergebnis 3 nicht eindeutig einem Element von Ω_5 zuordnen lässt (es ist in beiden enthalten).

4 Baumdiagramm, vorzeitiger Abbruch, Vergröberung

In einer Urne befinden sich vier Kugeln mit den Nummern 1 bis 3 und 7. Die Kugeln 1 und 2 sind rot, Kugel 3 ist grün und Kugel 7 ist schwarz. Man zieht nacheinander zwei Kugeln, ohne die erste gezogene wieder zurückzulegen. Falls die „Schwarze 7“ gezogen wird, zieht man nicht mehr weiter.

a) Erstellen Sie je ein passendes Baumdiagramm für den Fall, dass die Nummer bzw. Farbe der Kugel das untersuchte Merkmal ist, und geben Sie auch jeweils den feinsten Ergebnisraum Ω an.

b) Geben Sie für jeden der beiden Fälle je eine Vergröberung des Ergebnisraums an.

Zu **a)** Wir betrachten zuerst den Fall, dass die Nummer der Kugel untersucht wird.

▶ Die beim ersten Zug gezogene Nummer können wir nicht noch einmal ziehen. Ziehen wir beim ersten Zug die 7, ziehen wir nicht mehr weiter („abbrechender“ Ast).

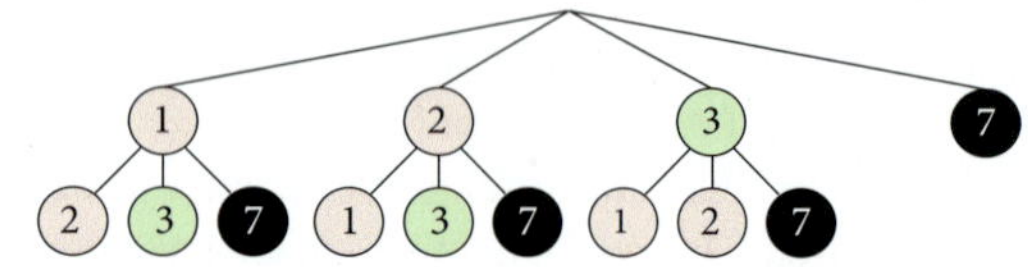

ω (1;2) (1;3) (1;7) (2;1) (2;3) (2;7) (3;1) (3;2) (3;7) 7

$\Omega_1 = \{(1;2); (1;3); (1;7); (2;1); (2;3); (2;7); (3;1); (3;2); (3;7); 7\}$ mit $|\Omega_1| = 10$

Betrachten wir hingegen die Farbe der Kugel als untersuchtes Merkmal, ergibt sich ein anderer Aufbau.

▶ Ziehen wir die schwarze Kugel, ziehen wir nicht mehr weiter („abbrechender“ Ast).

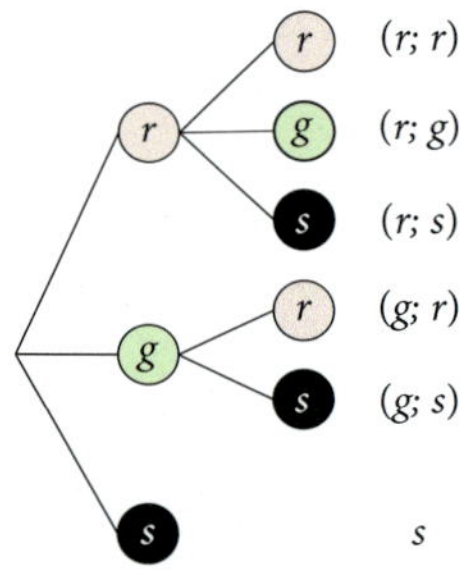

$\Omega_2 = \{(r;r); (r;g); (r;s); (g;r); (g;s); s\}$ mit $|\Omega_2| = 6$

Baumdiagramme können anschaulich sowohl von oben nach unten, als auch von links nach rechts verlaufend aufgebaut werden. Notieren wir am Ende des Pfades die Ergebnisse, so erhalten wir alle Elemente des Ergebnisraums Ω, den wir dann nur noch in der Mengenschreibweise angeben müssen.

Zu **b)** Ω_{12} ist eine Vergröberung des Ergebnisraums Ω_1 und Ω_{22} ist eine Vergröberung des Ergebnisraums Ω_2.

Ω_{12} = {7 wird gezogen; 7 wird nicht gezogen}

Ω_{22} = {es wird genau einmal gezogen; es wird zweimal gezogen} ▶ Ω_{22} ist auch Vergröberung von Ω_1

1. Entscheiden Sie jeweils, ob es sich um ein Zufallsexperiment handelt.

a) Elena und Laura spielen „Schnick-Schnack-Schnuck“ um das letzte Stück Schokolade.

b) Peter schreibt eine Mathearbeit, für die er nicht gelernt hat.

c) Sina, Tina und Lea ziehen jeweils eine Karte.

2. In einer Dose befinden sich vier Bonbonsorten jeweils in ausreichender Menge:

- Zitrone
- Himbeere
- Kirsche
- Erdbeere

Lisa greift zufällig zwei Bonbons heraus. Geben Sie den Ergebnisraum Ω an.

3. Aus den Ziffern 0, 3 und 5 werden zweistellige Zahlen gebildet. Geben Sie den Ergebnisraum Ω an.

4. Zeichnen Sie jeweils ein Baumdiagramm und geben Sie den Ergebnisraum an.

a) Milo und Ole spielen Karten. Wer 2 Spiele hintereinander oder insgesamt 3 Spiele gewinnt, ist Sieger.

b) Hannah geht mit einem Chip an einen Spielautomaten, bei dem sie je Spiel entweder einen Chip gewinnen oder verlieren kann. Sie hört auf zu spielen, wenn sie keinen Chip mehr hat oder 4 Chips in den Händen hält oder fünfmal gespielt hat. *Tipp*: Start mit 1.

▶ Lösungen auf Seite 260

Glücksrad

Anna und Jan stehen auf dem Sommerfest vor einem Glücksrad mit acht gleich großen Teilstücken, welche die Zahlen von 1 bis 8 tragen. Trifft man eine gerade Zahl, erhält man einen Gewinn, ansonsten einen Trostpreis.

a) Geben Sie alle Ergebnisse an, die zu einem Gewinn führen.
b) Geben Sie das Ergebnis an, bei dem man weder einen Gewinn noch einen Trostpreis erhält.
c) Geben Sie das Ergebnis an, bei dem man einen Gewinn oder einen Trostpreis erhält.

Zu **a)** Bei diesem Zufallsexperiment gibt es acht mögliche Ergebnisse: 1, 2, 3, 4, 5, 6, 7, 8.

Ergebnisraum: $\Omega = \{1; 2; 3; 4; 5; 6; 7; 8\}$

Das **Ereignis** „Spieler gewinnt" tritt dann ein, wenn das Ergebnis 2, 4, 6 oder 8 ist. Wir kürzen dieses Ereignis mit E_1 ab und schreiben $E_1 = \{2; 4; 6; 8\}$.

Ereignis „Spieler gewinnt": $E_1 = \{2; 4; 6; 8\}$

Das Ereignis E_1 ist also eine Teilmenge des Ergebnisraums.

Zu **b)** Das Ereignis E_2, dass man weder einen Gewinn noch einen Trostpreis erhält, kann nicht eintreten, da man immer eine der Zahlen trifft. Die Menge E_2 ist also leer. Ein Ereignis, das nicht eintreten kann, nennt man **unmögliches Ereignis**.

$E_2 = \{\ \}$ ▸ unmögliches Ereignis

Zu **c)** Das Ereignis E_3, dass man einen Gewinn oder einen Trostpreis erhält, tritt immer ein, da man immer eine gerade oder ungerade Zahl trifft. Die Menge E_3 enthält alle möglichen Ergebnisse. Ein Ereignis, das immer eintritt, nennt man **sicheres Ereignis**.

$E_3 = \Omega$ ▸ sicheres Ereignis

Ereignisse, die nur ein einziges Element besitzen, bezeichnet man als **Elementarereignisse**. Das Ereignis, dass die 1 getroffen wird, ist z. B. ein Elementarereignis.

Elementarereignisse: $\{1\}, \{2\}, \{3\}, \{4\}, \{5\}, \{6\}, \{7\}, \{8\}$

▸ Die Elementarereignisse entsprechen den möglichen Ergebnissen, sind aber im Gegensatz dazu Mengen.

- Jede Teilmenge E des Ergebnisraums Ω eines Zufallsexperiments heißt ein **Ereignis *E*** von Ω.
- Ein Ereignis E **tritt ein**, wenn das Zufallsexperiment mit einem Ergebnis endet, das in E enthalten ist.
- Besondere Ereignisse sind das **sichere Ereignis**, das immer eintritt ($E = \Omega$), und das **unmögliche Ereignis**, das nie eintritt ($E = \{\ \}$). Können Ereignisse eintreten, so nennt man sie **mögliche Ereignisse**.
- Einelementige Ereignisse heißen **Elementarereignisse**.

1. Ein idealer 6-seitiger Würfel wird einmal geworfen.
a) Bestimmen Sie den Ergebnisraum Ω.
b) Schreiben Sie das folgende Ereignis als Menge: „Die Augenzahl ist ungerade."
c) Geben Sie das sichere Ereignis des Experiments an.

2. Stellen Sie die 36 verschiedenen Ergebnisse, die beim zweifachen Würfelwurf eintreten können, möglichst übersichtlich dar und geben Sie die folgenden Ereignisse in aufzählender Mengenschreibweise an:
E_1: „Die zweite Zahl ist doppelt so groß wie die erste."
E_2: „Beide Zahlen sind Primzahlen."
E_3: „Die zweite Zahl ist halb so groß wie die erste."
E_4: „Die erste Zahl ist ein Teiler der zweiten."

▸ Lösungen auf Seite 261

6 Ziehen aus einer Urne ohne Zurücklegen

In einer Urne, befinden sich fünf blaue, zwei rote und eine grüne Kugel. Mia zieht nacheinander zwei Kugeln, ohne die erste gezogene wieder zurückzulegen. Geben Sie den Ergebnisraum und das Ereignis E „Zwei verschiedenfarbige Kugeln werden gezogen" als Mengen an und ermitteln Sie deren Mächtigkeit.

Wir veranschaulichen das Zufallsexperiment mit einem Baumdiagramm und erhalten für den Ergebnisraum:
$\Omega = \{(b; b); (b; r); (b; g); (r; b); (r; r); (r; g); (g; b); (g; r)\}$ mit $|\Omega| = 8$
Das Ereignis E „Zwei verschiedenfarbige Kugeln werden gezogen" ist eine Teilmenge des Ergebnisraums:
$E = \{(b; r); (b; g); (r; b); (r; g); (g; b); (g; r)\}$, mit $|E| = 6$

Baumdiagramm:

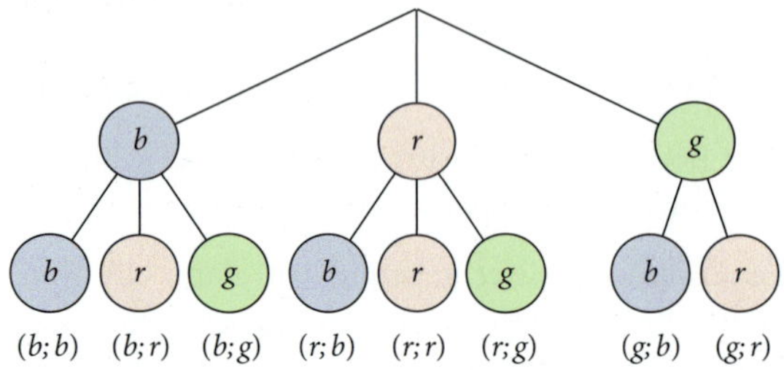

Viele Zufallsexperimente lassen sich anschaulich als Gedankenexperiment auf ein **Urnenmodell** – entweder wie hier im Beispiel 6 **ohne Zurücklegen** oder **mit Zurücklegen** der gezogenen Kugeln – zurückführen.

7 Glücksrad als Urnenmodell

Für die Schulfeier planen die Schüler der Klasse 12WA eine Tombola: An einem Glücksrad mit fünf gleich großen Sektoren (mit den Ziffern 1 bis 5) soll dreimal gedreht werden. Bei drei gleichen Ziffern bzw. drei aufsteigend aufeinanderfolgenden Ziffern soll der Teilnehmer einen Gewinn erhalten. Falls kein Gewinn mehr möglich ist, wird vorzeitig abgebrochen. Kurz vor der Feier stellen die Schüler jedoch fest, dass das Glücksrad defekt ist.

a) Beschreiben Sie, wie sich das Glücksraddrehen alternativ als Urnenmodell darstellen lässt, damit die Tombola trotzdem stattfinden kann.

b) Stellen Sie für den Fall, dass beim ersten Zug die 1 gezogen wurde, diesen Ausschnitt des Zufallsexperiments auch als Baumdiagramm dar.

c) Formulieren Sie die beiden Gewinnmöglichkeiten als Ereignisse in Worten und geben Sie die Ereignisse auch in aufzählender Mengenschreibweise an.

Zu **a)** Urnenmodell:
Die fünf gleich großen Sektoren des Glücksrads können durch fünf mit den Ziffern 1 bis 5 beschriftete Kugeln (oder auch Zettel) in einer Urne repräsentiert werden. Das dreimalige Drehen des Glücksrads entspricht dann einem dreimaligen Ziehen einer Kugel aus der Urne, wobei die gezogene Kugel wieder zurückgelegt wird.

Zu **b)** Baumdiagramm (Ausschnitt):

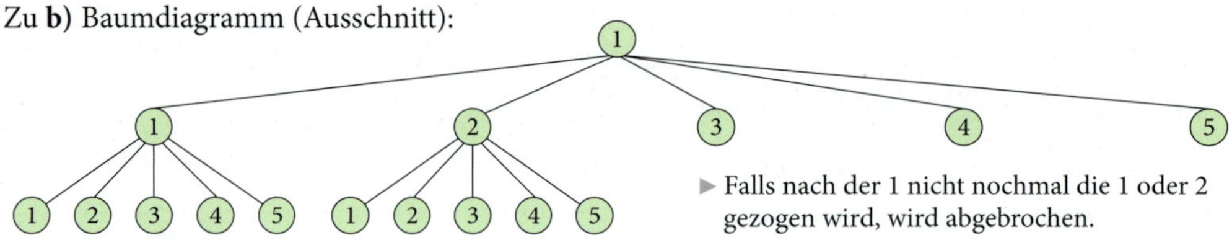

▶ Falls nach der 1 nicht nochmal die 1 oder 2 gezogen wird, wird abgebrochen.

Zu **c)**
E_1: „Die gezogenen Kugeln zeigen die gleiche Ziffer."
E_2: „Die gezogenen Kugeln sind aufsteigend aufeinanderfolgende Ziffern."

$E_1 = \{(1; 1; 1); (2; 2; 2); (3; 3; 3); (4; 4; 4); (5; 5; 5)\}$
$E_2 = \{(1; 2; 3); (2; 3; 4); (3; 4; 5)\}$

Beschreiben Sie den zweifachen Münzwurf als Urnenmodell.

▶ Lösung auf Seite 261

Übungen zu 3.1.1

1. In einer Urne befinden sich eine blaue, zwei rote und drei grüne Kugeln. Es werden nacheinander zwei Kugeln mit Zurücklegen gezogen.

a) Stellen Sie das Zufallsexperiment als Baumdiagramm dar, geben Sie den Ergebnisraum sowie dessen Mächtigkeit an.

b) Geben Sie die folgenden Ereignisse in aufzählender Mengenschreibweise an:
E_1: „Es werden zwei gleiche Kugeln gezogen."
E_2: „Es wird mindestens eine blaue Kugel gezogen."
E_3: „Die zweite gezogene Kugel ist grün."

c) Bearbeiten Sie die Teilaufgaben a) und b) unter der Annahme, dass die gezogene Kugel nicht zurückgelegt wird.

2. Eine Urne enthält zwei rote und eine blaue Kugel. Es werden nacheinander zwei Kugeln gezogen. Zugehöriges Baumdiagramm:

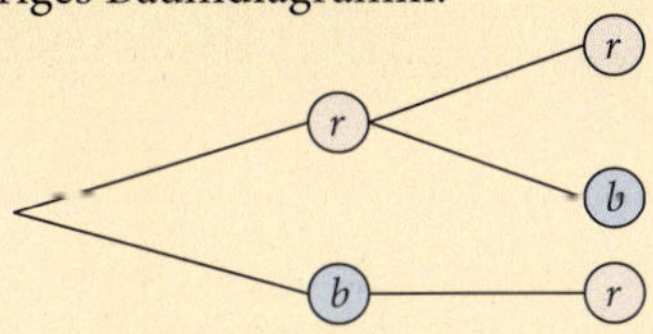

a) Wurde bei diesem Zufallsexperiment mit oder ohne Zurücklegen gezogen? Begründen Sie.

b) Erweitern Sie das Baumdiagramm für den Fall, dass dreimal gezogen wird (jeweils mit bzw. ohne Zurücklegen).

c) Erstellen Sie ein neues Baumdiagramm für folgendes Zufallsexperiment: Es wird zweimal ohne Zurücklegen gezogen, allerdings wird nach dem ersten Zug eine grüne Kugel zusätzlich in die Urne gegeben.

c_1) Geben Sie den feinsten Ergebnisraum Ω an.

c_2) Geben Sie die folgenden Ereignisse in aufzählender Mengenschreibweise an:
E_1: „Es wurde auch eine grüne Kugel gezogen."
E_2: „Gezogene Kugeln sind gleichfarbig."
E_3: „Es wurde auch eine blaue Kugel gezogen."
E_4: „Es wurde genau eine rote Kugel gezogen, aber nicht die letzte."

3. Erstellen Sie jeweils ein Baumdiagramm zu den Zufallsexperimenten mit den angegebenen Ergebnisräumen. Beschreiben Sie anschließend in Worten ein dazu passendes Urnenexperiment.

$\Omega_1 = \{(1; 2); (1; 3); (2; 1); (2; 3); (3; 1); (3; 2)\}$

$\Omega_2 = \{(r; w); (r; b); (w; r); (w; b); (b; r); (b; w); (b; s)\}$

4. Bei Spielbeginn von „Mensch ärgere dich nicht" hat ein Spieler drei Versuche, um eine 6 zu würfeln. Die möglichen Ausgänge (6 und keine 6) dieser bis zu drei Würfe bilden ein Zufallsexperiment. Bedenken Sie, dass der Spieler zu Würfeln aufhört, sobald er eine 6 gewürfelt hat.

a) Erstellen Sie das zugehörige Baumdiagramm und geben Sie den feinsten Ergebnisraum an.

b) Beschreiben Sie eine Möglichkeit, das Experiment ohne Würfel als Urnenmodell durchzuführen (mit möglichst wenig Aufwand).

c) Beschreiben Sie die folgenden Ereignisse in aufzählender Mengenschreibweise:
E_1: „Der Spieler darf eine Spielfigur ziehen."
E_2: „Der Spieler würfelt mindestens zweimal."
E_3: „Der Spieler würfelt höchstens zweimal."
E_4: „Der Spieler darf keine Spielfigur ziehen."

5. Michael hat in seiner Hosentasche 6 Münzen: Zwei 2-Euro-Münzen, eine 1-Euro-Münze und drei 50-Cent-Münzen. Mit seinem Freund Paul, dem er schon länger 2,50 € schuldet, trifft er folgende Vereinbarung: Der „neutrale" Sven holt nacheinander willkürlich jeweils eine Münze aus Michaels Tasche und legt sie auf den Tisch. Sobald der geschuldete Betrag erreicht bzw. übertroffen ist, wird aufgehört, spätestens jedoch nach der dritten Münze. Die auf dem Tisch liegenden Münzen erhält Paul.

a) Begründen Sie, dass es sich hierbei um ein Zufallsexperiment handelt.

b) Erstellen Sie ein passendes Baumdiagramm und geben Sie den feinsten Ergebnisraum Ω an.

c) Geben Sie die folgenden Ereignisse in aufzählender Mengenschreibweise an:
E_1: „Michael muss mehr bezahlen als er Paul schuldet."
E_2: „Paul erhält mindestens sein Geld zurück."
E_3: „Es werden drei Münzen gezogen."

d) Finden Sie heraus, welcher maximale Gewinn bzw. Verlust für die beiden zu erzielen ist.

e) Diskutieren Sie, für wen das Spiel vorteilhafter ist.

3.1.2 Verknüpfung von Ereignissen

8 Würfelspiel

Bei einem Würfelspiel mit einem idealen 6-seitigen Würfel gewinnt Jan, wenn die Augenzahl gerade ist. Anna siegt, wenn die Augenzahl durch drei teilbar ist. Geben Sie die folgenden Ereignisse in Mengenschreibweise an. Stellen Sie die Ereignisse E_3, E_4 und E_5 außerdem mithilfe von Venn-Diagrammen (▶ Seite 219) anschaulich dar.

E_1: „Jan gewinnt." E_2: „Anna gewinnt." E_3: „Mindestens einer der beiden gewinnt."
E_4: „Jan *und* Anna gewinnen." E_5: „Jan gewinnt nicht."

Der Ergebnisraum ist $\Omega = \{1; 2; 3; 4; 5; 6\}$.

$\Omega = \{1; 2; 3; 4; 5; 6\}$

Ereignis E_1: „Jan gewinnt."
Jan gewinnt, wenn eine 2, eine 4 oder eine 6 gewürfelt wird.

$E_1 = \{2; 4; 6\}$

Ereignis E_2: „Anna gewinnt."
Anna gewinnt, wenn eine 3 oder eine 6 gewürfelt wird.

$E_2 = \{3; 6\}$

Es gibt aber noch mehr Möglichkeiten, wie das Spiel ausgehen kann.

Ereignis E_3: „Mindestens einer der beiden gewinnt."
Mindestens einer der beiden gewinnt, wenn Jan *oder* Anna *oder* beide gewinnen.

$E_3 = \{2; 3; 4; 6\}$

Das Ereignis E_3 besteht aus allen Ergebnissen, die zu E_1 *oder* E_2 *oder* zu beiden gehören. Gesucht ist also die **Vereinigungsmenge**.

$E_3 = E_1 \cup E_2 = \{2; 3; 4; 6\}$

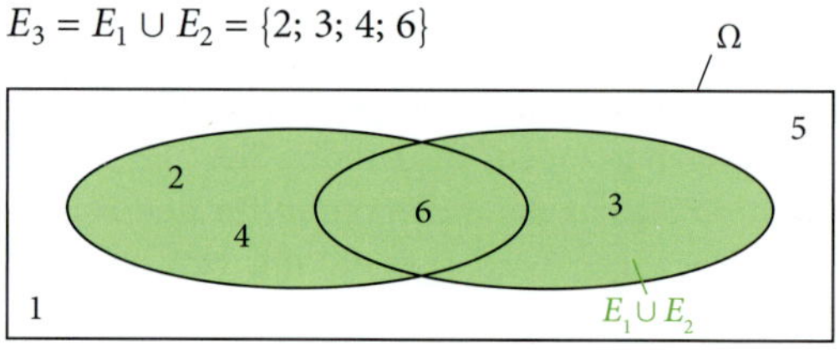

Ereignis E_4: „Jan *und* Anna gewinnen."
Jan und Anna gewinnen, wenn eine 6 gewürfelt wird. Das Ereignis E_4 besteht aus allen Ergebnissen, die zu E_1 *und* E_2 gehören. Gesucht ist also die **Schnittmenge**.
Zwei Ereignisse, deren Schnittmenge leer ist, nennt man **unvereinbar**. Ansonsten heißen Sie **vereinbar**. Die beiden Ereignisse E_1 und E_2 sind hier also vereinbar.

$E_4 = \{6\}$
$E_4 = E_1 \cap E_2 = \{6\}$

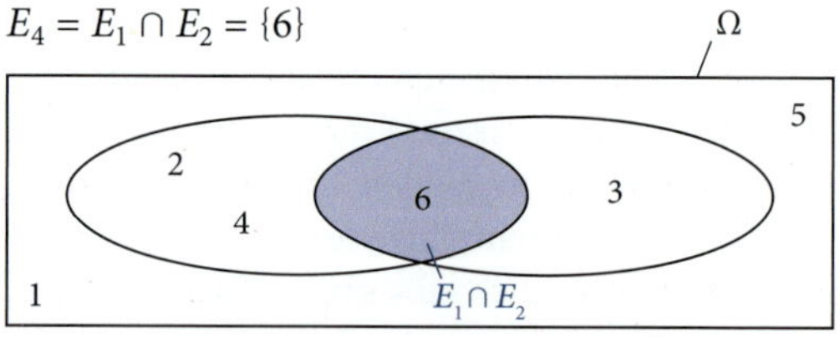

Ereignis E_5: „Jan gewinnt *nicht.*"
Jan gewinnt nicht, wenn eine ungerade Zahl gewürfelt wird.

$E_5 = \{1; 3; 5\}$

E und $\overline{E}$ sind immer unvereinbar.

Das Ereignis E_5 besteht aus allen Ergebnissen, die *nicht* zu E_1 gehören.
Das Ereignis E_5 wird als **Gegenereignis** des Ereignisses E_1 bezeichnet. Das Gegenereignis kennzeichnen wir durch einen Querbalken, es ist also $E_5 = \overline{E_1}$ (gelesen: „E_1 quer" oder „nicht E_1").

$E_5 = \Omega \setminus E_1 = \{1; 3; 5\} = \overline{E_1}$

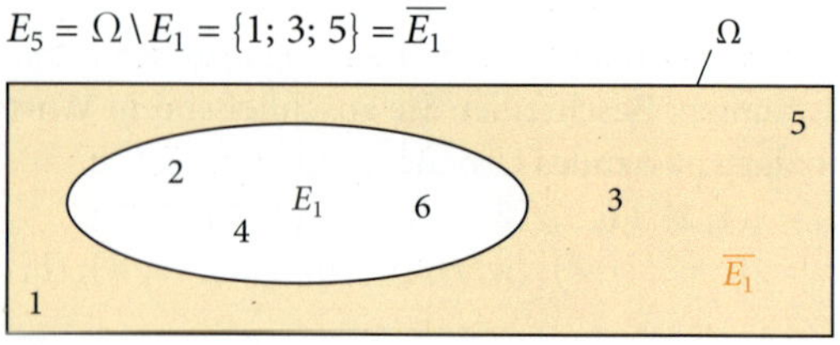

Allgemein gilt:
Zwei beliebige Ereignisse E_1 und E_2 sind immer Teilmengen eines Ergebnisraums Ω. Verknüpfungen von Mengen sowie die zugehörigen Symbole und Darstellungen können daher auf Ereignisse übertragen werden.

Symbol	Bedeutung	Mengendarstellung
$E_1 \cap E_2$ gelesen: „E_1 geschnitten E_2"	Das Ereignis $E_1 \cap E_2$ tritt ein, wenn sowohl E_1 als auch E_2 eintreten.	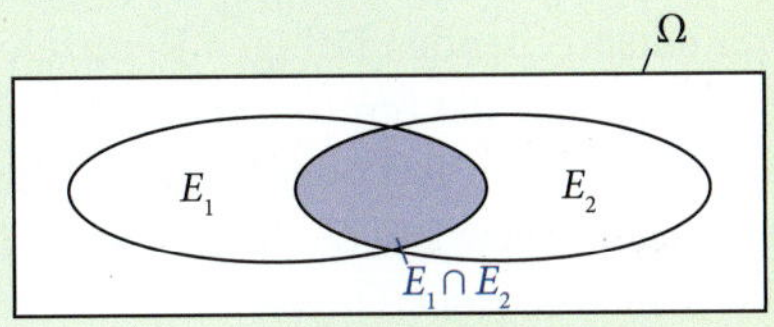
$E_1 \cup E_2$ gelesen: „E_1 vereinigt E_2"	Das Ereignis $E_1 \cup E_2$ tritt ein, wenn E_1 oder E_2 oder beide eintreten.	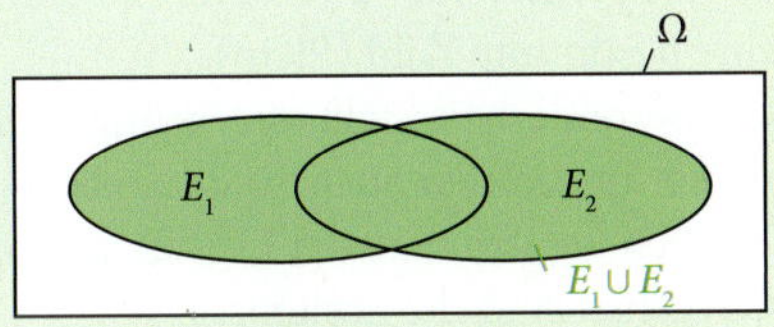
$\overline{E} = \Omega \setminus E$ gelesen: „Ω ohne E"	Das Gegenereignis $\overline{E} = \Omega \setminus E$ tritt ein, wenn E nicht eintritt.	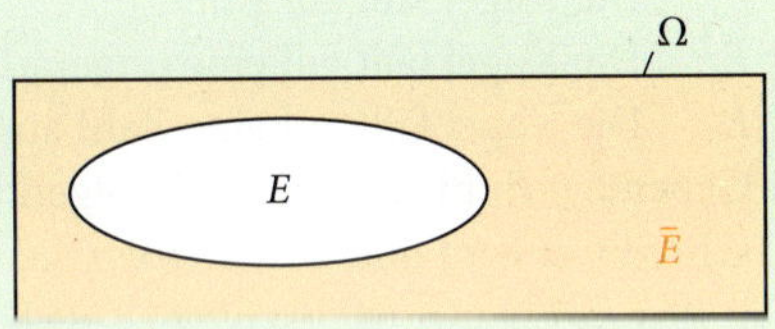

Für die Schnittmenge („und") müssen beide Ereignisse eintreten. Für die Vereinigungsmenge („oder") kann nur E_1 eintreten oder nur E_2 oder beide Ereignisse treten gleichzeitig ein.

1. Stellen Sie beim einmaligen Würfeln die folgenden Ereignisse als Mengen dar. Geben Sie diese dazu zunächst als Vereinigung bzw. Schnitt zweier Mengen an. Veranschaulichen Sie Ihr Ergebnis jeweils in einem Venn-Diagramm.
a) Es tritt eine ungerade Zahl oder eine Zahl größer als 3 ein.
b) Es wird eine gerade Augenzahl geworfen, die kleiner als 5 ist.
c) Es wird eine Primzahl geworfen, die größer als 5 ist.

2. Geben Sie jeweils das Gegenereignis an.
a) E: „Mit einem Würfel wird eine 6 gewürfelt."
b) E: „Mit einem Würfel wird eine Quadratzahl gewürfelt."
c) E: „Beim Werfen einer Münze fällt eine Zahl."
d) E: „Beim Werfen zweier Münzen liegen zwei Zahlen oben."
e) E: „Bei vier Schüssen auf eine Zielscheibe werden vier Treffer erzielt."

3. Ein idealer 6-seitiger Würfel wird einmal geworfen. Betrachten Sie die folgenden Ereignisse.
E_1: „Die gewürfelte Zahl ist gerade." E_2: „Die gewürfelte Zahl ist größer als 3."
Geben Sie die Ereignisse E_1, E_2, $E_1 \cap E_2$, $E_1 \cup E_2$ und $\overline{E_2}$ in Mengenschreibweise an.

▶ Lösungen auf Seite 261

9 Roulette

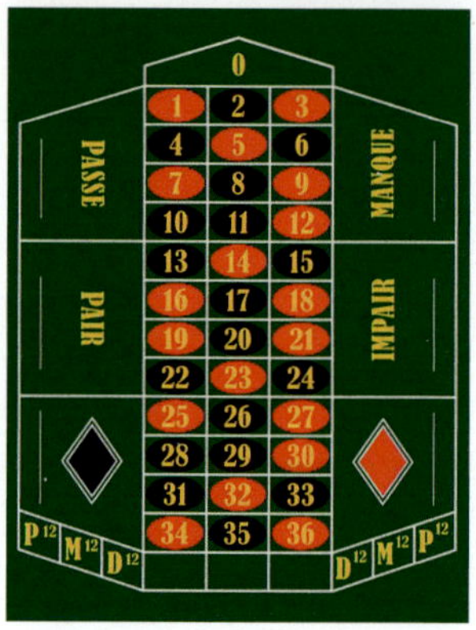

Ähnlich einem Glücksrad befinden sich auf der Roulette-Schüssel („Cuvette") 37 gleichgroße Felder, die mit den Zahlen von 1 bis 36 (18 davon rot, 18 schwarz) sowie der 0 (grün) besetzt sind. Am Rand dieser Schüssel wird die Kugel gedreht, die dann in eines der 37 Felder fällt.

Auf dem angrenzenden Spieltisch befinden sich ebenfalls diese 37 Felder mit ihrer entsprechenden farbigen Kennzeichnung.

Man unterscheidet (grob) das Setzen auf:
- eine der Farben Rot oder Schwarz (Rouge/Noir),
- eine gerade bzw. ungerade Zahl (Pair/Impair),
- 12 (Colonne oder Douzaines), 6 (Transversale simple), 4 (Carré), 3 (Transversale pleine) oder 2 (Cheval) bestimmte Zahlen,
- eine bestimmte Zahl (Plein).

Eine Besonderheit stellt die grüne Null dar, die (vereinfacht) weder zu den geraden/ungeraden noch zu den roten/schwarzen Feldern zählt.

a) Geben Sie den feinsten Ergebnisraum Ω und seine Mächtigkeit an.

b) Gegeben sind die Ereignisse

E_1: „Die Kugel fällt auf Rot."

E_2: „Die Kugel fällt auf eine ungerade Zahl."

E_3: „Die Kugel fällt auf eine Zahl aus dem ersten Dutzend."

Geben Sie E_1 bis E_3 sowie die folgenden Ereignisse in aufzählender Mengenschreibweise an und beschreiben Sie sie auch mit eigenen Worten.

i) $A = E_1 \cap E_2$ ii) $B = \overline{E_1} \cup E_3$ iii) $C = E_3 \cap \overline{E_2}$

c) Prüfen Sie das Ereignis A auf Vereinbarkeit zu B bzw. zu C.

Zu **a)** Die 37 Zahlen 0 bis 36 gehören zu den möglichen Ergebnissen.

$\Omega = \{0; 1; 2; 3; 4; 5; 6; 7; 8; 9; 10; 11; 12; \ldots; 27; 28; 29; 30; 31; 32; 33; 34; 35; 36\}$, $|\Omega| = 37$

Zu **b)** Die grüne 0 gehört nicht zu E_1 bis E_3.

$E_1 = \{1; 3; 5; 7; 9; 12; 14; 16; 18; 19; 21; 23; 25; 27; 30; 32; 34; 36\}$, $|E_1| = 18$

$E_2 = \{1; 3; 5; 7; 9; 11; 13; 15; 17; 19; 21; 23; 25; 27; 29; 31; 33; 35\}$, $|E_2| = 18$

$E_3 = \{1; 2; 3; 4; 5; 6; 7; 8; 9; 10; 11; 12\}$, $|E_3| = 12$

Von den ungeraden Zahlen, beachten wir nur die roten.

A: „Kugel fällt auf eine rote und ungerade Zahl."

$A = \{1; 3; 5; 7; 9; 19; 21; 23; 25; 27\}$, $|A| = 10$

Zu B gehören also das erste Dutzend und alle nicht-roten Zahlen.

▶ Das Komplement von Rot ist „nicht Rot" (also Grün oder Schwarz).

B: „Kugel fällt auf eine nicht rote oder zum ersten Dutzend gehörige Zahl."

$B = \{0; 1; 2; 3; 4; 5; 6; 7; 8; 9; 10; 11; 12; 13; 15; 17; 20; 22; 24; 26; 28; 29; 31; 33; 35\}$, $|B| = 25$

Zu C gehören die geraden Zahlen des ersten Dutzends.

C: „Kugel fällt auf eine Zahl aus dem ersten Dutzend, die gerade ist."

$C = \{2; 4; 6; 8; 10; 12\}$, $|C| = 6$

Zu **c)** Zwei Ereignisse sind vereinbar, wenn sie gleichzeitig eintreten können. Hierfür prüfen wir, ob die Schnittmenge Elemente enthält.

$A \cap B = \{1; 3; 5; 7; 9\}$

$A \cap C = \{\ \}$

Damit sind A und B vereinbar, A und C nicht.

Gesetze von De Morgan

10

Ein Zufallsexperiment untersucht das Wetter an einem bestimmten Tag. Dabei wird beschrieben, ob es Niederschlag gibt (N) oder nicht ($\overline{N}$) und ob die Sonne scheint (S) oder nicht ($\overline{S}$).

a) Geben Sie den zugehörigen Ergebnisraum an. Beschreiben Sie anschließend die zugehörigen Elementarereignisse mit eigenenWorten und stellen Sie sie jeweils in einem Venn-Diagramm dar.

b) Erstellen Sie für die Ereignisse $A = \overline{N} \cap \overline{S}$ und $B = \overline{N} \cup \overline{S}$ ein geeignetes Venn-Diagramm, beschreiben Sie die Ereignisse mit eigenen Worten und suchen Sie nach einer weiteren Mengenschreibweise für die beiden Ereignisse A und B.

Zu **a)** Für den Ergebnisraum gilt: $\Omega = \{(N; S); (N; \overline{S}); (\overline{N}; S); (\overline{N}; \overline{S})\}$

$E_1 = \{(N; S)\}$
„Es gibt Niederschlag und die Sonne scheint."
kurz: $E_1 = N \cap S$

▶ Es treten N und S ein.

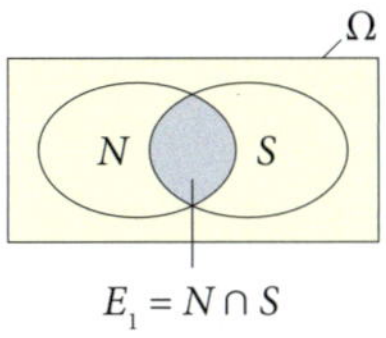

$E_2 = \{(N; \overline{S})\}$
„Es gibt Niederschlag und die Sonne scheint nicht."
kurz: $E_2 = N \cap \overline{S}$

▶ Es tritt nur N ein.

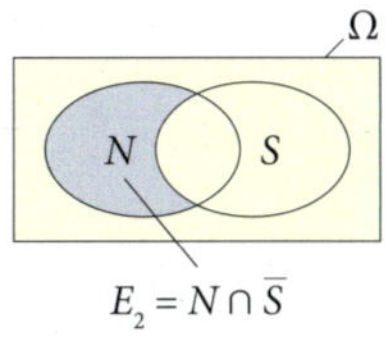

$E_3 = \{(\overline{N}; S)\}$
„Es gibt keinen Niederschlag und die Sonne scheint."
kurz: $E_3 = \overline{N} \cap S$

▶ Es tritt nur S ein.

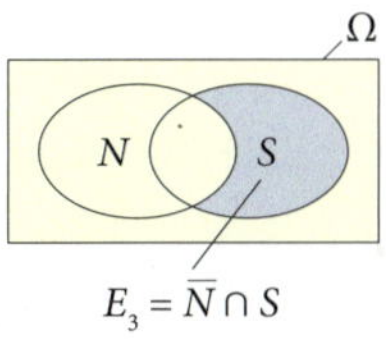

$E_4 = \{(\overline{N}; \overline{S})\}$
„Es gibt keinen Niederschlag und die Sonne scheint nicht."
kurz: $E_4 = \overline{N} \cap \overline{S}$

▶ Es tritt keines der Ereignisse N bzw. S ein.

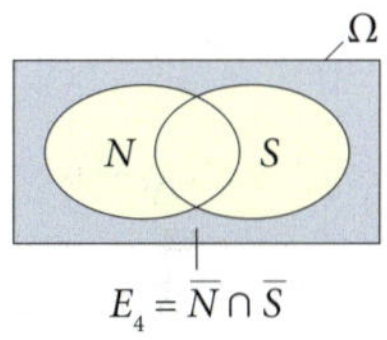

Zu **b)** Es werden erst die beiden Ereignisse $\overline{N}$ und $\overline{S}$ betrachtet.
Legt man die beiden Venn-Diagramme gedanklich übereinander, so erhält man eine gute Vorstellung der beiden Ereignisse A und B.

$A = \overline{N} \cap \overline{S}$:
Bei der Schnittmenge entspricht der in beiden Diagrammen blau eingefärbte Bereich dem Ereignis.

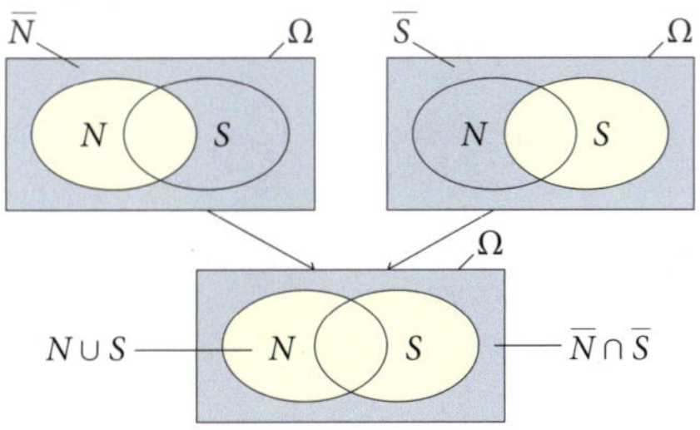

▶ Keines der beiden Ereignisse N bzw. S tritt ein.

$B = \overline{N} \cup \overline{S}$:
Bei der Vereinigungsmenge gehört ein Bereich bereits dann dazu, wenn er in mindestens einem der beiden Diagramme blau eingefärbt ist.

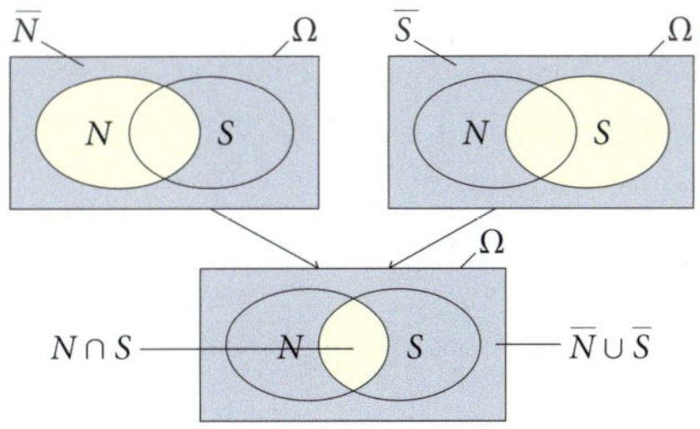

▶ Höchstens eines der beiden Ereignisse N bzw. S tritt ein.

Gleichzeitig ist das jeweils blau markierte Ereignis das Gegenereignis des gelb markierten Ereignisses.
Damit ergeben sich die **Gesetze von De Morgan**:

$$\overline{N} \cap \overline{S} = \overline{N \cup S} \quad \text{und} \quad \overline{N} \cup \overline{S} = \overline{N \cap S}$$

Vereinfachen Sie (gegebenenfalls mithilfe der Gesetze von De Morgan) folgende Verknüpfungen:

a) $\overline{\overline{A}}$ b) $\overline{\overline{A} \cap B}$ c) $\overline{\overline{A} \cup \overline{B}}$

▶ Lösung auf Seite 261

Übungen zu 3.1.2

1. Unter den Teilnehmern eines Mehrkampf-Sportfestes werden unter anderem folgende Gruppen unterschieden:
L: „Der Teilnehmer betreibt eine Laufdisziplin."
W: „Der Teilnehmer betreibt eine Wurfdisziplin."
Veranschaulichen Sie das Ereignis E in einem Venn-Diagramm und beschreiben Sie es in Worten.

a) $E_1 = \overline{L} \cup \overline{W}$
b) $E_2 = L \setminus W$
c) $E_3 = W \setminus \overline{L}$
d) $E_4 = (L \cap W) \cup (\overline{L} \cap W)$

2. Geben Sie das blau schattierte Ereignis (Teilmenge von Ω) in formaler Schreibweise an.

a) 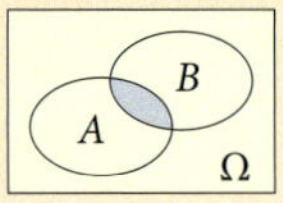

b) 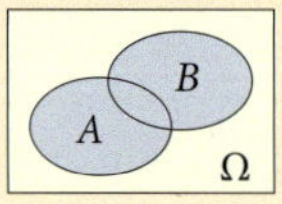

c) 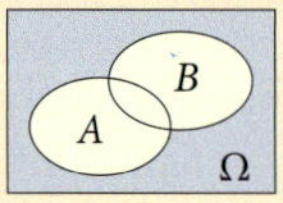

3. *Flüsterpost:* Gegeben sind zwei Ereignisse A und B. Notieren Sie eine beliebige Verknüpfung dieser beiden Ereignisse oben auf einem DIN-A4-Blatt und geben Sie dieses weiter. In den folgenden Runden soll das Ereignis als Venn-Diagramm und dann wieder in formaler Schreibweise dargestellt werden. Dazwischen das Falten nicht vergessen!
Wenn Sie Ihr Blatt zurückerhalten, prüfen Sie die Richtigkeit aller Schritte.

4. Stellen Sie beim einmaligen Würfeln die folgenden Ereignisse als Mengen dar.
Geben Sie diese dazu zunächst als Vereinigung bzw. Schnitt zweier Mengen an.

a) „Es tritt eine ungerade Zahl oder eine Zahl größer als 3 ein."
b) „Es wird eine gerade Augenzahl geworfen, die kleiner als 5 ist."
c) „Es wird eine Primzahl geworfen, die größer als 5 ist."

5. In einer Urne befinden sich eine blaue Kugel mit der Aufschrift 1, eine grüne mit der Aufschrift 2 sowie zwei rote mit den Aufschriften 3 bzw. 4. Es wird zweimal ohne Zurücklegen gezogen.

a) Erstellen Sie ein passendes Baumdiagramm, geben Sie den feinsten Ergebnisraum und dessen Mächtigkeit an.
▶ Vermerken Sie sowohl die Farbe als auch die Ziffer, z. B. $g2$ bzw. 2.

b) Geben Sie die aufgelisteten Ereignisse A bis G in aufzählender Mengenschreibweise an:
A: „Es wird mindestens eine rote Kugel gezogen."
B: „Die Summe der beiden gezogenen Ziffern ist mindestens 6."
C: „Die letzte gezogene Ziffer ist größer als die vorherige."
D: „Die zweite gezogene Kugel ist blau."
$E = A \cap B$, $F = B \cup C$, $G = \overline{C \cap D}$.

c) Prüfen Sie die folgenden Ereignisse auf Vereinbarkeit: A und D; $B \cap D$ und C; $A \cup C$ und $\overline{B \cap D}$.

6. Geben Sie jeweils das Gegenereignis an.

a) „Maximilian hat im Lotto 4 Richtige getippt."
b) „Anna hat eine gerade Zahl gewürfelt."
c) „In der Theatergruppe sind 20 Personen."
d) „Die SMV besteht aus Jungen und Mädchen."

7. In einer Radiosendung müssen Zuhörer per Telefon einen von den Moderatoren angefangenen Satz richtig zu Ende führen. Die Moderatoren rühmen sich, dass es dabei Nichts zu gewinnen gibt. Auf die falsche Antwort einer Zuhörerin, sagt der Moderator schadenfroh: „Du hast jetzt leider nicht Nichts gewonnen!" Nehmen Sie dazu Stellung.

8. Susi berichtet ihren Freundinnen, dass in dem Hort, in dem sie ihr Praktikum macht, noch einige der Kinder an das Christkind (C) bzw. an den Osterhasen (O) glauben.
Stellen Sie die folgenden Ereignisse in einem Venn-Diagramm dar und beschreiben Sie sie möglichst einfach in Worten. Verwenden Sie soweit möglich die Gesetze von De Morgan.

a) $A = O \cup \overline{C}$
b) $B = C \cap \overline{O}$
c) $D = \overline{O} \cup \overline{C}$

9. Überprüfen Sie in allen drei Fällen die beiden aufgeführten Ereignisse beim zweifachen Würfelwurf auf Vereinbarkeit:

a) A: „Die Summe der beiden Ziffern ist 9."
B: „Erster und zweiter Wurf sind gleich."
b) C: „Beide Ziffern sind Vielfache der 3."
D: „Die letzte Ziffer ist gerade."
c) E: „Die erste Ziffer ist doppelt so groß wie die zweite."
F: „Beide Ziffern sind Primzahlen."

Übungen zu 3.1

1. Bei einem Würfelspiel wird mit zwei unterscheidbaren 6-seitigen Würfeln gewürfelt.

a) Geben Sie den Ergebnisraum Ω an.

b) Geben Sie die folgenden Ereignisse in Mengenschreibweise an.

E_1: „Die Augensumme der gewürfelten Zahlen ist kleiner als 5."

E_2: „Die Augensumme der gewürfelten Zahlen ist 12."

E_3: „Das Produkt der beiden Zahlen ist 12."

c) Geben Sie ein unmögliches Ereignis in Worten an.

d) Beschreiben Sie ein sicheres Ereignis in Worten.

2. Schreiben Sie in der Mengensymbolik.

a) „*A* und *B*"

b) „*A* oder *B*"

c) „Nicht *A*"

d) „Weder *A* noch *B*"

3. Bei einer Untersuchung werden die Blutwerte der Patienten auf Eisen und Glukose getestet. Stellen Sie die Aussagen a) bis d) mithilfe der folgenden Ereignisse dar:

A: „Der Patient besitzt niedrige Eisenwerte $\left(< 60\frac{\mu g}{\ell}\right)$."

B: „Der Patient besitzt hohe Glukosewerte $\left(> 126\frac{mg}{dl}\right)$."

a) „Der Patient besitzt niedrige Eisenwerte und hohe Glukosewerte."

b) „Der Patient besitzt niedrige Eisenwerte oder hohe Glukosewerte."

c) „Der Patient besitzt keinen niedrigen Eisenwert."

d) „Der Patient besitzt niedrige Eisenwerte, aber keine hohen Glukosewerte."

4. Bilden Sie beim einfachen Würfeln für die folgenden Ereignisse paarweise die Vereinigungsmenge und die Schnittmenge sowie jeweils das Gegenereignis. Beschreiben Sie diese Mengen in Worten.

E_1: „Es fällt die 1."

E_2: „Es fällt eine ungerade Zahl."

E_3: „Es fällt eine Zahl."

5. *Ampelabfrage*: Wählen Sie die richtige Antwort. Durch welche Verknüpfung lässt sich die grüne Markierung beschreiben?

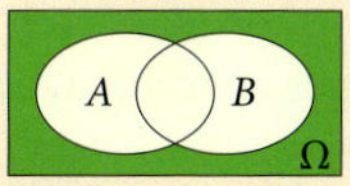

- (rot) $A \cup B$
- (gelb) $\overline{A \cup B}$
- (grün) $\Omega \setminus (A \cap B)$

6. Gegeben sind die folgenden vier Venn-Diagramme. Beschreiben Sie die blau markierten Bereiche in möglichst einfacher Mengenschreibweise.

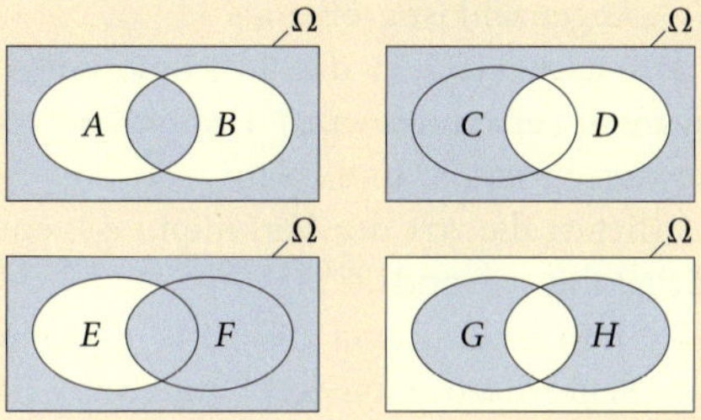

7. *A* und *B* sind zwei beliebige (vereinbare) Ereignisse von Ω. Kennzeichnen Sie in einem geeigneten Venn-Diagramm die folgenden Verknüpfungen.
$\overline{B}$, $A \cup B$, $A \cap \overline{B}$, $\overline{A \cap B}$, $\overline{A \cup B}$, $\overline{A} \cap \overline{B}$.

8. Ein Glücksrad besitzt 10 gleich große Sektoren, die von 0 bis 9 durchnummeriert sind. Das Rad wird einmal gedreht.

a) Geben Sie den Ergebnisraum an.

b) Stellen Sie das Ereignis *E*: „Es kommt eine Primzahl." als Menge dar.

c) Geben Sie die Elementarereignisse an.

d) Beschreiben Sie die Ereignisse
$E_1 = \{3; 6; 9\}$, $E_2 = \{2; 4; 6; 8\}$, $E_3 = \{0; 2; 4; 6; 8\}$,
$E_4 = \{\ \}$, $E_5 = \{0; 1; 2; 3; 4; 5; 6; 7; 8; 9\}$.

9. Bei einem regelmäßigen Oktaeder sind die acht Flächen von 1 bis 8 nummeriert. Das Oktaeder wird einmal geworfen. Geben Sie zu den Ereignissen E_1: „Das Oktaeder fällt auf eine Fläche mit einer Nummer unter 5." und E_2: „Das Oktaeder fällt auf eine Fläche mit einer geraden Nummer." sowie ihren Gegenereignissen $\overline{E_1}$ und $\overline{E_2}$ die folgenden Verknüpfungen in aufzählender Mengenschreibweise an:
$E_1 \cap E_2$, $E_1 \cap \overline{E_2}$, $\overline{E_1} \cap E_2$, $\overline{E_1} \cap \overline{E_2}$.

10. *A* und *B* sind zwei beliebige Ereignisse aus Ω. Nehmen Sie Stellung zu folgenden Aussagen:

a) Tritt *A* ein, so tritt auch $\overline{A}$ ein.

b) Tritt *A* ein, *B* nicht, so tritt $A \cap B$ ein.

c) Tritt *A* ein, *B* nicht, so tritt $A \cup B$ ein.

d) Tritt *A* ein, *B* nicht, so tritt $A \cap \overline{B}$ ein.

e) Tritt $A \cap B$ ein, so tritt auch *A* ein.

f) Tritt $A \cup B$ ein, so tritt $\overline{A}$ *nie* ein.

11. Erstellen Sie sich folgendes Simulationsmodell für die Verknüpfung von Ereignissen beim einfachen Würfelwurf:
- Urne 1 (liefert das Ereignis): enthält zwei Zettel mit den Ereignissen E_1: „Augenzahl durch 3 teilbar" und E_2: „Augenzahl ist größer als 3."
- Urne 2 (entscheidet, ob das Ergebnis oder sein Komplement verwendet wird): enthält zwei Zettel mit der Aufschrift „Ja" und „Nein".
- Urne 3 (liefert die Art der Verknüpfung): enthält zwei Zettel mit „$\cup$" und „$\cap$".

a) Ziehen Sie nun einen Zettel aus Urne 1 (legen Sie ihn auf die Seite), dazu einen Zettel aus Urne 2 (legen Sie ihn wieder in die Urne zurück), dann eine Verknüpfung aus Urne 3 und zu dem noch übrigen Ereignis aus Urne 1 noch einen Zettel aus Urne 2 (z. B. also: $\overline{E_1} \cap E_2$).
Beschreiben Sie nun dieses neue Ereignis in Worten, in Mengenschreibweise und kennzeichnen Sie es in einer Vierfeldertafel.

b) Erweitern Sie Ihr Modell beliebig, z. B. um ein weiteres Ereignis E_3 oder um die Verknüpfung $\setminus$.

12. Michaela, Svenja und Nikolas sind die letzten drei Kandidaten für die Wahl des 1. bzw. 2. Klassensprechers. Die Klassensprecherwahl wird als Zufallsexperiment betrachtet.

a) Stellen Sie die möglichen Ausgänge in einem Baumdiagramm dar, geben Sie auch den feinsten Ergebnisraum sowie dessen Mächtigkeit an.

b) Geben Sie die folgenden Ereignisse in aufzählender Mengenschreibweise an, beschreiben Sie die Ereignisse F bis G auch in Worten:
A: „Michaela ist erste Klassensprecherin."
B: „Michaela gehört nicht zu den Klassensprechern."
C: „Svenja oder Michaela sind Klassensprecher."
D: „Nikolas ist einer der Klassensprecher."
E: „Die Klassensprecher sind verschiedengeschlechtlich."
$F = \overline{A \cup C}$
$G = \overline{\overline{A} \cup D}$

c) Prüfen Sie die Ereignisse B und C sowie F und D auf Vereinbarkeit.

d) Finden Sie unter den Ereignissen aus Teilaufgabe b) alle Paare unvereinbarer Ereignisse heraus.

e) Formulieren Sie aus den Ereignissen aus Teilaufgabe b) zwei neue Verknüpfungen derart, dass das neue Ereignis das sichere bzw. das unmögliche Ereignis ist.

13. Auf dem Weg mit dem Fahrrad zur Schule muss Peter drei Ampelkreuzungen passieren.
(Unterscheiden Sie die Ampelzustände: ro, ge, gr.)

a) Begründen Sie, warum man das Überqueren der Ampeln als Zufallsexperiment interpretieren kann.

b) Stellen Sie das Zufallsexperiment in einem Baumdiagramm dar und geben Sie den feinsten Ergebnisraum an.

c) Geben Sie eine Vergröberung des Ergebnisraumes an.

d) Geben Sie die folgenden Ereignisse in aufzählender Mengenschreibweise an (bezogen auf den feinsten Ergebnisraum):
A: „Peter muss genau einmal stehenbleiben."
B: „Peter hat mindestens eine gelbe Ampel."
C: „Peter hat weniger grüne Ampeln als rote auf seinem Weg."
D: „Peter kann durchfahren."

e) Geben Sie zwei neue Ereignisse (in Worten und aufzählender Mengenschreibweise) an, deren Schnittmenge {(ro; gr; ro)} ist.

f) Stellen Sie Ihrem Banknachbarn eine neue Aufgabe zu obigem Zufallsexperiment.

14. Der Mathematiklehrer Herr Mayer bestellt bei seinen Schülern auf dem Schulfest für sich, seine Frau und seine Tochter Kaffee. Auf die Frage, ob mit Milch (M) und/oder Zucker (Z) antwortet er „symbolisch": „Für meine Frau $\overline{\overline{\overline{M}} \cup Z}$, für meine Tochter $\overline{\overline{\overline{M} \cup \overline{Z}}}$ und für mich $\overline{M \cap \overline{\overline{Z}}}$ ".
Diskutieren Sie, wer welche Zutat in seinen Kaffee erhält (auch unter dem Aspekt, ob die Anweisungen eindeutig sind).

15. Untersuchen Sie das auf Seite 159 beschriebene Spiel.

a) Entscheiden Sie, ob am Ende des Spiels ein Gleichstand möglich ist.

b) Ermitteln Sie, wie viele Spiele Anton maximal verlieren darf, um noch Gesamtsieger zu werden.

Ich kann ...

... ein **Zufallsexperiment** als solches erkennen.	Auf einer Kirchweih kann man beispielsweise: 1. ein Los kaufen, 2. auf eine Zielscheibe schießen, 3. eine Bratwurst kaufen. 1. und 2. sind Zufallsexperimente	**Zufallsexperiment:** ein Experiment, bei dem: • verschiedene Ergebnisse (Ausgänge) möglich und bekannt sind, • man jedoch nicht vorhersagen kann, welches davon eintritt.
... bei einem Zufallsexperiment zwischen **Ergebnis**, **Ergebnisraum** und **Ereignis** unterscheiden und ihre Mächtigkeit angeben.	Zufallsexperiment: Würfelwurf Ergebnisse: 1; 2; 3; 4; 5; 6 Ergebnisraum: $\Omega = \{1; 2; 3; 4; 5; 6\}$, $\lvert\Omega\rvert = 6$ Ereignisse: E_1: „Es fällt eine ungerade Zahl." E_2: „Es fällt eine Zahl größer als 4." E_3: „Es fällt eine Quadratzahl." $E_1 = \{1; 3; 5\}$, $E_2 = \{5; 6\}$, $E_3 = \{1; 4\}$ $\lvert E_1\rvert = 3$, $\lvert E_2\rvert = 2$, $\lvert E_3\rvert = 2$	**Ergebnis:** der Ausgang eines Experiments, was man also „direkt sieht". **Ergebnisraum** enthält alle möglichen Ergebnisse des Experiments. Ein **Ereignis** ist eine Teilmenge des Ergebnisraums, enthält also eines oder mehrere Ergebnisse (oder auch keines).
... zwei **Ereignisse** miteinander **verknüpfen**, das **Gegenereignis** zu einem Ereignis bestimmen und Ereignisverknüpfungen vereinfachen.	$A = E_1 \cup E_3 = \{1; 3; 4; 5\}$ A: „Es fällt eine Zahl die ungerade oder eine Quadratzahl ist." $B = E_1 \cap E_3 = \{1\}$ B: „Es fällt eine ungerade Quadratzahl." $C = \overline{E_2}\ (= \Omega \setminus E_2) = \{1; 2; 3; 4\}$ C: „Es fällt eine Zahl, die kleiner oder gleich 4 ist." $\overline{\overline{E_1} \cup E_2} = E_1 \cap \overline{E_2} = \{1; 3\}$	Die **Vereinigung** zweier Ereignisse tritt ein, wenn eines der beiden Ereignisse eintritt (oder beide), der **Durchschnitt** nur dann, wenn beide Ereignisse eintreten. Das **Gegenereignis** eines Ereignisses tritt immer dann ein, wenn das Ereignis nicht eintritt und umgekehrt. **Gesetze von De Morgan:** $\overline{A} \cup \overline{B} = \overline{A \cap B}$ und $\overline{A} \cap \overline{B} = \overline{A \cup B}$
... zwischen **möglichem**, **unmöglichem** und **sicherem** Ereignis ebenso unterscheiden wie zwischen **vereinbaren** und **unvereinbaren** Ereignissen.	E_4: „Es fällt eine Zahl kleiner als 9." E_5: „Es fällt eine Zahl größer als 7." $E_4 = \Omega$, $\lvert E_4\rvert = 6$, $E_5 = \{\ \}$, $\lvert E_5\rvert = 0$ E_1 bis E_4 sind möglich, E_4 ist sicher, E_5 ist unmöglich. $E_1 \cap E_3 = \{1\}$ und damit sind E_1 und E_3 vereinbar. $E_2 \cap E_3 = \{\ \}$ und damit sind E_2 und E_3 unvereinbar.	Ein **mögliches** Ereignis kann eintreten (d. h. endet mit einem Ergebnis, das in E enthalten ist), ein **sicheres** Ereignis tritt immer ein, hingegen ein **unmögliches** Ereignis nie. Zwei Ereignisse sind **vereinbar**, wenn sie gleichzeitig eintreten können (ihre Schnittmenge nicht leer ist), ansonsten sind sie **unvereinbar**.
... ein Zufallsexperiment als **Urnenmodell** simulieren und es in einem **Baumdiagramm** darstellen.	Zweifacher Münzwurf als Urnenmodell: Urne mit zwei Kugeln (W; Z), Baumdiagramm: 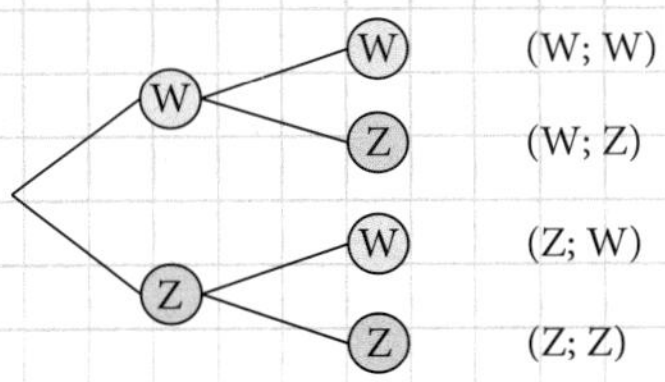 	Viele reale Zufallsexperimente lassen sich als **Urnenmodell** simulieren (Ziehen mit bzw. ohne Zurücklegen). Jede Stufe eines **Baumdiagramms** stellt einen Zug dar, entlang eines Pfades (Verästelung) kann man das Ergebnis ablesen.

Test A zu 3.1 (circa 32 Minuten; 25 BE)

1. In einer Krapfenkiste befinden sich zwei mit Hiffenmark (H) gefüllte Krapfen und sechs mit Aprikosenmarmelade (A), die äußerlich nicht unterscheidbar sind. Benjamin darf sich daraus so lange nacheinander einen Krapfen herausholen und essen, bis er zwei mit gleicher Füllung gegessen hat, höchstens jedoch drei Stück. War der zweite Krapfen mit Hiffenmark gefüllt, so wird zusätzlich ein mit Senf (S) gefüllter Krapfen in die Kiste gelegt; war der zweite Krapfen hingegen mit Aprikosenmarmelade gefüllt, so wird ein mit Kirschmarmelade (K) gefüllter Krapfen hineingelegt.

a) Zeichnen Sie für dieses Zufallsexperiment ein passendes Baumdiagramm und geben Sie den Ergebnisraum Ω sowie seine Mächtigkeit an. (6 BE)

b) Gegeben sind die folgenden Ereignisse.
A: „Benjamin isst mindestens zwei Krapfen mit Aprikosenmarmelade."
B: „Benjamin isst höchstens zwei Krapfen mit Aprikosenmarmelade."
C: „Der dritte Krapfen, den Benjamin isst, ist mit Aprikosenmarmelade gefüllt."
D: „Benjamin isst nur genießbare Krapfen (also ohne Senffüllung)."

b_1) Geben Sie die Ereignisse in aufzählender Mengenschreibweise an. (4 BE)

b_2) Überprüfen Sie die Ereignisse A und C auf Vereinbarkeit. (2 BE)

b_3) Geben Sie die Gegenereignisse der Ereignisse A und D in aufzählender Mengenschreibweise an und beschreiben Sie sie auch in Worten. (4 BE)

b_4) Geben Sie die Ereignisverknüpfungen in aufzählender Mengenschreibweise und in Worten an:
$E = A \cap B$, $F = \overline{\overline{A} \cap D}$ ► Vereinfachen Sie gegebenenfalls erst die Verknüpfung. (4 BE)

b_5) Beschreiben Sie ein zu obigem Zufallsexperiment passendes Urnenmodell. (3 BE)

2. Beim zweifachen Münzwurf gilt für ein beliebiges Ereignis E, dass $|E| = 3$. Geben Sie ein solches Ereignis in aufzählender Mengenschreibweise an und beschreiben Sie es auch in Worten. (2 BE)

Test B zu 3.1 (circa 32 Minuten; 25 BE)

1. Johanna hat auf ihrem Handy zum Musikabspielen eine neue Playlist mit zufälliger Wiedergabe erstellt. Darin sind Lieder aus den Stilrichtungen Hard-Rock (H), Rock & Pop (R) und Techno (T). Ihre Freundin Sofia darf probehören und geht folgendermaßen vor: Sie hört sich maximal drei Lieder an, wobei sie vorzeitig aufhört, wenn ein Hard-Rock Lied dran ist. Sie hört auch nach dem zweiten Lied bereits auf, wenn beide Lieder aus dem Rock-Bereich (Hard-Rock oder Rock & Pop) waren. Waren hingegen die ersten beiden Lieder aus dem Technobereich, so gönnt sie sich als drittes Lied einen Schlager (S) aus einer separaten Schlager-Playlist.

a) Geben Sie mittels Baumdiagramm den zugehörigen Ergebnisraum Ω und dessen Mächtigkeit an. (6 BE)

b) Gegeben sind folgende Ereignisse:
A: „Johanna hört Lieder aus allen drei verschiedenen Stilrichtungen."
B: „Johanna hört kein Hard-Rock-Lied."
C: „Das zweite Lied ist kein Techno und Johanna hört drei Lieder."
D: „Johanna hört zwei Lieder der gleichen Stilrichtung."

b_1) Geben Sie die Ereignisse in aufzählender Mengenschreibweise an. (4 BE)

b_2) Ermitteln Sie, ob die Gleichung $\overline{\overline{A} \cap \overline{B}} = \Omega$ korrekt ist. (3 BE)

b_3) Überprüfen Sie die Ereignisse A und C auf Vereinbarkeit. (2 BE)

b_4) Formulieren Sie die Ereignisse $\overline{B}$ und $\overline{D}$ in eigenen Worten. (2 BE)

b_5) Beschreiben Sie ein zu obigem Zufallsexperiment passendes Urnenmodell. (3 BE)

2. Entscheiden Sie, ob die folgenden Aussagen immer, nie oder nur in bestimmten Fällen wahr sind. A und B sind dabei zwei beliebige Ereignisse aus der Ergebnismenge Ω: (5 BE)

a) $A \cap \overline{A} = \Omega$ b) $A \cup \Omega = \Omega$ c) $\Omega \setminus \overline{A} = \{\,\}$ d) $\overline{A} \cup \overline{B} = \overline{A \cup B}$

3 Stochastik

3.2 Relative Häufigkeit und Wahrscheinlichkeit

Die Fly Bike Werke GmbH stellt Fahrräder und Fahrradzubehör her. Die letzten Jahre wuchs das Unternehmen rasch, jedoch werden durch veraltete Produktionsanlagen zunehmend fehlerhafte Fahrräder hergestellt. Die Folge sind Reklamationen.

Im letzten Jahr erwirtschaftete die Fly Bike Werke GmbH einen Gewinn. Davon soll nun ein Teil für die Erneuerung der Produktionsanlagen genutzt werden.

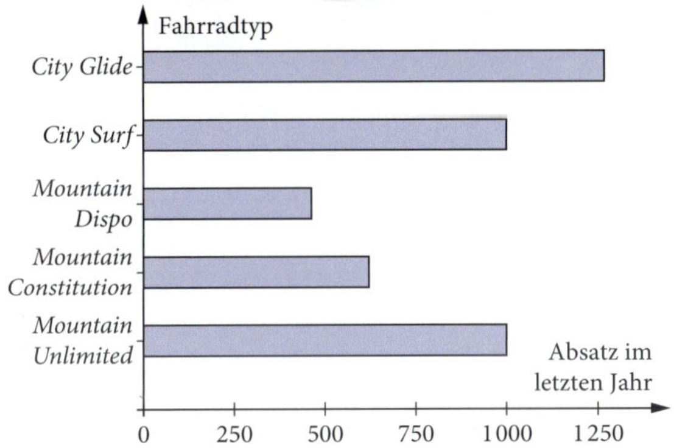

Fahrradtyp	**Anzahl der Reklamationen im letzten Jahr**
City Glide	100
City Surf	20
Mountain Dispo	12
Mountain Constitution	15
Mountain Unlimited	100

Jeder Fahrradtyp wird auf einem eigenen Montageband hergestellt.

▶ Aufgabe 4 auf Seite 182

Daten und Zufall

- Absolute und relative Häufigkeiten von Ereignissen ermitteln
- Den Satz von Sylvester und die Pfadregel anwenden
- Berechnen von Wahrscheinlichkeiten bei Laplace-Experimenten
- Bedingte Wahrscheinlichkeiten bestimmen und interpretieren

Kompetenzen

- Argumentieren
- Probleme lösen
- Modellieren
- Darstellungen verwenden

3.2 Relative Häufigkeit und Wahrscheinlichkeit

3.2.1 Absolute und relative Häufigkeit

1 Absolute und relative Häufigkeit

Der Vertriebsleiter einer Einzelhandelskette ließ in zwei Augsburger Filialen A und B die Kunden befragen, wie zufrieden sie mit dem Warenangebot sind. Während einer Stunde wurde jeder zweite Kunde gefragt, ob er „sehr zufrieden (☺☺)“, „zufrieden (☺)“, „unzufrieden (☹)“ oder „sehr unzufrieden (☹☹)“ sei.

Den beiden Filialleitern werden nebenstehende Ergebnisse vorgelegt. Beide sind davon überzeugt, dass ihre Filiale die zufriedensten Kunden hat. Beurteilen Sie die beiden Positionen.

	absolute Häufigkeit *H*				
	☺☺	☺	☹	☹☹	Summe
A	90	54	25	11	180
B	108	72	63	27	270

Filialleiter B stellt seine 108 sehr zufriedenen (bzw. 180 zufriedenen oder sehr zufriedenen) den 90 (bzw. 144) von Filiale A gegenüber. Der Vergleich dieser beiden **absoluten Häufigkeiten** H lässt aber außer Betracht, dass in den Filialen unterschiedlich viele Personen befragt wurden (180 Kunden in A, 270 in B).

Und so argumentiert Filialleiter A: In Filiale A sind 50 % der Befragten sehr zufrieden (bzw. 80 % zufrieden oder sehr zufrieden), in Filiale B hingegen nur 40 % (bzw. 67 %). Die **relativen Häufigkeiten** h, bei denen man die absoluten Häufigkeiten H ins Verhältnis zum Stichprobenumfang n setzt, liefern viel aussagekräftigere Informationen. Deshalb hat Filialleiter A recht.

$$A\text{: } h(☺☺) = \frac{H(☺☺)}{n} = \frac{90}{180} = 0{,}50 = 50\,\%$$

$$B\text{: } h(☺☺) = \frac{H(☺☺)}{n} = \frac{108}{270} = 0{,}40 = 40\,\%$$

	relative Häufigkeit *h*				
	☺☺	☺	☹	☹☹	Summe
A	0,50	0,30	≈ 0,14	≈ 0,06	1
B	0,40	≈ 0,27	≈ 0,23	0,10	1

2 Münzwurf – absolute und relative Häufigkeit

In einer Fachoberschulklasse haben zwei Gruppen Münzen geworfen. Gruppe A hat bei 520 Würfen 273-mal „Zahl“ geworfen, Gruppe B bei 430 Würfen 228-mal. Sie möchten überprüfen, bei welcher Gruppe „Zahl“ im Verhältnis zu der Wurfanzahl häufiger gefallen ist.

Die **absoluten** Häufigkeiten H sind 273 (für Gruppe A) bzw. 228 (für Gruppe B). Um die Zahl aussagekräftiger zu machen, schreiben wir die Gesamtzahl der Versuche als Index mit dazu:
A: $H_{520}(Z) = 273$ bzw. B: $H_{430}(Z) = 228$.
Die relativen Häufigkeiten h (allg.: $h_n(E) = \frac{H_n(E)}{n}$) liefern uns die benötigte Information.

Für Gruppe A gilt:
$$h_{520}(Z) = \frac{H_{520}(Z)}{520} = \frac{273}{520} = 0{,}525 = 52{,}5\,\%$$
Für Gruppe B gilt:
$$h_{430}(Z) = \frac{H_{430}(Z)}{430} = \frac{228}{430} \approx 0{,}530 = 53{,}0\,\%$$
Damit ist klar, dass bei Gruppe B mit ca. 53 % „Zahl“ etwas häufiger gefallen ist.

Tritt ein Ereignis E bei n-maliger Durchführung eines Zufallsexperiments $H_n(E)$-mal auf, so heißt $H_n(E)$ die **absolute Häufigkeit** von E und $h_n(E) = \frac{H_n(E)}{n}$ die **relative Häufigkeit** von E.

Bei einer Münze zeigt die Vorderseite „Zahl“ (Z) und die Rückseite „Wappen“ (W). Die Münze wird mehrmals geworfen mit den Ergebnissen: Z, W, Z, Z, W, W, W, Z, W, Z, W, W, Z, W, Z, Z, W, Z, Z, Z. Bestimmen Sie die relativen und absoluten Häufigkeiten der Ereignisse E_1: „Wappen“ und E_2: „Zahl“.

► Lösung auf Seite 262

200-mal Würfeln – Eigenschaften der relativen Häufigkeit

3

Mit einem Spielwürfel mit $\Omega = \{1; 2; 3; 4; 5; 6\}$ wird gewürfelt. Der Würfel wird 200-mal geworfen. Dabei treten folgende absolute Häufigkeiten auf: $H_{200}(\{1\}) = 34$, $H_{200}(\{2\}) = 30$, $H_{200}(\{3\}) = 40$, $H_{200}(\{4\}) = 50$, $H_{200}(\{5\}) = 22$ und $H_{200}(\{6\}) = 24$.

a) Ermitteln Sie die relativen Häufigkeiten der sechs Elementarereignisse {1}, bis {6} und addieren Sie diese.

b) Begründen Sie die relativen Häufigkeiten des sicheren Ereignisses Ω und des unmöglichen Ereignisses { }.

c) Bestimmen Sie die relativen Häufigkeiten für folgende Ereignisse:

A: „Es fällt eine Primzahl."
B: „Es fällt eine gerade Zahl."
C: „Es fällt eine ungerade Zahl."
D: „Die Zahl, die fällt, ist kleiner als 3."
F: „Die Zahl, die fällt, ist größer oder gleich 5."
$G = D \cup F$, $H = A \cap B$, $K = A \cup B$

Zu **a)** Mit den obigen absoluten Häufigkeiten und n = 200 lassen sich die relativen Häufigkeiten bestimmen: $h_{200}(E) = \frac{H_{200}(E)}{200}$.
Die Summe der relativen Häufigkeiten der sechs Elementarereignisse ist 1. Da die Summe der absoluten Häufigkeiten immer *n* ergibt, gilt allgemein: Die Summe der relativen Häufigkeiten aller Elementarereignisse ergibt 1.

Zu **a)**

$h_{200}(\{1\}) = \frac{H_{200}(\{1\})}{200} = \frac{34}{200} = \mathbf{0{,}17}$;

$h_{200}(\{2\}) = \frac{30}{200} = \mathbf{0{,}15}$; $h_{200}(\{3\}) = \frac{40}{200} = \mathbf{0{,}20}$;

$h_{200}(\{4\}) = \mathbf{0{,}25}$; $h_{200}(\{5\}) = \mathbf{0{,}11}$; $h_{200}(\{6\}) = \mathbf{0{,}12}$

Summe :

$S = 0{,}17 + 0{,}15 + 0{,}20 + 0{,}25 + 0{,}11 + 0{,}12$
$= \frac{34 + 30 + 40 + 50 + 22 + 24}{200} = \frac{200}{200} = \mathbf{1}$;

Zu **b)** Die Summe der absoluten Häufigkeiten aller Elementarereignisse ergibt wieder *n*. Es gilt also immer: Das sichere Ereignis Ω hat die relative Häufigkeit 1. Da das unmögliche Ereignis nie auftritt, ist die relative Häufigkeit 0.

Zu **b)**

$h_{200}(\Omega) = h_{200}(\{1; 2; 3; 4; 5; 6\})$
$= \frac{34 + 30 + 40 + 50 + 22 + 24}{200} = \frac{200}{200} = \mathbf{1}$

$h_{200}(\{\ \}) = \frac{0}{200} = \mathbf{0}$

Zu **c)** Die relative Häufigkeit des Ereignisses *A* ist die Summe der relativen Häufigkeiten der Elementarereignisse von *A*.
Genauso können wir auch die relativen Häufigkeiten von *B* und *C* bestimmen. Da *C* das Gegenereignis von *B* ist, ergibt die Summe der relativen Häufigkeiten eins: 0,52 + 0,48 = 1.

Da *D* und *F* keine gemeinsamen Elemente haben, ergibt sich die relative Häufigkeit von $D \cup F$ als Summe der relativen Häufigkeiten von *D* und *F*:
$h_{200}(D \cup F) = h_{200}(D) + h_{200}(F) = 0{,}32 + 0{,}23$.

Addieren wir einfach die relativen Häufigkeiten von *A* und *B*, so erhalten wir 0,46 + 0,52 = 0,98. Das ist mehr als die relative Häufigkeit von $A \cup B$, da wir dabei die relative Häufigkeit von {2} doppelt gezählt haben. Wir müssen also die relative Häufigkeit von {2} von 0,98 abziehen: 0,98 – 0,15 = 0,83. Es gilt:
$h_{200}(A \cup B) = h_{200}(A) + h_{200}(B) - h_{200}(A \cap B)$.
Dieser Sachverhalt heißt auch **Satz von Sylvester** für relative Häufigkeiten.

Zu **c)**

$h_{200}(A) = h_{200}(\{2; 3; 5\}) = \frac{30 + 40 + 22}{200}$
$= \frac{30}{200} + \frac{40}{200} + \frac{22}{200} = \mathbf{0{,}46}$

$h_{200}(B) = h_{200}(\{2, 4, 6\})$
$= 0{,}15 + 0{,}25 + 0{,}12 = \mathbf{0{,}52}$

$h_{200}(C) = h_{200}(\{1; 3; 5\})$
$= 0{,}17 + 0{,}20 + 0{,}11 = \mathbf{0{,}48}$

$h_{200}(D) = h_{200}(\{1; 2\}) = 0{,}17 + 0{,}15 = \mathbf{0{,}32}$

$h_{200}(F) = h_{200}(\{5; 6\}) = 0{,}11 + 0{,}12 = \mathbf{0{,}23}$

$h_{200}(G) = h_{200}(\mathrm{D} \cup \mathrm{F}) = h_{200}(\{1, 2, 5, 6\})$
$= 0{,}17 + 0{,}15 + 0{,}11 + 0{,}12 = \mathbf{0{,}55}$

$h_{200}(H) = h_{200}(\mathrm{A} \cap \mathrm{B}) = h_{200}(\{2\}) = \mathbf{0{,}15}$

$h_{200}(K) = h_{200}(\mathrm{A} \cup \mathrm{B}) = h_{200}(\{2; 3; 4; 5; 6\})$
$= 0{,}15 + 0{,}20 + 0{,}25 + 0{,}11 + 0{,}12 = \mathbf{0{,}83}$

Alternativ: $h_{200}(K) = 1 - h_{200}(\overline{K}) = 1 - h_{200}(\{1\})$
$= 1 - 0{,}17 = \mathbf{0{,}83}$

- Das sichere Ereignis hat die relative Häufigkeit eins: $h_n(\Omega) = 1$.
- Das unmögliche Ereignis hat die relative Häufigkeit null: $h_n(\{\ \}) = 0$.
- Die Summe der relativen Häufigkeiten der Elementarereignisse eines Ergebnisraums $\Omega = \{\omega_1; \omega_2; \dots ; \omega_n\}$ ist eins: $h_n(\{\omega_1\}) + h_n(\{\omega_2\}) + \dots + h_n(\{\omega_n\}) = 1$
- Die relative Häufigkeit eines beliebigen Ereignisses E von Ω ist die Summe der relativen Häufigkeiten seiner Elementarereignisse. Es gilt: $0 \leq h_n(E) \leq 1$.
- Für ein beliebiges Ereignis E von Ω und sein Gegenereignis gilt: $h_n(E) + h_n(\overline{E}) = 1$ bzw. $h_n(E) = 1 - h_n(\overline{E})$.
- Für zwei beliebige Ereignisse A und B von Ω gilt der Satz von Sylvester: $h_n(A \cup B) = h_n(A) + h_n(B) - h_n(A \cap B)$.
- Für zwei unvereinbare Ereignisse A und B von Ω ($A \cap B = \{\ \}$) gilt deshalb: $h_n(A \cup B) = h_n(A) + h_n(B)$.

Ein Unternehmen hat 600 Angestellte, darunter 330 Frauen. 132 dieser Frauen haben eine Teilzeitstelle, bei den Männern sind es nur 27. Bestimmen Sie die relativen Häufigkeiten der folgenden Ereignisse:
F: „Die Person ist weiblich.“ , T: „Die Person hat ein Teilzeitarbeitsverhältnis.“

$\overline{T}$, $A = F \cap \overline{F}$, $B = T \cup \overline{T}$, $C = F \cap T$, $D = F \cup T$, $E = \overline{F} \cup T$, $G = \overline{T} \cap \overline{F}$

▸ Lösung auf Seite 262

Vierfeldertafel

Um die absoluten bzw. relativen Häufigkeiten zweier Ereignisse A und B von Ω übersichtlicher darstellen zu können, gibt es ein bewährtes Hilfsmittel: die **Vierfeldertafel**.
Die Vierfeldertafel sieht aus wie eine Tabelle, besteht also aus Zeilen und Spalten. Allerdings besitzt sie im Gegensatz zu einer „normalen“ Tabelle sowohl Zeilen- als auch Spaltenüberschriften. Die Besonderheit dabei ist, dass am Schnittpunkt der entsprechenden Zeile und Spalte ein Wert steht, der von beiden abhängt (in einer Tabellenkalkulation spricht man von einer Kreuztabelle). Die Vierfeldertafel erhält ihren Namen von den beiden inneren Spalten bzw. Zeilen (woraus „vier Felder“ resultieren).

▸ In den beiden mittleren Spalten der Vierfeldertafel trägt man ein erstes Ereignis (hier: A) und sein Gegenereignis (hier: $\overline{A}$) an.

▸ In den beiden mittleren Zeilen der Vierfeldertafel trägt man ein zweites Ereignis (hier: B) und sein Gegenereignis (hier: $\overline{B}$) an.

Ω	A	$\overline{A}$	Σ
B	$A \cap B$	$\overline{A} \cap B$	
$\overline{B}$	$A \cap \overline{B}$	$\overline{A} \cap \overline{B}$	
Σ			

▸ In den vier Feldern wird jeweils die Schnittmenge aus den entsprechenden Ereignissen dargestellt.

▸ In der rechten Spalte bzw. untersten Zeile werden später die sogenannten Randhäufigkeiten (absolut bzw. relativ) oder Wahrscheinlichkeiten aufsummiert (siehe folgende Beispiele).

Der Zusammenhang zwischen Vierfeldertafel und Venn-Diagramm zweier beliebiger Ereignisse A und B von Ω ist in folgender Gegenüberstellung sehr anschaulich zu erkennen.

Ω	A	$\overline{A}$	Σ
B	$A \cap B$	$\overline{A} \cap B$	
$\overline{B}$	$A \cap \overline{B}$	$\overline{A} \cap \overline{B}$	
Σ			

▸ Man erkennt an beiden Übersichten, dass die vier Ereignisverknüpfungen jeweils unvereinbar sind und gleichzeitig zusammen den ganzen Ergebnisraum Ω ergeben.

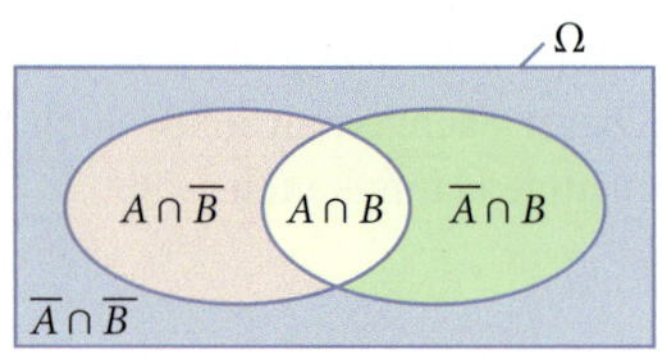

Vierfeldertafel mit absoluten und relativen Häufigkeiten

4

Bei der Anmeldung zur 12. Klasse der Berufsoberschule müssen die 314 Bewerber angeben, ob sie neben Englisch auch Französisch (F) und/oder Spanisch (S) sprechen. Die Schulverwaltung erhält dabei unter anderem folgende Angaben: 14 Schüler sprechen beide Sprachen, 39 Schüler sprechen Spanisch und 260 Schüler sprechen keine der beiden Sprachen.

a) Erstellen Sie eine passende Vierfeldertafel.

b) Bestimmen Sie wie groß der Anteil der Schüler ist, die

A: „Französisch sprechen",

B: „Mindestens eine der beiden Sprachen sprechen",

C: „Höchstens eine der beiden Sprachen sprechen",

D: „Genau eine der Sprachen sprechen".

Zu **a)** Wir unterscheiden die beiden Ereignisse F und S. Das eine Ereignis und sein Gegenereignis werden als Spaltenüberschrift übernommen (hier: F und $\overline{F}$), das andere analog als Zeilenüberschrift (hier: S und $\overline{S}$). Der Aufgabenstellung können wir unmittelbar vier absolute Häufigkeiten entnehmen, die wie folgt in eine Vierfeldertafel eingetragen werden:

„... 314 Bewerber ...": die Gesamtanzahl 314
$\Rightarrow H_{314}(\Omega) = n = 314$

„... 14 Schüler sprechen beide Sprachen ...":
alle die Französisch und Spanisch sprechen
$\Rightarrow H_{314}(F \cap S) = 14$

„... 39 Schüler sprechen Spanisch ...":
alle die Spanisch sprechen, unabhängig davon, ob sie auch Französisch sprechen:
$\Rightarrow H_{314}(S) = 39$

„... 260 Schüler sprechen keine der beiden Sprachen ...":
alle die weder Spanisch noch Französisch sprechen
$\Rightarrow H_{314}(\overline{F} \cap \overline{S}) = 260$

Ω	F	$\overline{F}$	Σ
S	$H_{314}(F \cap S) = 14$	$H_{314}(\overline{F} \cap S)$ ②	$H_{314}(S) = 39$
$\overline{S}$	$H_{314}(F \cap \overline{S})$ ③	$H_{314}(\overline{F} \cap \overline{S}) = 260$	$H_{314}(\overline{S})$ ①
Σ	$H_{314}(F)$ ⑤	$H_{314}(\overline{F})$ ④	$H_{314}(\Omega) = 314$

▶ Die gegebenen Größen sind grün markiert. Die Ziffern 1–5 geben die Reihenfolge an, in der wir die fehlenden Schülerzahlen berechnen.

Die unbekannten absoluten Häufigkeiten bestimmen wir, indem wir uns eine Zeile bzw. Spalte aussuchen, in der zwei Werte bekannt sind.

Tragen wir diese neu berechneten Größen ein, so erhalten wir neue Spalten bzw. Zeilen mit zwei bekannten Größen.

① $H_{314}(\overline{S}) = H_{314}(\Omega) - H_{314}(S) = 314 - 39 = \mathbf{275}$
▶ $\overline{S}$ ist Gegenereignis zu S bezüglich Ω.

② $H_{314}(\overline{F} \cap S) = H_{314}(S) - H_{314}(F \cap S) = 39 - 14 = \mathbf{25}$
▶ $\overline{F} \cap S$ ist Gegenereignis zu $F \cap S$ bezüglich S.

③ $H_{314}(F \cap \overline{S}) = H_{314}(\overline{S}) - H_{314}(\overline{F} \cap \overline{S}) = 275 - 260 = \mathbf{15}$
▶ $F \cap \overline{S}$ ist Gegenereignis zu $\overline{F} \cap \overline{S}$ bezüglich $\overline{S}$.

④ $H_{314}(\overline{F}) = H_{314}(\overline{F} \cap S) + H_{314}(\overline{F} \cap \overline{S}) = 25 + 260 = \mathbf{285}$
▶ $\overline{F} \cap S$ ist Gegenereignis zu $\overline{F} \cap \overline{S}$ bezüglich $\overline{F}$.

⑤ $H_{314}(F) = H_{314}(\Omega) - H_{314}(\overline{F}) = 314 - 285 = \mathbf{29}$
▶ F ist Gegenereignis zu $\overline{F}$ bezüglich Ω.
▶ Zur Kontrolle kann $H_n(F)$ berechnet werden als:
$H_{314}(F) = H_{314}(F \cap S) + H_{314}(F \cap \overline{S}) = 14 + 15 = 29.$

Dividieren wir die jeweiligen absoluten Häufigkeiten durch $n = 314$ (die absolute Häufigkeit des Ergebnisraums Ω), so erhalten wir die zugehörige Vierfeldertafel mit den relativen Häufigkeiten.

Absolute Häufigkeiten

Ω	F	$\overline{F}$	Σ
S	14	25	39
$\overline{S}$	15	260	275
Σ	29	285	314

Relative Häufigkeiten

Ω	F	$\overline{F}$	Σ
S	$\frac{14}{314}$	$\frac{25}{314}$	$\frac{39}{314}$
$\overline{S}$	$\frac{15}{314}$	$\frac{260}{314}$	$\frac{275}{314}$
Σ	$\frac{29}{314}$	$\frac{285}{314}$	$\frac{314}{314} = 1$

▶ In einer Vierfeldertafel mit relativen Häufigkeiten steht rechts unten immer eine 1.

Zu **b)**

Relative Häufigkeit von *A*: Der Anteil derer, die Französisch sprechen, entspricht der relativen Häufigkeit von *F*.

$h_{314}(A) = h_{314}(F) = \frac{29}{314} \approx \mathbf{0{,}0924}$

▶ Ungefähr 9,24 % der Schüler sprechen Französisch.

Relative Häufigkeit von *B*: Der Anteil derer, die mindestens eine der beiden Sprachen sprechen, entspricht der Summe der drei relativen Häufigkeiten von:

$F \cap S$ ▶ sprechen beide Sprachen
$F \cap \overline{S}$ ▶ sprechen nur Französisch
$\overline{F} \cap S$ ▶ sprechen nur Spanisch

1. Möglichkeit

$h_{314}(B) = h_{314}(F \cap S) + h_{314}(F \cap \overline{S}) + h_{314}(\overline{F} \cap S)$
$= \frac{14}{314} + \frac{15}{314} + \frac{25}{314} = \frac{54}{314} \approx \mathbf{0{,}1720}$

▶ Ungefähr 17,20 % der Schüler sprechen mindestens eine der beiden Sprachen.

Wir können das Ereignis *B* auch als Vereinigungsmenge $F \cup S$ sehen. *F* und *S* sind vereinbar: Es gibt Schüler die beide Sprachen sprechen, d. h. $F \cap S \neq \{\}$. Daher gilt:
$h_{314}(F \cup S) = h_{314}(F) + h_{314}(S) - h_{314}(F \cap S)$

2. Möglichkeit

$h_{314}(B) = h_{314}(F \cup S) = h_{314}(F) + h_{314}(S) - h_{314}(F \cap S)$
$= \frac{29}{314} + \frac{39}{314} - \frac{14}{314} = \frac{54}{314}$

Die relative Häufigkeit des Ereignisses *B* können wir auch mithilfe des Gegenereignisses $\overline{B} = \overline{F} \cap \overline{S}$ (weder Französisch noch Spanisch) bestimmen.
$h_{314}(B) = 1 - h_{314}(\overline{B})$

3. Möglichkeit

$h_{314}(B) = h_{314}(\Omega) - h_{314}(\overline{B}) = 1 - h_{314}(\overline{F} \cap \overline{S})$
$= 1 - \frac{260}{314} = \frac{54}{314}$

Relative Häufigkeit von *C*: Der Anteil derer, die höchstens eine der beiden Sprachen sprechen, lässt sich am schnellsten über das Gegenereignis bestimmen.

▶ $C = \Omega \setminus (F \cap S)$, d. h. alle bis auf die, die beide Sprachen sprechen

$h_{314}(C) = h_{314}(\Omega) - h_{314}(\overline{C}) = 1 - h_{314}(F \cap S)$
$= 1 - \frac{14}{314} = \frac{300}{314} \approx \mathbf{0{,}9554}$

▶ Ungefähr 95,54 % der Schüler sprechen höchstens eine der beiden Sprachen.

Auch die relative Häufigkeit des Ereignisses *C* lässt sich auf weitere Arten bestimmen: z. B.
$h_{314}(C) = h_{314}(F \cap \overline{S}) + h_{314}(\overline{F} \cap S) + h_{314}(\overline{F} \cap \overline{S})$
$h_{314}(C) = h_{314}(\overline{F}) + h_{314}(\overline{S}) - h_{314}(\overline{F} \cap \overline{S})$

Relative Häufigkeit von *D*: Der Anteil derer, die genau eine der beiden Sprachen sprechen, entspricht der Summe der relativen Häufigkeiten derer, die nur Französisch (und nicht Spanisch) bzw. nur Spanisch (und nicht Französisch) sprechen.

$h_{314}(D) = h_{314}(F \cap \overline{S}) + h_{314}(\overline{F} \cap S)$
$= \frac{15}{314} + \frac{25}{314} = \frac{40}{314} = \frac{20}{157} \approx \mathbf{0{,}1274}$

Vierfeldertafel mit relativen Häufigkeiten

5

Die SMV (Schülermitverantwortung) einer Berufsoberschule hat im Rahmen einer Woche zur Suchtprävention eine Untersuchung zum Rauchverhalten durchgeführt. Dabei wurde festgestellt, dass $\frac{6}{7}$ aller Schülerinnen nicht rauchen. Unter den männlichen Schülern waren $\frac{1}{4}$ Raucher. Von den Befragten waren $\frac{5}{12}$ weiblich.
Ermitteln Sie mithilfe einer geeigneten Vierfeldertafel
a) den Anteil der Nichtraucher (unter allen Personen),
b) den Anteil der Männer unter allen Rauchern.

Die zu untersuchenden Ereignisse nennen wir W (für weiblich) und R (für Raucher).

Versuchen wir, die gegebenen Werte in die Vierfeldertafel zu übertragen, so stellen wir fest, dass nur $h_n(W) = \frac{5}{12}$ problemlos einzutragen ist.

Zu beachten ist, dass der „Nichtraucher-Anteil" von $\frac{6}{7}$ sich nur auf den weiblichen Teil der Schüler bezieht, d. h.: $h_n(W \cap \overline{R}) = \frac{6}{7} \cdot \frac{5}{12}$.

Analog müssen wir die $\frac{1}{4}$ männlichen (passender: nicht weiblichen) Raucher mit $\frac{7}{12}$ $(= h_n(\overline{W}) = 1 - \frac{5}{12} = \frac{7}{12})$ multiplizieren, um den Anteil der männlichen Raucher unter *allen* Schülern zu erhalten.
Um die Vierfeldertafel zu vervollständigen, suchen wir nun jeweils Zeilen bzw. Spalten, in denen wir zwei Werte kennen.

Ω	W	$\overline{W}$	Σ
R		$\frac{1}{4} \cdot \frac{7}{12} = \frac{7}{48}$	
$\overline{R}$	$\frac{6}{7} \cdot \frac{5}{12} = \frac{30}{84}$		
Σ	$\frac{5}{12}$		

▶ Die gegebenen Werte sind eingekreist.

Ω	W	$\overline{W}$	Σ
R	$\frac{5}{84}$	$\frac{7}{48}$	$\frac{69}{336}$
$\overline{R}$	$\frac{30}{84}$	$\frac{21}{48}$	$\frac{267}{336}$
Σ	$\frac{5}{12}$	$\frac{7}{12}$	1

Zu **a)** Der Anteil der Nichtraucher unter allen befragten Schülern entspricht der relativen Häufigkeit von $\overline{R}$, also ungefähr 79 %.

$$h_n(\overline{R}) = h_n(\overline{R} \cap W) + h_n(\overline{R} \cap \overline{W}) = \frac{30}{84} + \frac{21}{48} = \frac{267}{336} \approx \mathbf{0{,}7946}$$

Zu **b)** Der Anteil der Männer unter allen Rauchern entspricht dem Quotienten aus der relativen Häufigkeit von $R \cap \overline{W}$ und der relativen Häufigkeit von R, also ungefähr 71 %.

$$\frac{h_n(R \cap \overline{W})}{h_n(R)} = \frac{\frac{7}{48}}{\frac{69}{336}} \approx \mathbf{0{,}7101}$$

1. Simulieren Sie mithilfe einer geeigneten Tabellenkalkulation den 200-/ 500-/ 1000-fachen Münz- und Würfelwurf und bestimmen Sie jeweils die relativen Häufigkeiten der Elementarereignisse.

2. Befragt danach, ob sie Bundesfreiwilligendienst (B) oder Wehrdienst (W) geleistet haben, gaben angehende Studenten Folgendes an: 6,5 % unter ihnen hatten Bundesfreiwilligendienst geleistet, 92,5 % hatten weder Bundesfreiwilligen- noch Wehrdienst geleistet. Erstellen Sie eine passende Vierfeldertafel und bestimmen Sie den Anteil der Wehrdienstleistenden. (Hinweis: B und W sind hier unvereinbar.)

3. Von 84 Besuchern eines Weihnachtsmarkts, die keine Bratwurst gegessen hatten, trank $\frac{1}{6}$ keinen Glühwein. $\frac{5}{8}$ der Bratwurstkäufer kauften sich zusätzlich einen Glühwein. Insgesamt wurden 220 Besucher befragt.
Erstellen Sie eine vollständig ausgefüllte Vierfeldertafel mit relativen Häufigkeiten und bestimmen Sie den Anteil der Besucher, die genau einen Kauf tätigten.

▶ Lösungen auf Seite 262

Übungen zu 3.2.1

1. Jeder Mensch hat genau eine der vier Blutgruppen 0, A, B oder AB. Dies gilt natürlich auch für die circa 80,7 Millionen Einwohner Deutschlands.

a) Ca. 41 % besitzen Blutgruppe 0 und ca. 43 % Blutgruppe A.
Bestimmen Sie die absoluten Häufigkeiten.

b) Ungefähr 9,0 Millionen Bürger haben Blutgruppe B, 4,1 Millionen die Blutgruppe AB.
Bestimmen Sie die relativen Häufigkeiten.

c) Bestimmen Sie die absoluten und relativen Häufigkeiten für folgende Ereignisse:
F: „Personen mit Blutgruppe A oder 0."
G: „Personen, die nicht Blutgruppe B haben."
$H = \overline{F}$
$K = F \cup G$
$L = F \cap G$

d) Erfragen Sie die Blutgruppenzugehörigkeit in Ihrer Klasse.
Berechnen Sie die relativen Häufigkeiten der einzelnen Blutgruppen dieser Stichprobe und vergleichen Sie mit den Werten für die gesamte Bevölkerung.

oHi Mi **2.** Von den 250 erwachsenen Einwohnern eines kleinen Dorfes bei Rosenheim besitzen 180 einen Autoführerschein (A) und 55 einen Motorradführerschein (M). 23 Personen haben die Fahrerlaubnis für Motorrad und Auto.
Tragen Sie die absoluten Häufigkeiten in die Vierfeldertafel ein und bestimmen Sie:

a) wie viele Einwohner keinen Führerschein besitzen,

b) wie viele Einwohner mindestens einen Führerschein besitzen.

3. Eine Deutsch-Französische-Schule hat 500 Schüler. Von diesen Schülern besitzen 280 die deutsche (D), 210 die französische (F) und 40 beide Staatsangehörigkeiten.

a) Erstellen Sie eine vollständig ausgefüllte Vierfeldertafel mit den relativen Häufigkeiten.

b) Bestimmen Sie den Anteil der Schüler, die weder einen deutschen noch einen französischen Pass besitzen.

c) Ermitteln Sie den Prozentsatz der Schüler, welche die deutsche, die französische oder beide Staatsangehörigkeiten besitzen.

4. Analysieren Sie die Situation auf Seite 175 und entscheiden Sie, welches Montageband am schlechtesten arbeitet und wohin demzufolge der Gewinn investiert werden soll.

5. Von 50 Teilnehmern an der Prüfung zur Fachhochschulreife erreichten 4 ein „sehr gut", 12 ein „gut", 18 ein „befriedigend", 10 ein „ausreichend", 5 ein „mangelhaft" und 1 ein „ungenügend". oHi Mi

a) Ermitteln Sie die relativen Häufigkeiten der Prüfungsergebnisse.

b) Bestimmen Sie die absoluten und relativen Häufigkeiten der folgenden Ereignisse:
A: „Das Prüfungsergebnis war mindestens gut."
B: „Der Teilnehmer hat die Prüfung nicht bestanden."
C: „Die Prüfungsnote ist besser als 6.",
$D = A \cap B$, $F = \overline{B} \cap A$, $G = B \cap C$.

6. Eine Langzeituntersuchung des TÜV hat ergeben, dass 10 % aller vorgeführten Pkws wegen größerer Mängel keine TÜV-Plakette erhalten. Unter diesen Pkws waren 70 % älter als acht Jahre. Insgesamt sind 31 % der vorgeführten Pkw älter als acht Jahre und erhalten eine TÜV-Plakette (sind also fahrbereit).
Betrachtet werden folgende Ereignisse:
A: „Fahrzeug ist alt (älter als acht Jahre)."
F: „Fahrzeug ist fahrbereit (besteht die TÜV-Untersuchung)."

a) Erstellen Sie eine vollständig ausgefüllte Vierfeldertafel.

b) Berechnen Sie die relativen Häufigkeiten der folgenden Ereignisse und beschreiben Sie diese gegebenenfalls mit eigenen Worten:
$B = A \cup F$, $C = \overline{A \cap F}$, $D = \overline{\overline{A} \cup F}$,
E: „Das untersuchte Fahrzeug ist jünger als acht Jahre und erhält keine Plakette."

7. *Irrgarten:* Entscheiden Sie, ob die folgenden Aussagen wahr oder falsch sind: oHi Mi

a) Die absolute Häufigkeit des Ergebnisraumes beträgt immer 1.

b) Es gilt: $h_n(E) = \frac{H_n(E)}{n}$

c) Sind zwei Ereignisse unvereinbar, so ist die relative Häufigkeit ihrer Schnittmenge gleich 0.

3.2.2 Wahrscheinlichkeiten von Ereignissen

1000-maliger Münz- und Würfelwurf – Gesetz der großen Zahlen

6

In einer Fachoberschulklasse haben Zweiergruppen je einen Würfel und eine Münze 100-mal geworfen. Die absoluten Häufigkeiten für die Ereignisse „Zahl" bzw. „1 geworfen" wurden in einer Tabelle aufsummiert notiert. Ermitteln Sie die relativen Häufigkeiten und interpretieren Sie die Ergebnisse.

Wir erkennen, dass sich die relativen Häufigkeiten mit wachsender Zahl von Versuchen dem Wert 0,5 beim Münzwurf und $\frac{1}{6}$ beim Würfeln nähern.

Bei Wiederholung der Versuchsserie würden sich zwar andere Zahlenwerte für die relativen Häufigkeiten ergeben. Aber sie nähern sich immer den Werten 0,5 bzw. $\frac{1}{6}$ ($\approx$ 0,167).

Diese Beobachtung entspricht einem mathematischen Gesetz, dem **empirischen Gesetz der großen Zahlen**.

Anzahl der Versuche n	**$H_n(E)$**		**$h_n(E)$**	
	Münze	**Würfel**	**Münze**	**Würfel**
200	105	36	0,5250	0,1800
400	205	67	0,5125	0,1675
600	302	102	0,5033	0,1700
800	398	132	0,4975	0,1650
1000	501	167	0,5010	0,1670
			↓	↓
			0,5	$\mathbf{\frac{1}{6}}$

Empirisches Gesetz der großen Zahlen:
Bei wachsender Zahl n von Durchführungen eines Zufallsexperiments nähern sich die relativen Häufigkeiten $h_n(E)$ eines Ereignisses E einem festen Wert p zwischen 0 und 1.

Betrachtet man die relativen Häufigkeiten eines Ereignisses E von Ω, so stellt man fest, dass alle bisherigen Beispiele ausschließlich Untersuchungen vergangener Experimente darstellten. Die relativen Häufigkeiten geben allerdings bei großer Versuchsanzahl auch einen subjektiven Erfahrungswert dafür an, wie „wahrscheinlich" das **zukünftige Auftreten** des Ereignisses E bei einem einzelnen Versuch ist.

Will man eine mathematische Wahrscheinlichkeitstheorie aufbauen, die Aussagen über das zukünftige Eintreten eines Ereignisses macht (die Wahrscheinlichkeit, dass das Ereignis eintritt), so ist es offensichtlich nötig, die Wahrscheinlichkeit eines Ereignisses so zu definieren, dass die Eigenschaften der relativen Häufigkeit erhalten bleiben.
Aus dem empirischen Gesetz der großen Zahlen ist bekannt, dass bei wachsender Zahl von Durchführungen eines Zufallsexperiments die relativen Häufigkeiten $h_n(E)$ eines Ereignisses E immer weniger um einen festen Wert p schwanken.

Dieser Wert p sagt aus, wie stark mit dem Eintreten des Ereignisses E zu rechnen ist. Wir definieren daher p als die **Wahrscheinlichkeit des Ereignisses** E.

Jedem Ereignis E eines Ergebnisraums Ω können wir auf diese Weise eine Zahl als Wahrscheinlichkeit zuordnen. Diese Zuordnung ist eine Funktion, die **Wahrscheinlichkeitsverteilung P**. Da jedem Ereignis E eine „eigene" Wahrscheinlichkeit zugeordnet wird, schreiben wir $P(E)$ statt p.
Damit wir mit einer solchen Funktion P die Realität mathematisch sinnvoll beschreiben können, müssen noch die **Axiome von Kolmogoroff** gelten:

Eine **Wahrscheinlichkeitsverteilung** P ordnet jedem Ereignis E eines Ergebnisraums Ω eine reelle Zahl $P(E) \in [0; 1]$ zu. Zudem gilt:
- $P(E) \geq 0$ ▶ Wahrscheinlichkeiten sind nie negativ (Nichtnegativität).
- $P(\Omega) = 1$ ▶ Das sichere Ereignis hat die Wahrscheinlichkeit 1 (Normiertheit).
- $P(E_1 \cup E_2) = P(E_1) + P(E_2)$, falls $E_1 \cap E_2 = \{\ \}$ ▶ Additivität

Die Eigenschaften der Wahrscheinlichkeitsverteilung können wir nutzen, um die Wahrscheinlichkeit des Gegenereignisses $\overline{E}$ zu einem Ereignis E zu berechnen. Auch die Wahrscheinlichkeiten des Schnitts und der Vereinigung zweier Ereignisse E_1 und E_2 lassen sich damit bestimmen.

7 Wahrscheinlichkeit eines Gegenereignisses

Ermitteln Sie die Wahrscheinlichkeit, beim einmaligen Würfeln keine 1 zu werfen.

Bei einem idealen Würfel ist die Wahrscheinlichkeit für jede Augenzahl gleich groß, sie beträgt $\frac{1}{6}$.

Wir können die Wahrscheinlichkeit, keine 1 zu werfen, als Summe der Wahrscheinlichkeiten berechnen, eine 2, 3, 4, 5 oder 6 zu werfen, da diese Ereignisse unvereinbar sind.

► 3. Axiom von Kolmogoroff

$\Omega = \{1; 2; 3; 4; 5; 6\}$

$E = \{2; 3; 4; 5; 6\}$ ► Ereignis „keine 1“

$$P(E) = P(\{2\}) + P(\{3\}) + P(\{4\}) + P(\{5\}) + P(\{6\})$$
$$= \frac{1}{6} + \frac{1}{6} + \frac{1}{6} + \frac{1}{6} + \frac{1}{6} = \mathbf{\frac{5}{6}}$$

Häufig berechnet man die **Wahrscheinlichkeit des Gegenereignisses** schneller als die Wahrscheinlichkeit des Ereignisses selbst. Dies können wir nutzen:

Da das Ereignis E: „keine 1“ und das Gegenereignis $\overline{E}$: „1“ unvereinbar sind und zusammen den gesamten Ergebnisraum Ω darstellen, gilt:
$P(E) + P(\overline{E}) = 1$ ► Axiome 2 und 3

Für die Wahrscheinlichkeit des Ereignisses E folgt:
$P(E) = 1 - P(\overline{E})$.

Wir erhalten wie oben $P(E) = \frac{5}{6} \approx 83{,}3\,\%$.

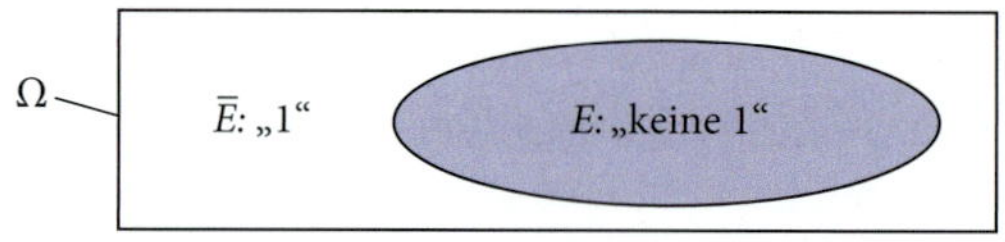

$E \cap \overline{E} = \{\ \}$ und $E \cup \overline{E} = \Omega$

$\Rightarrow P(E) + P(\overline{E}) = 1$

$P(E) = 1 - P(\overline{E})$ ► $\overline{E} = \{1\}$ mit $P(\overline{E}) = \frac{1}{6}$

$= 1 - \frac{1}{6} = \mathbf{\frac{5}{6}}$

8 Wahrscheinlichkeit eines Schnitts von Ereignissen

Ein idealer Würfel mit den Augenzahlen 1 bis 6 wird geworfen.
Ermitteln Sie die Wahrscheinlichkeit, dass eine gerade Augenzahl geworfen wird, die kleiner als 5 ist.

Wir bezeichnen mit E_1 das Ereignis „gerade Augenzahl“ und mit E_2 das Ereignis „Augenzahl kleiner als 5“. Dann stellt die Schnittmenge $\{2; 4\}$ das Ereignis E: „gerade Augenzahl kleiner als 5“ dar.

Die gesuchte **Wahrscheinlichkeit** für die **Schnittmenge** $E_1 \cap E_2 = \{2; 4\}$ beträgt $\frac{1}{3}$, also ca. 33,3 %. Zur Berechnung nutzen wir das 3. Axiom von Kolmogoroff und die bekannten Wahrscheinlichkeiten für die Elementarereignisse.

$E_1 = \{2; 4; 6\}$ ► Ereignis „gerade Augenzahl“

$E_2 = \{1; 2; 3; 4\}$ ► Ereignis „Augenzahl < 5“

$E = E_1 \cap E_2$ ► Ereignis „gerade Augenzahl < 5“

$= \{2; 4; 6\} \cap \{1; 2; 3; 4\} = \{2; 4\}$

$P(E_1 \cap E_2) = P(\{2; 4\})$ ► 3. Axiom

$= P(\{2\}) + P(\{4\})$

$= \frac{1}{6} + \frac{1}{6} = \mathbf{\frac{1}{3}}$

Wahrscheinlichkeit einer Vereinigung von Ereignissen

9

Ein idealer Würfel mit den Augenzahlen 1 bis 6 wird geworfen.
Ermitteln Sie für die beiden Ereignisse $E_1 = \{1; 2; 3\}$ und $E_2 = \{1; 2; 4\}$ die Wahrscheinlichkeit $P(E_1 \cup E_2)$.

Die **Wahrscheinlichkeit** für die **Vereinigungsmenge** $E_1 \cup E_2 = \{1; 2; 3; 4\}$ ist die Summe der Wahrscheinlichkeiten der Elementarereignisse.
Sie beträgt $\frac{2}{3} \approx 66{,}7\,\%$.

$$E_1 \cup E_2 = \{1; 2; 3\} \cup \{1; 2; 4\} = \{1; 2; 3; 4\}$$
$$P(E_1 \cup E_2) = P(\{1; 2; 3; 4\}) \quad \text{► 3. Axiom}$$
$$= P(\{1\}) + P(\{2\}) + P(\{3\}) + P(\{4\})$$
$$= 4 \cdot \frac{1}{6} = \frac{2}{3}$$

Diese Wahrscheinlichkeit erhalten wir auch, wenn wir von der Summe der Wahrscheinlichkeiten der Ereignisse E_1 und E_2 die Wahrscheinlichkeit des Ereignisses mit den beiden gemeinsamen Elementen 1 und 2 subtrahieren ($E_1 \cap E_2$):

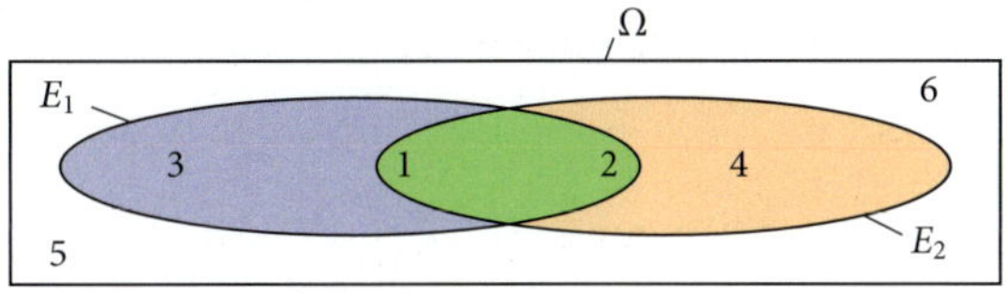

$$P(E_1 \cup E_2) = P(\{1; 2; 3; 4\})$$
$$= \underbrace{P(\{1\}) + P(\{2\}) + P(\{3\})}_{P(E_1)} + \underbrace{P(\{1\}) + P(\{2\}) + P(\{4\})}_{P(E_2)} - \underbrace{[P(\{1\}) + P(\{2\})]}_{P(E_1 \cap E_2)}$$
$$= P(E_1) + P(E_2) - P(E_1 \cap E_2)$$
$$= 3 \cdot \frac{1}{6} + 3 \cdot \frac{1}{6} - 2 \cdot \frac{1}{6}$$
$$= \frac{2}{3}$$

Verallgemeinern wir das Ergebnis aus dem Beispiel, so erhalten wir den **Satz von Sylvester** für Wahrscheinlichkeiten:
Für zwei beliebige Ereignisse E_1 und E_2 eines Zufallsexperiments mit dem Ergebnisraum Ω gilt:
$P(E_1 \cup E_2) = P(E_1) + P(E_2) - P(E_1 \cap E_2)$

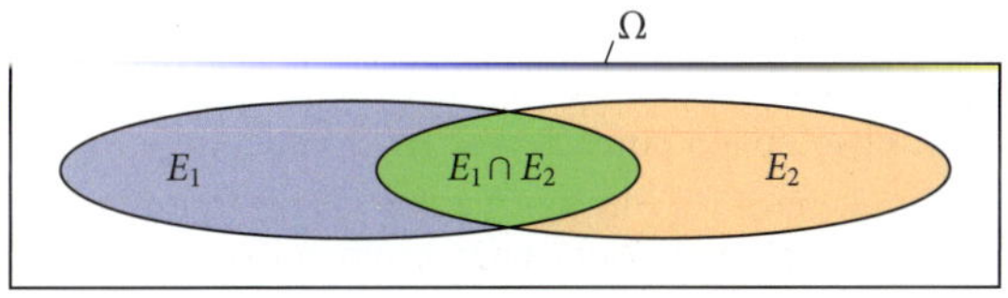

► Sind die beiden Ereignisse E_1 und E_2 unvereinbar, so gilt $P(E_1 \cap E_2) = 0$. Der Satz von Sylvester lautet in diesem Fall $P(E_1 \cup E_2) = P(E_1) + P(E_2)$, stimmt also mit dem 3. Axiom von Kolmogoroff überein.

Der Satz von Sylvester ist anschaulich leicht zu verstehen. Addiert man die Wahrscheinlichkeiten der Elementarereignisse in E_1 und derjenigen in E_2, so werden dabei diejenigen Elementarereignisse, die im Schnitt $E_1 \cap E_2$ liegen, doppelt aufgelistet. Sie müssen folglich einmal wieder abgezogen werden.

- **Wahrscheinlichkeit des Gegenereignisses**
  Die Summe der Wahrscheinlichkeit eines Ereignisses E und der des Gegenereignisses $\overline{E}$ ist gleich 1:
  $P(E) + P(\overline{E}) = 1$
- **Satz von Sylvester**
  Für zwei beliebige Ereignisse E_1, E_2 gilt $P(E_1 \cup E_2) = P(E_1) + P(E_2) - P(E_1 \cap E_2)$.

1. Ermitteln Sie die Wahrscheinlichkeit, beim Werfen von zwei idealen Würfeln eine Augensumme von mindestens 3 zu erhalten.

2. Ein idealer sechsseitiger Würfel wird geworfen. Gegeben sind die Ereignisse $A = \{2; 4; 6\}$, $B = \{1; 2; 3\}$ und $C = \{6\}$. Berechnen Sie die folgenden Wahrscheinlichkeiten.
a) $P(A \cap B)$ b) $P(A \cup B)$ c) $P(B \cap C)$

► Lösungen auf Seite 263

10 Wahrscheinlichkeiten mithilfe der Vierfeldertafel

Ein Spielwarenhersteller führt in seinem Sortiment verschiedene „gezinkte" Würfel. Das Modell „Mensch ärgere dich nicht" wird damit beworben, dass die 6 sehr häufig fällt.

Weiterhin ist bekannt, dass in 5 von 12 Fällen das Ereignis „Es fällt eine 3, 4 oder 5." eintritt.
Ermitteln Sie mithilfe einer Vierfeldertafel die exakte Wahrscheinlichkeit dafür, dass eine 6 gewürfelt wird.

Wir beschreiben zunächst die gegebenen Informationen als mathematische Ereignisse:
E_1: „Es fällt eine 1, 2 oder 3."
E_2: „Es fällt eine 3, 4 oder 5."
Um die Vierfeldertafel aufstellen zu können, bilden wir die Gegenereignisse $\overline{E_1}$ und $\overline{E_2}$ sowie die nötigen Schnittmengen.

$\Omega = \{1; 2; 3; 4; 5; 6\}$
$E_1 = \{1; 2; 3\}$ $\quad E_2 = \{3; 4; 5\}$
$\overline{E_1} = \{4; 5; 6\}$ $\quad \overline{E_2} = \{1; 2; 6\}$
$E_1 \cap E_2 = \{3\}$ $\quad E_1 \cap \overline{E_2} = \{1; 2\}$
$\overline{E_1} \cap E_2 = \{4; 5\}$ $\quad \overline{E_1} \cap \overline{E_2} = \{6\}$

Wir tragen die erhaltenen Mengen in die Vierfeldertafel ein und ergänzen sie um je eine weitere Spalte und Zeile. In diese neuen Felder werden die Vereinigungsmengen einer Zeile bzw. Spalte eingetragen.
► Dies können wir hier nur machen, da die Einträge der Vierfeldertafel untereinander unvereinbar sind.

Vierfeldertafel

Ω	E_1	$\overline{E_1}$	
E_2	$\{3\}$	$\{4; 5\}$	$\{3; 4; 5\} = E_2$
$\overline{E_2}$	$\{1; 2\}$	$\{6\}$	$\{1; 2; 6\} = \overline{E_2}$
	$\{1; 2; 3\} = E_1$	$\{4; 5; 6\} = \overline{E_1}$	$\{1; 2; 3; 4; 5; 6\} = \Omega$

Die bekannten Wahrscheinlichkeiten für die Ereignisse der Vierfeldertafel können wir nun in eine analoge Tafel eintragen.

Die fehlenden Wahrscheinlichkeiten lassen sich leicht ergänzen, da die Mengen in der obigen Vierfeldertafel elementfremd sind.

Ω	E_1	$\overline{E_1}$	Σ
E_2	$\frac{1}{12}$	$\frac{4}{12}$	$\frac{5}{12}$
$\overline{E_2}$	$\frac{2}{12}$	$\frac{5}{12}$	$\frac{7}{12}$
Σ	$\frac{1}{4} = \frac{3}{12}$	$\frac{9}{12}$	1

Wir erhalten somit als Wahrscheinlichkeit dafür, dass mit dem gezinkten Würfel eine 6 geworfen wird, den Wert $\frac{5}{12} \approx 42\,\%$.

Die Aussage, dass fast jeder zweite Wurf eine 6 ist, ist also als Werbeaussage akzeptabel.

► Aus $P(\{3\}) = \frac{1}{12}$ und $P(\{1; 2; 3\}) = \frac{1}{4} = \frac{3}{12}$ folgt
$P(\{1; 2\}) = P(\{1; 2; 3\}) - P(\{3\}) = \frac{3}{12} - \frac{1}{12} = \frac{2}{12}$.
► Aus $P(\{3; 4; 5\}) = \frac{5}{12}$ und $P(\Omega) = 1$ folgt
$P(\{1; 2; 6\}) = P(\Omega) - P(\{3; 4; 5\}) = 1 - \frac{5}{12} = \frac{7}{12}$.
► Aus $P(\{1; 2; 6\}) = \frac{7}{12}$ und $P(\{1; 2\}) = \frac{1}{6} = \frac{2}{12}$ folgt
$P(\{6\}) = P(\{1; 2; 6\}) - P(\{1; 2\}) = \frac{7}{12} - \frac{2}{12} = \frac{5}{12}$.

Stellen Sie die Wahrscheinlichkeiten der Ereignisse E_1 und E_2 aus Beispiel 9 (► Seite 185) in einer Vierfeldertafel dar.

► Lösung auf Seite 263

Übungen zu 3.2.2

oHi Mi **1.** Übertragen Sie die nachfolgenden Vierfeldertafeln in Ihr Heft und vervollständigen Sie sie.

a)

Ω	B	$\overline{B}$	Σ
A	0,25		
$\overline{A}$			0,5
Σ		0,65	

b)

Ω	B	$\overline{B}$	Σ
A	0,2		
$\overline{A}$		0,05	0,37
Σ			

oHi Mi **2.** Bestimmen Sie zu den beiden Teilaufgaben a) und b) aus obiger Aufgabe 1 jeweils die Wahrscheinlichkeiten der folgenden Ereignisse: $E_1 = A \cup B$, $E_2 = A \cap B$, $E_3 = \overline{A \cap B}$, $E_4 = \overline{\overline{A} \cup B}$

3. Aus einer Reihe von Untersuchungen an Grundschulkindern ist Folgendes bekannt: Bei 12 % wurden Haltungsschäden (H) diagnostiziert, 15 % haben Übergewicht ($Ü$), wobei $\frac{1}{3}$ der übergewichtigen Schüler auch über Haltungsschäden klagen.

a) Erstellen Sie eine vollständig ausgefüllte Vierfeldertafel.

b) Bestimmen Sie die Wahrscheinlichkeiten der folgenden Ereignisse (geben Sie diese Ereignisse auch als Ereignisverknüpfung an).

A: „Das Grundschulkind hat Übergewicht, aber keine Haltungsschäden."

B: „Das Grundschulkind ist nicht übergewichtig."

C: „Das Grundschulkind hat keine der untersuchten Auffälligkeiten."

D: „Das Grundschulkind zeigt genau eine der beiden Auffälligkeiten."

oHi Mi **4.** Erstellen Sie die jeweils passende Vierfeldertafel für die Wahrscheinlichkeiten der Ereignisse A und B, wenn folgende Wahrscheinlichkeiten und Informationen bekannt sind.

a) $P(A) = 0{,}5$, $P(\overline{A} \cup B) = 0{,}7$, $P(\overline{A} \cap B) = 0{,}4$

b) $P(B) = 0{,}6$, $P(A \cup B) = 0{,}75$, A und B sind unvereinbar.

c) $P(\overline{A} \cup B) = 0{,}85$, $P(B) = 0{,}63$, $P(A \cap B)$ ist doppelt so groß wie $P(\overline{A} \cap B)$.

5. Betrachten Sie das Zufallsexperiment „Werfen einer Reißzwecke" mit den Elementarereignissen „Reißzwecke landet auf dem Kopf" und „Reißzwecke landet auf der Seite". oHi Mi

a) Definieren Sie mithilfe des empirischen Gesetzes der großen Zahlen Wahrscheinlichkeiten für diese beiden Ereignisse. Führen Sie dazu das Zufallsexperiment 100-mal aus.

b) Zeigen Sie, dass dadurch eine Wahrscheinlichkeitsverteilung definiert ist.

c) Vergleichen Sie Ihre Wahrscheinlichkeitsverteilung mit derjenigen Ihrer Mitschülerinnen und Mitschüler. Beurteilen Sie vorhandene Unterschiede.

6. *Flüsterpost* (*3 bis 5 Spieler*): Jeder Spieler erstellt eine Vierfeldertafel mit den Ereignissen E und F, trägt nun drei Wahrscheinlichkeiten derart in die Vierfeldertafel ein, dass sich die fehlenden Wahrscheinlichkeiten berechnen lassen, und gibt das Blatt weiter. Jeder vervollständigt die Vierfeldertafel, die er erhalten hat. Dann erstellt er nun seinerseits eine neue Vierfeldertafel, wobei er aus der vorhandenen Vierfeldertafel drei Wahrscheinlichkeiten so überträgt (nicht die drei gegebenen), dass sich die Vierfeldertafel lösen lässt (vor der Weitergabe die obere Vierfeldertafel umknicken). oHi Mi

Die Vorgehensweise wird so lange wiederholt, bis das Blatt beim jeweiligen Aufgabenersteller zurück ist. Vergleichen Sie nun zusammen die Ergebnisse und klären Sie eventuelle Fehler.

7. *Ampelabfrage:* Wählen Sie die richtige Antwort. oHi Mi

a) Für zwei Ereignisse A und B gilt:

$P(A) = 0{,}25$
$P(B) = 0{,}5$
$P(A \cup B) = 0{,}65$

Welchen Wert hat dann $P(\overline{A})$?

🔴 $P(\overline{A}) = 0{,}25$
🟡 $P(\overline{A}) = 0{,}35$
🟢 $P(\overline{A}) = 0{,}75$

b) Für zwei Ereignisse A und B gilt:

$P(A) = 0{,}25$
$P(B) = 0{,}5$
$P(A \cup B) = 0{,}65$

Welchen Wert hat dann $P(A \cap B)$?

🔴 $P(A \cap B) = 0{,}35$
🟡 $P(A \cap B) = 0{,}1$
🟢 $P(A \cap B) = 0{,}55$

3.2.3 Laplace-Experimente

Die elementarsten Zufallsexperimente sind diejenigen, bei denen alle Ergebnisse und somit alle Elementarereignisse gleich wahrscheinlich sind.
Ein solches Zufallsexperiment heißt **Laplace-Experiment**.
Pierre Simon de Laplace war Astronom, Physiker und Mathematiker. Auf ihn geht die Definition der „klassischen Wahrscheinlichkeit" zurück. Kurz gefasst sagt die Definition: Die Wahrscheinlichkeiten für beliebige Ereignisse eines Laplace-Experiments lassen sich berechnen, indem wir **die „günstigen Fälle" durch die „möglichen Fälle" teilen**.

Pierre Simon de Laplace (1749–1827)

(11) Einfache Laplace-Experimente

Geben Sie drei Zufallsexperimente an, die Laplace-Experimente sind.

- Der Wurf eines idealen Würfels ist ein Laplace-Experiment, da jedes Elementarereignis dieselbe Wahrscheinlichkeit $\frac{1}{6}$ hat.
- Der Wurf einer idealen Münze ist ein Laplace-Experiment, da jedes Elementarereignis die Wahrscheinlichkeit $\frac{1}{2}$ hat.
- Das Roulettespiel ist ein Laplace-Experiment, da jedes Elementarereignis dieselbe Wahrscheinlichkeit $\frac{1}{37}$ hat.

- $\Omega = \{1; 2; 3; 4; 5; 6\}$
  $P(\{1\}) = P(\{2\}) = P(\{3\}) = P(\{4\}) = P(\{5\}) = P(\{6\}) = \frac{1}{6} \approx \mathbf{16{,}7\,\%}$
- $\Omega = \{W; Z\}$
  $P(\{W\}) = P(\{Z\}) = \frac{1}{2} = \mathbf{50\,\%}$
- $\Omega = \{0; 1; 2; 3; \ldots; 36\}$
  $P(\{0\}) = P(\{1\}) = P(\{2\}) = \ldots = P(\{36\}) = \frac{1}{37} \approx \mathbf{2{,}7\,\%}$

Da bei einem Laplace-Experiment jedem Elementarereignis die gleiche Wahrscheinlichkeit zugeordnet ist, spricht man auch von einer **Gleichverteilung**.
Besteht ein Ergebnisraum Ω aus n Ergebnissen, dann hat bei einer Gleichverteilung jedes Elementarereignis die Wahrscheinlichkeit $p = \frac{1}{n}$.
Ein zusammengesetztes Ereignis E, das aus k Ergebnissen besteht, hat bei einer Gleichverteilung dann die Wahrscheinlichkeit $P(E) = k \cdot \frac{1}{n} = \frac{k}{n}$. ▶ Satz von Sylvester, Seite 185

(12) Zweifacher Würfelwurf

Ein idealer Würfel wird zweimal geworfen. Ermitteln Sie die Wahrscheinlichkeit, dass ein Augenpaar mindestens eine 2 enthält.

Wir schreiben jedes Ergebnis als Paar $(i; j)$, wobei die erste Zahl i für den 1. Wurf und die zweite Zahl j für den 2. Wurf steht. Da es sich hierbei um ein Laplace-Experiment handelt, hat jedes von den 36 Elementarereignissen die gleiche Eintrittswahrscheinlichkeit $\frac{1}{36}$.

▶ Gleichverteilung

$\Omega = \{(1; 1); (1; 2); (1; 3); (1; 4); (1; 5); (1; 6);$
$(2; 1); (2; 2); (2; 3); (2; 4); (2; 5); (2; 6);$
$(3; 1); (3; 2); (3; 3); (3; 4); (3; 5); (3; 6);$
$(4; 1); (4; 2); (4; 3); (4; 4); (4; 5); (4; 6);$
$(5; 1); (5; 2); (5; 3); (5; 4); (5; 5); (5; 6);$
$(6; 1); (6; 2); (6; 3); (6; 4); (6; 5); (6; 6)\}$

▶ Laplace-Experiment

Von 36 möglichen Ergebnissen enthalten 11 Ergebnisse mindestens eine 2. Die Wahrscheinlichkeit, dass eine 2 auftritt, ist damit $\frac{11}{36}$.

$E = \{(1; 2); (2; 1); (2; 2); (2; 3); (2; 4); (2; 5);$
$(2; 6); (3; 2); (4; 2); (5; 2); (6; 2)\}$ ▶ $k = 11$
$P(E) = k \cdot \frac{1}{n} = 11 \cdot \frac{1}{36} = \frac{11}{36} \approx \mathbf{30{,}56\,\%}$

Tombola

13

Die Klasse 11SA veranstaltet eine Tombola für einen guten Zweck. Von den 400 Losen sind 300 Nieten. 70 % der restlichen Lose sind Trostpreise. Vom Rest sind $\frac{1}{3}$ Großgewinne, die verbliebenen Lose sind Gewinne.. Der Schulleiter darf das erste Los ziehen. Bestimmen Sie die Wahrscheinlichkeiten aller möglichen Ausgänge.

Es gibt insgesamt 400 Lose (Anzahl der möglichen Ergebnisse). Darunter sind 300 Nieten, 70 Trostpreise (70 % von 100), 10 Großgewinne ($\frac{1}{3}$ von 30) und 20 Gewinne (30 – 10).

$P(\text{„Niete"}) = \frac{\text{Anzahl Nieten}}{\text{Anzahl Lose}} = \frac{300}{400} = \frac{3}{4}$

$P(\text{„Trostpreis"}) = \frac{\text{Anzahl Trostpreise}}{\text{Anzahl Lose}} = \frac{70}{400} = \frac{7}{40}$

$P(\text{„Gewinn"}) = \frac{\text{Anzahl Gewinne}}{\text{Anzahl Lose}} = \frac{20}{400} = \frac{1}{20}$

$P(\text{„Großgewinn"}) = \frac{\text{Anzahl Großgewinne}}{\text{Anzahl Lose}} = \frac{10}{400} = \frac{1}{40}$

Hat ein Zufallsexperiment endlich viele mögliche Ergebnisse, die alle mit der gleichen Wahrscheinlichkeit eintreten, so heißt es **Laplace-Experiment**. Ein beliebiges Ereignis E hat dabei die Wahrscheinlichkeit:

$P(E) = \frac{\text{Anzahl der für } E \text{ günstigen Ergebnisse}}{\text{Anzahl der möglichen Ergebnisse}} = \frac{|E|}{|\Omega|}$ (Regel von Laplace)

1. Bestimmen Sie die Wahrscheinlichkeit, dass eine zufällig bestimmte natürliche Zahl zwischen 1 und 100
   a) durch 5 teilbar ist,
   b) durch 13 teilbar ist,
   c) durch 5 oder 13 teilbar ist,
   d) durch 5 und 13 teilbar ist.

2. Ermitteln Sie die Wahrscheinlichkeit, bei einem doppelten Münzwurf
   a) genau einmal „Wappen" zu werfen,
   b) genau zweimal „Zahl" zu werfen,
   c) mindestens einmal „Zahl" zu werfen,
   d) ein gemischtes Ergebnis zu erzielen,
   e) im zweiten Wurf „Wappen" zu erzielen.

▸ Lösungen auf Seite 263

oHi Mi Übungen zu 3.2.3

1. Prüfen Sie, ob es sich bei den nachfolgenden Zufallsexperimenten um Laplace-Experimente handelt.
   a) Werfen einer Münze.
   b) Ziehen einer Kugel aus einer Urne mit zwei weißen und drei schwarzen Kugeln.
   c) Zweifacher Würfelwurf.
   d) Werfen eines gezinkten Würfels.
   e) Befragung einer Person nach ihrem Geburtsmonat.
   f) Wählen einer Kugel Fruchteis aus dem Angebot der Eisdiele.

2. Aus einem gut gemischten Kartenspiel mit 32 Karten wird zufällig eine Karte gezogen. Ermitteln Sie die Wahrscheinlichkeit, dass
   a) eine Herzkarte,
   b) ein schwarzes Ass,
   c) der Kreuz-König
   gezogen wird.

3. Auf einem (idealen) Oktaeder sind von den 8 Flächen 2 Flächen grün, 3 Flächen rot und 3 Flächen blau. Mit welcher Wahrscheinlichkeit fällt der Oktaeder beim Werfen auf eine Fläche, die
   a) grün (rot, blau),
   b) entweder grün oder rot,
   c) grün und rot ist?

3.2.4 Pfadregeln

Ein mehrstufiges Zufallsexperiment lässt sich mithilfe eines Baumdiagramms übersichtlich darstellen. Mithilfe von Baumdiagrammen lassen sich die Wahrscheinlichkeiten von Ereignissen aber auch einfach berechnen.

(14) Pfadregeln am Baumdiagramm

Johanna und Martin sollen folgende Aufgabe lösen: In einer Urne befinden sich drei Kugeln mit den Aufschriften 1, 2 und 3. Die Kugeln 1 und 2 sind rot, Kugel 3 ist blau. Es werden zwei Kugeln mit Zurücklegen gezogen.

Bestimmen Sie die Wahrscheinlichkeiten der folgenden Ereignisse:

A: „Es werden zwei rote Kugeln gezogen."

B: „Es werden zwei verschiedenfarbige Kugeln gezogen."

C: „Es werden zwei blaue Kugeln gezogen."

Martins Lösung sieht folgendermaßen aus:

- Bei jedem Zug ist die Wahrscheinlichkeit, eine bestimmte Kugel zu ziehen, $\frac{1}{3}$.

▶ Diese Wahrscheinlichkeit wird auf dem Ast eingetragen.

- Alle 9 Elementarereignisse treten mit der gleichen Wahrscheinlichkeit ein.
  $\Rightarrow P(\{\omega\}) = \frac{1}{9}$

▶ Diese Wahrscheinlichkeiten stehen rechts neben dem jeweiligen Elementarereignis.

- Mit $|A| = 4$, $|B| = 4$, $|C| = 1$, $|\Omega| = 9$ folgt:

$\boldsymbol{P(A)} = \frac{|A|}{|\Omega|} = \frac{4}{9}$ $\quad$ $\boldsymbol{P(B)} = \frac{|B|}{|\Omega|} = \frac{4}{9}$

$\boldsymbol{P(C)} = \frac{|C|}{|\Omega|} = \frac{1}{9}$

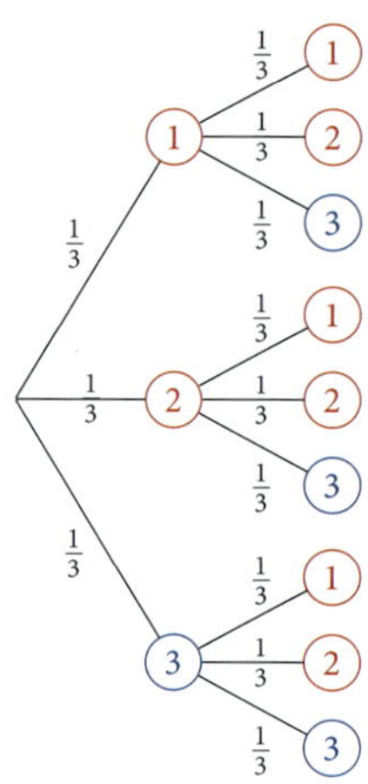

ω	$P(\{\omega\})$	A	B	C
{(1; 1)}	$\frac{1}{9}$	•		
{(1; 2)}	$\frac{1}{9}$	•		
{(1; 3)}	$\frac{1}{9}$		•	
{(2; 1)}	$\frac{1}{9}$	•		
{(2; 2)}	$\frac{1}{9}$	•		
{(2; 3)}	$\frac{1}{9}$		•	
{(3; 1)}	$\frac{1}{9}$		•	
{(3; 2)}	$\frac{1}{9}$		•	
{(3; 3)}	$\frac{1}{9}$			•

Nachdem Johanna sich Martins Lösung hat erklären lassen, ist sie überzeugt, es auch kürzer darstellen zu können: Dafür unterscheidet sie nur zwischen den (zwei) roten und der (einen) blauen Kugel.

- Die Wahrscheinlichkeit eine rote Kugel zu ziehen, beträgt $\frac{2}{3}$, für eine blaue $\frac{1}{3}$.

▶ Diese Wahrscheinlichkeiten werden ebenfalls auf den Ästen eingetragen.

- Rechts neben die Elementarereignisse trägt sie die passenden Wahrscheinlichkeiten ein, die sie mithilfe von Martins Lösungen und der folgenden Überlegungen bestimmt:

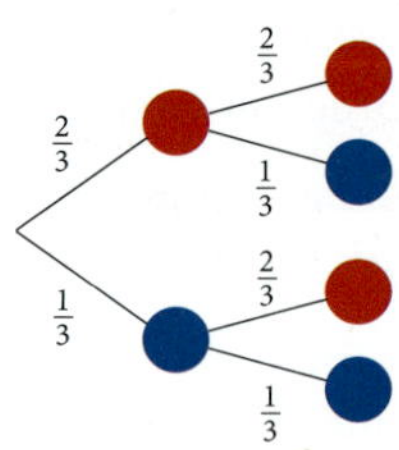

ω	$P(\{\omega\})$	A	B	C
$\{(r; b)\}$ → $\{(r; r)\}$	$\frac{4}{9}$	•		
$\{(r; b)\}$	$\frac{2}{9}$		•	
$\{(b; r)\}$	$\frac{2}{9}$		•	
$\{(b; b)\}$	$\frac{1}{9}$			•

$P(\{(r;r)\}) = P(A) = \frac{4}{9}$ und $P(\{(r;b)\}) + P(\{(b;r)\}) = P(B) = \frac{4}{9}$

Da die Ereignisse $\{(r;b)\}$ und $\{(b;r))\}$ gleich wahrscheinlich sind, folgt $P(\{(r;b)\}) = P(\{(b;r)\}) = \frac{2}{9}$.

Aus Martins Lösung übernimmt Johanna auch $P(\{(b;b)\}) = P(C) = \frac{1}{9}$.

Aus beiden Varianten lassen sich die nun folgenden Regeln sehr leicht herleiten.

Multipliziert man die Wahrscheinlichkeiten entlang eines Pfades, so erhält man die Wahrscheinlichkeit des zugehörigen Ergebnisses.

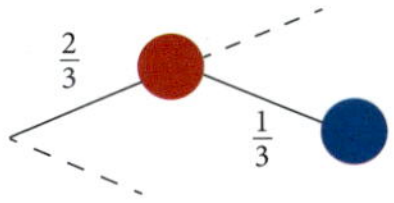

$P(\{(r;b)\}) = \frac{2}{3} \cdot \frac{1}{3} = \frac{2}{9}$

Die Wahrscheinlichkeit eines beliebigen Ereignisses ist die Summe der Wahrscheinlichkeiten der zugehörigen Ergebnisse.

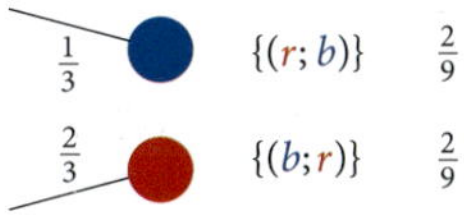

$P(B) = P(\{(r;b)\}) + P(\{(b;r)\})$
$= \frac{2}{9} + \frac{2}{9} = \frac{4}{9}$

Längs des Pfades wird multipliziert, die erhaltenen Wahrscheinlichkeiten werden addiert.

Mehrstufige Zufallsexperimente können übersichtlich durch **Baumdiagramme** dargestellt werden. Jeder Pfad symbolisiert dabei ein Ergebnis des Zufallsexperiments.

1. Pfadregel: Um die Wahrscheinlichkeit eines Elementarereignisses zu bestimmen, werden die **Wahrscheinlichkeiten** der einzelnen Stufen entlang des zugehörigen Pfades **multipliziert**.

2. Pfadregel: Um die Wahrscheinlichkeit eines beliebigen Ereignisses zu ermitteln, werden die zugehörigen **Pfadwahrscheinlichkeiten addiert**.

1. Bei einem Glücksspiel werden die Zufallsexperimente „Werfen einer 1-Euro-Münze“ und „Werfen eines idealen 6-seitigen Würfels“ hintereinander durchgeführt.
   a) Stellen Sie dieses zweistufige Experiment mithilfe eines Baumdiagramms dar.
   b) Bestimmen Sie die Wahrscheinlichkeit für das Ereignis, dass die Zahl oben liegt und eine 5 gewürfelt wird.

2. Eine 1-Euro-Münze wird dreimal hintereinander geworfen. Wie hoch ist die Wahrscheinlichkeit, dreimal bzw. genau zweimal Zahl zu werfen?

3. Gegeben ist das nebenstehende Baumdiagramm mit den eingetragenen Wahrscheinlichkeiten. Zusätzlich ist bekannt:

   Mit der Wahrscheinlichkeit $\frac{1}{5}$ ist im zweiten Zug eine rote Kugel gezogen worden.
   $P(\{(b;b)\}) = \frac{1}{15}$

   Berechnen Sie die fehlenden Wahrscheinlichkeiten $P_1, \ldots, P_6$ aus dem Baumdiagramm. Die Nummerierung sagt hierbei nichts über die Reihenfolge der Bearbeitung aus.

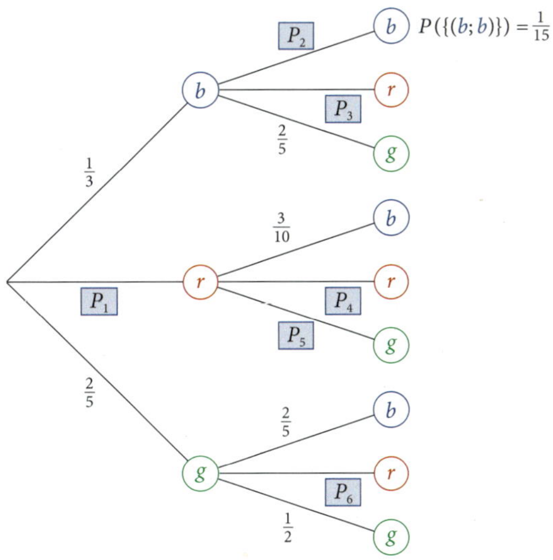

► Lösungen auf Seite 263

15 Glücksrad

Ein Glücksrad hat acht gleich große Felder. Bestimmen Sie jeweils die Wahrscheinlichkeit der beiden folgenden Ereignisse:

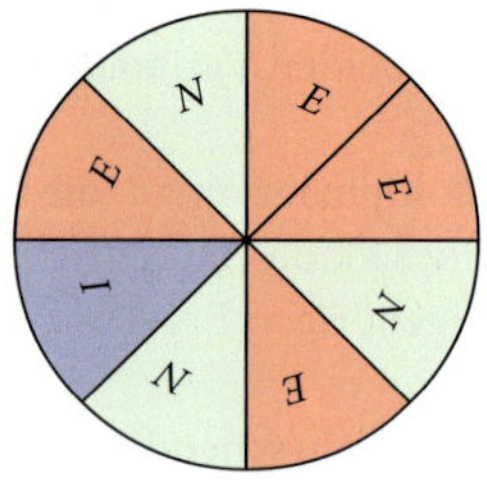

E_1: „Die Buchstabenfolge ist N-E-I-N." (bei viermaligem Drehen)
E_2: „Beide Buchstaben sind gleich." (bei zweimaligem Drehen)

Das Ereignis E_1 gehört zu einem vierstufigen Zufallsexperiment. Wir betrachten jedoch nicht das vollständige Baumdiagramm, sondern ausschließlich den Pfad N-E-I-N. Die Wahrscheinlichkeiten der einzelnen Stufen multiplizieren wir und erhalten für die Buchstabenfolge NEIN die Wahrscheinlichkeit $\frac{9}{1024}$.

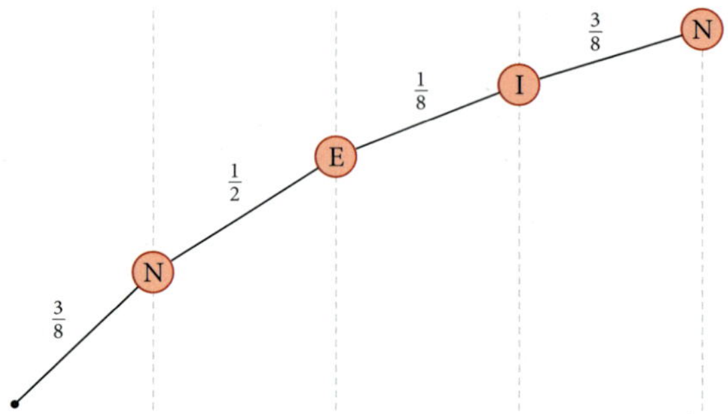

$P(E_1) = \frac{3}{8} \cdot \frac{1}{2} \cdot \frac{1}{8} \cdot \frac{3}{8} = \frac{9}{1024}$

► $E_1 = \{(N; E; I; N)\}$

Das Ereignis E_2 gehört zu einem zweistufigen Zufallsexperiment. Uns interessieren nur die drei Pfade N-N, E-E und I-I.
Durch Multiplikation der Wahrscheinlichkeiten an den Zweigen erhalten wir die Wahrscheinlichkeiten der zugehörigen Elementarereignisse $\{(N; N)\}$, $\{(E; E)\}$ und $\{(I; I)\}$ (1. Pfadregel). Durch Addition dieser drei Wahrscheinlichkeiten erhalten wir die gesuchte Wahrscheinlichkeit des Ereignisses E_2 (2. Pfadregel).
Die Wahrscheinlichkeit, bei zweimaligem Drehen zwei gleiche Buchstaben zu erhalten, beträgt $\frac{13}{32}$.

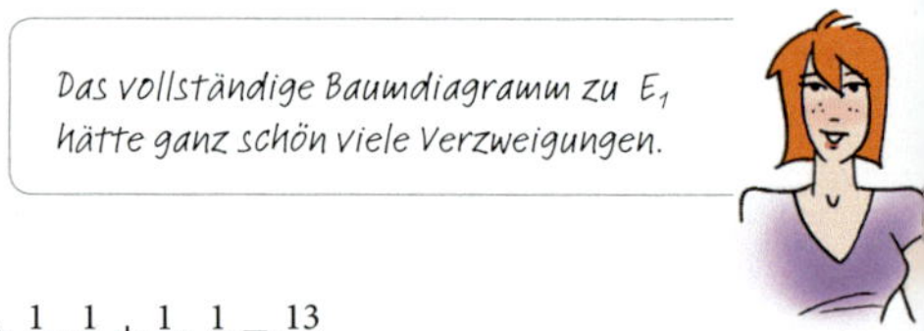

$P(E_2) = \frac{3}{8} \cdot \frac{3}{8} + \frac{1}{2} \cdot \frac{1}{2} + \frac{1}{8} \cdot \frac{1}{8} = \frac{13}{32}$

► $E_2 = \{(N; N); (E; E); (I; I)\}$

Übungen zu 3.2.4

1. Aus einer Urne, die 3 schwarze und 5 weiße Kugeln enthält, wird dreimal hintereinander eine Kugel zufällig gezogen und wieder zurückgelegt.
a) Stellen Sie den Zufallsversuch in einem Baumdiagramm dar.
b) Ermitteln Sie die Wahrscheinlichkeit, mit der i) zwei schwarze und eine weiße Kugel, ii) mindestens eine weiße Kugel und iii) mindestens zwei weiße Kugeln gezogen werden.

2. Mit einem idealen Würfel wird dreimal gewürfelt. Mit welcher Wahrscheinlichkeit erhält man
a) genau eine Sechs,
b) eine Sechs im 1. Wurf,
c) mindestens 2 Sechsen?
Hinweis: Überlegen Sie sich, warum das Zeichnen des Baumdiagramms zum feinsten Ergebnisraum nicht sinnvoll ist. Wählen Sie eine geeignete Alternative.

3. An einem Fließband wird ein Werkstück nacheinander von drei Maschinen bearbeitet. Die Maschinen arbeiten unterschiedlich zuverlässig: Maschine 1 mit einer Zuverlässigkeit von 95 % und Maschine 2 mit 90 %. Bei Maschine 3 tritt zu 20 % ein Fehler auf. Erstellen Sie ein Baumdiagramm und berechnen Sie die Wahrscheinlichkeiten für das Eintreten der folgenden Ereignisse:
A: „Es tritt kein Fehler auf."
B: „Es tritt höchstens ein Fehler auf."
C: „Das Werkstück weist alle möglichen Fehler auf."

4. oHi Mi Beim Wettbewerb Känguru der Mathematik kann der Teilnehmer zu 30 Aufgaben aus jeweils 5 möglichen Antworten eine richtige auswählen. Paul beantwortet die ersten drei Aufgaben durch einfaches Raten. Bestimmen Sie die Wahrscheinlichkeit dafür, dass alle drei Antworten richtig sind.

5. *Ampelabfrage:* Wählen Sie die richtige Antwort.

a) Welcher Wert muss an die markierte Stelle eingetragen werden?

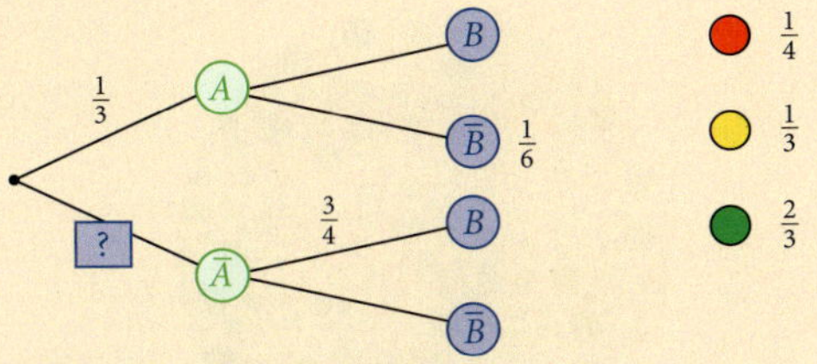

b) Welcher Wert muss an die markierte Stelle eingetragen werden?

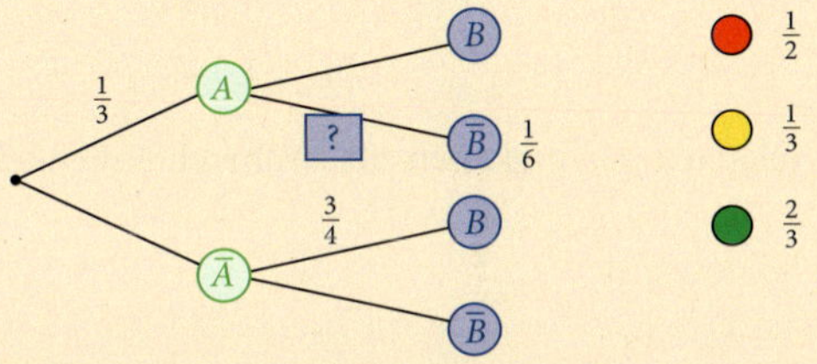

6. Aus einer Urne mit drei roten und zwei blauen Kugeln werden nacheinander zwei Kugeln mit Zurücklegen gezogen.

a) Erstellen Sie ein vollständig beschriftetes Baumdiagramm mit Wahrscheinlichkeiten.

b) Bestimmen Sie die Wahrscheinlichkeiten für folgende Ereignisse:

A: „Mit dem zweiten Zug wird eine blaue Kugel gezogen."

B: „Die gezogenen Kugeln sind verschiedenfarbig."

C: „Es wird höchstens eine rote Kugel gezogen."

c) Beschreiben Sie zu den Ereignissen in Teilaufgabe b) die Gegenereignisse in Worten und berechnen Sie die jeweiligen Wahrscheinlichkeiten.

d) Lösen Sie nun die Teilaufgaben a) und b) für den Fall, dass die erste gezogene Kugel nicht zurückgelegt wird.

7. Erstellen Sie zu Aufgabe 1 im Test A zu Kapitel 3.1 auf Seite 174 („Krapfen") ein vollständig ausgefülltes Baumdiagramm mit den zugehörigen Wahrscheinlichkeiten.
Bestimmen Sie außerdem die Wahrscheinlichkeiten für die Ereignisse *A* bis *D* in Teilaufgabe b).

8. Beim Poker erhält ein Spieler von den insgesamt 52 Spielkarten zunächst zufällig 2 Karten. Mit welcher Wahrscheinlichkeit erhält er ein Paar Asse?

9. Eine Laplace-Münze wird dreimal geworfen. Ermitteln Sie die Wahrscheinlichkeit, dass

a) mindestens einmal Zahl,

b) mindestens dreimal Zahl,

c) Zahl und Wappen mindestens je einmal,

d) öfter Zahl als Wappen geworfen wird.

10. Finden Sie die zusammengehörigen Paare aus Baumdiagramm und Beschreibung des Zufallsexperiments. Ein Paar passt nicht zusammen.
Erstellen Sie dazu jeweils das passende Baumdiagramm bzw. eine passende Beschreibung für das Zufallsexperiment.

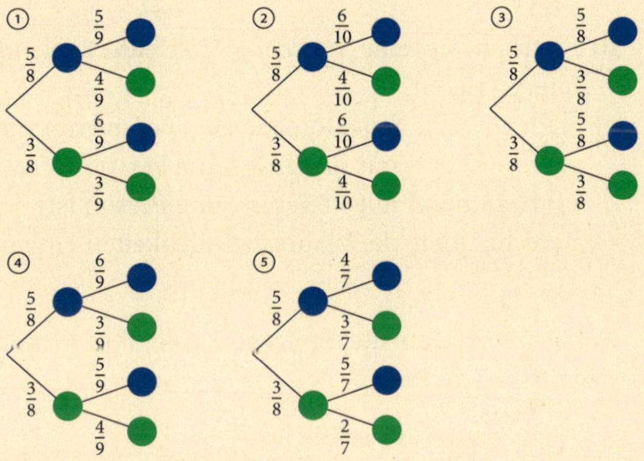

Aus einer Urne mit 5 blauen und 3 grünen Kugeln wird zweimal gezogen. Es liegen weitere Kugeln als Vorrat bereit.
Nach dem 1. Zug werden folgende Kugeln in die Urne zurückgelegt:

Ⓐ: die gezogene

Ⓑ: eine andersfarbige als die gezogene

Ⓒ: die gezogene und eine andersfarbige

Ⓓ: die gezogene und eine gleichfarbige

Ⓔ: keine

11. Drei Kopierer in einer Schule arbeiten unabhängig voneinander mit einer Zuverlässigkeit von 95 %, 90 % bzw. 80 %.
Berechnen Sie die Wahrscheinlichkeit, dass

a) alle Kopierer funktionieren,

b) mindestens ein Kopierer in Ordnung ist,

c) genau zwei Kopierer benutzt werden können.

3.2.5 Bedingte Wahrscheinlichkeit

16 Rot-Grün-Blindheit – Bedingte Wahrscheinlichkeit

Bei einer Studie werden die Augen von 570 Frauen und 430 Männern untersucht. Insgesamt sind 60 Personen rot-grün-blind, darunter 20 Frauen.

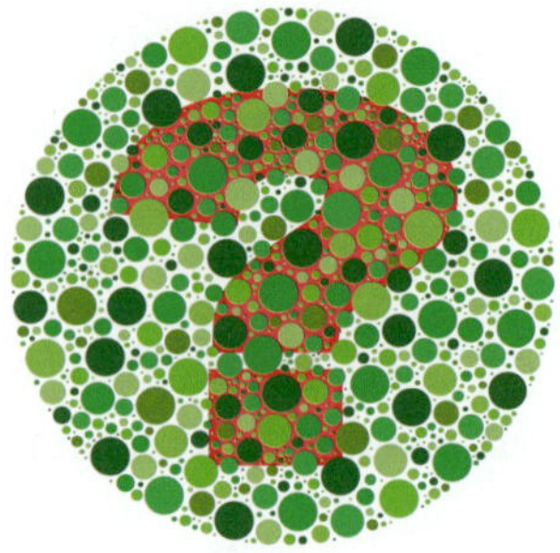

Bestimmen Sie
a) die Anzahl der männlichen Personen, die rot-grün-blind sind.
b) die Anzahl der weiblichen Personen, die nicht rot-grün-blind sind.
c) die Anzahl der Personen, die nicht rot-grün-blind sind.
d) Erstellen Sie eine passende Vierfeldertafel, indem Sie die relativen Häufigkeiten als Wahrscheinlichkeiten interpretieren.
e) Stellen Sie die Situation auch als Baumdiagramm dar, für die beiden Fälle:
e_1) beginnend mit Ereignis „eine Person ist rot-grün-blind".
e_2) beginnend mit Ereignis „eine Person ist weiblich".
Berechnen Sie die Wahrscheinlichkeiten entlang eines Astes exemplarisch.

Zunächst werden die Ereignisse und ihre Gegenereignisse definiert:

A: „Eine Person ist weiblich."
$\overline{A}$: „Eine Person ist männlich."
B: „Eine Person ist rot-grün-blind."
$\overline{B}$: „Eine Person ist nicht rot-grün-blind."

Vierfeldertafel:

Ω	**A**	**$\overline{A}$**	**Σ**
B	20	40	60
$\overline{B}$	550	390	940
Σ	570	430	1000

Die gegebenen absoluten Häufigkeiten können wir in eine Vierfeldertafel eintragen.

Es gibt 40 männliche Personen, die rot-grün-blind sind. Unter den 940 Personen, die nicht rot-grün-blind sind, befinden sich 550 weibliche Personen.

Zu **a)** $60 - 20 = \mathbf{40}$

Zu **b)** $570 - 20 = \mathbf{550}$

Zu **c)** $430 - 40 = 390 \rightarrow 550 + 390 = \mathbf{940}$
alternativ: $(570 + 430) - 60 = 1000 - 60 = 940$

Zu **d)** Beispielsweise entspricht $P(A)$ dem Verhältnis der weiblichen Personen zur Gesamtzahl aller Teilnehmer der Studie:

$P(A) = 0{,}57 = 57\,\%$

Die Wahrscheinlichkeit dafür, dass eine zufällig ausgewählte Person männlich und rot-grün-blind ist, entspricht $P(\overline{A} \cap B)$ und liegt bei 0,04; sie beträgt also 4 %.

Ω	**A**	**$\overline{A}$**	**Σ**
B	$P(A \cap B) = 0{,}02$	$P(\overline{A} \cap B) = 0{,}04$	$P(B) = 0{,}06$
$\overline{B}$	$P(A \cap \overline{B}) = 0{,}55$	$P(\overline{A} \cap \overline{B}) = 0{,}39$	$P(\overline{B}) = 0{,}94$
Σ	$P(A) = 0{,}57$	$P(\overline{A}) = 0{,}43$	1

Die relative Häufigkeit ist die Anzahl der Personen mit der gesuchten Eigenschaft geteilt durch 1000.

Zu **e)** Wir können die Situation auch als zweistufiges Zufallsexperiment auffassen. Wir fragen einerseits nach dem Geschlecht einer Person und andererseits danach, ob diese Person rot-grün-blind ist. Je nachdem, welche der zwei Fragen wir zuerst stellen, ergibt sich ein anderes Baumdiagramm:

e_1):

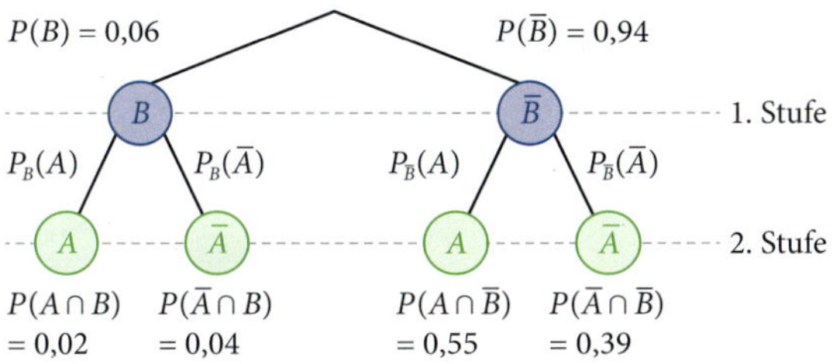

e_2):

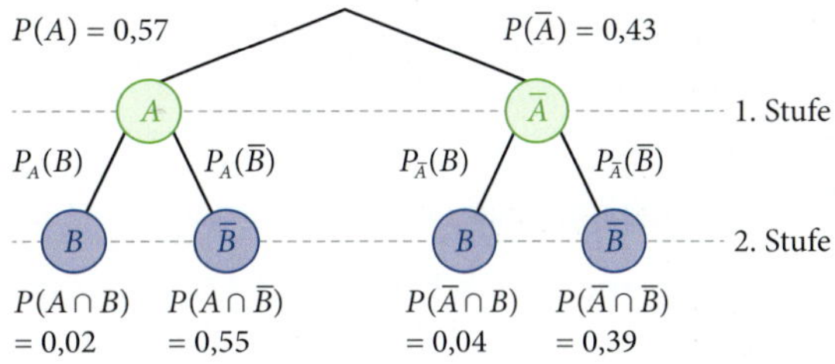

Die Wahrscheinlichkeiten für die Zweige der 1. Stufe kennen wir bereits. Die Wahrscheinlichkeiten für die Zweige in der 2. Stufe können wir aber nicht direkt aus der Vierfeldertafel ablesen. Auf diesen Zweigen sind die Wahrscheinlichkeiten eingetragen, die voraussetzen, dass wir bereits eine Sache über die Person wissen: Im rechten Baumdiagramm beispielsweise fragen wir in der 2. Stufe nach der Wahrscheinlichkeit einer Rot-Grün-Erblindung unter der Bedingung, dass wir das Geschlecht der Person kennen. Eine solche Wahrscheinlichkeit heißt **bedingte Wahrscheinlichkeit**. Wir schreiben dafür $P_A(B)$. ▸ gelesen: „Wahrscheinlichkeit von B unter der Bedingung A"

Entsprechend der 1. Pfadregel (▸ Seite 191) gilt:

$$P(A \cap B) = P(A) \cdot P_A(B) \quad | : P(A)$$

$$\Leftrightarrow \quad P_A(B) = \frac{P(A \cap B)}{P(A)}$$

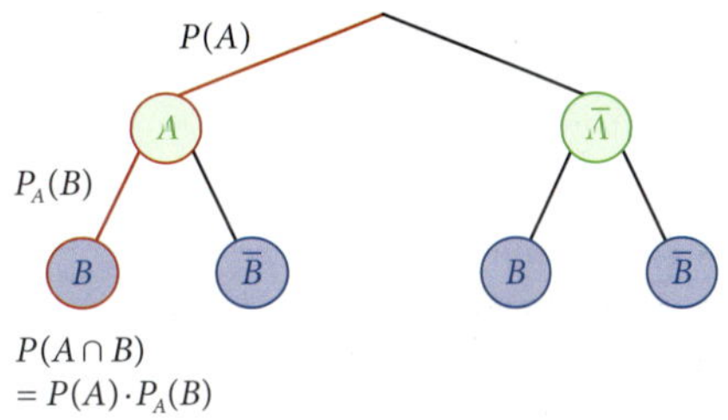

Wir lesen die Werte für $P(A \cap B)$ und $P(A)$ aus der Vierfeldertafel ab und setzen sie in die Gleichung ein.

$P(A \cap B) = 0{,}02$ und $P(A) = 0{,}57$

$$P_A(B) = \frac{P(A \cap B)}{P(A)} = \frac{0{,}02}{0{,}57} \approx 0{,}035 = 3{,}5\,\%$$

Die bedingte Wahrscheinlichkeit, dass eine weibliche Person rot-grün-blind ist, liegt bei etwa 3,5 %.

Die **bedingte Wahrscheinlichkeit** $P_A(B)$ ist die Wahrscheinlichkeit, dass ein Ereignis B eintritt, unter der Bedingung, dass ein Ereignis A bereits eingetreten ist.
Es gilt: $P_A(B) = \frac{P(A \cap B)}{P(A)}$
Bedingte Wahrscheinlichkeiten befinden sich in einem zweistufigen Baumdiagramm an den Zweigen der 2. Stufe.

1. Ein Kino wird täglich von durchschnittlich 1200 Gästen besucht. 75 % der Gäste sind Jugendliche. 400 der jugendlichen Gäste kaufen Popcorn. 100 der erwachsenen Gäste kaufen kein Popcorn.
   a) Stellen Sie eine Vierfeldertafel auf.
   b) Bestimmen Sie, mit welcher Wahrscheinlichkeit eine zufällig ausgewählte Person Popcorn kauft.

2. Geben Sie alle noch fehlenden Wahrscheinlichkeiten aus den beiden Baumdiagramme aus Beispiel 16 e) an, und bestimmen Sie die Wahrscheinlichkeiten dafür, dass:
   a) eine männliche Person rot-grün-blind ist,
   b) eine rot-grün-blinde Person männlich ist.
   c) Vergleichen Sie das Ergebnis von a) mit der entsprechenden Wahrscheinlichkeit für weibliche Personen.

▸ Lösungen auf Seite 264

Unabhängigkeit von Ereignissen

Nicht zuletzt durch den Aufdruck auf Zigarettenschachteln ist uns klar: Raucht jemand, so hat er eine erhöhte Wahrscheinlichkeit an Lungenkrebs zu erkranken. Das Ereignis „Rauchen" beeinflusst also das Ereignis „Lungenkrebs". Wir nennen solche Ereignisse **stochastisch abhängig**.
Beeinflusst der Eintritt eines Ereignisses A die Wahrscheinlichkeit für den Eintritt eines Ereignisses B hingegen nicht, so nennt man die beiden Ereignisse **stochastisch unabhängig** oder auch nur kurz **unabhängig**.

17 (Un-)Abhängigkeit beim Urnenmodell mit und ohne Zurücklegen

Aus einer Urne, die 6 schwarze und 4 rote Kugeln enthält, werden nacheinander 2 Kugeln gezogen. Sei A das Ereignis „Die erste Kugel ist schwarz" und B das Ereignis „Die zweite Kugel ist schwarz". Zeigen Sie, dass die Ereignisse A und B

a) unabhängig sind, wenn die Kugel nach dem ersten Zug wieder zurückgelegt wird,

b) abhängig sind, wenn die Kugel nach dem ersten Zug *nicht* wieder zurückgelegt wird.

Zu **a)** Es muss gezeigt werden, dass die Wahrscheinlichkeit von B denselben Wert wie die Wahrscheinlichkeit von B unter der Bedingung von A (bzw. $\overline{A}$) besitzt. Das lässt sich anhand des nebenstehenden Baumdiagramms leicht überprüfen:

$$P_A(B) = \frac{P(A \cap B)}{P(A)} = \frac{\frac{9}{25}}{\frac{6}{10}} = \frac{3}{5} = P(B)$$

Die Ereignisse A und B sind also tatsächlich **stochastisch unabhängig**.

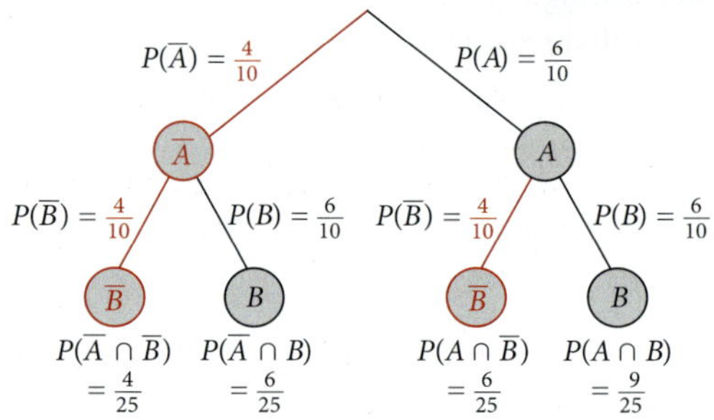

Zu **b)** Für die Wahrscheinlichkeit $P(B)$ gilt:

$$P(B) = \frac{4}{10} \cdot \frac{6}{9} + \frac{6}{10} \cdot \frac{5}{9} = \frac{4}{15} + \frac{1}{3} = \frac{3}{5}.$$

Für die bedingte Wahrscheinlichkeit $P_A(B)$ gilt:

$$P_A(B) = \frac{P(A \cap B)}{P(A)} = \frac{\frac{1}{3}}{\frac{6}{10}} = \frac{5}{9}.$$

Also gilt $P_A(B) \neq P(B)$ und somit sind A und B **stochastisch abhängig**.

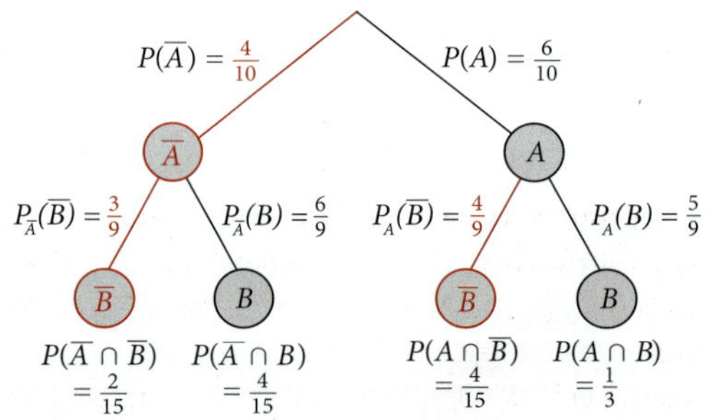

Formt man die Bedingung $P_A(B) = \frac{P(A \cap B)}{P(A)} = P(B)$ bzw. $P_B(A) = \frac{P(A \cap B)}{P(B)} = P(A)$ um, erhält man eine weitere Nachweismöglichkeit für die stochastische Unabhängigkeit:

Aus $\frac{P(A \cap B)}{P(A)} = P(B)$ bzw. $\frac{P(A \cap B)}{P(B)} = P(A)$ als Kriterium für die stochastische Unabhängigkeit folgt:
$P(A \cap B) = P(A) \cdot P(B)$ als gleichwertiges Kriterium. ▸ Dieses Kriterium heißt auch Multiplikationssatz.

Bei vielen statistischen Erhebungen ist ein Zusammenhang zwischen zwei zufälligen Ereignissen unklar. In solchen Fällen versucht man, durch einen Vergleich der Wahrscheinlichkeiten $P(A \cap B)$ mit $P(A) \cdot P(B)$ die Abhängigkeit bzw. die Unabhängigkeit der Ereignisse festzustellen

Stochastische Unabhängigkeit

18

An einem Medikamententest beteiligten sich 125 Frauen und 375 Männer. Bei 6 Frauen und 18 Männern traten leichte Nebenwirkungen auf. Prüfen Sie, ob die Verträglichkeit des Medikaments vom Geschlecht der Patienten abhängig oder unabhängig ist.

Um festzustellen, ob die Ereignisse A und B stochastisch unabhängig sind, berechnen wir die Wahrscheinlichkeiten $P(B)$ und $P_A(B)$.
Aus $P(B) = P_A(B)$ folgt die stochastische Unabhängigkeit von A und B. Also hängt die Verträglichkeit des Medikaments nicht vom Geschlecht der Person ab.

A: „Patient ist weiblich."
B: „Patient hat Nebenwirkungen."

$P(B) = \frac{24}{500} = \mathbf{0{,}048}$

$P_A(B) = \frac{6}{125} = \mathbf{0{,}048}$

Stochastische Abhängigkeit

19

Von den 500 am Test teilnehmenden Patienten aus Beispiel 18 nahmen 155 gleichzeitig ein zweites Medikament ein. Von diesen 155 Patienten litten 15 an leichten Nebenwirkungen. Prüfen Sei, ob die Verträglichkeit des getesteten Medikaments von der Einnahme des zweiten Medikaments abhängt?

Die Wahrscheinlichkeit, dass Nebenwirkungen auftreten, ist bei den Patienten, die zusätzlich ein zweites Medikament einnahmen, deutlich höher.
Das Auftreten von Nebenwirkungen ist somit von der Einnahme des zweiten Medikaments abhängig.

A: „Patient nimmt zweites Medikament ein."
B: „Patient hat Nebenwirkungen."

$P(B) = \frac{24}{500} = \mathbf{0{,}048}$

$P_A(B) = \frac{15}{155} \sim \mathbf{0{,}096}$

- Zwei Ereignisse A und B mit $P(A) \neq 0$ und $P(B) \neq 0$ heißen **stochastisch unabhängig**, wenn gilt:
  $P_A(B) = P(B)$ bzw. $P_B(A) = P(A)$
- Sind zwei Ereignisse A und B stochastisch unabhängig, so gilt:
  $P(A \cap B) = P(A) \cdot P(B)$
- Gilt umgekehrt für Ereignisse A und B mit $P(A) \neq 0$ und $P(B) \neq 0$ die Gleichung $P(A \cap B) = P(A) \cdot P(B)$, so sind A und B stochastisch unabhängig.

1. In einem Krankenhaus wurde eine Gruppe von Patienten auf Übergewicht (A) und Bluthochdruck (B) untersucht. Die nebenstehende Vierfeldertafel dokumentiert einige Ergebnisse.

Ω	B	$\overline{B}$	Σ
A	320		540
$\overline{A}$	80		
Σ			1200

a) Übertragen Sie die Tabelle in Ihr Heft und vervollständigen Sie sie.

b) Bestimmen Sie die Wahrscheinlichkeiten für die Ereignisse A und B. Untersuchen Sie, ob A und B stochastisch unabhängig sind. Interpretieren Sie Ihr Ergebnis im Sachzusammenhang.

2. Übertragen Sie die folgenden Vierfeldertafeln in Ihr Heft. Vervollständigen Sie sie unter der Voraussetzung, dass die Ereignisse A und B stochastisch unabhängig sind.

a)

Ω	B	$\overline{B}$	Σ
A			0,2
$\overline{A}$			
Σ	0,6		

b)

Ω	B	$\overline{B}$	Σ
A	0,2		
$\overline{A}$			0,5
Σ			

► Lösungen auf Seite 264

Übungen zu 3.2.5

1. Lösen Sie die Beispiele 17 und 18 auf den vorherigen Seiten, indem Sie eine passende Vierfeldertafel erstellen und die stochastische Unabhängigkeit/Abhängigkeit mithilfe des Multiplikationssatzes zeigen.

2. Prüfen Sie, welche der folgenden Aussagen wahr sind.

a) Sind zwei Ereignisse A und B stochastisch unabhängig, so gilt $P(\overline{A}) = P(\overline{B})$.

b) Sind zwei Ereignisse A und B stochastisch unabhängig, so gilt $P(A \cup B) = P(A) \cdot P(B)$.

c) Sind zwei Ereignisse A und B stochastisch unabhängig, so gilt $P_A(B) = P(B)$.

d) Sind zwei Ereignisse A und B stochastisch unabhängig, so gilt $P(A \cap B) = P(A) \cdot P(B)$.

e) Sind zwei Ereignisse nicht stochastisch unabhängig, so sind sie stochastisch abhängig.

3. Gegeben sind die folgenden Vierfeldertafeln. Untersuchen Sie die Ereignisse A und B auf stochastische Unabhängigkeit.

a)

Ω	A	$\overline{A}$	Σ
B	0,25	0,1	0,35
$\overline{B}$	0,55	0,1	0,65
Σ	0,8	0,2	1

b)

Ω	A	$\overline{A}$	Σ
B	0,04	0,36	0,4
$\overline{B}$	0,06	0,54	0,6
Σ	0,1	0,9	1

4. Gegeben ist folgende Vierfeldertafel:

Ω	B	$\overline{B}$	Σ
A	0,25	0,35	0,6
$\overline{A}$	0,3	0,1	0,4
Σ	0,55	0,45	1

Übertragen Sie die beiden unten stehenden Baumdiagramme in Ihr Heft und ergänzen Sie die entsprechenden Wahrscheinlichkeiten. Untersuchen Sie die Ereignisse A und B auf stochastische Unabhängigkeit.

a)

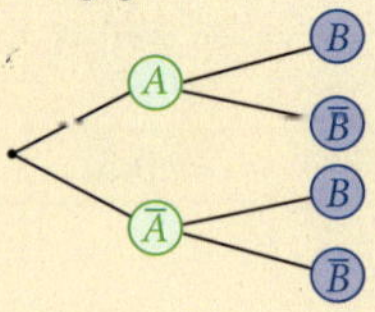

b)

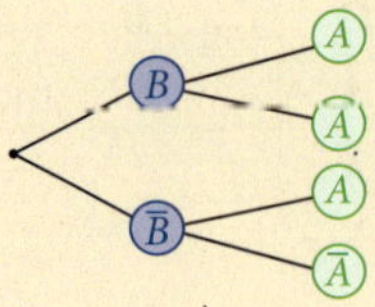

5. Das folgende Baumdiagramm enthält Informationen über das Geschlecht – weiblich (W), männlich (M) – der Absolventen der Hochschulreifeprüfung an der FOS/BOS Traunstein und ob sie die allgemeine (A) oder die fachgebundene Hochschulreife (F) erlangt haben.

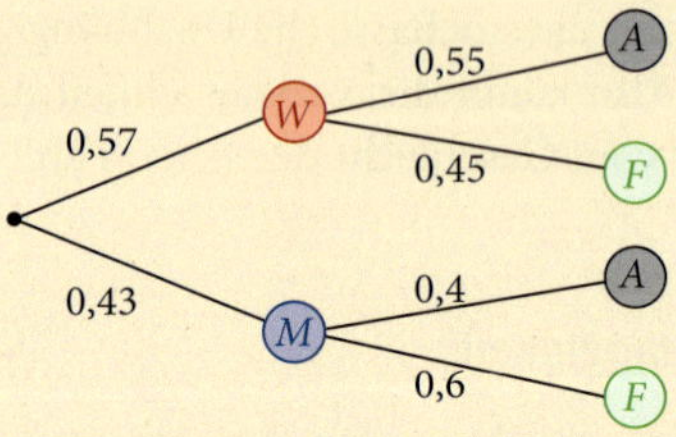

a) Schreiben Sie dazu passend einen kurzen Zeitungsbericht für das Traunsteiner Tagblatt.

b) Rekonstruieren Sie die zugehörige Vierfeldertafel sowie das inverse Baumdiagramm (Ereignisse A und F auf der 1. Stufe)

6. Auf einem Teller liegen 24 halbe Brötchen. Neun Hälften sind mit Käse belegt, die übrigen mit Erdnussbutter. 14 Brötchenhälften sind aus Vollkorn. Acht Vollkornhälften sind mit Käse belegt.

Erstellen Sie eine vollständige Vierfeldertafel und untersuchen Sie, ob die Art des Brötchens und der jeweilige Belag stochastisch unabhängig sind.

7. Für zwei Ereignisse A und B gelte:

$P(A) = \frac{1}{3}$, $P(B) = \frac{1}{2}$, $P(A \cap B) = \frac{2}{9}$.

Berechnen Sie die bedingten Wahrscheinlichkeiten:

$P_B(A)$ $P_A(B)$

$P_B(\overline{A})$ $P_A(\overline{B})$

$P_{\overline{B}}(A)$ $P_{\overline{A}}(B)$

$P_{\overline{B}}(\overline{A})$ $P_{\overline{A}}(\overline{B})$

Übungen zu 3.2

1. Ein Glücksrad ist in gleich große Sektoren unterteilt, die jeweils blau, rot, gelb oder weiß sind. Die Wahrscheinlichkeit, auf einen blauen Sektor zu treffen, beträgt $\frac{1}{16}$, auf einen roten zu treffen $\frac{5}{16}$, auf einen gelben $\frac{1}{4}$ und auf einen weißen $\frac{3}{8}$.

a) Begründen Sie, warum die gegebenen Wahrscheinlichkeiten möglich sind.

b) Geben Sie an, in wie viele gleich große Sektoren das Glücksrad eingeteilt sein könnte.

c) Wie groß ist die Wahrscheinlichkeit, auf einen Sektor zu treffen, der entweder rot oder blau ist?

2. Im Rahmen von jährlich abgefragten Daten zur Suchtprävention liegt der SMV einer FOS/BOS folgendes Zahlenmaterial vor:
55 % der Schüler sind weiblich (W), von den männlichen Schülern rauchen 12 %, insgesamt rauchen 15 % aller Befragten (R).

a) Erstellen Sie eine passende Vierfeldertafel und ein passendes Baumdiagramm.

b) Beschreiben Sie die folgenden Ereignisse in Worten, und ermitteln Sie deren Wahrscheinlichkeiten:
$A = W \cap R,\ B = W \cap \overline{R},\ C = \overline{\overline{W} \cap R},\ D = R \cap \overline{W}$.

oHi Mi **3.** In einem Seuchengebiet wurde die Infektion mit einem bestimmten Virenstamm untersucht. In der folgenden Tabelle sind die Ergebnisse festgehalten. Die Prozentzahlen beziehen sich dabei auf die Gesamtanzahl der untersuchten Personen.

	Infiziert und mit Symptomen	Infiziert und ohne Symptome	Nicht infiziert
m	20 %	12,5 %	17,5 %
w	30 %	7,5 %	12,5 %

Ermitteln Sie die Wahrscheinlichkeit, dass eine untersuchte Person

a) weiblich und nicht infiziert ist,

b) infiziert ist,

c) weiblich oder ohne Anzeichen von Krankheit infiziert ist,

d) männlich mit Krankheitssymptomen oder weiblich ohne Krankheitssymptome ist.

4. $E_1 = \{1; 2\}$ und $E_2 = \{2; 3; 4\}$ sind zwei Teilmengen des Ergebnisraums $\Omega = \{1; 2; 3; 4; 5; 6\}$, auf der eine Wahrscheinlichkeitsverteilung P erklärt ist mit $P(E_1) = 0{,}4$; $P(E_2) = 0{,}5$; $P(E_1 \cap E_2) = 0{,}1$. oHi Mi

a) Stellen Sie die Ereignisse in einer Vierfeldertafel dar.

b) Geben Sie die folgenden Ereignisse in aufzählender Mengenschreibweise an:
$\overline{E}_1, \overline{E}_2, E_1 \cup E_2, \overline{E}_1 \cap \overline{E}_2, \overline{E}_1 \cup \overline{E}_2, E_1 \cap \overline{E}_2, \overline{E}_1 \cap E_2$.

c) Ermitteln Sie die Wahrscheinlichkeiten für die Ereignisse unter b).

5. In einer Umfrage soll die Kaufneigung für zwei Produkte A und B ermittelt werden. Von insgesamt 500 befragten Personen erklärten 400, wenigstens eines der Produkte bereits gekauft zu haben; 200 Interviewte hatten nur A und 150 hatten nur B gekauft.

a) Ermitteln Sie mithilfe einer Vierfeldertafel, wie viele Personen sowohl A als auch B gekauft haben.

b) Wie viel Prozent der Interviewten hatten A bzw. B gekauft?

c) Wie viel Prozent der Interviewten hatten keines der Produkte gekauft?

6. Bei einem Test wurde 1000 Jungen und Mädchen eine umfangreiche Aufgabe gestellt. 700 Jugendliche lösten die Aufgabe. Von den Jungen waren nur 180 erfolgreich; 50 Mädchen versagten.
Ermitteln Sie anhand einer Vierfeldertafel, wie viel Prozent der Mädchen die Aufgabe lösen konnten. Überprüfen Sie anhand der Vierfeldertafel den Satz von Sylvester.

7. Den Teilnehmern einer Reise zum Gardasee werden zwei zusätzliche Ausflüge angeboten: Für den 4. Tag kann der Besuch einer Weinkellerei in Bardolino und für den 5. Tag eine Fahrt mit der Kabinenbahn auf den Monte Baldo bestellt werden. Der Reiseveranstalter schätzt aus langjähriger Erfahrung, dass jeweils $\frac{1}{5}$ der Reisenden an beiden Ausflügen bzw. an keinem Ausflug teilnehmen werden, und dass $\frac{2}{5}$ ausschließlich an der Weinprobe teilnehmen wollen.
Ermitteln Sie mithilfe einer Vierfeldertafel, welcher Anteil der Teilnehmer dem Kabinenbahnbetreiber gemeldet werden sollten.

8. Zeigen Sie:
Aus $P(A) > P(B)$ folgt $P(\overline{A}) < P(\overline{B})$

9. In einem Regal lagern 35 Flaschen Wein aus dem Elsass und 65 Flaschen Wein von der Mosel. Von den 70 Flaschen mit Korkverschluss kommen 25 aus dem Elsass; die restlichen haben einen Schraubverschluss. Es wird zufällig eine Flasche aus dem Regal entnommen. Bestimmen Sie die Wahrscheinlichkeit, dass die Flasche

a) von der Mosel kommt und einen Schraubverschluss hat,

b) aus dem Elsass ist, wenn man beim Herausnehmen erkennt, dass sie einen Korkverschluss hat.

10. 92 % aller mit dem Bus fahrenden Schüler besitzen eine Monatskarte, 8 % der Schüler haben ein Wochenticket. 3 % der Schüler mit Monatskarte haben diese vergessen. Von den Schülern mit einem Wochenticket haben 95 % ihren Fahrschein dabei. Bestimmen Sie die Wahrscheinlichkeit, bei einer Kontrolle einen Schüler anzutreffen,

a) der sein Ticket vergessen hat,

b) der eine Monatskarte besitzt, wenn man weiß, dass er ein Ticket dabei hat.

11. Eine Urne enthält 4 schwarze und 2 weiße Kugeln. Es werden zwei Kugeln nacheinander mit Zurücklegen gezogen.

a) Mit welcher Wahrscheinlichkeit wird genau eine weiße Kugel gezogen?

b) Mit welcher Wahrscheinlichkeit wird mindestens eine schwarze Kugel gezogen?

c) Mit welcher Wahrscheinlichkeit wird keine weiße Kugel gezogen?

12. Aus einer Urne mit 5 roten und 6 schwarzen Kugeln wird eine Kugel gezogen. Bestimmen Sie die Wahrscheinlichkeit, dass beim 2. Zug eine schwarze Kugel gezogen wird, wenn

a) die erste Kugel zurückgelegt wird,

b) die erste Kugel nicht zurückgelegt wird.

13. Fertigen Sie ein Baumdiagramm für einen Multiple-Choice-Test an, bei dem zu drei Fragen vier mögliche Antworten angegeben werden, von denen genau eine richtig ist. Bestimmen Sie die Wahrscheinlichkeit, den Test ohne Kenntnisse fehlerlos zu bestehen.

14. Beschreiben Sie je ein Zufallsexperiment, das mit den folgenden Baumdiagrammen veranschaulicht wird. Begründen Sie Ihre Antwort. Berechnen Sie die Wahrscheinlichkeiten am Ende der Pfade.

a)

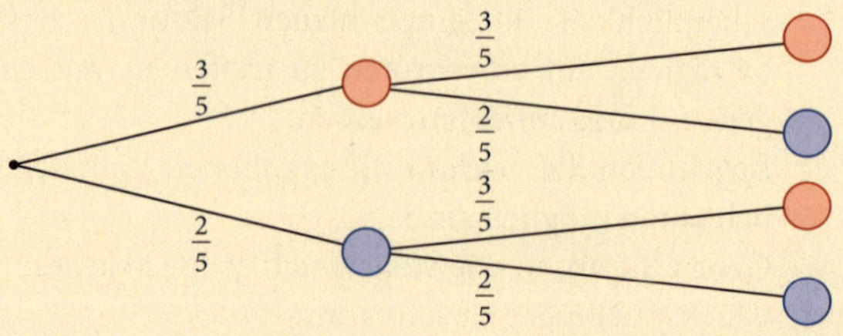

b)

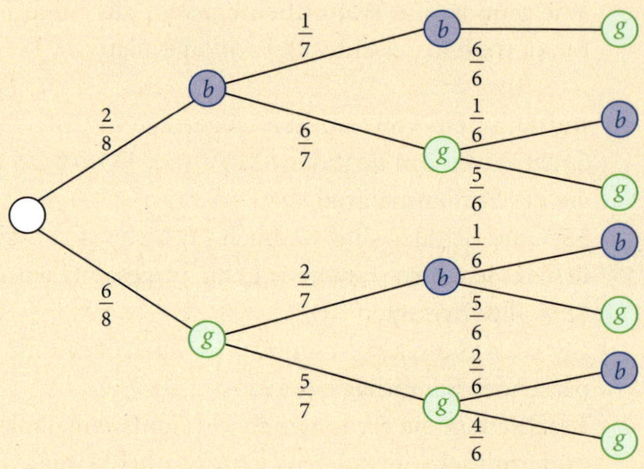

15. Die folgenden Vierfeldertafeln enthalten absolute bzw. relative Häufigkeiten. Übertragen Sie die Tabellen in Ihr Heft und vervollständigen Sie sie.

Ω	B	$\overline{B}$	Σ
A	10		90
$\overline{A}$			
Σ		85	140

Ω	B	$\overline{B}$	Σ
A	0,08		
$\overline{A}$			0,04
Σ	0,1		1

16. Bei einer Befragung unter Kindergartenkindern waren 84 % der befragten Kinder davon überzeugt, dass der Osterhase die Eier bringe. 64 % der befragten Kinder waren Mädchen. 60 % der befragten Kinder waren Mädchen und glaubten an den Osterhasen. Tragen Sie die gegebenen Werte in eine Vierfeldertafel ein und vervollständigen Sie diese.

oHi Mi **17.** Fertigen Sie jeweils eine Vierfeldertafel an.

a) In einer Urne befinden sich 5 einfarbig blaue und 3 einfarbig rote Kugeln, außerdem je 1 blaue und rote Kugel mit weißen Punkten.
R: „Die Kugel hat die Grundfarbe Rot."
E: „Die Kugel ist einfarbig."

b) Gegeben sind $\Omega = \{1; 2; 3; 4; 5; 6; 7; 8; 9; 10\}$ und die folgenden Ereignisse:
G: „Die Zahl ist gerade."
T: „Die Zahl ist durch 3 teilbar."

oHi Mi **18.** Eine Filmvorführung im Kino wird von 300 Gästen besucht. 75 % der Gäste sind Jugendliche. 90 Gäste sind Jugendliche und haben den Film bereits gesehen. 60 Gäste sind erwachsen und haben den Film noch nicht gesehen. Tragen Sie die Werte in eine Vierfeldertafel ein und vervollständigen Sie diese.

19. Leonie muss auf ihrem Heimweg zwei Ampeln passieren. An 7 von 10 Tagen steht die 1. Ampel auf Rot. Die 2. Ampel steht zu 64 % auf Grün. An 32 von 100 Tagen muss Leonie an beiden Ampeln warten.

a) Erstellen Sie mithilfe folgender Ereignisse eine Vierfeldertafel.
A_1: „Die 1. Ampel steht auf Grün."
A_2: „Die 2. Ampel steht auf Grün."

b) Beschreiben Sie die folgenden Ereignisse mithilfe von A_1 und A_2, und berechnen Sie die zugehörigen Wahrscheinlichkeiten:
B: „An einem Tag ist die 1. Ampel rot und die 2. Ampel grün."
C: „An einem Tag, an dem die 2. Ampel grün ist, steht die 1. Ampel auf Rot."
D: „An einem Tag, an dem die 1. Ampel auf Rot steht, zeigt die 2. Ampel grün."

20. Bei einer Umfrage gab jede fünfte Person an, dass sie sowohl Sommer- als auch Winterurlaub macht. 55 % der Befragten fahren im Sommer, aber nicht im Winter in den Urlaub, während 15 von 100 Personen nur im Winter, aber nicht im Sommer verreisen.
Geben Sie die Wahrscheinlichkeiten für die folgenden Ereignisse an:
A: „Eine Person verreist weder im Sommer noch im Winter."
B: „Eine Person, die im Sommer verreist, macht Winterurlaub."
C: „Eine unter den Winterurlaubern zufällig ausgewählte Person verreist nicht im Sommer."

21. Im Biologieunterricht wird über Schwangerschaftstests gesprochen. Eine Schülerin berichtet von einer schwangeren Freundin: Ein zu Hause durchgeführter Schwangerschaftstest zeigte „nicht schwanger" an, obwohl die Freundin schwanger war. Im Unterrichtsgespräch wird nach der Zuverlässigkeit dieser Tests und nach der Wahrscheinlichkeit eines Irrtums gefragt.
Nach Aussagen der Hersteller besitzen die Testverfahren zum Nachweis von Schwangerschaften eine hohe Sicherheit.
Zeigt der Test eine Schwangerschaft an, liegt diese in 98,5 % der Fälle vor.
Bei 0,8 % der schwangeren Testpersonen wird irrtümlich keine Schwangerschaft angezeigt.
Mutmaßungen zufolge sind $\frac{3}{4}$ der durchgeführten Schwangerschaftstests negativ.

a) Bestimmen Sie die in der Aufgabe enthaltenen Ereignisse und geben Sie deren Wahrscheinlichkeiten an.

b) Erstellen Sie eine vollständige Vierfeldertafel.

c) Erstellen Sie die beiden möglichen Baumdiagramme und vergleichen Sie diese.

22. An einer Schule kann zwischen den Förderkursen Mathematik und Englisch gewählt werden. Eine Umfrage unter den Schülerinnen und Schülern ergab, dass 64 % Mathematik wählten. 45 % der befragten Schülerinnen und Schüler waren weiblich. 4 von 5 Mädchen wählten Mathematik.

a) Erstellen Sie eine vollständige Vierfeldertafel.

b) Übertragen Sie die in a) ermittelten Werte in ein Baumdiagramm. Ergänzen Sie fehlende Werte.

c) Berechnen Sie die Wahrscheinlichkeiten der folgenden Ereignisse:
A: „Eine befragte Person ist weiblich und besucht den Mathematikkurs."
B: „Eine den Mathematikkurs besuchende Person ist weiblich."

23. Eine nächtliche Kontrolle der Fahrradfahrer in einer Stadt ergab, dass 68 % aller kontrollierten Radfahrerinnen und Radfahrer mit Licht fuhren. 75 % der Personen, die ohne Licht fuhren, waren weiblich. 2 von 10 Fahrrädern hatten Licht und wurden von einem Mann gefahren.
M: „Das Rad wurde von einem Mann gefahren."
L: „Das Licht war an."

a) Beschreiben Sie alle in der Aufgabenstellung enthaltenen Wahrscheinlichkeiten mithilfe der Ereignisse *L* und *M* sowie ihrer Gegenereignisse.
b) Erstellen Sie eine vollständige Vierfeldertafel. Fügen Sie unter Angabe der benutzten Definitionen und Sätze die erforderlichen Rechnungen bei.
c) Erstellen Sie zwei verschiedene Baumdiagramme. Zeigen Sie die Zusammenhänge zwischen der Vierfeldertafel und den Baumdiagrammen auf. Berechnen Sie die Wahrscheinlichkeiten für:
A: „Ein Rad wurde von einem Mann gefahren und es hatte Licht."
B: „Ein Rad, das von einer Frau gefahren wurde, hatte Licht."

24. Johannes und Celina kommen montags sehr häufig zu spät zur Schule: Johannes mit einer Wahrscheinlichkeit von 30 % und Celina im Schnitt an jedem zweiten Montag. An durchschnittlich einem von fünf Montagen sind beide pünktlich. Untersuchen Sie die Verspätungen von Johannes und Celina auf stochastische Unabhängigkeit.

25. In einer Klasse sind 16 Schülerinnen und 8 Schüler, von denen 6 Schülerinnen und 6 Schüler Fußballfans sind. Untersuchen Sie die folgenden Ereignisse auf stochastische Unabhängigkeit:
A: „Das Klassenmitglied ist weiblich."
B: „Das Klassenmitglied ist Fußballfan."

26. Werden duale Bildungsgänge bevorzugt von weiblichen Schülern gewählt?
An einer beruflichen Schule sieht es wie folgt aus: Die Schule hat 400 Schülerinnen. Ein Viertel der Schülerinnen besucht einen dualen Bildungsgang. Jede 6. Person, die einen dualen Bildungsgang besucht, ist weiblich. Jede 16. Person, die die Schule besucht, ist weiblich und in einem dualen Bildungsgang.

27. Von den 1800 Schülerinnen und 1200 Schülern einer beruflichen Schule besuchen 200 Schülerinnen und 800 Schüler einen Bildungsgang mit technischem Schwerpunkt.
Untersuchen Sie, ob die Wahl des Schwerpunkts stochastisch unabhängig vom Geschlecht ist.

28. Die Wirksamkeit eines Medikaments wird an 1200 Probanden getestet. Von diesen erhalten 1040 Personen das Medikament, während die übrigen Probanden ein Placebo bekommen.

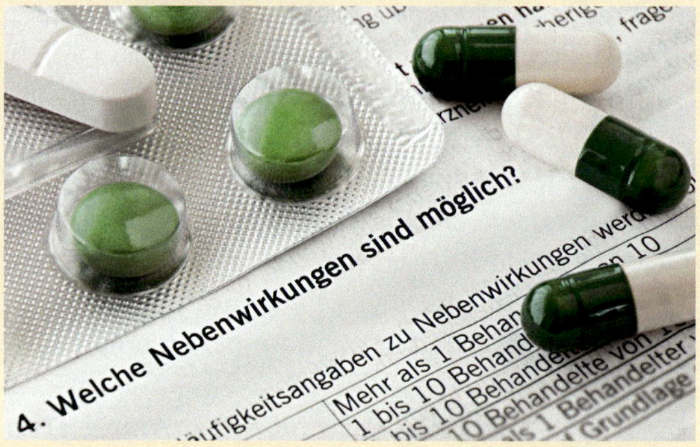

Die Tabelle dokumentiert die Ergebnisse in absoluten Zahlen, wobei die Ereignisse *A* und *B* wie folgt definiert sind:
A: „Der Proband nimmt das Medikament ein."
B: „Der Proband wird gesund."

Ω	B	$\overline{B}$	Σ
A	880	160	1040
$\overline{A}$	120	40	160
Σ	1000	200	1200

Wie ist aufgrund des Tests die Wirksamkeit des Medikaments zu beurteilen?

Ich kann ...

... *Wahrscheinlichkeiten in einem* **Laplace-Experiment** *bestimmen.*

Werfen eines Würfels
E_1: „Die Zahl ist durch 3 teilbar.“
$P(E_1) = \frac{|\{3;\,6\}|}{|\Omega|} = \frac{2}{6} = \frac{1}{3}$

$P(E) = \frac{|E|}{|\Omega|} = \frac{\text{Anzahl der günstigen Ergebnisse}}{\text{Anzahl der möglichen Ergebnisse}}$

... *mit* **Wahrscheinlichkeiten** *rechnen.*

E_2: „Gerade Zahl“ ► E_2 ist Gegenereignis zu E_3
E_3: „Ungerade Zahl“
$P(E_2 \cup E_3) = P(\Omega) = 1$
$P(E_1 \cap E_2) = \frac{1}{6}$
$P(E_1 \cup E_2) = \frac{1}{3} + \frac{1}{2} - \frac{1}{6} = \frac{2}{3}$

Ereignis und Gegenereignis:
$P(\overline{E}) = 1 - P(E)$ bzw. $P(E) + P(\overline{E}) = 1$

Satz von Sylvester:
$P(E_1 \cup E_2) = P(E_1) + P(E_2) - P(E_1 \cap E_2)$

... *zu einem mehrstufigen Zufallsexperiment ein* **Baumdiagramm** *mit Wahrscheinlichkeiten erstellen und dabei die* **Pfadregeln** *anwenden.*

2-facher Münzwurf:

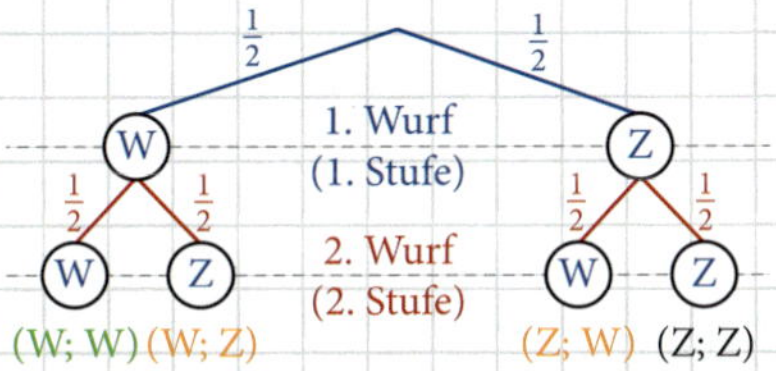

$P(\{(W;\,W)\}) = \frac{1}{2} \cdot \frac{1}{2} = \frac{1}{4}$
$P(\{(W;\,Z);\,(Z;\,W)\}) = \frac{1}{4} + \frac{1}{4} = \frac{2}{4} = \frac{1}{2}$

Die Zweige mit den entsprechenden Wahrscheinlichkeiten beschriften.

Erste Pfadregel: Entlang der Zweige die einzelnen Wahrscheinlichkeiten multiplizieren.

Zweite Pfadregel: Wahrscheinlichkeiten mehrerer Zweige addieren.

... **Vierfeldertafeln** *aus relativen (bzw. absoluten) Häufigkeiten und Wahrscheinlichkeiten erstellen.*

Wahrscheinlichkeiten:

Ω	A	$\overline{A}$	Σ
B	$\frac{1}{5} = P(A \cap B)$	$\frac{1}{2} = P(\overline{A} \cap B)$	$P(B)$
$\overline{B}$	$\frac{1}{4} = P(A \cap \overline{B})$	$\frac{1}{20} = P(\overline{A} \cap \overline{B})$	$P(\overline{B})$
Σ	$\frac{9}{20} = P(A)$	$\frac{11}{20} = P(\overline{A})$	1

- Die Vierfeldertafel liefert die Wahrscheinlichkeiten für die 1. Stufe und für das Ende eines jeden Pfades.
- Es können zwei verschiedene Baumdiagramme angefertigt werden.

... *den Zusammenhang zwischen* **Baumdiagramm** *und* **Vierfeldertafel** *erläutern und die* **bedingten Wahrscheinlichkeiten** *in ein Baumdiagramm eintragen.*

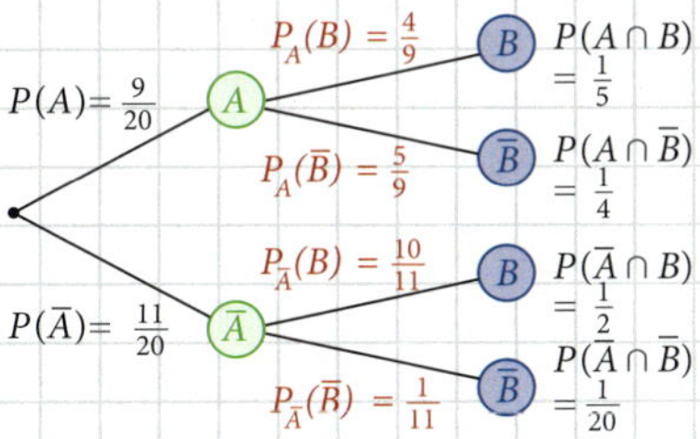

- Bedingte Wahrscheinlichkeiten sind nicht in der Vierfeldertafel enthalten.
- Bedingte Wahrscheinlichkeiten befinden sich auf den Zweigen der 2. Stufe.

Es gilt: $P_B(A) = \frac{P(A \cap B)}{P(B)}$

... *eine* **bedingte Wahrscheinlichkeit** *erkennen.*

Aussage „von den Jungen sind 25 % Vegetarier“ setzt voraus, dass das Ereignis „Junge“ bereits eingetreten ist.

Die Wahrscheinlichkeit, dass ein Ereignis A eintritt, wenn ein Ereignis B bereits eingetreten ist.

... *zwei Ereignisse auf* **stochastische Unabhängigkeit** *prüfen.*

Urnenmodell mit Zurücklegen
→ stochastisch unabhängig
Urnenmodell ohne Zurücklegen
→ stochastisch abhängig

Zwei Ereignisse A und B heißen stochastisch unabhängig, wenn gilt:
$P(A) \cdot P(B) = P(A \cap B)$
(auch: $P_B(A) = P(A)$ bzw. $P_A(B) = P(B)$)

3

Test A zu 3.2 (circa 30 Minuten; 24 BE)

1. Gegeben ist die folgende Vierfeldertafel:

Ω	M		Σ
F	25		
		20	
Σ	35		100

a) Vervollständigen Sie die Vierfeldertafel. (2 BE)

b) Bestimmen Sie die relativen Häufigkeiten und tragen Sie diese in eine neue Vierfeldertafel ein. (2 BE)

c) Fertigen Sie zwei Baumdiagramme an, die die Wahrscheinlichkeiten enthalten, und kennzeichnen Sie die bedingten Wahrscheinlichkeiten. (6 BE)

2. Zwei Würfel werden gleichzeitig geworfen. Prüfen Sie die Ereignisse E_1 und E_2 jeweils auf stochastische Unabhängigkeit: E_1: „Die Augensumme beträgt 6." E_2: „Die Augenzahlen sind gleich." (4 BE)

3. Ein Unternehmen produziert Energygels für Sportler. Bei der Abfüllung des Gels in die Beutel können unabhängig voneinander zwei Fehler auftreten:
A: „Der Beutel ist undicht."
B: „Der Beutel ist mit zu wenig Inhalt gefüllt."
Die Produktionsabteilung teilt mit, dass die Ereignisse $A \cap B$ und $A \cup B$ mit folgenden Wahrscheinlichkeiten eintreten: $P(A \cap B) = 0{,}003$ und $P(A \cup B) = 0{,}114$.

a) Erläutern Sie die Bedeutung der Ereignisse $A \cap B$, $A \cup B$, $A \setminus B$ und $\overline{A} \cap B$ im Sachkontext. (4 BE)

b) Berechnen Sie die Wahrscheinlichkeit dafür, dass ein zufällig der Produktion entnommener Beutel genau einen der beiden Fehler aufweist. (4 BE)

c) Die Wahrscheinlichkeit für den Fehler A beträgt 7,91 %. Berechnen Sie die Wahrscheinlichkeit für den Fehler B. (2 BE)

Test B zu 3.2 (circa 30 Minuten; 24 BE)

1. Die Schüler einer Klasse müssen sich im Wahlpflichtbereich zwischen den Kursen Literatur und Informatik entscheiden. Von den 60 Schülerinnen und Schülern wählen 14 Schülerinnen und 10 Schüler den Kurs Literatur. Im Kurs Informatik sind 12 Schülerinnen.
Geben Sie die in der Aufgabe enthaltenen Wahrscheinlichkeiten an und verwenden Sie dabei die folgenden Bezeichnungen:
A: „Es handelt sich um eine Schülerin."
B: „Der Literaturkurs wurde gewählt."

a) Erstellen Sie zwei Baumdiagramme und die zugehörige Vierfeldertafel. (8 BE)

b) Ermitteln Sie die Wahrscheinlichkeit, dass eine Schülerin nicht den Literaturkurs gewählt hat. (2 BE)

c) Ermitteln Sie die Wahrscheinlichkeit, dass ein Schüler Literatur gewählt hat. (2 BE)

d) Prüfen Sie, ob die Ereignisse A und B stochastisch unabhängig sind. Interpretieren Sie das Ergebnis im Sachzusammenhang. (4 BE)

e) Berechnen Sie die Wahrscheinlichkeit $P_{\overline{A}}(\overline{B})$ und formulieren Sie das zugehörige Ereignis in Worten. (2 BE)

2. Bei Kindern, die jünger als 5 Jahre sind, wird ein Hauttest zur Erkennung von Tuberkulose (Tbc) durchgeführt. In einer Region sind 0,1 % aller Kinder an Tbc erkrankt. Der Test zeigt in 5 % aller Fälle eine vorliegende Erkrankung nicht an. Sind die Kinder nicht an Tbc erkrankt, zeigt der Test in 4 % der Fälle trotzdem eine Erkrankung an. Bestimmen Sie die Wahrscheinlichkeit, dass ein Kind mit positivem Testergebnis tatsächlich an Tuberkulose erkrankt ist. (6 BE)

3 Stochastik

3.3 Grundlagen der Kombinatorik

Morgens 6.45 Uhr. Der Wecker klingelt. Müde steht Lukas auf und schleppt sich erst einmal ins Badezimmer. Dann Duschen, Zähneputzen, Haare machen. Immer in der gleichen Reihenfolge, wie auch sonst?

Nach der Morgentoilette steht er vor seinem Kleiderschrank und überlegt sich, was er anziehen soll. Vielleicht sollte er alle Möglichkeiten durchprobieren, um sich dann das schönste Outfit herauszusuchen?

Beim Frühstück fällt sein Blick auf die neue Müsliverpackung und unbewusst beginnt er zu lesen: „Aus über 80 Zutaten kannst Du bei uns Dein individuelles Müsli zusammenstellen. Das ergibt über 500 Billiarden Müsli-Zusammenstellungen." So viel? Ob das wohl stimmen kann?

Nach dem Frühstück wird es Zeit, zur Schule zu gehen. Heute wird Lukas von seinem Papa gefahren. Kurz vor dem Einsteigen sieht Lukas das Nummernschild: M-PI 314. Eine Zeitlang wurde darüber intensiv in seiner Familie diskutiert. Sein Vater behauptet, er hat das Kennzeichen zufällig bekommen und es sich nicht gewünscht. Aber alle aus der Familie waren skeptisch und sind es immer noch. Immerhin heißt sein Vater Peter Islinger. Wie wahrscheinlich ist es wohl, dass sein Vater ausgerechnet seine Initialen auf dem Nummernschild bekommen hat?

In der Schule führt Kim, die Mitschülerin von Lukas, ihr neues Smartphone vor – inklusive Fingerabdrucksensor. Dieser soll viel sicherer als eine PIN sein, sagt Kim. Weil es bei Fingerabdrücken deutlich mehr Möglichkeiten gibt und weil angeblich keine zwei Menschen den gleichen Fingerabdruck haben.

Lukas hört Kim nur mit einem Ohr zu. Er muss sich gleichzeitig überlegen, welches Fach er jetzt hat. Wahrscheinlich Mathematik oder doch erst Deutsch? Nach den beiden Fächern dann auf alle Fälle Englisch. Und dann noch zwei Nebenfächer. Aber welche und in welcher Reihenfolge? Aus seinen Gedanken wird Lukas erst gerissen, als sein Mathematiklehrer zur Tür hereinkommt. Er scheint gute Laune zu haben und kurz darauf beginnt er auch schon mit dem Unterricht: „Unser Thema heute ist die Kombinatorik."

▶ Aufgabe 9 auf Seite 214

Daten und Zufall

- Allgemeines Zählprinzip
- Kombinatorische Probleme aus Alltagssituationen lösen

Kompetenzen

- Probleme lösen
- Modellieren
- Darstellungen verwenden
- Kommunizieren

3.3 Grundlagen der Kombinatorik

3.3.1 Allgemeines Zählprinzip

Bei der Berechnung von Wahrscheinlichkeiten ist es oft nötig die Anzahl der möglichen Ergebnisse eines Zufallsexperiments zu bestimmen. Dafür muss man nicht unbedingt das zugehörige Baumdiagramm zeichnen. Es genügt, die Anzahl der zur Verfügung stehenden Möglichkeiten auf jeder einzelnen Stufe zu kennen und **abzuzählen**.

1 Produktregel

Lukas weiß nicht, was er heute anziehen soll. Zur Auswahl stehen drei Hosen, vier Oberteile und zwei Mützen. Er will auf alle Fälle eine Mütze tragen. Bestimmen Sie die Anzahl der Möglichkeiten für ihn, sich anzuziehen.

Mit einem Baumdiagramm können wir alle Möglichkeiten abzählen. Auf Stufe 1 des Baumdiagramms muss Lukas sich für eine von drei Hosen entscheiden ($n_1 = 3$).
Egal welche er wählt, muss er auf Stufe 2 eines seiner vier Oberteile wählen ($n_2 = 4$).
Und egal welches er diesmal wählt, auf Stufe drei muss er sich zwischen den beiden Mützen entscheiden ($n_3 = 2$).
Damit hat er insgesamt $3 \cdot 4 \cdot 2 = 24$ mögliche Kombinationen seiner Kleidungsstücke.

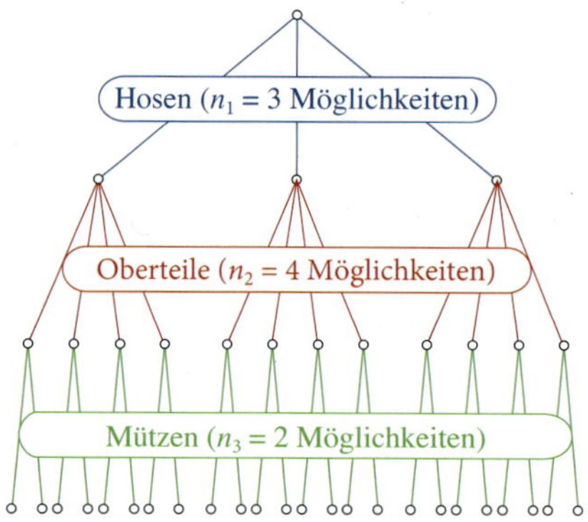

Stufe für Stufe die Anzahl der Möglichkeiten zählen und miteinander multiplizieren:
$n_1 \cdot n_2 \cdot n_3 = 3 \cdot 4 \cdot 2 = 24$ Möglichkeiten

Auf jeder Stufe gibt es – unabhängig von der vorherigen Wahl – immer die gleiche Anzahl an Möglichkeiten. Um die Gesamtzahl der Möglichkeiten zu bestimmen, muss man nur die Anzahl der Möglichkeiten auf jeder Stufe miteinander multiplizieren. Dieses Verfahren nennt man **allgemeines Zählprinzip** bzw. **Produktregel**.

Allgemeines Zählprinzip (Produktregel)
Die Anzahl der Ergebnisse eines mehrstufigen Zufallsexperiments erhält man, indem man die Anzahl der Ergebnisse auf jeder Stufe miteinander multipliziert.

Lukas (siehe Beispiel 1) will sich ein neues Kleidungsstück dazukaufen; entweder eine Hose, ein Oberteil oder eine neue Mütze. Raten Sie ihm zu einem, wenn er möglichst viele unterschiedliche Outfits haben will.

▸ Lösung auf Seite 264

Übungen zu 3.3.1

1. Für die Erstellung eines Serienbriefes an 30 Personen gibt es 16 mögliche Vorlagentexte und die Papiersorten „einfach", „edel" und „Pergament". Berechnen Sie, wie viele verschiedene Briefe möglich sind.

2. Nummernschilder in München bestehen aus zwei Buchstaben von A bis Z und drei- oder vierstelligen Zahlen. Bestimmen Sie die Anzahl der theoretisch möglichen Nummernschilder mit
   a) dreistelligen Zahlen,
   b) vierstelligen Zahlen, falls Umlaute erlaubt wären.

3.3.2 Geordnete und ungeordnete Stichproben

Mehrstufige Zufallsexperimente, die in jeder Stufe gleich ablaufen, lassen sich gut anhand von Urnenmodellen veranschaulichen. Dabei fragt man sich, wie viele verschiedene Möglichkeiten es gibt, aus einer Urne mit n unterscheidbaren Kugeln k Kugeln zu ziehen. Folgende Leitfragen sind dabei von Bedeutung:

1. Wird mit oder ohne Zurücklegen gezogen?
2. Ist die Reihenfolge von Bedeutung oder nicht?

Ist die Reihenfolge wichtig, spricht man von einer **geordneten Stichprobe** oder auch **Variation**. Ist die Reihenfolge unwichtig, spricht man von einer **ungeordneten Stichprobe** oder auch **Kombination**.

Geordnete Stichproben (Variationen)

Ziehen *mit* Zurücklegen unter Beachtung der Reihenfolge

2

Um ihr neues Fahrrad vor Diebstahl zu schützen, will sich Kim ein möglichst sicheres Zahlenschloss kaufen. Sie schwankt zwischen zwei Schlössern. Schloss A besitzt 3 Rädchen, an denen Ziffern zwischen 0 und 9 eingestellt werden können. Schloss B besitzt 5 Rädchen, allerdings lassen sich hier nur Zahlen von 1 bis 6 einstellen. Ansonsten sind die beiden Schlösser sehr ähnlich.
Raten Sie Kim zu einem der beiden Schlösser und begründen Sie Ihre Wahl.

Schloss A hat 3 Rädchen mit je 10 Möglichkeiten. Dies macht insgesamt $10 \cdot 10 \cdot 10 = 10^3 = 1000$ mögliche Einstellungen.

$$\underbrace{10}_{1.Rad} \cdot \underbrace{10}_{2.Rad} \cdot \underbrace{10}_{3.Rad} = 10^3 = 1000$$

► Produktregel: Anzahl der Möglichkeiten auf jeder Stufe miteinander multiplizieren.

Bei Schloss B sind es pro Rad zwar nur 6 Möglichkeiten, dafür aber 5 Rädchen. Man hat somit $6 \cdot 6 \cdot 6 \cdot 6 \cdot 6 = 6^5 = 7776$ Möglichkeiten. Weil Schloss B deutlich mehr Einstellungsmöglichkeiten bietet, sollten wir Kim dieses empfehlen.

Urnenmodell:
In einer Urne befinden sich 10 Kugeln mit den Zahlen von 0 bis 9.
Es werden drei Kugeln mit Zurücklegen gezogen. Die Reihenfolge ist dabei wichtig.

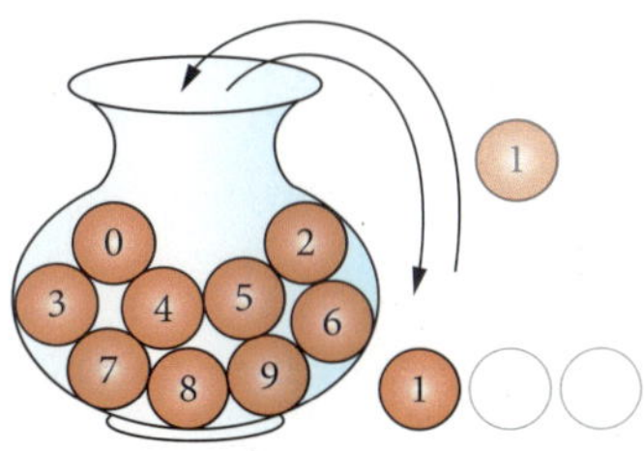

In einer Urne befinden sich 6 Kugeln mit den Zahlen von 1 bis 6.
Es werden fünf Kugeln mit Zurücklegen gezogen. Die Reihenfolge ist dabei wichtig.

Ziehen *mit* Zurücklegen unter Beachtung der Reihenfolge (Variation mit Wiederholung)
Aus einer Urne mit n unterscheidbaren Kugeln werden nacheinander k Kugeln mit Berücksichtigung der Reihenfolge und mit Zurücklegen gezogen. Dafür gibt es n^k verschiedene Ergebnisse.

1. Bei einem Multiple-Choice-Test gibt es jeweils 4 Antwortmöglichkeiten , von denen genau eine richtig ist. Bestimmen Sie die Anzahl der Antwortkombinationen bei 7 Fragen.

2. Ein Würfel wird 4-mal geworfen. Bestimmen Sie die Anzahl der möglichen Würfelergebnisse, die insgesamt auftreten können.

► Lösungen auf Seite 264

3 Ziehen *ohne* Zurücklegen unter Beachtung der Reihenfolge (Variation ohne Wiederholung)

Für einen Staffellauf muss ein Trainer aus 6 geeigneten Läufern 4 Teilnehmer auswählen. Es muss dabei von ihm auch angegeben werden, in welcher Reihenfolge die Läufer starten.
Ermitteln Sie die Anzahl der möglichen Startaufstellungen.

Für den Startläufer stehen dem Trainer 6 Läufer zur Auswahl. Wenn er diesen gewählt hat, gibt es für den 2. Läufer nur noch 5 Möglichkeiten, weiterhin nur 4 Möglichkeiten für die Besetzung des 3. Platzes und dann noch 3 Möglichkeiten für die Wahl des letzten Läufers.

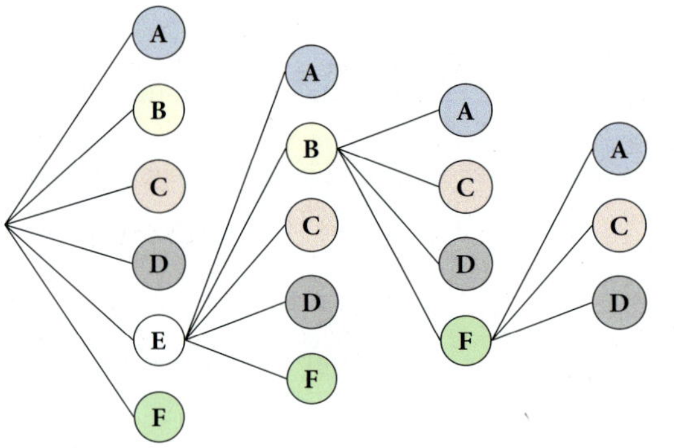

1. Läufer		2. Läufer		3. Läufer		4. Läufer
6	·	5	·	4	·	3
Möglichkeiten		Möglichkeiten		Möglichkeiten		Möglichkeiten

Insgesamt gibt es also $6 \cdot 5 \cdot 4 \cdot 3 = 360$ Möglichkeiten, die vier Staffelplätze mit den sechs Läufern zu besetzen.

Urnenmodell:
In einer Urne befinden sich 6 Kugeln mit den Namen der 6 Läufer.
Es werden nacheinander 4 Kugeln ohne Zurücklegen gezogen. Die Reihenfolge ist dabei wichtig.

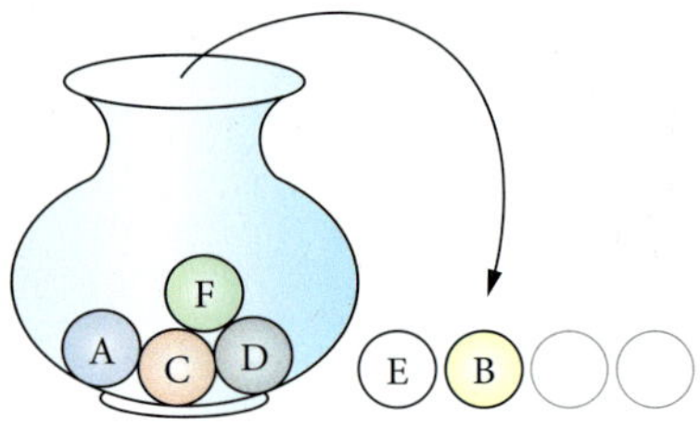

1. Zug		2. Zug		3. Zug		4. Zug
6	·	5	·	4	·	3
mögliche Kugeln		mögliche Kugeln		mögliche Kugeln		mögliche Kugeln

Ziehen *ohne* Zurücklegen unter Beachtung der Reihenfolge (Variation *ohne* Wiederholung)
Aus einer Urne mit n unterscheidbaren Kugeln werden nacheinander k Kugeln mit Berücksichtigung der Reihenfolge und ohne Zurücklegen gezogen.
Dafür gibt es $n \cdot (n-1) \cdot (n-2) \cdot \ldots \cdot (n-k+2) \cdot (n-k+1)$ verschiedene Ergebnisse.

1. In einer Klasse mit 22 Schülern soll der 1. und 2. Klassensprecher gewählt werden. Bestimmen Sie die Anzahl der möglichen Wahlausgänge.

2. An einer Haltestelle steigen 5 Fahrgäste in einen Bus ein. Es sind noch 12 Plätze frei. Bestimmen Sie die Anzahl der Möglichkeiten, wie sich die Fahrgäste auf die freien Plätze verteilen können.

▶ Lösungen auf Seite 264

Permutation

Da einige Läufer erkrankt sind, stehen dem Trainer für einen Staffellauf mit 4 Teilnehmern auch nur 4 Läufer zur Verfügung. Ermitteln Sie die Anzahl der möglichen Aufstellungen.

Für den Startläufer stehen dem Trainer noch alle 4 Läufer zur Auswahl. Wenn er diesen gewählt hat, gibt es für den 2. Läufer noch 3 Möglichkeiten, für die Besetzung des 3. Platzes noch 2 Möglichkeiten und für den 4. Platz bleibt nur 1 Läufer übrig.
Insgesamt gibt es also $4 \cdot 3 \cdot 2 \cdot 1 = 24$ Möglichkeiten, die vier Staffelplätze mit den vier Läufern zu besetzen.

Urnenmodell:
In einer Urne befinden sich 4 Kugeln mit den Namen der 4 Läufer.
Es werden nacheinander alle 4 Kugeln ohne Zurücklegen gezogen. Die Reihenfolge ist dabei wichtig.

Um die Anzahl der Möglichkeiten in dem letzten Beispiel zu bestimmen, berechneten wir das Produkt der ersten 4 natürlichen Zahlen. Hierfür gibt es eine spezielle Schreibweise: Man schreibt 4! für dieses Produkt. Dabei wird **!** als **Fakultät** bezeichnet und ausgesprochen.

Allgemein bezeichnet $n!$ das Produkt der ersten n natürlichen Zahlen.
Es gilt $n! = n \cdot (n-1) \cdot \ldots \cdot 2 \cdot 1$.

▶ Hinweis: Es wird festgelegt dass $0! = 1$ ist. Ebenso ist $1! = 1$.

Der Fall, dass im Urnenmodell alle Kugeln ohne Zurücklegen unter Beachtung der Reihenfolge gezogen werden, heißt **Permutation**.

Permutation
Aus einer Urne mit n unterscheidbaren Kugeln werden nacheinander alle Kugeln mit Berücksichtigung der Reihenfolge gezogen.
Dafür gibt es $n! = n \cdot (n-1) \cdot \ldots \cdot 2 \cdot 1$ verschiedene Ergebnisse.

1. Am Anfang des Schuljahres müssen die 24 Schüler einer Klasse sich auf 24 freie Plätze verteilen. Bestimmen Sie die Anzahl der möglichen Sitzordnungen.

2. Bestimmen Sie die Anzahl der Möglichkeiten, 5 verschiedenfarbige Bauklötze aufeinander zu stapeln.

3. Zur Dekoration eines Blumenladens sollen im Schaufenster 8 verschiedene Blumenvasen nebeneinander aufgestellt werden. Geben Sie hierzu die Anzahl der Möglichkeiten an.

▶ Lösungen auf Seite 264

Tipp: Mithilfe der Fakultät lässt sich das Produkt
$n \cdot (n-1) \cdot (n-2) \cdot \ldots \cdot (n-k+2) \cdot (n-k+1)$ oft übersichtlicher schreiben:

$$n \cdot (n-1) \cdot (n-2) \cdot \ldots \cdot (n-k+2) \cdot (n-k+1) =$$

$$\frac{n \cdot (n-1) \cdot (n-2) \cdot \ldots \cdot (n-k+2) \cdot (n-k+1) \cdot (n-k) \cdot (n-k-1) \cdot \ldots \cdot 3 \cdot 2 \cdot 1}{(n-k) \cdot (n-k-1) \cdot \ldots \cdot 3 \cdot 2 \cdot 1} = \frac{n!}{(n-k)!}$$

Beim Ziehen von k aus n Kugeln ohne Zurücklegen und unter Beachtung der Reihenfolge gibt es also $\frac{n!}{(n-k)!}$ verschiedene Ergebnisse.

Ungeordnete Stichproben (Kombinationen)

5 Ziehen *ohne* Zurücklegen ohne Beachtung der Reihenfolge (Kombination ohne Wiederholung)

Lisa wurde von einer ihrer Freundinnen zu einem Spieleabend eingeladen. Sie soll dazu drei Gesellschaftsspiele von zuhause mitbringen. Insgesamt besitzt Lisa 8 Spiele, die sie alle sehr gerne mag.
Bestimmen Sie die Anzahl der Möglichkeiten unter den 8 Spielen 3 auszuwählen. Bei der Auswahl kommt es nicht auf die Reihenfolge an, sondern nur darauf, welche Spiele Lisa überhaupt mitnimmt.

Mit Beachtung der Reihenfolge hätte Lisa $8 \cdot 7 \cdot 6 = \frac{8!}{(8-3)!} = 336$ Möglichkeiten, drei Spiele auszuwählen.

Nun sind aber alle Anordnungen nicht zu unterscheiden, bei denen die gleichen Spiele in einer anderen Reihenfolge gewählt wurden.
Um drei beliebige Spiele in einer bestimmten Reihenfolge anzuordnen, gibt es $3! = 6$ Möglichkeiten. Da es nicht auf die Reihenfolge ankommt, zählen also jeweils $3! = 6$ Möglichkeiten nur als 1 Möglichkeit.

Man muss also die obige Anzahl noch durch $3! = 6$ teilen. Damit hat Lisa $\frac{8!}{(8-3)! \cdot 3!} = \frac{336}{6} = 56$ Möglichkeiten, von ihren 8 Spielen 3 für den Spieleabend auszuwählen.

Urnenmodell:
In einer Urne befinden sich 8 Kugeln mit den Namen der 8 Spiele.
Es werden nacheinander 3 Kugeln ohne Zurücklegen gezogen. Die Reihenfolge spielt dabei keine Rolle.

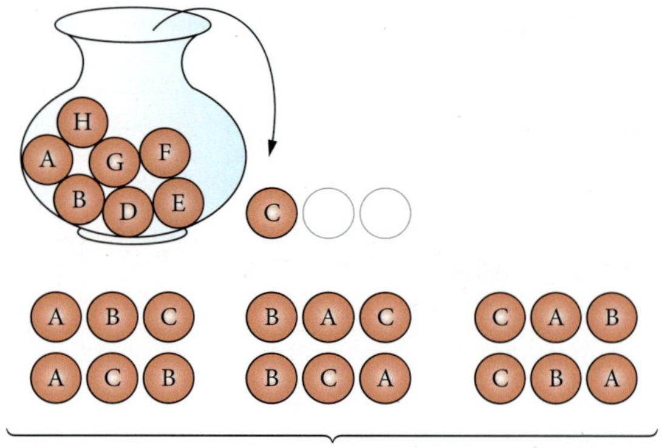

1 Möglichkeit

Wir überlegen uns allgemein, wie viele Möglichkeiten es gibt, aus einer Urne mit n verschiedenen Kugeln k auszuwählen. Dabei soll nun die Reihenfolge egal sein und es soll $k \leq n$ gelten: Wäre die Reihenfolge wichtig, dann hätte man $\frac{n!}{(n-k)!}$ Möglichkeiten. Nun gibt es für k Objekte $k!$ mögliche Anordnungen, die jeweils als 1 Kombination gezählt werden. Ohne Beachtung der Reihenfolge gibt es damit $\frac{n!}{(n-k)! \cdot k!}$ Möglichkeiten.

Für diesen Term gibt es die abkürzende Schreibweise $\binom{n}{k} = \frac{n!}{(n-k)! \cdot k!}$. Man sagt dazu „$n$ über k" oder auch „k aus n" und bezeichnet den Klammerausdruck als **Binomialkoeffizienten**. Dieser ist für natürliche Zahlen n, k mit $0 \leq k \leq n$ definiert.

Mit der Taste bzw. dem Befehl nCr wird der Wert $\binom{n}{k}$ ausgerechnet.

Ziehen *ohne* Zurücklegen ohne Beachtung der Reihenfolge (Kombination ohne Wiederholung)
Aus einer Urne mit n unterscheidbaren Kugeln werden nacheinander k Kugeln ohne Berücksichtigung der Reihenfolge und ohne Zurücklegen gezogen.
Dafür gibt es $\binom{n}{k} = \frac{n!}{(n-k)! \cdot k!}$ verschiedene Ergebnisse.

Beim Lotto werden von 49 nummerierten Kugeln 6 verschiedene ausgewählt. Die Spieler müssen darauf tippen, welche Zahlen gezogen werden. Es kommt dabei nicht auf die Reihenfolge an. Bestimmen Sie die Anzahl der möglichen Tipps.

► Lösung auf Seite 264

Bei Aufgaben zur Kombinatorik ist folgende Übersicht oft hilfreich:

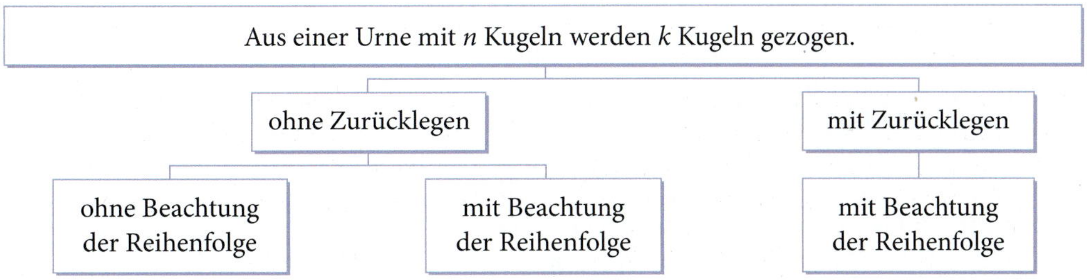

Formel für die Anzahl der Ergebnisse	$\binom{n}{k} = \frac{n!}{(n-k)! \cdot k!}$	$n \cdot (n-1) \cdot (n-2) \cdot \ldots \cdot (n-k+1)$ $= \frac{n!}{(n-k)!}$ *Spezialfall:* ($n = k$; alle Kugeln werden gezogen) $n!$	n^k
Bezeichnung	Kombination ohne Wiederholung	Variation ohne Wiederholung *Spezialfall:* Permutation	Variation mit Wiederholung
Beispiel	3 aus 8 Spielen auswählen	4 Läufer für Staffellauf aus 6 Läufern auswählen und Startreihenfolge festlegen	Zahlenschloss mit drei Stellen und jeweils den Ziffern 0 bis 9

Das Mississippi-Problem

Bestimmen Sie, auf wie viele Arten man die Buchstaben des Wortes MISSISSIPPI anordnen kann. Dabei sollen alle Buchstaben verwendet werden.

Wären alle 11 Buchstaben verschieden, dann könnten wir diese auf 11! unterschiedliche Möglichkeiten anordnen.

▶ Ziehen aller 11 Kugeln aus einer Urne ohne Zurücklegen mit Beachtung der Reihenfolge (Spezialfall Permutation).

11! Möglichkeiten, eine davon könnte z. B. sein: ISSPMIISPSI

Jedoch sind alle Anordnungen gleich, bei denen die vier „I" an den gleichen Stellen sind. Alle diese sind nicht unterscheidbar. Um die vier „I" auf vier Stellen zu verteilen, gibt es 4! Möglichkeiten. D. h. egal wo die vier „I" untergebracht sind: Bei den 11! Möglichkeiten haben wir jeweils 4! Möglichkeiten, die nur als 1 Anordnung zählen. Die 11! Anordnungen müssen also wegen der 4 „I" durch 4! dividiert werden.

ISSPMIISPSI

▶ Die vier „I" kann man auf 4! Arten anordnen. Alle diese Anordnungen zählen nur als 1 Möglichkeit.

Genauso können wir bei den anderen Buchstaben argumentieren: Weil die vier „S" nicht unterscheidbar sind, müssen wir noch einmal durch 4! teilen. Aufgrund der 2 „P" teilen wir noch durch 2! = 2.
Es ergeben sich $\frac{11!}{4! \cdot 4! \cdot 2!} = 34\,650$ Möglichkeiten.

Auch andere Buchstaben tauchen mehrfach auf.
ISSPMIISPSI

Anzahl der Möglichkeiten, die Buchstaben des Wortes MISSISSIPPI anzuordnen:

$$\frac{11!}{\underbrace{4!}_{\text{vier I}} \cdot \underbrace{4!}_{\text{vier S}} \cdot \underbrace{2!}_{\text{zwei P}} \cdot \underbrace{1!}_{\text{ein M}}} = \mathbf{34\,650}$$

7 4 Richtige im Lotto

Bestimmen Sie die Anzahl der Möglichkeiten, von 6 gezogenen Lottozahlen 4 richtig zu tippen.

Ein richtiger Tipp bedeutet, dass wir 4 gezogene Zahlen tippen und damit 2 nichtgezogene. Es gibt $\binom{6}{4} = 15$ Möglichkeiten, aus den 6 gezogenen Kugeln 4 auszuwählen. Zu diesen 15 Möglichkeiten gibt es jeweils $\binom{43}{2} = 903$ Möglichkeiten, 2 der nichtgezogenen Zahlen zu tippen. Insgesamt gibt es also $15 \cdot 903 = 13\,545$ Möglichkeiten von 6 gezogenen Zahlen genau 4 richtig zu tippen.

4 von 6 gezogenen Zahlen:
$\binom{6}{4} = \frac{6!}{(6-4)! \cdot 4!} = 15$

▶ Ziehen von 4 aus 6 Kugeln ohne Zurücklegen ohne Beachtung der Reihenfolge.

2 von 43 nicht gezogenen Zahlen:
$\binom{43}{2} = \frac{43!}{(43-2)! \cdot 2!} = 903$

▶ Ziehen von 2 aus 43 Kugeln ohne Zurücklegen ohne Beachtung der Reihenfolge.

Übungen zu 3.3.2

1. Ein Modegeschäft bietet Jeans von 5 Modelabels in jeweils 8 verschiedenen Längen, 6 verschiedenen Bundweiten und 7 verschiedenen Farben an. Bestimmen Sie die Anzahl der Auswahlmöglichkeiten, die das Geschäft anbieten kann.

oHi Mi
2. Max, Lena, Mia und Deria fahren unabhängig voneinander mit dem Auto zur Schule. Vier Parkplätze sind frei. Geben Sie die Anzahl der Möglichkeiten an, die Autos auf den Parkplätzen abzustellen.

3. Mona und Philip unterhalten sich über ihr Computerpasswort. Mona sagt: „Mein Passwort besteht nur aus 5 Zeichen, dafür aber aus Ziffern und Groß-/Kleinbuchstaben ohne Sonderzeichen. Philip gibt zu: „Mein Passwort besteht nur aus Kleinbuchstaben, dafür hat es 13 Zeichen."
   a) Bestimmen Sie, wessen Passwort die größere Sicherheit aufweist.
   b) Geben Sie die Zeit an, die ein Computer maximal zum Erraten der Passwörter braucht, wenn er 1000 Passwörter pro Sekunde ausprobieren kann.

4. Familie Meier hat vier Kinder. Sie gewinnen zwei Eintrittskarten für einen Zoobesuch. oHi Mi
   Bestimmen Sie die Anzahl der Möglichkeiten, die Karten auf die vier Kinder zu verteilen.

5. Unter 15 Schülern werden vier Konzertkarten verteilt. Bestimmen Sie die Anzahl der Möglichkeiten, die Karten unter den folgenden Bedingungen zu verteilen.
   a) Die Karten gelten für nicht nummerierte Sitzplätze und jeder Schüler darf höchstens eine Karte erhalten.
   b) Die Karten gelten für nummerierte Sitzplätze und jeder Schüler darf höchstens eine Karte erhalten.
   c) Die Karten gelten für nummerierte Sitzplätze und jeder Schüler darf mehrere Karten erhalten.

6. Bei einem Quiz können sechs Kandidaten jeweils mit „ja" oder „nein" antworten. Bestimmen Sie die Anzahl der Antwortkombinationen bei einer Frage bzw. bei insgesamt zehn Fragen.

7. Bei dem Spiel „Reise nach Jerusalem" stehen für 8 Kinder 7 Stühle im Kreis. Ein Mitspieler bekommt keinen Stuhl. Bestimmen Sie, auf wie viele Arten die Stühle besetzt werden können.

8. In einem Bus mit noch zehn freien Plätzen steigen 10 Personen zu und verteilen sich auf die Plätze. Berechnen Sie die Anzahl der Möglichkeiten hierfür.

9. In einer Schale mit 5 Äpfeln gibt es 1 Apfel mit Wurm. oHi Mi
   Louis greift sich 2 Äpfel.
   Berechnen Sie die Wahrscheinlichkeit dafür, dass er 2 Äpfel ohne Wurm erwischt.

10. Julia hat eine wichtige 6-stellige Telefonnummer aus lauter verschiedenen Ziffern vergessen.
Bestimmen Sie die Anzahl der möglichen Telefonnummern, wenn Julia noch weiß, …

a) dass die erste Stelle eine 5 ist.

b) aus welchen Ziffern die Nummer besteht, aber nicht mehr die Reihenfolge.

11. Um den Jackpot zu knacken, braucht man in Belgien 6 aus 42 und in Schweden 7 aus 35 Richtige.
Bestimmen Sie, wo die Gewinnchancen auf den Jackpot besser stehen. Geben Sie weitere Kriterien an, die ein Spieler beachten sollte, wenn er in einem der beiden Länder spielen will.

12. Die Seriennummern der neuen Euro-Banknoten bestehen neben einem Buchstaben für die Druckerei, in der sie gedruckt wurden, aus einem weiteren Großbuchstaben und einer fortlaufenden Nummer. Die Seriennummern sind eindeutig und aufgrund führender Nullen immer gleich lang.

Schätzen Sie die Anzahl der Ziffern der Seriennummer, die für alle in Europa im Umlauf befindlichen 5 Euro-Banknoten notwendig sind.

Bestimmen Sie die Anzahl der Geldscheine, die nach diesem Aufbau möglich sind, wenn die Seriennummern der Geldscheine insgesamt aus

a) 8 Stellen,

b) 10 Stellen und

c) 12 Stellen bestehen würden.

13. Berechnen Sie, wie viele Möglichkeiten es gibt, die Buchstaben der folgenden Städtenamen anzuordnen.

a) HOF b) PASSAU c) REGENSBURG

14. Ein Künstler erhält die Gelegenheit, 4 seiner 9 fertigen Gemälde in einer neu eröffneten Galerie auszustellen. Bestimmen Sie, wie viele verschiedene Ausstellungsmöglichkeiten er hat.

15. In der 1. Fußball-Bundesliga spielen 18 Vereine gegeneinander. Bestimmen Sie die Anzahl der Spiele pro Saison (Hin- und Rückrunde).

16. Beim Fußballtoto gilt es, in der Dreizehnerwette für 13 verschiedene Spiele vorauszusagen, ob die Heimmannschaft siegt (1), das Spiel unentschieden ausgeht (0) oder die Gastmannschaft siegt (2).

Bestimmen Sie die Anzahl der notwendigen Tippreihen, um mit Sicherheit genau einmal alle Spielausgänge richtig zu tippen.

17. Jeremy berechnet die Anzahl der Möglichkeiten für eine 6-stellige Telefonnummer seines Ortes folgendermaßen: „Es gibt 6 Stellen; für jede Stelle kommen die Ziffern 0 bis 9 in Frage (also pro Stelle 10 Möglichkeiten). Damit ergeben sich $10^6 = 1\,000\,000$ Möglichkeiten."
Begründen Sie, warum das gewählte Modell die Realität nicht optimal modelliert.

18. In einer Urne befinden sich je eine blaue, grüne, rote, schwarze, violette und weiße Kugel.
Bestimmen Sie die Anzahlen der folgenden Farbkombinationen, wenn

18.1 nacheinander alle Kugeln,

18.2 nacheinander vier Kugeln ohne Zurücklegen,

18.3 nacheinander vier Kugeln mit Zurücklegen

gezogen werden.

a) Die erste Kugel ist blau.

b) Die erste Kugel ist blau und die zweite grün.

c) Die erste Kugel ist schwarz, die dritte blau und die vierte weiß.

19. Beschreiben Sie den Unterschied bei Übungsaufgabe 18.2, wenn die Reihenfolge der Ziehungen nicht ausschlaggebend ist. Berechnen Sie nun, wie viele Farbkombinationen möglich sind.

20. Erstellen und lösen Sie zu Übungsaufgabe 18.2 vier weitere Aufgaben analog zu a), b) und c).

Übungen zu 3.3

1. Herr Meyer möchte seine 20 Bücher in seinem neuen Bücherregal ordnen. Er besitzt 10 deutsche, 5 englische, 4 französische Bücher und ein spanisches Buch.

Beschreiben Sie die Unterschiede für die Anordnungsmöglichkeiten, wenn Herr Meyer die Sprache der Bücher bei der Ordnung berücksichtigt.

Bestimmen Sie die Anzahl der Anordnungsmöglichkeiten

a) für alle 20 Bücher.
b) wenn Herr Meyer zuerst die deutschen Bücher und dann den Rest einsortiert.
c) wenn er die Bücher aus einem Sprachraum nebeneinander stellen möchte.

2. In einer Mathematik-Klausur wird folgende Aufgabe gestellt: „Bei einer Abiturfeier stoßen 23 Schüler einer Klasse jeweils einmal mit jedem Mitschüler an. Bestimmen Sie, wie oft insgesamt geprostet wird.“ Daniel will diese Anzahl durch die Summe $22 + 21 + 20 + \ldots + 2 + 1$ bestimmen, während Stefan einfach $\binom{23}{2}$ berechnet. Erläutern Sie die jeweiligen Gedanken hinter diesen Rechnungen und geben Sie das richtige Ergebnis an.

oHi Mi 3. Berechnen Sie, wie viele Möglichkeiten es gibt, die Buchstaben der folgenden Namen anzuordnen.

a) OLE
b) ANNA
c) NINA
d) HEINZ

4. Bei einer Werbeaktion in einem Supermarkt werden Gratisproben eines neuen Schokoriegels verteilt. Danach wird statistisch ausgewertet, ob der Riegel den Kunden schmeckt oder nicht.
Bestimmen Sie die Anzahl der Möglichkeiten, dass das Produkt von den 20 Kunden …

a) … genau 15 Kunden schmeckt.
b) … nur 3 Kunden nicht schmeckt und diese direkt hintereinander den Riegel probieren.
c) … weniger als drei Kunden mit dem Geschmack des Produkts unzufrieden sind.

5.* Die GWUP, die Gesellschaft zur wissenschaftlichen Untersuchung von Parawissenschaften, veranstaltet die sogenannten PSI-Tests. Dabei winkt denjenigen, die nachweisen können übersinnliche Kräfte zu haben, ein Preisgeld von 10 000 Euro. Im Jahr 2012 trat jemand auf, der behauptet hat, Bio-Eier von normalen Eiern durch Pendeln unterscheiden zu können.

Formulieren Sie einen Test, mit dem Sie herauszufinden versuchen, ob seine Behauptung stimmt. Bestimmen Sie auch die Wahrscheinlichkeit, mit der der Test durch bloßes Raten bestanden werden kann.

Bei einem Test musste er unter 10 Eiern durch Auspendeln ein einziges Bio-Ei herausfinden. Dazu durfte er alle Eier auspendeln, bevor er sich entscheiden musste, welches das Bio-Ei ist. Der Test wurde 13-mal wiederholt. Bestimmen Sie die Anzahl der möglichen Anordnungen bei einer Testreihe sowie bei allen Tests. Berechnen Sie auch die Wahrscheinlichkeit dafür, dass bei allen Tests durch Raten das Bio-Ei richtig getippt wird.

6.* Im Lotto-Jackpot sind 70 Millionen Euro. Michael überlegt sich: „Ich will alle möglichen Lottoscheine ausfüllen, dann gewinne ich nicht nur den Jackpot, sondern auch noch viele andere Preise, wie 5 Richtige oder 4 Richtige.“ Nehmen Sie Stellung zu seinem Plan. oHi Mi

7.* Der Vorstand eines Vereins mit 24 Männern und 20 Frauen soll aus 3 Männern und 2 Frauen bestehen. Bestimmen Sie die Anzahl der Möglichkeiten.

8.* Bei der Zusammenstellung von Müslis kann man sich beliebig viele von 20 Extra-Zutaten nehmen. Überlegen Sie sich ein passendes Urnenmodell und berechnen Sie danach, wie viele unterschiedliche Müsli-Zusammenstellungen möglich sind.

9. Nennen Sie alle verschiedenen Situationen von Seite 205, die sich mithilfe der Kombinatorik beschreiben lassen. Geben Sie das passende Urnenmodell an und bestimmen Sie, wenn möglich, die jeweilige Anzahl der Kombinationen.

Ich kann ...

... die **Produktregel** bei mehrstufigen Zufallsexperimenten anwenden.	Vierstellige Zahlen: an 1. Stelle sind 9 Ziffern möglich, sonst je Stelle 10 Ziffern $\rightarrow 9 \cdot 10 \cdot 10 \cdot 10 = 9000$ mögliche Zahlen	k-stufiges Zufallsexperiment: Anzahl möglicher Ergebnisse: $n_1 \cdot n_2 \cdot \ldots \cdot n_k$
... die kombinatorischen Modelle unterscheiden und anwenden:		
Permutation	Anzahl der Möglichkeiten 25 Schüler auf 25 Plätze zu verteilen: 25!	n verschiedene Elemente können auf $n! = n \cdot (n-1) \cdot (n-2) \cdot \ldots \cdot 2 \cdot 1$ Arten angeordnet werden.
Variation ohne Wiederholung	Anzahl der Möglichkeiten der Medaillenverteilung bei einem Lauf mit 8 Teilnehmern: $8 \cdot 7 \cdot 6$	Aus n verschiedenen Kugeln k Kugeln ohne Zurücklegen ziehen; Reihenfolge wichtig: $n \cdot (n-1) \cdot (n-2) \cdot \ldots \cdot (n-k+1) = \frac{n!}{(n-k)!}$ Möglichkeiten
Variation mit Wiederholung	Anzahl der 4-stelligen PIN-Nummern: 10^4 mögliche PINs	Aus n verschiedenen Kugeln k Kugeln mit Zurücklegen ziehen; Reihenfolge wichtig: n^k Möglichkeiten
Kombination ohne Wiederholung	Anzahl der möglichen Lottotipps (6 Zahlen von 49 auswählen): $\binom{49}{6}$	Aus n verschiedenen Kugeln k Kugeln ohne Zurücklegen ziehen; Reihenfolge egal: $\binom{n}{k} = \frac{n!}{(n-k)! \cdot k!}$ Möglichkeiten
... **Leitfragen** formulieren, um zu entscheiden, welche Zählstrategie anzuwenden ist. ▶ Seite 211	Für einen Staffellauf 4 von 6 Läufern auswählen: Urne mit 6 Kugeln; 4 Kugeln werden gezogen 1. ohne Zurücklegen 2. Reihenfolge ist wichtig $\rightarrow$ Variation ohne Wiederholung	Übertragung auf das **Urnenmodell**: 1. Wird mit oder ohne Zurücklegen gezogen? 2. Kommt es auf die Reihenfolge an? ↙ ↘ ja: Variation nein: Kombination
... Zählstrategien flexibel anwenden.	Anordnung der Buchstaben des Wortes RENNEN: $\frac{6!}{3! \cdot 2!} = 60$ ▶ insgesamt 6 Buchstaben; die Anordnungen des dreifachen „N“ und des doppelten „E“ können jeweils nicht unterschieden werden.	Obige Zählstrategien mehrmals oder miteinander verknüpft anwenden, um komplexe Aufgaben zu lösen.

Test A zu 3.3 (circa 27 Minuten; 21 BE)

1. Wählen Sie zunächst das geeignete Urnenmodell und geben Sie die entsprechende Formel an.

a) Helene kauft ein Wochenendticket für 5 Personen, um mit vier ihrer acht Freundinnen nach Köln zu fahren. Bestimmen Sie die Anzahl der möglichen Gruppenzusammensetzungen. (2 BE)

b) Aus einer Urne mit den Buchstaben E, N, O und S wird fünfmal ein Buchstabe mit Zurücklegen gezogen. Bestimmen Sie die Wahrscheinlichkeit, das Wort SONNE zu ziehen. (3 BE)

c) Ein Byte besteht aus 8 Bit. Jedes Bit hat den Wert 0 oder 1. Bestimmen Sie die Anzahl der Zeichen, die ein Byte darstellen kann. (2 BE)

d) Ein Multiple-Choice-Test enthält acht Fragen mit je drei Antwortmöglichkeiten. Nur eine Antwort ist richtig. Bestimmen Sie die Wahrscheinlichkeit, dass man ohne Vorkenntnisse die Prüfung besteht, wenn dafür mindestens sechs Fragen richtig beantwortet werden müssen. (3 BE)

e) Das Netzwerk einer Schule ist durch einen achtstelligen Code geschützt. Für diesen Code stehen 26 Kleinbuchstaben, 26 Großbuchstaben sowie 10 Ziffern zur Verfügung. Bestimmen Sie die Wahrscheinlichkeit, mit der alle Zeichen im Code unterschiedlich sind. (3 BE)

2. Im Sportunterricht sollen sich vier Mädchen und vier Jungen hintereinander aufstellen und eine Reihe bilden. Bestimmen Sie die Anzahl der Möglichkeiten, wenn

a) die Reihenfolge beliebig ist. (1 BE)

b) ein Mädchen die Reihe anführen soll. (2 BE)

c) Mädchen und Jungen nach Geschlecht getrennt stehen. (2 BE)

3. Berechnen Sie, wie viele Möglichkeiten es gibt, die Buchstaben der folgenden Namen anzuordnen. (3 BE)

a) TIM
b) HANNAH

Test B zu 3.3 (circa 27 Minuten; 21 BE)

1. Drei befreundete Paare verbringen einen Abend gemeinsam.

a) Zuerst gehen Sie in ein Restaurant. Auf jeder Seite des Tisches sitzen drei Personen. Bestimmen Sie die Anzahl der möglichen Sitzanordnungen. (2 BE)

b) Berechnen Sie die Anzahl der Anordnungen, bei denen alle Männer auf einer bestimmten Seite sitzen. (3 BE)

c) Bestimmen Sie die Anzahl der möglichen Sitzanordnungen, wenn die drei Frauen unbedingt nebeneinander sitzen wollen. (4 BE)

d) Für den Kinobesuch danach wurden drei Kuschelsitze reserviert, also Sitze für zwei Personen. Geben Sie die Anzahl der möglichen Aufteilungen der Paare auf die Sitze an. Bestimmen Sie auch die Anzahl der Möglichkeiten, wenn zusätzlich unterschieden wird, in welcher Reihenfolge die Paare jeweils sitzen. (3 BE)

e) Als Erinnerung an den Abend möchten die Paare ein Foto von sich aufnehmen. Sie probieren unterschiedliche Aufstellungen aus, wobei alle Personen jeweils in einer Reihe stehen. Bestimmen Sie die Anzahl der möglichen Aufstellungen, wenn …
… es keine Einschränkungen gibt.
… sich Frauen und Männer abwechselnd aufstellen, wobei am Anfang der Reihe eine Frau steht.
… sich Frauen und Männer abwechselnd aufstellen.
… die einzelnen Paare jeweils zusammen stehen wollen. (6 BE)

2. Bei der amerikanischen Lotterie „Powerball“ gewinnt man den Jackpot, wenn man von den Zahlen zwischen 1 und 69 alle fünf gezogenen Zahlen richtig tippt und auch noch eine weitere Zahl zwischen 1 und 26, den sogenannten Powerball. Bestimmen Sie die Anzahl der möglichen Ziehungen, sowie die Wahrscheinlichkeit dafür, den Jackpot zu gewinnen. (3 BE)

Grundlagen

Hier sind Inhalte der Sekundarstufe I und Basiskenntnisse zum Nachschlagen zusammengefasst:

Aussagen und Mengen

- Grundbegriffe der Mengenlehre
- Aussagenlogik
- Zahlenmengen

Rechnen mit reellen Zahlen

- Begriffe, Regeln und Gesetze
- Rechnen mit Brüchen und Bruchtermen
- Rechnen mit Potenzen
- Rechnen mit Wurzeln
- Rechnen mit Logarithmen

Gleichungen und Gleichungssysteme

- Lösen von Gleichungen
- Lösen von Gleichungssystemen
- Lösen von Anwendungsaufgaben

Grundlagen: Aussagen und Mengen

Grundbegriffe der Mengenlehre

Anne erzählt ihrer Freundin: „Ich habe zum Geburtstag eine Menge Geschenke bekommen." Umgangssprachlich benutzen wir den Begriff „Menge" häufig im Sinne von „viel" oder „viele". Für jeden kann „viel" jedoch etwas anderes bedeuten. Um Missverständnisse zu vermeiden, wird die Bedeutung von Begriffen in der Mathematik genau festgelegt. Georg Cantor (1845–1918), der Begründer der Mengenlehre, definierte den mathematischen Mengenbegriff folgendermaßen:

„Unter einer **Menge** verstehen wir eine Zusammenfassung von bestimmten wohlunterschiedenen Objekten unserer Anschauung oder unseres Denkens zu einem Ganzen."

Mengen werden in der Regel mit Großbuchstaben bezeichnet. Die Zusammenfassung der Objekte (Elemente) erfolgt durch geschweifte Klammern (Mengenklammern).

Die Menge A enthält die **Elemente** Füller, Bleistift, Radiergummi und Lineal.

$A = \{\text{Füller; Bleistift; Radiergummi; Lineal}\}$

Bei jedem Element müssen wir entscheiden können, ob es zur Menge gehört oder nicht.

$\in$ ist das Zeichen für „ist Element von".

$\notin$ ist das Zeichen für „ist nicht Element von".

Füller $\in A$

Geodreieck $\notin A$

Die Menge B enthält die Zahlen 4; 7 und 9,5.

$B = \{4;\ 7;\ 9{,}5\}$

Diese Menge kann ebenso durch die Elemente 2^2; $\frac{14}{2}$ und $\frac{19}{2}$ angegeben werden.

$B = \left\{2^2;\ \frac{14}{2};\ \frac{19}{2}\right\} = \{4;\ 7;\ 9{,}5\}$

Auch die Reihenfolge bei der Aufzählung spielt keine Rolle.

$B = \{9{,}5;\ 4;\ 7\} = \{4;\ 7;\ 9{,}5\}$

Da die Elemente einer Menge voneinander verschieden sein müssen, besteht die Menge C nur aus den drei Elementen 4; 7 und 9,5. Die Mengen B und C sind also gleich.

$C = \left\{4;\ \frac{14}{2};\ 7;\ 9{,}5\right\} = \{4;\ 7;\ 9{,}5\} = B$

Eine Menge mit nur endlich vielen Elementen heißt **endliche Menge**. Wenn die Anzahl der Elemente in einer Menge unbegrenzt ist, sprechen wir von einer **unendlichen Menge**. Die Menge, die kein Element enthält, heißt **leere Menge**.

$D = \{1;\ 2;\ 3;\ 4\}$ ► vier Elemente

$E = \{1;\ 2;\ 3;\ 4;\ 5;\ \ldots\}$ ► unendlich viele Elemente

$L = \{\ \}$

Darstellung von Mengen

Die obige Menge A haben wir durch Aufzählung all ihrer Elemente angegeben. Wir bezeichnen diese Form als **aufzählende Darstellung**. In der Regel ist die **beschreibende Form** mit weniger Aufwand verbunden. Hier wird ein gemeinsames Merkmal der Elemente angegeben, mit dessen Hilfe wir feststellen können, ob ein Element zur Menge gehört oder nicht.

Wenn wir die Klasse 11 a einer Fachoberschule als Menge K auffassen, ist ein Schüler nur dann Element der Menge K, wenn er Mitglied der Klasse ist.

$K = \{x \mid x \text{ ist Schüler der Klasse 11 a}\}$

Wir sagen:	**Wir schreiben:**
„K ist gleich	$K =$
der Menge aller x,	$\{x$
für die gilt:	$\mid$
x ist Schüler	x ist Schüler
der Klasse 11 a."	der Klasse 11 a$\}$

Bei der **grafischen Darstellung** werden die Elemente einer Menge durch eine durchgezogene Linie umrahmt. Diese Darstellung heißt **Venn-Diagramm**, benannt nach dem englischen Mathematiker John Venn.

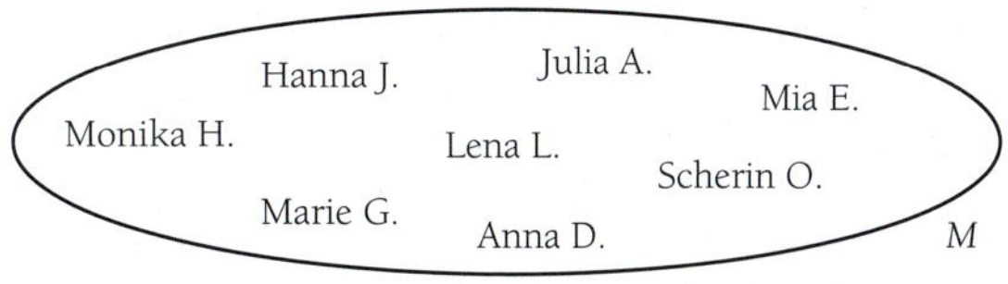

M = Menge aller Mädchen der Klasse 11 a

Teilmengen

Alle Schüler der FOS/BOS Memmingen bilden zusammen die Menge A:
$A = \{x \mid x \text{ ist Schüler der FOS/BOS Memmingen}\}$.
Unter den 33 Klassen der Schule ist auch die Klasse 12BWA, deren Schüler die Menge B bilden:
$B = \{x \mid x \text{ ist Schüler der Klasse 12BWA an der FOS/BOS Memmingen}\}$. Da jeder Schüler der Klasse 12BWA auch Schüler der FOS/BOS Memmingen ist, gehören alle Elemente von B auch zu A.

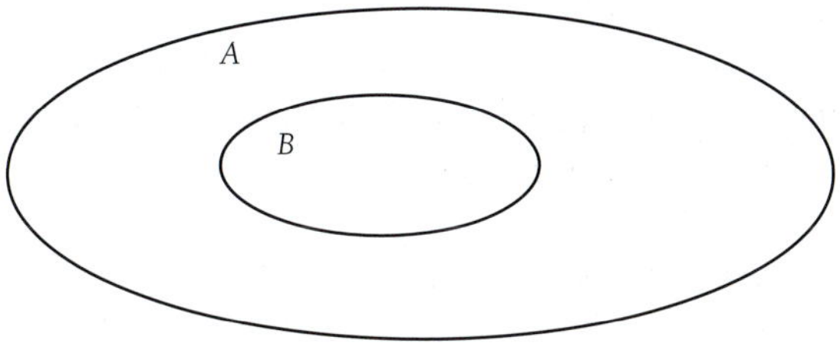

Man schreibt: $B \subseteq A$ bzw. $B \subset A$

Sind alle Elemente einer Menge B auch in der Menge A enthalten, so wird B als **Teilmenge** von A bezeichnet. A nennt man auch **Obermenge** von B und schreibt $B \subseteq A$. Enthält eine Teilmenge B von A sogar alle Elemente von A, so sind beide Mengen gleich. Man spricht von einer **unechten Teilmenge** von A. Im Beispiel gilt jedoch $A \neq B$. B ist also eine **echte Teilmenge** von A. Man schreibt dann $A \subset B$.
Es gilt: Die leere Menge ist Teilmenge einer jeden Menge, die Menge selbst ist (unechte) Teilmenge von sich selbst.

Mächtigkeit von Mengen

Die Anzahl der Elemente einer endlichen Menge wird als **Mächtigkeit** der Menge bezeichnet.

$A = \{\text{Max; Bea; Mia; Hannes; Mattes}\}$
$B = \{\text{Banane; Kiwi; Apfel; Birne; Apfelsine}\}$

Da die Mengen A und B gleich viele Elemente enthalten, sagen wir:
Die Mengen A und B sind **gleichmächtig**.

Man schreibt: $A \sim B$
und sagt: „A ist gleichmächtig zu B."

Die Anzahl der Elemente selbst bezeichnen wir als **Kardinalzahl**. Da die Mengen A und B jeweils fünf Elemente enthalten, ist ihre Kardinalzahl 5.

Man schreibt: $|A| = |B| = 5$
und sagt: „Mächtigkeit von A gleich Mächtigkeit von B gleich Fünf."

Übungen

1. Geben Sie die folgenden Mengen in aufzählender und grafischer Darstellung an.
A: die Menge der Teiler von 24
B: die Menge der Primzahlen zwischen 15 und 30
C: die Menge Ihrer Lehrerinnen und Lehrer im aktuellen Schuljahr

2. Geben Sie die folgenden Mengen in aufzählender Form an sowie deren Mächtigkeit.
$A = \{x \mid x \in \mathbb{N} \text{ und } x < 7\}$
$B = \{x \mid 3 \leq x \leq 7 \text{ und } x \in \mathbb{N}\}$
$C = \{x \mid x \text{ ist Buchstabe des Worts „Kindergarten"}\}$

3. Geben Sie die folgenden Mengen in beschreibender Form an. Sind die Mengen endlich?
$A = \{\text{Montag; Dienstag; Mittwoch; Donnerstag; Freitag; Samstag; Sonntag}\}$
$B = \{\ldots; -5; -3; -1; 1; 3; 5; \ldots\}$
$C = \{1; 4; 9; 16; 25; 36\}$
$D = \{2; 3; 5; 7; 11; 13; 17; \ldots\}$

4. Geben Sie alle Teilmengen der Mengen an.
$A = \{2; 3; 4; 5\}$ $\quad$ $D = \{x; y; z\}$
$B = \{\text{Lena; Pia; Judith}\}$ $\quad$ $E = \{1\}$
$C = \{\ \}$ $\quad$ $F = \{4; 8; \frac{8}{2}\}$

G

Verknüpfung von Mengen

Um Beziehungen zwischen Mengen zu beschreiben, werden verschiedene Verknüpfungen definiert.
In einer medizinischen Studie wird der Zusammenhang zwischen Rückenschmerzen und Übergewicht bei Jugendlichen untersucht. Von den insgesamt 1000 befragten Jugendlichen geben 512 Rückenbeschwerden an. Bei 186 von den 1000 Jugendlichen ist Übergewicht diagnostiziert.
Die Jugendlichen mit Rückenschmerzen fassen wir zur Menge A zusammen, die Jugendlichen mit Übergewicht zur Menge B.
Bei der Auswertung der Studie wird festgestellt, dass 142 Jugendliche Rückenschmerzen **und** Übergewicht haben. Da sie beide Symptome aufweisen, gehören sie sowohl zur Menge A als auch zur Menge B.

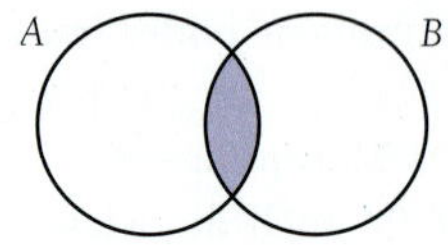

Die Menge aller Elemente, die sowohl zur Menge A als auch zur Menge B gehören, heißt **Schnittmenge** von A und B.

$A \cap B = \{x \mid x \in A \text{ und } x \in B\}$

Man sagt: „A geschnitten B“

Zwei Mengen A und B heißen **elementfremd** oder **disjunkt**, wenn es kein Element gibt, das sowohl in A als auch in B enthalten ist. Die Schnittmenge ist in diesem Fall die leere Menge.

In der Studie sind nicht alle 1000 befragten Jugendlichen relevant. Es geht nur um die Jugendlichen, die Rückenschmerzen **oder** Übergewicht oder beides haben. Da diese Jugendlichen mindestens eines der beiden Symptome aufweisen, ist jeder solche Jugendliche auf jeden Fall enthalten in Menge A oder in Menge B (oder sogar in der Schnittmenge von A und B).

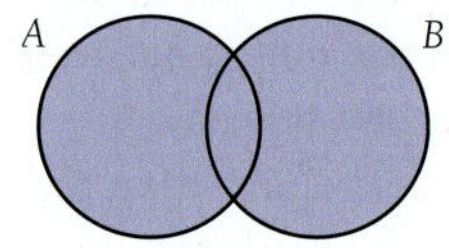

Die **Vereinigungsmenge** zweier Mengen A und B umfasst alle Elemente, die in A oder in B oder in beiden Mengen enthalten sind.

$A \cup B = \{x \mid x \in A \text{ oder } x \in B\}$

Man sagt: „A vereinigt B“

Achtung: Das „Oder“ ist hier das einschließende „Und-oder“ und nicht das ausschließende „Entweder-oder“.

Für die Jugendlichen, die unter Rückenschmerzen leiden, aber **kein** Übergewicht haben, gibt es laut Studie eine besondere Rückentherapie.
Dies sind $512 - 142 = 370$ Jugendliche: Von den 512 Jugendlichen aus Menge A (mit Rückenschmerzen) müssen wir die 142 Jugendlichen abziehen, die auch zur Menge B gehören, also die mit Rückenschmerzen und Übergewicht.
Die Therapie eignet sich also für diejenigen Jugendlichen, die nur in Menge A sind, aber nicht in Menge B.

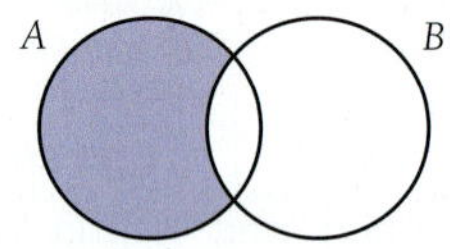

Die **Restmenge** oder **Differenzmenge** zweier Mengen A und B ist die Menge der Elemente, die in A, aber nicht in B enthalten sind.

$A \setminus B = \{x \mid x \in A \text{ und } x \notin B\}$

Man sagt: „A ohne B“

Dementsprechend ist $B \setminus A$ die Menge der Elemente, die in B, aber nicht in A enthalten sind.

Wir lenken unser Augenmerk auf diejenigen Jugendlichen, die keine Rückenschmerzen haben. Dazu fassen wir alle 1000 untersuchten Jugendlichen zur Menge G (der Grundmenge) zusammen.

Die Menge G **aller** untersuchten Jugendlichen können wir aufteilen in die 512 Jugendlichen mit Rückenschmerzen und die 488 (= 1000 − 512) **ohne** Rückenschmerzen, die sich gegenseitig jeweils zu G ergänzen.

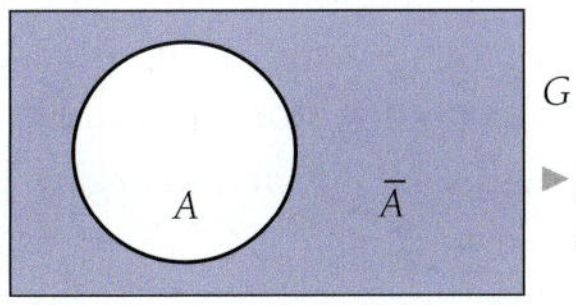

▶ $A \cup \overline{A} = G$
$A \cap \overline{A} = \{\,\}$

Ist A eine Teilmenge der Menge G, so enthält das **Komplement** von A alle Elemente von G, die nicht zu A gehören.

$\overline{A} = G \setminus A = \{x \mid x \in G \text{ und } x \notin A\}$

Man sagt: „Komplement von A in G“

G

Die Gesetze von De Morgan

Bisher unbeantwortet geblieben ist die Frage, wie die Menge der Jugendlichen aussieht, die keines der beiden Symptome aufweisen.
Jugendliche ohne Rückenschmerzen und ohne Übergewicht haben **keines** der beiden Symptome. Alle anderen haben mindestens eins der beiden Symptome. Jugendliche, die mindestens eins der beiden Symptome haben, gehören aber zur Vereinigungsmenge von A und B. Die gesuchte Menge ist also das Komplement von $A \cup B$.
Wir können es auch anders ausdrücken: Jugendliche ohne eins der beiden Symptome haben keine Rückenschmerzen **und** kein Übergewicht. Gesucht ist also die Schnittmenge der beiden Komplemente von A und B. Folglich stimmen die beiden Mengen überein.

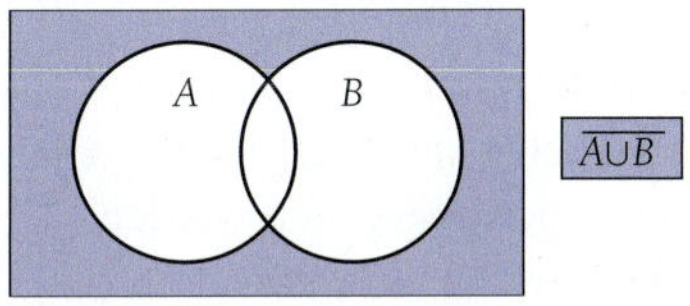

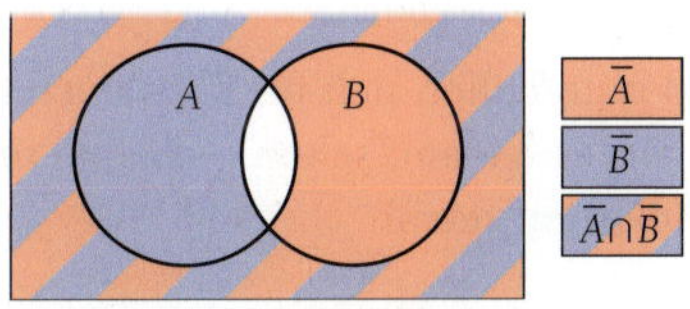

Das 1. De Morgan'sche Gesetz: $\overline{A \cup B} = \overline{A} \cap \overline{B}$ ▶ 2. De Morgan'sches Gesetz: siehe Aufgabe 4

Übungen

1. Geben Sie die Mengen in aufzählender Form an.

a) $B \cup C$
b) $A \cap C$
c) $A \cap B$
d) $A \cup B \cup C$
e) $C \cap (A \cup B)$
f) $(A \cup B) \setminus C$

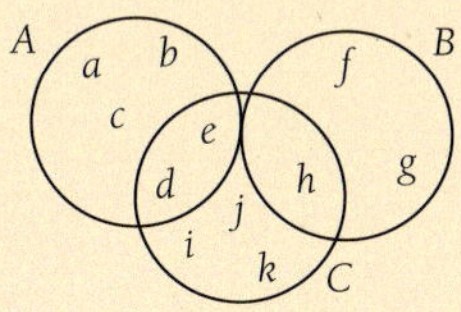

2. Geben Sie $A \cap B$, $A \cup B$ und $A \setminus B$ jeweils in aufzählender Form an und zeichnen Sie die zugehörigen Venn-Diagramme.

a) $A = \{2; 3; 4; 5; 6\}$
$B = \{3; 4; 6; 8; 9; 10\}$

b) $A = \{j; k; l; m\}$
$B = \{a; b; l; m; n\}$

3. A und B sind Teilmengen der Grundmenge $G = \{0; 1; 2; 3; 4; 5; 6; 7\}$. Weiterhin ist bekannt: $A \cap B = \{0; 1; 7\}$, $A \setminus B = \{2; 6\}$, $B \setminus A = \{3; 4\}$.
Tragen Sie die Sachverhalte in ein Venn-Diagramm ein und geben Sie die Elemente der folgenden Mengen bzw. Mengenverknüpfungen an: A, B, $A \cup B$, $A \cap B$.

4. Das 2. De Morgan'sche Gesetz lautet:
$\overline{A \cap B} = \overline{A} \cup \overline{B}$. Stellen Sie dieses Gesetz grafisch dar und wenden Sie es auf das Beispiel mit den Jugendlichen an.

Aussagenlogik

Aussagen

Jan und Martina kommen aus dem Kindergarten. Die Mutter erkundigt sich nach der neuen Praktikantin. Jan weiß zu berichten: „Teresa ist 17 Jahre alt.“ Martina ergänzt: „Und sie ist ganz lieb.“ Im sprachlichen Sinne handelt es sich hierbei um Aussagen.

In der Mathematik sprechen wir nur dann von **Aussagen**, wenn ein sinnvoller Ausdruck oder Satz vorliegt und eindeutig entschieden werden kann, ob die Aussage wahr oder falsch ist.

Jans Äußerung ist auch in diesem strengeren Sinn eine Aussage, denn Teresas Alter kann überprüft werden. Die Eigenschaft „lieb“ ist nicht eindeutig und daher nicht nachprüfbar. Deshalb ist Martinas Kommentar keine Aussage im mathematischen Sinn.

Aussagen:
Teresa ist 17 Jahre alt.
Es gibt die Blutgruppen A, B, AB und 0.
keine Aussagen:
Teresa ist ganz lieb.
Irgendwann gewinne ich beim Lotto.

Aussagen bezeichnen wir mit Großbuchstaben. Sie können sowohl durch Sätze als auch durch Gleichungen oder Ungleichungen angegeben werden.
Eine Aussage ist entweder wahr (w) oder falsch (f).

A: Köln liegt an der Donau. (f)
B: London ist die Hauptstadt von England. (w)
C: $13 < 4$ (f)
D: $3 + 4 = 7$ (w)

Aussageformen

Christina und Isabell unterhalten sich im Krankenzimmer. Als Isabells Mutter den Raum betritt, sagt Christina gerade zu Isabell: „Ich war insgesamt schon sechsmal im Krankenhaus, also schon doppelt so oft wie du.“ Die Mutter überlegt, ob diese Äußerung zutrifft.

Die Anzahl der Krankenhausaufenthalte von Isabell bezeichnen wir mit x. Christinas Äußerung entspricht dann der Gleichung $2x = 6$.

$2 \cdot x = 6$

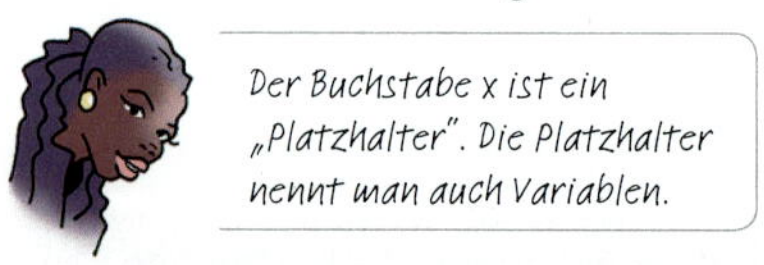

Erst durch Einsetzen eines Zahlenwertes für x entsteht aus der Gleichung eine Aussage, von der wir entscheiden können, ob sie wahr oder falsch ist.

Eine wahre Aussage entsteht, wenn für x der Wert 3 eingesetzt wird, wenn Isabell also dreimal im Krankenhaus war.

A: $2 \cdot 3 = 6$ (wahre Aussage)

Eine falsche Aussage liegt vor, wenn für x ein anderer Wert als 3 eingesetzt wird, z.B. 1.

B: $2 \cdot 1 = 6$ (falsche Aussage)

Aussageformen sind Sätze, Gleichungen oder Ungleichungen, die zu Aussagen werden, wenn man alle auftretenden Variablen durch Wörter oder Zahlen ersetzt.

Die Gleichung $2 \cdot x = 6$ ist eine Aussageform, weil sie zu einer Aussage wird, wenn die Variable x durch eine Zahl ersetzt wird.

Verknüpfung von Aussagen

Werden Aussagen miteinander verbunden, so entstehen neue, zusammengesetzte Aussagen. Deren Wahrheitsgehalt kann wiederum überprüft werden.
Der Wahrheitswert von Verknüpfungen verschiedener Aussagen lässt sich in der **Wahrheitstafel** ablesen.

Stellenausschreibung Kindergarten Kunterbunt

Die Stadt München sucht für ihren viergruppigen Kindergarten Kunterbunt ab September 2017 eine/n

Erzieher/-in oder Sozialpädagogen/-in

Wir erwarten
- Erfahrung in der Leitungstätigkeit
- Erfahrung in der Arbeit mit Kindern im Alter von 8 Wochen bis Schuleintritt.

Bitte senden Sie Ihre aussagekräftige Bewerbung bis zum 30. Juni an die Stadt München.

Die Konjunktion (Und-Verknüpfung)

In der Stellenausschreibung für den Kindergarten „Kunterbunt" sind die erwarteten Erfahrungen mit **„und"** verbunden. Es sollte sich also nur jemand bewerben, der sowohl Erfahrung in der Leitungstätigkeit als auch Erfahrung in der Arbeit mit Kindern von 8 Wochen bis Schuleintritt hat.

Sind zwei Aussagen A und B so verknüpft, dass die zusammengesetzte Aussage nur dann wahr ist, wenn beide Aussagen wahr sind, so heißt diese Verknüpfung **Und-Verknüpfung** oder **Konjunktion**.

Für diese logische Verknüpfung wird das Zeichen $\wedge$ verwendet.

Wahrheitstafel für $A \wedge B$:

Aussage A	Aussage B	Aussage $A \wedge B$
w	w	w
w	f	f
f	w	f
f	f	f

Die Disjunktion (Oder-Verknüpfung)

Wir betrachten noch einmal die Stellenanzeige der Stadt München.
In der Anzeige wird ein/e Erzieher/-in **oder** Sozialpädagoge/-in gesucht. Es können sich also alle Personen bewerben, die einen der beiden Berufsabschlüsse zum Erzieher oder Sozialpädagogen erworben haben. Sollte jemand beide Qualifikationen besitzen, so ist eine Bewerbung natürlich auch möglich.
Hier handelt es sich also nicht um das „Entweder-oder" sondern um das „Und-oder".

Sind zwei Aussagen A und B so verknüpft, dass die zusammengesetzte Aussage genau dann wahr ist, wenn entweder die eine oder die andere oder beide Aussagen wahr sind, so heißt diese Verknüpfung **Oder-Verknüpfung** oder **Disjunktion**.

Für diese logische Verknüpfung wird das Zeichen $\vee$ verwendet.

Wahrheitstafel für $A \vee B$:

Aussage A	Aussage B	Aussage $A \vee B$
w	w	w
w	f	w
f	w	w
f	f	f

Die Implikation (Folgerung bzw. Wenn-Dann-Verknüpfung)

Eine Krankenpflegerin sagt beim Verlassen des Zimmers zu einem gerade aufgenommenen Patienten: „Wenn Sie den roten Knopf drücken, dann kommt jemand von der Station."
Das Drücken des roten Knopfs hat also **zur Folge**, dass jemand von der Station kommt.

Sind zwei Aussagen A und B so verknüpft, dass aus der Aussage A die Aussage B folgt, so heißt diese Verknüpfung **Folgerung** oder **Implikation**.

Das zugehörige Zeichen ist $\Rightarrow$.
Die dritte Zeile der Wahrheitstafel für diese Verknüpfung ist auf den ersten Blick möglicherweise etwas irritierend: Die Folgerung $A \Rightarrow B$ ist auch wahr, wenn A falsch und B wahr ist.
Nachvollziehbar wird es aber an unserem Beispiel: Es kann ja auch sein, dass jemand von der Station kommt, ohne dass der Knopf gedrückt wurde.

Wahrheitstafel für $A \Rightarrow B$:

Aussage A	Aussage B	Aussage $A \Rightarrow B$
w	w	w
w	f	f
f	w	w
f	f	w

▸ Die Wenn-Dann-Verknüpfung ist genau dann falsch, wenn die 1. Aussage wahr und die 2. Aussage falsch ist.

Die Äquivalenz (Gleichwertigkeit bzw. Genau-Dann-Wenn-Verknüpfung)

Um die Lösungen von Gleichungen zu ermitteln, müssen diese in vielen Fällen zunächst umgestellt werden. Die Umformungen dürfen die Lösungsmenge nicht verändern: Die Lösungen müssen für jede umgeformte Gleichung dieselben sein, die Gleichungen bleiben **gleichwertig**.

Die Gleichung $x + 3 = -2x - 9$ kann durch Umformungen in die Gleichung $x = -4$ überführt werden.

$$\begin{aligned} & x + 3 = -2x - 9 && \mid -3 \\ \Leftrightarrow\quad & x = -2x - 12 && \mid +2x \\ \Leftrightarrow\quad & 3x = -12 && \mid :3 \\ \Leftrightarrow\quad & x = -4 \end{aligned}$$

Wenn für x der Wert -4 eingesetzt wird, ist sowohl die Aussage A: $-4 + 3 = -2 \cdot (-4) - 9$ wahr als auch die Aussage B: $-4 = -4$.

Für jeden anderen eingesetzten Wert werden beide Aussagen falsch.

Sind zwei Aussagen so verknüpft, dass die zusammengesetzte Aussage immer dann wahr ist, wenn beide Aussagen wahr oder beide Aussagen falsch sind, so liegt eine **Äquivalenz** von Aussagen vor.

Für diese Verknüpfung wird das Zeichen $\Leftrightarrow$ benutzt.

Wahrheitstafel für $A \Leftrightarrow B$:

Aussage A	Aussage B	Aussage $A \Leftrightarrow B$
w	w	w
w	f	f
f	w	f
f	f	w

Die Negation (Verneinung)

Mattes sagt im Kindergarten: „Das Pferd ist nicht schwarz." „Dann ist es weiß", sagt Hannes. Diese Schlussfolgerung trifft aber nicht zu, denn das Pferd kann auch braun sein.
Die **Verneinung** von „schwarz" ist nicht etwa z. B. „weiß", sondern „nicht schwarz".

Die Verneinung einer Aussage kehrt den Wahrheitswert der Aussage um (Zeichen: $\neg$).
Die Aussage $\neg$A heißt **Negation** von A (gelesen: „nicht A").

Wahrheitstafel für $\neg A$:

Aussage A	Aussage $\neg A$
w	f
f	w

Übungen

1. Entscheiden Sie, ob es sich bei den folgenden Beispielen um wahre Aussagen oder falsche Aussagen im mathematischen Sinne handelt – oder um keines von beidem.
Begründen Sie Ihre Antwort.

a) Es gibt ungerade Zahlen, die durch 3 teilbar sind.
b) Rom ist die Hauptstadt Italiens.
c) Bayern München ist ein guter Fußballverein.
d) Mathematik ist leicht.
e) Es gibt Ufos mit intelligenten Lebewesen.
f) 1 ist eine Primzahl.
g) Du bist schön.
h) Die Summe zweier Primzahlen ist eine Primzahl.
i) Das Fach Medizin kann nur mit einem Notendurchschnitt von 1,0 studiert werden.
j) $3 + 4 = 6$
k) $2(3 - 4) + 9 = 7$
l) In jedem Dreieck beträgt die Summe der Innenwinkel 180°.
m) Eine Zahl ist durch 3 teilbar, wenn ihre Quersumme durch 3 teilbar ist.
n) Wenn zwei Winkel Nebenwinkel sind, dann haben sie zusammen das Winkelmaß 180°.

2. Ersetzen Sie die Variablen in den folgenden Aussageformen, sodass wahre Aussagen entstehen.

a) $x + 2 = 9$
b) $x + y = 25$
c) $a < 7$
d) x ist ein Schmerzmittel.
e) $0{,}25x = 1$
f) $3x + 7x = 10x$
g) $3x + 7x = 10$
h) $\frac{1}{2}x + \frac{1}{3}x + 2 = 7$
i) $3x + 2y = 10$

3. Verneinen Sie die folgenden Aussagen.

a) Stephan ist 18 Jahre alt.
b) $2 + 4 = 6$
c) Eine Jeans ist immer blau.
d) Alle Schüler kennen die Prüfungstermine.
e) Alle Primzahlen sind ungerade.
f) Es können höchstens 6 Personen den Aufzug benutzen.
g) Es können mindestens 3 Personen den Aufzug benutzen.
h) Alle Niederländer sind Fußballfans.

4. Suchen Sie im folgenden Text alle Aussagen und Verknüpfungen von Aussagen heraus.
Heute ist das Wetter schön. Die Kindergruppe „Wühlmäuse“ aus dem Kindergarten Kunterbunt in Aachen besucht den Freizeitpark „Fun-Park“. Dort werden bestimmt viele Menschen sein. Der Freizeitpark ist 500 m von der holländischen Grenze entfernt und liegt an einem See. Wenn die Kinder ankommen, werden sie mit einem Eis begrüßt. Sie können dort mit dem Boot fahren oder auf den Kinderspielplatz gehen. Alle werden Spaß haben.

5. Verknüpfen Sie die Aussagen A und B jeweils durch $\wedge$, $\vee$ und $\Rightarrow$.
Geben Sie für jede verknüpfte Aussage den Wahrheitswert an.

a) A: Paris ist die Hauptstadt Frankreichs.
B: Köln liegt an der Havel.
b) A: Jede Zahl ist durch 2 teilbar.
B: 101 ist eine gerade Zahl.
c) A: Insulin ist ein rein pharmazeutisches Produkt.
B: Insulin senkt den Blutzuckerspiegel.

6. Prüfen Sie die folgenden Aussageformen A und B auf Äquivalenz.

a) A: $x^2 = 25$
B: $x = 5$

b) A: $x^2 - 9 = 0$
B: $(x - 3)(x + 3) = 0$

7. Suchen Sie zu den vorliegenden Schaltungen eine passende Aussagenverknüpfung und erstellen Sie eine zugehörige Wahrheitstafel (S_1, S_2, … sind Schalter in einem Stromkreis; ein offener (geschlossener) Schalter entspricht einer falschen (wahren) Aussage und die Gesamtaussage ist wahr, wenn die Glühlampe brennt).

a) Schaltung 1:

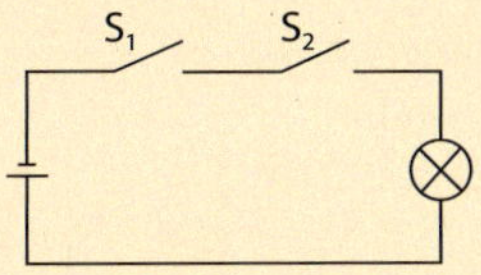

b) Schaltung 2:

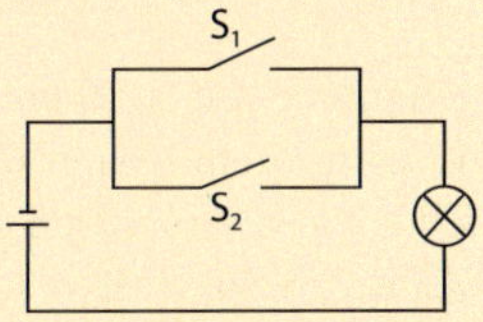

8. *Ampelabfrage*: Entscheiden Sie, welche Belegung für den fehlenden Wert in der Wahrheitstafel zutreffend ist.

A	B	A ∨ B
w	?	f

w
f
geht nicht

G

Zahlenmengen

Natürliche Zahlen

Die natürlichen Zahlen entstanden aus dem Bedürfnis, Dinge zu zählen. Auf diese Weise kann jeder endlichen Menge die Anzahl der in ihr enthaltenen Elemente zugeordnet werden. Diese Anzahl bezeichnen wir als Kardinalzahl (▶ Seite 219). Der leeren Menge wird die Kardinalzahl 0 zugeordnet.

Die Kardinalzahlen zusammengefasst bilden die Menge $\mathbb{N}$ der **natürlichen Zahlen**.

Menge der natürlichen Zahlen:
$\mathbb{N} = \{1; 2; 3; 4; 5; 6; \ldots\}$

Auf dem Zahlenstrahl lassen sich die natürlichen Zahlen anschaulich darstellen.

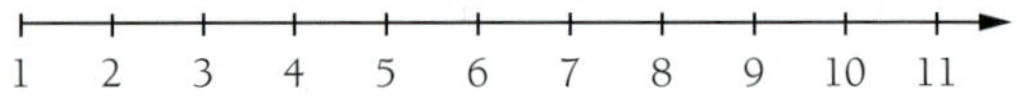

Will man die Null dazunehmen, so schreibt man $\mathbb{N}_0$.

$\mathbb{N}_0 = \mathbb{N} \cup \{0\} = \{0; 1; 2; 3; \ldots\}$

Innerhalb der Menge der natürlichen Zahlen können wir uneingeschränkt addieren: Die Summe zweier natürlicher Zahlen ist wieder eine natürliche Zahl.

$3 + 5 = 8, \quad 8 \in \mathbb{N}$

Das gilt jedoch nicht für die Subtraktion in $\mathbb{N}$, denn die Differenz zweier natürlicher Zahlen ist nicht unbedingt wieder eine natürliche Zahl.

$5 - 3 = 2, \quad 2 \in \mathbb{N}$
$3 - 5 = -2, \quad -2 \notin \mathbb{N}$

Um die Subtraktion uneingeschränkt durchführen zu können, müssen wir die Zahlenmenge erweitern.

Ganze Zahlen

Wenn wir zu $\mathbb{N}$ die Menge der Gegenzahlen $\{\ldots; -4; -3; -2; -1\}$ und die 0 hinzufügen, erhalten wir die Menge $\mathbb{Z}$ der **ganzen Zahlen**.

Menge der ganzen Zahlen:
$\mathbb{Z} = \{\ldots; -4; -3; -2; -1; 0; 1; 2; 3; 4; \ldots\}$

Der Zahlenstrahl wird zu einer Zahlengeraden ergänzt. Links von null sind die negativen ganzen Zahlen angeordnet, und zwar symmetrisch zu den natürlichen Zahlen.

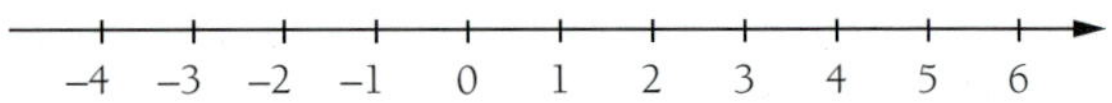

Offensichtlich ist $\mathbb{N}$ eine Teilmenge von $\mathbb{Z}$.

$\mathbb{N} \subset \mathbb{Z}$

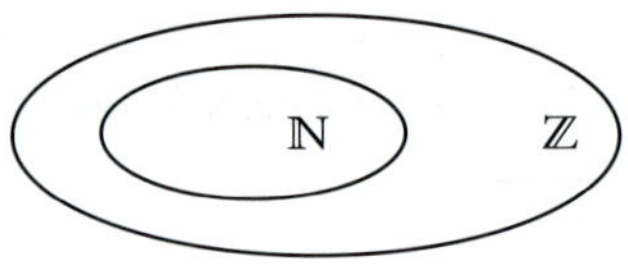

Wichtige Teilmengen von $\mathbb{Z}$ sind:
$\mathbb{Z}^+ = \mathbb{N}$ (die positiven ganzen Zahlen)
$\mathbb{Z}_0^+ = \mathbb{Z}^+ \cup \{0\} = \mathbb{N}_0$
$\mathbb{Z}^-$ (die neg. ganzen Zahlen) bzw. $\mathbb{Z}_0^-$

In der Menge $\mathbb{Z}$ können wir nun zwar uneingeschränkt addieren, subtrahieren und multiplizieren, aber nicht dividieren.
Die Zahlenmenge muss also erneut erweitert werden.

$-17 + 7 = -10 \quad -10 \in \mathbb{Z}$
$(-3) - (-1) = -2 \quad -2 \in \mathbb{Z}$
$5 \cdot (-3) = -15 \quad -15 \in \mathbb{Z}$
$5 : 3 = \frac{5}{3} \quad \frac{5}{3} \notin \mathbb{Z}$

Rationale Zahlen

Die Menge aller Brüche $\frac{p}{q}$, bei denen p und q ganze Zahlen sind und q von 0 verschieden ist, heißt Menge $\mathbb{Q}$ der **rationalen Zahlen**.
Jede ganze Zahl p kann in der Form $\frac{p}{1}$ geschrieben werden. Die ganzen Zahlen (und damit auch die natürlichen Zahlen) bilden also eine Teilmenge der rationalen Zahlen.

Wichtige weitere Teilmengen sind: $\mathbb{Q}^+$, $\mathbb{Q}_0^+$, $\mathbb{Q}^-$, $\mathbb{Q}_0^-$.

Menge der rationalen Zahlen:
$\mathbb{Q} = \left\{\frac{p}{q} \mid p, q \in \mathbb{Z} \text{ und } q \neq 0\right\}$

$\mathbb{N} \subset \mathbb{Z} \subset \mathbb{Q}$

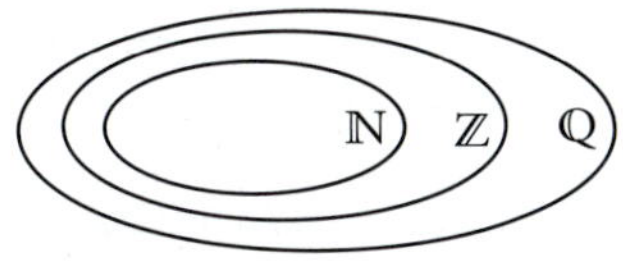

Die rationalen Zahlen können wir ebenfalls auf der Zahlengeraden veranschaulichen.

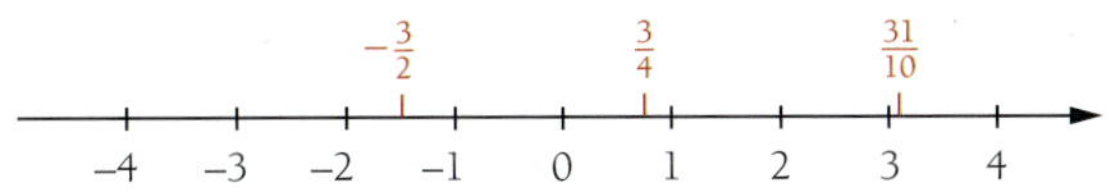

Zwischen zwei beliebigen rationalen Zahlen liegen unendlich viele weitere rationale Zahlen. Man sagt, die Menge der rationalen Zahlen ist dicht. Aber sind damit alle Zahlen auf der Zahlengeraden erfasst? Mit einer einfachen Konstruktion finden wir Zahlen auf der Zahlengeraden, die nicht rational sind:

Wir zeichnen über der Einheitsstrecke der Zahlengeraden das Quadrat $ABCD$ mit der Seitenlänge 1 LE (= Längeneinheit). Wir beschreiben um den Punkt A einen Kreis mit dem Radius x, der die Zahlengerade im Punkt X schneidet. Also hat die Strecke AX auch die Länge x.

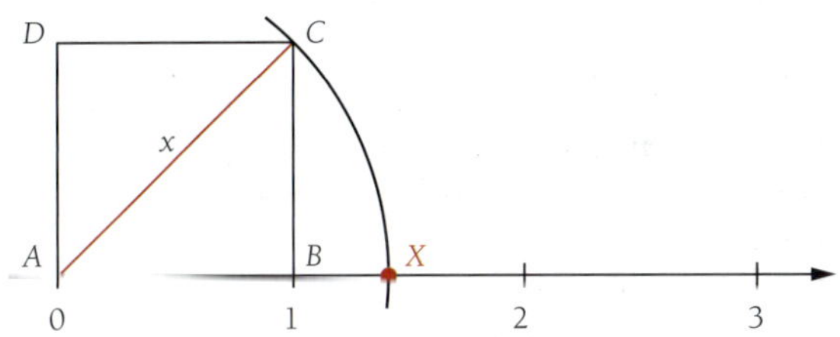

Die Länge x ist auch die Länge der Diagonalen des Quadrats und lässt sich mit dem Satz des Pythagoras berechnen. Also entspricht die x-Koordinate des Punkts X auf der Zahlengeraden der Zahl $\sqrt{2}$.

$$x^2 = 1^2 + 1^2 = 2$$
$$\Rightarrow \quad x = \sqrt{2}$$

▶ Die zweite Lösung $x = -\sqrt{2}$ ist nicht relevant, da negative Längen nicht möglich sind.

Wir nehmen zunächst an, dass $\sqrt{2}$ eine rationale Zahl ist. Wenn das so ist, dann können wir $\sqrt{2}$ als Bruch zweier ganzer Zahlen p und q schreiben, den wir nicht mehr kürzen können (p und q besitzen keinen gemeinsamen Teiler).
Wir quadrieren die Gleichung und multiplizieren anschließend mit q^2.
p^2 ist das Doppelte von q^2. Also ist p^2 eine gerade Zahl. Dann ist auch p gerade, weil nur das Quadrat einer geraden Zahl gerade ist. Also können wir p schreiben als das Doppelte einer Zahl p'.
Dies setzen wir in die Gleichung (*) ein und lösen nach q^2 auf.

q^2 ist das Doppelte von p'^2. Also ist q^2 und damit auch q eine gerade Zahl.
Wenn aber p und q beide gerade Zahlen sind, so sind sie beide durch 2 teilbar, folglich nicht teilerfremd, im Widerspruch zur Voraussetzung. Somit war unsere Annahme falsch. $\sqrt{2}$ ist also keine rationale Zahl.

Annahme: $\sqrt{2} \in \mathbb{Q}$

$$\sqrt{2} = \frac{p}{q}$$
▶ p, q teilerfremd und $p, q \in \mathbb{Z}$
$$\Rightarrow \quad 2 = \frac{p^2}{q^2}$$
$$\Rightarrow \quad 2q^2 = p^2 \qquad (*)$$
$$\Rightarrow \quad p^2 \text{ ist gerade}$$
$$\Rightarrow \quad p \text{ ist gerade}$$
$$p = 2 \cdot p'$$
▶ Nur Quadrate von geraden Zahlen sind gerade und umgekehrt.

Einsetzen in (*):
$$2q^2 = (2p')^2$$
$$\Rightarrow \quad 2q^2 = 4p'^2$$
$$\Rightarrow \quad q^2 = 2p'^2$$
$$\Rightarrow \quad q^2 \text{ ist gerade}$$
$$\Rightarrow \quad q \text{ ist gerade}$$

Widerspruch zur Teilerfremdheit von p und q
$\Rightarrow \sqrt{2} \notin \mathbb{Q}$

G

Alle Zahlen auf der Zahlengeraden, die wie $\sqrt{2}$ nicht rational sind, heißen **irrationale Zahlen**. Irrationale Zahlen lassen sich demnach nicht als Bruch darstellen.
Eine **irrationale Zahl** ist dadurch gekennzeichnet, dass sie unendlich viele Nachkommastellen hat und nicht periodisch ist. Im Gegensatz dazu lässt sich jede **rationale Zahl** als Dezimalzahl mit endlich vielen Nachkommastellen oder als periodische Dezimalzahl schreiben.

Reelle Zahlen

Die Menge $\mathbb{R}$ der **reellen Zahlen** enthält sowohl die rationalen als auch die irrationalen Zahlen.

Zu den irrationalen Zahlen gehören einige Wurzeln, wie z.B. $\sqrt{2}$, $\sqrt{3}$, $\sqrt{5}$, aber auch die Zahl π. Durch die reellen Zahlen sind alle Punkte der Zahlengeraden lückenlos erfasst.

Oft benötigt man auch die Teilmenge von $\mathbb{R}$, die nur die nicht-negativen reellen Zahlen enthält.
Wichtige weitere Teilmengen sind: $\mathbb{R}^+$, $\mathbb{R}^-$, $\mathbb{R}_0^-$.

$\mathbb{N} \subset \mathbb{Z} \subset \mathbb{Q} \subset \mathbb{R}$

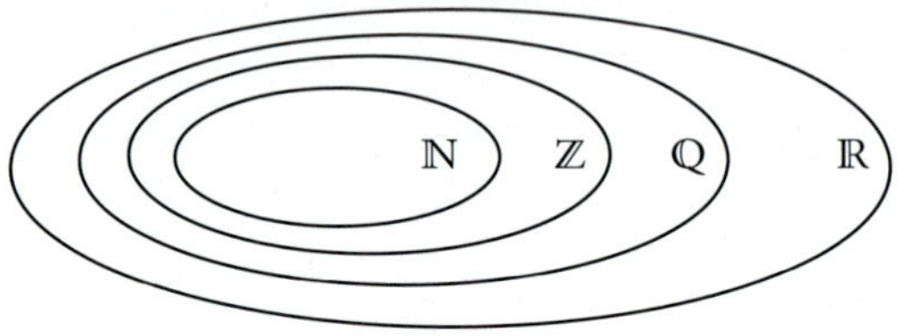

$\mathbb{R}_0^+ = \{x \mid x \in \mathbb{R} \text{ und } x \geq 0\}$

In der Menge der reellen Zahlen können wir uneingeschränkt addieren, subtrahieren, multiplizieren und dividieren (nur nicht durch 0). Wir können auch mit ganzzahligen Exponenten potenzieren. Radizieren (d.h. Potenzieren mit gebrochenen Exponenten bzw. Wurzelziehen) und Logarithmieren sind jedoch nicht uneingeschränkt möglich.

Intervalle

Zusammenhängende Teilmengen von $\mathbb{R}$ werden häufig als **Intervalle** angegeben. Wir können sie als „Teilstücke" der Zahlengeraden auffassen. Intervalle werden durch ihre Randwerte und eckige Klammern angegeben.

Das **abgeschlossene Intervall** I_1 enthält den Randwert −2 als kleinste, den Randwert 5 als größte Zahl und alle zwischen −2 und 5 liegenden Zahlen.

$I_1 = [-2; 5] = \{x \mid x \in \mathbb{R} \text{ und } -2 \leq x \leq 5\}$

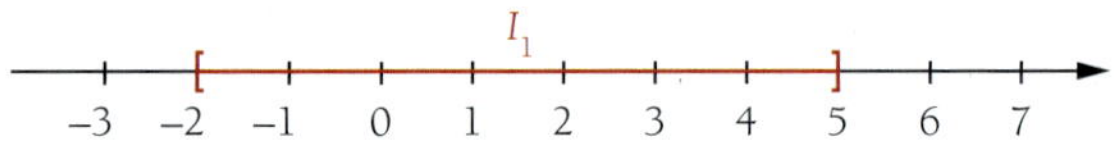

Das abgeschlossene Intervall $I = [a; b]$ enthält sowohl a als auch b.

Das **halboffene Intervall** I_2 enthält die Zahl 2, aber nicht die Zahl 7. Das halboffene Intervall I_3 enthält die Zahl 3, aber nicht die Zahl −1. Wenn ein Randwert nicht zu der angegebenen Zahlenmenge gehört, zeigt die eckige Klammer nach außen.

$I_2 = [2; 7[= \{x \mid x \in \mathbb{R} \text{ und } 2 \leq x < 7\}$
$I_3 =]-1; 3] = \{x \mid x \in \mathbb{R} \text{ und } -1 < x \leq 3\}$

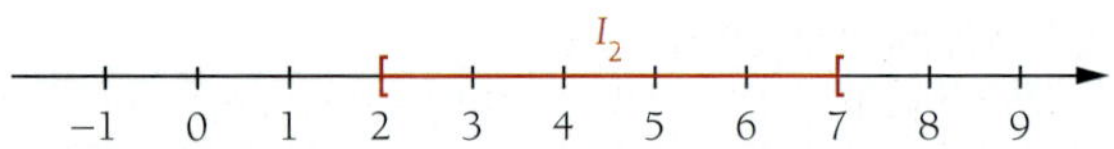

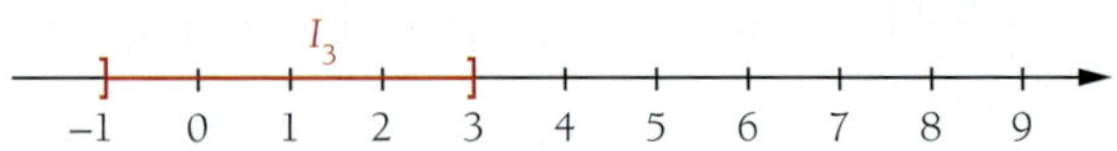

Das halboffene Intervall $I =]a; b]$ enthält nicht a, aber b. Das halboffene Intervall $I = [a; b[$ enthält a, aber nicht b.

Das Intervall I_4 ist ein **offenes Intervall**.
Die Zahlen −5 und 1 sind nicht in der Zahlenmenge enthalten. Beide Klammern zeigen nach außen.

$I_4 =]-5; 1[= \{x \mid x \in \mathbb{R} \text{ und } -5 < x < 1\}$

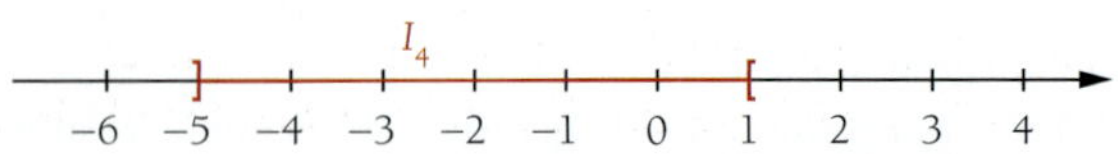

Das offene Intervall $I =]a; b[$ enthält weder a noch b.

Ist das Intervall zu einer Seite nicht begrenzt, so schreibt man für diesen Randwert ∞ (das mathematische Symbol für unendlich) bzw. $-\infty$ und lässt die Intervallgrenze offen, z.B. $I_5 =]-\infty; a] = \{x \mid x \in \mathbb{R} \text{ und } x \leq a\}$.

Übungen

1. Zu welchen Zahlenmengen gehören die folgenden Zahlen? Geben Sie alle Möglichkeiten an. Veranschaulichen Sie die Zahlen auf der Zahlengeraden.

a) 2 d) $1{,}23456789$ g) $\sqrt{5}$
b) -5 e) $0{,}2$ h) $\frac{3}{7}$
c) π f) $-\frac{6}{3}$ i) $\frac{4}{\sqrt{4}}$

2. Welche der folgenden Aussagen sind wahr?

a) $\sqrt{2} \in \mathbb{Q}$ c) $-7 \in \mathbb{Z}$ e) $-2 \in \mathbb{N}$
b) $\pi \in \mathbb{N}$ d) $\sqrt{9} \in \mathbb{Q}$ f) $\frac{4}{\sqrt{6}}$ ist irrational

3. Schreiben Sie als rationale Zahl in Form eines Bruchs.
Tipp: $0{,}\overline{6} = \frac{6}{9} = \frac{2}{3}$ und $0{,}\overline{31} = \frac{31}{99}$

a) $0{,}\overline{8}$ c) $3{,}\overline{21}$ e) $-2{,}56\overline{7}$
b) $0{,}239\overline{2}$ d) $-4{,}2378\overline{5}$ f) $8{,}76\overline{546}$

4. Welche der folgenden Aussagen sind wahr?

a) Die Menge der natürlichen Zahlen ist eine Teilmenge der rationalen Zahlen.
b) Die Menge der rationalen Zahlen ist eine Teilmenge der natürlichen Zahlen.
c) Jede irrationale Zahl ist auch eine rationale Zahl.

5. Welche der folgenden Aussagen sind wahr?

a) Eine ganze Zahl ist als Bruch aus zwei ganzen Zahlen darstellbar.
b) Eine ganze Zahl ist nicht irrational.
c) Eine irrationale Zahl ist in ihrer Dezimaldarstellung ab irgendeiner Nachkommastelle periodisch.
d) Eine ganze Zahl ist nicht Wurzel aus einer natürlichen Zahl.

6. Welche Aussagen sind wahr?

a) Es gibt unendlich viele rationale Zahlen zwischen 0 und 1.
b) Es gibt unendlich viele ganze Zahlen, die kleiner als 7 sind.
c) Es gibt unendlich viele natürliche Zahlen, die kleiner als 5 sind.

7. Geben Sie folgende Teilmengen von $\mathbb{R}$ in der Intervallschreibweise an. Veranschaulichen Sie die Intervalle auf der Zahlengeraden.

a) $I_a = \{x \mid -7 \le x \le 2\}$ c) $I_c = \{x \mid -3 \le x < 2\}$
b) $I_b = \{x \mid -6 < x \le 4\}$ d) $I_d = \{x \mid -8 < x < 1\}$

8. Schreiben Sie die angegebenen Intervalle in der Mengenschreibweise.

a) 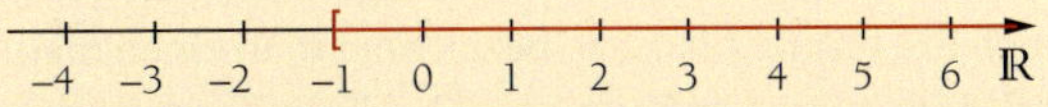

b) 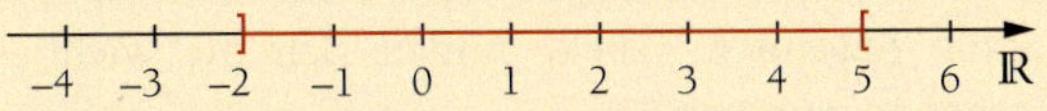

c) 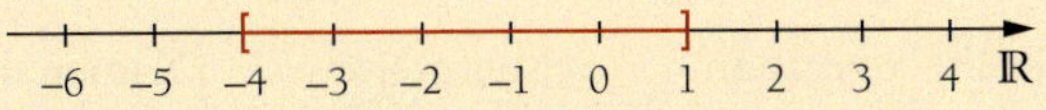

d) $I_1 = [2; 6]$; $I_2 =]2; 4[$; $I_3 = [3; 8[$; $I_4 =]-4; 1]$

9. Anna studiert Mathematik. Im 1. Semester soll sie nachweisen, dass $5 \in \mathbb{Q}$ ist. Können Sie helfen?

10. Vom österreichischen Mathematiker Alexander Aigner stammt das Gedicht „Die Irrationale" zur Bestimmung der irrationalen Zahl $\sqrt{2}$.

O kann 's denn Menschenwort beschreiben?
Der Geist bringt Zahlprobleme her.
Seitdem wir Rechnungen betreiben,
drohn Unverständlichkeiten sehr.

Erläuterungsbereit erklärte
Pythagoras: „O denket rational!"
Trotzdem bestehn da grundverkehrte
Definitionen manchesmal.

Unbändige Quadratdiagonale!
Beweisbar wirklich irrational.
Versagt, entzogen jedem Hoffnungsstrahle.
Verflixte Wurzel, reinste Teufelszahl.

▶ Aus: Alexander Aigner, Tangenten an den Frohsinn, Sondernummer der Berichte der Mathematisch-statistischen Sektion im Forschungszentrum Graz, 1978.

Für jedes Wort notieren wir die Anzahl seiner Buchstaben. Hat ein Wort zehn oder mehr Buchstaben, so wird 10 subtrahiert. Beispiel: „Menschenwort" enthält zwölf Buchstaben, also wird eine 2 notiert.

a) Bestimmen Sie mit dem Taschenrechner $\sqrt{2}$. Vergleichen Sie Ihr Ergebnis mit der aus dem Gedicht notierten Ziffernfolge. Geben Sie an, ob die Satzzeichen berücksichtigt werden müssen.
b) Ergänzen Sie das mit dem Taschenrechner ermittelte Ergebnis mithilfe des Gedichts um vier Stellen.
c) Formulieren Sie ein eigenes Gedicht mit mindestens zwei Zeilen zur Bestimmung einer anderen irrationalen Zahl.

G

Grundlagen: Rechnen mit reellen Zahlen

Begriffe, Regeln und Gesetze

Die in diesem Kapitel zusammengestellten Rechenoperationen, Regeln und Gesetze gelten für reelle Zahlen, aber auch für Terme. Als **Term** bezeichnet man einen mathematisch sinnvollen Ausdruck aus reellen Zahlen und Variablen, z.B. 159; a; $3x + b$; $7uv$; $5z^2$;$\sqrt{3y}$. Kein Term ist dagegen $14 + : x$.
In der folgenden Tabelle finden sich die wichtigsten Fachbegriffe und Schreibweisen für die grundlegenden Rechenoperationen.

Rechenoperation	Schreibweise	Namen der einzelnen Terme	Name des Ergebnisses
Addieren	$a + b$	a, b: Summanden	Summe
Subtrahieren	$a - b$	a: Minuend, b: Subtrahend	Differenz
Multiplizieren	$a \cdot b$	a, b: Faktoren	Produkt
Dividieren	$a : b$ oder $\frac{a}{b}$	a: Dividend (Zähler), b: Divisor (Nenner)	Quotient
Potenzieren	a^n	a: Basis (Grundzahl), n: Exponent (Hochzahl)	Potenz
Radizieren (Wurzelziehen)	$\sqrt{a}$, allgemein $\sqrt[n]{a}$	a: Radikand, n: Wurzelexponent	Wurzel

Hinweis: Wegen $a - b = a + (-b)$ werden Differenzen häufig als Summen im weiteren Sinne aufgefasst.

In bestimmten Situationen benötigen wir von einer Zahl nur den **Betrag**, der unabhängig vom Vorzeichen ist. Wenn wir uns z.B. 4 € geliehen haben, sagen wir: „Ich habe 4 € Schulden", obwohl wir uns im Minusbereich befinden.
Der Betrag einer Zahl gibt ihren „Abstand" zur Null auf der Zahlengerade an. Er ist daher nie negativ.

$|4| = 4$ (wir lesen: „Betrag von 4 gleich 4")
$|-4| = 4$ (wir lesen: „Betrag von −4 gleich 4")

allgemein: $|a| = \begin{cases} a & \text{falls } a \geq 0 \\ -a & \text{falls } a < 0 \end{cases}$

Elementare Rechenregeln

„Punktrechnung vor Strichrechnung"
Zuerst führt man alle „Punktrechnungen" und anschließend die „Strichrechnungen" durch.

$$\underbrace{24 \cdot (-2)}_{=\,-48} + \underbrace{12 : 4}_{3} + \underbrace{5 \cdot 10}_{50} = 5$$

„Potenzrechnung vor Punktrechnung"
Zuerst berechnet man die Potenzen, anschließend kann mit einem anderen Faktor multipliziert werden.

$5 \cdot 2^3 = 5 \cdot 8 = 40$
$-5 \cdot 2^3 = -5 \cdot 8 = -40$
$-2^4 = (-1) \cdot 2^4 = (-1) \cdot 16 = -16$
Aber: $(-2)^4 = 16$ ► Das Minus ist hier das Vorzeichen der Basis.

„Klammerrechung geht vor"
Wenn ein Term Klammern enthält, muss deren Inhalt zuerst berechnet werden. Bei mehreren Klammern rechnen wir von innen (runde Klammer) nach außen (eckige Klammer).

$\left(\frac{7}{2} - \frac{3}{2}\right) \cdot 9 = \frac{4}{2} \cdot 9 = 2 \cdot 9 = 18$

$2 \cdot [7a - (2a + 4a)]$
$= 2 \cdot [7a - 6a]$
$= 2 \cdot a = 2a$

Können wir innerhalb der Klammer nicht zusammenfassen, so müssen wir sie anders auflösen.
► Rechnen mit Klammern, Seite 231

$5 \cdot (3x + 4y) = ?$

Rechengesetze der Addition und Multiplikation

Beim Addieren können wir die Summanden vertauschen, beim Multiplizieren die Faktoren. Es kommt also nicht auf die Reihenfolge an:

Kommutativgesetz (Vertauschungsgesetz):
$a + b = b + a$
$a \cdot b = b \cdot a$

$5 + 3 = 3 + 5 \quad \Leftrightarrow \quad 8 = 8$
$4 \cdot 3 = 3 \cdot 4 \quad \Leftrightarrow \quad 12 = 12$

$$\begin{aligned} & 2x + 3y + 5x \\ = \; & 2x + 5x + 3y \\ = \; & 7x + 3y \end{aligned}$$

Wichtig: Das Kommutativgesetz gilt nicht uneingeschränkt für die Subtraktion und die Division.

Wir können Summanden und Faktoren jeweils beliebig durch Klammern verbinden:

Assoziativgesetz (Verbindungsgesetz):
$(a + b) + c = a + (b + c)$
$(a \cdot b) \cdot c = a \cdot (b \cdot c) = a \cdot b \cdot c$

$$\begin{aligned} & (2 + 4) + 5 = 2 + (4 + 5) \\ \Leftrightarrow \quad & 6 + 5 = 2 + 9 \\ \Leftrightarrow \quad & 11 = 11 \end{aligned}$$

$$\begin{aligned} & (2 \cdot 4) \cdot 5 = 2 \cdot (4 \cdot 5) \\ \Leftrightarrow \quad & 8 \cdot 5 = 2 \cdot 20 \\ \Leftrightarrow \quad & 40 = 40 \end{aligned}$$

Oft setzen wir bei Summen und Produkten die Klammern nur „in Gedanken“. Damit können wir einfachere Teile zuerst berechnen.

$548 + 263 + 37 = 548 + 300 = 848$
$7 \cdot 4 \cdot 25 = 7 \cdot 100 = 700$

Wichtig: Das Assoziativgesetz gilt nicht uneingeschränkt für die Subtraktion und die Division.

Rechnen mit Klammern

Ausmultiplizieren und Ausklammern

Wenn wir die Terme in einer Klammer nicht ausreichend zusammenfassen können, benötigen wir ein weiteres Rechengesetz:

$5 \cdot (3x + 4y) = ?$

Distributivgesetz (Verteilungsgesetz):
$a \cdot (b + c) = ab + ac$
$a \cdot (b - c) = ab - ac$
$(a + b) \cdot c = ac + bc$
$(a - b) \cdot c = ac - bc$

Das Distributivgesetz erlaubt uns, einen Faktor, der vor oder hinter einer Klammer steht, auf die einzelnen Summanden zu „verteilen“.
Diese Umformung heißt **Ausmultiplizieren**.

(Aus)multiplizieren:
$5 \cdot (3x + 4y) = 5 \cdot 3x + 5 \cdot 4y = 15x + 20y$
$-3(2a + 3b) = -6a - 9b$
$8x(-3x + 2z) = -24x^2 + 16xz$
$-a(-3x - 4a) = 3ax + 4a^2$

Umgekehrt ist es oft sinnvoll, die Summanden einer Summe (oder Differenz) in Produkte mit einem jeweils gleichen Faktor zu zerlegen. Diesen Faktor können wir dann **ausklammern**. Dadurch entsteht aus der Summe (oder Differenz) ein Produkt. Deshalb heißt diese Umformung auch **Faktorisieren**.

Ausklammern (Faktorisieren):
$15x + 20y = 5 \cdot 3x + 5 \cdot 4y = 5 \cdot (3x + 4y)$
$11xy + 33x - 44ax = 11x(y + 3 - 4a)$
$18a - 6a^2 + 2 = 2(9a - 3a^2 + 1)$
$-x - 5y - 3z = -(x + 5y + 3z)$

Ein Sonderfall sind Klammern, vor denen nur ein Plus- oder Minuszeichen steht. In diesem Fall fassen wir das Pluszeichen als Faktor $+1$ auf, das Minuszeichen als Faktor -1.

$3 + (3x - 7) = 3 + 1 \cdot (3x - 7)$
$= 3 + 3x - 7 = 3x - 4$
$3 - (3x - 7) = 3 - 1 \cdot (3x - 7)$
$= 3 - 3x + 7 = -3x + 10$

Als Rechenregeln merken wir uns:

Eine **Plusklammer** wird aufgelöst, indem man das Pluszeichen vor der Klammer und auch die Klammer selbst weglässt.
Eine **Minusklammer** wird aufgelöst, indem man das Minuszeichen vor der Klammer sowie die Klammer selbst weglässt und alle Zeichen in der Klammer umkehrt.

$3 + (3x - 7) = 3 + 3x - 7 = 3x - 4$
$5a + (-4b + 7c) = 5a - 4b + 7c$

$3 - (3x - 7) = 3 - 3x + 7 = -3x + 10$
$5a - (-4b + 7c) = 5a + 4b - 7c$

Multiplikation von Klammern

Zwei Klammern werden multipliziert, indem man jeden Summanden aus der ersten Klammer mit jedem Summanden aus der zweiten Klammer multipliziert.
$(a + b)(c + d) = ac + ad + bc + bd$

$(2x + y)(4x - 3)$
$= 2x \cdot 4x + 2x \cdot (-3) + y \cdot 4x + y \cdot (-3)$
$= 8x^2 - 6x + 4xy - 3y$

$(-2x + z + 1)(4 + 3y)$
$= -8x - 6xy + 4z + 3yz + 4 + 3y$

Bei drei Klammern multipliziere ich erst zwei miteinander. Das Ergebnis wird mit der dritten Klammer multipliziert.

Die **binomischen Formeln** sind Spezialfälle für die Multiplikation zweier Klammern:

$(a + b)^2 = a^2 + 2ab + b^2$	1. binomische Formel
$(a - b)^2 = a^2 - 2ab + b^2$	2. binomische Formel
$(a + b)(a - b) = a^2 - b^2$	3. binomische Formel

$(x + 3)^2 = x^2 + 6x + 9$
$(2a - 3b)^2 = 4a^2 - 12ab + 9b^2$
$(4x - 3y)(4x + 3y) = 16x^2 - 9y^2$

Durch Anwendung der binomischen Formeln „von rechts nach links“ lassen sich bestimmte Summen als Produkte schreiben (faktorisieren).

$x^2 - 9 = (x + 3)(x - 3)$
$4x^2 + 4xy + y^2 = (2x + y)^2$
$2x^2 - 20xy + 50y^2 = 2(x^2 - 10xy + 25y^2)$
$= 2(x - 5y)^2$

Übungen

Lösungen online

1. Lösen Sie die Klammern auf. Fassen Sie so weit wie möglich zusammen.
a) $5 - (-3x + 6) - 7x$
b) $-(3x + 4a) - (-3x + 40a)$
c) $5(2 - 3x)$
d) $-(2x - 1) \cdot 19 + 32x$
e) $2(3(-2(x - 5)) + 15)$
f) $x(b - a) + (a - b)x$
g) $(4x + 9)^2$
h) $(3 - 5y)(3 + 5y)$

2. Klammern Sie gemeinsame Faktoren aus.
a) $2a + 4b$
b) $3ac + 6ab$
c) $7a^2b^2 + 49ab$
d) $3x^2y^2 + 9x^2y^2c$
e) $4ab^2 + 16ab + 32a^2b$

3. Multiplizieren Sie möglichst geschickt aus.
a) $(x + y)(3x - 3y)$
b) $(2x + 8)(x - 4)$
c) $(12a - 8b)(15a + 10b)$

4. Faktorisieren Sie.
a) $8x - 2y$
b) $10a + 15b - 10$
c) $0{,}5x + 0{,}5x + 0{,}5z$
d) $a^2 + 2ab + b^2$
e) $z^2 - 2z + 1$
f) $36a^2 - 60ab + 25b^2$
g) $1 - 4a^2$
h) $36x^2 - 100$
i) $12x^2 - 12y^2$
j) $a(a + b) - (a + b)b$

5. Beweisen Sie die drei binomischen Formeln.

Rechnen mit Brüchen und Bruchtermen

Addition und Subtraktion von Brüchen

Zwei Brüche können nur dann addiert bzw. subtrahiert werden, wenn sie **gleichnamig** sind, d. h., wenn sie den gleichen Nenner haben. Wenn das bereits der Fall ist, addieren wir die Zähler und behalten den Nenner bei.
Bei ungleichnamigen Brüchen bestimmen wir eine Zahl als gemeinsamen Nenner und **erweitern** jeden Bruch so, dass er diesen Nenner hat. Beim Erweitern werden Zähler und Nenner eines Bruchs mit dem gleichen Faktor multipliziert.
Damit die Zahlen nicht unnötig groß werden, ermitteln wir den gemeinsamen Nenner in der Regel so klein wie möglich. Dazu berechnen wir **das kleinste gemeinsame Vielfache (kgV)** der einzelnen Nenner. Dieser kleinste aller gemeinsamen Nenner heißt **Hauptnenner**.

$\frac{1}{4}+\frac{5}{4}=\frac{1+5}{4}=\frac{\cancel{6}^{\,3}}{\cancel{4}_{\,2}}=\frac{3}{2}$

$\frac{1}{2}+\frac{5}{3}=\frac{1\cdot 3}{2\cdot 3}+\frac{5\cdot 2}{3\cdot 2}$

$\quad=\frac{3}{6}+\frac{10}{6}=\frac{3+10}{6}=\frac{13}{6}$

$\frac{19}{48}-\frac{5}{18}=\,?$

Bestimmung des Hauptnenners:

$48=2^4\cdot 3$ ▶ Primfaktorzerlegung aller Nenner

$18=2\cdot 3^2$

kgV: $2^4\cdot 3^2=144\rightarrow$ Hauptnenner: 144

$\frac{19}{48}-\frac{5}{18}=\frac{19\cdot 3}{48\cdot 3}-\frac{5\cdot 8}{18\cdot 8}=\frac{57}{144}-\frac{40}{144}=\frac{17}{144}$

Multiplikation von Brüchen

Brüche werden multipliziert, indem man die Zähler und die Nenner jeweils multipliziert.
Beim Multiplizieren eines Bruchs mit einer ganzen Zahl wird im Unterschied zum Erweitern nur der Zähler mit dieser Zahl multipliziert.
Es ist zu beachten, dass ein Bruchstrich wie eine Klammer wirkt. Wenn also die Zähler bzw. Nenner Summen sind, müssen beim Multiplizieren Klammern gesetzt werden.

$\frac{3}{5}\cdot\frac{2}{7}=\frac{3\cdot 2}{5\cdot 7}=\frac{6}{35}$

$\frac{3}{8}\cdot 2=\frac{3}{8}\cdot\frac{2}{1}=\frac{6}{8}=\frac{3}{4}$

$\frac{2a+b}{4}\cdot\frac{6}{x+y}=\frac{(2a+b)\cdot\cancel{6}^{\,3}}{_{2}\cancel{4}\cdot(x+y)}=\frac{6a+3b}{2x+2y}$

Division von Brüchen

Zwei Brüche werden dividiert, indem man den ersten Bruch mit dem Kehrwert des zweiten Bruchs multipliziert. Diese Regel wird auch bei Doppelbrüchen angewendet.

$\frac{3}{5}:\frac{2}{7}=\frac{3}{5}\cdot\frac{7}{2}=\frac{21}{10}$

$\frac{\frac{2}{3}}{\frac{5}{6}}=\frac{2}{_{1}\cancel{3}}\cdot\frac{^{2}\cancel{6}}{5}=\frac{4}{5}$

Übungen

Lösungen online

1. Addieren bzw. subtrahieren Sie. Kürzen Sie gegebenenfalls das Ergebnis.

a) $\frac{5}{6}+\frac{7}{3}$
b) $-\frac{1}{2}+\frac{5}{2}-\frac{3}{8}$
c) $\frac{13}{12}-\frac{7}{4}+\frac{15}{6}$
d) $\frac{1}{4}+\frac{5}{8}+\frac{1}{24}-\frac{7}{12}$
e) $-\frac{5}{9}+\frac{18}{25}-\frac{4}{75}$
f) $\frac{36}{49}-\frac{13}{98}+\frac{17}{21}-\frac{5}{42}+\frac{31}{28}$
g) $\frac{3}{4}+\frac{5}{8}+\frac{2}{5}-\frac{1}{9}+\frac{1}{3}-\frac{11}{25}$
h) $\frac{1}{x^2-x}-\frac{x^2}{x+1}$

2. Multiplizieren bzw. dividieren Sie und fassen Sie ggf. zusammen. Denken Sie daran, zu kürzen.

a) $\frac{4}{3}\cdot\frac{7}{5}$ b) $3\cdot\frac{25}{9}\cdot\frac{3}{5}$ c) $\frac{15}{4}:\frac{10}{16}$ d) $\left(\frac{25}{3}:\frac{14}{35}\right):\frac{3}{5}$

3. Vereinfachen Sie durch Kürzen.

a) $\frac{12a+4ab}{2ab-4a}$ b) $\frac{ab+ac}{a}$ c) $\frac{ab+ac}{ab+ac}$ d) $\frac{ab-ac}{b-c}$

Rechnen mit Potenzen

Ein Produkt mit n Faktoren a können wir kürzer darstellen, indem wir es als **Potenz** a^n mit der **Basis** $a \in \mathbb{R}$ und dem **Exponenten** $n \in \mathbb{N}$ schreiben.
Sonderfall für $n = 0$:
Die Potenz a^0 hat für jede Basis $a \neq 0$ den Wert 1.
Den Ausdruck 0^0 definieren wir nicht.

$$\underbrace{a \cdot a \cdot a \cdot \ldots \cdot a}_{n \text{ Faktoren}} = a^n$$

$a^0 = 1;\ a \neq 0$

Addition und Subtraktion von Potenzen

Potenzen können nur dann addiert bzw. subtrahiert werden, wenn sie sowohl gleiche Basen als auch gleiche Exponenten haben. Man nennt sie dann **gleichartig**. Im Grunde wenden wir hier das Distributivgesetz an.

$5a^2 + 3a^2 = (5+3)a^2 = 8a^2$
$6x^2 - 13x^2 = -7x^2$
$4a^3 - 7a^3 + 9a^3 = 6a^3$

Auch Maßeinheiten können Potenzen sein. Für sie gelten dieselben Rechenregeln.

$5\,\text{cm}^2 + 10\,\text{cm}^2 = (5+10)\,\text{cm}^2 = 15\,\text{cm}^2$
$50\,\text{dm}^2 + 10\,\text{m}^2 = ?$

▶ Hier können die Summanden nicht direkt zusammengefasst werden, da die Basen nicht übereinstimmen.

Multiplikation von Potenzen

Bei der Multiplikation zweier Potenzen unterscheiden wir vier Fälle:

Gleiche Basen und verschiedene Exponenten
Die Basis wird beibehalten, die Exponenten werden addiert.

$a^m \cdot a^n = a^{m+n} \qquad (a \in \mathbb{R}\setminus\{0\};\ m, n \in \mathbb{N})$

$$5^4 \cdot 5^3 = \overbrace{\underbrace{5 \cdot 5 \cdot 5 \cdot 5}_{5^4} \cdot \underbrace{5 \cdot 5 \cdot 5}_{5^3}}^{5^7} = 5^{4+3} = 5^7$$

$x^2 \cdot x^3 = x^{2+3} = x^5$

Verschiedene Basen und gleiche Exponenten
Die Basen werden multipliziert, der Exponent wird beibehalten.

$a^n \cdot b^n = (a\,b)^n \qquad (a, b \in \mathbb{R}\setminus\{0\};\ n \in \mathbb{N})$

$2^3 \cdot 4^3 = (2 \cdot 4)^3 = 8^3$
$(-3)^5 \cdot 2^5 = (-3 \cdot 2)^5 = (-6)^5$
$u^6 \cdot v^6 = (u \cdot v)^6$

Gleiche Basen und gleiche Exponenten
Dieser Fall kann wie der erste Fall oder der zweite Fall behandelt werden.

$5^3 \cdot 5^3 = 5^{3+3} = 5^6 = 15\,625$
oder $5^3 \cdot 5^3 = (5 \cdot 5)^3 = 25^3 = 15\,625$

$z^4 \cdot z^4 = z^{4+4} = z^8$
oder $z^4 \cdot z^4 = (z \cdot z)^4 = (z^2)^4 = z^2 \cdot z^2 \cdot z^2 \cdot z^2 = z^8$

Verschiedene Basen und verschiedene Exponenten
Für diesen Fall gibt es kein Rechengesetz.

$3^5 \cdot 4^2 = ?$
$x^4 \cdot z^3 = ?$

▶ Wir können weder die Basen noch die Exponenten zusammenfassen. Im Zahlenbeispiel können die Potenzen einzeln berechnet und dann multipliziert werden.

Division von Potenzen

Bei der Division zweier Potenzen unterscheiden wir vier Fälle:

Gleiche Basen und verschiedene Exponenten

Die Basis wird beibehalten, die Exponenten werden subtrahiert.

$a^m : a^n = a^{m-n} \quad (a \in \mathbb{R}\setminus\{0\};\ m, n \in \mathbb{N})$

$a^{-n} = \frac{1}{a^n} \quad (a \in \mathbb{R}\setminus\{0\};\ n \in \mathbb{N})$

$$4^5 : 4^2 = \frac{4^5}{4^2} = \frac{\not{4}\cdot\not{4}\cdot 4\cdot 4\cdot 4}{\not{4}\cdot\not{4}} = \frac{4^3}{1} = 4^3$$

$$\left.\begin{array}{l} 4^2 : 4^5 = \frac{4^2}{4^5} = \frac{\not{4}\cdot\not{4}}{\not{4}\cdot\not{4}\cdot 4\cdot 4\cdot 4} = \frac{1}{4^3} \\ \text{und}\quad 4^2 : 4^5 = 4^{2-5} = 4^{-3} \end{array}\right\} \Rightarrow 4^{-3} = \frac{1}{4^3}$$

$$\frac{x^6}{x^3} = x^{6-3} = x^3$$

$$x : x^4 = x^{1-4} = x^{-3} = \frac{1}{x^3}$$

Verschiedene Basen und gleiche Exponenten

Die Basen werden dividiert, der Exponent wird beibehalten.

$a^n : b^n = (a : b)^n$

$\frac{a^n}{b^n} = \left(\frac{a}{b}\right)^n \quad (a, b \in \mathbb{R}\setminus\{0\};\ n \in \mathbb{N})$

$$12^3 : 3^3 = (12 : 3)^3 = 4^3$$

oder $\frac{12^3}{3^3} = \left(\frac{12}{3}\right)^3 = 4^3$

$$u^5 : v^5 = (u : v)^5$$

oder $\frac{u^5}{v^5} = \left(\frac{u}{v}\right)^5 \quad (v \neq 0)$

Gleiche Basen und gleiche Exponenten

Wir können wie bei Fall 1 oder wie bei Fall 2 vorgehen: Das Ergebnis ist immer 1.

$a^0 = 1 \quad (a \in \mathbb{R}\setminus\{0\})$

$$\left.\begin{array}{l} 4^3 : 4^3 = 4^{3-3} = 4^0 \\ \text{und}\quad 4^3 : 4^3 = (4 : 4)^3 = 1^3 = 1 \end{array}\right\} \Rightarrow 4^0 = 1$$

$$\frac{z^5}{z^5} = 1$$

Verschiedene Basen und verschiedene Exponenten

Für diesen Fall gibt es kein Rechengesetz.

$3^5 : 4^2 = ?$

$x^4 : z^3 = ? \quad (z \neq 0)$

▶ Wir können weder die Basen noch die Exponenten zusammenfassen. Im Zahlenbeispiel können die Potenzen einzeln berechnet und dann dividiert werden.

Potenzieren von Potenzen

Eine Potenz wird potenziert, indem man die Exponenten multipliziert und die Basis beibehält.

$(a^m)^n = a^{m \cdot n} \quad (a \in \mathbb{R}\setminus\{0\};\ m, n \in \mathbb{N})$

$(5^2)^4 = 5^{2\cdot 4} = 5^8$, denn:

$(5^2)^4 = 5^2 \cdot 5^2 \cdot 5^2 \cdot 5^2 = 5^{2+2+2+2} = 5^8$

$(x^6)^3 = x^{6\cdot 3} = x^{18}$, denn:

$(x^6)^3 = x^6 \cdot x^6 \cdot x^6 = x^{6+6+6} = x^{18} \quad (x \in \mathbb{R}\setminus\{0\})$

Wir können Potenzen nicht nur für ganzzahlige, sondern auch für rationale Exponenten definieren. Sie haben dann die Form $a^{\frac{m}{n}}$; $a \in \mathbb{R}^+$; $m \in \mathbb{Z}$; $n \in \mathbb{N}$. Für Potenzen mit rationalen Exponenten gelten dieselben Rechenregeln wie für Potenzen mit ganzzahligen Exponenten. ▶ Rechnen mit Wurzeln

Zahlen in Exponentialdarstellung

Für betragsmäßig besonders große oder kleine Zahlen wird häufig die **Exponentialdarstellung** (Potenzdarstellung) mit Zehnerpotenzen verwendet. Diese Darstellungsform bietet einen schnelleren Überblick über die Größenordnung solcher Zahlen.

$6\,140\,000 = 6{,}14 \cdot 1\,000\,000 = 6{,}14 \cdot 10^6$

$96\,528{,}47 = 9{,}652\,847 \cdot 10\,000 = 9{,}652\,847 \cdot 10^4$

$0{,}005 = 5 \cdot 0{,}001 = 5 \cdot \frac{1}{1000} = 5 \cdot \frac{1}{10^3} = 5 \cdot 10^{-3}$

$0{,}000\,004\,78 = 4{,}78 \cdot 0{,}000\,001 = 4{,}78 \cdot \frac{1}{1\,000\,000}$

$= 4{,}78 \cdot \frac{1}{10^6} = 4{,}78 \cdot 10^{-6}$

Auch der Taschenrechner nutzt diese Darstellungsform, z.B. wenn er besonders große Zahlen angeben soll. Beispielsweise ist:

$2^{38} = 274\,877\,906\,944$

$= 2{,}74877906944 \cdot 10^{11}$

$\approx 2{,}748\,779\,069 \cdot 10^{11}$

▶ Die Eingabe von 2^{38} im Taschenrechner ergibt:

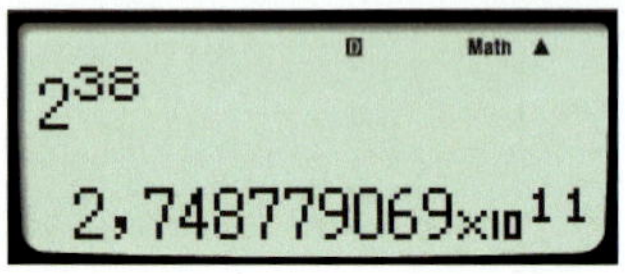

Bei einigen Taschenrechnern erscheint in der Anzeige statt der Basis 10 ein Leerzeichen oder der Buchstabe E (für „Exponent") und anschließend der jeweilige Exponent.

Übungen

oHi Mi
Lösungen online

1. Berechnen Sie folgende Potenzen.

a) $(-2)^3$ c) $-(-2a)^3$ e) $(25c)^2$
b) $(-2)^2$ d) $25c^2$ f) 25^2c

2. Fassen Sie so weit wie möglich zusammen.

a) $7a^3 - 3a^3 + 2b^3 + 2b^2 - 7b^3$
b) $9a^2 - (-3a)^2 - 18a^2$
c) $(-3a)^4 + (-3a^2)^2 - 9a^4$
d) $(-3y)^2 + (-2y)^3$
e) $12a^2bc + 12ab^2c + 12abc^2 - 9abc^2$
f) $13ax^2 + 27ax^2 - 40a^2x$

3. Multiplizieren Sie folgende Potenzen.

a) $5^3 \cdot 5^6$ g) $4^5 \cdot 25^5$
b) $\left(\frac{1}{3}\right) \cdot \left(\frac{1}{3}\right)^7 \cdot \left(\frac{1}{3}\right)^9$ h) $3^4 \cdot x^4$
c) $45n^2 \cdot 2n^3 \cdot 3n$ i) $2^6 \cdot 3^{10} \cdot 2^{41}$
d) $3a^2b \cdot ab^3$ j) $-5x^2yz^4 \cdot 2(xy)^3z$
e) $3^{2x} \cdot 4^x$ k) $12a \cdot 12a^2 \cdot a^3b^3 \cdot 2(ab)^4$
f) $a^{x+b} \cdot a^{x-b}$ l) $(2xy)^3 \cdot 8(xy)^2 \cdot 2x(ay)^3$

4. *Ampelabfrage:* Wählen Sie die richtige Antwort.

$5^2 \cdot 7^2 = ?$

- 🔴 35^4
- 🟡 $(5 \cdot 7)^2$
- 🟢 $(5 \cdot 7)^4$

5. Dividieren Sie folgende Potenzen.

a) $12a^6 : 2a^3$ e) $8^4 : 4^4$
b) $\frac{8x^4}{x^3}$ f) $\frac{(12k)^3}{(9k)^3}$
c) $9a^2b^3 : 3ab^3$ g) $(a+b)^7 : (a+b)^2$
d) $\frac{9a^2b^3}{3ab}$ h) $(l+m)^2 : (m+l)^2$

6. Vereinfachen Sie.

a) $\frac{1^2}{5} \cdot \frac{25}{3}$ c) $\frac{x^7y^{-3}z^2}{x^{-2}y^3z^4}$
b) $\left(\frac{3}{7}\right)^2 \cdot \left(\frac{3}{7}\right)^{-2}$ d) $\frac{u^2 - v^2}{a^2 - b^2} : \frac{(u+v)^2}{(a-b)^2}$

7. Potenzieren Sie.

a) $(2^3)^5$ c) $(a^3b^2)^6$ e) $(a^b)^c$
b) $(a^5)^3$ d) $(3x^2y^3)^5$ f) $(a^{x+b})^{x-b}$

8. Schreiben Sie aus bzw. verkürzt.

a) $5 \cdot 10^5$ c) $6 \cdot 10^{-6}$ e) 0,000 001 5
b) $0{,}5 \cdot 10^5$ d) 7 000 000 f) 625 001 000

9. *Irrgarten:* Entscheiden Sie, ob es sich um eine wahre oder falsche Aussage handelt.

a) $3^3 - 2^3 = 1$
b) $(3^3)^4 = 3^{12}$
c) $a^2 - 3a^2 + 5a^2 = 3a^2$

Rechnen mit Wurzeln

Das Wurzelziehen (Radizieren) ist die Umkehrung des Potenzierens:

Eine positive Zahl b heißt n-te **Wurzel** einer Zahl a, wenn gilt: $b^n = a$ für $a, b \in \mathbb{R}_0^+$; $n \in \mathbb{N} \setminus \{1\}$
Wir schreiben: $b = \sqrt[n]{a}$.

Die Zahl a, aus der man die n-te Wurzel zieht, heißt **Radikand**, n ist der **Wurzelexponent**.

Für $n = 2$ sagt man statt „zweite Wurzel" auch **„Quadratwurzel"**, meistens aber nur „Wurzel".

$$\sqrt[3]{8} = 2, \text{ denn } 2^3 = 8$$
$$\sqrt[5]{243} = 3, \text{ denn } 3^5 = 243$$
$$\sqrt[4]{5{,}0625} = 1{,}5, \text{ denn } 1{,}5^4 = 5{,}0625$$

$$\sqrt[2]{a} = \sqrt{a}$$
$$\sqrt{16} = 4, \text{ denn } 4^2 = 16$$

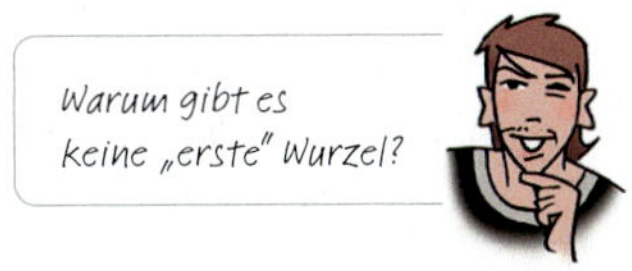

Wurzeln in Potenzschreibweise

Wir können die Regeln für das Rechnen mit Wurzeln auf die Rechenregeln für Potenzen zurückführen. Dafür müssen wir Wurzeln als Potenzen schreiben. Da das Wurzelziehen die Umkehrung des Potenzierens ist, erweist sich folgende Schreibweise als sinnvoll:

$$\sqrt[n]{a} = a^{\frac{1}{n}} \qquad (a \in \mathbb{R}_0^+; n \in \mathbb{N} \setminus \{1\})$$

$$\sqrt[3]{5} = 5^{\frac{1}{3}}; \quad \sqrt{3} = 3^{\frac{1}{2}}; \quad \sqrt[4]{x} = x^{\frac{1}{4}}; \quad \sqrt[5]{z} = z^{0{,}2}$$

Addition und Subtraktion von Wurzeln

Wurzeln können nur dann addiert bzw. subtrahiert werden, wenn sie sowohl gleiche Radikanden als auch gleiche Exponenten haben.

$$5\sqrt{2} + 3\sqrt{2} = (5 + 3)\sqrt{2} = 8\sqrt{2}$$
$$6\sqrt{5} - 2\sqrt{5} = 4\sqrt{5}$$
$$3\sqrt[4]{x} + 9\sqrt[4]{x} = 12\sqrt[4]{x} \qquad (x \in \mathbb{R}^+)$$
$$7\sqrt{z} - 10\sqrt{z} = -3\sqrt{z} \qquad (z \in \mathbb{R}^+)$$

Multiplikation und Division von Wurzeln

Mithilfe der Potenzschreibweise können wir die Multiplikation und Division von Wurzeln auf die Multiplikation und Division von Potenzen zurückführen. Daher benötigen wir keine neuen Regeln für das Rechnen mit Wurzeln: Es funktioniert immer, Wurzeln als Potenzen zu schreiben und dann die Potenzgesetze anzuwenden.

Wir betrachten beispielhaft die Multiplikation bzw. Division zweier Wurzeln mit gleichen Wurzelexponenten.

Hierfür ergibt sich folgende Regel:
Die Radikanden werden multipliziert bzw. dividiert, der Exponent wird beibehalten.

$$\sqrt[n]{a} \cdot \sqrt[n]{b} = \sqrt[n]{ab}$$
$$\sqrt[n]{a} : \sqrt[n]{b} = \sqrt[n]{a:b} \quad \text{oder} \quad \frac{\sqrt[n]{a}}{\sqrt[n]{b}} = \sqrt[n]{\frac{a}{b}}$$
$$(a, b \in \mathbb{R}^+; n \in \mathbb{N} \setminus \{1\})$$

$$\sqrt{5} \cdot \sqrt{6} = \sqrt{5 \cdot 6} = \sqrt{30}$$
$$\sqrt{3x} \cdot \sqrt{8y} = \sqrt{24xy} \qquad (x, y \in \mathbb{R}_0^+)$$
$$\sqrt[3]{2} \cdot \sqrt[3]{32} = \sqrt[3]{64} = 4$$
$$\sqrt{12} : \sqrt{3} = \sqrt{12 : 3} = \sqrt{4} = 2$$
$$\frac{\sqrt{6u}}{\sqrt{4v}} = \sqrt{\frac{6u}{4v}} = \sqrt{\frac{3u}{2v}} \quad (v \neq 0)$$
$$\frac{\sqrt[3]{32}}{\sqrt[3]{4}} = \sqrt[3]{\frac{32}{4}} = \sqrt[3]{8} = 2$$

Beweis für die Division:
$$\frac{\sqrt[n]{a}}{\sqrt[n]{b}} = \frac{a^{\frac{1}{n}}}{b^{\frac{1}{n}}} = \left(\frac{a}{b}\right)^{\frac{1}{n}} = \sqrt[n]{\frac{a}{b}} \qquad (a, b \in \mathbb{R}^+; n \in \mathbb{N} \setminus \{1\})$$

G

Partielles Radizieren

Wir können die Rechenregel
$\sqrt[n]{a} \cdot \sqrt[n]{b} = \sqrt[n]{ab} \quad (a, b \in \mathbb{R}^+;\ n \in \mathbb{N}\setminus\{1\})$
auch von „rechts nach links lesen".
Dann erkennen wir, dass man den Radikanden einer Wurzel in Faktoren zerlegen kann. Aus den einzelnen Faktoren lässt sich dann jeweils – soweit möglich – die Wurzel ziehen.
Dieses Vorgehen heißt **partielles Radizieren** oder **teilweises Radizieren.**

$\sqrt[n]{ab} = \sqrt[n]{a} \cdot \sqrt[n]{b}$

$\sqrt{32} = \sqrt{16 \cdot 2} = \sqrt{16} \cdot \sqrt{2} = 4\sqrt{2}$

$\sqrt[3]{54} = \sqrt[3]{27 \cdot 2} = \sqrt[3]{27} \cdot \sqrt[3]{2} = 3\sqrt[3]{2}$

$\sqrt{36a} = \sqrt{36} \cdot \sqrt{a} = 6\sqrt{a} \quad (a \in \mathbb{R}_0^+)$

Aufgrund der Rechenregel
$\frac{\sqrt[n]{a}}{\sqrt[n]{b}} = \sqrt[n]{\frac{a}{b}} \quad (a, b \in \mathbb{R}^+;\ n \in \mathbb{N}\setminus\{1\})$
können wir auch partiell die Wurzel ziehen, wenn der Radikand ein Bruch ist.

$\sqrt{\frac{3}{64}} = \frac{\sqrt{3}}{\sqrt{64}} = \frac{\sqrt{3}}{8}$

$\sqrt[3]{\frac{5}{27}} = \frac{\sqrt[3]{5}}{\sqrt[3]{27}} = \frac{\sqrt[3]{5}}{3}$

Wichtig:
Aus Summen und Differenzen können wir im Allgemeinen *nicht* teilweise die Wurzel ziehen.

$\sqrt{9+16} = \sqrt{25} = 5$

aber: $\sqrt{9} + \sqrt{16} = 3 + 4 = 7$

▶ d. h. $\sqrt{9+16} \neq \sqrt{9} + \sqrt{6}$

$\sqrt{169-25} = \sqrt{144} = 12$

aber: $\sqrt{169} - \sqrt{25} = 13 - 5 = 8$

▶ d. h. $\sqrt{169-25} \neq \sqrt{169} - \sqrt{25}$

Radizieren von Wurzeln

Eine Wurzel wird radiziert, indem man die beiden Wurzelexponenten multipliziert und den Radikanden beibehält.

$\sqrt[n]{\sqrt[m]{a}} = \sqrt[m \cdot n]{a} \quad (a \in \mathbb{R}^+;\ m, n \in \mathbb{N}\setminus\{1\})$

$\sqrt{\sqrt[4]{5}} = \sqrt[2]{\sqrt[4]{5}} = \sqrt[2 \cdot 4]{5} = \sqrt[8]{5}$,

denn: $\sqrt{\sqrt[4]{5}} = \left(5^{\frac{1}{4}}\right)^{\frac{1}{2}} = 5^{\frac{1}{4} \cdot \frac{1}{2}} = 5^{\frac{1}{8}} = \sqrt[8]{5}$

Übungen

oHi Mi Lösungen online

1. Berechnen Sie.
a) $\sqrt[3]{27}$ b) $\sqrt[4]{16}$ c) $\sqrt[4]{625}$

2. Fassen Sie so weit wie möglich zusammen.
a) $\sqrt[5]{u} - \sqrt[2]{u}$
b) $\sqrt[4]{u} - 4\sqrt[4]{u}$
c) $\sqrt{a} - 3\sqrt{a} - \sqrt{b} - 8\sqrt{b}$
d) $3\sqrt[4]{16} + 2\sqrt[4]{16} - 5\sqrt[4]{16}$

3. Fassen Sie zu einem möglichst einfachen Term zusammen.
a) $\sqrt{2} \cdot \sqrt{18}$
b) $\sqrt[3]{8} \cdot \sqrt[3]{x^6}$
c) $\sqrt[3]{u} \cdot \sqrt[3]{u^3} \cdot \sqrt[3]{u^6}$
d) $\sqrt[4]{16} \cdot \sqrt[4]{81}$
e) $(4 + \sqrt{a})(4 - \sqrt{a})$
f) $\sqrt[4]{1250} : \sqrt[4]{2}$
g) $\frac{\sqrt{16x}}{\sqrt{x}}$
h) $\frac{\sqrt{xy}}{\sqrt{3a}} : \sqrt{\frac{x^2}{a}}$

4. Vereinfachen Sie. Ziehen Sie – wenn möglich – partiell die Wurzel.
a) $\frac{\sqrt{16a}}{4} \cdot \frac{a}{\sqrt{a}}$
b) $\frac{\sqrt[3]{2x} \cdot \sqrt[3]{32y}}{2\sqrt[3]{x}}$
c) $\frac{\sqrt[4]{81}}{3\sqrt{a^2}} : \frac{\sqrt[3]{a^3}}{3}$
d) $\sqrt[4]{\left(\frac{3}{7}\right)^2} : \sqrt[4]{\left(\frac{3}{7}\right)^{-2}}$

5. Formen Sie die folgenden Brüche so um, dass keine Wurzel im Nenner steht.
a) $\frac{2}{\sqrt{2}}$
b) $\frac{4}{\sqrt[3]{8}} \cdot \frac{1}{\sqrt{2}}$
c) $\frac{\sqrt{2}}{2 - \sqrt{2}}$
d) $\frac{4}{3 + \sqrt{5}}$
e) $\frac{\sqrt{a} - \sqrt{c}}{\sqrt{a} + \sqrt{c}}$
f) $\frac{\sqrt{a-b}}{\sqrt{a+b}}$

6. Berechnen Sie.
a) $(5 + \sqrt{2})^2$
b) $(\sqrt{2} - 4)^2$
c) $(\sqrt{5} + \sqrt{7})^2$
d) $2(\sqrt{2^2} - 6)^2$

G

Rechnen mit Logarithmen

Wenn von einer Potenz a^x der Exponent gesucht wird, benötigen wir den **Logarithmus**.

Der Logarithmus x einer positiven Zahl c zur positiven Basis a ist derjenige Exponent, mit dem man a potenzieren muss, um c zu erhalten.
$a^x = c \Leftrightarrow x = \log_a c \quad (x \in \mathbb{R};\ a, c \in \mathbb{R}^+)$

Wir lesen die rechte Seite so:
„x gleich Logarithmus von c zur Basis a"

$\log_2 8 = 3$, denn $2^3 = 8$
$\log_{13} 169 = 2$, denn $13^2 = 169$
$\log_4 \frac{1}{16} = -2$, denn $4^{-2} = \left(\frac{1}{4}\right)^2 = \frac{1}{16}$
$\log_a a = 1$, denn $a^1 = a$
$\log_a 1 = 0$, denn $a^0 = 1$

Aus den Potenzgesetzen ergeben sich die folgenden **Logarithmengesetze**:

$\log_a u + \log_a v = \log_a (u \cdot v)$
$\log_a u - \log_a v = \log_a \frac{u}{v}$
$n \cdot \log_a u = \log_a u^n$
$\frac{1}{m} \log_a u = \log_a \sqrt[m]{u} \quad (a, u, v \in \mathbb{R}^+;\ n \in \mathbb{Z},\ m \in \mathbb{N})$

$\log_2 8 + \log_2 32 = 3 + 5 = 8 = \log_2 256 = \log_2 (8 \cdot 32)$
$\log_5 625 - \log_5 25 = 4 - 2 = 2 = \log_5 25 = \log_5 \frac{625}{25}$
$3 \cdot \log_2 8 = 3 \cdot 3 = 9 = \log_2 512 = \log_2 8^3$
$\frac{1}{4} \log_2 256 = \frac{1}{4} \cdot 8 = 2 = \log_2 4 = \log_2 \sqrt[4]{256}$

Übungen

oHiMi Lösungen online

1. Berechnen Sie.
a) $\log_2 32$ c) $\log_7 343$ e) $\log_{16} \frac{1}{256}$
b) $\log_{10} 1000$ d) $\log_{10} 1$ f) $\log_4 \frac{1}{16}$

2. Formen Sie mithilfe der Logarithmengesetze um.
a) $\log (a \cdot b^2)$ c) $\log \frac{x^3 \cdot y^2}{z^3}$ e) $3 \log a - \log b$
b) $\log \frac{x^4}{y}$ d) $\log \sqrt{\frac{a^2 \cdot b^7}{\sqrt{z}}}$ f) $2 \log x + 8 \log x$

Übungen zum Rechnen mit reellen Zahlen

oHiMi Lösungen online

1. Ordnen Sie die folgenden Zahlen der Größe nach.
a) $-5; \frac{-14}{2}; -5{,}5; -5; -5\frac{1}{3}$ b) $(-2)^2; -2^2; (0{,}5)^2; -0{,}5^2$

2. Wandeln Sie in Brüche um und kürzen Sie.
a) 0,2 b) 0,4 c) 1,2 d) 0,14

3. Fassen Sie die Terme zusammen. Geben Sie die Ergebnisse ohne negative Exponenten an.
a) $2^2 + a^2$ e) $(5a)^2$ i) $5a^{-2}$
b) $a^2 + b^2$ f) $-3a^2 \cdot 4a^{-5}$ j) $5^7 : 5^4$
c) $a^2 + a^{-2}$ g) $3a^{-2} \cdot 4a^{-5}$ k) $a^6 : a^2$
d) $3a^2 \cdot 4a^5$ h) $(a+b)^2 - (a-b)^2$ l) $(a \cdot b)^3 : a^2$

4. Lösen Sie die Klammern auf. Fassen Sie so weit wie möglich zusammen.
a) $(5 - 6x)(12x + 7)$ b) $\left(\frac{5}{3}x - 4z\right)^2$

5. Faktorisieren Sie.
a) $4a^2 + 4a + 1$ c) $2b^2 - 4b + 2$
b) $\frac{1}{16}a^2 + \frac{1}{4}ab + \frac{1}{4}b^2$ d) $b^2 - b + 0{,}25$

6. Fassen Sie zusammen.
a) $\frac{15}{4} \cdot \frac{8}{5}$ e) $\frac{169a^{12} \cdot 48a^2}{12a^{-2} \cdot 39b^3} : \frac{13a}{2b}$
b) $\frac{25}{3} \cdot \frac{14}{35} \cdot \frac{3}{5}$ f) $0{,}5 \log(a) - 2 \log(b)^2 + \log(c)$
c) $\frac{25}{3} \cdot \left(\frac{14}{35} : \frac{3}{5}\right)$ g) $\log 8 - \log 2$
d) $\left(\frac{25}{3} \cdot \frac{14}{35}\right) : \frac{3}{5}$ h) $3 \cdot \log_4 16$

7. Fassen Sie zusammen.
a) $5\sqrt{3} + 2\sqrt{3} + \sqrt{3}$ c) $\sqrt{36} : \sqrt{4}$
b) $\sqrt[3]{2} \cdot \sqrt[3]{32}$ d) $\sqrt[3]{36} : \sqrt[3]{4}$

8. Esra hat in der letzten Woche 30 Stunden als Kellnerin gearbeitet. Ihr Stundenlohn betrug 8,50 €. Natürlich hat sie auch Trinkgeld erhalten: Dienstag 8 €, Mittwoch 6,50 €, Donnerstag 9 €, Freitag 16,20 € und Samstag 19,50 €.
Stellen Sie einen Term für Esras Gesamtverdienst auf und berechnen Sie diesen.

G

Grundlagen: Gleichungen und Gleichungssysteme

Lösen von Gleichungen

Wir sprechen von einer **Gleichung**, wenn zwei Terme durch das Zeichen = verbunden sind. Enthält eine Gleichung eine Variable, so handelt es sich um eine Aussageform. Jede Zahl aus der Grundmenge, die diese Aussageform zu einer wahren Aussage werden lässt, ist eine **Lösung** der Gleichung. Die Menge aller Lösungen einer Gleichung bezeichnen wir als **Lösungsmenge *L***.

Gleichungen:
$2 + 3 = 5$
$2 + x = 5$ ▶ Aussageform

3 ist die Lösung von $2 + x = 5$, denn $2 + 3 = 5$ ist eine wahre Aussage.
$L = \{3\}$

Bei einfachen Gleichungen können wir die Lösung oder ggf. die Lösungen durch Ausprobieren finden. In den meisten Fällen muss eine Gleichung jedoch durch Äquivalenzumformungen vereinfacht werden, um die Lösungsmenge angeben zu können.

Nicht jede Gleichung hat eine Lösung. Wenn es keine Zahl der Grundmenge gibt, die aus der Aussageform eine wahre Aussage macht, ist die Gleichung **unlösbar**. Die Lösungsmenge ist dann leer.

$L = \{\ \}$

Lineare Gleichungen

Eine Gleichung, in der alle Variablen nur in der ersten Potenz vorkommen, heißt **lineare Gleichung**.
Lineare Gleichungen mit einer Variablen lösen wir mithilfe von **Äquivalenzumformungen**: Wir formen die gegebene Gleichung in eine einfachere Gleichung um, die aber dieselbe Lösungsmenge hat. Diesen Vorgang wiederholen wir so lange, bis wir die Lösung bzw. die Lösungsmenge leicht angeben können.

Lösungsschritte:
1. Klammern auflösen und zusammenfassen.
2. Terme mit Variable auf die eine Seite bringen, Terme ohne Variable auf die andere Seite.
3. Durch den Faktor vor der Variablen teilen.

Wichtig: Alle Äquivalenzumformungen müssen *auf beiden* Seiten der Gleichung durchgeführt werden.

$$
\begin{aligned}
& & x + 40 &= 2(3 + 8x) + 2x \\
&\Leftrightarrow & x + 40 &= 6 + 16x + 2x \\
&\Leftrightarrow & x + 40 &= 6 + 18x \quad \mid -18x - 40 \\
&\Leftrightarrow & x - 18x + 40 - 40 &= 6 - 40 + 18x - 18x \\
&\Leftrightarrow & -17x &= -34 \quad \mid :(-17) \\
&\Leftrightarrow & x &= 2
\end{aligned}
$$

Der ermittelte Wert wird „zur **Probe**“ in die Ausgangsgleichung eingesetzt. Entsteht dabei eine wahre Aussage, so ist dieser Wert tatsächlich eine Lösung. Ist die entstehende Aussage falsch, so haben wir beim Umformen oder beim Einsetzen einen Fehler gemacht.

Probe: $2 + 40 = 2(3 + 8 \cdot 2) + 2 \cdot 2$
$\Leftrightarrow \quad 42 = 2 \cdot 19 + 4$
$\Leftrightarrow \quad 42 = 42 \qquad$ (w)

Lösungsmenge: $L = \{2\}$

Übungen

Lösungen online

Bestimmen Sie die Lösungsmenge.

a) $3x - 7 = 5$
b) $-12x = 3x + 5$
c) $x + 2 = 7x - 6$
d) $x + 2(3x - 7) = 21$
e) $14(2y + 2) = 28$
f) $\frac{1}{3}y - 5 = -\frac{1}{3}y + 3$
g) $12 + 5z = 3(z - 8)$
h) $\frac{2}{5} + \left(-\frac{1}{5}z + \frac{3}{5}\right) = 9$
i) $\left(\frac{1}{4} - \frac{a}{2}\right) + \left(-5a + \frac{1}{2}\right) = a - 2{,}5$
j) $-(3b - 2) + 2(4b - 2) = 4 + 2 - b$

Quadratische Gleichungen

Eine Gleichung, in der x^2 die höchste x-Potenz ist, heißt **quadratische Gleichung**. Jede quadratische Gleichung lässt sich in der **allgemeinen Form** $ax^2 + bx + c = 0$ $(a \neq 0)$ schreiben. a, b und c heißen **Koeffizienten**. Der Faktor a vor der höchsten x-Potenz heißt auch **Leitkoeffizient**.

Wenn wir die allgemeine Gleichung durch den Leitkoeffizienten a dividieren, erhalten wir die **Normalform** $x^2 + px + q = 0$ mit $p = \frac{b}{a}$ und $q = \frac{c}{a}$. Dieser Vorgang wird **Normierung** der Gleichung genannt.

Lösen von Gleichungen der Form $ax^2 + bx = 0$

Durch Ausklammern von x erhalten wir auf der linken Seite ein Produkt. Es besteht aus den beiden Faktoren x und $2x - 6$.
Wir wenden den **Satz vom Nullprodukt** an:

> Ein Produkt ist genau dann null, wenn mindestens einer der Faktoren gleich null ist.
> Kurz: $s \cdot t = 0 \Leftrightarrow s = 0$ oder $t = 0$ $\quad (s, t \in \mathbb{R})$

Dann ergeben sich die beiden Lösungen $x_1 = 0$ und $x_2 = 3$.

$$\begin{aligned} & 2x^2 - 6x = 0 \\ \Leftrightarrow\ & x(2x - 6) = 0 \\ \Leftrightarrow\ & x = 0 \quad \text{oder} \quad 2x - 6 = 0 \\ \Leftrightarrow\ & x = 0 \quad \text{oder} \quad x = 3 \end{aligned}$$

Lösungen: $x_1 = 0$; $x_2 = 3$
$L = \{0; 3\}$

Lösen von Gleichungen der Form $ax^2 + c = 0$

Wir lösen die Gleichung nach x^2 auf und ermitteln die beiden Zahlen, deren Quadrat die rechte Seite der Gleichung ergibt (im Beispiel: 9)
Achtung: Hierbei wird die Lösung $x = -\sqrt{\ }$ häufig vergessen, da nicht alle Taschenrechner diese anzeigen.

$$\begin{aligned} & 2x^2 - 18 = 0 \quad & | +18 \\ \Leftrightarrow\ & 2x^2 = 18 \quad & | :2 \\ \Leftrightarrow\ & x^2 = 9 \quad & | \pm\sqrt{\ } \\ \Leftrightarrow\ & x = -3 \quad \text{oder} \quad x = 3 & \end{aligned}$$

Lösungen: $x_1 = -3$; $x_2 = 3$
$L = \{-3; 3\}$

Ein anderer Lösungsweg nutzt die dritte binomische Formel:
Dabei dividieren wir zunächst durch 2 und zerlegen dann den Term $x^2 - 9$ in zwei Faktoren. Mithilfe des Satzes vom Nullprodukt können wir die Lösungen unmittelbar bestimmen.

$$\begin{aligned} & 2x^2 - 18 = 0 \quad | :2 \\ \Leftrightarrow\ & x^2 - 9 = 0 \\ \Leftrightarrow\ & (x + 3) \cdot (x - 3) = 0 \\ \Leftrightarrow\ & x + 3 = 0 \quad \text{oder} \quad x - 3 = 0 \\ \Leftrightarrow\ & x = -3 \quad \text{oder} \quad x = 3 \end{aligned}$$

Lösen von Gleichungen der Form $(x - x_1) \cdot (x - x_2) = 0$

Wir lösen die Gleichung durch Anwendung des Satzes vom Nullprodukt.
Die Form $(x - x_1) \cdot (x - x_2) = 0$ heißt **Produktform** einer normierten quadratischen Gleichung. Die Faktoren $x - x_1$ und $x - x_2$ heißen **Linearfaktoren**, weil sie die Variable x nur in linearer Form enthalten. Man sagt: „Der Term ist in Linearfaktoren zerlegt."

$$\begin{aligned} & (x + 3) \cdot (x - 4) = 0 \\ \Leftrightarrow\ & x + 3 = 0 \quad \text{oder} \quad x - 4 = 0 \\ \Leftrightarrow\ & x = -3 \quad \text{oder} \quad x = 4 \end{aligned}$$

Lösungen: $x_1 = -3$; $x_2 = 4$
$L = \{-3; 4\}$

Der Satz von Vieta

Wir betrachten noch einmal die Gleichung $(x + 3) \cdot (x - 4) = 0$. Sie hat die Lösungen $x_1 = -3$ und $x_2 = 4$.

Wir multiplizieren die Klammern aus, um die Gleichung in Normalform zu erhalten.

Der französische Mathematiker François Viète erkannte einen Zusammenhang zwischen den Lösungen der Gleichung und den Werten für p und q.
Der **Satz von Vieta** drückt diesen Zusammenhang allgemein aus:

> Hat eine Gleichung der Form $x^2 + px + q = 0$ die Lösungen x_1 und x_2, so gilt:
> $p = -(x_1 + x_2)$ und $q = x_1 \cdot x_2$.

$$(x + 3) \cdot (x - 4) = 0$$
$$\Leftrightarrow \quad x^2 + 3x - 4x - 12 = 0$$
$$\Leftrightarrow \quad x^2 - x - 12 = 0$$

$p = -1;\ q = -12$
$p = -((-3) + 4) = -1;$
$q = (-3) \cdot 4 = -12$

▶ Beweis:
$$(x - x_1)(x - x_2) = 0$$
$$\Leftrightarrow \quad x^2 - x x_2 - x x_1 + x_1 x_2 = 0$$
$$\Leftrightarrow \quad x^2 \underbrace{- (x_1 + x_2)}_{p} x + \underbrace{x_1 x_2}_{q} = 0$$

François Viète, genannt Vieta (1540–1603)

Mit dem Satz von Vieta können wir schnell prüfen, ob wir die Lösungen einer quadratischen Gleichung richtig ermittelt haben.

Die Gleichung $x^2 - 2x - 8 = 0$ hat tatsächlich die Lösungen $x_1 = -2$ und $x_2 = 4$.
Die Gleichung $x^2 - 5x - 6 = 0$ hat nicht die Lösungen $x_1 = 2$ und $x_2 = 3$.

$-(-2 + 4) = -2$ (w) $\qquad -2 \cdot 4 = -8$ (w)

$-(3 + 2) = -5$ (w) $\qquad 3 \cdot 2 = -6$ (f)

Außerdem kann der Satz von Vieta uns helfen, die Lösung einer quadratischen Gleichung zu ermitteln. Z. B. muss für die Lösungen x_1 und x_2 der Gleichung $x^2 - 3x + 2 = 0$ gelten: $x_1 \cdot x_2 = 2$ und $-(x_1 + x_2) = 3$. Daraus schlussfolgern wir $x_1 = 1$ und $x_2 = 2$.

Lösen von quadratischen Gleichungen mit der quadratischen Ergänzung

Wir bringen die Gleichung auf die Normalform und „sortieren" nach Termen mit und ohne Variablen.

$$3x^2 - 9x + 6 = 0$$
$$\Leftrightarrow \quad x^2 - 3x + 2 = 0$$

Aus einer Summe wie $x^2 - 3x$ können wir nicht die Wurzel ziehen, um nach x aufzulösen. Bei Termen der Form $(x + b)^2$ bzw. $(x - b)^2$ ist dies jedoch mühelos möglich. Diese Terme kennen wir aus der 1. bzw. 2. binomischen Formel.

Binomische Formeln (mit x und b):
$(x + b)^2 = x^2 + 2bx + b^2$ ▶ 1. binomische Formel
$(x - b)^2 = x^2 - 2bx + b^2$ ▶ 2. binomische Formel

Vergleichen wir die rechte Seite der 2. binomischen Formel mit der linken Seite unserer Gleichung, so ergibt sich $2b = 3$, also $b = 1{,}5$.
Es fehlt jedoch der Term b^2, also $1{,}5^2$. Aus diesem Grund ergänzen wir auf der linken Seite $1{,}5^2$, müssen diesen Term – um die Lösungsmenge der Gleichung nicht zu verändern – jedoch gleich wieder abziehen. Wir ergänzen also $1{,}5^2 - 1{,}5^2$.
Dieses Verfahren heißt **quadratische Ergänzung**.
Jetzt können wir $x^2 - 2 \cdot 1{,}5x + 1{,}5^2$ zu einem „Binom" zusammenfassen.
Da 0,25 sowohl die Quadratzahl von −0,5 als auch von +0,5 ist, ergeben sich zwei Lösungen.

$$x^2 - 3x + 2 = 0$$
$$\Leftrightarrow \quad x^2 - 2 \cdot 1{,}5x + 2 = 0$$
$$\Leftrightarrow \quad x^2 - 2 \cdot 1{,}5x + 1{,}5^2 - 1{,}5^2 + 2 = 0$$
$$\Leftrightarrow \quad x^2 - 2 \cdot 1{,}5x + 1{,}5^2 - 2{,}25 + 2 = 0$$
$$\Leftrightarrow \quad (x - 1{,}5)^2 - 0{,}25 = 0 \quad | +0{,}25$$
$$\Leftrightarrow \quad (x - 1{,}5)^2 = 0{,}25$$
$$\Leftrightarrow \quad x - 1{,}5 = -0{,}5 \quad \text{oder} \quad x - 1{,}5 = +0{,}5$$
$$\Leftrightarrow \quad x = 1 \quad \text{oder} \quad x = 2$$

Lösungen: $x_1 = 1;\ x_2 = 2$
$L = \{1;\ 2\}$

Herleitung der Lösungsformel für quadratische Gleichungen („Mitternachtsformel“)

Jede quadratische Gleichung in der allgemeinen Form $ax^2 + bx + c = 0$ lässt sich (so sie Lösungen hat) mithilfe der nachfolgenden Lösungsformel lösen. Die Herleitung der Formel erfolgt mithilfe der quadratischen Ergänzung.
In der linken Spalte wenden wir sie auf eine Beispielgleichung an, in der rechten Spalte führen wir die analoge Rechnung am allgemeinen Term durch.
Tipp: Decken Sie die rechte Seite ab, und versuchen Sie auf einem Blatt die Beispielrechnung analog an der allgemeinen Form $ax^2 + bx + c = 0$ nachzubilden.

Beispiel:

$$3x^2 + x - 2 = 0 \qquad | :3$$

$$\Leftrightarrow \quad x^2 + \tfrac{1}{3}x - \tfrac{2}{3} = 0 \qquad \blacktriangleright \text{ ergänzen mit } \pm\left(\tfrac{1}{3} : 2\right)^2 = \pm\left(\tfrac{1}{6}\right)^2$$

$$\Leftrightarrow \quad \underbrace{x^2 + \tfrac{1}{3}x + \left(\tfrac{1}{6}\right)^2}_{\text{binom. Formel}} \underbrace{- \left(\tfrac{1}{6}\right)^2 - \tfrac{2}{3}} = 0$$

$$\Leftrightarrow \quad \left(x + \tfrac{1}{6}\right)^2 - \tfrac{25}{36} = 0$$

$$\Leftrightarrow \quad \left(x + \tfrac{1}{6}\right)^2 = \tfrac{25}{36} \qquad | \sqrt{}$$

$$\Leftrightarrow \quad \left|x + \tfrac{1}{6}\right| = \tfrac{5}{6}$$

$$\Leftrightarrow \quad x + \tfrac{1}{6} = \tfrac{5}{6} \text{ oder } x + \tfrac{1}{6} = -\tfrac{5}{6}$$

$$x_1 = \tfrac{2}{3} \text{ und } x_2 = -1$$

Allgemein:

$$ax^2 + bx + c = 0 \qquad | :a \qquad (a \neq 0)$$

$$\Leftrightarrow \quad x^2 + \tfrac{b}{a}x + \tfrac{c}{a} = 0 \qquad \blacktriangleright \text{ ergänzen mit } \pm\left(\tfrac{b}{a} : 2\right)^2 = \pm\left(\tfrac{b}{2a}\right)^2$$

$$\Leftrightarrow \quad \underbrace{x^2 + \tfrac{b}{a}x + \left(\tfrac{b}{2a}\right)^2}_{\text{binom. Formel}} \underbrace{- \left(\tfrac{b}{2a}\right)^2 + \tfrac{c}{a}} = 0$$

$$\Leftrightarrow \quad \left(x + \frac{b}{2a}\right)^2 - \frac{b^2 - 4ac}{4a^2} = 0$$

$$\Leftrightarrow \quad \left(x + \frac{b}{2a}\right)^2 = \frac{b^2 - 4ac}{4a^2} \qquad | \sqrt{}$$

$$\Leftrightarrow \quad \left|x + \frac{b}{2a}\right| = \frac{\sqrt{b^2 - 4ac}}{2a}$$

$$\Leftrightarrow \quad x + \frac{b}{2a} = \frac{\sqrt{b^2 - 4ac}}{2a} \quad \text{oder} \quad x + \frac{b}{2a} = -\frac{\sqrt{b^2 - 4ac}}{2a}$$

$$x_1 = \frac{-b + \sqrt{b^2 - 4ac}}{2a} \quad \text{und} \quad x_2 = \frac{-b - \sqrt{b^2 - 4ac}}{2a}$$

$$\text{bzw.} \quad x_{1/2} = \frac{-b \pm \sqrt{b^2 - 4ac}}{2a}$$

Ob die quadratische Gleichung Lösungen hat (und wie viele), hängt also von dem Term $b^2 - 4ac$ ab. Aufgrund seiner besonderen Bedeutung wird der Term auch **Diskriminante *D*** (lat. discriminare = unterscheiden) genannt.

Für die Lösungsmenge der Gleichung $ax^2 + bx + c = 0$ mit $a \neq 0$ gilt in Abhängigkeit der Diskriminante $D = b^2 - 4ac$:

- $D < 0$: Die Gleichung hat keine Lösung, d.h., die Lösungsmenge ist leer: $L = \{\ \}$
- $D = 0$: Die Gleichung hat genau eine (doppelte) Lösung: $x_{1/2} = \frac{-b}{2a}$
- $D > 0$: Die Gleichung hat zwei verschiedene Lösungen: $x_1 = \frac{-b + \sqrt{b^2 - 4ac}}{2a}$ und $x_2 = \frac{-b - \sqrt{b^2 - 4ac}}{2a}$

Die **Lösungsformel** $x_{1/2} = \frac{-b \pm \sqrt{b^2 - 4ac}}{2a}$ nennt man auch **Mitternachtsformel**.

Lösen von quadratischen Gleichungen mit der Lösungsformel

Um die Lösungsformel für quadratische Gleichungen anzuwenden, muss man die Koeffizienten von x^2 und x sowie die Konstante c aus der allgemeinen Form $ax^2 + bx + c = 0$ kennen.

Der Ansatz lautet: $x_{1/2} = \frac{-b \pm \sqrt{b^2 - 4ac}}{2a}$

Die Diskriminante ist positiv ($D = 196$), d.h., es gibt zwei verschiedene Lösungen.

$$2x^2 + 10x - 12 = 0 \qquad \blacktriangleright\ a = 2,\ b = 10,\ c = -12$$

$$x_{1/2} = \frac{-10 \pm \sqrt{10^2 - 4 \cdot 2 \cdot (-12)}}{2 \cdot 2} = \frac{-10 \pm \sqrt{100 + 96}}{4} = \frac{-10 \pm \sqrt{196}}{4} = \frac{-10 \pm 14}{4}$$

$$x_1 = \frac{-10 + 14}{4} = \frac{4}{4} = 1 \quad \text{und}$$

$$x_2 = \frac{-10 - 14}{4} = \frac{-24}{4} = -6$$

Übungen

Lösungen online

1. Wählen Sie ein geeignetes Lösungsverfahren. Bestimmen Sie die Lösungsmenge.

a) $x^2 + 4x - 12 = 0$
b) $0 = x^2 - 5x - 6$
c) $x^2 - 6x = 0$
d) $2x^2 + 7x - 4 = 0$
e) $0 = x^2 + 9$
f) $2 - x^2 = -6x - 5$
g) $0 = (x - 2)(x - 3)$
h) $x(x - 5) = 0$
i) $2 = (x - 2)(x - 3)$
j) $3x^2 - 75 = 0$
k) $3x - \frac{1}{3}x^2 - 6 = 0$
l) $(x + 3)(x - 3) = 16$

oHi Mi **2.** Geben Sie die normierte quadratische Gleichung mit folgenden Lösungen an.

a) $x_1 = 5;\ x_2 = -2$
b) $x_1 = -4;\ x_2 = 3{,}5$
c) $x_1 = 0;\ x_2 = -8{,}75$
d) $x_1 = -\frac{2}{3};\ x_2 = \frac{2}{3}$
e) $x_1 = 6;\ x_2 = 6$
f) $x_1 = \pi;\ x_2 = 0$

oHi Mi **3.** Schreiben Sie folgende Gleichungen so um, dass sie ein Produkt von Linearfaktoren enthalten.

a) $x^2 - 7x + 12 = 0$
b) $0 = 0{,}25\,x^2 - x + 0{,}75$
c) $x^2 - 4x = 0$
d) $3x^2 - 75 = 0$
e) $2x^2 + 8x + 8 = 0$
f) $x^2 = 16$

oHi Mi **4.** Vivien hat zwei Geschwister. Ihr Bruder ist 12 Jahre jünger, ihre Schwester 4 Jahre älter als sie. Zusammen sind sie 97 Jahre alt. Berechnen Sie jeweils das Alter der drei Geschwister.

5. Bestimmen Sie die Seitenlänge eines Quadrats, dessen Fläche sich verdreifacht, wenn jede Seite um einen Meter verlängert wird.

oHi Mi **6.** Lösen Sie die folgenden quadratischen Gleichungen in der Grundmenge $\mathbb{R}$ mit der Lösungsformel für quadratische Gleichungen *und* einem weiteren besonders geeigneten Verfahren.
Vergleichen Sie anschließend Ihre Ergebnisse und auch die angewandten Verfahren. Formen Sie die Gleichungen um, falls notwendig.

a) $2x^2 - 11x = 0$
b) $-2(x + 2)(x - 5) = 0$
c) $-\frac{1}{2}x^2 + 8 = 0$
d) $x^2 - x - 6 = 0$
e) $-2x^2 + x = 5x$
f) $2(x - 3) = x(x - 3)$
g) $x^2 - 8x + 15 = 0$
h) $(x - 3)^2 = 0$

oHi Mi **7.** Überlegen Sie sich zu jeder der Lösungsmethoden zum Lösen von quadratischen Gleichungen eine Beispielgleichung, bei der die jeweilige Methode am besten geeignet ist. Begründen Sie Ihre Wahl.

oHi Mi **8.** Ermitteln Sie die Lösungen der quadratischen Gleichungen unter Anwendung des Satzes von Vieta.

a) $x^2 - 10x + 25 = 0$
b) $x^2 - 3x - 10 = 0$
c) $x^2 - 3x + 2 = 0$
d) $x^2 + 4x - 21 = 0$
e) $x^2 + 7x + 12 = 0$

oHi Mi **9.** *Ampelabfrage:* Wählen Sie die richtige Antwort.

a) $3x^2 - 2x - 1 = 0$

Welchen Wert hat die Diskriminante D?

- (rot) $D = 16$
- (gelb) $D = \sqrt{16}$
- (grün) $D = -8$

b) $x^2 + bx - 10 = 0$

Die Gleichung hat die Lösung $x_1 = -2$ und $x_2 = 5$. Welchen Wert hat b?

- (rot) 10
- (gelb) 3
- (grün) −3

Lösen von Gleichungssystemen

Bisher haben wir Gleichungen betrachtet, die nur eine Variable enthalten. Hat eine Gleichung zwei Variablen x und y, so besteht die Lösungsmenge aus unendlich vielen **Zahlenpaaren**.

$2x + 3y = 5$

Lösungen: $x = 1$ und $y = 1$;
$x = 2{,}5$ und $y = 0$;
$x = -8$ und $y = 7$

$L = \{(1; 1), (2{,}5; 0), (-8; 7), \ldots\}$

Wenn eine gemeinsame Lösung für mehrere Gleichungen mit mehreren Variablen gesucht ist, sprechen wir von einem **Gleichungssystem**.
Treten dabei alle Variablen in linearer Form auf, so handelt es sich um ein **lineares Gleichungssystem**.

Für die Lösung linearer Gleichungssysteme gibt es verschiedene Verfahren. Diese werden im Folgenden jeweils am Beispiel eines Gleichungssystems mit zwei Gleichungen und zwei Variablen vorgestellt. Grundsätzlich können wir jedes Gleichungssystem mit jedem dieser Verfahren lösen. Je nachdem, welche Form die gegebenen Gleichungen haben, führen die verschiedenen Verfahren aber unterschiedlich schnell zum Ziel.

Einsetzungsverfahren

Das **Einsetzungsverfahren** bietet sich an, wenn eine der beiden Gleichungen nach einer Variablen aufgelöst ist.
Wir lösen das Gleichungssystem, indem wir
1. den Term aus der bereits aufgelösten Gleichung (II) in die Gleichung (I) **einsetzen**,
2. die neue Gleichung (III) nach der noch vorhandenen Variablen auflösen,
3. das Ergebnis in eine der beiden gegebenen Gleichungen einsetzen und damit den Wert für die andere Variable bestimmen.

(I) $2x + 3y = 18$
(II) $x - y - 1$

(III) $2(y - 1) + 3y = 18$
$\Leftrightarrow \quad 2y - 2 + 3y = 18 \quad | +2$
$\Leftrightarrow \quad 5y = 20 \quad | :5$
$\Leftrightarrow \quad y = 4$

$y = 4$ in (II):
$x = 4 - 1 = 3$

$L = \{(3; 4)\}$

Gleichsetzungsverfahren

Das **Gleichsetzungsverfahren** bietet sich an, wenn beide Gleichungen nach derselben Variablen aufgelöst sind.
Wir lösen das Gleichungssystem, indem wir
1. die rechten Seiten **gleichsetzen**,
2. die sich ergebende Gleichung nach der noch vorhandenen Variablen auflösen,
3. das Ergebnis in eine der beiden gegebenen Gleichungen einsetzen und damit den Wert für die andere Variable bestimmen.

(I) $y = x + 9$
(II) $y = 3x - 1$

(III) $x + 9 = 3x - 1 \quad | -9; -3x$
$\Leftrightarrow \quad -2x = -10 \quad | :(-2)$
$\Leftrightarrow \quad x = 5$

$x = 5$ in (II):
$y = 3 \cdot 5 - 1 = 14$

$L = \{(5; 14)\}$

Additionsverfahren

Das **Additionsverfahren** bietet sich an, wenn keine der beiden Gleichungen nach einer Variablen aufgelöst ist. Es wird von allen Verfahren am häufigsten benutzt.
Wir lösen das Gleichungssystem, indem wir folgendermaßen vorgehen:

1. Wir multiplizieren eine der Gleichungen mit einer Zahl, sodass sich die Koeffizienten einer der beiden Variablen nur durch ihr Vorzeichen unterscheiden. In einigen Fällen müssen wir dafür auch beide Gleichungen mit je einer Zahl multiplizieren oder die Gleichungen durch eine Zahl dividieren.
2. Wir **addieren** die beiden Gleichungen und lösen die neue Gleichung (III) nach der noch vorhandenen Variablen auf.
3. Das Ergebnis setzen wir in eine der beiden gegebenen Gleichungen ein und bestimmen damit den Wert für die andere Variable.

$$
\begin{array}{lrl}
\text{(I)} & 6x + 7y = 10 & \\
\text{(II)} & 3x + 2y = 2 & \mid \cdot(-2) \\
\\
\text{(I)} & 6x + 7y = 10 & \\
\text{(II)} & -6x - 4y = -4 & \\
\hline
\text{(III)} = \text{(I)} + \text{(II)} & 3y = 6 & \mid :3 \\
\Leftrightarrow & y = 2 & \\
\\
y = 2 \text{ in (II):} & 3x + 2 \cdot 2 = 2 & \mid -4 \\
\Leftrightarrow & 3x = -2 & \mid :3 \\
\Leftrightarrow & x = -\frac{2}{3} &
\end{array}
$$

$$L = \left\{\left(-\tfrac{2}{3};\ 2\right)\right\}$$

Hinweis: Wenn eine Variable in zwei Gleichungen mit demselben Koeffizienten auftritt, bietet es sich an, die Gleichungen zu subtrahieren, um die Variable zu eliminieren. Dieses Vorgehen wird **Subtraktionsverfahren** genannt und häufig als eigenständiges Verfahren aufgeführt.

Übungen

Lösungen online

1. Bestimmen Sie die Lösungsmenge. Wählen Sie ein geeignetes Lösungsverfahren.

a) (I) $15a - b = 2{,}6$
(II) $5a + 3b = 2{,}2$

b) (I) $3x - y = 3{,}5$
(II) $-y = -6x + 5$

c) (I) $2u = 6v - 26$
(II) $u = 12 - 2v$

d) (I) $2a = -2b + 4$
(II) $a = 5b - 10$

e) (I) $0{,}5x - 4y = -15$
(II) $2x - 3y = -8$

f) (I) $2x + 4y = 2$
(II) $x - y = 0{,}25$

g) (I) $0{,}4x - 0{,}5y = 0{,}5$
(II) $2x - 3y = 1$

h) (I) $3x + 2y = 1$
(II) $4x + 5y = -1$

i) (I) $5x - 2y = 0$
(II) $7x - 3y = 1$

j) (I) $-9x + 11y = 6$
(II) $13y - 7x = 10$

k) (I) $\frac{x}{2} + \frac{y}{3} = 6$
(II) $\frac{x}{4} + \frac{y}{2} = 5$

l) (I) $\frac{x+1}{6} + \frac{2y+3}{9} = 1$
(II) $\frac{2x+3}{4} + \frac{2y+1}{4} = 2$

m) (I) $\frac{2x-3y}{4} + \frac{4x+3y}{3} = 5$
(II) $\frac{6x-y}{10} - \frac{7x-2y}{5} = -3$

2. Lösen Sie das folgende Gleichungssystem mithilfe eines Computers.
(I) $\frac{2}{3}x + y + \frac{4}{3}z = \frac{20}{3}$
(II) $x + \frac{2}{3}y + \frac{5}{3}z = \frac{22}{3}$
(III) $2x + 2{,}5y + 0{,}5z = 8{,}5$

Gauß-Verfahren

Mit den soeben eingeführten Lösungsverfahren können wir auch Gleichungssysteme mit mehr als zwei Gleichungen und zwei Variablen lösen. Besonders häufig wird hierbei das Additionsverfahren verwendet.
Ein auf dem Additionsverfahren beruhendes Verfahren zum Lösen linearer Gleichungssysteme wurde von Carl Friedrich Gauß entwickelt.
Das **Gauß-Verfahren** (Gauß'sches Eliminationsverfahren) wird im folgenden Beispiel an einem Gleichungssystem mit drei Gleichungen und den drei Variablen x, y und z vorgestellt:

Carl Friedrich Gauß
(1777–1855)

1. Wir eliminieren die Variable x aus den Gleichungen (II) und (III):
$(-2)\cdot(\text{I}) + (\text{II}) = (\text{IV})$ und $(-3)\cdot(\text{I}) + (\text{III}) = (\text{V})$

$$\begin{array}{lrl} \text{(I)} & x + 2y + 3z = 17 & \cdot(-2) \quad \cdot(-3) \\ \text{(II)} & 2x - 3y + 2z = 4 & \leftarrow + \\ \text{(III)} & 3x - 5y + 4z = 9 & \leftarrow + \end{array}$$

(I) bleibt unverändert.
(IV) ersetzt (II).
(V) ersetzt (III).

$$\begin{array}{lrl} \text{(I)} & x + 2y + 3z = 17 & \\ \text{(IV)} & -7y - 4z = -30 & \cdot(-11) \\ \text{(V)} & -11y - 5z = -42 & \cdot 7 \leftarrow + \end{array}$$

2. Wir elimieren die Variable y aus (V):
$(-11)\cdot(\text{IV}) + 7\cdot(\text{V}) = (\text{VI})$
(I) bleibt unverändert.
(IV) bleibt unverändert.
(VI) ersetzt (V).
Das Gleichungssystem hat nun **Dreiecksform**.

$$\begin{array}{lr} \text{(I)} & x + 2y + 3z = 17 \\ \text{(IV)} & -7y - 4z = -30 \\ \text{(VI)} & 9z = 36 \end{array}$$

Die Dreiecksform heißt auch Stufenform.

3. Aus dieser Dreiecksform bestimmen wir schrittweise die Lösung:

$$9z = 36$$
$$\Leftrightarrow \quad z = 4$$

Mithilfe der Gleichung (VI) bestimmen wir z.
Setzen wir den Wert für z in Gleichung (IV) ein, so können wir y berechnen.

$z = 4$ in (IV):
$$-7y - 4\cdot 4 = -30$$
$$\Leftrightarrow \quad -7y = -14 \qquad |:(-7)$$
$$\Leftrightarrow \quad y = 2$$

Schließlich setzen wir die Werte für y und z in Gleichung (I) ein. Wir erhalten die Lösung für x.
Die Lösung ist ein **Zahlentripel**. Es enthält in alphabetischer Reihenfolge für jede Variable den berechneten Wert.

$z = 4$, $y = 2$ in (I):
$$x + 2\cdot 2 + 3\cdot 4 = 17 \qquad |-16$$
$$\Leftrightarrow \quad x = 1$$

$$L = \{(1; 2; 4)\}$$

Übungen

Lösungen online

Bestimmen Sie die Lösungsmenge der Gleichungssysteme mithilfe des Gauß-Verfahren.

a) (I) $x - y + z = 4$
(II) $3x + y + z = 1$
(III) $9x - 3y - z = 9$

b) (I) $25a + 5b + c = 10$
(II) $a - b + c = -2$
(III) $8a + 2b = 4$

c) (I) $-2x_1 + 3x_3 = 5$
(II) $7x_1 - x_3 = 11$
(III) $-12x_1 + 2x_2 - 4x_3 = -51$

Lösen von Anwendungsaufgaben

Die Praktikantin Saskia hat für eine Teambesprechung im Kindergarten ein Angebot für einen Spieltunnel ausgedruckt. Erzieherin Birgit winkt ab: „Der Tunnel ist viel zu schmal. Wenn unsere Vorschulkinder da durchrobben, ist er schnell zerrissen." Über diese Reaktion ist Saskia enttäuscht, aber auch etwas verunsichert. Ist der Tunnel für ältere Kinder vielleicht wirklich nicht geeignet?

G

1. Verstehen der Aufgabe

Worum geht es eigentlich?

Welche Fragestellungen beinhaltet die Aufgabe?

Welche Informationen enthält der Aufgabentext?

Passt ein sechsjähriges Kind problemlos durch diesen Raupen-Tunnel?
Wie groß darf das Kind sein, damit es nicht an die eingearbeiteten Metallreifen stößt?
Wie viel Platz hat das Kind im Tunnel?
Gegeben: Länge 180 cm, Umfang 150 cm

2. Mathematisieren der Aufgabe

Welche mathematischen Begriffe und Aussagen können den einzelnen Fragestellungen zugeordnet werden?

Welche Darstellungsform ist geeignet, das Problem zu lösen?

Notwendige Daten ermitteln.

Bei Bedarf Skizzen zur Veranschaulichung anfertigen.

Der größte Abstand und damit der Platz im Raupen-Tunnel entspricht dem Durchmesser d.
Wir nutzen den gegebenen Umfang U und die Formel $U = \pi \cdot d$.
Am meisten Platz benötigt das Kind auf allen Vieren vermutlich vom Boden bis zum Kopf. Die Kopfhöhe kann durch Messen, Schätzen oder Internetrecherche bestimmt werden.
Die geschätzte Kopfhöhe eines 6-Jährigen auf allen Vieren beträgt 57 cm.

3. Lösen der Aufgabe

Mathematische Werkzeuge zur Lösung nutzen (z.B. Äquivalenzumformungen).

$$U = \pi \cdot d \quad \Leftrightarrow \quad d = \frac{U}{\pi} \qquad \blacktriangleright\ U = 150\,\text{cm}$$
$$\Rightarrow \quad d = \frac{150}{\pi} \approx 47{,}7$$

4. Rückführung

Welche Ergebnisse sind sinnvoll in Bezug auf die Aufgabe, welche nicht?

Ergebnisse in Antwortsätzen formulieren und interpretieren.

Der Durchmesser des Tunnels beträgt ca. 48 cm und ist damit zu klein. Ein Vorschulkind passt nur hindurch, wenn es auf dem Bauch liegend durchrobbt. Wie lange der Tunnel bei dieser Beanspruchung hält, ist eine Frage der Qualität.

Übung

Lösungen online

Melina plant mit vier Freundinnen einen Singstar-Abend. Sie wollen Pizza bestellen. Die Pizzeria bietet die rechts stehenden Angebote.
Zu welchem Angebot raten Sie Melina?

Pizza

2 Pizza (∅ 29 cm), 1 gemischter Salat, Pizzabrötchen, 1 Fl. Wein 15,00 Euro

Pizza-Party-Blech (45x45 cm) für 6 Personen mit 4 Belägen 21,00 Euro

1 großer gem. Salat mit Pizzabrötchen 3,50 Euro

Lösungen der „Alles klar?“-Aufgaben

Lösungen zu 1.1

Seite 12

a) Ja, denn jedem Kreisradius wird genau eine Kreisfläche zugeordnet.
b) Nein, denn einem bestimmten Alter können mehrere Körpergrößen zugeordnet werden.
c) Ja, denn jedem x-Wert wird genau ein y-Wert zugeordnet.
d) Ja, denn jedem x-Wert wird genau ein y-Wert zugeordnet.
e) Nein, da die Zuordnung nicht eindeutig ist. Einem x-Wert können mehrere y-Werte zugeordnet werden.

Lösungen zu 1.2

Seite 19

1.
a) Ja, denn der Term entspricht der Form $mx + t$ ($m = 3$; $t = 7$).
b) Ja, denn der Term entspricht der Form $mx + t$ ($m = -1{,}8$; $t = 0$).
c) Nein, denn hier ist $m = 0$.
d) Nein, wegen des quadratischen Terms.
e) Ja, denn der Term entspricht der Form $mx + t$ ($m = -6$; $t = 2$).
f) Nein, es handelt sich nicht um die Gleichung einer Funktion.
g) Nein, denn hier ist $m = 0$.
h) Ja, denn Ausmultiplizieren ergibt $f(x) = 2x - 10$, also $m = 2$ und $t = -10$.

2.
a)

kWh	0	250	500	750	1000	1250
Preis in €	5,90	70,9	135,9	200,9	265,9	330,9

$f(x) = 0{,}26x + 5{,}9$

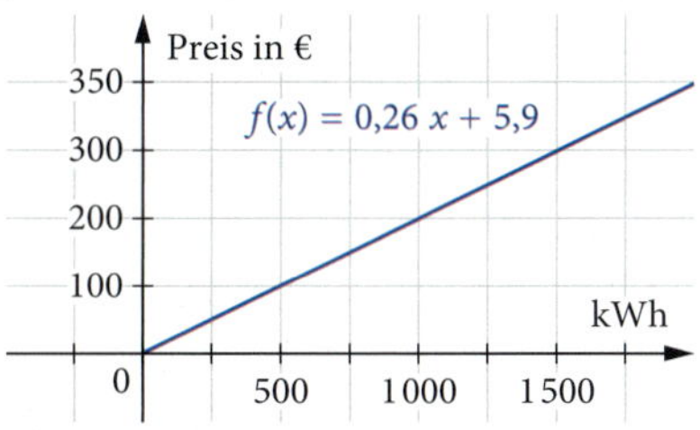

b) $0{,}26\,\frac{€}{\text{kWh}} \cdot 860\,\text{kWh} + 5{,}90\,€ = 229{,}50\,€$

Seite 21

1.
a) $m = -3$; $t = 6$; die Gerade fällt.
b) $m = \frac{1}{2}$; $t = -3$; die Gerade steigt.
c) $m = 0$; $t = -17$;
die Gerade ist parallel zur x-Achse.
d) $m = -0{,}25$; $t = 0$; die Gerade fällt.
e) $m = -2$; $t = 4{,}5$; die Gerade fällt.

2.
a) $m = \frac{8-4}{5-2} = \frac{4}{3}$

b) $m = \frac{0-4}{0{,}5-(-2)} = -\frac{8}{5}$

c) $m = \frac{5-5}{4-(-2)} = 0$

d) $m = \frac{2{,}5-(-1{,}25)}{-2-(-0{,}75)} = -3$

Seite 23

1. $f(x) = \frac{1}{4}x + 3$ $\quad h(x) = -3$
$g(x) = -x + 5$ $\quad p(x) = -2{,}5x + 1$

2.
a) $f(x) = 0{,}8x - 4{,}2$
b) $f(x) = 7$
c) $f(x) = -3x - 1$

3.
a) $f(x) = -2x + 8$
b) $f(x) = x + 7$
c) $f(x) = 6$

Seite 24

1.

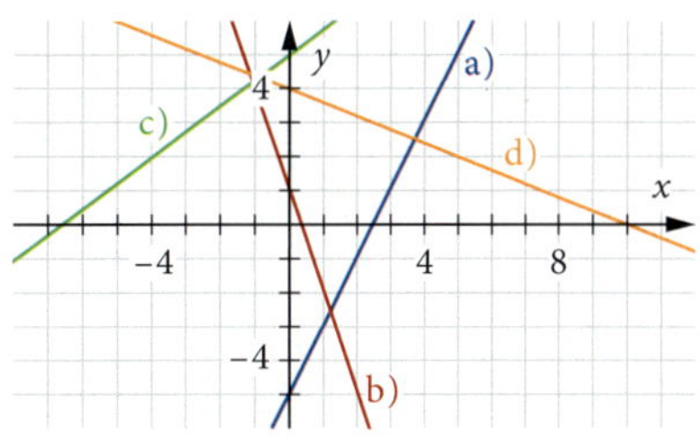

2.

a) $f(-1) = -2$; $P(-1|-2)$
$f(1) = 6$; $Q(1|6)$

b) $f(2) = -1$; $P(2|-1)$
$f(6) = 5$; $Q(6|5)$

c) $f(0) = 3{,}5$; $P(0|3{,}5)$
$f(3) = 2$; $Q(3|2)$

d) $f(1) = 1$; $P(1|1)$
$f(4) = -3$; $Q(4|-3)$

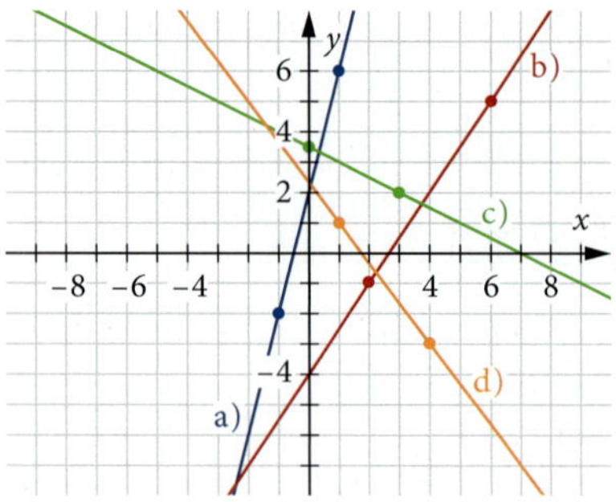

Seite 25

$g_1 \parallel g_3$; $g_2 \parallel g_6$; $g_7 \parallel g_8$
$g_1 \perp g_5$; $g_3 \perp g_5$; $g_2 \perp g_4$; $g_4 \perp g_6$

Seite 27

1.

a) $x = -3$; $N(-3|0)$; $S_y(0|7{,}5)$

b) $x = 4{,}5$; $N(4{,}5|0)$; $S_y(0|4)$

c) $x = 0$; $N(0|0)$; $S_y(0|0)$

d) $x = \frac{7}{3}$; $N\left(\frac{7}{3}\middle|0\right)$; $S_y(0|-7)$

e) keine Nullstelle vorhanden; $S_y(0|6)$

2.

$f(t) = 100 - 3t$; Nullstelle $t = \frac{100}{3} = 33{,}\overline{3}$
Nach 33 Minuten und 20 Sekunden wäre das Aquarium leer.

Seite 29

Oben

a) $S(2|12)$
b) $S(-24|-8)$
c) kein Schnittpunkt
d) $S(0|8)$

Unten

a) $S(2|12)$; $x > 2$
b) $S(-24|-8)$; $x > -24$
c) kein Schnittpunkt; $f(x) > g(x)$ gilt für alle $x \in \mathbb{R}$
d) $f(x) > g(x)$ für $x > 0$

Seite 33

1.

a)

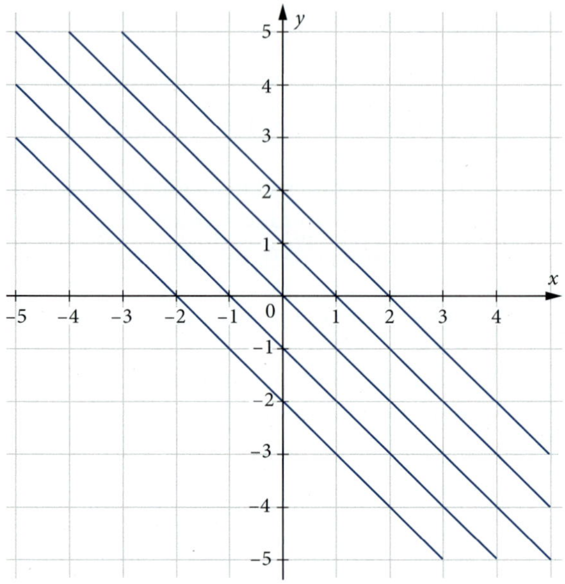

b)

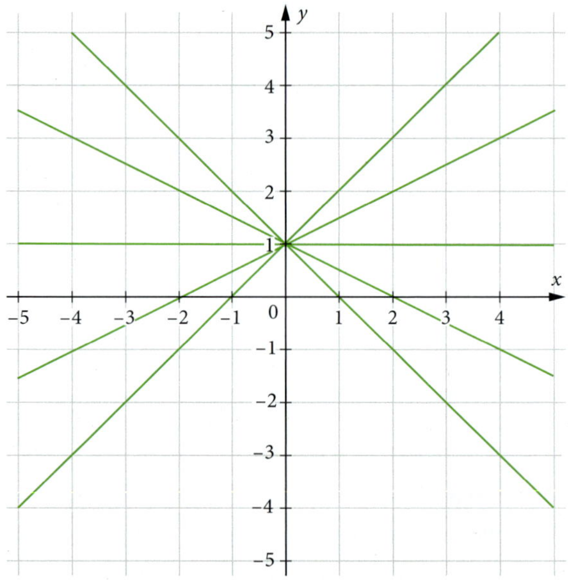

2.

a) NST $f_t(x)$: $(t+1)\cdot x - t = 0 \Leftrightarrow x = \frac{t}{t+1}$ für $t \neq -1$
NST $g_t(x)$: $tx - 2t = 0 \Leftrightarrow x = \frac{2t}{t} = 2$

b) $f_t(x) = g_t(x) \Leftrightarrow (t+1)x - t = tx - 2t$
$\Leftrightarrow tx + x - t = tx - 2t \Leftrightarrow x - t = -2t \Leftrightarrow x = -t$;
$g_t(-t) = -t^2 - 2t \rightarrow S(-t|-t^2 - 2t)$

c) $f_t(2) = 4 \Rightarrow 4 = (t+1)\cdot 2 - t \Rightarrow t = 2$;
$g_t(3) = -2 \Rightarrow -2 = 3t - 2t \Rightarrow t = -2$

Lösungen zu 1.3

Seite 41

1.

a) Ja, denn sie hat die Form $f(x) = ax^2 + bx + c$.

b) Ja, denn sie hat die Form $f(x) = ax^2 + bx + c$ mit $b = c = 0$.

c) Nein, denn x hat in höchster Potenz den Exponenten 3.

d) Nein, denn der Term x^2 steht im Nenner.

2.

a) $a = 3;\ b = 0{,}5;\ c = 8$

b) $a = \sqrt{2};\ b = 3;\ c = 6$

c) $a = -2;\ b = 0{,}5;\ c = 0$

d) $a = 1;\ b = -1;\ c = \frac{1}{5}$

e) $f(x) = 2(x-1)^2 = 2(x^2 - 2x + 1) = 2x^2 - 4x + 2$
$\Rightarrow a = 2;\ b = -4;\ c = 2$

f) $f(x) = -\frac{1}{4}(2x-3)^2 = -\frac{1}{4}(4x^2 - 12x + 9) = -x^2 + 3x - \frac{9}{4}$
$\Rightarrow a = 1;\ b = 3;\ c = -\frac{9}{4}$

g) $f(x) = 0{,}5x(4x-5) = 2x^2 - 2{,}5x$
$\Rightarrow a = 2;\ b = -2{,}5;\ c = 0$

h) $f(x) = -(x-3)(x+4) = -(x^2 + 4x - 3x - 12)$
$= -x^2 - x + 12 \Rightarrow a = -1;\ b = -1;\ c = 12$

Seite 42

1. $f(x) = -x^2$ $a = -1$
$g(x) = 3x^2$ $a = 3$
$h(x) = \frac{1}{2}x^2$ $a = \frac{1}{2}$
$k(x) = -\frac{1}{2}x^2$ $a = -\frac{1}{2}$
$i(x) = \frac{1}{8}x^2$ $a = \frac{1}{8}$

2.

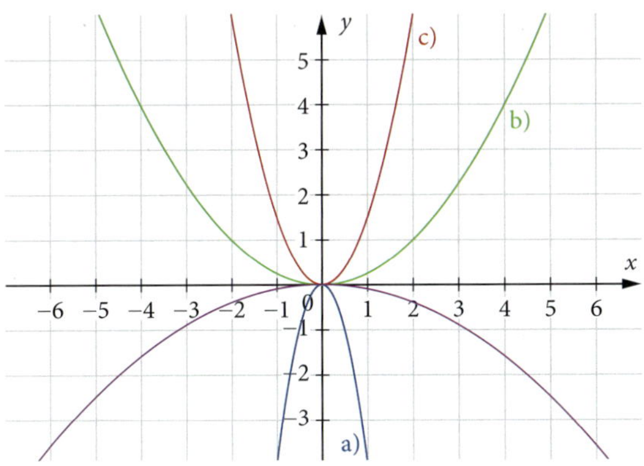

a) Gestreckt und nach unten geöffnet; $a = -4$

b) Gestaucht und nach oben geöffnet; $a = 0{,}25$

c) Gestreckt und nach oben geöffnet; $a = 1{,}5$

Seite 44

a) $f(x) = x^2 - 1$
Die Normalparabel wurde um 1 Einheit nach unten verschoben.

b) $f(x) = (x-3)^2$
Die Normalparabel wurde um 3 Einheiten nach rechts verschoben.

c) $f(x) = (x+1)^2 + 1$
Die Normalparabel wurde um je 1 Einheit nach links und oben verschoben.

d) $f(x) = -2x^2$
Die Normalparabel wurde gestreckt. Die Parabel ist nach unten geöffnet.

e) $f(x) = -(x+3)^2 - 1$
Die Normalparabel wurde um 3 Einheiten nach links und eine Einheit nach unten verschoben. Die Parabel ist nach unten geöffnet.

f) $f(x) = -0{,}5(x-3)^2$
Die Normalparabel wurde gestaucht und um 3 Einheiten nach rechts verschoben. Die Parabel ist nach unten geöffnet.

Seite 47

1.

a) $f(x) = x^2 - 10x + 30$

b) $f(x) = 2x^2 + 8x + 5$

c) $f(x) = -x^2 + 15x - 40$

2.

a) $f(x) = (x + 2{,}5)^2 - 2{,}25$

b) $f(x) = 0{,}5(x-3)^2 + 0{,}5$

c) $f(x) = -5(x+1)^2 - 10$

3.

a) z. B.: Scheitelform: $f(x) = -(x+3)^2$,
allgemeine Form: $f(x) = -x^2 - 6x - 9$

b) z. B.: Scheitelform: $f(x) = x^2 - 2$, identisch mit allgemeiner Form: $f(x) = x^2 - 2$

Seite 51

1.

a) $x_1 = 0;\ x_2 = 6$

b) $x_1 = -3;\ x_2 = 3$

c) $x_1 = 0;\ x_2 = 3$

d) $x_{1/2} = 5$ (Berührpunkt)

e) $x_1 = 0;\ x_2 = -3$

f) keine Nullstellen

g) $x_1 = 2;\ x_2 = -4$

h) $x_1 = 1;\ x_2 = 2$

i) $x_1 = -2;\ x_2 = -3$

2.
a) Binomische Formel bzw. Lösungsformel; $x_{1/2} = -\frac{1}{3}$
b) Ausklammern, Satz vom Nullprodukt; $x_1 = 0$; $x_2 = 16$
c) keine Nullstellen vorhanden
d) Lösungsformel; $x_{1/2} = 2$
e) Wurzelziehen: $x_1 = -1$; $x_2 = 3$
f) Satz vom Nullprodukt; $x_1 = -5$; $x_2 = 6$
g) Lösungsformel; keine Nullstellen vorhanden
h) Wurzelziehen: $x_{1/2} = 0$

Seite 52

1.
a) Scheitelpunktform: $f(x) = 2(x-4)^2 + 1$ (gegeben)
Allgemeine Form: $f(x) = 2x^2 - 16x + 33$
Produktform: keine, da keine Nullstellen
b) Allgemeine Form: $f(x) = x^2 - 4x + 3$ (gegeben)
Scheitelpunktform: $f(x) = (x-2)^2 - 1$
Produktform: $f(x) = (x-1)(x-3)$
c) Produktform: $f(x) = -(x+3)(x-3)$ (gegeben)
Allgemeine Form: $f(x) = -x^2 + 9$
Scheitelpunktform: $f(x) = -x^2 + 9$ (identisch allg. Form)

2. Wegen der Symmetrie der Parabel liegt der x-Wert des Scheitels *genau in der Mitte zwischen den beiden Nullstellen*, also bei $x = \frac{-5+3}{2} = \frac{-2}{2} = -1$. Leider lässt sich dieses Verfahren bei den Parabeln, die *die x-Achse nicht schneiden (keine Nullstellen haben)*, nicht anwenden.

Seite 54

1.
a) $S_1(2|3)$; $S_2(3|3)$
b) $S_{1/2}(-2|2)$ (Berührpunkt)
c) $S_1(-7|-32)$; $S_2(-1|-8)$
d) kein Schnittpunkt vorhanden
e) $S_1(-0{,}2|0{,}76)$; $S_2(1{,}4|0{,}44)$
f) $S_{1/2}(0|0)$
g) $f(x) = (x-3)^2 + 2$
$g(x) = -(x-2)^2 + 5$
$S_1(1{,}38|4{,}62)$; $S_2(3{,}62|2{,}38)$

2.

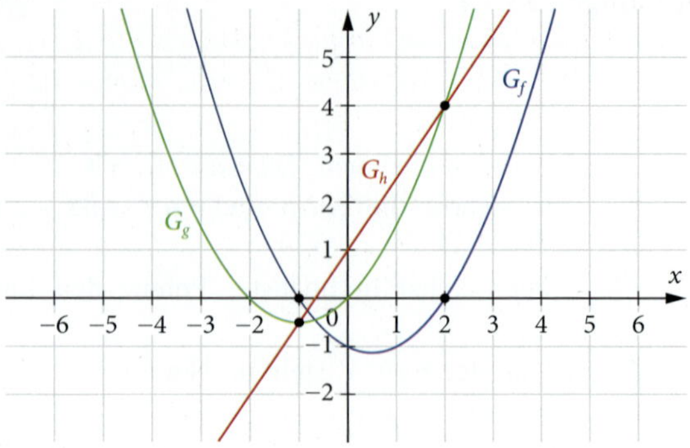

$$f(x) = 0$$
$$\Leftrightarrow \quad 0{,}5x^2 - 0{,}5x - 1 = 0$$
$$\Leftrightarrow \quad x^2 - x - 2 = 0$$
$$(x-2)(x+1) = 0$$
$x_1 = 2$ und $x_2 = -1$

$$g(x) = h(x)$$
$$\Leftrightarrow \quad 0{,}5x^2 + x = 1{,}5x + 1$$
$$\Leftrightarrow \quad 0{,}5x^2 - 0{,}5x - 1 = 0$$
$x_1 = 2$ und $x_2 = -1$

Die Behauptung von Lisa ist wahr.

3. z. B.:

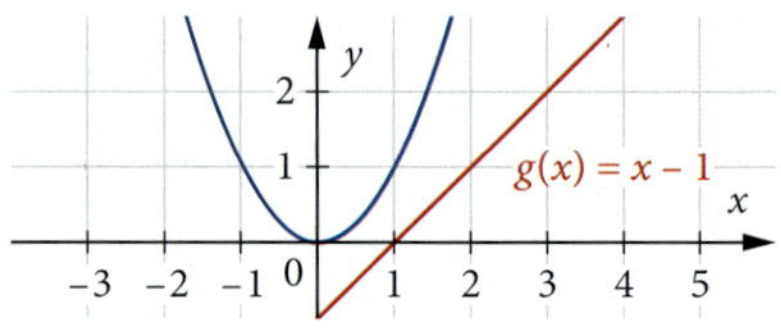

$x^2 = x - 1 \Leftrightarrow x^2 - x + 1 = 0$
$\rightarrow$ keine Lösung

Seite 58

$f(x) < 0$: $L =]-\infty; -1[\cup]3; \infty[$
$f(x) \geq 0$: $L = [-1; 3]$
$f(x) \geq g(x)$: $L = [-2; 3{,}5]$

Seite 60

Oben

Bedingungsgleichungen:

$f(1) = 7 \quad \Rightarrow \quad a + b + c = 7$
$f(0) = 4{,}5 \quad \Rightarrow \quad c = 4{,}5$
$f(-2) = 2{,}5 \quad \Rightarrow \quad 4a - 2b + c = 2{,}5$

Funktionsgleichung: $f(x) = 0{,}5x^2 + 2x + 4{,}5$

Unten

1. $A(6|2{,}5)$ einsetzen in $f(x) = a(x-3)^2 - 2$
$\Rightarrow 2{,}5 = a(6-3)^2 - 2 \Leftrightarrow 2{,}5 = 9a - 2 \Leftrightarrow a = \frac{1}{2}$
$\Rightarrow f(x) = \frac{1}{2}(x-3)^2 - 2$

2. $P(0|-2{,}5)$ einsetzen in $f(x) = a(x-1)(x-5)$
$\Rightarrow -2{,}5 = a(0-1)(0-5) \Leftrightarrow -2{,}5 = 5a \Leftrightarrow a = -\frac{1}{2}$
$\Rightarrow f(x) = -\frac{1}{2}(x-1)(x-5)$

3.

a) Aus der Lage der gegebenen Punkte (siehe Skizze) kann man eindeutig schließen, dass die Parabel nach unten geöffnet sein muss; d. h., der Streckfaktor ist negativ.

b) $P(0|1)$ einsetzen in $g(x) = a(x+0{,}5)(x-6)$
$\Rightarrow 1 = a(0+0{,}5)(0-6) \Leftrightarrow 1 = -3a \Leftrightarrow a = -\frac{1}{3}$
$\Rightarrow g(x) = -\frac{1}{3}(x+0{,}5)(x-6)$

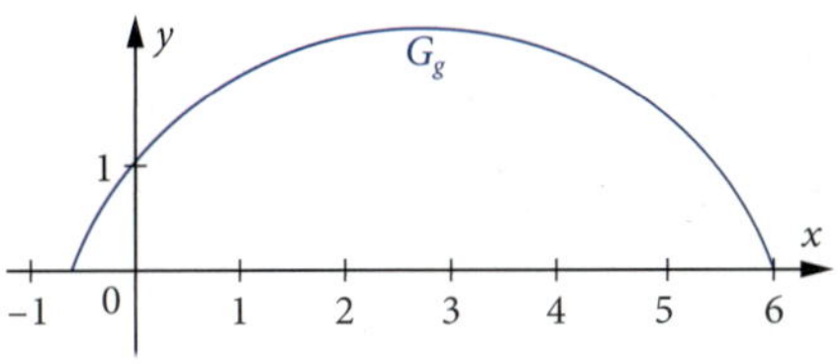

Seite 64

a) $f_k(1) = -3 \Leftrightarrow k \cdot 1^2 + 2 \cdot 1 + 4k = -3$
$\Leftrightarrow 5k = -5 \Leftrightarrow k = -1$

b) $f_k(0) = 4k \Leftrightarrow S_y(0|4k)$
Parabel durch den Ursprung nicht möglich: $4k$ müsste 0 sein, also $k = 0$, ist nicht definiert! (Graph ist für $k = 0$ eine Gerade)

c) $x_S = -\frac{2}{2k} = -\frac{1}{k}$ ▶ $a = k; b = 2$
$y_S = f_k\left(\frac{-1}{k}\right) = k \cdot \left(\frac{-1}{k}\right)^2 + 2 \cdot \left(\frac{-1}{k}\right) + 4k = k \cdot \frac{1}{k^2} - \frac{2}{k} + 4k$
$= \frac{1}{k} - \frac{2}{k} + 4k = 4k - \frac{1}{k}$
$S\left(-\frac{1}{k}\middle|4k - \frac{1}{k}\right)$

d) $D(k) = 2^2 - 4 \cdot k \cdot 4k = 4 - 16k^2 = -16k^2 + 4$
$D(k) = 0 \Leftrightarrow -16k^2 + 4 = 0 \Leftrightarrow -16k^2 = -4 \Leftrightarrow k^2 = \frac{1}{4}$
$k_1 = -0{,}5; k_2 = 0{,}5$
Skizze G_D:

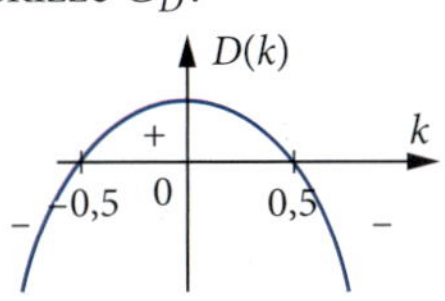

– $k \in]-0{,}5; 0{,}5[\Rightarrow D > 0$, und damit gibt es zwei verschiedene Nullstellen.
– $k \in \{-0{,}5; 0{,}5\} \Rightarrow D = 0$, und damit gibt es jeweils genau eine doppelte Nullstelle.
– $k \in]-\infty; -0{,}5[\cup]0{,}5; +\infty[\Rightarrow D < 0$, und damit gibt es keine Nullstelle.

e) $f_k(x) = t(x)$
$\Leftrightarrow kx^2 + 2x + 4k = 3$
$\Leftrightarrow kx^2 + 2x + 4k - 3 = 0$
$D(k) = 4 - 4 \cdot k \cdot (4k - 3)$
$= 4 - 16k^2 + 12k$
$= -16k^2 + 12k + 4$
$D(k) = 0 \Leftrightarrow -16k^2 + 12k + 4 = 0$
$k_{1/2} = \frac{-12 \pm \sqrt{144 - 4 \cdot (-16) \cdot 4}}{2 \cdot (-16)} = \frac{-12 \pm 20}{-32}$
$k_1 = -\frac{1}{4}; k_2 = 1$
Skizze G_D:

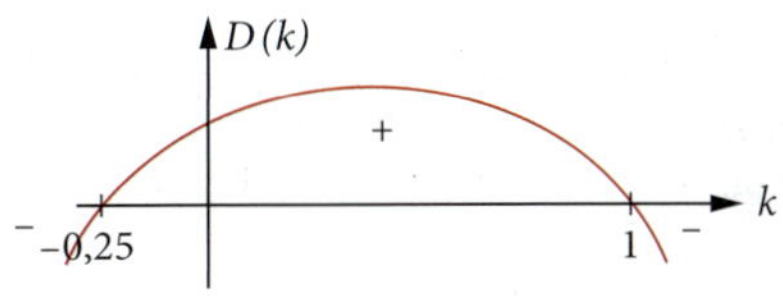

– $k \in]-\infty; -0{,}25[\cup]1; \infty[$: $D(k) < 0 \Rightarrow$ keine gemeinsamen Punkte $\Rightarrow$ Gerade ist Passante
– $k \in \{-0{,}25; 1\}$: $D(k) = 0 \Rightarrow$ ein gemeinsamer (Berühr)Punkt $\Rightarrow$ Gerade ist Tangente
– $k \in]-0{,}25; 1[$: $D(k) > 0 \Rightarrow$ zwei gemeinsame (Schnitt)Punkte $\Rightarrow$ Gerade ist Sekante

Lösungen zu 1.4

Seite 75

1.

a) Ja; $a_6 = 5$; $a_5 = a_4 = 0$; $a_3 = 32$; $a_2 = 0$; $a_1 = 12$; $a_0 = 0$

b) Nein, wegen $\sqrt{x}$

c) Ja; $a_4 = a_3 = a_2 = \frac{1}{4}$; $a_1 = a_0 = 0$

d) Nein, da x^2 im Nenner steht

e) Ja; $a_1 = x$; $a_0 = \sqrt{3}$

f) Ja; $a_3 = \frac{1}{2}$; $a_2 = 0$; $a_1 = \frac{3}{7}$; $a_0 = 5$

g) Ja; $a_0 = 1$

h) Ja; $f(x) = x^3 - x^2 - 8x + 12$
$\Rightarrow a_3 = 1$; $a_2 = -1$; $a_1 = -8$; $a_0 = 12$

2. $f(x) = 3x^6 - 2x^5 + 3x^4 + x^3 - 6x^2 + 8$

3. $V(x) = x(30 - 2x)(14 - 2x) = 4x^3 - 88x^2 + 420x$
$D_V = [0; 7]$
$V_{max} = V(3) = 576\ (cm^3)$
Seitenlängen der Schachtel:
$a = 24\ (cm)$; $b = 8\ (cm)$; $c = 3\ (cm)$

Seite 78

a) Achsensymmetrie zur y-Achse, da nur gerade Exponenten
b) Weder Achsensymmetrie zur y-Achse noch Punktsymmetrie zum Ursprung, da gerade und ungerade Exponenten
c) Punktsymmetrie zum Ursprung, da nur ungerade Exponenten
d) Achsensymmetrie zur y-Achse, da nur gerade Exponenten
e) Punktsymmetrie zum Ursprung, da nur ungerade Exponenten
f) Weder Achsensymmetrie zur y-Achse noch Punktsymmetrie zum Ursprung, da gerade und ungerade Exponenten

Seite 81

1.

a) $\lim\limits_{x \to -\infty} f(x) = +\infty$; $\lim\limits_{x \to +\infty} f(x) = +\infty$
Graph verläuft vom II. in den I. Quadranten.
b) $\lim\limits_{x \to -\infty} f(x) = -\infty$; $\lim\limits_{x \to +\infty} f(x) = -\infty$
Graph verläuft vom III. in den IV. Quadranten.
c) $\lim\limits_{x \to -\infty} f(x) = -\infty$; $\lim\limits_{x \to +\infty} f(x) = -\infty$
Graph verläuft vom III. in den IV. Quadranten.
d) $\lim\limits_{x \to -\infty} f(x) = +\infty$; $\lim\limits_{x \to +\infty} f(x) = -\infty$
Graph verläuft vom II. in den IV. Quadranten.
e) $\lim\limits_{x \to -\infty} f(x) = -\infty$; $\lim\limits_{x \to +\infty} f(x) = +\infty$
Graph verläuft vom III. in den I. Quadranten.
f) $\lim\limits_{x \to -\infty} f(x) = +\infty$; $\lim\limits_{x \to +\infty} f(x) = -\infty$
Graph verläuft vom II. in den IV. Quadranten.

2.

a) $\lim\limits_{x \to -\infty} f(x) = -\infty$; $\lim\limits_{x \to +\infty} f(x) = +\infty$
Graph verläuft vom III. in den I. Quadranten.
b) $\lim\limits_{x \to -\infty} f(x) = +\infty$; $\lim\limits_{x \to +\infty} f(x) = -\infty$
Graph verläuft vom II. in den IV. Quadranten.
c) $\lim\limits_{x \to -\infty} f(x) = -\infty$; $\lim\limits_{x \to +\infty} f(x) = -\infty$
Graph verläuft vom III. in den IV. Quadranten.

3.

a) z.B. $f(x) = x$ und $g(x) = x^3$
b) z.B. $f(x) = x^2$ und $g(x) = 2$

4. Die Graphen aus a) und b) verlaufen vom III. in den I. Quadranten.
Die Graphen aus c), f) und g) verlaufen vom II. in den I. Quadranten.
Die Graphen aus e) und h) verlaufen vom II. in den IV. Quadranten.
Der Graph aus d) verläuft vom III. in den IV. Quadranten.

Seite 83

a) Nullstellen: $x_1 = -2$; $x_{2/3} = 0$; $x_4 = 2$
Extrempunkte: $T_1(-1{,}4 \mid -3)$; $H(0 \mid 0)$; $T_2(1{,}4 \mid -3)$
Wendepunkte: $W_1(-0{,}8 \mid -1{,}6)$; $W_2(0{,}8 \mid -1{,}6)$
b) Nullstellen: $x_1 = -2{,}4$; $x_2 = 2{,}4$
Extrempunkte: $H(0 \mid 3)$
Wendepunkte: keine
c) Nullstellen: $x_{1/2} = -2$; $x_3 = 3$
Extrempunkte: $T(-2 \mid 0)$; $H(1{,}3 \mid 0{,}9)$
Wendepunkte: $W(-0{,}3 \mid 0{,}45)$
d) Nullstellen: $x_1 = -2$; $x_{2/3/4} = 0$; $x_5 = 3$
Extrempunkte: $H(-1{,}5 \mid 0{,}4)$; $T(2{,}3 \mid -1{,}8)$
Wendepunkte: $W_1(-1 \mid 0{,}2)$; $W_2(0 \mid 0)$; $W_3(1{,}5 \mid -0{,}9)$

Seite 85

Der Graph ist streng monoton fallend bis T_1, streng monoton steigend bis H, streng monoton fallend bis T_2 und dann wieder streng monoton steigend.

Seite 86

a) $S_y(0 \mid -5)$
b) $S_y(0 \mid -2)$
c) $S_y(0 \mid 0)$
d) $S_y(0 \mid 2)$
e) $S_y(0 \mid 0)$
f) $S_y(0 \mid -31)$

Seite 88

1.

a) Dreifache Nullstelle (Wendepunkt) bei 1
b) Doppelte Nullstelle (Hochpunkt) bei 0, einfache Nullstellen bei −7 und 3
c) Doppelte Nullstelle (Hochpunkt) bei −4

2.

a) Keine Nullstellen

b) $f(x) = (x - \sqrt[4]{2})(x + \sqrt[4]{2})$
$x_{1/2} = \pm\sqrt{\sqrt{2}} = \pm\sqrt[4]{2}$ (jeweils einfach)

c) $f(x) = \frac{1}{225}(x + 3)(x - 3)^3(x - 5)(x + 5)$
$x_{1/2} = -3$ (einfach); $x_3 = 3$ (dreifach);
$x_{4/5} = \pm 5$ (jeweils einfach)

Seite 89

1.

a) $x_1 = -\sqrt{3};\ x_2 = -1;\ x_3 = 1;\ x_4 = \sqrt{3}$

b) $x_1 = -\sqrt{5};\ x_2 = \sqrt{5}$

c) $x_1 = -2;\ x_2 = -\sqrt{3};\ x_3 = \sqrt{3};\ x_4 = 2$

2. Die Lösungsformel für quadratische Gleichungen kann hier nicht angewendet werden, da $\sqrt{z}$ in der Gleichung vorkommt. Das Substitutionsverfahren ist für die Nullstellenberechnung der Funktionsgleichung $f(x) = x^4 - 13x^2 + 12x - 1$ ungeeignet.

Seite 92

a) $x_1 = -3;\ x_2 = -1;\ x_3 = 3$

b) $x = 1$

c) $x_1 = -3;\ x_2 = 5$ (doppelte Nullstelle)

d) $x_1 = -2;\ x_2 = 2$ (dreifache Nullstelle)

Seite 93

a) $S_1(-0{,}5\,|\,0{,}25);\ S_2(0\,|\,0);\ S_3(1\,|\,1)$

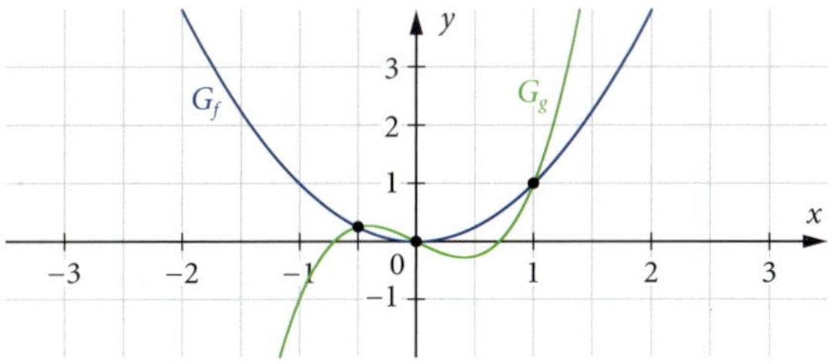

b) $S_1(-2\,|\,3);\ S_2(1\,|\,3);\ S_3(3\,|\,3)$

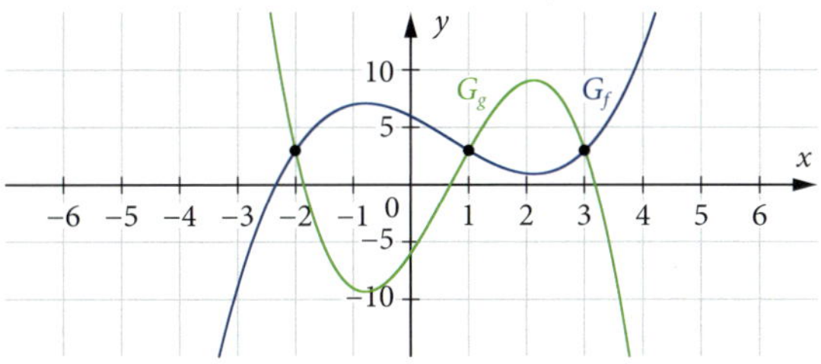

Seite 100

1.

a) $L =]-\infty; -3[\cup]-1; 2[\cup]4; +\infty[$

b) $L =]-\infty; -3] \cup [-1; 2] \cup [4; +\infty[$

c) $L =]-3; -1[\cup]2; 4[$

d) $L = [-3; -1] \cup [2; 4]$

2.

a) $L =]1; 0[\cup]1; +\infty[$

b) $L =]-1; 1[\cup]3; +\infty[$

c) $L =]-\infty; -1[\cup]1; +\infty[$

d) $L =]-\infty; -2[\cup]0; 2[$

e) $L =]-\infty; -4[\cup]-\sqrt{2}; \sqrt{2}[$

f) $L =]-2; -1[\cup]1; 2[$

g) $L = \{0\} \cup [4; +\infty[$

h) $L = [0; +\infty[$

i) $L = \mathbb{R}$

j) $L =]-\infty; -5] \cup \{0\}$

k) $L =]-\infty; -0]$

l) $L = \{-4; 4\}$

Lösungen zu 2.1

Seite 109

1. $v = \frac{f(4) - f(0)}{4 - 0} = \frac{40 - 0}{4} = 10\left[\frac{m}{s}\right]$

$v = \frac{f(4) - f(2)}{4 - 2} = \frac{40 - 10}{2} = 15\left[\frac{m}{s}\right]$

Die Durchschnittsgeschwindigkeit des Fahrzeugs beträgt während der ersten 4 Sekunden des Anfahrens $10\,\frac{m}{s}$. Die Durchschnittsgeschwindigkeit des Fahrzeugs beträgt von der 2. bis 4. Sekunde $15\,\frac{m}{s}$.

2.

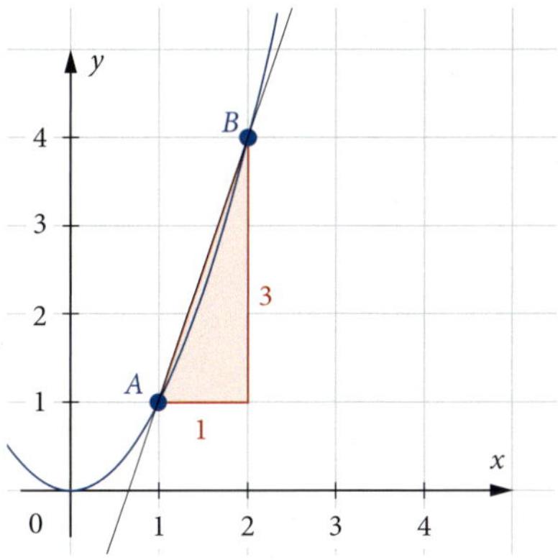

$m = \frac{f(2) - f(1)}{2 - 1} = \frac{4 - 1}{1} = 3$

L

Seite 110

Die Steigung in den Kurvenpunkten P_1, P_2 und P_3 entspricht den Steigungen der jeweiligen Tangente an der Stelle. Also ist die Steigung im Punkt P_3 gleich $m_3 = -3$, die Steigung im Punkt P_2 gleich $m_2 = 0$ und im Punkt P_1 gleich $m_1 = 3$.

Seite 111

1. $\lim\limits_{x\to 1}\frac{f(x)-f(1)}{x-1} = \lim\limits_{x\to 1}\frac{x^2-1}{x-1} = \lim\limits_{x\to 1}\frac{(x+1)(x-1)}{x-1}$
$= \lim\limits_{x\to 1}(x+1) = 2$
Die lokale Änderungsrate von f bei $x_0 = 1$ ist 2.

2. $\lim\limits_{x\to 2}\frac{f(x)-f(2)}{x-2} = \lim\limits_{x\to 2}\frac{x^2-3-1}{x-2} = \lim\limits_{x\to 2}\frac{x^2-4}{x-2}$
$= \lim\limits_{x\to 2}\frac{(x-2)\cdot(x+2)}{x-2} = \lim\limits_{x\to 2}(x+2) = 4$
Die Steigung von f bei $x_0 = 2$ ist 4.

Seite 113

1. $\lim\limits_{x\to -2}\frac{f(x)-f(-2)}{x-(-2)} = \lim\limits_{x\to -2}\frac{2x^2-8}{x+2}$
$= \lim\limits_{x\to -2}\frac{2\cdot(x-2)\cdot(x+2)}{x+2} = \lim\limits_{x\to -2} 2\cdot(x-2)$
$= -8$ (Steigung)
$\lim\limits_{x\to 3}\frac{f(x)-f(3)}{x-3} = \lim\limits_{x\to 3}\frac{2x^2-18}{x-3}$
$= \lim\limits_{x\to 3}\frac{2\cdot(x-3)\cdot(x+3)}{x-3} = \lim\limits_{x\to 3} 2\cdot(x+3)$
$= 12$ (Steigung)
$\lim\limits_{x\to 0}\frac{f(x)-f(0)}{x-0} = \lim\limits_{x\to 0}\frac{2x^2-0}{x-0} = \lim\limits_{x\to 0} 2x$
$= 0$ (Steigung)

2.

a) Graph von $s(t) = 20t$

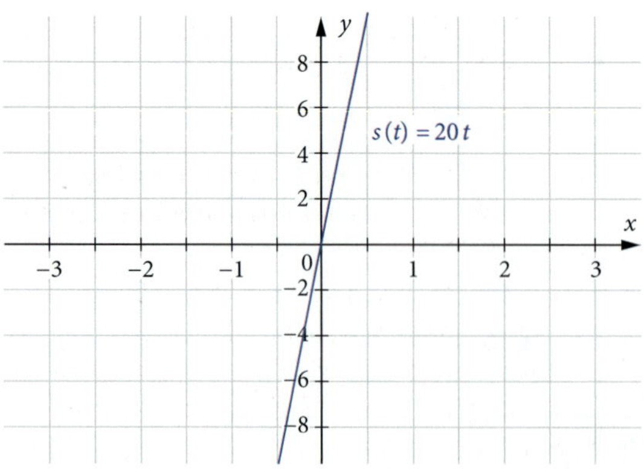

b) $\lim\limits_{t\to 3}\frac{s(t)-s(3)}{t-3} = \lim\limits_{t\to 3}\frac{20t-60}{t-3} = \lim\limits_{t\to 3} 20 = 20$
$\lim\limits_{t\to 10}\frac{s(t)-s(10)}{t-10} = \lim\limits_{t\to 10}\frac{20t-200}{t-10} = \lim\limits_{t\to 10} 20 = 20$
Die Momentangeschwindigkeit nach 3 Sekunden und nach 10 Sekunden beträgt $20\,\frac{m}{s}$.

c) Es handelt sich um eine geradlinige Bewegung mit konstanter Geschwindigkeit.

Seite 115

a), c)

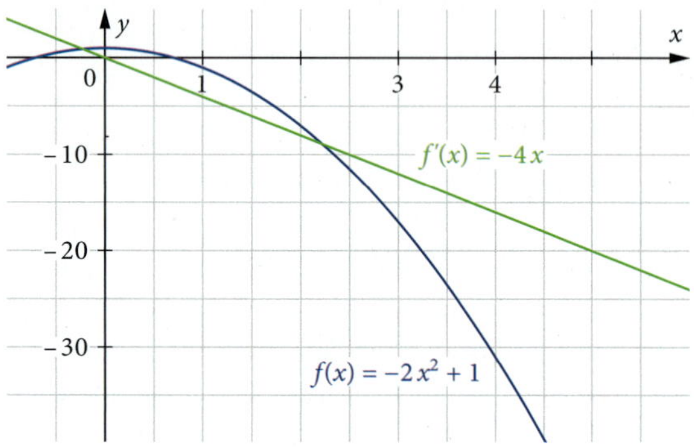

b), d) $f'(2) = -\frac{16}{2} = -8$; $f'(0) = 0$; $f'(5) = -\frac{15}{0{,}75} = -20$

Seite 116

1. Die h-Methode benennt den Abstand $x - x_0$ explizit als h. Wenn $x \to x_0$ geht, dann geht auch $h \to 0$ und umgekehrt. Aus diesem Grund führen beide Methoden zu demselben Ergebnis.

2. $\lim\limits_{x\to -3}\frac{f(x)-f(-3)}{x-(-3)} = \lim\limits_{x\to -3}\frac{x^2-(-3)^2}{x+3}$
$= \lim\limits_{x\to -3}\frac{(x-3)\cdot(x+3)}{(x+3)} = \lim\limits_{x\to -3}(x-3) = -6$
$\lim\limits_{h\to 0}\frac{f(-3+h)-f(-3)}{h} = \lim\limits_{h\to 0}\frac{(-3+h)^2-(-3)^2}{h}$
$= \lim\limits_{h\to 0}\frac{9-6h+h^2-9}{h} = \lim\limits_{h\to 0}(-6+h) = -6$

Seite 121

1.

a) $f'(x) = 6x^2 + 4$

b) $f'(x) = -x$

c) $f'(x) = 0{,}25x^4 - 1{,}2x^3$

d) $f'(x) = \frac{1}{6}x^6 - \frac{1}{5}x^5 + \frac{1}{4}x^4$

e) $f'(x) = x^3 + x^2$

f) $f'(x) = 0$

g) $f'(x) = \frac{1}{2}x$

h) $f'(x) = 0$

2.

a) $f'(x) = 2$

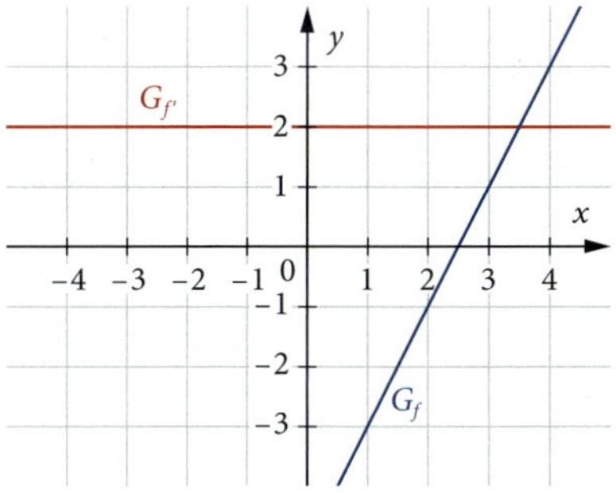

b) $f'(x) = -0{,}5x + 4$

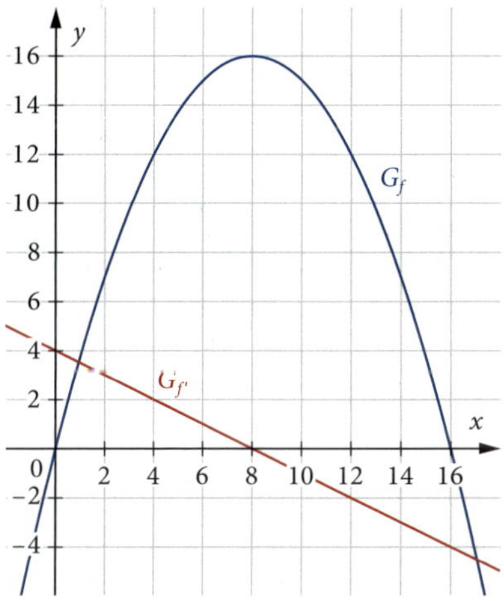

c) $f'(x) = \frac{3}{2}x^2 - 3$

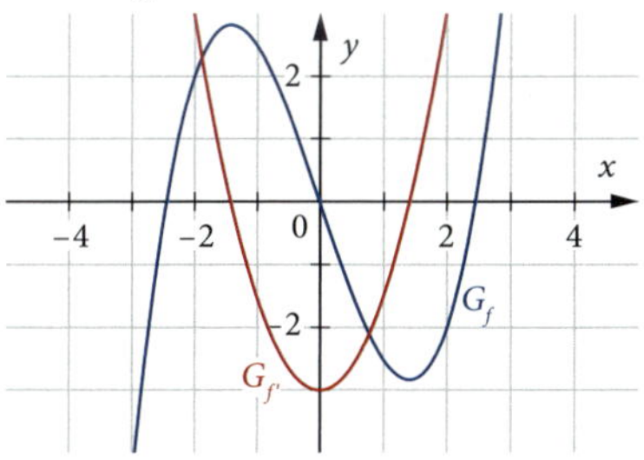

Seite 122

a) $f'(x) = 10x^3 + 6x$
$f''(x) = 30x^2 + 6$
$f'''(x) = 60x$
$f^{(4)}(x) = 60$
$f^{(5)}(x) = 0$

b) $f'(x) = 0{,}75x^2 - 5$
$f''(x) = 1{,}5x$
$f''''(x) = 1{,}5$
$f^{(4)}(x) = 0$

c) $f'(x) = -5x^4 + 0{,}8x^3 - 18x^2$
$f''(x) = -20x^3 + 2{,}4x^2 - 36x$
$f'''(x) = -60x^2 + 4{,}8x - 36$
$f^{(4)}(x) = -120x + 4{,}8$
$f^{(5)}(x) = -120$
$f^{(6)}(x) = 0$

d) $f'(x) = -\frac{2}{3}x^3 + \frac{5}{2}x^2 - \frac{2}{3}x - \frac{4}{3}$
$f''(x) = -2x^2 + 5x - \frac{2}{3}$
$f'''(x) = -4x + 5$
$f^{(4)}(x) = -4$
$f^{(5)}(x) = 0$

Seite 124

1.

a) $y = 4x - 4$
b) $y = 4x + 5$

2.

a) $f(x) = -x^2 - 2x + 3$ hat die Ableitung $f'(x) = -2x - 2$
$m = 0 \Rightarrow f'(x) = 0$
$-2x - 2 = 0 \Rightarrow x = -1;$
$f(-1) = 4 \Rightarrow$ der gesuchte Punkt mit $m = 0$ ist $P(-1|4)$.

b) $f(x) = \frac{1}{3}x^3 - \frac{4}{3}x$ hat die Ableitung $f'(x) = x^2 - \frac{4}{3}$
$m = -\frac{1}{3} \Rightarrow f'(x) = -\frac{1}{3}$
$x^2 - \frac{4}{3} = -\frac{1}{3} \Rightarrow x^2 = 1 \Rightarrow x_1 = 1$ und $x_2 = -1;$
$f(1) = -1; f(-1) = 1 \Rightarrow$ die gesuchten Punkte mit $m = -\frac{1}{3}$ sind $P_1(1|-1)$ und $P_2(-1|1)$.

Seite 126

Grenzkostenfunktion: $K'(x) = -0{,}375x^2 + 5{,}65x - 5$
Grenzkosten für 6 ME: $K'(6) = 15{,}4$

Lösungen zu 2.2

Seite 132

a) f ist streng monoton fallend in den Intervallen $]-\infty; -1{,}5]$, $[-0{,}5; 0{,}5]$; $[1{,}5; \infty[$ und monoton steigend in den Intervallen $[-1{,}5; -0{,}5]$; $[0{,}5; 1{,}5]$.

b) f ist streng monoton steigend im Intervall $]-\infty; -1]$ und streng monoton fallend im Intervall $[-1; \infty[$.

c) f ist streng monoton steigend in den Intervallen $]-\infty; 0.5]$; $[1{,}5; \infty[$ und streng monoton fallend im Intervall $[0{,}5; 1{,}5]$.

Hinweis: Die Grenzen gehören nach der Definition von Seite 85 mit zu den Monotonieintervallen, obwohl dort gilt: $f'(x) = 0$.

Seite 133

Grenzen der Monotonieintervalle liegen bei:

a) $x_1 = -1{,}5$; $x_2 = -0{,}5$; $x_3 = 0{,}5$; $x_4 = 1{,}5$

b) $x_1 = -1$

c) $x_1 = 0{,}5$; $x_2 = 1{,}5$

Seite 136

1.

a) $H(3|5)$

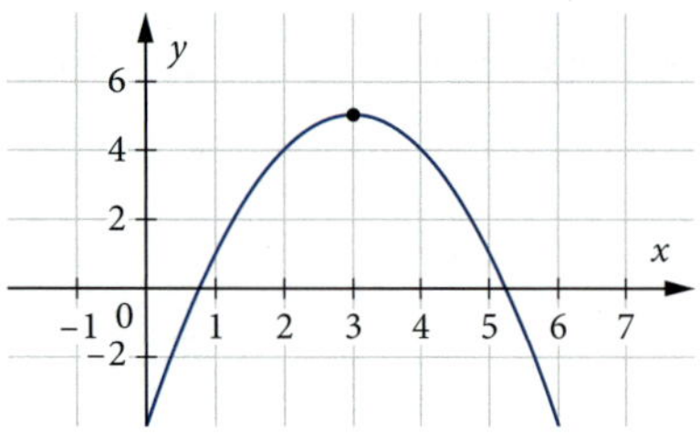

b) $T(2|-28)$; $H(-4|80)$

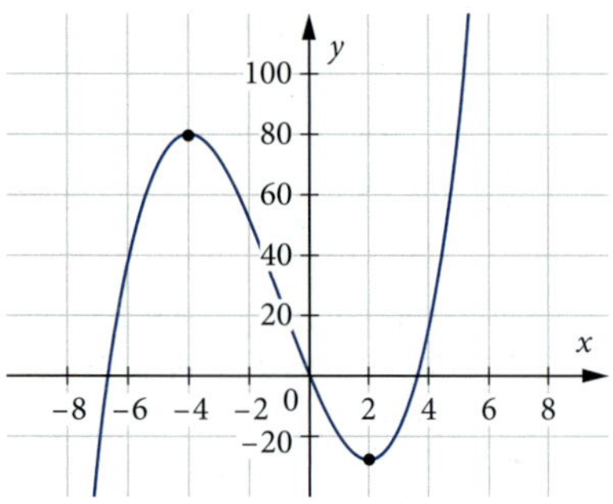

c) Keine Extrempunkte

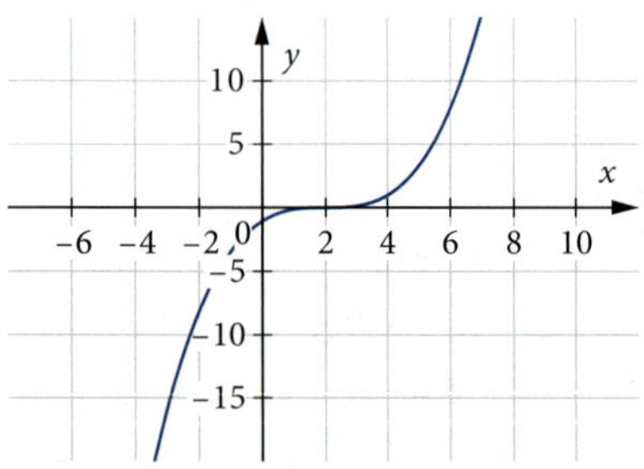

2.

Notwendige Bedingung für eine Extremstelle ist $f'(x) = 0$; auf S. 134 wird berechnet, dass dies für $x = 16$ erfüllt ist. Hinreichende Bedingung für eine Maximalstelle ist VZW von + nach −; wir untersuchen die Steigung links und rechts von $x = 16$:

x	15	16	17
$f'(x) = -0{,}15x^2 + 3{,}6x - 19{,}2$	1,05	0	−1,35

Bei $x = 16$ VZW von + nach − ⇒ Es liegt eine Maximalstelle von f vor.

Seite 139

a) Kein Wendepunkt

$f'(x) = 0{,}5x - 0{,}5$; $f''(x) = 0{,}5 \Rightarrow f''(x) > 0$ für alle $x \in \mathbb{R} \Rightarrow G_f$ linksgekrümmt

b) $W(2|2)$

$f'(x) = -\frac{3}{8}x^2 + \frac{3}{2}x$; $f''(x) = -\frac{3}{4}x + \frac{3}{2} \Rightarrow f''(2) = 0$

$K_1 =]-\infty; 2]$; $f''(x) > 0$ für alle $x \in K_1$

$\Rightarrow G_f$ linksgekrümmt

$K_2 = [2; \infty[$; $f''(x) < 0$ für alle $x \in K_2$

$\Rightarrow G_f$ rechtsgekrümmt

c) $W_1(-0{,}3|4)$ und $W_2(4{,}3|4)$

$f'(x) = -\frac{1}{2}x^3 + 3x^2 + 2x - 12$; $f''(x) = -\frac{3}{2}x^2 + 6x + 2$

Hinweis: Über das Augenmaß lassen sich hier nur ungefähre Werte ablesen. Beim Nachrechnen ergibt sich an den beiden Wendestellen deshalb jeweils nur $f''(x_W) \approx 0$.

$K_1 =]-\infty; -0{,}3]$; $f''(x) < 0$ für alle $x \in K_1$

$\Rightarrow G_f$ rechtsgekrümmt

$K_2 =]-0{,}3; 4{,}3]$; $f''(x) > 0$ für alle $x \in K_2$

$\Rightarrow G_f$ linksgekrümmt

$K_3 = [4{,}3; \infty[$; $f''(x) < 0$ für alle $x \in K_3$

$\Rightarrow G_f$ rechtsgekrümmt

Seite 140

a) $W(-2|0)$, R-L-Krümmungswechsel

b) $W(1|-1)$, L-R-Krümmungswechsel

c) $W_1(-3|-1{,}5)$, L-R-Krümmungswechsel;
$W_2(0|3)$, R-L-Krümmungswechsel

d) Keine Wendepunkte

Seite 141

a) Minimale Steigung bei $x = 2$ (größte negative Steigung)

$f'(x) = \frac{3}{8}x^2 - \frac{3}{2}x$; $f''(x) = \frac{3}{4}x - \frac{3}{2} \Rightarrow f''(2) = 0$;
die notwendige Bedingung für eine Extremstelle von f' ist erfüllt; $f''(x)$ hat einen Vorzeichenwechsel von − nach + ⇒ Minimalstelle von f'

b) Maximale Steigung bei $x = 2$

$f'(x) = -\frac{3}{8}x^2 + \frac{3}{2}x$; $f''(x) = -\frac{3}{4}x + \frac{3}{2} \Rightarrow f''(2) = 0$;
die notwendige Bedingung für eine Extremstelle von f' ist erfüllt; VZW von $f''(x)$ bei $x = 2$ von + nach −
⇒ Maximalstelle von f'

c) Minimale Steigung bei $x \approx -0{,}3$ und maximale Steigung bei $x_2 \approx 4{,}3$
$f'(x) = -\frac{1}{2}x^3 + 3x^2 + 2x - 12$; $f''(x) = -\frac{3}{2}x^2 + 6x + 2$
$\Rightarrow f''(-0{,}3094) = 0$ und $f''(4{,}3094) = 0$; die notwendige Bedingung für eine Extremstelle von f' ist erfüllt; VZW von $f''(x)$ bei $x_1 = -0{,}3094$ von – nach + und bei $x_2 = 4{,}3094$ von + nach – $\Rightarrow$ Extremstelle

Seite 143

1.

Der Graph der Funktion f hat einen Wendepunkt $W_1(1|-1)$ und einen Terrassenpunkt $W_2(2|0)$. Die Gleichungen der Wendetangenten lauten t_1: $y = 2x - 3$ und t_2: $y = 0$.

2.

a) $W(2|1)$; t: $y = -1{,}5x + 4$

b) $W_1\left(-2\left|-\frac{20}{3}\right.\right)$; t_1: $y = \frac{16}{3}x + 4$ und
$W_2\left(2\left|-\frac{20}{3}\right.\right)$; t_2: $y = -\frac{16}{3}x + 4$

Seite 145

$f(x) = 1{,}8x^5 - 3x^3 + 1$; $f'(x) = 9x^4 - 9x^2$
Nullstellen von $f'(x)$ werden berechnet: $9x^4 - 9x^2 = 0$
$\Leftrightarrow 9x^2(x^2 - 1) = 0 \Rightarrow x_1 = -1$ und $x_2 = 0$ und $x_3 = 1$
$f''(x)$ wird betrachtet: $f''(x) = 36x^3 - 18x$
$f''(-1) = -18 < 0 \Rightarrow x_1 = -1$ ist lokale Maximalstelle von f
$f''(0) = 0 \Rightarrow$ zu x_2 ist keine Aussage über Extremstelle möglich
$f''(1) = 18 > 0 \Rightarrow x_3 = 1$ ist lokale Minimalstelle von f

Seite 152

a) Weder Punktsymmetrie zum Ursprung noch Achsensymmetrie zur y-Achse
Für $x \to -\infty$ gilt $f(x) \to +\infty$
Für $x \to +\infty$ gilt $f(x) \to +\infty$
$S_y(0|-8)$
$N_1(-1|0)$; $N_2(4|0)$
$f'(x) = 4x - 6$; $f''(x) = 4$
$T(1{,}5|-12{,}5)$
kein Wendepunkt

b) Weder Punktsymmetrie zum Ursprung noch Achsensymmetrie zur y-Achse
Für $x \to -\infty$ gilt $f(x) \to -\infty$
Für $x \to +\infty$ gilt $f(x) \to +\infty$
$S_y(0|0)$
$N_{1/2}(0|0)$; $N_3(9|0)$
$f'(x) = x^2 - 6x$; $f''(x) = 2x - 6$; $f'''(x) = 2$
$H(0|0)$; $T(6|-36)$
$W(3|-18)$ (R-L-Wendepunkt)

c) Weder Punktsymmetrie zum Ursprung noch Achsensymmetrie zur y-Achse
Für $x \to -\infty$ gilt $f(x) \to -\infty$
Für $x \to +\infty$ gilt $f(x) \to +\infty$
$S_y(0|0)$
$N_1(0|0)$; $N_{2/3}(6|0)$
$f'(x) = 3x^2 - 24x + 36$; $f''(x) = 6x - 24$;
$f'''(x) = 6$
$H(2|32)$; $T(6|0)$
$W(4|16)$ (R-L-Wendepunkt)

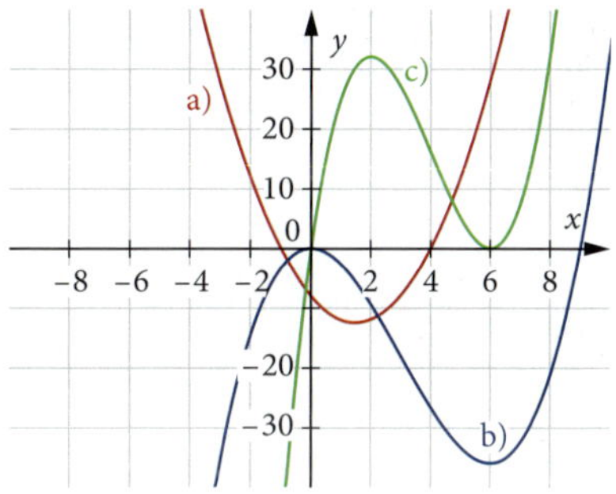

d) Weder Punktsymmetrie zum Ursprung noch Achsensymmetrie zur y-Achse
Für $x \to -\infty$ gilt $f(x) \to +\infty$
Für $x \to +\infty$ gilt $f(x) \to -\infty$
$S_y(0|2)$
$N_1(1|0)$
$f'(x) = -3x^2 - 1$; $f''(x) = -6x$;
$f'''(x) = -6$
kein Extrempunkt
$W(0|2)$ (L-R-Wendepunkt)

e) Achsensymmetrie zur y-Achse
Für $x \to -\infty$ gilt $f(x) \to +\infty$
Für $x \to +\infty$ gilt $f(x) \to +\infty$
$S_y(0|0)$
$N_1(-\sqrt{2}|0)$; $N_{2/3}(0|0)$; $N_4(\sqrt{2}|0)$
$f'(x) = 8x^3 - 8x$; $f''(x) = 24x^2 - 8$; $f'''(x) = 48x$
$H(0|0)$; $T_1(-1|-2)$; $T_2(1|-2)$
$W_1\left(-\frac{\sqrt{3}}{3}\left|-\frac{10}{9}\right.\right)$ (L-R-Wendepunkt);
$W_2\left(\frac{\sqrt{3}}{3}\left|-\frac{10}{9}\right.\right)$ (R-L-Wendepunkt)

f) Weder Punktsymmetrie zum Ursprung noch Achsensymmetrie zur y-Achse
Für $x \to -\infty$ gilt $f(x) \to -\infty$
Für $x \to +\infty$ gilt $f(x) \to -\infty$
$S_y(0|0)$
$N_1(0|0)$; $N_{2/3/4}(6|0)$
$f(x) = -\frac{2}{45}x^4 + \frac{4}{5}x^3 - \frac{24}{5}x^2 + \frac{48}{5}x$
$f'(x) = -\frac{8}{45}x^3 + \frac{12}{5}x^2 - \frac{48}{5}x + \frac{48}{5}$
$f''(x) = -\frac{8}{15}x^2 + \frac{24}{5}x - \frac{48}{5}$
$f'''(x) = -\frac{16}{15}x + \frac{24}{5}$
$H(1{,}5|6{,}075)$
$W_1(3|3{,}6)$ (R-L-Wendepunkt)
$W_2(6|0)$ (L-R-Wendepunkt) Terrassenpunkt

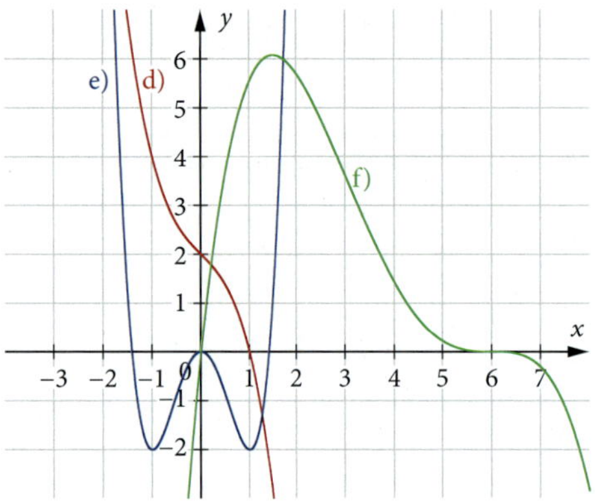

Lösungen zu 3.1

Seite 160

1. $\Omega = \{1; 2; 3; 4; 5; 6; 7; 8\}$

2. 11 Elemente (11 Kugeln, nummeriert von 0 bis 10)

3. Der Wurf eines sechsseitigen Würfels, dessen Seiten mit den Ziffern von 1 bis 6 beschriftet sind.

4. Individuelle Lösung, z. B.
- Schuss auf ein Fußballtor; $\Omega = \{\text{Tor; kein Tor}\}$
- Geschlecht eines Neugeborenen; $\Omega = \{\text{männlich; weiblich}\}$
- Wahlbekundung für eine im Bundestag vertretene Partei (Stand: Februar 2016); $\Omega = \{\text{CDU; CSU; SPD; Die Linke; Bündnis 90/Die Grünen}\}$

Seite 161

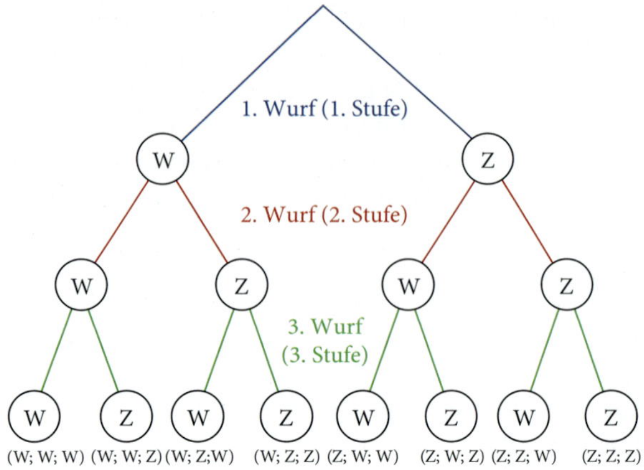

Seite 162

1.
a) Zufallsexperiment
b) In der Regel kein Zufallsexperiment
c) Zufallsexperiment

2. Z: Zitrone H: Himbeere K: Kirsche E: Erdbeere
$\Omega = \{(Z; Z); (Z; H); (Z; K); (Z; E); (H; H); (H; K); (H; E); (K; K); (K; E); (E; E)\}$

3. $\Omega = \{30; 33; 35; 50; 53; 55\}$

4.
a)

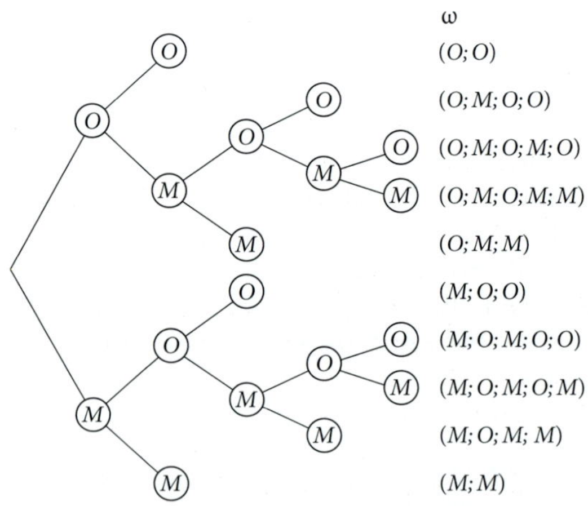

$\Omega = \{(O; O); (O; M; O; O); (O; M; O; M; O); (O; M; O; M; M); (O; M; M); (M; O; O); (M; O; M; O; O); (M; O; M; O; M); (M; O; M; M); (M; M)\}$
$|\Omega| = 10$

b)

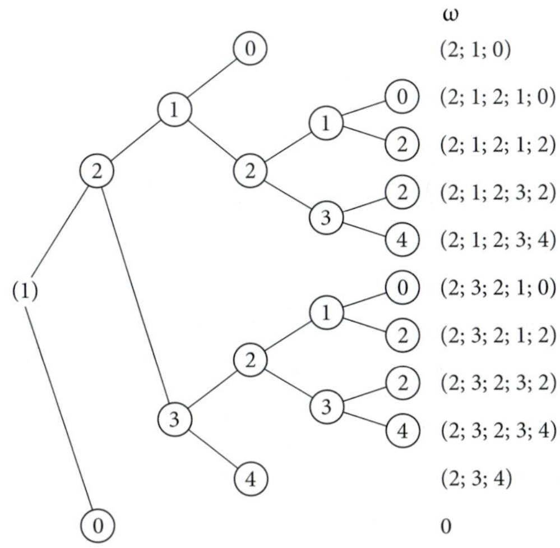

Ω = {(2; 1; 0); (2; 1; 2; 1; 0); (2; 1; 2; 1; 2); (2; 1; 2; 3; 2); (2; 1; 2; 3; 4); (2; 3; 2; 1; 0); (2; 3; 2; 1; 2); (2; 3; 2; 3; 2); (2; 3; 2; 3; 4); (2; 3; 4); 0}

Seite 163

1.

a) $\Omega = \{1; 2; 3; 4; 5; 6\}$

b) $E = \{1; 3; 5\}$

c) $E = \Omega = \{1; 2; 3; 4; 5; 6\}$

2.

Ω = { (1; 1); (1; 2); (1; 3); (1; 4); (1; 5); (1; 6);
(2; 1); (2; 2); (2; 3); (2; 4); (2; 5); (2; 6);
(3; 1); (3; 2); (3; 3); (3; 4); (3; 5); (3; 6);
(4; 1); (4; 2); (4; 3); (4; 4); (4; 5); (4; 6);
(5; 1); (5; 2); (5; 3); (5; 4); (5; 5); (5; 6);
(6; 1); (6; 2); (6; 3); (6; 4); (6; 5); (6; 6) }

E_1 = {(1; 2); (2; 4); (3; 6)}

E_2 = {(2; 2); (2; 3); (2; 5); (3; 2); (3; 3); (3; 5); (5; 2); (5; 3); (5; 5)}

E_3 = {(2; 1); (4; 2); (6; 3)}

E_4 = {(1; 1); (1; 2); (1; 3); (1; 4); (1; 5); (1; 6); (2; 2); (2; 4); (2; 6); (3; 3); (3; 6); (4; 4); (5; 5); (6; 6)}

Seite 164

Zweifacher Münzwurf als Urnenmodell:
Die beiden Seiten der Münze (Wappen, Zahl) können durch zwei beschriftete Kugeln (0, 1) in einer Urne repräsentiert werden. Das zweimalige Ziehen einer Kugel aus der Urne, wobei die Kugel stets wieder zurückgelegt wird, entspricht dann dem zweifachen Münzwurf.

Seite 167

1.

Einmaliges Würfeln: $\Omega = \{1; 2; 3; 4; 5; 6\}$

a) *A*: „Ungerade Zahl“, *B*: „Zahl größer als 3“
$E = A \cup B$; $E = \{1; 3; 4; 5; 6\}$

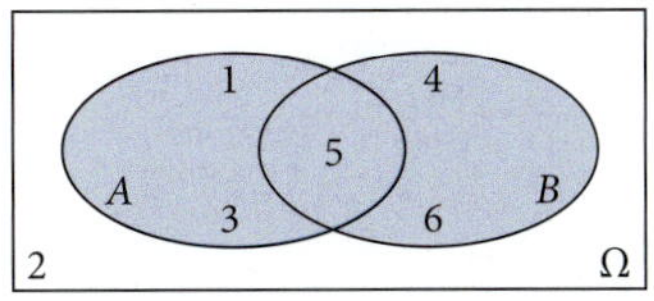

b) *C*: „Gerade Zahl“, *D*: „Zahl kleiner als 5“
$E = C \cap D$; $E = \{2; 4\}$

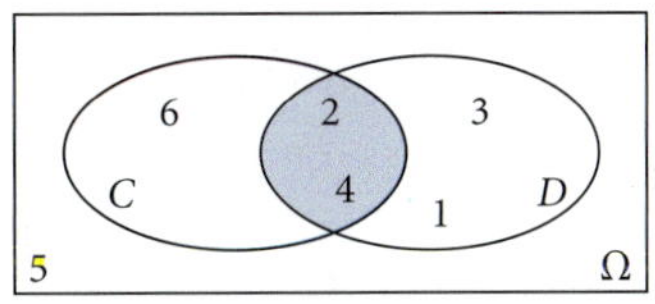

c) *F*: „Primzahl“, *G*: „Zahl größer als 5“
$E = F \cap G$; $E = \{\ \}$

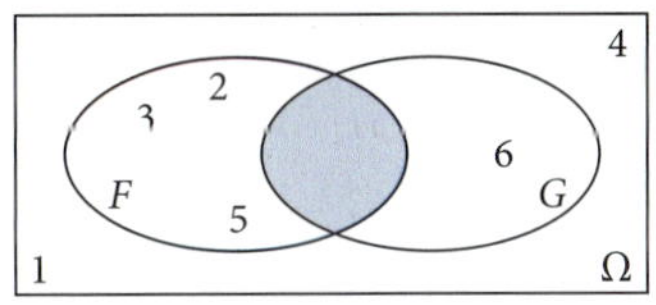

2.

a) $\overline{E} = \{1; 2; 3; 4; 5\}$

b) $\overline{E} = \{2; 3; 5; 6\}$

c) $\overline{E}$ = {W}

d) $\overline{E}$ = {(W; Z); (W; W)}

e) $\overline{E}$ = {0 Treffer; 1 Treffer; 2 Treffer; 3 Treffer}

3. $E_1 = \{2; 4; 6\}$
$E_2 = \{4; 5; 6\}$
$E_1 \cap E_2 = \{4; 6\}$
$E_1 \cup E_2 = \{2; 4; 5; 6\}$
$\overline{E_2} = \{1; 2; 3\}$

Seite 169

a) $\overline{\overline{A}} = A$

b) $\overline{\overline{A} \cap B} = A \cup \overline{B}$

c) $\overline{\overline{A} \cup \overline{B}} = A \cap B$

Lösungen zu 3.2

Seite 176

$H_{20}(W) = 9, H_{20}(Z) = 11 \Rightarrow h_{20}(W) = \frac{H_{20}(W)}{20} = \frac{9}{20} = 45\,\%,$

$h_{20}(Z) = \frac{H_{20}(Z)}{20} = \frac{11}{20} = 55\,\%$

Seite 178

$h_{600}(F) = \frac{330}{600} = \frac{11}{20}$

$h_{600}(T) = \frac{132 + 27}{600} = \frac{159}{600} = \frac{53}{200}$

$h_{600}(\overline{T}) = \frac{600 - (132+27)}{600} = \frac{441}{600} = \frac{147}{200}$

$h_{600}(A) = h_{600}(\{\,\}) = 0$

$h_{600}(B) = h_n(\Omega) = 1$

$h_{600}(C) = \frac{132}{600} = \frac{11}{50}$

$h_{600}(D) = h_{600}(F) + h_{600}(T) - h_{600}(F \cap T)$

$= \frac{330}{600} + \frac{53}{200} - \frac{11}{50} = \frac{119}{200}$

$h_{600}(E) = h_{600}(\overline{F}) + h_{600}(T) - h_{600}(\overline{F} \cap T)$

$= \frac{270}{600} + \frac{53}{200} - \frac{27}{600} = \frac{67}{100}$

$h_{600}(G) = \frac{270 - 27}{600} = \frac{81}{200}$

Seite 181

1. Individuelle Lösungen.
   Beispiel für den 1000-fachen Würfelwurf:
   In der Spalte A werden alle Zahlen 1 bis 1000 für das 1000-fache Würfeln erzeugt. Mithilfe der Formel
   = GANZZAHL(ZUFALLSZAHL( ) * 6 + 1)
   werden zufällige Zahlen zwischen 1 und 6 „gewürfelt“, die dann über die Formel z. B. in der Zelle F3
   = ZÄHLENWENN(B2:B1001; 3)
   für die Anzahl der erzielten Würfe mit der Augenzahl 3 aufsummiert werden.
   ▶ Für jede Augenzahl wird die letzte Zahl zwischen 1 und 6 entsprechend gewählt.

   Für die Darstellung in Form eines Säulendiagramms markiert man die Zellen D3:I3 und ruft über EINFÜGEN und SÄULE das nachstehende Diagramm auf. Die Werte in D3:I3 geteilt durch 1000 ergeben die relativen Häufigkeiten.

	A	B	C	D	E	F	G	H	I
1	Zahl	Würfel							
2	1	1	Augenzahl	1	2	3	4	5	6
3	2	6	Anzahl	153	181	143	165	171	187
4	3	2							
5	4	6							
6	5	4							
7	6	5							
8	7	4							
9	8	5							
10	9	4							
11	10	3							
12	11	3							
13	12	2							
14	13	3							

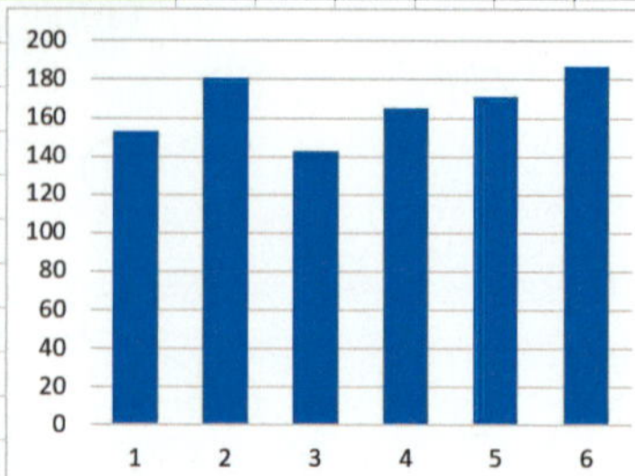

2.

Ω	B	$\overline{B}$	Σ
W	0	0,01	0,01
$\overline{W}$	0,065	0,925	0,99
Σ	0,065	0,935	1

▶ Die gegebenen Werte sind eingekreist.
▶ B und W unvereinbar $\Rightarrow h_n(B \cap W) = 0$

$h_n(B \cap \overline{W}) = 0{,}065 - 0 = 0{,}065$
$h_n(\overline{B}) = 1 - 0{,}065 = 0{,}935$
$h_n(\overline{W}) = 0{,}065 + 0{,}935 = 0{,}99$
$h_n(W) = 1 - 0{,}99 = 0{,}01$
$h_n(\overline{B} \cap W) = 0{,}01 - 0 = 0{,}01$
Insgesamt leisten 1 % Wehrdienst.
$\Rightarrow h_n(W) = 0{,}01$

3. Absolute Häufigkeiten

Ω	B	$\overline{B}$	Σ
G	85	70	155
$\overline{G}$	51	14	65
Σ	136	84	220

▶ Eingekreist sind die gegebenen Werte.
$H_{220}(\overline{B}) = 84$; $H_{220}(\overline{B} \cap \overline{G}) = \frac{1}{6} \cdot 84 = 14$ und
$H_{220}(B \cap G) = \frac{5}{8} \cdot (220 - 84) = 85$

$H_{220}(B) = 220 - 84 = 136$
$H_{220}(B \cap \overline{G}) = 136 - 85 = 51$
$H_{220}(\overline{B}) = 84 - 14 = 70$
$H_{220}(G) = 85 + 70 = 155$
$H_{220}(\overline{G}) = 51 + 14 = 65$

Die absoluten Häufigkeiten dividiert durch 220 ergeben die relativen Häufigkeiten:

Ω	B	$\overline{B}$	Σ
G	$\frac{17}{44}$	$\frac{7}{22}$	$\frac{31}{44}$
$\overline{G}$	$\frac{51}{220}$	$\frac{7}{110}$	$\frac{13}{44}$
Σ	$\frac{34}{55}$	$\frac{21}{55}$	1

Die gesuchten Werte sind:

$h_{220}(B \cap \overline{G}) = \frac{51}{220}$ ▶ Bratwurst, kein Glühwein

$h_{220}(\overline{B} \cap G) = \frac{7}{22}$ ▶ Glühwein, keine Bratwurst

Insgesamt haben also 55 % der Besucher $\left(= \frac{51}{220} + \frac{7}{22} = \frac{11}{20}\right)$ genau einen Kauf getätigt.

Seite 185

1. E: Augensumme mindestens 3
   $P(E) = 1 - P(\overline{E}) = 1 - P(\{1; 1\}) = 1 - \frac{1}{36} = \frac{35}{36}$

2. a) $P(A \cap B) = P(\{2\}) = \frac{1}{6}$
   b) $P(A \cup B) = P(A) + P(B) - P(A \cap B) = \frac{1}{2} + \frac{1}{2} - \frac{1}{6} = \frac{5}{6}$
   c) $P(B \cap C) = P(\{\ \}) = 0$

Seite 186

Ω	E_1	$\overline{E_1}$
E_2	{1; 2}	{4}
$\overline{E_2}$	{3}	{5; 6}

Ω	E_1	$\overline{E_1}$	Σ
E_2	$\frac{1}{3}$	$\frac{1}{6}$	$\frac{1}{2} = \frac{3}{6}$
$\overline{E_2}$	$\frac{1}{6}$	$\frac{1}{3}$	$\frac{1}{2} = \frac{3}{6}$
Σ	$\frac{1}{2} = \frac{3}{6}$	$\frac{1}{2} = \frac{3}{6}$	1

Seite 189

1. $A = \{5; 10; 15; \ldots; 95; 100\}$;
   $B = \{13; 26; 39; \ldots; 91\}$

a) $P(A) = \frac{20}{100} = \frac{1}{5}$

b) $P(B) = \frac{7}{100}$

c) $P(\{5; 10; 13; 15; 20; 25; 26; \ldots; 91; 95; 100\})$
$= P(A \cup B) = P(A) + P(B) - P(A \cap B)$
$= P(A) + P(B) - P(\{65\})$
$= \frac{1}{5} + \frac{7}{100} - \frac{1}{100} = \frac{13}{50}$

d) $P(A \cap B) = P(\{(65)\}) = \frac{1}{100}$

2.

a) $P(\{(W; Z); (Z; W)\}) = \frac{2}{4} = \frac{1}{2}$

b) $P(\{(Z; Z)\}) = \frac{1}{4}$

c) $P(\{(W; Z); (Z; W); (Z; Z)\}) = \frac{3}{4}$

d) $P(\{(W; Z); (Z; W)\}) = \frac{1}{2}$

e) $P(\{(W; W); (Z; W)\}) = \frac{1}{2}$

Seite 191

1.

a)

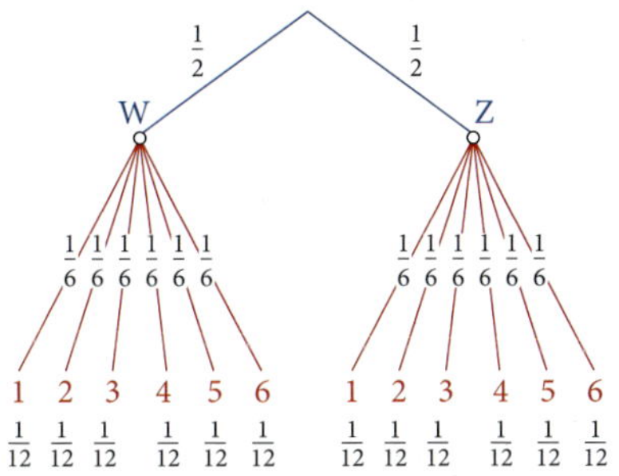

b) $P(E) = \frac{1}{2} \cdot \frac{1}{6} = \frac{1}{12}$

2. $P(\text{„3-mal Zahl"}) = \frac{1}{2} \cdot \frac{1}{2} \cdot \frac{1}{2} = \frac{1}{8}$

$P(\text{„genau 2-mal Zahl"}) = \frac{|\{(Z; Z; W); (Z; W; Z); (W; Z; Z)\}|}{|\Omega|}$
$= \frac{3}{8}$

3. Man beginnt mit den Ästen, die von einem Verzweigungspunkt ausgehen und dessen zwei andere ausgehenden Äste bereits eine Wahrscheinlichkeit tragen:

$\frac{1}{3} + P_1 + \frac{2}{5} = 1$; daraus folgt $P_1 = \frac{4}{15}$

$\frac{2}{5} + P_6 + \frac{1}{2} = 1$; daraus folgt $P_6 = \frac{1}{10}$

Wir wenden nun die 1. Pfadregel an, um P_2 zu bestimmen:

$\frac{1}{3} \cdot P_2 = P(\{(b; b)\}) = \frac{1}{15}$; daraus folgt $P_2 = \frac{1}{5}$

Mit P_2 kann nun P_3 ermittelt werden:

$P_2 + P_3 + \frac{2}{5} = 1$; daraus folgt $P_3 = \frac{2}{5}$

Um P_4 und P_5 berechnen zu können, muss zunächst mit der 2. Pfadregel $P(\{(r; r)\}$ bestimmt werden. Wir wissen aus der Aufgabenstellung:

$P(\{(b; r)\}) + P(\{(r; r)\}) + P(\{(g; r)\}) = \frac{1}{5}$

Mit den zuvor ermittelten Wahrscheinlichkeiten P_3 und P_6 und der 1. Pfadregel erhält man:

$P(\{(r; r)\}) = \frac{2}{75}$

Aus $P_1 \cdot P_4 = \mathrm{P}(\{(r; r)\})$ folgt $P_4 = \frac{1}{10}$

Aus $\frac{3}{10} + P_4 + P_5 = 1$ folgt $P_5 = \frac{6}{10} = \frac{3}{5}$

Seite 195

1.

a) A: Popcorn-Käufer; B: jugendlicher Besucher

Ω	B	$\overline{B}$	Σ
A	400	200	600
$\overline{A}$	500	100	600
Σ	900	300	1200

b) $P(A) = \frac{600}{1200} = 50\,\%$

Leidet ein Patient an Übergewicht, so hat er eine andere (erhöhte) Wahrscheinlichkeit auch an Bluthochdruck zu erkranken als jemand ohne Übergewicht.

2.

a) $P_{\overline{A}}(B) = \frac{P(\overline{A} \cap B)}{P(\overline{A})} = \frac{0{,}04}{0{,}43} \approx 0{,}093$

b) $P_B(\overline{A}) = \frac{P(\overline{A} \cap B)}{P(B)} = \frac{0{,}04}{0{,}06} \approx 0{,}67$

c) $P_A(B) = \frac{P(A \cap B)}{P(A)} = \frac{0{,}02}{0{,}57} \approx 0{,}035 < P_{\overline{A}}(B)$

Seite 197

1.

a)

Ω	B	$\overline{B}$	Σ
A	320	220	540
$\overline{A}$	80	580	660
Σ	400	800	1200

b) $P(A) = \frac{540}{1200} = 0{,}45$

$P(B) = \frac{400}{1200} = 0{,}\overline{3}$

Es ist $P(A \cap B) = \frac{320}{1200} \approx 0{,}267$
und $P(A) \cdot P(B) \approx 0{,}15$.
Es folgt $P(A \cap B) \neq P(A) \cdot P(B)$, die Ereignisse sind also nicht unabhängig.

2.

a)

Ω	B	$\overline{B}$	Σ
A	0,12	0,08	0,2
$\overline{A}$	0,48	0,32	0,8
Σ	0,6	0,4	1

b)

Ω	B	$\overline{B}$	Σ
A	0,2	0,3	0,5
$\overline{A}$	0,2	0,3	0,5
Σ	0,4	0,6	1

Lösungen zu 3.3

Seite 206

Bei einer neuen Hose hätte Lukas $4 \cdot 4 \cdot 2 = 32$ unterschiedliche Outfits, bei einem neuen Oberteil $3 \cdot 5 \cdot 2 = 30$ und bei einer neuen Mütze $3 \cdot 4 \cdot 3 = 36$. Er sollte sich eine neue Mütze kaufen.

Seite 207

1. $4^7 = 16\,384$ mögliche Antwortkombinationen (4 verschiedene Antworten, 7 Fragen)

2. $6^4 = 1296$ mögliche Ergebnisse (6 Möglichkeiten pro Würfel, 4 Würfel)

Seite 208

1. $22 \cdot 21 = 462$ mögliche Wahlergebnisse

2. $12 \cdot 11 \cdot 10 \cdot 9 \cdot 8 = 95\,040$ Möglichkeiten

Seite 209

1. $24! = 620\,448\,401\,733\,239\,439\,360\,000$ Möglichkeiten

2. $5! = 120$ Möglichkeiten

3. $8! = 40\,320$ mögliche Aufstellungen

Seite 210

$\binom{49}{6} = 13\,983\,816$ mögliche Tipps

Stichwortverzeichnis

Bildquellenverzeichnis

S. 9 Fotolia/Africa Studio; S. 13/1 Fotolia/fenkiandreas; S. 13/2 Fotolia/AMPHOTO; S. 13/3 Fotolia/Tiberius Gracchus; S. 13/4 Fotolia/Valeriy Velikov; S. 17/1 Fotolia/kurobuta; S. 17/2 Fotolia/industrieblick; S. 18 ClipDealer/Erwin Wodicka; S. 30 Fotolia/Tomasz Zajda; S. 57 Fotolia/David Kadlec; S. 59 ClipDealer/Piotr Stryjewski; S. 68 Fotolia/Dr. Thomas Jablonski; S. 73 Fotolia/verte; S. 76 Vintage Germany; S. 102 Fotolia/radubercan; S. 104/1 MCG Studios; S. 104/2 Fotolia/emeraldphoto; S. 107 Fotolia/arcaparo; S. 108 Fotolia/industrieblick; S. 115 Fotolia/Bastos; S. 125 Fotolia/Tomorrow; S. 144 und S. 151 Fotolia/dessauer; S. 152 Fotolia/Nmedia; S. 153 Shutterstock/ChameleonsEye; S. 154 Shutterstock/ER_09; S. 159 Fotolia/Thomas Raimer; S. 160/1 Fotolia/mpanch; S. 160/2 Fotolia/Vladimir Liverts; S. 165 Fotolia/Stockphoto-MG, S. 168 Barolo Fotografik Tobias Schneider; S. 172 Fotolia/Daniel Ernst; S. 175/1 Fotolia/Industrieblick; S. 175/2 Fotolia/unclesam; S. 175/3 Fotolia/mrgarry; S. 175/4 Fotolia/AnnaPa; S. 175/5 Topic Media/imagebroker; S. 175/6 Shutterstock/Dudare Mikhail; S. 179 Fotolia/Rudie; S. 181 Fotolia/pusteflower, S. 184 Fotolia/Brian Jackson; S. 188/1 Fotolia/Georgios Kollidas, S. 188/2 Fotolia/ktsdesiagn; S. 189 Shutterstock/happy_Life; S. 194 PZDesigns; S. 198 Clip Dealer/Markus Mainka; S. 199 Fotolia/vector_master; S. 201 Shutterstock/Monkey Business Images; S. 202/1 Shutterstock/John Barbiaux; S. 202/2 Fotolia/PhotoSG; S. 205 Shutterstock/MJTH; S. 207 Shutterstock/Betacam-SP; S. 208 Shutterstock/bikeriderlondon; S. 212 Shutterstock/Sylvie Bouchard; S. 213 Clip Dealer/Andre Bonn; S. 226 Fotolia/MN-Studio; S. 242 AKG-images; S. 247 ClipDealer/Georgios Kollidas; S. 248 Shutterstock/Quinn Martin

Prüfungsaufgaben (©KM Bayern)

Folgende Aufgaben entstammen den angegebenen Prüfungen bzw. wurden in Anlehnung an die Prüfungsaufgaben erstellt:

S. 97 Aufgabe 10: Ergänzungsprüfung zum Erwerb der Fachhochschulreife 2010 (nichttechnische Ausbildungsrichtung) Analysis; Aufgabe 3

S. 154 Aufgabe 2: Ergänzungsprüfung zum Erwerb der Fachhochschulreife 2008 (nichttechnische Ausbildungsrichtung) Analysis; Aufgabe 4

S. 155 Aufgabe 6: Ergänzungsprüfung zum Erwerb der Fachhochschulreife 2006 Nachtermin (nichttechnische Ausbildungsrichtung) Analysis; Aufgabe 3

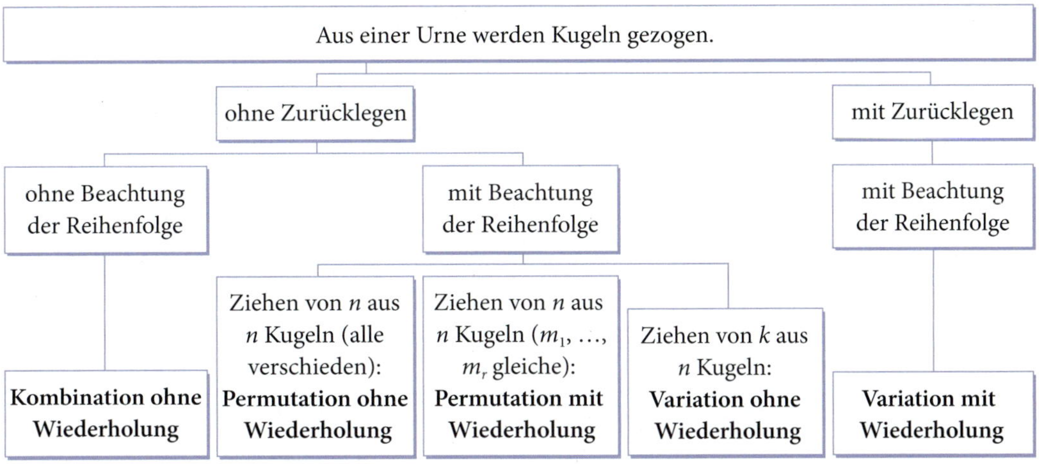

Urnenmodell	• Ziehen von k aus n Kugeln • ohne Zurücklegen • ohne Beachtung der Reihenfolge	• Ziehen von n aus n Kugeln • ohne Zurücklegen • mit Beachtung der Reihenfolge	• Ziehen von n aus n Kugeln ($m_1, \ldots, m_r$ gleiche) • ohne Zurücklegen • mit Beachtung der Reihenfolge	• Ziehen von k aus n Kugeln • ohne Zurücklegen • mit Beachtung der Reihenfolge	• Ziehen von k aus n Kugeln • mit Zurücklegen • mit Beachtung der Reihenfolge
Formel für Anzahl der Ergebnisse	$\binom{n}{k} = \frac{n!}{(n-k)! \cdot k!}$	$n!$	$\frac{n!}{m_1! \cdot m_2! \cdot \ldots \cdot m_r!}$	$n \cdot (n-1) \cdot (n-2) \cdot \ldots$ $\ldots \cdot (n-k+1)$ $= \frac{n!}{(n-k)!}$	n^k
Sprechweise	Wie viele k-elementige Teilmengen kann man aus einer n-elementigen Menge bilden?	Auf wie viele Arten können n (verschiedene) Elemente angeordnet werden?	Auf wie viele Arten können n Elemente angeordnet werden, wenn jeweils $m_1, \ldots, m_r$ gleich sind?	Auf wie viele Arten können n Elemente auf k Plätzen angeordnet werden?	Wie viele k-Tupel (Listen aus k Elementen) kann man aus n Elementen bilden?
Beispiel	3 aus 8 Spielen auswählen ($k = 3$, $n = 8$) ▶ Seite 210	Startreihenfolge von 4 Läufern bei 4 zur Verfügung stehenden Läufern festlegen ($n = 4$) ▶ Seite 209	MISSISSIPPI-Problem ($n = 11$, $m_1 = 4$ ($4 \cdot$ I), $m_2 = 4$ ($4 \cdot$ S), $m_3 = 2$ ($2 \cdot$ P), $m_4 = 1$ ($1 \cdot$ M)) ▶ Seite 211	4 Läufer für Staffellauf aus 6 Läufern auswählen und Startreihenfolge festlegen ($k = 4$, $n = 6$) ▶ Seite 208	Zahlenschloss mit drei Stellen und jeweils den Ziffern 0 bis 9 ($k = 3$, $n = 10$) ▶ Seite 207
Weitere Beispiele	• Lotto 6 aus 49 • 4 Läufer für Staffellauf aus 6 Läufern auswählen (ohne die Startreihenfolge zu bestimmen) • Aus 11 Fußballspielern 5 Elfmeterschützen auswählen (ohne die Reihenfolge dieser festzulegen)	• 24 Schüler auf 24 freie Plätze verteilen • Startaufstellung von 6 Spielern beim Volleyball • Die Reihenfolge von 5 Elfmeterschützen im Fußball festlegen • Von 18 Eissorten 3 Kugeln aus verschiedenen Sorten wählen	• Aus 3 roten, 2 blauen und 4 grünen weiter nicht unterscheidbaren Bauklötzen einen Turm bauen • 4 englische, 7 deutsche und 3 französische Bücher in einer Reihe ins Bücherregal stellen	• Platzieren von 5 Fahrgästen auf 12 freie Plätze im Bus • Medaillenverteilung im 100 m-Lauf • Aus 11 Fußballspielern 5 Elfmeterschützen auswählen und deren Reihenfolge festlegen	• Multiple-Choice-Test mit 7 Fragen und jeweils 4 Antwortmöglichkeiten, von denen eine richtig ist • Wörter (auch unsinnige) mit k Buchstaben aus einem Alphabet mit n Zeichen bilden

Mathematische Symbole und Schreibweisen		
Symbol	**Bedeutung, Sprechweise**	**Beispiel, Erläuterung, Verwendung**
$=$	gleich	$11 = 3 + 8$
$\neq$	ungleich, nicht gleich	$6 \neq 4$
$\approx$	ungefähr, nahezu gleich	$\frac{1}{3} \approx 0{,}33$
$<$	kleiner als	$5 < 8$
$>$	größer als	$6 > 2$
$\leq$	kleiner als oder gleich	$4 \leq 5;\ 4 \leq 4$
$\geq$	größer als oder gleich	$5 \geq 4;\ 5 \geq 5$
$\Rightarrow$	daraus folgt; aus … folgt …; folglich ist …	$A = \{1; 2; 3\} \Rightarrow 2 \in A$
$\Leftrightarrow$	… gilt genau dann, wenn …; ist … äquivalent mit …; … ist gleichwertig mit …	$3x = 6 \Leftrightarrow x = 2$
$\{a; b; c\}$	Menge mit den Elementen a, b, c	$A = \{1; 2; 3\}$
$\{x \mid \ldots\}$	Menge aller x, für die gilt: …	$\{x \mid x \in \mathbb{R} \text{ und } x^2 - 9 = 0\} = \{-3; 3\}$
$\mathbb{N}$	Menge der natürlichen Zahlen	$\mathbb{N} = \{1; 2; 3; \ldots\}$
$\mathbb{N}_0$	Menge der natürlichen Zahlen einschließlich der 0	$\mathbb{N}_0 = \{0; 1; 2; 3; \ldots\}$
$\mathbb{Z}$	Menge der ganzen Zahlen	$\mathbb{Z} = \{\ldots; -2; -1; 0; 1; 2; \ldots\}$
$\mathbb{Q}$	Menge der rationalen Zahlen	$\mathbb{Q} = \left\{\frac{a}{b} \mid a, b \in \mathbb{Z}; b \neq 0\right\}$
$\mathbb{R}$	Menge der reellen Zahlen	
$\{\,\}$	leere Menge	Die leere Menge hat kein Element.
$\in$	ist Element von	$5 \in \mathbb{N}$
$\notin$	ist nicht Element von	$0{,}5 \notin \mathbb{Z}$
$\subset$	ist echte Teilmenge von	$\mathbb{N} \subset \mathbb{R}$ (echt: $\mathbb{N} \neq \mathbb{R}$)
$\subseteq$	ist Teilmenge von	$\mathbb{N} \subseteq \mathbb{N}$ (unecht: $\mathbb{N} = \mathbb{N}$)
$\not\subseteq$	ist nicht Teilmenge von	$\mathbb{Z} \not\subseteq \mathbb{N}$
$\cup$	vereinigt mit	$\{1; 2\} \cup \{2; 3; 4\} = \{1; 2; 3; 4\}$
$\cap$	geschnitten mit	$\{1; 2\} \cap \{2; 3; 4\} = \{2\}$
$\setminus$	Differenzmenge; ohne	$\{2; 4; 7\} \setminus \{2; 7\} = \{4\}$
$[a; b]$	abgeschlossenes Intervall von a bis b	$[a; b] = \{x \mid a \leq x \leq b\}$
$]a; b[$	offenes Intervall von a bis b	$]a; b[= \{x \mid a < x < b\}$
$]a; b]$	linksseitig offenes und rechtsseitig abgeschlossenes Intervall von a bis b	$]a; b] = \{x \mid a \leq x < b\}$
$[a; b[$	rechtsseitig offenes und linksseitig abgeschlossenes Intervall von a bis b	$[a; b[= \{x \mid a \leq x < b\}$
$(a; b)$	geordnetes Zahlenpaar mit den Zahlen für a und b	$(-2; 1)$ alternative Schreibweise: $(-2 \vert 1)$
$P(x \vert y)$	Punkt der reellen Zahlenebene mit den Koordinaten x und y	$P(5 \vert -3)$